Orlando Syrg Taschenbuch 12019

OR
SY
TA

RAT ACBO

Reihe

Alte Tradition

Azurcelesteblueoscuro

herausgegeben

von

Joerg K. Sommermeyer & Orlando Syrg

Exemplarische Werke der Weltliteratur

herausgegeben von

Joerg K. Sommermeyer

Über dieses Buch

Ein Meer von Leidenschaft und Liebe, das den nur trügerisch sicheren und ruhigen Hafen der Ehe gefährdet. Es wird gestürmt und gedrängt, geträumt, ersehnt, erlitten, tief empfunden, himmelhoch jauchzend und zu Tode betrübt, entbehrt, entsagt, gestorben – in diesem evident tragisch endenden Konflikt zwischen Forderungen des dem Naturgesetz unterworfenen Herzens und ihm widerstreitenden Pflichten gegenüber Gesellschaft, Staat und Religion. (siehe Nachwort des Herausgebers Joerg K. Sommermeyer, unten S. 229 ff.)

Der Autor

Johann Wolfgang von Goethe, geboren am 28. August 1749 in Frankfurt am Main, gestorben am 22. März 1832 in Weimar. Den deutschen Dichterfürsten kennt jedes Kind. Sein Name ist untrennbar verknüpft mit Idealismus, Sturm und Drang, Weimarer Klassik. Über ihn allzu viele Worte zu machen, hieße Eulen nach Athen tragen. Der Frankfurter Hautevolee entstammend, sein Vater Kaiserlicher Rat ohne Amtsausübung, die Mutter Tochter des Stadtschultheißen, studiert er in Leipzig und Straßburg Rechtswissenschaft, arbeitet als Jurist in Wetzlar und Frankfurt. Nach einem nationalen Erfolg mit dem Drama *Götz von Berlichingen*, 1773, gelingt ihm 1774 mit dem Briefroman *Die Leiden des jungen Werthers*, Schlüsselroman des Sturm und Drang, ein europäischer Erfolg, erster Bestseller deutscher Literatur, Mitauslöser von „Lesewut“ und „Nachahmungsselbstmord-Epidemie“. 1775 kommt er als Freund und Minister des Herzogs Carl August nach Weimar. Neben politischen und administrativen Aufgaben leitet er das Hoftheater. Umfang und Vielfalt all der Tätigkeiten bedingen eine Vernachlässigung seiner schöpferischen Fähigkeiten und führen nach einem Weimarer Jahrzehnt in die Krise. Er flieht nach Italien, wo er seine Wiedergeburt erlebt, *Tasso*, *Iphigenie* und *Egmont* vollendet. Nach seiner Rückkehr, von Amtspflichten weitgehend befreit, hat er nur noch repräsentativen Aufgaben nachzukommen. Goethe erschafft Lyrik, Dramen, Epik, autobiografische, kunst- und literaturtheoretische Schriften, naturwissenschaftliche Arbeiten sowie Briefe und Gespräche von literarischer Bedeutung. *Wilhelm Meister* begründet den deutschen Künstler- und Bildungsroman, und *Faust* bleibt für immer eine der größten Schöpfungen der Weltliteratur.

Der Herausgeber

Joerg K. Sommermeyer (JS), * 14.10.1947 in Brackenheim, Sohn des Physikers Prof. Dr. Kurt Hans Sommermeyer. Kindheit in Freiburg. Studierte Jura, Philosophie, Germanistik, Geschichte und Musikwissenschaft. Klassische Gitarre bei Viktor v. Hasselmann und Anton Stingl. Unterrichtete in den späten Sechzigern Gitarre am Kindergärtnerinnen-/Jugendleiterinnenseminar und in den Achtzigern Rechtsanwaltsgehilfinnen in spe an der Max-Weber-Schule in Freiburg. 1976 bis 2004 Rechtsanwalt in Freiburg. Setzte sich für eine Verstärkung des Rechtsschutzes bei Grundrechtseingriffen ein (Unterbringungsrecht, Untersuchungshaft, Durchsuchungsrecht). Zahlreiche Veröffentlichungen in juristischen Fachzeitschriften sowie Artikel in Musikblättern. Gründer und Vorsitzender der Internationalen Gitarristischen Vereinigung, Organisator und Künstlerischer Leiter der Freiburger Gitarren- und Lautentage, Herausgeber und Redakteur der Zeitschrift *Nova Giulianiad: Saitenblätter für die Gitarre und Laute*. Juror beim Schlesischen Gitarrenherbst in Tychy und Internationalen Gitarrenkongress Freiburg/Basel/Straßburg. Songs, Liedtexte, Arrangements, Instrumentalmusik. 7 CDs, u. a.: *Total Overdrive*, *Those Rocks & Lieders*, *Nel Cuore Romanzo Rock*, *Ergo*, *7 Celebrities*. Prosa: Anton Unbekannt, Pathoaphysischer Antiroman, Tragigroteskenfragment, 2008/2009; Vernimm mein Schreien, 2017/2018. Lieblingsmärchen, 2017/2018. Editionen u. a. von Werken Hugo Balls, Carl Einsteins, Franz Kafkas, Heinrich von Kleists, Robert Müllers, Joseph von Eichendorffs, Adelbert von Chamissos, Annette von Droste-Hülshoffs, Jeremias Gotthelfs, Georg Büchners, Christian Morgensterns, Heinrich Heines, Rainer Maria Rilkes, Eduard von Keyserlings, August Stramms, Joseph Conrads, Gottfried August Bürgers und Lukians von Samosata.

Orlando Syrg, Berlin, 11. Januar 2019

Joerg K. Sommermeyer (Hg.)

Johann Wolfgang von Goethes

Prosa

Ausgewählte Werke I

Die Leiden des jungen Werther, Briefe aus der Schweiz, Die Wahlverwandtschaften, Novelle

Durchgesehen, revidiert und mit einem Nachwort
herausgegeben
von
Joerg K. Sommermeyer

Orlando Syrg

MMXIX
1. Auflage 2019
Orlando Syrg, Berlin **(vormals Freiburg i. Brsg.)**
Orlando Syrg Taschenbuch
ORSYTA 12019
Reihe Alte Tradition Azurcelesteblueoscuro
RAT ACBO 14

Revision, Herausgabe und Nachwort:
Joerg K. Sommermeyer
Umschlaggestaltung (unter Verwendung eines Gemäldes von Georg Melchior Kraus, *Goethe*, um 1777, auf der Vorderseite): JS
Lektorat, Satz und Layout: Orlando Syrg, JS, Ton Unbe, Waltraut Schmidt, Hans Ohnson, Kurt Marie, Nanny Bitterbau, Lars Penath
Herstellung, Vertrieb, Verlag BoD - Books on Demand, Norderstedt
Made in Germany
ISBN 9783748174028

Inhalt

In liebender Erinnerung
an
meine Schwester
Ilse Fischer, gesch. Coillard, geb. Sommermeyer,
11. Mai 1944, Brackenheim - † 14. Mai 2013, Bremen.

Die Leiden des jungen Werther

[Weygand, Leipzig 1774]

Was ich von der Geschichte des armen Werther nur habe auffinden können, habe ich mit Fleiß gesammelt und lege es euch hier vor und weiß, dass ihr mir's danken werdet. Ihr könnt seinem Geist und seinem Charakter eure Bewunderung und Liebe, seinem Schicksal eure Tränen nicht versagen.

Und du gute Seele, die du eben den Drang fühlst wie er, schöpfe Trost aus seinem Leiden, und lass das Büchlein dein Freund sein, wenn du aus Geschick oder eigener Schuld keinen nähern finden kannst.

Erstes Buch

Am 4. Mai 1771

Wie froh bin ich, dass ich weg bin! Bester Freund, was ist das Herz des Menschen! Dich zu verlassen, den ich so liebe, von dem ich unzertrennlich war, und froh zu sein! Ich weiß, du verzeihst mir's. Waren nicht meine übrigen Verbindungen recht ausgesucht vom Schicksal, um ein Herz wie das meine zu ängstigen? Die arme Leonore! Und doch war ich unschuldig. Konnt' ich dafür, dass, während die eigensinnigen Reize ihrer Schwester mir eine angenehme Unterhaltung verschafften, dass eine Leidenschaft in dem armen Herzen sich bildete? Und doch – bin ich ganz unschuldig? Hab' ich nicht ihre Empfindungen genährt? Hab' ich mich nicht an den ganz wahren Ausdrücken der Natur, die uns so oft lachen machten, so wenig lächerlich sie waren, selbst ergötzt? Hab' ich nicht – O was ist der Mensch, dass er über sich klagen darf! Ich will, lieber Freund, ich verspreche dir's, ich will mich bessern, will nicht mehr ein bisschen Übel, das uns das Schicksal vorlegt, wiederkäuen, wie ich's immer getan habe; ich will das Gegenwärtige genießen, und das Vergangene soll mir vergangen sein. Gewiss, du hast recht, Bester, der Schmerzen wären minder unter den Menschen, wenn sie nicht – Gott weiß, warum sie so gemacht sind! – mit so viel Emsigkeit der Einbildungskraft sich beschäftigten, die Erinnerungen des vergangenen Übels zurückzurufen, eher als eine gleichgültige Gegenwart zu ertragen.

Du bist so gut, meiner Mutter zu sagen, dass ich ihr Geschäft bestens betreiben und ihr ehestens Nachricht davon geben werde. Ich habe meine Tante gesprochen und bei weitem das böse Weib nicht gefunden, das man bei uns aus ihr macht. Sie ist eine muntere, heftige Frau von dem besten Herzen. Ich erklärte ihr meiner Mutter Beschwerden über den zurückgehaltenen Erbschaftsanteil; sie sagte mir ihre Gründe, Ursachen und die Bedingungen, unter welchen sie bereit wäre, alles herauszugeben, und mehr als wir verlangten – Kurz, ich mag jetzt nichts davon schreiben, sage meiner Mutter, es werde alles gut gehen. Und ich habe, mein Lieber, wieder bei diesem kleinen Geschäft gefunden, dass Missverständnisse und Trägheit vielleicht mehr Irrungen in der Welt machen als List und Bosheit. Wenigstens sind die beiden letzteren gewiss seltener.

Übrigens befinde ich mich hier gar wohl. Die Einsamkeit ist meinem Herzen köstlicher Balsam in dieser paradiesischen Gegend, und diese Jahrszeit der Jugend wärmt mit aller Fülle mein oft schauderndes Herz. Jeder Baum, jede Hecke ist ein Strauß von Blüten, und man möchte zum Maikäfer werden, um in dem Meer von Wohlgerüchen herumschweben und alle seine Nahrung darin finden zu können.

Die Stadt selbst ist unangenehm, dagegen ringsumher eine unaussprechliche Schönheit der Natur. Das bewog den verstorbenen Grafen von M., einen Garten auf einem der Hügel anzulegen, die mit der schönsten Mannigfaltigkeit sich kreuzen und die lieblichsten Täler bilden. Der Garten ist einfach, und man fühlt gleich beim Eintritt, dass nicht ein wissenschaftlicher Gärtner, sondern ein fühlendes Herz den Plan gezeichnet, das seiner selbst hier genießen wollte. Schon manche Träne hab' ich dem Verstorbenen in dem verfallenen Kabinettchen geweint, das sein Lieblingsplätzchen war und auch meines ist. Bald werde ich Herr des Gartens sein; der Gärtner ist mir zugetan, nur seit den paar Tagen, und er wird sich nicht übel dabei befinden.

Am 10. Mai

Eine wunderbare Heiterkeit hat meine ganze Seele eingenommen, gleich den süßen Frühlingsmorgen, die ich mit ganzem Herzen genieße. Ich bin allein und freue mich meines Lebens in dieser Gegend, die für solche Seelen geschaffen ist wie die meine. Ich bin so glücklich, mein Bester, so ganz in dem Gefühl von ruhigem Dasein versunken, dass meine Kunst darunter leidet. Ich könnte jetzt nicht zeichnen, nicht einen Strich, und bin nie ein größerer Maler gewesen als in diesen Augenblicken. Wenn das liebe Tal um mich dampft, und die hohe Sonne an der Oberfläche der undurchdringlichen Finsternis meines Waldes ruht, und nur einzelne Strahlen sich in das innere Heiligtum stehlen, ich dann im hohen Gras am fallenden Bache liege, und näher an der Erde tausend mannigfaltige Gräschen mir merkwürdig werden; wenn ich das Wimmeln der kleinen Welt zwischen Halmen, die unzähligen, unergründlichen Gestalten der Würmchen, der Mückchen näher an meinem Herzen fühle, und fühle die Gegenwart des Allmächtigen, der uns nach seinem Bilde schuf, das Wehen des Allliebenden, der uns in ewiger Wonne schwebend trägt und erhält; mein Freund! wenn's dann um meine Augen dämmert, und die Welt um mich her und der Himmel ganz in meiner Seele ruhn wie die Gestalt einer Geliebten – dann sehne ich mich oft und denke: Ach könntest du das wieder ausdrücken, könntest du dem Papier das einhauchen, was so voll, so warm in dir lebt, dass es würde der Spiegel deiner Seele, wie deine Seele ist der Spiegel des unendlichen Gottes! – – – Mein Freund – Aber ich gehe darüber zugrunde, ich erliege der Gewalt der Herrlichkeit dieser Erscheinungen.

Am 12. Mai

Ich weiß nicht, ob täuschende Geister um diese Gegend schweben, oder ob die warme, himmlische Phantasie in meinem Herzen ist, die mir alles ringsumher so paradiesisch macht. Da ist gleich vor dem Ort ein Brunnen, ein Brunnen, an den ich gebannt bin wie Melusine mit ihren Schwestern. – Du gehst einen kleinen Hügel hinunter und findest dich vor einem Gewölbe, da wohl zwanzig Stufen hinabgehen, wo unten das klarste Wasser aus Marmorfelsen quillt. Die kleine Mauer, die oben umher die Einfassung macht, die hohen Bäume, die den Platz ringsumher bedecken, die Kühle des Orts; das hat alles so was Anzügliches, was Schauerliches. Es vergeht kein Tag, dass ich nicht eine Stunde da sitze. Da kommen dann die Mädchen aus der Stadt und holen Wasser, das harmloseste Geschäft und das nötigste, das ehemals die Töchter der Könige selbst verrichteten. Wenn ich da sitze, lebt die patriarchalische Idee so lebhaft um mich, wie sie, all die Altväter, am Brunnen Bekanntschaft machen und freien, und wie um die Brunnen und Quellen wohltätige Geister schweben. O der muss nie nach einer schweren Sommertagswanderung sich an des Brunnens Kühle gelabt haben, der das nicht mitempfinden kann.

Am 13. Mai

Du fragst, ob du mir meine Bücher schicken sollst? – Lieber, ich bitte dich um Gottes willen, lass mir sie vom Halse! Ich will nicht mehr geleitet, ermuntert, angefeuert sein, braust dieses Herz doch genug aus sich selbst; ich brauche Wiegengesang, und den habe ich in seiner Fülle gefunden in meinem Homer. Wie oft lull' ich mein empörtes Blut zur Ruhe, denn so ungleich, so unstet hast du nichts gesehn als dieses Herz. Lieber! brauch' ich dir das zu sagen, der du so oft die Last getragen hast, mich vom Kummer zur Ausschweifung und von süßer Melancholie zur verderblichen Leidenschaft übergehen zu sehn? Auch halte ich mein Herzchen wie ein krankes Kind; jeder Wille wird ihm gestattet. Sage das nicht weiter; es gibt Leute, die mir es verübeln würden.

Am 15. Mai

Die geringen Leute des Ortes kennen mich schon und lieben mich, besonders die Kinder. Eine traurige Bemerkung hab' ich gemacht. Wie ich am Anfang mich zu ihnen gesellte, sie freundschaftlich fragte über dies und das, glaubten einige, ich wollte ihrer spotten, und fertigten mich wohl gar grob ab. Ich ließ mich das nicht verdrießen; nur fühlte ich, was ich schon oft bemerkt habe, auf das Lebhafteste: Leute von einigem Stande werden sich immer in kalter Entfernung vom gemeinen Volk halten, als glaubten sie durch Annäherung zu verlieren; und dann gibt's Flüchtlinge und üble Spaßvögel, die sich herabzulassen scheinen, um ihren Übermut dem armen Volke desto empfindlicher zu machen.

Ich weiß wohl, dass wir nicht gleich sind, noch sein können; aber ich halte dafür, dass der, der nötig zu haben glaubt, vom sogenannten Pöbel sich zu entfernen, um den Respekt zu erhalten, ebenso tadelhaft ist wie ein Feiger, der sich vor seinem Feind verbirgt, weil er zu unterliegen fürchtet.

Letzthin kam ich zum Brunnen und fand ein junges Dienstmädchen, das ihr Gefäß auf die unterste Treppe gesetzt hatte und sich umsah, ob keine Kameradin kommen wollte, ihr es auf den Kopf zu helfen. Ich stieg hinunter und sah sie an. – »Soll ich Ihr helfen, Jungfer?« fragte ich. – Sie ward rot über und über. – »O nein, Herr!« sagte sie. – »Ohne Umstände.« – Sie legte ihren Kringen zurecht, und ich half ihr. Sie dankte und stieg hinauf.

Den 17. Mai

Ich habe allerlei Bekanntschaft gemacht, Gesellschaft hab' ich noch keine gefunden. Ich weiß nicht, was ich Anzügliches für die Menschen haben muss; es mögen mich ihrer so viele und hängen sich an mich, und da tut mir's weh, wenn unser Weg nur eine kleine Strecke miteinander geht. Wenn du fragst, wie die Leute hier sind, muss ich dir sagen: wie überall! Es ist ein einförmiges Ding um das Menschengeschlecht. Die meisten verarbeiten den größten Teil der Zeit, um zu leben, und das bisschen, das ihnen von Freiheit übrig bleibt, ängstigt sie so, dass sie alle Mittel aufsuchen, um es loszuwerden. O Bestimmung des Menschen!

Aber eine recht gute Art Volks! Wenn ich mich manchmal vergesse, manchmal mit ihnen die Freuden genieße, die den Menschen noch gewährt sind, an einem artig besetzten Tisch mit aller Offen- und Treuherzigkeit herumzuspaßen, eine Spazierfahrt, einen Tanz zur rechten Zeit anzuordnen und dergleichen, das tut eine ganz gute Wirkung auf mich; nur muss mir nicht einfallen, dass noch so viele andere Kräfte in mir ruhen, die alle ungenutzt vermodern und die ich sorgfältig verbergen muss. Ach das engt das ganze Herz so ein. – Und doch! missverstanden zu werden, ist das Schicksal von unsereinem.

Ach, dass die Freundin meiner Jugend dahin ist, ach, dass ich sie je gekannt habe! – Ich würde sagen: Du bist ein Tor! Du suchst, was hienieden nicht zu finden ist! Aber ich hab' sie gehabt, ich habe das Herz gefühlt, die große Seele, in deren Gegenwart ich mir schien mehr zu sein, als ich war, weil ich alles war, was ich sein konnte. Guter Gott! blieb da eine einzige Kraft meiner Seele ungenutzt? Konnt' ich nicht vor ihr das ganze wunderbare Gefühl entwickeln, mit dem mein Herz die Natur umfasst? War unser Umgang nicht ein ewiges Weben von der feinsten Empfindung, dem schärfsten Witz, dessen Modifikationen, bis zur Unart, alle mit dem Stempel des Genies bezeichnet waren? Und nun! – Ach ihre Jahre, die sie voraus hatte, führten sie früher ins Grab als mich. Nie werde ich sie vergessen, nie ihren festen Sinn und ihre göttliche Duldung.

Vor wenig Tagen traf ich einen jungen V. an, einen offnen Jungen, mit einer gar glücklichen Gesichtsbildung. Er kommt erst von Akademien, dünkt sich eben nicht weise, aber glaubt doch, er wisse mehr als andere. Auch war er fleißig, wie ich an allerlei spüre, kurz, er hat hübsche Kenntnisse. Da er hörte, dass ich viel zeichnete und Griechisch könnte (zwei Meteore hierzulande), wandte er sich an mich und kramte viel Wissens aus, von Batteux bis zu Wood, von de Piles zu Winckelmann, und versicherte mir, er habe Sulzers Theorie, den ersten Teil, ganz durchgelesen und besitze ein Manuskript von Heynen über das Studium der Antike. Ich ließ das gut sein.

Noch einen gar braven Mann habe ich kennen gelernt, den fürstlichen Amtmann, einen offenen, treuherzigen Menschen. Man sagt, es soll eine Seelenfreude sein, ihn unter seinen Kindern zu sehen, deren er neun hat; besonders macht man viel Wesens von seiner ältesten Tochter. Er hat mich zu sich gebeten, und ich will ihn dieser Tage besuchen. Er wohnt auf einem fürstlichen Jagdhof, anderthalb Stunden von hier, wohin er nach dem Tode seiner Frau zu ziehen die Erlaubnis erhielt, da ihm der Aufenthalt hier in der Stadt und im Amtshaus zu weh tat.

Sonst sind mir einige bizarre Originale über den Weg gelaufen, an denen alles unausstehlich ist, am unerträglichsten ihre Freundschaftsbezeigungen.

Leb' wohl! Der Brief wird dir recht sein, er ist ganz historisch.

Am 22. Mai

Dass das Leben des Menschen nur ein Traum sei, ist manchem schon so vorgekommen, und auch mit mir zieht dieses Gefühl immer herum. Wenn ich die Einschränkung ansehe, in welcher die tätigen und forschenden Kräfte des Menschen eingesperrt sind; wenn ich sehe, wie alle Wirksamkeit darauf hinaus läuft, sich die Befriedigung von Bedürfnissen zu verschaffen, die wieder keinen Zweck haben, als unsere arme Existenz zu verlängern, und dann, dass alle Beruhigung über gewisse Punkte des Nachforschens nur eine träumende Resignation ist, da man sich die Wände, zwischen denen man gefangen sitzt, mit bunten Gestalten und lichten Aussichten bemalt – Das alles, Wilhelm, macht mich stumm. Ich kehre in mich selbst zurück und finde eine Welt! Wieder mehr in Ahnung und dunkler Begier als in Darstellung und lebendiger Kraft. Und da schwimmt alles vor meinen Sinnen, und ich lächle dann so träumend weiter in die Welt.

Dass die Kinder nicht wissen, warum sie wollen, darin sind alle hochgelehrten Schul- und Hofmeister einig; dass aber auch Erwachsene gleich Kindern auf diesem Erdboden herumtaumeln und wie jene nicht wissen, woher sie kommen und wohin sie gehen, ebenso wenig nach wahren Zwecken handeln, ebenso durch Biskuit und Kuchen und Birkenreiser regiert werden: das will niemand gern glauben, und mich dünkt, man kann es mit Händen greifen.

Ich gestehe dir gern, denn ich weiß, was du mir hierauf sagen möchtest, dass diejenigen die Glücklichsten sind, die gleich den Kindern in den Tag hineinleben, ihre Puppen herumschleppen, aus- und anziehen und mit großem Respekt um die Schublade umherschleichen, wo Mama das Zuckerbrot hineingeschlossen hat, und, wenn sie das Gewünschte endlich erhaschen, es mit vollen Backen verzehren und rufen: »Mehr!« – Das sind glückliche Geschöpfe. Auch denen ist's wohl, die ihren Lumpenbeschäftigungen oder wohl gar ihren Leidenschaften prächtige Titel geben und sie dem Menschengeschlecht als Riesenoperationen zu dessen Heil und Wohlfahrt anschreiben. – Wohl dem, der so sein kann! Wer aber in seiner Demut erkennt, worauf das alles hinausläuft, wer da sieht, wie artig jeder Bürger, dem es wohl ist, sein Gärtchen zum Paradies zuzustutzen weiß, und wie unverdrossen auch der Unglückliche unter der Bürde seinen Weg fortkeucht, und alle gleich interessiert sind, das Licht dieser Sonne noch eine Minute länger zu sehn – ja, der ist still und bildet auch seine Welt aus sich selbst und ist auch glücklich, weil er ein Mensch ist. Und dann, so eingeschränkt er ist, hält er doch immer im Herzen das süße Gefühl der Freiheit, und dass er diesen Kerker verlassen kann, wann er will.

Am 26. Mai

Du kennst von alters her meine Art, mich niederzulassen, mir irgendwo an einem vertraulichen Ort ein Hüttchen aufzuschlagen und da mit aller Einschränkung zu herbergen. Auch hier hab' ich wieder ein Plätzchen getroffen, das mich angezogen hat.

Ungefähr eine Stunde vor der Stadt liegt ein Ort, den sie Wahlheim (Der Leser wird sich keine Mühe geben, die hier genannten Orte zu suchen; man hat sich genötigt gesehen, die im Original befindlichen wahren Namen zu verändern.) nennen. Die Lage an einem Hügel ist sehr interessant, und wenn man oben auf dem Fußpfad zum Dorf hinausgeht, übersieht man auf einmal das ganze Tal. Eine gute Wirtin, die gefällig und munter in ihrem Alter ist, schenkt Wein, Bier, Kaffee aus; und was über alles geht, sind zwei Linden, die mit ihren ausgebreiteten Ästen den kleinen Platz vor der Kirche bedecken, der ringsum mit Bauerhäusern, Scheuern und Höfen eingeschlossen ist. So vertraulich, so heimlich hab' ich nicht leicht ein Plätzchen gefunden, und dahin lass' ich mein Tischchen aus dem Wirtshaus bringen und meinen Stuhl, trinke meinen Kaffee und lese meinen Homer. Das erste Mal, als ich durch einen Zufall an einem schönen Nachmittag unter die Linden kam, fand ich das Plätzchen so einsam. Es war alles auf dem Feld; nur ein Knabe von ungefähr vier Jahren saß auf der Erde und hielt ein anderes, etwa halbjähriges, vor ihm zwischen seinen Füßen sitzendes Kind mit beiden Armen wider seine Brust, sodass er ihm zu einer Art von Sessel diente und ungeachtet der Munterkeit, womit er aus seinen schwarzen Augen herumschaute, ganz ruhig saß. Mich vergnügte der Anblick: ich setzte mich auf einen Pflug, der gegenüberstand, und zeichnete die brüderliche Stellung mit vielem Ergötzen. Ich fügte den nächsten Zaun, ein Scheunentor und einige gebrochene Wagenräder bei, alles, wie es hintereinander stand, und fand nach Verlauf einer Stunde, dass ich eine wohlgeordnete, sehr interessante Zeichnung verfertigt hatte, ohne das mindeste von dem Meinen hinzuzutun. Das bestärkte mich in meinem Vorsatz, mich künftig allein an die Natur zu halten. Sie allein ist unendlich reich, und sie allein bildet den großen Künstler. Man kann zu Gunsten der Regeln viel sagen, ungefähr was man zum Lob der bürgerlichen Gesellschaft sagen kann. Ein Mensch, der sich nach ihnen bildet, wird nie etwas Abgeschmacktes und Schlechtes hervorbringen, wie einer, der sich durch Gesetze und Wohlstand modeln lässt, nie ein unerträglicher Nachbar, nie ein merkwürdiger Bösewicht werden kann; dagegen wird aber auch alle Regel, man rede, was man wolle, das wahre Gefühl von Natur und den wahren Ausdruck derselben zerstören! Sag du: ›Das ist zu hart! Sie schränkt nur ein, beschneidet die geilen Reben‹ etc. – Guter Freund, soll ich dir ein Gleichnis geben? Es ist damit wie mit der Liebe. Ein junges Herz hängt ganz an einem Mädchen, bringt alle Stunden seines Tages bei ihr zu, verschwendet alle seine Kräfte, all sein Vermögen, um ihr jeden Augenblick auszudrücken, dass er sich ganz ihr hingibt. Und da käme ein Philister, ein Mann, der in einem öffentlichen Amt steht, und sagte zu ihm: ›Feiner junger Herr! Lieben ist menschlich, nur müsst Ihr menschlich lieben! Teilt Eure Stunden ein, die einen zur Arbeit, und die Erholungsstunden widmet Eurem Mädchen. Berechnet Euer Vermögen, und was Euch von Eurer Notdurft übrig bleibt, davon verwehr' ich Euch nicht, ihr ein Geschenk, nur nicht zu oft, zu machen, etwa zu ihrem Geburts- und Namenstag‹ etc. – Folgt der Mensch, so gibt's einen brauchbaren jungen Menschen, und ich will selbst jedem Fürsten raten, ihn in ein Kollegium zu setzen; nur mit seiner Liebe ist's zu Ende und, wenn er ein Künstler ist, mit seiner Kunst. O meine Freunde! Warum der Strom des Genies so selten ausbricht, so selten in hohen Fluten hereinbraust und eure staunende Seele erschüttert? – Liebe Freunde, da wohnen die gelassenen Herren auf beiden Seiten des Ufers, denen ihre Gartenhäuschen, Tulpenbeete und Krautfelder zugrunde gehen würden, die daher zuzeiten mit Dämmen und Ableiten der künftig drohenden Gefahr zu wehren wissen.

Am 27. Mai

Ich bin, wie ich sehe, in Verzückung, Gleichnisse und Deklamation verfallen und habe darüber vergessen, dir auszuerzählen, was mit den Kindern weiter geworden ist. Ich saß, ganz in malerische Empfindung vertieft, die dir mein gestriges Blatt sehr zerstückt darlegt, auf meinem Pflug wohl zwei Stunden. Da kommt gegen Abend eine junge Frau auf die Kinder zu, die sich indes nicht gerührt hatten, mit einem Körbchen am Arm und ruft von weitem: »Philipps, du bist recht brav.« – Sie grüßte mich, ich dankte ihr, stand auf, trat näher hin und fragte sie, ob sie Mutter von den Kindern wäre? Sie bejahte es, und indem sie dem ältesten einen halben Weck gab, nahm sie das kleine auf und küsste es mit aller mütterlichen Liebe. – »Ich habe«, sagte sie, »meinem Philipps das Kleine zu halten gegeben und bin mit meinem Ältesten in die Stadt gegangen, um Weißbrot zu holen und Zucker und ein irden Breipfännchen.« – Ich sah das alles in dem Korb, dessen Deckel abgefallen war. – »Ich will meinem Hans (das war der Name des Jüngsten) ein Süppchen kochen zum Abend; der lose Vogel, der Große, hat mir gestern das Pfännchen zerbrochen, als er sich mit Philippsen um die Scharre des Breis zankte.« – Ich fragte nach dem Ältesten, und sie hatte mir kaum gesagt, dass er auf der Wiese mit ein paar Gänsen herumjage, als er gesprungen kam und dem Zweiten eine Haselgerte mitbrachte. Ich unterhielt mich weiter mit dem Weibe und erfuhr, dass sie des Schulmeisters Tochter sei, und dass ihr Mann eine Reise in die Schweiz gemacht habe, um die Erbschaft eines Vetters zu holen. – »Sie haben ihn drum betrügen wollen«, sagte sie, »und ihm auf seine Briefe nicht geantwortet; da ist er selbst hingegangen. Wenn ihm nur kein Unglück widerfahren ist, ich höre nichts von ihm.« – Es ward mir schwer, mich von dem Weibe los zu machen, gab jedem der Kinder einen Kreuzer, und auch fürs jüngste gab ich ihr einen, ihm einen Weck zur Suppe mitzubringen, wenn sie in die Stadt ginge, und so schieden wir voneinander.

Ich sage dir, mein Schatz, wenn meine Sinne gar nicht mehr halten wollen, so lindert all den Tumult der Anblick eines solchen Geschöpfs, das in glücklicher Gelassenheit den engen Kreis seines Daseins hingeht, von einem Tag zum andern sich durchhilft, die Blätter abfallen sieht und nichts dabei denkt, als dass der Winter kommt.

Seit der Zeit bin ich oft draußen. Die Kinder sind ganz an mich gewöhnt, sie kriegen Zucker, wenn ich Kaffee trinke, und teilen das Butterbrot und die saure Milch mit mir abends. Sonntags fehlt ihnen der Kreuzer nie, und wenn ich nicht nach der Betstunde da bin, hat die Wirtin Ordre, ihn auszuzahlen. Sie sind vertraut, erzählen mir allerhand, und besonders ergötze ich mich an ihren Leidenschaften und simpeln Ausbrüchen des Begehrens, wenn mehr Kinder aus dem Dorfe sich versammeln.

Viel Mühe hat mich's gekostet, der Mutter ihre Besorgnis zu nehmen, sie möchten den Herrn inkommodieren.

Am 30. Mai

Was ich dir neulich von der Malerei sagte, gilt gewiss auch von der Dichtkunst; es ist nur, dass man das Vortreffliche erkenne und es auszusprechen wage, und das ist freilich mit wenigem viel gesagt. Ich habe heute eine Szene gehabt, die, rein abgeschrieben, die schönste Idylle von der Welt gäbe; doch was soll Dichtung, Szene und Idylle? Muss es denn immer gebosselt sein, wenn wir an einer Naturerscheinung teilnehmen sollen?

Wenn du auf diesen Anfang viel Hohes und Vornehmes erwartest, bist du wieder übel betrogen; es ist nichts als ein Bauerbursch, der mich zu dieser lebhaften Teilnehmung hingerissen hat. Ich werde, wie gewöhnlich, schlecht erzählen, und du wirst mich, wie gewöhnlich, denk' ich, übertrieben finden; es ist wieder Wahlheim, und immer Wahlheim, das diese Seltenheiten hervorbringt.

Es war eine Gesellschaft draußen unter den Linden, Kaffee zu trinken. Weil sie mir nicht ganz zusagte, blieb ich unter einem Vorwand zurück.

Ein Bauerbursch kam aus einem benachbarten Haus und beschäftigte sich, an dem Pflug, den ich neulich gezeichnet hatte, etwas zu richten. Da mir sein Wesen gefiel, redete ich ihn an, fragte nach seinen Umständen, wir waren bald bekannt und, wie mir's gewöhnlich mit dieser Art von Leuten geht, bald vertraut. Er erzählte mir, dass er bei einer Witwe in Diensten sei und von ihr gar wohl gehalten werde. Er sprach so vieles von ihr und lobte sie dergestalt, dass ich bald merken konnte, er sei ihr mit Leib und Seele zugetan. Sie sei nicht mehr jung, sagte er, sie sei von ihrem ersten Mann übel behandelt worden, wolle nicht mehr heiraten, und aus seiner Erzählung leuchtete so merklich hervor, wie schön, wie reizend sie für ihn sei, wie sehr er wünsche, dass sie ihn wählen möchte, um das Andenken der Fehler ihres ersten Mannes auszulöschen, dass ich Wort für Wort wiederholen müsste, um dir die reine Neigung, die Liebe und Treue dieses Menschen anschaulich zu machen. Ja, ich müsste die Gabe des größten Dichters besitzen, um dir zugleich den Ausdruck seiner Gebärden, die Harmonie seiner Stimme, das heimliche Feuer seiner Blicke lebendig darstellen zu können. Nein, es sprechen keine Worte die Zartheit aus, die in seinem ganzen Wesen und Ausdruck war; es ist alles nur plump, was ich wieder vorbringen könnte. Besonders rührte mich, wie er fürchtete, ich möchte über sein Verhältnis zu ihr unpassend denken und an ihrer guten Aufführung zweifeln. Wie reizend es war, wenn er von ihrer Gestalt, von ihrem Körper sprach, der ihn ohne jugendliche Reize gewaltsam an sich zog und fesselte, kann ich mir nur in meiner innersten Seele wiederholen. Ich hab' in meinem Leben die dringende Begierde und das heiße, sehnliche Verlangen nicht in dieser Reinheit gesehen, ja, wohl kann ich sagen, in dieser Reinheit nicht gedacht und geträumt. Schelte mich nicht, wenn ich dir sage, dass bei der Erinnerung dieser Unschuld und Wahrheit mir die innerste Seele glüht, und dass mich das Bild dieser Treue und Zärtlichkeit überall verfolgt, und dass ich, wie selbst davon entzündet, lechze und schmachte.

Ich will nun suchen, auch sie ehestens zu sehn, oder vielmehr, wenn ich's recht bedenke, ich will's vermeiden. Es ist besser, ich sehe sie durch die Augen ihres Liebhabers; vielleicht erscheint sie mir vor meinen eigenen Augen nicht so, wie sie jetzt vor mir steht, und warum soll ich mir das schöne Bild verderben?

Am 16. Juni

Warum ich dir nicht schreibe? – Fragst du das und bist doch auch der Gelehrten einer. Du solltest raten, dass ich mich wohl befinde, und zwar – kurz und gut, ich habe eine Bekanntschaft gemacht, die mein Herz näher angeht. Ich habe – ich weiß nicht.

Dir in der Ordnung zu erzählen, wie's zugegangen ist, dass ich eins der liebenswürdigsten Geschöpfe kennengelernt habe, wird schwer halten. Ich bin vergnügt und glücklich und also kein guter Historienschreiber.

Einen Engel! – Pfui! Das sagt jeder von der Seinigen, nicht wahr? Und doch bin ich nicht imstande, dir zu sagen, wie vollkommen sie ist, warum sie vollkommen ist; genug, sie hat all meinen Sinn gefangengenommen.

So viel Einfalt bei so viel Verstand, so viel Güte bei so viel Festigkeit, und die Ruhe der Seele bei dem wahren Leben und der Tätigkeit. –

Das ist alles garstiges Gewäsch, was ich da von ihr sage, leidige Abstraktionen, die nicht einen Zug ihres Selbst ausdrücken. Ein andermal – nein, nicht ein andermal, jetzt gleich will ich dir's erzählen. Tu' ich's jetzt nicht, so geschäh' es niemals. Denn, unter uns, seit ich angefangen habe zu schreiben, war ich schon dreimal im Begriffe, die Feder niederzulegen, mein Pferd satteln zu lassen und hinauszureiten. Und doch schwur ich mir heute früh, nicht hinauszureiten, und gehe doch alle Augenblick' ans Fenster, zu sehen, wie hoch die Sonne noch steht. – – –

Ich hab's nicht überwinden können, ich musste zu ihr hinaus. Da bin ich wieder, Wilhelm, will mein Butterbrot zu Nacht essen und dir schreiben. Welch eine Wonne das für meine Seele ist, sie in dem Kreis der lieben, muntern Kinder, ihrer acht Geschwister, zu sehen! –

Wenn ich so fortfahre, wirst du am Ende so klug sein wie am Anfang. Höre denn, ich will mich zwingen, ins Detail zu gehen.

Ich schrieb dir neulich, wie ich den Amtmann S. kennengelernt, und wie er mich gebeten habe, ihn bald in seiner Einsiedelei oder vielmehr seinem kleinen Königreich zu besuchen. Ich vernachlässigte das und wäre vielleicht nie hingekommen, hätte mir der Zufall nicht den Schatz entdeckt, der in der stillen Gegend verborgen liegt.

Unsere jungen Leute hatten einen Ball auf dem Lande veranstaltet, zu dem ich mich denn auch willig einladen ließ. Ich bot einem hiesigen guten, schönen, übrigens unbedeutenden Mädchen die Hand, und es wurde ausgemacht, dass ich eine Kutsche nehmen, mit meiner Tänzerin und ihrer Base zum Ort der Lustbarkeit hinausfahren und auf dem Weg Charlotten S. mitnehmen sollte. – »Sie werden ein schönes Frauenzimmer kennenlernen«, sagte meine Gesellschafterin, als wir durch den weiten, ausgehauenen Wald zum Jagdhaus fuhren. – »Nehmen Sie sich in acht«, versetzte die Base, »dass Sie sich nicht verlieben!« – »Wieso?« fragte ich. – »Sie ist schon vergeben«, antwortete jene, »an einen sehr braven Mann, der weg-gereist ist, seine Sachen in Ordnung zu bringen, weil sein Vater gestorben ist, und sich um ei-ne ansehnliche Versorgung zu bewerben.« – Die Nachricht war mir ziemlich gleichgültig.

Die Sonne war noch eine Viertelstunde vom Gebirg', als wir vor das Hoftor fuhren. Es war sehr schwül, und die Frauenzimmer äußerten ihre Besorgnis wegen eines Gewitters, das sich in weißgrauen, dumpfichten Wölkchen rings am Horizont zusammenzuziehen schien. Ich täuschte ihre Furcht mit anmaßender Wetterkunde, obgleich ich selbst zu ahnen anfing, unsere Lustbarkeit würde einen Dämpfer bekommen.

Ich war ausgestiegen, und eine Magd, die ans Tor kam, bat uns, einen Moment zu warten, Mamsell Lottchen würde gleich kommen. Ich ging durch den Hof zum wohlgebauten Haus, und als ich die vorliegenden Treppen hinaufgestiegen war und durch die Tür trat, fiel mir das reizendste Schauspiel in die Augen, das ich je gesehen habe. In dem Vorsaal wimmelten sechs Kinder von elf zu zwei Jahren um ein Mädchen von schöner Gestalt, mittlerer Größe, die ein simples weißes Kleid, mit blassroten Schleifen an Arm und Brust, anhatte. Sie hielt ein schwarzes Brot und schnitt ihren Kleinen rings herum jedem sein Stück nach Proportion ihres Alters und Appetits ab, gab's jedem mit solcher Freundlichkeit, und jedes rief so ungekünstelt sein »Danke!«, indem es mit den kleinen Händchen lange in die Höhe gereicht hatte, ehe es noch abgeschnitten war, und nun mit seinem Abendbrot vergnügt entweder wegsprang oder nach seinem stillern Charakter gelassen davonging zum Hoftor, um die Fremden und die Kutsche zu sehen, darin ihre Lotte wegfahren sollte. – »Ich bitte um Vergebung«, sagte sie, »dass ich Sie hereinbemühe und die Frauenzimmer warten lasse. Überm Anziehen und allerlei Bestellungen fürs Haus in meiner Abwesenheit habe ich vergessen, meinen Kindern ihr Vesperbrot zu geben, und sie wollen von niemandem Brot geschnitten haben als von mir.« – Ich machte ihr ein unbedeutendes Kompliment, meine ganze Seele ruhte auf der Gestalt, dem Ton, dem Betragen, und ich hatte eben Zeit, mich von der Überraschung zu erholen, als sie in die Stube lief, ihre Handschuhe und den Fächer zu holen. Die Kleinen sahen mich in einiger Entfernung so von der Seite an, und ich ging auf das jüngste zu, das ein Kind von der glücklichsten Gesichtsbildung war. Es zog sich zurück, als eben Lotte zur Türe herauskam und sagte: »Louis, gib dem Herrn Vetter eine Hand.« – Das tat der Knabe sehr freimütig, und ich konnte mich nicht enthalten, ihn, ungeachtet seines kleinen Rotznäschens, herzlich zu küssen. – »Vetter?« fragte ich, indem ich ihr die Hand reichte, »glauben Sie, dass ich des Glücks wert sei, mit Ihnen verwandt zu sein?« – »O«, sagte sie mit einem leichtfertigen Lächeln, »unsere Vetternschaft ist sehr weitläufig, und es wäre mir leid, wenn Sie der schlimmste darunter sein sollten.« – Im Gehen gab sie Sophien, der ältesten Schwester nach ihr, einem Mädchen von ungefähr elf Jahren, den Auftrag, wohl auf die Kinder achtzugeben und den Papa zu grüßen, wenn er vom Spazierritt nach Hause käme. Den Kleinen sagte sie, sie sollten ihrer Schwester Sophie folgen, als wenn sie's selber wäre, was dann auch einige ausdrücklich versprachen. Eine kleine, naseweise Blondine aber, von ungefähr sechs Jahren, sagte: »Du bist's doch nicht, Lottchen, wir haben dich doch lieber.« – Die zwei ältesten Knaben waren hinten auf die Kutsche geklettert, und auf meine Bitte hin erlaubte sie ihnen, bis vor den Wald mitzufahren, wenn sie versprächen, sich nicht zu necken und sich recht festzuhalten.

Wir hatten uns kaum zurechtgesetzt, die Frauenzimmer sich begrüßt, wechselsweise über die Kleidung, vorzüglich über die Hüte ihre Bemerkungen gemacht und die Gesellschaft, die man erwartete, gehörig durchgehechelt, als Lotte den Kutscher halten und ihre Brüder herabsteigen ließ, die noch einmal ihre Hand zu küssen begehrten, was dann der älteste mit aller Zärtlichkeit, die dem Alter von fünfzehn Jahren eigen sein kann, der andere mit viel Heftigkeit und Leichtsinn tat. Sie ließ die Kleinen noch einmal grüßen, und wir fuhren weiter.

Die Base fragte, ob sie mit dem Buch fertig wäre, das sie ihr neulich geschickt hätte. – »Nein«, sagte Lotte, »es gefällt mir nicht, Sie können's wiederhaben. Das vorige war auch nicht besser.« – Ich staunte, als ich fragte, was es für Bücher wären, und sie mir antwortete: (Man sieht sich genötigt, diese Stelle des Briefes zu unterdrücken, um niemand Gelegenheit zu einiger Beschwerde zu geben. Obgleich im Grunde jedem Autor wenig an dem Urteil eines einzelnen Mädchens und eines jungen, unsteten Menschen gelegen sein kann.) – Ich fand so viel Charakter in allem, was sie sagte, ich sah mit jedem Wort neue Reize, neue Strahlen des Geistes aus ihren Gesichtszügen hervorbrechen, die sich nach und nach vergnügt zu entfalten schienen, weil sie fühlte, dass ich sie verstand.

»Wie ich jünger war«, sagte sie, »liebte ich nichts so sehr als Romane. Weiß Gott, wie wohl mir's war, wenn ich mich sonntags in so ein Eckchen setzen und mit ganzem Herzen am Glück und Unstern einer Miss Jenny teilnehmen konnte. Ich leugne auch nicht, dass die Art noch einige Reize für mich hat. Doch da ich so selten an ein Buch komme, muss es auch recht nach meinem Geschmack sein. Und der Autor ist mir der liebste, in dem ich meine Welt wiederfinde, bei dem es zugeht wie um mich, und dessen Geschichte mir doch so interessant und herzlich wird wie mein eigen häuslich Leben, das freilich kein Paradies, aber doch im ganzen eine Quelle unsäglicher Glückseligkeit ist.«

Ich bemühte mich, meine Bewegung über diese Worte zu verbergen. Das ging freilich nicht weit: denn da ich sie mit solcher Wahrheit im Vorbeigehen vom Landpriester von Wakefield, vom – (Man hat auch hier die Namen einiger vaterländischen Autoren weggelassen. Wer an Lottens Beifall teilhat, wird es gewiss in seinem Herzen fühlen, wenn er diese Stelle lesen sollte, und sonst braucht es ja niemand zu wissen.) reden hörte, kam ich ganz außer mich, sagte ihr alles, was ich musste, und bemerkte erst nach einiger Zeit, als Lotte zu den anderen redete, dass diese die Zeit über mit offenen Augen, als säßen sie nicht da, dagesessen hatten. Die Base sah mich mehr als einmal mit einem spöttischen Näschen an, daran mir aber nichts gelegen war.

Das Gespräch wandte sich dem Vergnügen am Tanze zu. – »Wenn diese Leidenschaft ein Fehler ist«, sagte Lotte, »gestehe ich Ihnen gern, ich weiß nichts übers Tanzen. Und wenn ich was im Kopf habe und mir auf meinem verstimmten Klavier einen Kontretanz vortrommle, ist alles wieder gut.«

Wie ich mich während des Gesprächs an den schwarzen Augen weidete – wie die lebendigen Lippen und die frischen, muntern Wangen meine ganze Seele anzogen – wie ich, in den herrlichen Sinn ihrer Rede ganz versunken, oft gar die Worte nicht hörte, mit denen sie sich ausdrückte – davon hast du eine Vorstellung, weil du mich kennst. Kurz, ich stieg aus dem Wagen wie ein Träumender, als wir vor dem Lusthaus stille hielten, und war so in Träumen rings in der dämmernden Welt verloren, dass ich auf die Musik kaum achtete, die uns aus dem erleuchteten Saal entgegenschallte.

Die zwei Herren Audran und ein gewisser N. N. – wer behält all die Namen –, die der Base und Lottens Tänzer waren, empfingen uns am Schlage, bemächtigten sich ihrer Frauenzimmer, und ich führte das meinige hinauf.

Wir schlangen uns in Menuetts umeinander herum; ich forderte ein Frauenzimmer nach dem andern auf, und just die unleidlichsten konnten nicht dazu kommen, einem die Hand zu reichen und ein Ende zu machen. Lotte und ihr Tänzer fingen einen Englischen an, und wie wohl mir's war, als sie auch in der Reihe die Figur mit uns anfing, magst du fühlen. Tanzen muss man sie sehen! Siehst du, sie ist so mit ganzem Herzen und mit ganzer Seele dabei, ihr ganzer Körper eine Harmonie, so sorglos, so unbefangen, als wenn das eigentlich alles wäre, als wenn sie sonst nichts dächte, nichts empfände; und in dem Augenblick gewiss schwindet alles andere vor ihr.

Ich bat sie um den zweiten Kontretanz; sie sagte mir den dritten zu, und mit der liebenswürdigsten Freimütigkeit von der Welt versicherte sie mir, dass sie herzlich gern deutsch tanze. – »Es ist hier so Mode«, fuhr sie fort, »dass jedes Paar, das zusammen gehört, beim Deutschen zusammenbleibt, und mein Chapeau walzt schlecht und dankt mir's, wenn ich ihm die Arbeit erlasse. Ihr Frauenzimmer kann's auch nicht und mag nicht, und ich habe im Englischen gesehen, dass Sie gut walzen; wenn Sie nun mein sein wollen fürs Deutsche, so gehen Sie und bitten sich's von meinem Herrn aus, und ich will zu Ihrer Dame gehen.« – Ich gab ihr die Hand darauf, und wir machten aus, dass ihr Tänzer inzwischen meine Tänzerin unterhalten sollte.

Nun ging's an, und wir ergötzten uns eine Weile an mannigfaltigen Schlingungen der Arme. Mit welchem Reiz, mit welcher Flüchtigkeit bewegte sie sich! Und da wir nun gar ans Walzen kamen, und wie die Sphären umeinander herumrollten, ging's freilich anfangs, weil's die wenigsten können, ein bisschen bunt durcheinander. Wir waren klug und ließen sie austoben, und als die Ungeschicktesten den Plan geräumt hatten, fielen wir ein und hielten mit noch einem Paar, mit Audran und seiner Tänzerin, wacker aus. Nie ist mir's so leicht vom

Flecke gegangen. Ich war kein Mensch mehr. Das liebenswürdigste Geschöpf in den Armen zu haben und mit ihr herumzufliegen wie Wetter, dass alles ringsumher verging, und – Wilhelm, um ehrlich zu sein, tat ich aber doch den Schwur, dass ein Mädchen, das ich liebte, auf das ich Ansprüche hätte, mir nie mit einem andern walzen sollte als mit mir, und wenn ich drüber zugrunde gehen müsste. Du verstehst mich!

Wir machten einige Touren gehend im Saal, um zu verschnaufen. Dann setzte sie sich, und die Orangen, die ich beiseite gebracht hatte, die nun die einzigen noch übrigen waren, taten vortreffliche Wirkung, nur dass mir mit jedem Schnittchen, das sie einer unbescheidenen Nachbarin ehrenhalber zuteilte, ein Stich durchs Herz ging.

Beim dritten englischen Tanz waren wir das zweite Paar. Wie wir die Reihe durchtanzten, und ich, weiß Gott mit wie viel Wonne, an ihrem Arm und Auge hing, das voll vom wahrsten Ausdruck des offensten, reinsten Vergnügens war, kommen wir zu einer Frau, die mir wegen ihrer liebenswürdigen Miene auf einem nicht mehr ganz jungen Gesicht merkwürdig gewesen war. Sie sieht Lotten lächelnd an, hebt einen drohenden Finger und nennt den Namen Albert zweimal im Vorbeifliegen mit viel Bedeutung.

»Wer ist Albert?« sagte ich zu Lotten, »wenn's nicht Vermessenheit ist zu fragen.« – Sie war im Begriff zu antworten, als wir scheiden mussten, um die große Acht zu machen, und mich dünkte einiges Nachdenken auf ihrer Stirn zu sehen, als wir so voreinander vorbeikreuzten. – »Was soll ich's Ihnen leugnen«, sagte sie, indem sie mir die Hand zur Promenade bot. »Albert ist ein braver Mensch, dem ich so gut wie verlobt bin.« – Nun war mir das nichts Neues (denn die Mädchen hatten mir's auf dem Weg gesagt) und war mir doch so ganz neu, weil ich es noch nicht im Verhältnis auf sie, die mir in so wenig Augenblicken so wert geworden war, gedacht hatte. Genug, ich verwirrte mich, vergaß mich und kam zwischen das unrechte Paar hinein, dass alles drunter und drüber ging und Lottens ganze Gegenwart und Zerren und Ziehen nötig war, um es schnell wieder in Ordnung zu bringen.

Der Tanz war noch nicht zu Ende, als die Blitze, die wir schon lange am Horizont leuchten gesehn und die ich immer für Wetterkühlen ausgegeben hatte, viel stärker zu werden anfingen und der Donner die Musik übertönte. Drei Frauenzimmer liefen aus der Reihe, denen ihre Herren folgten; die Unordnung wurde allgemein, und die Musik hörte auf. Es ist natürlich, wenn uns ein Unglück oder etwas Schreckliches im Vergnügen überrascht, dass es stärkere Eindrücke auf uns macht als sonst, teils wegen des Gegensatzes, der sich so lebhaft empfinden lässt, teils und noch mehr, weil unsere Sinne einmal der Fühlbarkeit geöffnet sind und also desto schneller einen Eindruck annehmen. Diesen Ursachen muss ich die wunderbaren Grimassen zuschreiben, in die ich mehrere Frauenzimmer ausbrechen sah. Die klügste setzte sich in eine Ecke, mit dem Rücken gegen das Fenster, und hielt die Ohren zu. Eine andere kniete vor ihr nieder und verbarg den Kopf in ihrem Schoß. Eine dritte schob sich zwischen beide hinein und umfasste ihre Schwesterchen mit tausend Tränen. Einige wollten nach Hause; andere, die noch weniger wussten, was sie taten, hatten nicht so viel Besinnungskraft, den Keckheiten unserer jungen Schlucker zu steuern, die sehr beschäftigt zu sein schienen, alle die ängstlichen Gebete, die dem Himmel bestimmt waren, von den Lippen der schönen Bedrängten wegzufangen. Einige unserer Herren hatten sich hinabbegeben, um ein Pfeifchen in Ruhe zu rauchen; und die übrige Gesellschaft schlug es nicht aus, als die Wirtin auf den klugen Einfall kam, uns ein Zimmer anzuweisen, das Läden und Vorhänge hätte. Kaum waren wir da angelangt, als Lotte beschäftigt war, einen Kreis von Stühlen zu stellen und, als sich die Gesellschaft auf ihre Bitte gesetzt hatte, den Vortrag zu einem Spiel zu tun.

Ich sah manchen, der in Hoffnung auf ein saftiges Pfand sein Mäulchen spitzte und seine Glieder reckte. – »Wir spielen Zählens!« sagte sie. »Nun gebt acht! Ich geh' im Kreise herum von der Rechten zur Linken, und so zählt ihr auch ringsherum, jeder die Zahl, die an ihn kommt, und das muss gehen wie ein Lauffeuer, und wer stockt oder sich irrt, kriegt eine Ohrfeige, und so bis tausend.« – Nun war das lustig anzusehen: Sie ging mit ausgestrecktem Arm im Kreis herum. »Eins«, fing der erste an, der Nachbar »zwei«, »drei« der folgende, und so fort. Dann fing sie an, geschwinder zu gehen, immer geschwinder; da versah's einer: Patsch! eine Ohrfeige, und über das Gelächter der folgende auch: Patsch! Und immer geschwinder. Ich selbst kriegte zwei Maulschellen und glaubte mit innigem Vergnügen zu bemerken, dass sie stärker seien, als sie den übrigen zuzumessen pflegte. Ein allgemeines Gelächter und Geschwärm endigte das Spiel, ehe noch das Tausend ausgezählt war. Die Vertrautesten zogen einander beiseite, das Gewitter war vorüber, und ich folgte Lotten in den Saal. Unterwegs sagte sie: »Über die Ohrfeigen haben sie Wetter und alles vergessen!« – Ich konnte ihr nichts antworten. – »Ich war«, fuhr sie fort, »eine der Furchtsamsten, und indem ich mich herzhaft stellte, um den andern Mut zu geben, bin ich mutig geworden.« – Wir traten ans Fenster. Es donnerte seitwärts, und der herrliche Regen säuselte aufs Land, und der erquickendste Wohlgeruch stieg in aller Fülle einer warmen Luft zu uns auf. Sie stand auf ihren Ellenbogen gestützt, ihr Blick durchdrang die Gegend; sie sah gen Himmel und auf mich, ich sah ihr Auge tränenvoll, sie legte ihre Hand auf die meinige und sagte: »Klopstock!« – Ich erinnerte mich sogleich der herrlichen Ode, die ihr in Gedanken lag, und versank in dem Strom von Empfindungen, den sie in dieser Losung über mich ausgoss. Ich ertrug's nicht, neigte mich auf ihre Hand und küsste sie unter den wonnevollsten Tränen. Und sah nach ihrem Auge wieder – Edler! hättest du deine Vergötterung in diesem Blick gesehen, und möcht' ich nun deinen so oft entweihten Namen nie wieder nennen hören!

Am 19. Juni

Wo ich neulich mit meiner Erzählung geblieben bin, weiß ich nicht mehr; das weiß ich, dass es zwei Uhr des Nachts war, als ich zu Bette kam, und dass, wenn ich dir hätte vorschwatzen können, statt zu schreiben, ich dich vielleicht bis morgens aufgehalten hätte.

Was auf unserer Heimfahrt vom Ball geschehen ist, habe ich noch nicht erzählt, habe auch heute keinen Tag dazu.

Es war der herrlichste Sonnenaufgang. Der tröpfelnde Wald und das erfrischte Feld umher! Unsere Gesellschafterinnen nickten ein. Sie fragte mich, ob ich nicht auch von der Partie sein wollte; ihretwegen sollt' ich unbekümmert sein. – »So lange ich diese Augen offen sehe«, sagte ich und sah sie fest an, »so lange hat's keine Gefahr.« – Und wir haben beide ausgehalten bis an ihr Tor, da ihr die Magd leise aufmachte und auf ihr Fragen versicherte, dass Vater und Kleine wohl seien und alle noch schliefen. Da verließ ich sie mit der Bitte, sie selbigen Tags noch sehen zu dürfen; sie gestand mir's zu, und ich bin gekommen – und seit der Zeit können Sonne, Mond und Sterne ruhig ihre Wirtschaft treiben, ich weiß weder dass Tag noch dass Nacht ist, und die ganze Welt verliert sich um mich her.

Am 21. Juni

Ich lebe so glückliche Tage, wie sie Gott seinen Heiligen aufspart; und mit mir mag werden was will, so darf ich nicht sagen, dass ich die Freuden, die reinsten Freuden des Lebens nicht genossen habe. – Du kennst mein Wahlheim; dort bin ich völlig etabliert, von da habe ich nur eine halbe Stunde zu Lotten, dort fühl' ich mich selbst und alles Glück, das dem Menschen gegeben ist.

Hätt' ich gedacht, als ich mir Wahlheim zum Zweck meiner Spaziergänge wählte, dass es so nahe am Himmel läge! Wie oft hab' ich das Jagdhaus, das nun alle meine Wünsche einschließt, auf meinen weiten Wanderungen, bald vom Berg, bald von der Ebene über den Fluss gesehn!

Lieber Wilhelm, ich habe allerlei nachgedacht, über die Begier im Menschen, sich auszubreiten, neue Entdeckungen zu machen, herumzuschweifen; und dann wieder über den inneren Trieb, sich der Einschränkung willig zu ergeben, in dem Gleis der Gewohnheit so hinzufahren und sich weder um Rechts noch um Links zu kümmern.

Es ist wunderbar: wie ich hierher kam und vom Hügel in das schöne Tal schaute, wie es mich ringsumher anzog. – Dort das Wäldchen! – Ach könntest du dich in seine Schatten mischen! – Dort die Spitze des Berges! – Ach könntest du von da die weite Gegend überschauen! – Die ineinander geketteten Hügel und vertraulichen Täler! – O könnte ich mich in ihnen verlieren! – – Ich eilte hin, und kehrte zurück, und hatte nicht gefunden, was ich hoffte. O es ist mit der Ferne wie mit der Zukunft! Ein großes dämmerndes Ganzes ruht vor unserer Seele, unsere Empfindung verschwimmt darin wie unser Auge, und wir sehnen uns, ach! unser ganzes Wesen hinzugeben, uns mit aller Wonne eines einzigen, großen, herrlichen Gefühls ausfüllen zu lassen. – Und ach! wenn wir hinzueilen, wenn das Dort nun Hier wird, ist alles vorher wie nachher, und wir stehen in unserer Armut, in unserer Eingeschränktheit, und unsere Seele lechzt nach entschlüpftem Labsal.

So sehnt sich der unruhigste Vagabund zuletzt wieder nach seinem Vaterland und findet in seiner Hütte, an der Brust seiner Gattin, in dem Kreis seiner Kinder, in den Geschäften zu ihrer Erhaltung die Wonne, die er in der weiten Welt vergebens suchte.

Wenn ich morgens bei Sonnenaufgang hinausgehe zu meinem Wahlheim und dort im Wirtsgarten mir meine Zuckererbsen selbst pflücke, mich hinsetze, sie abfädne und dazwischen in meinem Homer lese; wenn ich in der kleinen Küche mir einen Topf wähle, mir Butter aussteche, Schoten aufs Feuer stelle, zudecke und mich dazusetze, sie manchmal umzuschütteln: da fühl' ich so lebhaft, wie die übermütigen Freier der Penelope Ochsen und Schweine schlachten, zerlegen und braten. Es ist nichts, das mich so mit einer stillen, wahren Empfindung ausfüllte wie die Züge patriarchalischen Lebens, die ich, Gott sei Dank, ohne Affektation in meine Lebensart verweben kann.

Wie wohl ist mir's, dass mein Herz die simple, harmlose Wonne des Menschen fühlen kann, der ein Krauthaupt auf seinen Tisch bringt, das er selbst gezogen, und nun nicht den Kohl allein, sondern all die guten Tage, den schönen Morgen, da er ihn pflanzte, die lieblichen Abende, da er ihn begoss, und da er an dem fortschreitenden Wachstum seine Freude hatte, alle in einem Augenblick wieder mitgenießt.

Am 29. Juni

Vorgestern kam der Medikus hier aus der Stadt zum Amtmann und fand mich auf der Erde unter Lottens Kindern, wie einige auf mir herumkrabbelten, andere mich neckten, und wie ich sie kitzelte und ein großes Geschrei mit ihnen erregte. Der Doktor, der eine sehr dogmatische Drahtpuppe ist, beim Reden seine Manschetten in Falten legt und einen Kräusel ohne Ende herauszupft, fand dieses unter der Würde eines gescheiten Menschen; das merkte ich an seiner Nase. Ich ließ mich aber in nichts stören, ließ ihn sehr vernünftige Sachen abhandeln und baute den Kindern ihre Kartenhäuser wieder auf, die sie zerschlagen hatten. Auch ging er darauf in der Stadt herum und klagte, des Amtmanns Kinder wären so schon ungezogen genug, der Werther verderbe sie nun völlig.

Ja, lieber Wilhelm, meinem Herzen sind die Kinder am nächsten auf der Erde. Wenn ich ihnen zusehe und in dem kleinen Ding die Keime aller Tugenden, aller Kräfte sehe, die sie einmal so nötig brauchen werden; wenn ich in dem Eigensinn künftige Standhaftigkeit und Festigkeit des Charakters, in dem Mutwillen guten Humor und Leichtigkeit, über die Gefahren der Welt hinzuschlüpfen, erblicke, alles so unverdorben, so ganz! – immer, immer wiederhole ich dann die goldenen Worte des Lehrers der Menschen: »Wenn ihr nicht werdet wie eines von diesen!« Und nun, mein Bester, sie, die unseresgleichen sind, die wir als unsere Muster ansehen sollten, behandeln wir als Untertanen. Sie sollen keinen Willen haben! – Haben wir denn keinen? und wo liegt das Vorrecht? – Weil wir älter sind und gescheiter! – Guter Gott von deinem Himmel, alte Kinder siehst du und junge Kinder, und nichts weiter; und an welchen du mehr Freude hast, das hat dein Sohn schon lange verkündigt. Aber sie glauben an ihn und hören ihn nicht – das ist auch was Altes! – und bilden ihre Kinder nach sich und – Adieu, Wilhelm! Ich mag darüber nicht weiter radotieren.

Am 1. Juli

Was Lotte einem Kranken sein muss, fühl' ich an meinem eigenen armen Herzen, das übler dran ist als manches, das auf dem Siechbette verschmachtet. Sie wird einige Tage in der Stadt bei einer rechtschaffenen Frau zubringen, die sich nach Aussage der Ärzte ihrem Ende naht und in diesen letzten Augenblicken Lotten um sich haben will. Ich war vorige Woche mit ihr, den Pfarrer von St. zu besuchen; ein Örtchen, das eine Stunde seitwärts im Gebirge liegt. Wir kamen gegen vier dahin. Lotte hatte ihre zweite Schwester mitgenommen. Als wir in den mit zwei hohen Nussbäumen überschatteten Pfarrhof traten, saß der gute alte Mann auf einer Bank vor der Haustür, und da er Lotten sah, ward er wie neu belebt, vergaß seinen Knotenstock und wagte sich auf, ihr entgegen. Sie lief hin zu ihm, nötigte ihn sich niederzulassen, während sie sich zu ihm setzte, brachte viele Grüße von ihrem Vater, herzte seinen garstigen, schmutzigen jüngsten Buben, das Quakelchen seines Alters. Du hättest sie sehen sollen, wie sie den Alten beschäftigte, wie sie ihre Stimme erhob, um seinen halb tauben Ohren vernehmlich zu werden, wie sie ihm von jungen, robusten Leuten erzählte, die unvermutet gestorben wären, von der Vortrefflichkeit des Karlsbades, und wie sie seinen Entschluss lobte, künftigen Sommer hinzugehen, wie sie fand, dass er viel besser aussähe, viel munterer sei als das letzte Mal, da sie ihn gesehn. – Ich hatte indes der Frau Pfarrerin meine Höflichkeiten gemacht. Der Alte wurde ganz munter, und da ich nicht umhin konnte, die schönen Nussbäume zu loben, die uns so lieblich beschatteten, fing er an, uns, wiewohl mit einiger Beschwerlichkeit, die Geschichte davon zu geben. – »Den alten«, sagte er, »wissen wir nicht, wer den gepflanzt hat; einige sagen dieser, andere jener Pfarrer. Der jüngere aber dort hinten ist so alt wie meine Frau, im Oktober fünfzig Jahr. Ihr Vater pflanzte ihn des Morgens, als sie gegen Abend geboren wurde. Er war mein Vorfahr im Amt, und wie lieb ihm der Baum war, ist nicht zu sagen; mir ist er's gewiss nicht weniger. Meine Frau saß darunter auf einem Balken und strickte, da ich vor siebenundzwanzig Jahren als armer Student zum ersten Male hier in den Hof kam.« – Lotte fragte nach seiner Tochter; es hieß, sie sei mit Herrn Schmidt auf die Wiese hinaus zu den Arbeitern, und der Alte fuhr in seiner Erzählung fort: wie sein Vorfahr ihn liebgewonnen und die Tochter dazu, und wie er erst sein Vikar und dann sein Nachfolger geworden. Die Geschichte war nicht lange zu Ende, als die Jungfer Pfarrerin mit dem sogenannten Herrn Schmidt durch den Garten herkam; sie bewillkommte Lotten mit herzlicher Wärme, und ich muss sagen, sie gefiel mir nicht übel; eine rasche, wohlgewachsene Brünette, die einen die kurze Zeit über auf dem Lande wohl unterhalten hätte. Ihr Liebhaber (denn als solchen stellte sich Herr Schmidt gleich dar), ein feiner, doch stiller Mensch, der sich nicht in unsere Gespräche mischen wollte, obgleich ihn Lotte immer hereinzog. Was mich am meisten betrübte, war, dass ich an seinen Gesichtszügen zu bemerken schien, es sei mehr Eigensinn und übler Humor als Eingeschränktheit des Verstandes, der ihn sich mitzuteilen hinderte. In der Folge ward dies leider nur zu deutlich, denn als Friederike beim Spazierengehen mit Lotten und gelegentlich auch mit mir ging, wurde des Herrn Angesicht, das ohnedies von einer bräunlichen Farbe war, so sichtlich verdunkelt, dass es Zeit war, dass Lotte mich beim Ärmel zupfte und mir zu verstehn gab, dass ich mit Friederiken zu artig getan. Nun verdrießt mich nichts mehr, als wenn Menschen einander plagen, am meisten, wenn junge Leute in der Blüte des Lebens, da sie am offensten für alle Freuden sein könnten, einander die paar guten Tage mit Fratzen verderben und nur erst zu spät das Unersetzliche ihrer Verschwendung einsehen. Mich wurmte das, und ich konnte nicht umhin, als wir gegen Abend in den Pfarrhof zurückkehrten und an einem Tische Milch tranken und das Gespräch auf Freude und Leid der Welt sich wendete, den Faden zu ergreifen und recht herzlich gegen die üble Laune zu reden. – »Wir Menschen beklagen uns oft«, fing ich an, »dass der guten Tage so wenig sind und der schlimmen so viel, und, wie mich dünkt, meist mit Unrecht. Wenn wir immer ein offenes Herz hätten, das Gute zu genießen, das uns Gott für jeden Tag bereitet, wir würden alsdann auch Kraft genug haben, das Übel zu tragen, wenn es kommt.« – »Wir haben aber unser Gemüt nicht in unserer Gewalt;« versetzte die Pfarrerin; »wie viel hängt vom Körper ab! Wenn einem nicht wohl ist, ist's einem überall nicht recht.« – Ich gestand ihr das ein. – »Wir wollen es also«, fuhr ich fort, »als eine Krankheit ansehen und fragen, ob dafür kein Mittel ist?« – »Das lässt sich hören«, sagte Lotte, »ich glaube wenigstens, dass viel von uns abhängt. Ich weiß es von mir. Wenn mich etwas neckt und mich verdrießlich machen will, spring' ich auf und sing' ein paar Kontretänze den Garten auf und ab, gleich ist's weg.« – »Das war's, was ich sagen wollte«, versetzte ich, »es ist mit der üblen Laune völlig wie mit der Trägheit, denn es ist eine Art von Trägheit. Unsere Natur hängt sehr dahin, und doch, wenn wir nur einmal die Kraft haben, uns zu ermannen, geht uns die Arbeit frisch von der Hand, und wir finden in der Tätigkeit ein wahres Vergnügen.« – Friederike war sehr aufmerksam, und der junge Mensch wandte mir ein, dass man nicht Herr über sich selbst sei und am wenigsten über seine Empfindungen gebieten könne. – »Es ist hier die Frage von einer unangenehmen Empfindung«, versetzte ich, »die doch jedermann gerne los ist; und niemand weiß, wie weit seine Kräfte gehen, bis er sie versucht hat. Gewiss, wer krank ist, wird bei allen Ärzten herumfragen, und die größten Resignationen, die bittersten Arzneien wird er nicht abweisen, um seine gewünschte Gesundheit herzustellen.« – Ich bemerkte, dass der ehrliche Alte sein Gehör anstrengte, um an unserem Diskurs teilzunehmen, ich erhob die Stimme, während ich das Wort an ihn richtete. »Man predigt gegen so viele Laster«, sagte ich, »ich habe noch nie gehört, dass man gegen die üble Laune vom Predigtstuhle gearbeitet hätte.« (Wir haben nun von Lavatern eine treffliche Predigt hierüber, unter denen über das Buch Jonas.) – »Das müssten die Stadtpfarrer tun«, sagte er, »die Bauern haben keinen bösen Humor; doch könnte es auch zuweilen nicht schaden, es wäre eine Lektion für seine Frau wenigstens und für den Herrn Amtmann.« – Die Gesellschaft lachte, und er herzlich mit, bis er in einen Husten verfiel, der unsern Diskurs eine Zeitlang unterbrach; darauf dann der junge Mensch wieder das Wort nahm: »Sie nannten den bösen Humor ein Laster; mich deucht, das ist übertrieben.« – »Mitnichten«, gab ich zur Antwort, »wenn das, womit man sich selbst und seinem Nächsten schadet, diesen Namen verdient. Ist es nicht genug, dass wir einander nicht glücklich machen können, müssen wir auch noch einander das Vergnügen rauben, das jedes Herz sich noch manchmal selbst gewähren kann? Und nennen Sie mir den Menschen, der übler Laune ist und so brav dabei, sie zu verbergen, sie allein zu tragen, ohne die Freude um sich her zu zerstören! Oder ist sie nicht vielmehr ein innerer Unmut über unsere eigene Unwürdigkeit, ein Missfallen an uns selbst, das immer mit einem Neid verknüpft ist, der durch eine törichte Eitelkeit aufgehetzt wird? Wir sehen glückliche Menschen, die wir nicht glücklich machen, und das ist unerträglich.« – Lotte lächelte mich an, da sie die Bewegung sah, mit der ich redete, und eine Träne in Friederikens Auge spornte mich fortzufahren. – »Wehe denen«, sagte ich, »die sich der Gewalt bedienen, die sie über ein Herz haben, um ihm die einfachen

Freuden zu rauben, die aus ihm selbst hervorkeimen. Alle Geschenke, alle Gefälligkeiten der Welt ersetzen nicht einen Augenblick Vergnügen an sich selbst, den uns eine neidische Unbehaglichkeit unsers Tyrannen vergällt hat.« – Mein ganzes Herz war voll in diesem Augenblick; die Erinnerung so manches Vergangenen drängte sich in meine Seele, und die Tränen kamen mir in die Augen. »Wer sich das nur täglich sagte!« rief ich aus. »Du vermagst nichts für deine Freunde, als ihnen ihre Freuden zu lassen und ihr Glück zu vermehren; indem du es mit ihnen genießest. Vermagst du, wenn ihre innere Seele von einer ängstigenden Leidenschaft gequält, vom Kummer zerrüttet ist, ihnen einen Tropfen Linderung zu geben? Und wenn die letzte, bangste Krankheit dann über das Geschöpf herfällt, das du in blühenden Tagen untergraben hast, und es nun daliegt in dem erbärmlichsten Ermatten, das Auge gefühllos gen Himmel sieht, der Todesschweiß auf der blassen Stirn abwechselt, und du vor dem Bett stehst wie ein Verdammter, in dem innigsten Gefühl, dass du nichts vermagst mit deinem ganzen Vermögen, und die Angst dich inwendig krampft, dass du alles hingeben möchtest, dem untergehenden Geschöpf einen Tropfen Stärkung, einen Funken Mut einflößen zu können.«

Die Erinnerung einer solchen Szene, wobei ich gegenwärtig war, fiel mit ganzer Gewalt bei diesen Worten über mich. Ich nahm das Schnupftuch vor die Augen und verließ die Gesellschaft, und nur Lottens Stimme, die mir rief, wir wollten fort, brachte mich zu mir selbst. Und wie sie mich auf dem Wege schalt über den zu warmen Anteil an allem, und dass ich drüber zugrunde gehen würde! dass ich mich schonen sollte! – O der Engel! Um deinetwillen muss ich leben!

Am 6. Juli

Sie ist immer um ihre sterbende Freundin, und ist immer dieselbe, immer das gegenwärtige, holde Geschöpf, das, wo sie hinsieht, Schmerzen lindert und Glückliche macht. Sie ging gestern Abend mit Marianen und dem kleinen Malchen spazieren, ich wusste es und traf sie an, und wir gingen zusammen. Nach einem Weg von anderthalb Stunden kamen wir in die Stadt zurück, an den Brunnen, der mir so wert und nun tausendmal werter ist. Lotte setzte sich aufs Mäuerchen, wir standen vor ihr. Ich sah umher, ach, und die Zeit, da mein Herz so allein war, lebte wieder vor mir auf. – »Lieber Brunnen«, sagte ich, »seither hab' ich nicht mehr an deiner Kühle geruht, hab' in eilendem Vorübergehn dich manchmal nicht angesehn.« – Ich blickte hinab und sah, dass Malchen mit einem Glas Wasser sehr beschäftigt heraufstieg. – Ich sah Lotten an und fühlte alles, was ich an ihr habe. Indes kommt Malchen mit seinem Glase. Mariane wollt' es ihr abnehmen: »Nein!« rief das Kind mit dem süßesten Ausdruck, »nein, Lottchen, du sollst zuerst trinken!« – Ich ward über die Wahrheit, über die Güte, womit sie das ausrief, so entzückt, dass ich meine Empfindung mit nichts ausdrücken konnte, als das Kind von der Erde zu nehmen und es lebhaft zu küssen, das sogleich zu schreien und zu weinen anfing. – »Sie haben übel getan«, sagte Lotte. – Ich war betroffen. – »Komm, Malchen«, fuhr sie fort, indem sie es bei der Hand nahm und die Stufen hinabführte, »da wasch' dich an der frischen Quelle geschwind, geschwind, da tut's nichts.« – Wie ich so dastand und zusah, mit welcher Emsigkeit das Kleine mit seinen nassen Händchen die Backen rieb, mit welchem Glauben, dass durch die Wunderquelle alle Verunreinigung abgespült und die Schmach abgetan würde, einen hässlichen Bart zu kriegen; wie Lotte sagte: »Es ist genug!« und das Kind doch immer eifrig fortwusch, als wenn Viel mehr täte als Wenig – ich sage dir, Wilhelm, ich habe mit mehr Respekt nie einer Taufhandlung beigewohnt; und als Lotte heraufkam, hätte ich mich gern vor ihr niedergeworfen wie vor einem Propheten, der die Schulden einer Nation weggeweiht hat.

Abends konnte ich nicht umhin, in der Freude meines Herzens den Vorfall einem Manne zu erzählen, dem ich Menschensinn zutraute, weil er Verstand hat; aber wie kam ich an! Er sagte, das sei sehr übel von Lotten gewesen; man solle den Kindern nichts weis machen; dergleichen gebe zu unzähligen Irrtümern und Aberglauben Anlass, wovor man die Kinder frühzeitig bewahren müsse. – Nun fiel mir ein, dass der Mann vor acht Tagen hatte taufen lassen, drum ließ ich's vorbeigehen und blieb in meinem Herzen der Wahrheit getreu: Wir sollen es mit den Kindern machen wie Gott mit uns, der uns am glücklichsten macht, wenn er uns in freundlichem Wahne so hintaumeln lässt.

Am 8. Juli

Was man ein Kind ist! Was man nach so einem Blicke geizt! Was man ein Kind ist! – Wir waren nach Wahlheim gegangen. Die Frauenzimmer fuhren hinaus, und während unserer Spaziergänge glaubte ich in Lottens schwarzen Augen – ich bin ein Tor, verzeih mir's! du solltest sie sehen, diese Augen. – Dass ich kurz bin (denn die Augen fallen mir zu vor Schlaf): siehe, die Frauenzimmer stiegen ein, da standen um die Kutsche der junge W., Selstadt und Audran und ich. Da ward aus dem Schlage geplaudert mit den Kerlchen, die freilich leicht und luftig genug waren. – Ich suchte Lottens Augen; ach, sie gingen von einem zum andern! Aber auf mich! mich! mich! der ganz allein auf sie resigniert dastand, fielen sie nicht! – Mein Herz sagte ihr tausend Adieu! Und sie sah mich nicht! Die Kutsche fuhr vorbei, und eine Träne stand mir im Auge. Ich sah ihr nach und sah Lottens Kopfputz sich zum Schlage herauslehnen, und sie wandte sich um zu sehen, ach! nach mir? – Lieber! In dieser Ungewissheit schwebe ich; das ist mein Trost: vielleicht hat sie sich nach mir umgesehen! Vielleicht! – Gute Nacht! O, was ich ein Kind bin!

Am 10. Juli

Die alberne Figur, die ich mache, wenn in Gesellschaft von ihr gesprochen wird, solltest du sehen! Wenn man mich nun gar fragt, wie sie mir gefällt? – Gefällt! das Wort hasse ich auf den Tod. Was muss das für ein Mensch sein, dem Lotte gefällt, dem sie nicht alle Sinne, alle Empfindungen ausfüllt! Gefällt! Neulich fragte mich einer, wie mir Ossian gefiele!

Am 11. Juli

Frau M. ist sehr schlecht; ich bete für ihr Leben, weil ich mit Lotten dulde. Ich sehe sie selten bei einer Freundin, und heute hat sie mir einen wunderbaren Vorfall erzählt. – Der alte M. ist ein geiziger, rangiger Filz, der seine Frau im Leben was Rechts geplagt und eingeschränkt hat; doch hat sich die Frau immer durchzuhelfen gewusst. Vor wenigen Tagen, als der Arzt ihr das Leben abgesprochen hatte, ließ sie ihren Mann kommen (Lotte war im Zimmer) und redete ihn also an: »Ich muss dir eine Sache gestehen, die nach meinem Tode Verwirrung und Verdruss machen könnte. Ich habe bisher die Haushaltung geführt, so ordentlich und sparsam wie möglich; allein du wirst mir verzeihen, dass ich dich diese dreißig Jahre her hintergangen habe. Du bestimmtest am Anfang unserer Ehe ein Geringes für die Bestreitung der Küche und anderer häuslichen Ausgaben. Als unsere Haushaltung stärker wurde, unser Gewerbe größer, warst du nicht zu bewegen, mein Wochengeld nach den Verhältnissen zu vermehren; kurz, du weißt, dass du in den Zeiten, da sie am größten war, verlangtest, ich solle mit sieben Gulden die Woche auskommen. Die habe ich dann ohne Widerrede genommen und mir den Überschuss wöchentlich aus der Losung geholt, da niemand vermutete, dass die Frau die Kasse bestehlen würde. Ich habe nichts verschwendet und wäre auch, ohne es zu bekennen, getrost der Ewigkeit entgegengegangen, wenn nicht diejenige, die nach mir das Hauswesen zu führen hat, sich nicht zu helfen wissen würde, und du doch immer darauf bestehen könntest, deine erste Frau sei damit ausgekommen.«

Ich redete mit Lotten über die unglaubliche Verblendung des Menschensinns, dass einer nicht argwöhnen soll, dahinter müsse was anderes stecken, wenn eins mit sieben Gulden hinreicht, wo man den Aufwand vielleicht um zweimal so viel sieht. Aber ich habe selbst Leute gekannt, die des Propheten ewiges Ölkrüglein ohne Verwunderung in ihrem Hause angenommen hätten.

Am 13. Juli

Nein, ich betrüge mich nicht! Ich lese in ihren schwarzen Augen wahre Teilnehmung an mir und meinem Schicksal. Ja ich fühle, und darin darf ich meinem Herzen trauen, dass sie – o darf ich, kann ich den Himmel in diesen Worten aussprechen? – dass sie mich liebt!

Mich liebt! – Und wie wert ich mir selbst werde, wie ich – dir darf ich's wohl sagen, du hast Sinn für so etwas – wie ich mich selbst anbete, seitdem sie mich liebt!

Ob das Vermessenheit ist oder Gefühl des wahren Verhältnisses? – Ich kenne den Menschen nicht, von dem ich etwas in Lottens Herzen fürchtete. Und doch – wenn sie von ihrem Bräutigam spricht, mit solcher Wärme, solcher Liebe von ihm spricht – da ist mir's wie einem, der aller seiner Ehren und Würden entsetzt und dem der Degen genommen wird.

Am 16. Juli

Ach wie mir das durch alle Adern läuft, wenn mein Finger unversehens den ihrigen berührt, wenn unsere Füße sich unter dem Tisch begegnen! Ich ziehe zurück wie vorm Feuer, und eine geheime Kraft zieht mich wieder vorwärts – mir wird's so schwindelig vor allen Sinnen. – O! und ihre Unschuld, ihre unbefangne Seele fühlt nicht, wie sehr mich die kleinen Vertraulichkeiten peinigen. Wenn sie gar im Gespräch ihre Hand auf die meinige legt und im Interesse der Unterredung näher zu mir rückt, dass der himmlische Atem ihres Mundes meine Lippen erreichen kann: – ich glaube zu versinken, wie vom Wetter gerührt. – Und, Wilhelm! wenn ich mich jemals unterstehe, diesen Himmel, dieses Vertrauen –! Du verstehst mich. Nein, mein Herz ist so verderbt nicht! Schwach! schwach genug! – Und ist das nicht Verderben? –

Sie ist mir heilig. Alle Begier schweigt in ihrer Gegenwart. Ich weiß nie, wie mir ist, wenn ich bei ihr bin; es ist, als wenn die Seele sich mir in allen Nerven umkehrte. – Sie hat eine Melodie, die sie auf dem Klavier spielt mit der Kraft eines Engels, so simpel und so geistvoll! Es ist ihr Leiblied, und mich stellt es von aller Pein, Verwirrung und Grillen her, wenn sie nur die erste Note davon greift.

Kein Wort von der Zauberkraft der alten Musik ist mir unwahrscheinlich. Wie mich der einfache Gesang angreift! Und wie sie ihn anzubringen weiß, oft zur Zeit, wo ich mir eine Kugel vor den Kopf schießen möchte! Die Irrung und Finsternis meiner Seele zerstreut sich, und ich atme wieder freier.

Am 18. Juli

Wilhelm, was ist unserem Herzen die Welt ohne Liebe? Was eine Zauberlaterne ist ohne Licht! Kaum bringst du das Lämpchen hinein, so scheinen dir die buntesten Bilder an deine weiße Wand! Und wenn's nichts wäre als das, als vorübergehende Phantome, so macht's doch immer unser Glück, wenn wir wie frische Jungen davor stehen und uns über die Wundererscheinungen entzücken. Heute konnte ich nicht zu Lotten, eine unvermeidliche Gesellschaft hielt mich ab. Was war zu tun? Ich schickte meinen Diener hinaus, nur um einen Menschen um mich zu haben, der ihr heute nahe gekommen wäre. Mit welcher Ungeduld ich ihn erwartete, mit welcher Freude ich ihn wiedersah! Ich hätte ihn gern beim Kopf genommen und geküsst, wenn ich mich nicht geschämt hätte.

Man erzählt von dem Bononischen Stein, dass er, wenn man ihn in die Sonne legt, ihre Strahlen anzieht und eine Weile bei Nacht leuchtet. So war mir's mit dem Burschen. Das Gefühl, dass ihre Augen auf seinem Gesicht, seinen Backen, seinen Rockknöpfen und dem Kragen am Surtout geruht hatten, machte mir das alles so heilig, so wert! Ich hätte in dem Augenblick den Jungen nicht um tausend Taler gegeben. Es war mir so wohl in seiner Gegenwart. – Bewahre dich Gott, dass du darüber lachst. Wilhelm, sind das Phantome, wenn es uns wohl ist?

Den 19. Juli

»Ich werde sie sehen!« ruf' ich morgens aus, wenn ich mich ermuntere und mit aller Heiterkeit der schönen Sonne entgegenblicke; »ich werde sie sehen!« Und da habe ich für den ganzen Tag keinen Wunsch weiter. Alles, alles verschlingt sich in dieser Aussicht.

Den 20. Juli

Eure Idee will noch nicht die meinige werden, dass ich mit dem Gesandten nach *** gehen soll. Ich liebe die Subordination nicht sehr, und wir wissen alle, dass der Mann noch dazu ein widriger Mensch ist. Meine Mutter möchte mich gern in Aktivität haben, sagst du, das hat mich lachen gemacht. Bin ich jetzt nicht auch aktiv, und ist's im Grunde nicht einerlei, ob ich Erbsen zähle oder Linsen? Alles in der Welt läuft doch auf eine Lumperei hinaus, und ein Mensch, der um anderer willen, ohne dass es seine eigene Leidenschaft, sein eigenes Bedürfnis ist, sich um Geld oder Ehre oder sonst was abarbeitet, ist immer ein Tor.

Am 24. Juli

Da dir so sehr daran gelegen ist, dass ich mein Zeichnen nicht vernachlässige, möchte ich lieber die ganze Sache übergehen als dir sagen, dass seither wenig getan wird.

Noch nie war ich glücklicher, noch nie war meine Empfindung an der Natur, bis aufs Steinchen, aufs Gräschen herunter, voller und inniger, und doch – Ich weiß nicht, wie ich mich ausdrücken soll, meine vorstellende Kraft ist so schwach, alles schwimmt und schwankt so vor meiner Seele, dass ich keinen Umriss packen kann; aber ich bilde mir ein, wenn ich Ton hätte oder Wachs, so wollte ich's wohl herausbilden. Ich werde auch Ton nehmen, wenn's länger währt, und kneten, und sollten's Kuchen werden!

Lottens Porträt habe ich dreimal angefangen und habe mich dreimal prostituiert, was mich um so mehr verdrießt, weil ich vor einiger Zeit sehr glücklich im Treffen war. Darauf habe ich dann ihren Schattenriss gemacht, und damit soll mir’s genügen.

Am 25. Juli

Ja, liebe Lotte, ich will alles besorgen und bestellen; geben Sie mir nur mehr Aufträge, nur recht oft. Um eins bitte ich Sie: keinen Sand mehr auf die Zettelchen, die Sie mir schreiben. Heute führte ich es schnell zur Lippe, und die Zähne knisterten mir.

Am 26. Juli

Ich habe mir schon manchmal vorgenommen, sie nicht so oft zu sehn. Ja wer das halten könnte! Alle Tage unterlieg' ich der Versuchung und verspreche mir heilig: morgen willst du einmal wegbleiben. Und wenn der Morgen kommt, finde ich doch wieder eine unwiderstehliche Ursache, und ehe ich mich's versehe, bin ich bei ihr. Entweder sie hat abends gesagt: »Sie kommen doch morgen?« – Wer könnte da wegbleiben? Oder sie gibt mir einen Auftrag, und ich finde schicklich, ihr selbst die Antwort zu bringen; oder der Tag ist gar zu schön, ich gehe nach Wahlheim, und wenn ich nun da bin, ist's nur noch eine halbe Stunde zu ihr! – Ich bin zu nah in der Atmosphäre – Zuck! so bin ich dort. Meine Großmutter hatte ein Märchen vom Magnetenberg: die Schiffe, die zu nahe kamen, wurden auf einmal alles Eisenwerks beraubt, die Nägel flogen dem Berg zu, und die armen Elenden scheiterten zwischen den übereinanderstürzenden Brettern.

Am 30. Juli

Albert ist angekommen, und ich werde gehen; und wenn er der beste, der edelste Mensch wäre, unter den ich mich in jeder Betrachtung zu stellen bereit wäre, so wär's unerträglich, ihn vor meinem Angesicht im Besitz so vieler Vollkommenheiten zu sehen. – Besitz! – Genug, Wilhelm, der Bräutigam ist da! Ein braver, lieber Mann, dem man gut sein muss. Glücklicherweise war ich nicht beim Empfang! Das hätte mir das Herz zerrissen. Auch ist er so ehrlich und hat Lotten in meiner Gegenwart noch kein einziges Mal geküsst. Das lohn' ihm Gott! Um des Respekts willen, den er vor dem Mädchen hat, muss ich ihn lieben. Er will mir wohl, und ich vermute, das ist Lottens Werk mehr als seine eigene Empfindung; denn darin sind die Weiber fein und haben recht, wenn sie zwei Verehrer in gutem Vernehmen mit einander halten können, ist der Vorteil immer ihr, so selten es auch angeht.

Indes kann ich Alberten meine Achtung nicht versagen. Seine gelassene Außenseite sticht gegen die Unruhe meines Charakters sehr lebhaft ab, die sich nicht verbergen lässt. Er hat viel Gefühl und weiß, was er an Lotten hat. Er scheint wenig üble Laune zu haben, und du weißt, das ist die Sünde, die ich ärger hasse am Menschen als alle andre.

Er hält mich für einen Menschen von Sinn; und meine Anhänglichkeit zu Lotten, meine warme Freude, die ich an allen ihren Handlungen habe, vermehrt seinen Triumph, und er liebt sie nur desto mehr. Ob er sie nicht manchmal mit kleiner Eifersüchtelei peinigt, das lasse ich dahingestellt sein, wenigstens würd' ich an seinem Platze nicht ganz sicher vor diesem Teufel bleiben.

Dem sei nun wie ihm wolle, meine Freude, bei Lotten zu sein, ist hin. Soll ich das Torheit nennen oder Verblendung? – Was braucht's Namen! erzählt die Sache an sich! – Ich wusste alles, was ich jetzt weiß, ehe Albert kam; ich wusste, dass ich keine Prätention an sie zu machen hatte, machte auch keine – das heißt, insofern es möglich ist, bei so viel Liebenswürdigkeit nicht zu begehren – Und jetzt macht der Fratz große Augen, da der andere nun wirklich kommt und ihm das Mädchen wegnimmt.

Ich beiße die Zähne aufeinander und spotte über mein Elend und spottete derer doppelt und dreifach, die sagen könnten, ich sollte resignieren, und weil es nun einmal nicht anders sein könnte. – Schafft mir diese Strohmänner vom Hals! – Ich laufe in den Wäldern herum, und wenn ich zu Lotten komme, und Albert bei ihr sitzt im Gärtchen unter der Laube, und ich nicht weiter kann, so bin ich ausgelassen närrisch und fange viel Possen, viel verwirrtes Zeug an. – »Um Gottes willen«, sagte mir Lotte heut, »ich bitte Sie, keine Szene wie die von gestern Abend! Sie sind fürchterlich, wenn Sie so lustig sind.« – Unter uns, ich passe die Zeit ab, wenn er zu tun hat; wutsch! bin ich drauß, und da ist mir's immer wohl, wenn ich sie allein finde.

Am 8. August

Ich bitte dich, lieber Wilhelm, es war gewiss nicht auf dich gemünzt, wenn ich die Menschen unerträglich schalt, die von uns Ergebung in unvermeidliche Schicksale fordern. Ich dachte wahrlich nicht daran, dass du von ähnlicher Meinung sein könntest. Und im Grunde hast du recht. Nur eins, mein Bester! In der Welt ist es sehr selten mit dem Entweder – Oder getan; die Empfindungen und Handlungsweisen schattieren sich so mannigfaltig, als Abfälle zwischen einer Habichts- und Stumpfnase sind.

Du wirst mir also nicht übelnehmen, wenn ich dir dein ganzes Argument einräume und mich doch zwischen dem Entweder – Oder durchzustehlen suche.

Entweder, sagst du, hast du Hoffnung auf Lotten, oder du hast keine. Gut, im ersten Fall suche sie durchzutreiben, suche die Erfüllung deiner Wünsche zu umfassen: im anderen Fall ermanne dich und suche einer elenden Empfindung loszuwerden, die alle deine Kräfte verzehren muss. – Bester! das ist wohl gesagt, und – schnell gesagt.

Und kannst du von dem Unglücklichen, dessen Leben unter einer schleichenden Krankheit unaufhaltsam allmählich abstirbt, kannst du von ihm verlangen, er solle durch einen Dolchstoß der Qual auf einmal ein Ende machen? Und raubt das Übel, das ihm die Kräfte verzehrt, ihm nicht auch zugleich den Mut, sich davon zu befreien? Zwar könntest du mir mit einem verwandten Gleichnis antworten: Wer ließe sich nicht lieber den Arm abnehmen, als dass er durch Zaudern und Zagen sein Leben aufs Spiel setzte? – Ich weiß nicht! – und wir wollen uns nicht in Gleichnissen herumbeißen. Genug – Ja, Wilhelm, ich habe manchmal so einen Augenblick aufspringenden, abschüttelnden Muts, und da – wenn ich nur wüsste wohin, ich ginge wohl.

Abends

Mein Tagebuch, das ich seit einiger Zeit vernachlässigte, fiel mir heut' wieder in die Hände, und ich bin erstaunt, wie ich so wissentlich in das alles, Schritt für Schritt, hineingegangen bin! Wie ich meinen Zustand immer so klar gesehen und doch gehandelt habe wie ein Kind, jetzt noch so klar sehe, und es noch keinen Anschein zur Besserung hat.

Am 10. August

Ich könnte das beste, glücklichste Leben führen, wenn ich nicht ein Tor wäre. So schöne Umstände vereinigen sich nicht leicht, eines Menschen Seele zu ergötzen, als die sind, in denen ich mich jetzt befinde. Ach so gewiss ist's, dass unser Herz allein sein Glück macht. – Ein Glied der liebenswürdigen Familie zu sein, von dem Alten geliebt zu werden wie ein Sohn, von den Kleinen wie ein Vater, und von Lotten! – dann der ehrliche Albert, der durch keine launische Unart mein Glück stört; der mich mit herzlicher Freundschaft umfasst; dem ich nach Lotten das Liebste auf der Welt bin! – Wilhelm, es ist eine Freude, uns zu hören, wenn wir spazierengehen und uns einander von Lotten unterhalten: es ist in der Welt nichts Lächerlicheres erfunden worden als dieses Verhältnis, und doch kommen mir oft darüber die Tränen in die Augen.

Wenn er mir von ihrer rechtschaffenen Mutter erzählt: wie sie auf ihrem Sterbebett Lotten ihr Haus und ihre Kinder übergeben und ihm Lotten anbefohlen habe, wie seit der Zeit ein ganz anderer Geist Lotten belebt habe, wie sie, in der Sorge für ihre Wirtschaft und in dem

Ernst, eine wahre Mutter geworden, wie kein Augenblick ihrer Zeit ohne tätige Liebe, ohne Arbeit verstrichen, und dennoch ihre Munterkeit, ihr leichter Sinn sie nie dabei verlassen habe. – Ich gehe so neben ihm her und pflücke Blumen am Wege, füge sie sehr sorgfältig in einen Strauß und – werfe sie in den vorüberfließenden Strom und sehe ihnen nach, wie sie leise hinunterwallen. – Ich weiß nicht, ob ich dir geschrieben habe, dass Albert hier bleiben und ein Amt mit einem artigen Auskommen vom Hofe erhalten wird, wo er sehr beliebt ist. In Ordnung und Emsigkeit in Geschäften habe ich wenig seinesgleichen gesehen.

Am 12. August

Gewiss, Albert ist der beste Mensch unter dem Himmel. Ich habe gestern eine wunderbare Szene mit ihm gehabt. Ich kam zu ihm, um Abschied von ihm zu nehmen; denn mich wandelte die Lust an, ins Gebirge zu reiten, von woher ich dir auch jetzt schreibe, und wie ich in der Stube auf und ab gehe, fallen mir seine Pistolen in die Augen. – »Borge mir die Pistolen«, sagte ich, »zu meiner Reise.« – »Meinetwegen«, sagte er, »wenn du dir die Mühe nehmen willst, sie zu laden; bei mir hängen sie nur pro forma.« – Ich nahm eine herunter, und er fuhr fort: »Seit mir meine Vorsicht einen so unartigen Streich gespielt hat, mag ich mit dem Zeug nichts mehr zu tun haben.« – Ich war neugierig, die Geschichte zu wissen. – »Ich hielt mich«, erzählte er, »wohl ein Vierteljahr auf dem Lande bei einem Freund auf, hatte ein paar Terzerole ungeladen und schlief ruhig. Einmal an einem regnichten Nachmittag, da ich müßig sitze, weiß ich nicht, wie mir einfällt: wir könnten überfallen werden, wir könnten die Terzerole nötig haben und könnten – du weißt ja, wie das ist. – Ich gab sie dem Bedienten, sie zu putzen und zu laden; und der dahlt mit den Mädchen, will sie erschrecken, und Gott weiß wie, die Pistole geht los, da der Ladestock noch drin steckt, und schießt den Ladestock einem Mädchen zur Maus herein an der rechten Hand und zerschlägt ihr den Daumen. Da hatte ich das Lamentieren, und die Kur zu bezahlen obendrein, und seit der Zeit lass' ich alles Gewehr ungeladen. Lieber Schatz, was ist Vorsicht? Die Gefahr lässt sich nicht auslernen! Zwar … « – Nun weißt du, dass ich den Menschen sehr lieb habe bis auf seine Zwar; denn versteht sich's nicht von selbst, dass jeder allgemeine Satz Ausnahmen leidet? Aber so rechtfertig ist der Mensch! wenn er glaubt, etwas Übereiltes, Allgemeines, Halbwahres gesagt zu haben, hört er dir nicht auf zu limitieren, zu modifizieren und ab – und zuzutun, bis zuletzt gar nichts mehr an der Sache ist. Und bei diesem Anlass kam er sehr tief in Text: ich hörte endlich gar nicht weiter auf ihn, verfiel in Grillen, und mit einer auffahrenden Gebärde drückte ich mir die Mündung der Pistole übers rechte Aug' an die Stirn. – »Pfui!« sagte Albert, indem er mir die Pistole herabzog, »was soll das?« – »Sie ist nicht geladen.« sagte ich. – »Und auch so, was soll's?« versetzte er ungeduldig. »Ich kann mir nicht vorstellen, wie ein Mensch so töricht sein kann, sich zu erschießen; der bloße Gedanke erregt mir Widerwillen.«

»Dass ihr Menschen«, rief ich aus, »um von einer Sache zu reden, gleich sprechen müsst: ›das ist töricht, das ist klug, das ist gut, das ist bös!‹ Und was will das alles heißen? Habt ihr deswegen die innern Verhältnisse einer Handlung erforscht? Wisst ihr mit Bestimmtheit die Ursachen zu entwickeln, warum sie geschah, warum sie geschehen musste? Hättet ihr das, ihr würdet nicht so eilfertig mit euren Urteilen sein.«

»Du wirst mir zugeben«, sagte Albert, »dass gewisse Handlungen lasterhaft bleiben, sie mögen geschehen, aus welchem Beweggrund sie wollen.«

Ich zuckte die Achseln und gab's ihm zu. – »Doch, mein Lieber«, fuhr ich fort, »finden sich auch hier einige Ausnahmen. Es ist wahr, der Diebstahl ist ein Laster; aber der Mensch, der, um sich und die Seinigen vom gegenwärtigen Hungertod zu erretten, auf Raub ausgeht, verdient der Mitleid oder Strafe? Wer hebt den ersten Stein auf gegen den Ehemann, der im gerechten Zorn sein untreues Weib und ihren nichtswürdigen Verführer aufopfert? Gegen das

Mädchen, das in einer wonnevollen Stunde sich in den unaufhaltsamen Freuden der Liebe verliert? Unsere Gesetze selbst, diese kaltblütigen Pedanten, lassen sich rühren und halten ihre Strafe zurück.«

»Das ist ganz was anderes«, versetzte Albert, »weil ein Mensch, den seine Leidenschaften hinreißen, alle Besinnungskraft verliert und als ein Trunkener, als ein Wahnsinniger angesehen wird.«

»Ach ihr vernünftigen Leute!« rief ich lächelnd aus. »Leidenschaft! Trunkenheit! Wahnsinn! Ihr steht so gelassen, so ohne Teilnahme da, ihr sittlichen Menschen, scheltet den Trinker, verabscheut den Unsinnigen, geht vorbei wie der Priester und dankt Gott wie der Pharisäer, dass er euch nicht gemacht hat wie einen von diesen. Ich bin mehr als einmal trunken gewesen, meine Leidenschaften waren nie weit vom Wahnsinn, und beides reut mich nicht: denn ich habe in meinem Maß begreifen lernen, wie man alle außerordentlichen Menschen, die etwas Großes, etwas unmöglich Scheinendes wirkten, von jeher für Trunkene und Wahnsinnige ausschreien musste.

Aber auch im gemeinen Leben ist's unerträglich, fast einem jeden bei einer halbwegs freien, edlen, unerwarteten Tat nachrufen zu hören: ›Der Mensch ist trunken, der ist närrisch!‹ Schämt euch, ihr Nüchternen! Schämt euch, ihr Weisen!«

»Das sind nun wieder deine Grillen«, sagte Albert, »du überspannst alles und hast wenigstens hier gewiss unrecht, dass du den Selbstmord, wovon jetzt die Rede ist, mit großen Handlungen vergleichst: da man es doch für nichts anderes als eine Schwäche halten kann. Denn freilich ist es leichter zu sterben, als ein qualvolles Leben standhaft zu ertragen.«

Ich war im Begriff abzubrechen; denn kein Argument bringt mich so aus der Fassung, als wenn einer mit einem unbedeutenden Gemeinspruch angezogen kommt, wenn ich aus ganzem Herzen rede. Doch fasste ich mich, weil ich's schon oft gehört und mich öfter darüber geärgert hatte, und versetzte ihm mit einiger Lebhaftigkeit: »Du nennst das so Schwäche? Ich bitte dich, lass dich vom Anschein nicht verführen. Ein Volk, das unter dem unerträglichen Joch eines Tyrannen seufzt, darfst du das schwach heißen, wenn es endlich aufgärt und seine Ketten zerreißt? Ein Mensch, der über dem Schrecken, dass Feuer sein Haus ergriffen hat, alle Kräfte gespannt fühlt und mit Leichtigkeit Lasten wegträgt, die er bei ruhigem Sinn kaum bewegen kann; einer, der in der Wut der Beleidigung es mit sechsen aufnimmt und sie überwältigt, sind die schwach zu nennen? Und, mein Guter, wenn Anstrengung Stärke ist, warum soll die Überspannung das Gegenteil sein?« – Albert sah mich an und sagte: »Nimm mir's nicht übel, die Beispiele, die du da gibst, scheinen gar nicht hierher zu gehören.« – »Es mag sein«, sagte ich, »man hat mir schon öfters vorgeworfen, dass meine Kombinationsart manchmal an Radotage grenze. Lasst uns denn sehen, ob wir uns auf eine andere Weise vorstellen können, wie dem Menschen zu Mute sein mag, der sich entschließt, die sonst angenehme Bürde des Lebens abzuwerfen. Denn nur insofern wir mitempfinden, haben wir Ehre, von einer Sache zu reden.

Die menschliche Natur«, fuhr ich fort, »hat ihre Grenzen: sie kann Freude, Leid, Schmerzen bis zu einem gewissen Grad ertragen und geht zugrunde, sobald der überstiegen wird. Hier ist also nicht die Frage, ob einer schwach oder stark ist, sondern ob er das Maß seines Leidens überdauern kann, es mag nun moralisch oder körperlich sein. Und ich finde es ebenso wunderbar zu sagen, der Mensch ist feige, der sich das Leben nimmt, als es ungehörig wäre, den einen Feigen zu nennen, der an einem bösartigen Fieber stirbt.«

»Paradox! sehr paradox!« rief Albert aus. – »Nicht so sehr, wie du denkst.« versetzte ich. »Du gibst mir zu, wir nennen das eine Krankheit zum Tode, wodurch die Natur so angegriffen wird, dass teils ihre Kräfte verzehrt, teils so außer Wirkung gesetzt werden, dass sie sich nicht wieder aufzuhelfen, durch keine glückliche Revolution den gewöhnlichen Umlauf des

Lebens wieder herzustellen fähig ist. – Nun, mein Lieber, lass uns das auf den Geist anwenden. Sieh den Menschen an in seiner Eingeschränktheit, wie Eindrücke auf ihn wirken, Ideen sich bei ihm festsetzen, bis endlich eine wachsende Leidenschaft ihn aller ruhigen Sinneskraft beraubt und ihn zugrunde richtet.

Vergebens, dass der gelassene, vernünftige Mensch den Zustand des Unglücklichen übersieht, vergebens, dass er ihm zuredet! Ebenso wie ein Gesunder, der am Bett des Kranken steht, ihm von seinen Kräften nicht das geringste einflößen kann.«

Alberten war das zu allgemein gesprochen. Ich erinnerte ihn an ein Mädchen, das man vor kurzer Zeit im Wasser tot gefunden, und wiederholte ihm ihre Geschichte. – »Ein gutes, junges Geschöpf, das in dem engen Kreis häuslicher Beschäftigungen, wöchentlicher bestimmter Arbeit herangewachsen war, das weiter keine Aussicht von Vergnügen kannte, als etwa sonntags in einem nach und nach zusammengeschafften Putz mit ihresgleichen um die Stadt spazierenzugehen, vielleicht alle hohen Feste einmal zu tanzen und übrigens mit aller Lebhaftigkeit des herzlichsten Anteils manche Stunde über den Anlass eines Gezänks, einer üblen Nachrede mit einer Nachbarin zu verplaudern – deren feurige Natur fühlt nun endlich innigere Bedürfnisse, die durch die Schmeicheleien der Männer vermehrt werden; ihre vorigen Freuden werden ihr nach und nach unschmackhaft, bis sie endlich einen Menschen trifft, zu dem ein unbekanntes Gefühl sie unwiderstehlich hinreißt, auf den sie nun alle ihre Hoffnungen setzt, die Welt rings um sich vergisst, nichts hört, nichts sieht, nichts fühlt als ihn, den Einzigen, sich nur sehnt nach ihm, dem Einzigen. Durch die leeren Vergnügungen einer unbeständigen Eitelkeit nicht verdorben, zieht ihr Verlangen gerade nach dem Zweck, sie will die Seinige werden, sie will in ewiger Verbindung all das Glück erleben, das ihr mangelt, die Vereinigung aller Freuden genießen, nach denen sie sich sehnte. Wiederholtes Versprechen, das ihr die Gewissheit aller Hoffnungen versiegelt, kühne Liebkosungen, die ihre Begierden vermehren, umfangen ganz ihre Seele; sie schwebt in einem dumpfen Bewusstsein, in einem Vorgefühl aller Freuden, sie ist bis auf den höchsten Grad gespannt, sie streckt endlich ihre Arme aus, all ihre Wünsche zu umfassen – und ihr Geliebter verlässt sie. – Erstarrt, ohne Sinne steht sie vor einem Abgrund; alles ist Finsternis um sie her, keine Aussicht, kein Trost, keine Ahnung! Denn der hat sie verlassen, in dem sie allein ihr Dasein fühlte. Sie sieht nicht die weite Welt, die vor ihr liegt, nicht die vielen, die ihr den Verlust ersetzen könnten, sie fühlt sich allein, verlassen von aller Welt, – und blind, in die Enge gepresst von der entsetzlichen Not ihres Herzens, stürzt sie sich hinunter, um in einem rings umfangenden Tode alle ihre Qualen zu ersticken. – Sieh, Albert, das ist die Geschichte so manches Menschen! und sag', ist das nicht ein Fall von Krankheit? Die Natur findet keinen Ausweg aus dem Labyrinth der verworrenen und widersprechenden Kräfte, und der Mensch muss sterben.

Wehe dem, der zusehen und sagen könnte: ›Die Törin! Hätte sie gewartet, hätte sie die Zeit wirken lassen, die Verzweifelung würde sich schon gelegt, es würde sich schon ein anderer sie zu trösten gefunden haben.‹ – Das ist eben so, als ob einer sagte: ›Der Tor, stirbt am Fieber! Hätte er gewartet, bis sich seine Kräfte erholt, seine Säfte verbessert, der Tumult seines Blutes gelegt hätten, alles wäre gut gegangen, und er lebte bis auf den heutigen Tag!‹«

Albert, dem der Vergleich noch nicht anschaulich war, wandte noch einiges ein und unter anderem: ich hätte nur von einem einfältigen Mädchen gesprochen; wie aber ein Mensch von Verstand, der nicht so eingeschränkt sei, der mehr Verhältnisse übersehe, zu entschuldigen sein möchte, könne er nicht begreifen. – »Mein Freund«, rief ich aus, »der Mensch ist Mensch, und das bisschen Verstand, das einer haben mag, kommt wenig oder nicht in Anschlag, wenn Leidenschaft wütet und die Grenzen der Menschheit einen drängen. Vielmehr – Ein andermal davon …« sagte ich und griff nach meinem Hut. O mir war das Herz so voll.

Und wir gingen auseinander, ohne einander verstanden zu haben. Wie denn auf dieser Welt keiner leicht den andern versteht.

Am 15. August

Es ist doch gewiss, dass in der Welt den Menschen nichts notwendig macht als die Liebe. Ich fühl's an Lotten, dass sie mich ungern verlöre, und die Kinder haben keinen andern Begriff, als dass ich alle Morgen wiederkommen würde. Heute war ich hinausgegangen, Lottens Klavier zu stimmen, ich konnte aber nicht dazu kommen, denn die Kleinen verfolgten mich um ein Märchen, und Lotte sagte selbst, ich sollte ihnen den Willen tun. Ich schnitt ihnen das Abendbrot, das sie nun fast so gern von mir als von Lotten annehmen, und erzählte ihnen das Hauptstückchen von der Prinzessin, die von Händen bedient wird. Ich lerne viel dabei, das versichere ich dir, und ich bin erstaunt, welchen Eindruck es auf sie macht. Weil ich manchmal einen Inzidentpunkt erfinden muss, den ich beim zweiten Mal vergesse, sagen sie gleich, das vorige Mal wär' es anders gewesen, sodass ich mich jetzt übe, sie unveränderlich in einem singenden Silbenfall an einem Schnürchen weg zu rezitieren. Ich habe daraus gelernt, wie ein Autor durch eine zweite, veränderte Ausgabe seiner Geschichte, und wenn sie poetisch noch so besser geworden wäre, notwendig seinem Buche schaden muss. Der erste Eindruck findet uns willig, und der Mensch ist gemacht, dass man ihm das Abenteuerlichste aufschwatzen kann; das haftet aber auch gleich so fest, und wehe dem, der es wieder auskratzen und austilgen will!

Am 18. August

Musste denn das so sein, dass das, was des Menschen Glückseligkeit macht, wieder die Quelle seines Elendes würde?

Das volle, warme Gefühl meines Herzens an der lebendigen Natur, das mich mit so vieler Wonne überströmte, das ringsumher die Welt mir zu einem Paradiese schuf, wird mir jetzt zu einem unerträglichen Peiniger, zu einem quälenden Geist, der mich auf allen Wegen verfolgt. Wenn ich sonst vom Felsen über den Fluss bis zu jenen Hügeln das fruchtbare Tal überschaute und alles um mich her keimen und quellen sah; wenn ich jene Berge, vom Fuße bis zum Gipfel, mit hohen, dichten Bäumen bekleidet, jene Täler in ihren mannigfaltigen Krümmungen von den lieblichsten Wäldern beschattet sah, und der sanfte Fluss zwischen den lispelnden Rohren dahinglitt und die lieben Wolken abspiegelte, die der sanfte Abendwind am Himmel herüberwiegte; wenn ich dann die Vögel um mich den Wald beleben hörte, und die Millionen Mückenschwärme im letzten roten Strahl der Sonne mutig tanzten, und ihr letzter zuckender Blick den summenden Käfer aus seinem Grase befreite, und das Schwirren und Weben um mich her mich auf den Boden aufmerksam machte, und das Moos, das meinem harten Felsen seine Nahrung abzwingt, und das Geniste, das den dürren Sandhügel hinunter wächst, mir das innere, glühende, heilige Leben der Natur eröffnete: wie fasste ich das alles in mein warmes Herz, fühlte mich in der überfließenden Fülle wie vergöttert, und die herrlichen Gestalten der unendlichen Welt bewegten sich allbelebend in meiner Seele. Ungeheure Berge umgaben mich, Abgründe lagen vor mir, und Wetterbäche stürzten herunter, die Flüsse strömten unter mir, und Wald und Gebirg erklang; und ich sah sie wirken und schaffen ineinander in den Tiefen der Erde, all die unergründlichen Kräfte; und nun über der Erde und unter dem Himmel wimmeln die Geschlechter der mannigfaltigen Geschöpfe. Alles, alles bevölkert mit tausendfachen Gestalten; und die Menschen dann sich in Häuslein zusammen sichern und sich annisten und herrschen in ihrem Sinne über die weite Welt! Armer Tor! der du alles so gering achtest, weil du so klein bist. – Vom unzugänglichen Gebirge über die Einöde, die kein Fuß betrat, bis ans Ende des unbekannten Ozeans weht der Geist des Ewigschaffenden und freut sich jedes Staubes, der ihn vernimmt und lebt. – Ach damals, wie oft habe ich mich mit Fittichen eines Kranichs, der über mich hinflog, zu dem Ufer des ungemessenen Meeres gesehnt, aus dem schäumenden Becher des Unendlichen jene schwellende Lebenswonne zu trinken und nur einen Augenblick in der eingeschränkten Kraft meines Busens einen Tropfen der Seligkeit des Wesens zu fühlen, das alles in sich und durch sich hervorbringt.

Bruder, nur die Erinnerung jener Stunden macht mir wohl. Selbst diese Anstrengung, jene unsäglichen Gefühle zurückzurufen, wieder auszusprechen, hebt meine Seele über sich selbst und lässt mich dann das Bange des Zustandes doppelt empfinden, der mich jetzt umgibt.

Es hat sich vor meiner Seele wie ein Vorhang weggezogen, und der Schauplatz des unendlichen Lebens verwandelt sich vor mir in den Abgrund des ewig offenen Grabes. Kannst du sagen: Das ist! da alles vorübergeht? da alles mit der Wetterschnelle vorüberrollt, so selten die ganze Kraft seines Daseins ausdauert, ach, in den Strom fortgerissen, untergetaucht und an Felsen zerschmettert wird? Da ist kein Augenblick, der nicht dich verzehrte und die Deinigen um dich her, kein Augenblick, da du nicht ein Zerstörer bist, sein musst; der harmloseste Spaziergang kostet tausend armen Würmchen das Leben, es zerrüttet ein Fußtritt die mühseligen Gebäude der Ameisen und stampft eine kleine Welt in ein schmähliches Grab. Ha! nicht die große, seltene Not der Welt, diese Fluten, die eure Dörfer wegspülen, diese Erdbeben, die eure Städte verschlingen, rühren mich; mir untergräbt das Herz die verzehrende Kraft, die in dem All der Natur verborgen liegt; die nichts gebildet hat, das nicht seinen Nachbar, nicht sich selbst zerstörte. Und so taumle ich beängstigt. Himmel und Erde und ihre webenden Kräfte um mich her: ich sehe nichts als ein ewig verschlingendes, ewig wiederkäuendes Ungeheuer.

Am 21. August

Umsonst strecke ich meine Arme nach ihr aus, morgens, wenn ich von schweren Träumen aufdämmere, vergebens suche ich sie nachts in meinem Bett, wenn mich ein glücklicher, unschuldiger Traum getäuscht hat, als säß' ich neben ihr auf der Wiese und hielt' ihre Hand und deckte sie mit tausend Küssen. Ach, wenn ich dann noch halb im Taumel des Schlafes nach ihr tappe und drüber mich ermuntere – ein Strom von Tränen bricht aus meinem gepressten Herzen, und ich weine trostlos einer finstern Zukunft entgegen.

Am 22. August

Es ist ein Unglück, Wilhelm, meine tätigen Kräfte sind zu einer unruhigen Lässigkeit verstimmt, ich kann nicht müßig sein und kann doch auch nichts tun. Ich habe keine Vorstellungskraft, kein Gefühl an der Natur, und die Bücher ekeln mich an. Wenn wir uns selbst fehlen, fehlt uns doch alles. Ich schwöre dir, manchmal wünschte ich, ein Tagelöhner zu sein, um nur morgens beim Erwachen eine Aussicht auf den künftigen Tag, einen Drang, eine Hoffnung zu haben. Oft beneide ich Alberten, den ich über die Ohren in Akten begraben sehe, und bilde mir ein, mir wäre wohl, wenn ich an seiner Stelle wäre! Schon etliche Mal ist mir's so aufgefahren, ich wollte dir schreiben und dem Minister, um die Stelle bei der Gesandtschaft anzuhalten, die, wie du versicherst, mir nicht versagt werden würde. Ich glaube es selbst. Der Minister liebt mich seit langer Zeit, hatte lange mir angelegen, ich sollte mich irgendeinem Geschäfte widmen; und eine Stunde ist mir's auch wohl drum zu tun. Hernach, wenn ich wieder dran denke und mir die Fabel vom Pferd einfällt, das, seiner Freiheit ungeduldig, sich Sattel und Zaumzeug auflegen lässt und zuschanden geritten wird – ich weiß nicht, was ich soll. – Und, mein Lieber! ist nicht vielleicht das Sehnen in mir nach Veränderung des Zustands eine innere, unbehagliche Ungeduld, die mich überallhin verfolgen wird?

Am 28. August

Es ist wahr, wenn meine Krankheit zu heilen wäre, so würden diese Menschen es tun. Heute ist mein Geburtstag, und in aller Frühe empfange ich ein Päckchen von Alberten. Mir fällt beim Öffnen sogleich eine der blassroten Schleifen in die Augen, die Lotte vor sich hatte, als ich sie kennen lernte, und um die ich sie seither etliche Mal gebeten hatte. Es waren zwei Büchelchen in Duodez dabei, der kleine Wetsteinische Homer, eine Ausgabe, nach der ich so oft verlangt, um nicht beim Spaziergang mit dem Ernestischen mich abzuschleppen. Sieh! so kommen sie meinen Wünschen zuvor, so suchen sie alle die kleinen Gefälligkeiten der Freundschaft auf, die tausendmal werter sind als jene blendenden Geschenke, wodurch uns die Eitelkeit des Gebers erniedrigt. Ich küsse diese Schleife tausendmal, und mit jedem Atemzuge schlürfe ich die Erinnerung jener Seligkeiten ein, mit denen mich jene wenigen, glücklichen, unwiederbringlichen Tage überfüllten. Wilhelm, es ist so, und ich murre nicht, die Blüten des Lebens sind nur Erscheinungen! Wie viele gehn vorüber, ohne eine Spur hinter sich zu lassen, wie wenige setzen Frucht an, und wie wenige dieser Früchte werden reif! Und doch sind deren noch genug da; und doch – O mein Bruder! – können wir gereifte Früchte vernachlässigen, verachten, ungenossen verfaulen lassen?

Lebe wohl! Es ist ein herrlicher Sommer; ich sitze oft auf den Obstbäumen in Lottens Baumstück mit dem Obstbrecher, der langen Stange, und hole die Birnen aus dem Gipfel. Sie steht unten und nimmt sie ab, wenn ich sie ihr herunterlasse

Am 30. August

Unglücklicher! Bist du nicht ein Tor? Betrügst du dich nicht selbst? Was soll diese tobende, endlose Leidenschaft? Ich habe kein Gebet mehr als an sie; meiner Einbildungskraft erscheint keine andere Gestalt als die ihrige, und alles in der Welt um mich her sehe ich nur im Verhältnis mit ihr. Und das macht mir denn so manche glückliche Stunde – bis ich mich wieder von ihr losreißen muss! Ach Wilhelm! wozu mich mein Herz oft drängt! – Wenn ich bei ihr gesessen bin, zwei, drei Stunden, und mich an ihrer Gestalt, an ihrem Betragen, an dem himmlischen Ausdruck ihrer Worte geweidet habe, und nun nach und nach alle meine Sinne aufgespannt werden, mir es düster vor den Augen wird, ich kaum noch höre, und es mich an die Gurgel fasst wie ein Meuchelmörder, dann mein Herz in wilden Schlägen den bedrängten Sinnen Luft zu machen sucht und ihre Verwirrung nur vermehrt – Wilhelm, ich weiß oft nicht, ob ich auf der Welt bin! Und – wenn nicht manchmal die Wehmut das Übergewicht gewinnt und Lotte mir den elenden Trost erlaubt, auf ihrer Hand meine Beklemmung auszuweinen, – so muss ich fort, muss hinaus, und schweife dann weit im Felde umher; einen jähen Berg zu erklettern ist dann meine Freude, durch einen unwegsamen Wald einen Pfad zu arbeiten, durch die Hecken, die mich verletzen, durch die Dornen, die mich zerreißen! Da wird mir's etwas besser! Etwas! Und wenn ich vor Müdigkeit und Durst manchmal unterwegs liegen bleibe, manchmal in der tiefen Nacht, wenn der hohe Vollmond über mir steht, im einsamen Wald auf einen krumm gewachsenen Baum mich setze, um meinen verwundeten Sohlen nur einige Linderung zu verschaffen, und dann in einer ermattenden Ruhe in dem Dämmerschein hinschlummre! O Wilhelm! die einsame Wohnung einer Zelle, das härene Gewand und der Stachelgürtel wären Labsale, nach denen meine Seele schmachtet. Adieu! Ich sehe dieses Elends kein Ende als das Grab.

Am 3. September

Ich muss fort! Ich danke dir, Wilhelm, dass du meinen wankenden Entschluss bestimmt hast. Schon vierzehn Tage gehe ich mit dem Gedanken um, sie zu verlassen. Ich muss fort. Sie ist wieder in der Stadt bei einer Freundin. Und Albert – und – ich muss fort!

Am 10. September

Das war eine Nacht! Wilhelm! nun überstehe ich alles. Ich werde sie nicht wiedersehn! O dass ich nicht an deinen Hals fliegen, dir mit tausend Tränen und Entzückungen ausdrücken kann, mein Bester, die Empfindungen, die mein Herz bestürmen. Hier sitze ich und schnappe nach Luft, suche mich zu beruhigen, erwarte den Morgen, und mit Sonnenaufgang sind die Pferde bestellt.

Ach, sie schläft ruhig und denkt nicht, dass sie mich nie wieder sehen wird. Ich habe mich losgerissen, bin stark genug gewesen, in einem Gespräch von zwei Stunden mein Vorhaben nicht zu verraten. Und Gott, welch ein Gespräch!

Albert hatte mir versprochen, gleich nach dem Nachtessen mit Lotten im Garten zu sein. Ich stand auf der Terrasse unter den hohen Kastanienbäumen und sah der Sonne nach, die mir nun zum letzten Mal über dem lieblichen Tal, über dem sanften Fluss unterging. So oft hatte ich hier gestanden mit ihr und eben dem herrlichen Schauspiel zugesehen, und nun – Ich ging in der Allee auf und ab, die mir so lieb war; ein geheimer sympathetischer Zug hatte mich hier so oft gehalten, ehe ich noch Lotten kannte, und wie freuten wir uns, als wir am Anfang unserer Bekanntschaft die wechselseitige Neigung zu diesem Plätzchen entdeckten, das wahrhaftig eins von den romantischsten ist, die ich von der Natur hervorgebracht gesehen habe.

Erst hast du zwischen den Kastanienbäumen die weite Aussicht – ach, ich erinnere mich, ich habe dir, denk' ich, schon viel davon geschrieben, wie hohe Buchenwände einen endlich einschließen und durch ein daran stoßendes Boskett die Allee immer düsterer wird, bis zuletzt alles sich in ein geschlossenes Plätzchen endigt, das alle Schauer der Einsamkeit umschweben. Ich fühle es noch, wie heimlich mir's ward, als ich zum ersten Mal an einem hohen Mittag hineintrat; ich ahnte ganz leise, was für ein Schauplatz das noch werden sollte von Seligkeit und Schmerz.

Ich hatte mich etwa eine halbe Stunde in den schmachtenden, süßen Gedanken des Scheidens, des Wiedersehens geweidet, als ich sie die Terrasse heraufsteigen hörte. Ich lief ihnen entgegen, mit einem Schauer fasste ich ihre Hand und küsste sie. Wir waren eben heraufgetreten, als der Mond hinter dem buschigen Hügel aufging; wir redeten mancherlei und kamen unvermerkt dem düsteren Kabinett näher. Lotte trat hinein und setzte sich, Albert neben sie, ich auch; doch meine Unruhe ließ mich nicht lange sitzen; ich stand auf, trat vor sie, ging auf und ab, setzte mich wieder: es war ein ängstlicher Zustand. Sie machte uns aufmerksam auf die schöne Wirkung des Mondlichts, das am Ende der Buchenwände die ganze Terrasse vor uns erleuchtete: ein herrlicher Anblick, der um so viel frappanter war, weil uns rings eine tiefe Dämmerung einschloss. Wir waren still, und sie fing nach einer Weile an: »Niemals gehe ich im Mondlicht spazieren, niemals, dass mir nicht der Gedanke an meine Verstorbenen begegnete, dass nicht das Gefühl von Tod, von Zukunft über mich käme. Wir werden sein!« fuhr sie mit der Stimme des herrlichsten Gefühls fort; »aber, Werther, sollen wir uns wieder finden? wieder erkennen? Was ahnen Sie? Was sagen Sie?«

»Lotte«, sagte ich, indem ich ihr die Hand reichte und mir die Augen voll Tränen wurden, »wir werden uns wiedersehn! Hier und dort wiedersehn!« – Ich konnte nicht weiterreden – Wilhelm, musste sie mich das fragen, da ich diesen ängstlichen Abschied im Herzen hatte!

»Und ob die lieben Abgeschiednen von uns wissen«, fuhr sie fort, »ob sie fühlen, wann's uns wohl geht, dass wir mit warmer Liebe uns ihrer erinnern? O! die Gestalt meiner Mutter schwebt immer um mich, wenn ich am stillen Abend unter ihren Kindern, unter meinen Kindern sitze, und sie um mich versammelt sind, wie sie um sie versammelt waren. Wenn ich dann mit einer sehnenden Träne gen Himmel sehe und wünsche, dass sie hereinschauen könnte einen Augenblick, wie ich mein Wort halte, das ich ihr in der Stunde des Todes gab: die Mutter ihrer Kinder zu sein. Mit welcher Empfindung rufe ich aus: ›Verzeihe mir's, Teuerste, wenn ich ihnen nicht bin, was du ihnen warst. Ach! tue ich doch alles, was ich kann; sind sie doch gekleidet, genährt, ach, und, was mehr ist als das alles, gepflegt und geliebt. Könntest du unsere Eintracht sehen, liebe Heilige! du würdest mit dem heißesten Dank den Gott verherrlichen, den du mit den letzten, bittersten Tränen um die Wohlfahrt deiner Kinder batest.‹« –

Sie sagte das! o Wilhelm, wer kann wiederholen, was sie sagte! Wie kann der kalte, tote Buchstabe diese himmlische Blüte des Geistes darstellen! Albert fiel ihr sanft in die Rede: »Es greift Sie zu stark an, liebe Lotte! Ich weiß, Ihre Seele hängt sehr an diesen Ideen, aber ich bitte Sie …« – »O Albert«, sagte sie, »ich weiß, du vergisst nicht die Abende, da wir zusammensaßen an dem kleinen, runden Tischchen, wenn der Papa verreist war, und wir die Kleinen schlafen geschickt hatten. Du hattest oft ein gutes Buch und kamst so selten dazu, etwas zu lesen – War der Umgang dieser herrlichen Seele nicht mehr als alles? Die schöne, sanfte, muntere und immer tätige Frau! Gott kennt meine Tränen, mit denen ich mich oft in meinem Bette vor ihn hinwarf: er möchte mich ihr gleich machen.«

»Lotte!« rief ich aus, indem ich mich vor sie hinwarf, ihre Hand nahm und mit tausend Tränen netzte, »Lotte! der Segen Gottes ruht über dir und der Geist deiner Mutter!« – »Wenn Sie sie gekannt hätten«, sagte sie, indem sie mir die Hand drückte, – »sie war wert, von Ihnen gekannt zu sein!« – Ich glaubte zu vergehen. Nie war ein größeres, stolzeres Wort über mich ausgesprochen worden – und sie fuhr fort: »Und diese Frau musste in der Blüte ihrer Jahre dahin, als ihr jüngster Sohn keine sechs Monate alt war! Ihre Krankheit dauerte nicht lange; sie war ruhig, hingegeben, nur ihre Kinder taten ihr weh, besonders das kleine. Wie es gegen das Ende ging, und sie zu mir sagte: ›Bring' mir sie herauf!‹ und wie ich sie hereinführte, die kleinen, die nicht wussten, und die ältesten, die ohne Sinne waren, wie sie ums Bett standen, und wie sie die Hände aufhob und über sie betete und sie küsste nacheinander und sie wegschickte und zu mir sagte: ›Sei ihre Mutter!‹ – Ich gab ihr die Hand drauf! – ›Du versprichst viel, meine Tochter‹, sagte sie, ›das Herz einer Mutter und das Aug' einer Mutter. Ich habe oft an deinen dankbaren Tränen gesehen, dass du fühlst, was das sei. Hab' es für deine Geschwister und für deinen Vater die Treue und den Gehorsam einer Frau. Du wirst ihn trösten.‹ – Sie fragte nach ihm, er war ausgegangen, um uns den unerträglichen Kummer zu verbergen, den er fühlte, der Mann war ganz zerrissen.

Albert, du warst im Zimmer. Sie hörte jemand gehn und fragte und forderte dich zu sich, und wie sie dich ansah und mich, mit dem getrösteten, ruhigen Blick, dass wir glücklich sein, zusammen glücklich sein würden …« – Albert fiel ihr um den Hals und küsste sie und rief: »Wir sind es! Wir werden es sein!« – Der ruhige Albert war ganz aus seiner Fassung, und ich wusste nichts von mir selber.

»Werther«, fing sie an, »und diese Frau sollte dahin sein! Gott! wenn ich manchmal denke, wie man das Liebste seines Lebens wegtragen lässt, und niemand als die Kinder das so scharf fühlt, die sich noch lange beklagten, die schwarzen Männer hätten die Mama weggetragen!«

Sie stand auf, und ich ward erweckt und erschüttert, blieb sitzen und hielt ihre Hand. – »Wir wollen fort«, sagte sie, »es wird Zeit.« – Sie wollte ihre Hand zurückziehen, und ich hielt sie fester. – »Wir werden uns wieder sehen«, rief ich, »wir werden uns finden, unter allen Gestalten werden wir uns erkennen. Ich gehe«, fuhr ich fort, »ich gehe willig, und doch, wenn ich sagen sollte auf ewig, ich würde es nicht aushalten. Leb' wohl, Lotte! Leb' wohl, Albert! Wir sehn uns wieder.« – »Morgen, denke ich.« versetzte sie scherzend. – Ich fühlte das Morgen! Ach, sie wusste nicht, als sie ihre Hand aus der meinen zog –. Sie gingen die Allee hinaus, ich stand, sah ihnen nach im Mondschein und warf mich auf die Erde und weinte mich aus und sprang auf und lief auf die Terrasse hervor und sah noch dort unten im Schatten der hohen Lindenbäume ihr weißes Kleid in der Gartentür schimmern, ich streckte meine Arme aus, und es verschwand.

Zweites Buch

Am 20. Oktober 1771

Gestern sind wir hier angelangt. Der Gesandte ist unpass und wird sich also einige Tage einhalten. Wenn er nur nicht so unhold wäre, wär' alles gut. Ich merke, ich merke, das Schicksal hat mir harte Prüfungen zugedacht. Doch guten Mutes! Ein leichter Sinn trägt alles! Ein leichter Sinn? Das macht mich lachen, wie das Wort in meine Feder kommt. O ein bisschen leichteres Blut würde mich zum Glücklichsten unter der Sonne machen. Was! da, wo andere mit ihrem bisschen Kraft und Talent vor mir in behaglicher Selbstgefälligkeit herumschwadronieren, verzweifle ich an meiner Kraft, an meinen Gaben? Guter Gott, der du mir das alles schenktest, warum hieltest du nicht die Hälfte zurück und gabst mir Selbstvertrauen und Genügsamkeit?

Geduld! Geduld! es wird besser werden. Denn ich sage dir, Lieber, du hast recht. Seit ich unter dem Volke alle Tage herumgetrieben werde und sehe, was sie tun und wie sie's treiben, stehe ich viel besser mit mir selbst. Gewiss, weil wir doch einmal so gemacht sind, dass wir alles mit uns und uns mit allem vergleichen, so liegt Glück oder Elend in den Gegenständen, womit wir uns zusammenhalten, und da ist nichts gefährlicher als die Einsamkeit. Unsere Einbildungskraft, durch ihre Natur gedrängt sich zu erheben, durch die phantastischen Bilder der Dichtkunst genährt, bildet sich eine Reihe Wesen hinauf, wo wir das unterste sind und alles außer uns herrlicher erscheint, jeder andere vollkommner ist. Und das geht ganz natürlich zu. Wir fühlen so oft, dass uns manches mangelt, und eben was uns fehlt, scheint uns oft ein anderer zu besitzen, dem wir denn auch alles dazu geben, was wir haben, und noch eine gewisse idealische Behaglichkeit dazu. Und so ist der Glückliche vollkommen fertig, das Geschöpf unserer selbst.

Dagegen, wenn wir mit all unserer Schwachheit und Mühseligkeit nur gerade fortarbeiten, so finden wir gar oft, dass wir mit unserem Schlendern und Lavieren es weiter bringen als andere mit ihrem Segeln und Rudern – und – das ist doch ein wahres Gefühl seiner selbst, wenn man andern gleich- oder gar vorläuft.

Am 26. November 1771

Ich fange an, mich insofern ganz leidlich hier zu befinden. Das Beste ist, dass es zu tun genug gibt; und dann die vielerlei Menschen, die allerlei neuen Gestalten machen mir ein buntes Schauspiel vor meiner Seele. Ich habe den Grafen C. kennengelernt, einen Mann, den ich jeden Tag mehr verehren muss, einen weiten, großen Kopf, und der deswegen nicht kalt ist, weil er viel übersieht; aus dessen Umgang so viel Empfindung für Freundschaft und Liebe hervorleuchtet. Er nahm teil an mir, als ich einen Geschäftsauftrag ihm ausrichtete, und er bei den ersten Worten merkte, dass wir uns verstanden, dass er mit mir reden konnte wie nicht mit jedem. Auch kann ich sein offenes Betragen gegen mich nicht genug rühmen. So eine wahre, warme Freude ist nicht in der Welt, als eine große Seele zu sehen, die sich gegen einen öffnet.

Am 24 Dezember 1771

Der Gesandte macht mir viel Verdruss, ich habe es vorausgesehn. Er ist der pünktlichste Narr, den es nur geben kann; Schritt für Schritt und umständlich wie eine Base; ein Mensch, der nie mit sich selbst zufrieden ist, und dem es daher niemand recht machen kann. Ich arbeite gern leicht weg, und wie es steht, so steht es; da ist er imstande mir einen Aufsatz zurückzugeben und zu sagen: »Er ist gut, aber sehen Sie ihn durch, man findet immer ein besseres Wort, reinere Partikel.« – Da möchte ich des Teufels werden. Kein und, kein Bindewörtchen darf außenbleiben, und von allen Inversionen, die mir manchmal entfahren, ist er ein Todfeind; wenn man seinen Period nicht nach der hergebrachten Melodie herabcrgelt, so versteht er gar nichts drin. Das ist ein Leiden, mit so einem Menschen zu tun zu haben.

Das Vertrauen des Grafen von C. ist noch das einzige, was mich schadlos hält. Er sagte mir letzthin ganz aufrichtig, wie unzufrieden er mit der Langsamkeit und Bedenklichkeit meines Gesandten sei. »Die Leute erschweren es sich und andern. Doch«, sagte er, »man muss sich darein resignieren wie ein Reisender, der über einen Berg muss; freilich, wäre der Berg nicht da, so wäre der Weg viel bequemer und kürzer; er ist nun aber da, und man soll hinüber!« –

Mein Alter spürt auch wohl den Vorzug, den mir der Graf vor ihm gibt, und das ärgert ihn, und er ergreift jede Gelegenheit, Übles gegen mich vorm Grafen zu reden, ich halte, wie natürlich, Widerpart, und dadurch wird die Sache nur schlimmer. Gestern gar brachte er mich auf, denn ich war damit gemeint: zu so Weltgeschäften sei der Graf ganz gut, er habe viele Leichtigkeit zu arbeiten und führe eine gute Feder, doch an gründlicher Gelehrsamkeit mangle es ihm wie allen Belletristen. Dazu machte er eine Miene, als ob er sagen wollte: »Fühlst du den Stich?« Aber es tat bei mir nicht die Wirkung; ich verachtete den Menschen, der so denken und sich so betragen konnte. Ich hielt ihm stand und focht mit ziemlicher Heftigkeit. Ich sagte, der Graf sei ein Mann, vor dem man Achtung haben müsse, wegen seines Charakters sowohl als wegen seiner Kenntnisse. »Ich habe«, sagt' ich, »niemand gekannt, dem es so geglückt wäre, seinen Geist zu erweitern, ihn über unzählige Gegenstände zu verbreiten und doch diese Tätigkeit fürs gemeine Leben zu behalten.« – Das waren diesem Gehirn spanische Dörfer, und ich empfahl mich, um nicht über ein weiteres Deraisonnement noch mehr Galle zu schlucken.

Und daran seid ihr alle schuld, die ihr mich ins Joch geschwatzt und mir so viel von Aktivität vorgesungen habt. Aktivität! Wenn nicht der mehr tut, der Kartoffeln sät und in die Stadt reitet, sein Korn zu verkaufen, als ich, so will ich zehn Jahre mich noch auf der Galeere abarbeiten, auf der ich nun angeschmiedet bin.

Und das glänzende Elend, die Langeweile unter dem garstigen Volk, das sich hier nebeneinander sieht! Die Rangsucht unter ihnen, wie sie nur wachen und aufpassen, einander ein Schrittchen abzugewinnen; die elendesten, erbärmlichsten Leidenschaften, ganz ohne Röckchen. Da ist ein Weib, zum Exempel, die jedermann von ihrem Adel und ihrem Lande unterhält, sodass jeder Fremde denken muss: Das ist eine Närrin, die sich auf das bisschen Adel und auf den Ruf ihres Landes Wunderstreiche einbildet. – Aber es ist noch viel ärger: eben das Weib ist hier aus der Nachbarschaft eine Amtsschreiberstochter. – Sieh, ich kann das Menschengeschlecht nicht begreifen, das so wenig Sinn hat, um sich so platt zu prostituieren.

Zwar ich merke täglich mehr, mein Lieber, wie töricht man ist, andere nach sich zu berechnen. Und weil ich so viel mit mir selbst zu tun habe und dieses Herz so stürmisch ist –

ach ich lasse gern die anderen ihres Pfades gehen, wenn sie mich auch nur könnten gehen lassen.

Was mich am meisten neckt, sind die fatalen bürgerlichen Verhältnisse. Zwar weiß ich so gut als einer, wie nötig der Unterschied der Stände ist, wie viel Vorteile er mir selbst verschafft: nur soll er mir nicht eben gerade im Wege stehen, wo ich noch ein wenig Freude, einen Schimmer von Glück auf dieser Erde genießen könnte. Ich lernte neulich beim Spaziergang ein Fräulein von B. kennen, ein liebenswürdiges Geschöpf, das sehr viele Natur mitten in dem steifen Leben erhalten hat. Wir gefielen uns in unserem Gespräch, und als wir schieden, bat ich sie um Erlaubnis, sie bei sich sehen zu dürfen. Sie gestattete mir das mit so großer Freimütigkeit, dass ich den schicklichen Augenblick kaum erwarten konnte, zu ihr zu gehen. Sie ist nicht von hier und wohnt bei einer Tante im Hause. Die Physiognomie der Alten gefiel mir nicht. Ich bezeigte ihr viel Aufmerksamkeit, mein Gespräch war meist an sie gewandt, und in weniger als einer halben Stunde hatte ich so ziemlich weg, was mir das Fräulein nachher selbst gestand: dass die liebe Tante in ihrem Alter Mangel an allem, kein anständiges Vermögen, keinen Geist und keine Stütze hat als die Reihe ihrer Vorfahren, keinen Schirm als den Stand, in den sie sich verpalisadiert, und kein Ergötzen, als von ihrem Stockwerk herab über die bürgerlichen Häupter wegzusehen. In ihrer Jugend soll sie schön gewesen sein und ihr Leben weggegaukelt, erst mit ihrem Eigensinn manchen armen Jungen gequält und in den reiferen Jahren sich unter den Gehorsam eines alten Offiziers geduckt haben, der gegen diesen Preis und einen leidlichen Unterhalt das eherne Jahrhundert mit ihr zubrachte und starb. Nun sieht sie eisern sich allein und würde nicht angesehn, wär' ihre Nichte nicht so liebenswürdig.

Den 8. Januar 1772

Was das für Menschen sind, deren ganze Seele auf dem Zeremoniell ruht, deren Dichten und Trachten jahrelang dahin geht, wie sie um einen Stuhl weiter hinauf bei Tische sich einschieben wollen! Und nicht, dass sie sonst keine Angelegenheit hätten: nein, vielmehr häufen sich die Arbeiten, eben weil man über den kleinen Verdrießlichkeiten von Beförderung der wichtigen Sachen abgehalten wird. Vorige Woche gab es bei der Schlittenfahrt Händel, und der ganze Spaß wurde verdorben.

Die Toren, die nicht sehen, dass es eigentlich auf den Platz gar nicht ankommt, und dass der, der den ersten hat, so selten die erste Rolle spielt! Wie mancher König wird durch seinen Minister, wie mancher Minister durch seinen Sekretär regiert! Und wer ist dann der Erste? Der, dünkt mich, der die anderen übersieht und so viel Gewalt oder List hat, ihre Kräfte und Leidenschaften zur Ausführung seiner Plane einzuspannen.

Am 20. Januar

Ich muss Ihnen schreiben, liebe Lotte, hier in der Stube einer bescheidenen Bauernherberge, in die ich mich vor einem schweren Wetter geflüchtet habe. Solange ich in dem traurigen Nest D. unter dem fremden, meinem Herzen ganz fremden Volk herumziehe, habe ich keinen Augenblick gehabt, keinen, an dem mein Herz mich geheißen hätte, Ihnen zu schreiben; und jetzt in dieser Hütte, in dieser Einsamkeit, in dieser Einschränkung, da Schnee und Schloßen wider mein Fensterchen wüten, hier waren Sie mein erster Gedanke. Wie ich hereintrat, überfiel mich Ihre Gestalt, Ihr Andenken, o Lotte! so heilig, so warm! Guter Gott! der erste glückliche Augenblick wieder.

Wenn Sie mich sähen, meine Beste, in dem Schwall von Zerstreuung! Wie ausgetrocknet meine Sinne werden! Nicht einen Augenblick der Fülle des Herzens, nicht eine selige Stunde! nichts! nichts! Ich stehe wie vor einem Raritätenkasten und sehe die Männchen und Gäulchen vor mir herumrücken, und frage mich oft, ob es nicht optischer Betrug ist. Ich spiele mit, vielmehr, ich werde gespielt wie eine Marionette und fasse manchmal meinen Nachbar an der hölzernen Hand und schaudere zurück. Abends nehme ich mir vor, den Sonnenaufgang zu genießen, und komme nicht aus dem Bett; am Tage hoffe ich, mich des Mondscheins zu erfreuen, und bleibe in meiner Stube. Ich weiß nicht recht, warum ich aufstehe, warum ich schlafen gehe.

Der Sauerteig, der mein Leben in Bewegung setzte, fehlt; der Reiz, der mich in tiefen Nächten munter hielt, ist hin, der mich morgens aus dem Schlaf weckte, ist weg.

Ein einzig weibliches Geschöpf habe ich hier gefunden, ein Fräulein von B., sie gleicht Ihnen, liebe Lotte, wenn man Ihnen gleichen kann. »Ei!« werden Sie sagen, »der Mensch verlegt sich auf niedliche Komplimente!« Ganz unwahr ist es nicht. Seit einiger Zeit bin ich sehr artig, weil ich doch nicht anders sein kann, habe viel Witz, und die Frauenzimmer sagen, es wüsste niemand so fein zu loben als ich (und zu lügen, setzen Sie hinzu, denn ohne das geht es nicht ab, verstehen Sie?). Ich wollte von Fräulein B. reden. Sie hat viel Seele, die voll aus ihren blauen Augen hervorblickt. Ihr Stand ist ihr Last, der keinen der Wünsche ihres Herzens befriedigt. Sie sehnt sich aus dem Getümmel, und wir verphantasieren manche Stunde in ländlichen Szenen von ungemischter Glückseligkeit; ach! und von Ihnen! Wie oft muss sie Ihnen huldigen, muss nicht, tut es freiwillig, hört so gern von Ihnen, liebt Sie. –

O säß' ich zu Ihren Füßen in dem lieben, vertraulichen Zimmerchen, und unsere kleinen Lieben wälzten sich miteinander um mich herum, und wenn sie Ihnen zu laut würden, wollte ich sie mit einem schauerlichen Märchen um mich zur Ruhe versammeln.

Die Sonne geht herrlich unter über der schneeglänzenden Gegend, der Sturm ist vorbeigezogen, und ich – muss mich wieder in meinen Käfig sperren. – Adieu! Ist Albert bei Ihnen? Und wie –? Gott verzeihe mir diese Frage!

Den 8. Februar

Wir haben seit acht Tagen das abscheulichste Wetter, und mir ist es wohltätig. Denn solang ich hier bin, ist mir noch kein schöner Tag am Himmel erschienen, den mir nicht jemand verdorben oder verleidet hätte. Wenn's nun recht regnet und stöbert und fröstelt und taut: Ha! denk' ich, kann's doch zu Hause nicht schlimmer werden, als es draußen ist, oder umgekehrt, und so ist's gut. Geht die Sonne morgens auf und verspricht einen feinen Tag, wehr' ich mich niemals auszurufen: Da haben sie doch wieder ein himmlisches Gut, worum sie einander bringen können! Es ist nichts, worum sie einander nicht bringen. Gesundheit, guter Name, Freudigkeit, Erholung! Und meist aus Albernheit, Unbegriff und Enge und, wenn man sie anhört, in der besten Meinung. Manchmal möcht' ich sie auf den Knien bitten, nicht so rasend in ihrer eigenen Eingeweide zu wüten.

Am 17. Februar

Ich fürchte, mein Gesandter und ich halten es zusammen nicht mehr lange aus. Der Mann ist ganz und gar unerträglich. Seine Art zu arbeiten und Geschäfte zu treiben ist so lächerlich, dass ich mich nicht enthalten kann, ihm zu widersprechen und oft eine Sache nach meinem Kopf und meiner Art zu machen, das ihm dann, wie natürlich, niemals recht ist. Darüber hat er mich neulich bei Hofe verklagt, und der Minister gab mir einen zwar sanften Verweis, aber es war doch ein Verweis, und ich stand im Begriffe, meinen Abschied zu begehren, als ich einen Privatbrief (Man hat aus Ehrfurcht den für diesen trefflichen Herrn gedachten Brief und einen anderen, dessen weiter hinten erwähnt wird, dieser Sammlung entzogen, weil man nicht glaubte, eine solche Kühnheit durch den wärmsten Dank des Publikums entschuldigen zu können.) von ihm erhielt, einen Brief, vor dem ich niedergekniet, und den hohen, edlen, weisen Sinn angebetet habe. Wie er meine allzu große Empfindlichkeit zurechtweist, wie er meine überspannten Ideen von Wirksamkeit, von Einfluss auf andere, von Durchdringen in Geschäften als jugendlichen guten Mut zwar ehrt, sie nicht auszurotten, nur zu mildern und dahin zu leiten sucht, wo sie ihr wahres Spiel haben, ihre kräftige Wirkung tun können. Auch bin ich auf acht Tage gestärkt und mit mir selbst einig geworden. Die Ruhe der Seele ist ein herrliches Ding und die Freude an sich selbst. Lieber Freund, wenn nur das Kleinod nicht eben so zerbrechlich wäre, als es schön und kostbar ist.

Am 20. Februar

Gott segne euch, meine Lieben, geb' euch alle die guten Tage, die er mir abzieht!
Ich danke dir, Albert, dass du mich betrogen hast: ich wartete auf Nachricht, wann euer Hochzeitstag sein würde, und hatte mir vorgenommen, feierlichst an demselben Lottens Schattenriss von der Wand zu nehmen und ihn unter andere Papiere zu begraben. Nun seid ihr ein Paar, und ihr Bild ist noch hier! Nun, so soll es bleiben! Und warum nicht? Ich weiß, ich bin ja auch bei euch, bin dir unbeschadet in Lottens Herzen, habe, ja ich habe den zweiten Platz darin und will und muss ihn behalten. O ich würde rasend werden, wenn sie vergessen könnte – Albert, in dem Gedanken liegt eine Hölle. Albert, leb' wohl! Leb' wohl, Engel des Himmelst Leb' wohl, Lotte!

Den 15. März

Ich habe einen Verdruss gehabt, der mich von hier wegtreiben wird. Ich knirsche mit den Zähnen! Teufel! Er ist nicht zu ersetzen, und ihr seid doch allein schuld daran, die ihr mich spomtet und triebt und quältet, mich in einen Posten zu begeben, der nicht nach meinem Sinne war. Nun habe ich's! Nun habt ihr's! Und dass du nicht wieder sagst, meine überspannten Ideen verdürben alles, so hast du hier, lieber Herr, eine Erzählung, plan und nett, wie ein Chronikenschreiber das aufzeichnen würde.

Der Graf von C. liebt mich, distinguiert mich, das ist bekannt, das habe ich dir schon hundertmal gesagt. Nun war ich gestern bei ihm zu Tafel, eben an dem Tag, da abends die noble Gesellschaft von Herren und Frauen bei ihm zusammenkommt, an die ich nie gedacht habe, auch mir nie aufgefallen ist, dass wir Subalternen nicht hineingehören. Gut. Ich speise bei dem Grafen, und nach Tisch gehn wir in dem großen Saal auf und ab, ich rede mit ihm, mit dem Obristen B., der dazu kommt, und so rückt die Stunde der Gesellschaft heran. Ich denke, Gott weiß, an nichts. Da tritt herein die übergnädige Dame von S. mit ihrem Herrn Gemahl und wohl ausgebrüteten Gänslein Tochter mit der flachen Brust und niedlichem Schnürleib, machen en passant ihre hergebrachten, hochadeligen Augen und Naslöcher, und wie mir die Nation von Herzen zuwider ist, wollte ich mich eben empfehlen und wartete nur, bis der Graf vom garstigen Gewäsche frei wäre, als mein Fräulein B. hereintrat. Da mir das Herz immer ein bisschen aufgeht, wenn ich sie sehe, blieb ich eben, stellte mich hinter ihren Stuhl und bemerkte erst nach einiger Zeit, dass sie mit weniger Offenheit als sonst, mit einiger Verlegenheit mit mir redete. Das fiel mir auf. Ist sie auch wie all das Volk, dacht' ich, und war angestochen und wollte gehen, und doch blieb ich, weil ich sie gerne entschuldigt hätte und es nicht glaubte und noch ein gut Wort von ihr hoffte und – was du willst. Unterdessen füllt sich die Gesellschaft. Der Baron F. mit der ganzen Garderobe von den Krönungszeiten Franz des Ersten her, der Hofrat R., hier aber in qualitate Herr von R. genannt, mit seiner tauben Frau etc., den übel fournierten J. nicht zu vergessen, der die Lücken seiner altfränkischen Garderobe mit neumodischen Lappen ausflickt, das kommt zuhauf, und ich rede mit einigen meiner Bekanntschaft, die alle sehr lakonisch sind. Ich dachte – und gab nur auf meine B. acht. Ich merkte nicht, dass die Weiber am Ende des Saales sich in die Ohren flüsterten, dass es auf die Männer zirkulierte, dass Frau von S. mit dem Grafen redete (das alles hat mir Fräulein B. nachher erzählt), bis endlich der Graf auf mich losging und mich in ein Fenster nahm. – »Sie wissen«, sagt' er, »unsere wunderbaren Verhältnisse; die Gesellschaft ist unzufrieden, merke ich, Sie hier zu sehn. Ich wollte nicht um alles« – »Ihro Exzellenz«, fiel ich ein, »ich bitte tausendmal um Verzeihung; ich hätte eher dran denken sollen, und ich weiß, Sie vergeben mir diese Inkonsequenz; ich wollte schon vorhin mich empfehlen. Ein böser Genius hat mich zurückgehalten«, setzte ich lächelnd hinzu, indem ich mich neigte. – Der Graf drückte meine Hände mit einer Empfindung, die alles sagte. Ich strich mich sacht aus der vornehmen Gesellschaft, ging, setzte mich in ein Kabriolett und fuhr nach M., dort vom Hügel die Sonne untergehen zu sehen und dabei in meinem Homer den herrlichen Gesang zu lesen, wie Ulyss von dem trefflichen Schweinhirten bewirtet wird. Das war alles gut.

Abends komm' ich zurück zu Tische, es waren noch wenige in der Gaststube; die würfelten in einer Ecke, hatten das Tischtuch zurückgeschlagen. Da kommt der ehrliche Adelin hinein, legt seinen Hut nieder, indem er mich ansieht, tritt zu mir und sagt leise: »Du hast Verdruss gehabt?« – »Ich?« sagt' ich. – »Der Graf hat dich aus der Gesellschaft gewiesen.« – »Hol' sie der Teufel!« sagt' ich, »mir war's lieb, dass ich in die freie Luft kam.« – »Gut«, sagt' er, »dass du's auf die leichte Schulter nimmst. Nur verdrießt mich's, es ist schon überall herum.« – Da fing mich das Ding erst an zu wurmen. Alle, die zu Tisch kamen und mich ansahen, dachte ich, die sehen dich darum an! Das gab böses Blut.

Und da man nun heute gar, wo ich hintrete, mich bedauert, da ich höre, dass meine Neider nun triumphieren und sagen: da sähe man's, wo es mit den Übermütigen hinausginge, die sich ihres bisschen Kopfs überhöben und glaubten, sich darum über alle Verhältnisse hinwegsetzen zu dürfen, und was des Hundegeschwätzes mehr ist – da möchte man sich ein Messer ins Herz bohren; denn man rede von Selbständigkeit was man will, den will ich sehen, der dulden kann, dass Schurken über ihn reden, wenn sie einen Vorteil über ihn haben; wenn ihr Geschwätz leer ist, ach da kann man sie leicht lassen.

Am 16. März

Es hetzt mich alles. Heut' treff' ich die Fräulein B. in der Allee, ich konnte mich nicht enthalten, sie anzureden und ihr, sobald wir etwas entfernt von der Gesellschaft waren, meine Empfindlichkeit über ihr neuliches Betragen zu zeigen. – »O Werther«, sagte sie mit einem innigen Tone, »konnten Sie meine Verwirrung so auslegen, da Sie mein Herz kennen? Was ich gelitten habe um Ihretwillen, von dem Augenblick an, da ich in den Saal trat! Ich sah alles voraus, hundertmal saß mir's auf der Zunge, es Ihnen zu sagen. Ich wusste, dass die von S. und T. mit ihren Männern eher aufbrechen würden, als in Ihrer Gesellschaft zu bleiben; ich wusste, dass der Graf es mit ihnen nicht verderben darf, – und jetzt der Lärm!« – »Wie, Fräulein?« sagt' ich und verbarg meinen Schrecken; denn alles, was Adelin mir vorgestern gesagt hatte, lief mir wie siedend Wasser durch die Adern in diesem Augenblick. – »Was hat mich es schon gekostet!« sagte das süße Geschöpf, indem ihr die Tränen in den Augen standen. – Ich war nicht Herr mehr meiner selbst, war im Begriff, mich ihr zu Füßen zu werfen. – »Erklären Sie sich!« rief ich. – Die Tränen liefen ihr die Wangen herunter. Ich war außer mir. Sie trocknete sie ab, ohne sie verbergen zu wollen. – »Meine Tante kennen Sie«, fing sie an, »sie war gegenwärtig und hat – o, mit was für Augen hat sie das angesehen! Werther, ich habe gestern Nacht ausgestanden und heute früh eine Predigt über meinen Umgang mit Ihnen, und ich habe zuhören müssen, Sie herabsetzen, erniedrigen, und konnte und durfte Sie nur halb verteidigen.«

Jedes Wort, das sie sprach, ging mir wie ein Schwert durchs Herz. Sie fühlte nicht, welche Barmherzigkeit es gewesen wäre, mir das alles zu verschweigen, und nun fügte sie noch hinzu, was weiter würde getratscht werden, welche Art Menschen darüber triumphieren würde. Wie man sich nunmehr über die Strafe meines Übermuts und meiner Geringschätzung anderer, die sie mir schon lange vorwerfen, kitzeln und freuen würde. Das alles, Wilhelm, von ihr zu hören, mit der Stimme wahrster Teilnahme – ich war zerstört und bin noch wütend. Ich wollte, dass sich einer unterstünde, mir's vorzuwerfen, dass ich ihm den Degen durch den Leib stoßen könnte; wenn ich Blut sähe, würde mir's besser werden. Ach, ich hab' hundertmal ein Messer ergriffen, um diesem gedrängten Herzen Luft zu machen. Man erzählt von einer edlen Art Pferde, die, wenn sie schrecklich erhitzt und aufgejagt sind, sich selbst aus Instinkt eine Ader aufbeißen, um sich zu Atem zu verhelfen. So ist mir's oft, ich möchte mir eine Ader öffnen, die mir die ewige Freiheit schaffte.

Am 24. März

Ich habe meine Entlassung vom Hofe verlangt und werde sie, hoffe ich, erhalten, und ihr werdet mir verzeihen, dass ich nicht erst Erlaubnis dazu bei euch geholt habe. Ich musste nun einmal fort, und was ihr zu sagen hattet, um mir das Bleiben einzureden, weiß ich alles, und also – Bringe das meiner Mutter in einem Säftchen bei, ich kann mir selbst nicht helfen, und sie mag sich gefallen lassen, wenn ich ihr auch nicht helfen kann. Freilich muss es ihr weh tun. Den schönen Lauf, den ihr Sohn gerade zum Geheimen Rat und Gesandten ansetzte, so auf einmal angehalten zu sehen, und rückwärts mit dem Tierchen in den Stall! Macht nun daraus, was ihr wollt, und kombiniert die möglichen Fälle, unter denen ich hätte bleiben können und sollen; genug, ich gehe, und damit ihr wisst, wo ich hinkomme, so ist hier der Fürst **, der vielen Geschmack an meiner Gesellschaft findet; der hat mich gebeten, da er von meiner Absicht hörte, mit ihm auf seine Güter zu gehen und den schönen Frühling da zuzubringen. Ich soll ganz mir selbst überlassen sein, hat er mir versprochen, und da wir uns zusammen bis auf einen gewissen Punkt verstehn, will ich es denn auf gut Glück wagen und mit ihm gehen.

Zur Nachricht

Am 19. April

Danke für deine beiden Briefe. Ich antwortete nicht, weil ich dieses Blatt liegen ließ, bis mein Abschied vom Hofe da wäre; ich fürchtete, meine Mutter möchte sich an den Minister wenden und mir mein Vorhaben erschweren. Nun aber ist es geschehen, mein Abschied ist da. Ich mag euch nicht sagen, wie ungern man mir ihn gegeben hat, und was mir der Minister schreibt – ihr würdet in neue Lamentationen ausbrechen. Der Erbprinz hat mir zum Abschied fünfundzwanzig Dukaten geschickt, mit einem Wort, das mich bis zu Tränen gerührt hat; also brauche ich von der Mutter das Geld nicht, um das ich neulich schrieb.

Am 5. Mai

Morgen geh' ich von hier fort, und weil mein Geburtsort nur sechs Meilen vom Weg liegt, so will ich den auch wiedersehen, will mich der alten, glücklich verträumten Tage erinnern. Zu eben dem Tor will ich hineingehn, aus dem meine Mutter mit mir herausfuhr, als sie nach dem Tode meines Vaters den lieben, vertraulichen Ort verließ, um sich in ihre unerträgliche Stadt einzusperren. Adieu, Wilhelm, du sollst von meinem Zuge hören.

Am 9. Mai

Ich habe die Wallfahrt nach meiner Heimat mit aller Andacht eines Pilgrims vollendet, und manche unerwarteten Gefühle haben mich ergriffen. An der großen Linde, die eine Viertelstunde vor der Stadt nach S. steht, ließ ich halten, stieg aus und hieß den Postillion fortfahren, um zu Fuß jede Erinnerung ganz neu, lebhaft, nach meinem Herzen zu kosten. Da stand ich nun unter der Linde, die ehedem, als Knabe, das Ziel und die Grenze meiner Spaziergänge gewesen. Wie anders! Damals sehnte ich mich in glücklicher Unwissenheit hinaus in die unbekannte Welt, wo ich für mein Herz so viele Nahrung, so vielen Genuss erhoffte, meinen strebenden, sehnenden Busen auszufüllen und zu befriedigen. Jetzt komm' ich zurück aus der weiten Welt – o mein Freund, mit wie viel fehlgeschlagenen Hoffnungen, mit wie viel zerstörten Plänen! – Ich sah das Gebirge vor mir liegen, das tausendmal Gegenstand meiner Wünsche gewesen war. Stundenlang konnt' ich hier sitzen und mich hinüber sehnen, mit inniger Seele mich in den Wäldern, den Tälern verlieren, die sich meinen Augen so freundlich dämmernd darstellten; und wenn ich dann um die bestimmte Zeit wieder zurück musste, mit welchem Widerwillen verließ ich nicht den lieben Platz! – Ich kam der Stadt näher, alle die alten, bekannten Gartenhäuschen wurden von mir gegrüßt, die neuen waren mir zuwider, so auch alle Veränderungen, die man sonst vorgenommen hatte. Ich trat zum Tor hinein und fand mich doch gleich und ganz wieder. Lieber, ich mag nicht ins Detail gehn; so reizend, als es mir war, so einförmig würde es in der Erzählung werden. Ich hatte beschlossen, auf dem Markt zu wohnen, gleich neben unserem alten Haus. Im Hingehen bemerkte ich, dass die Schulstube, wo ein ehrliches altes Weib unsere Kindheit zusammengepfercht hatte, in einen Kramladen verwandelt war. Ich erinnerte mich der Unruhe, der Tränen, der Dumpfheit des Sinnes, der Herzensangst, die ich in dem Loch ausgestanden hatte. – Ich tat keinen Schritt, der nicht merkwürdig war. Ein Pilger im heiligen Land trifft nicht so viele Stätten religiöser Erinnerungen an, und seine Seele ist schwerlich so voll heiliger Bewegung. – Noch eins für tausend. Ich ging am Fluss hinab, bis zu einem gewissen Hof; das war sonst auch mein Weg, und die Plätzchen, wo wir Knaben uns übten, die meisten Sprünge der flachen Steine im Wasser hervorzubringen. Ich erinnerte mich so lebhaft, wenn ich manchmal stand und dem Wasser nachsah, mit wie wunderbaren Ahnungen ich es verfolgte, wie abenteuerlich ich mir die Gegenden vorstellte, wo es nun hinflösse, und wie ich da so bald Grenzen meiner Vorstellungskraft fand; und doch musste das weitergehen, immer weiter, bis ich mich ganz in dem Anschauen einer unsichtbaren Ferne verlor. – Sieh, mein Lieber, so beschränkt und so glücklich waren die herrlichen Altväter! So kindlich ihr Gefühl, ihre Dichtung! Wenn Ulyss von dem ungemessnen Meer und von der unendlichen Erde spricht, das ist so wahr, menschlich, innig, eng und geheimnisvoll. Was hilft mir's, dass ich jetzt mit jedem Schulknaben nachplappern kann, dass sie rund sei? Der Mensch braucht nur wenige Erdschollen, um drauf zu genießen, weniger, um drunter zu ruhen.

Nun bin ich hier, auf dem fürstlichen Jagdschloss. Es lässt sich noch ganz wohl mit dem Herrn leben, er ist wahr und einfach. Wunderliche Menschen sind um ihn herum, die ich gar nicht begreife. Sie scheinen keine Schelme zu sein und haben doch auch nicht das Ansehen von ehrlichen Leuten. Manchmal kommen sie mir ehrlich vor, und ich kann ihnen doch nicht trauen. Was mir noch leid tut, ist, dass er oft von Sachen redet, die er nur gehört und gelesen hat, und zwar aus eben dem Gesichtspunkt, wie sie ihm der andere vorstellen mochte. Auch schätzt er meinen Verstand und meine Talente mehr als dies Herz, das doch mein einziger

Stolz ist, das ganz allein die Quelle von allem ist, aller Kraft, aller Seligkeit und allen Elends. Ach, was ich weiß, kann jeder wissen – mein Herz habe ich allein.

Am 25. Mai

Ich hatte etwas im Kopf, davon ich euch nichts sagen wollte, bis es ausgeführt wäre: jetzt, da nichts draus wird, ist es ebenso gut. Ich wollte in den Krieg; das hat mir lange im Herzen gelegen. Vornehmlich darum bin ich dem Fürsten hierher gefolgt, der General in ***schen Diensten ist. Auf einem Spaziergang entdeckte ich ihm mein Vorhaben; er widerriet mir es, und es müsste bei mir mehr Leidenschaft als Grille gewesen sein, wenn ich seinen Gründen nicht hätte Gehör geben wollen.

Am 11. Juni

Sage was du willst, ich kann nicht länger bleiben. Was soll ich hier? Die Zeit wird mir lang. Der Fürst hält mich, so gut man nur kann, und doch bin ich nicht in meiner Lage. Wir haben im Grunde nichts gemein miteinander. Er ist ein Mann von Verstand, aber von ganz gemeinem Verstand; sein Umgang unterhält mich nicht mehr, als wenn ich ein wohl geschriebenes Buch lese. Noch acht Tage bleib' ich, und dann zieh' ich wieder in der Irre herum. Das Beste, was ich hier getan habe, ist mein Zeichnen. Der Fürst fühlt in der Kunst und würde noch stärker fühlen, wenn er nicht durch das garstige wissenschaftliche Wesen und durch die gewöhnliche Terminologie eingeschränkt wäre. Manchmal knirsche ich mit den Zähnen, wenn ich ihn mit warmer Imagination an Natur und Kunst herumführe, und er es auf einmal recht gut zu machen denkt, wenn er mit einem gestempelten Kunstwort dreinstolpert.

Am 16. Juni

Ja wohl bin ich nur ein Wanderer, ein Waller auf der Erde! Seid ihr denn mehr?

Am 18. Juni

Wo ich hin will? Das lass dir im Vertrauen eröffnen. Vierzehn Tage muss ich doch noch hier bleiben, und dann habe ich mir weisgemacht, dass ich die Bergwerke im **schen besuchen wollte; ist aber im Grunde nichts dran, ich will nur Lotten wieder näher, das ist alles. Und ich lache über mein eigenes Herz – und tu' ihm seinen Willen.

Am 29. Juli

Nein, es ist gut! es ist alles gut! – Ich – ihr Mann! O Gott, der du mich machtest, wenn du mir diese Seligkeit bereitet hättest, mein ganzes Leben sollte ein anhaltendes Gebet sein. Ich will nicht rechten, und verzeihe mir diese Tränen, verzeihe mir meine vergeblichen Wünsche! – Sie meine Frau! Wenn ich das liebste Geschöpf unter der Sonne in meine Arme geschlossen hätte – Es geht mir ein Schauder durch den ganzen Körper, Wilhelm, wenn Albert sie um den schlanken Leib fasst.

Und, darf ich es sagen? Warum nicht, Wilhelm? Sie wäre mit mir glücklicher geworden als mit ihm! O er ist nicht der Mensch, die Wünsche dieses Herzens alle zu füllen. Ein gewisser Mangel an Fühlbarkeit, ein Mangel – nimm es, wie du willst; dass sein Herz nicht sympathetisch schlägt bei – o! – bei der Stelle eines lieben Buches, wo mein Herz und Lottens in einem zusammentreffen; in hundert anderen Vorfällen, wenn es kommt, dass unsere Empfindungen über eine Handlung eines Dritten laut werden. Lieber Wilhelm! – Zwar liebt er sie von ganzer Seele, und so eine Liebe, was verdient die nicht! – Ein unerträglicher Mensch hat mich unterbrochen. Meine Tränen sind getrocknet. Ich bin zerstreut. Adieu, Lieber!

Am 4. August

Es geht mir nicht allein so. Alle Menschen werden in ihren Hoffnungen getäuscht, in ihren Erwartungen betrogen. Ich besuchte mein gutes Weib unter der Linde. Der älteste Junge lief mir entgegen, sein Freudengeschrei führte die Mutter herbei, die sehr niedergeschlagen aussah. Ihr erstes Wort war: »Guter Herr, ach, mein Hans ist mir gestorben!« – Es war der jüngste ihrer Knaben. Ich war stille. – »Und mein Mann«, sagte sie, »ist aus der Schweiz zurück und hat nichts mitgebracht, und ohne gute Leute hätte er sich heraus betteln müssen, er hatte das Fieber unterwegs gekriegt.« – Ich konnte ihr nichts sagen und schenkte dem Kleinen was; sie bat mich, einige Äpfel anzunehmen, das ich tat und den Ort des traurigen Andenkens verließ.

Am 21. August

Wie man eine Hand umwendet, ist es anders mit mir. Manchmal will wohl ein freudiger Blick des Lebens wieder aufdämmern, ach, nur für einen Augenblick! – Wenn ich mich so in Träumen verliere, kann ich mich des Gedankens nicht erwehren: wie, wenn Albert stürbe? Du würdest! ja, sie würde – und dann laufe ich dem Hirngespinst nach, bis es mich an Abgründe führt, vor denen ich zurückbebe.

Wenn ich zum Tor hinausgehe, den Weg, den ich zum ersten Mal fuhr, Lotten zum Tanze zu holen, wie war das so ganz anders! Alles, alles ist vorübergegangen! Kein Wink der vorigen Welt, kein Pulsschlag meines damaligen Gefühls. Mir ist, wie es einem Geist sein müsste, der in das ausgebrannte, zerstörte Schloss zurückkehrte, das er als blühender Fürst einst gebaut und mit allen Gaben der Herrlichkeit ausgestattet, sterbend seinem geliebten Sohne hoffnungsvoll hinterlassen hätte.

Am 3. September

Ich begreife manchmal nicht, wie sie ein anderer liebhaben kann, liebhaben darf, da ich sie so ganz allein, so innig, so voll liebe, nichts anderes kenne, noch weiß, noch habe als sie!

Am 4. September

Ja, es ist so. Wie die Natur sich zum Herbste neigt, wird es Herbst in mir und um mich her. Meine Blätter werden gelb, und schon sind die Blätter der benachbarten Bäume abgefallen. Hab' ich dir nicht einmal von einem Bauerburschen geschrieben, gleich als ich herkam? Jetzt erkundigte ich mich wieder nach ihm in Wahlheim; es hieß, er sei aus dem Dienst gejagt worden, und niemand wollte was weiter von ihm wissen. Gestern traf ich ihn von ungefähr auf dem Weg zu einem anderen Dorf, ich redete ihn an, und er erzählte mir seine Geschichte, die mich doppelt und dreifach gerührt hat, wie du leicht begreifen wirst, wenn ich dir sie wiedererzähle. Doch wozu das alles? Warum behalt' ich nicht für mich, was mich ängstigt und kränkt? Warum betrüb' ich noch dich? Warum geb' ich dir immer Gelegenheit, mich zu bedauern und mich zu schelten? Sei's denn, auch das mag zu meinem Schicksal gehören!

Mit einer stillen Traurigkeit, in der ich ein wenig scheues Wesen zu bemerken schien, antwortete der Mensch mir erst auf meine Fragen; aber gar bald offener, als wenn er sich und mich auf einmal wiedererkennte, gestand er mir seine Fehler, klagte er mir sein Unglück. Könnt' ich dir, mein Freund, jedes seiner Worte vor Gericht stellen! Er bekannte, ja er erzählte mit einer Art von Genuss und Glück der Wiedererinnerung, dass die Leidenschaft zu seiner Hausfrau sich in ihm tagtäglich vermehrt, dass er zuletzt nicht gewusst habe, was er tue, nicht, wie er sich ausdrückte, wo er mit dem Kopfe hingesollt. Er habe weder essen noch trinken noch schlafen können, es habe ihm an der Kehle gestockt, er habe getan, was er nicht tun sollen; was ihm aufgetragen worden, hab' er vergessen, er sei wie von einem bösen Geist verfolgt gewesen, bis er eines Tages, als er sie in einer obern Kammer gewusst, ihr nachgegangen, ja vielmehr ihr nachgezogen worden sei; da sie seinen Bitten kein Gehör gegeben, hab' er sich ihrer mit Gewalt bemächtigen wollen; er wisse nicht, wie ihm geschehen sei, und nehme Gott zum Zeugen, dass seine Absichten gegen sie immer redlich gewesen, und dass er nichts sehnlicher gewünscht, als dass sie ihn heiraten, dass sie mit ihm ihr Leben zubringen möchte. Da er eine Zeitlang geredet hatte, fing er an zu stocken, wie einer, der noch etwas zu sagen hat und sich es nicht herauszusagen getraut; endlich gestand er mir auch mit Schüchternheit, was sie ihm für kleine Vertraulichkeiten erlaubt, und welche Nähe sie ihm vergönnt. Er brach zwei-, dreimal ab und wiederholte die lebhaftesten Protestationen, dass er das nicht sage, um sie schlecht zu machen, wie er sich ausdrückte, dass er sie liebe und schätze wie vorher, dass so etwas nicht über seinen Mund gekommen sei und dass er es mir nur sage, um mich zu überzeugen, dass er kein ganz verkehrter und unsinniger Mensch sei. – Und hier, mein Bester, fang' ich mein altes Lied wieder an, das ich ewig anstimmen werde: Könnt' ich dir den Menschen vorstellen, wie er vor mir stand, wie er noch vor mir steht! Könnt' ich dir alles recht sagen, damit du fühltest, wie ich an seinem Schicksal teilnehme, teilnehmen muss! Doch genug, da du auch mein Schicksal kennst, auch mich kennst, so weißt du nur zu wohl, was mich zu allen Unglücklichen, was mich besonders zu diesem Unglücklichen hinzieht.

Da ich das Blatt wieder durchlese, seh' ich, dass ich das Ende der Geschichte zu erzählen vergessen habe, das sich aber leicht hinzudenken lässt. Sie erwehrte sich sein; ihr Bruder kam dazu, der ihn schon lange gehasst, der ihn schon lange aus dem Hause gewünscht hatte, weil er fürchtet, durch eine neue Heirat der Schwester werde seinen Kindern die Erbschaft entgehen, die ihnen jetzt, da sie kinderlos ist, schöne Hoffnungen gibt; dieser habe ihn gleich zum Hause hinausgestoßen und einen solchen Lärm von der Sache gemacht, dass die Frau, auch selbst wenn sie gewollt, ihn nicht wieder hätte aufnehmen können. Jetzt habe sie wieder einen andern Knecht genommen, auch über den, sage man, sei sie mit dem Bruder zerfallen, und man behaupte für gewiss, sie werde ihn heiraten, aber er sei fest entschlossen, das nicht zu erleben.

Was ich dir erzähle, ist nicht übertrieben, nichts verzärtelt, ja ich darf wohl sagen, schwach, schwach hab' ich's erzählt, und vergröbert hab' ich's, indem ich's mit unsern hergebrachten sittlichen Worten vorgetragen habe.

Diese Liebe, diese Treue, diese Leidenschaft ist also keine dichterische Erfindung. Sie lebt, sie ist in ihrer größten Reinheit unter der Klasse von Menschen, die wir ungebildet, die wir roh nennen. Wir Gebildeten – zu Nichts Verbildeten! Lies die Geschichte mit Andacht, ich bitte dich. Ich bin heute still, während ich das hinschreibe; du siehst an meiner Hand, dass ich nicht so strudele und sudele wie sonst. Lies, mein Geliebter, und denke dabei, dass es auch die Geschichte deines Freundes ist. Ja so ist mir's ergangen, so wird mir's gehn, und ich bin nicht halb so brav, nicht halb so entschlossen als der arme Unglückliche, mit dem ich mich zu vergleichen mich fast nicht getraue.

Am 5. September

Sie hatte ein Zettelchen an ihren Mann aufs Land geschrieben, wo er sich Geschäfte wegen aufhielt. Es fing an: »Bester, Liebster, komm', sobald du kannst, ich erwarte dich mit tausend Freuden.« – Ein Freund, der hereinkam, brachte Nachricht, dass er wegen gewisser Umstände so bald noch nicht zurückkehren würde. Das Billett blieb liegen und fiel mir abends in die Hände. Ich las es und lächelte; sie fragte worüber? – »Was die Einbildungskraft für ein göttliches Geschenk ist«, rief ich aus, »ich konnte mir einen Augenblick vorspiegeln, als wäre es an mich geschrieben.« – Sie brach ab, es schien ihr zu missfallen, und ich schwieg.

Am 6. September

Es hat schwer gehalten, bis ich mich entschloss, meinen blauen einfachen Frack, in dem ich mit Lotten zum ersten Mal tanzte, abzulegen, er ward aber zuletzt gar unscheinbar. Auch habe ich mir einen machen lassen ganz wie den vorigen, Kragen und Aufschlag, und auch wieder so gelbe Weste und Beinkleider dazu.

Ganz will es doch die Wirkung nicht tun. Ich weiß nicht. – Ich denke, mit der Zeit soll mir der auch lieber werden.

Am 12. September

Sie war einige Tage verreist, Alberten abzuholen. Heute trat ich in ihre Stube, sie kam mir entgegen, und ich küsste ihre Hand mit tausend Freuden.

Ein Kanarienvogel flog vom Spiegel ihr auf die Schulter. – »Einen neuen Freund«, sagte sie und lockte ihn auf ihre Hand, »er ist meinen Kleinen zugedacht. Er tut gar zu lieb! Sehen Sie ihn! Wenn ich ihm Brot gebe, flattert er mit den Flügeln und pickt so artig. Er küsst mich auch, sehen Sie!«

Als sie dem Tierchen den Mund hinhielt, drückte es sich so lieblich in die süßen Lippen, als wenn es die Seligkeit hätte fühlen können, die es genoss.

»Er soll Sie auch küssen.« sagte sie und reichte den Vogel herüber. – Das Schnäbelchen machte den Weg von ihrem Munde zu dem meinigen, und die pickende Berührung war wie ein Hauch, eine Ahnung liebevollen Genusses.

»Sein Kuss«, sagte ich, »ist nicht ganz ohne Begierde, er sucht Nahrung und kehrt unbefriedigt von der leeren Liebkosung zurück.«

»Er isst mir auch aus dem Munde.« sagte sie. – Sie reichte ihm einige Brosamen mit ihren Lippen, aus denen die Freuden unschuldig teilnehmender Liebe in aller Wonne lächelten.

Ich kehrte das Gesicht weg. Sie sollte es nicht tun, sollte nicht meine Einbildungskraft mit diesen Bildern himmlischer Unschuld und Seligkeit reizen und mein Herz aus dem Schlaf, in den es manchmal die Gleichgültigkeit des Lebens wiegt, nicht wecken! – Und warum nicht? – Sie traut mir so! Sie weiß, wie ich sie liebe!

Am 15. September

Man möchte rasend werden, Wilhelm, dass es Menschen geben soll ohne Sinn und Gefühl an dem wenigen, was auf Erden noch einen Wert hat. Du kennst die Nussbäume, unter denen ich bei dem ehrlichen Pfarrer zu St. mit Lotten gesessen, die herrlichen Nussbäume, die mich, Gott weiß, immer mit dem größten Seelenvergnügen füllten! Wie traulich sie den Pfarrhof machten, wie kühl! und wie herrlich die Äste waren! Und die Erinnerung bis zu den ehrlichen Geistlichen, die sie vor vielen Jahren pflanzten. Der Schulmeister hat uns den einen Namen oft genannt, den er von seinem Großvater gehört hatte; und so ein braver Mann soll er gewesen sein, und sein Andenken war immer heilig unter den Bäumen. Ich sage dir, dem Schulmeister standen die Tränen in den Augen, als wir gestern davon redeten, dass sie abgehauen worden – abgehauen! Ich möchte toll werden, ich könnte den Hund ermorden, der den ersten Hieb dran tat. Ich, der ich mich vertrauern könnte, wenn so ein paar Bäume in meinem

Hofe stünden und einer davon stürbe vor Alter ab, ich muss zusehen. Lieber Schatz, eins ist doch dabei: Was Menschengefühl ist! Das ganze Dorf murrt, und ich hoffe, die Frau Pfarrerin soll es an Butter und Eiern und übrigem Zutrauen spüren, was für eine Wunde sie ihrem Ort gegeben hat. Denn sie ist es, die Frau des neuen Pfarrers (unser alter ist auch gestorben), ein hageres, kränkliches Geschöpf, das sehr Ursache hat, an der Welt keinen Anteil zu nehmen, denn niemand nimmt Anteil an ihr. Eine Närrin, die sich abgibt, gelehrt zu sein, sich in die Untersuchung des Kanons meliert, gar viel an der neumodischen, moralisch-kritischen Reformation des Christentums arbeitet und über Lavaters Schwärmereien die Achseln zuckt, eine ganz zerrüttete Gesundheit hat und deswegen auf Gottes Erdboden keine Freude. So einer Kreatur war es auch allein möglich, meine Nussbäume abzuhauen. Siehst du, ich komme nicht zu mir! Stelle dir vor: die abfallenden Blätter machen ihr den Hof unrein und dumpfig, die Bäume nehmen ihr das Tageslicht, und wenn die Nüsse reif sind, so werfen die Knaben mit Steinen darnach, und das fällt ihr auf die Nerven, das stört sie in ihren tiefen Überlegungen, wenn sie Kennikot, Semler und Michaelis gegeneinander abwiegt. Da ich die Leute im Dorf, besonders die alten, so unzufrieden sah, sagte ich: »Warum habt ihr es gelitten?« – »Wenn der Schulze will, hierzulande«, sagten sie, »was kann man machen?« – Aber eins ist recht geschehen. Der Schulze und der Pfarrer, der doch auch von seiner Frau Grillen, die ihm ohnedies die Suppe nicht fett machen, was haben wollte, dachten es miteinander zu teilen; da erfuhr es die Kammer und sagte: »Hier herein!« Denn sie hatte noch alte Prätentionen an den Teil des Pfarrhofs, wo die Bäume standen, und verkaufte sie an den Meistbietenden. Sie liegen! O, wenn ich Fürst wäre! Ich wollte die Pfarrerin, den Schulzen und die Kammer – Fürst! – Ja wenn ich Fürst wäre, was kümmerten mich die Bäume in meinem Land!

Am 10. Oktober

Wenn ich nur ihre schwarzen Augen sehe, ist mir es schon wohl! Sieh, und was mich verdrießt, ist, dass Albert nicht so beglückt zu sein scheint, als er – hoffte – als ich – zu sein glaubte – wenn – Ich mache nicht gern Gedankenstriche, aber hier kann ich mich nicht anders ausdrücken – und mich dünkt deutlich genug.

Am 12. Oktober

Ossian hat in meinem Herzen den Homer verdrängt. Welch eine Welt, in die der Herrliche mich führt! Zu wandern über die Heide, umsaust vom Sturmwind, der in dampfenden Nebeln die Geister der Väter im dämmernden Licht des Mondes hinführt. Zu hören vom Gebirge her, im Gebrülle des Waldstroms, halb verwehtes Ächzen der Geister aus ihren Höhlen, und die Wehklagen des zu Tode sich jammernden Mädchens, um die vier moosbedeckten, grasbewachsenen Steine des Edelgefallnen, ihres Geliebten. Wenn ich ihn dann finde, den wandelnden grauen Barden, der auf der weiten Heide die Fußstapfen seiner Väter sucht und, ach, ihre Grabsteine findet und dann jammernd nach dem lieben Stern des Abends hinblickt, der sich ins rollende Meer verbirgt, und die Zeiten der Vergangenheit in des Helden Seele lebendig werden, da noch der freundliche Strahl den Gefahren der Tapferen leuchtete und der Mond ihr bekränztes, siegrückkehrendes Schiff beschien. Wenn ich den tiefen Kummer auf seiner Stirn lese, den letzten verlassenen Herrlichen in aller Ermattung dem Grabe zuwanken sehe, wie er immer neue, schmerzlich glühende Freuden in der kraftlosen Gegenwart der Schatten seiner Abgeschiedenen einsaugt und nach der kalten Erde, dem hohen, wehenden Gras niedersieht und ausruft: »Der Wanderer wird kommen, kommen, der mich kannte in meiner Schönheit, und fragen: ›Wo ist der Sänger, Fingals trefflicher Sohn?‹ Sein Fußtritt geht über mein Grab hin, und er fragt vergebens nach mir auf der Erde.« – O Freund! ich möchte gleich einem edlen Waffenträger das Schwert ziehen, meinen Fürsten von der zückenden Qual des langsam absterbenden Lebens auf einmal befreien und dem befreiten Halbgott meine Seele nachsenden.

Am 19. Oktober

Ach diese Lücke! diese entsetzliche Lücke, die ich hier in meinem Busen fühle! – Ich denke oft, wenn du sie nur einmal, nur einmal an dieses Herz drücken könntest, diese ganze Lücke würde ausgefüllt sein.

Am 26. Oktober

Ja es wird mir gewiss, Lieber, gewiss und immer gewisser, dass an dem Dasein eines Geschöpfes wenig gelegen ist, ganz wenig. Es kam eine Freundin zu Lotten, und ich ging herein ins Nebenzimmer, ein Buch zu nehmen, und konnte nicht lesen, und dann nahm ich eine Feder, zu schreiben. Ich hörte sie leise reden; sie erzählten einander unbedeutende Sachen, Stadtneuigkeiten: Wie diese heiratet, wie jene krank, sehr krank ist. – »Sie hat einen trocknen Husten, die Knochen stehn ihr zum Gesicht heraus und kriegt Ohnmachten; ich gebe keinen Kreuzer für ihr Leben.« sagte die eine. – »Der N. N. ist auch so übel dran.« sagte Lotte. – »Er ist schon geschwollen.« sagte die andere. – Und meine lebhafte Einbildungskraft versetzte mich ans Bett dieser Armen; ich sah sie, mit welchem Widerwillen sie dem Leben den Rücken wandten, wie sie – Wilhelm! Und meine Weibchen redeten davon, wie man eben davon redet – dass ein Fremder stirbt. – Und wenn ich mich umsehe und seh' das Zimmer an, und rings um mich Lottens Kleider und Alberts Skripturen und diese Möbel, denen ich nun so befreundet bin, sogar diesem Tintenfass, und denke: Sieh', was du nun diesem Hause bist! Alles in allem. Deine Freunde ehren dich! Du machst oft ihre Freude, und deinem Herzen scheint es, als ob es ohne sie nicht sein könnte; und doch – wenn du nun gingst, wenn du aus diesem Kreise schiedest? Würden sie, wie lange würden sie die Lücke fühlen, die dein Verlust in ihr Schicksal reißt? Wie lange? – O, so vergänglich ist der Mensch, dass er auch da, wo er seines Daseins eigentliche Gewissheit hat, da, wo er den einzigen wahren Eindruck seiner Gegenwart macht, in dem Andenken, in der Seele seiner Lieben, dass er auch da verlöschen, verschwinden muss, und das so bald!

Am 27. Oktober

Ich möchte mir oft die Brust zerreißen und das Gehirn einstoßen, dass man einander so wenig sein kann. Ach die Liebe, Freude, Wärme und Wonne, die ich nicht hinzubringe, wird mir der andere nicht geben, und mit einem ganzen Herzen voll Seligkeit werde ich den anderen nicht beglücken, der kalt und kraftlos vor mir steht.

Am 27. Oktober abends

Ich habe so viel, und die Empfindung an ihr verschlingt alles; ich habe so viel, und ohne sie wird mir alles zu Nichts.

Am 30. Oktober

Wenn ich nicht schon hundertmal auf dem Punkte gestanden bin, ihr um den Hals zu fallen! Weiß der große Gott, wie einem das tut, so viele Liebenswürdigkeit vor einem herumkreuzen zu sehen und nicht zugreifen zu dürfen; und das Zugreifen ist doch der natürlichste Trieb der Menschheit. Greifen die Kinder nicht nach allem, was ihnen in den Sinn fällt? – Und ich?

Am 3. November

Weiß Gott! ich lege mich so oft zu Bette mit dem Wunsch, ja manchmal mit der Hoffnung, nicht wieder zu erwachen: und morgens schlage ich die Augen auf, sehe die Sonne wieder, und bin elend. O dass ich launisch sein könnte, könnte die Schuld aufs Wetter, auf einen Dritten, auf eine fehlgeschlagene Unternehmung schieben, so würde die unerträgliche Last des Unwillens doch nur halb auf mir ruhen. Wehe mir! ich fühle zu wahr, dass an mir allein alle Schuld liegt – nicht Schuld! Genug, dass in mir die Quelle allen Elends verborgen ist, wie ehemals die Quelle aller Seligkeiten. Bin ich nicht noch ebenderselbe, der ehemals in aller Fülle der Empfindung herumschwebte, dem auf jedem Tritte ein Paradies folgte, der ein Herz hatte, eine ganze Welt liebevoll zu umfassen? Und dies Herz ist jetzt tot, aus ihm fließen keine Entzückungen mehr, meine Augen sind trocken, und meine Sinne, die nicht mehr von erquickenden Tränen gelabt werden, ziehen ängstlich meine Stirn zusammen. Ich leide viel, denn ich habe verloren, was meines Lebens einzige Wonne war, die heilige, belebende Kraft, mit der ich Welten um mich schuf; sie ist dahin! – Wenn ich zu meinem Fenster hinaus an den fernen Hügel sehe, wie die Morgensonne über ihn her den Nebel durchbricht und den stillen Wiesengrund bescheint, und der sanfte Fluss zwischen seinen entblätterten Weiden zu mir herschlängelt, – o! wenn da diese herrliche Natur so starr vor mir steht wie ein lackiertes Bildchen, und all die Wonne keinen Tropfen Seligkeit aus meinem Herzen herauf in das Gehirn pumpen kann, und der ganze Kerl vor Gottes Angesicht steht wie ein versiegter Brunnen, wie ein rissiger Eimer. Ich habe mich oft auf den Boden geworfen und Gott um Tränen gebeten, wie ein Ackersmann um Regen, wenn der Himmel ehern über ihm ist und um ihn die Erde verdürstet.

Aber, ach, ich fühle es, Gott gibt Regen und Sonnenschein nicht unserem ungestümen Bitten, und jene Zeiten, deren Andenken mich quält, warum waren sie so selig, dieweil ich mit Geduld seinen Geist erwartete und die Wonne, die er über mich ausgoss, mit ganzem, innig dankbarem Herzen aufnahm!

Am 8. November

Sie hat mir meine Exzesse vorgeworfen! Ach, mit so viel Liebenswürdigkeit! Meine Exzesse, dass ich mich manchmal von einem Glas Wein verleiten lasse, eine Bouteille zu trinken. – »Tun Sie es nicht!« sagte sie, »denken Sie an Lotten!« – »Denken!« sagte ich, »brauchen Sie mich das zu heißen? Ich denke! – ich denke nicht! Sie sind immer vor meiner Seele. Heute saß ich an dem Fleck, wo Sie neulich aus der Kutsche stiegen …« – Sie redete was anderes, um mich nicht tiefer in den Text kommen zu lassen. Bester, ich bin dahin! Sie kann mit mir machen, was sie will.

Am 15. November

Ich danke dir, Wilhelm, für deinen herzlichen Anteil, für deinen wohlmeinenden Rat und bitte dich, ruhig zu sein. Lass mich ausdulden, ich habe bei all meiner Müdseligkeit noch Kraft genug durchzusetzen. Ich ehre die Religion, das weißt du, ich fühle, dass sie manchem Ermatteten Stab, manchem Verschmachtenden Erquickung ist. Nur – kann sie denn, muss sie denn das einem jeden sein? Wenn du die große Welt ansiehst, so siehst du Tausende, denen sie es nicht war, Tausende, denen sie es nicht sein wird, gepredigt oder ungepredigt, und muss sie mir es denn sein? Sagt nicht selbst der Sohn Gottes, dass die um ihn sein würden, die ihm der Vater gegeben hat? Wenn ich ihm nun nicht gegeben bin? Wenn mich nun der Vater für sich behalten will, wie mir mein Herz sagt? – Ich bitte dich, lege das nicht falsch aus; sieh nicht etwa Spott in diesen unschuldigen Worten; es ist meine ganze Seele, die ich dir vorlege; sonst wollte ich lieber, ich hätte geschwiegen: wie ich denn über all das, wovon jedermann so wenig weiß wie ich, nicht gern ein Wort verliere. Was ist es anderes als Menschenschicksal, sein Maß auszuleiden, seinen Becher auszutrinken? – Und ward der Kelch dem Gott vom Himmel auf seiner Menschenlippe zu bitter, warum soll ich großtun und mich stellen, als schmeckte er mir süß? Und warum sollte ich mich schämen, in dem schrecklichen Augenblick, da mein ganzes Wesen zwischen Sein und Nichtsein zittert, da die Vergangenheit wie ein Blitz über dem finsteren Abgrund der Zukunft leuchtet und alles um mich her versinkt und mit mir die Welt untergeht? Ist es da nicht die Stimme der ganz in sich gedrängten, sich selbst ermangelnden und unaufhaltsam hinabstürzenden Kreatur, in den innern Tiefen ihrer vergebens aufarbeitenden Kräfte zu knirschen: »Mein Gott! mein Gott! warum hast du mich verlassen?« Und sollt' ich mich des Ausdrucks schämen, sollte mir es vor dem Augenblick bange sein, da ihm der nicht entging, der die Himmel zusammenrollt wie ein Tuch?

Am 21. November

Sie sieht nicht, sie fühlt nicht, dass sie ein Gift bereitet, das mich und sie zugrunde richten wird; und ich mit voller Wollust schlürfe den Becher aus, den sie mir zu meinem Verderben reicht. Was soll der gütige Blick, mit dem sie mich oft – oft? – nein, nicht oft, aber doch manchmal ansieht, die Gefälligkeit, womit sie einen unwillkürlichen Ausdruck meines Gefühls aufnimmt, das Mitleiden mit meiner Duldung, das sich auf ihrer Stirne zeichnet?

Gestern, als ich wegging, reichte sie mir die Hand und sagte: »Adieu, lieber Werther!« – Lieber Werther! Es war das erste Mal, dass sie mich Lieber hieß, und es ging mir durch Mark und Bein. Ich habe es mir hundertmal wiederholt, und gestern Nacht, da ich zu Bette gehen wollte und mit mir selbst allerlei schwatzte, sagte ich so auf einmal: »Gute Nacht, lieber Werther!« und musste hernach selbst über mich lachen.

Am 22. November

Ich kann nicht beten: »Lass mir sie!« und doch kommt sie mir oft als die Meine vor. Ich kann nicht beten: »Gib mir sie!« Denn sie ist eines andern. Ich witzle mich mit meinen Schmerzen herum; wenn ich mir's nachließe, es gäbe eine ganze Litanei von Antithesen.

Am 24. November

Sie fühlt, was ich dulde. Heute ist mir ihr Blick tief durchs Herz gedrungen. Ich fand sie allein; ich sagte nichts, und sie sah mich an. Und ich sah nicht mehr in ihr die liebliche Schönheit, nicht mehr das Leuchten des trefflichen Geistes, das war alles vor meinen Augen verschwunden. Ein weit herrlicherer Blick wirkte auf mich, voll Ausdruck des innigsten Anteils, des süßesten Mitleidens. Warum durft' ich mich nicht ihr zu Füßen werfen? Warum durft' ich nicht an ihrem Halse mit tausend Küssen antworten? Sie nahm ihre Zuflucht zum Klavier und hauchte mit süßer, leiser Stimme harmonische Laute zu ihrem Spiel. Nie habe ich ihre Lippen so reizend gesehn; es war, als wenn sie sich lechzend öffneten, jene süßen Töne in sich zu schlürfen, die aus dem Instrument hervorquollen, und nur der heimliche Widerschall aus dem reinen Munde zurückklänge – Ja wenn ich dir das so sagen könnte! – Ich widerstand nicht länger, neigte mich und schwur: Nie will ich es wagen, einen Kuss euch aufzudrücken,

Lippen, auf denen die Geister des Himmels schweben. – Und doch – ich will – Ha! siehst du, das steht wie eine Scheidewand vor meiner Seele – diese Seligkeit – und dann untergegangen, diese Sünde abzubüßen – Sünde?

Am 26. November

Manchmal sag' ich mir: Dein Schicksal ist einzig; preise die übrigen glücklich – so ist noch keiner gequält worden. – Dann lese ich einen Dichter der Vorzeit, und es ist mir, als säh' ich in mein eigenes Herz. Ich habe so viel auszustehen! Ach, sind denn Menschen vor mir schon so elend gewesen?

Am 30. November

Ich soll, ich soll nicht zu mir selbst kommen! Wo ich hintrete, begegnet mir eine Erscheinung, die mich aus aller Fassung bringt. Heute! o Schicksal! o Menschheit!

Ich gehe an dem Wasser hin in der Mittagsstunde, ich hatte keine Lust zu essen. Alles war öde, ein nasskalter Abendwind blies vom Berge, und die grauen Regenwolken zogen das Tal hinein. Von fern seh' ich einen Menschen in einem grünen, schlechten Rock, der zwischen den Felsen herumkrabbelte und Kräuter zu suchen schien. Als ich näher zu ihm kam und er sich auf das Geräusch, das ich machte, herumdrehte, sah ich eine gar interessante Physiognomie, darin eine stille Trauer den Hauptzug machte, die aber sonst nichts als einen geraden guten Sinn ausdrückte; seine schwarzen Haare waren mit Nadeln in zwei Rollen gesteckt, und die übrigen in einen starken Zopf geflochten, der ihm den Rücken herunterhing. Da mir seine Kleidung einen Menschen von geringem Stande zu bezeichnen schien, glaubte ich, er würde es nicht übelnehmen, wenn ich auf seine Beschäftigung aufmerksam wäre, und daher fragte ich ihn, was er suchte? – »Ich suche«, antwortete er mit einem tiefen Seufzer, »Blumen – und finde keine.« – »Das ist auch die Jahrszeit nicht«, sagte ich lächelnd. – »Es gibt so viele Blumen«, sagte er, während er zu mir herunterkam. »In meinem Garten sind Rosen und Jelängerjelieber zweierlei Sorten, eine hat mir mein Vater gegeben, sie wachsen wie Unkraut; ich suche schon zwei Tage darnach und kann sie nicht finden. Da haußen sind auch immer Blumen, gelbe und blaue und rote, und das Tausendgüldenkraut hat ein schönes Blümchen. Keines kann ich finden.« – Ich merkte was Unheimliches, und drum fragte ich durch einen Umweg: »Was will Er denn mit den Blumen?« – Ein wunderbares, zuckendes Lächeln verzog sein Gesicht. »Wenn Er mich nicht verraten will«, sagte er, indem er den Finger auf den Mund drückte, »ich habe meinem Schatz einen Strauß versprochen.« – »Das ist brav«, sagte ich. – »O!« sagte er, »sie hat viel andere Sachen, sie ist reich.« – »Und doch hat sie Seinen Strauß lieb.« versetzte ich. – »O!« fuhr er fort, »sie hat Juwelen und eine Krone.« – »Wie heißt sie denn?« – »Wenn mich die Generalstaaten bezahlen wollten«, versetzte er, »ich wär' ein anderer Mensch! Ja, es war einmal eine Zeit, da mir es so wohl war! Jetzt ist es aus mit mir. Ich bin nun …« Ein nasser Blick zum Himmel drückte alles aus. – »Er war also glücklich?« fragte ich. – »Ach ich wollte, ich wäre wieder so!« sagte er. »Da war mir es so wohl, so lustig, so leicht wie einem Fisch im Wasser!« – »Heinrich!« rief eine alte Frau, die den Weg herkam, »Heinrich, wo steckst du? Wir haben dich überall gesucht, komm zum Essen.« – »Ist das Euer Sohn?« fragt' ich, zu ihr tretend. – »Wohl, mein armer Sohn!« versetzte sie. »Gott hat mir ein schweres Kreuz auferlegt.« – »Wie lange ist er so?« fragte ich. – »So stille«, sagte sie, »ist er nun ein halbes Jahr. Gott sei Dank, dass er nur so weit ist, vorher war er ein ganzes Jahr rasend, da hat er an Ketten im Tollhaus gelegen. Jetzt tut er niemand nichts, nur hat er immer mit Königen und Kaisern zu schaffen. Er war ein so guter, stiller Mensch, der mich ernähren half, seine schöne Hand schrieb, und auf einmal wird er tiefsinnig, fällt in ein hitziges Fieber, daraus in Raserei, und nun ist er, wie Sie ihn sehen. Wenn ich Ihnen erzählen sollte, Herr …« – Ich unterbrach den Strom ihrer Worte mit der Frage: »Was war denn das für eine Zeit, von der er rühmt, dass er so glücklich, so wohl darin gewesen sei?« – »Der törichte Mensch!« rief sie mit mitleidigem Lächeln, »da meint er die Zeit, da er von sich war, das rühmt er immer; das ist die Zeit, da er im Tollhaus war, wo er nichts von sich wusste.« – Das fiel auf mich wie ein Donnerschlag, ich drückte ihr ein Stück Geld in die Hand und verließ sie eilend.

Da du glücklich warst! rief ich aus, schnell vor mich hin nach der Stadt zu gehend, da dir es wohl war wie einem Fisch im Wasser! – Gott im Himmel! hast du das zum Schicksal der Menschen gemacht, dass sie nicht glücklich sind, bevor sie zu ihrem Verstand kommen und wenn sie ihn wieder verlieren! – Elender! Und wie beneide ich auch deinen Trübsinn, die Verwirrung deiner Sinne, in der du verschmachtest! Du gehst hoffnungsvoll aus, deiner Königin Blumen zu pflücken – im Winter – und trauerst, da du keine findest, und begreifst nicht, warum du keine finden kannst. Und ich – und ich gehe ohne Hoffnung, ohne Zweck heraus und kehre wieder heim, wie ich gekommen bin. – Du wähnst, welcher Mensch du sein würdest, wenn die Generalstaaten dich bezahlten. Seliges Geschöpf, das den Mangel seiner Glückseligkeit einem irdischen Hindernis zuschreiben kann! Du fühlst nicht, du fühlst nicht, dass in deinem zerstörten Herzen, in deinem zerrütteten Gehirn dein Elend liegt, wovon alle Könige der Erde dir nicht helfen können.

Müsse der trostlos umkommen, der eines Kranken spottet, der zur entferntesten Quelle reist, die seine Krankheit vermehren, sein Ausleben schmerzhafter machen wird! der sich über das bedrängte Herz erhebt, das, um seine Gewissensbisse loszuwerden und die Leiden seiner Seele abzutun, eine Pilgrimschaft zum heiligen Grab tut. Jeder Fußtritt, der seine Sohlen auf ungebahntem Weg durchschneidet, ist ein Linderungstropfen der geängstigten Seele, und mit jeder ausgedauerten Tagesreise legt sich das Herz um viele Bedrängnisse leichter nieder. – Und dürft ihr das Wahn nennen, ihr Wortkrämer auf euren Polstern? – Wahn! – O Gott! du siehst meine Tränen! Musstest du, der du den Menschen arm genug erschufst, ihm auch Brüder zugeben, die ihm das bisschen Armut, das bisschen Vertrauen noch raubten, das er auf dich hat, auf dich, du Allliebender! Denn das Vertrauen zu einer heilenden Wurzel, zu den Tränen des Weinstocks, was ist es als Vertrauen zu dir, dass du in alles, was uns umgibt, Heil – und Linderungskraft gelegt hast, der wir so stündlich bedürfen? Vater, den ich nicht kenne! Vater, der sonst meine ganze Seele füllte und nun sein Angesicht von mir gewendet hat, rufe mich zu dir! Schweige nicht länger! Dein Schweigen wird diese dürstende Seele nicht aufhalten – Und würde ein Mensch, ein Vater, zürnen können, dem sein unvermutet rückkehrender Sohn um den Hals fiele und riefe: »Ich bin wieder da, mein Vater! Zürne nicht, dass ich die Wanderschaft abbreche, die ich nach deinem Willen länger aushalten sollte. Die Welt ist überall einerlei, auf Mühe und Arbeit Lohn und Freude; aber was soll mir das? mir ist nur wohl, wo du bist, und vor deinem Angesicht will ich leiden und genießen.« – Und du, lieber himmlischer Vater, solltest ihn von dir weisen?

Am 1. Dezember

Wilhelm! Der Mensch, von dem ich dir schrieb, der glückliche Unglückliche, war Schreiber bei Lottens Vater, und eine Leidenschaft zu ihr, die er nährte, verbarg, entdeckte und worüber er aus dem Dienst geschickt wurde hat ihn rasend gemacht. Fühle bei diesen trockenen Worten, mit welchem Unsinn mich die Geschichte ergriffen hat, da mir sie Albert ebenso gelassen erzählte, als du sie vielleicht liesest.

Am 4. Dezember

Ich bitte dich – Siehst du, mit mir ist's aus, ich trag' es nicht länger! Heute saß ich bei ihr – saß, sie spielte auf ihrem Klavier mannigfaltige Melodien, und all den Ausdruck! all! – all! – Was willst du? – Ihr Schwesterchen putzte ihre Puppe auf meinem Knie. Mir kamen die Tränen in die Augen. Ich neigte mich, und ihr Trauring fiel mir ins Gesicht – meine Tränen flossen – Und auf einmal fiel sie in die alte, himmelsüße Melodie ein, so auf einmal, und mir durch die Seele geht ein Trostgefühl und eine Erinnerung des Vergangenen, der Zeiten, da ich das Lied gehört, der düsteren Zwischenräume des Verdrusses, der fehlgeschlagenen Hoffnungen, und dann – Ich ging in der Stube auf und nieder, mein Herz erstickte unter dem Zudringen. – »Um Gottes willen«, sagte ich, mit einem heftigen Ausbruch hin gegen sie fahrend, »um Gottes willen, hören Sie auf!« – Sie hielt und sah mich starr an. »Werther«, sagte sie mit einem Lächeln, das mir durch die Seele ging, »Werther, Sie sind sehr krank, Ihre Lieblingsgerichte widerstehen Ihnen. Gehen Sie! Ich bitte Sie, beruhigen Sie sich.« – Ich riss mich von ihr weg und – Gott! Du siehst mein Elend und wirst es enden.

Am 6. Dezember

Wie mich die Gestalt verfolgt! Wachend und träumend füllt sie meine ganze Seele! Hier, wenn ich die Augen schließe, hier in meiner Stirn, wo die innere Sehkraft sich vereinigt, stehen ihre schwarzen Augen. Hier! Ich kann dir es nicht ausdrücken. Mache ich meine Augen zu, so sind sie da; wie ein Meer, wie ein Abgrund ruhen sie vor mir, in mir, füllen die Sinne meiner Stirn.

Was ist der Mensch, der gepriesene Halbgott! Ermangeln ihm nicht eben da die Kräfte, wo er sie am nötigsten braucht? Und wenn er in Freude sich aufschwingt oder im Leiden versinkt, wird er nicht in beiden eben da aufgehalten, eben da zu dem stumpfen, kalten Bewusstsein wieder zurückgebracht, da er sich in der Fülle des Unendlichen zu verlieren sehnte?

Der Herausgeber an den Leser

Wie sehr wünscht' ich, dass uns von den letzten merkwürdigen Tagen unseres Freundes so viel eigenhändige Zeugnisse übrig geblieben wären, dass ich nicht nötig hätte, die Folge seiner hinterlassenen Briefe durch Erzählung zu unterbrechen.

Ich habe mir angelegen sein lassen, genaue Nachrichten aus dem Munde derer zu sammeln, die von seiner Geschichte wohl unterrichtet sein konnten; sie ist einfach, und es kommen alle Erzählungen davon bis auf wenige Kleinigkeiten miteinander überein; nur über die Sinnesarten der handelnden Personen sind die Meinungen verschieden und die Urteile geteilt.

Was bleibt uns übrig, als dasjenige, was wir mit wiederholter Mühe erfahren können, gewissenhaft zu erzählen, die von dem Scheidenden hinterlassenen Briefe einzuschalten und das kleinste aufgefundene Blättchen nicht gering zu achten; zumal es so schwer ist, die eigensten, wahren Triebfedern auch nur einer einzelnen Handlung zu entdecken, wenn sie unter Menschen vorgeht, die nicht gemeiner Art sind.

Unmut und Unlust hatten in Werthers Seele immer tiefer Wurzel geschlagen, sich fester untereinander verschlungen und sein ganzes Wesen nach und nach eingenommen. Die Harmonie seines Geistes war völlig zerstört, eine innerliche Hitze und Heftigkeit, die alle Kräfte seiner Natur durcheinander arbeitete, brachte die widrigsten Wirkungen hervor und ließ ihm zuletzt nur eine Ermattung übrig, aus der er noch ängstlicher empor strebte, als er mit allen Übeln bisher gekämpft hatte. Die Beängstigung seines Herzens zehrte die übrigen Kräfte seines Geistes, seine Lebhaftigkeit seinen Scharfsinn auf, er ward ein trauriger Gesellschafter, immer unglücklicher, und immer ungerechter, je unglücklicher er ward. Wenigstens sagen dies Alberts Freunde; sie behaupten, dass Werther einen reinen, ruhigen Mann, der nun eines lang gewünschten Glücks teilhaftig geworden, und sein Betragen, sich dieses Glück auch für die Zukunft zu erhalten, nicht habe beurteilen können, er, der gleichsam mit jedem Tag sein ganzes Vermögen verzehrte, um am Abend zu leiden und zu darben. Albert, sagen sie, hatte sich in so kurzer Zeit nicht verändert, er war noch immer derselbige, den Werther so vom Anfang her kannte, so sehr schätzte und ehrte. Er liebte Lotten über alles, er war stolz auf sie und wünschte sie auch von jedermann als das herrlichste Geschöpf anerkannt zu wissen. War es ihm daher zu verdenken, wenn er auch jeden Schein des Verdachts abzuwenden wünschte, wenn er in dem Augenblick mit niemand diesen köstlichen Besitz auch auf die unschuldigste Weise zu teilen Lust hatte? Sie gestehen ein, dass Albert oft das Zimmer seiner Frau verlassen, wenn Werther bei ihr war, aber nicht aus Hass noch Abneigung gegen seinen Freund, sondern nur weil er gefühlt habe, dass dieser von seiner Gegenwart gedrückt sei.

Lottens Vater war von einem Übel befallen worden, das ihn in der Stube hielt, er schickte ihr seinen Wagen, und sie fuhr hinaus. Es war ein schöner Wintertag, der erste Schnee war stark gefallen und deckte die ganze Gegend.

Werther ging ihr den andern Morgen nach, um, wenn Albert Sie nicht abzuholen käme, sie hereinzubegleiten.

Das klare Wetter konnte wenig auf sein trübes Gemüt wirken, ein dumpfer Druck lag auf seiner Seele, die traurigen Bilder hatten sich bei ihm festgesetzt, und sein Gemüt kannte keine Bewegung als von einem schmerzlichen Gedanken zum anderen.

Wie er mit sich in ewigem Unfrieden lebte, schien ihm auch der Zustand anderer nur bedenklicher und verworrener, er glaubte, das schöne Verhältnis zwischen Albert und seiner Gattin gestört zu haben, er machte sich Vorwürfe darüber, in die sich ein heimlicher Unwille gegen den Gatten mischte.

Seine Gedanken fielen auch unterwegs auf diesen Gegenstand. »Ja, ja«, sagte er zu sich selbst, mit heimlichem Zähneknirschen, »das ist der vertraute, freundliche, zärtliche, an allem teilnehmende Umgang, die ruhige, dauernde Treue! Sattheit ist's und Gleichgültigkeit! Zieht ihn nicht jedes elende Geschäft mehr an als die teure, köstliche Frau? Weiß er sein Glück zu schätzen? Weiß er sie zu achten, wie sie es verdient? Er hat sie, nun gut, er hat sie – Ich weiß das, wie ich was anderes auch weiß, ich glaube an den Gedanken gewöhnt zu sein, er wird mich noch rasend machen, er wird mich noch umbringen – Und hat denn die Freundschaft zu mir Stich gehalten? Sieht er nicht in meiner Anhänglichkeit an Lotten schon einen Eingriff in seine Rechte, in meiner Aufmerksamkeit für sie einen stillen Vorwurf? Ich weiß es wohl, ich fühl' es, er sieht mich ungern, er wünscht meine Entfernung, meine Gegenwart ist ihm beschwerlich.«

Oft hielt er seinen raschen Schritt an, oft stand er still und schien umkehren zu wollen; allein er richtete seinen Gang immer wieder vorwärts und war mit diesen Gedanken und Selbstgesprächen endlich gleichsam wider Willen beim Jagdhaus angekommen.

Er trat in die Tür, fragte nach dem Alten und nach Lotten, er fand das Haus in einiger Bewegung. Der älteste Knabe sagte ihm, es sei drüben in Wahlheim ein Unglück geschehn, es sei ein Bauer erschlagen worden! – Es machte das weiter keinen Eindruck auf ihn. – Er trat in die Stube und fand Lotten beschäftigt, dem Alten zuzureden, der ungeachtet seiner Krankheit hinüber wollte, um an Ort und Stelle die Tat zu untersuchen. Der Täter war noch unbekannt, man hatte den Erschlagenen morgens vor der Haustür gefunden, man hatte Mutmaßungen: der Entleibte war Knecht einer Witwe, die vorher einen andern im Dienst gehabt, der mit Unfrieden aus dem Haus gekommen war. – Da Werther dieses hörte, fuhr er mit Heftigkeit auf. – »Ist's möglich!« rief er aus, »ich muss hinüber, ich kann nicht einen Augenblick ruhn.« –

Er eilte nach Wahlheim, jede Erinnerung ward ihm lebendig, und er zweifelte nicht einen Augenblick, dass jener Mensch die Tat begangen, den er so manchmal gesprochen, der ihm so wert geworden war.

Da er durch die Linden musste, um nach der Schenke zu kommen, wo sie den Körper hingelegt hatten, entsetzt' er sich vor dem sonst so geliebten Platz. Jene Schwelle, worauf die Nachbarskinder so oft gespielt hatten, war mit Blut besudelt. Liebe und Treue, die schönsten menschlichen Empfindungen, hatten sich in Gewalt und Mord verwandelt. Die starken Bäume standen ohne Laub und bereift, die schönen Hecken, die sich über die niedrige Kirchhofmauer wölbten, waren entblättert, und die Grabsteine sahen mit Schnee bedeckt durch die Lücken hervor.

Als er sich der Schenke näherte, vor welcher das ganze Dorf versammelt war, entstand auf einmal ein Geschrei. Man erblickte von fern einen Trupp bewaffneter Männer, und ein jeder rief, dass man den Täter herbeiführe. Werther sah hin und blieb nicht lange zweifelhaft. Ja, es war der Knecht, der jene Witwe so sehr liebte, den er vor einiger Zeit mit dem stillen Grimme, mit der heimlichen Verzweiflung umhergehend angetroffen hatte.

»Was hast du begangen, Unglücklicher!« rief Werther aus, indem er auf den Gefangnen losging. – Dieser sah ihn still an, schwieg und versetzte endlich ganz gelassen: »Keiner wird sie haben, sie wird keinen haben.« – Man brachte den Gefangnen in die Schenke, und Werther eilte fort.

Durch die entsetzliche, gewaltige Berührung war alles, was in seinem Wesen lag, durcheinandergeschüttelt worden. Aus seiner Trauer, seinem Missmut, seiner gleichgültigen Hingegebenheit wurde er auf einen Augenblick herausgerissen; unüberwindlich bemächtigte sich die Teilnahme seiner, und es ergriff ihn eine unsägliche Begierde, den Menschen zu retten. Er fühlte ihn so unglücklich, er fand ihn als Verbrecher selbst so schuldlos, er versetzte sich so tief in seine Lage, dass er gewiss glaubte, auch andere davon zu überzeugen. Schon wünschte er für ihn sprechen zu können, schon drängte sich der lebhafteste Vortrag auf seine Lippen, er eilte zum Jagdhaus und konnte sich unterwegs nicht enthalten, all das, was er dem Amtmann vorstellen wollte, schon halblaut auszusprechen.

Als er in die Stube trat, fand er Alberten gegenwärtig, dies verstimmte ihn einen Augenblick; doch fasste er sich bald wieder und trug dem Amtmann feurig seine Gesinnungen vor. Dieser schüttelte einige Mal den Kopf, und obgleich Werther mit der größten Lebhaftigkeit, Leidenschaft und Wahrheit alles vorbrachte, was ein Mensch zur Entschuldigung eines Menschen sagen kann, so war doch, wie sich's leicht denken lässt, der Amtmann dadurch nicht gerührt. Er ließ vielmehr unseren Freund nicht ausreden, widersprach ihm eifrig und tadelte ihn, dass er einen Meuchelmörder in Schutz nehme; er zeigte ihm, dass auf diese Weise jedes Gesetz aufgehoben, alle Sicherheit des Staates zugrund gerichtet werde; auch setzte er hinzu, dass er in einer solchen Sache nichts tun könne, ohne sich die größte Verantwortung aufzuladen, es müsse alles in der Ordnung, in dem vorgeschriebenen Gang gehen.

Werther ergab sich noch nicht, sondern bat nur, der Amtmann möchte durch die Finger sehen, wenn man dem Menschen zur Flucht behilflich wäre! Auch damit wies ihn der Amtmann ab. Albert, der sich endlich ins Gespräch mischte, trat auch auf des Alten Seite. Werther wurde überstimmt, und mit einem entsetzlichen Leiden machte er sich auf den Weg, nachdem ihm der Amtmann einige Mal gesagt hatte: »Nein, er ist nicht zu retten!«

Wie sehr ihm diese Worte aufgefallen sein müssen, sehen wir aus einem Zettelchen, das sich unter seinen Papieren fand und das gewiss am nämlichen Tag geschrieben worden: »Du bist nicht zu retten, Unglücklicher! Ich sehe wohl, dass wir nicht zu retten sind.«

Was Albert zuletzt über die Sache des Gefangenen in Gegenwart des Amtmanns gesprochen, war Werthern höchst zuwider gewesen: er glaubte einige Empfindlichkeit gegen sich darin bemerkt zu haben, und obgleich bei mehrerem Nachdenken seinem Scharfsinn nicht entging, dass beide Männer recht haben möchten, war es ihm doch, als ob er seinem innersten Dasein entsagen müsste, wenn er es gestehen, wenn er es zugeben sollte.

Ein Blättchen, das sich darauf bezieht, das vielleicht sein ganzes Verhältnis zu Albert ausdrückt, finden wir unter seinen Papieren: »Was hilft es, dass ich mir's sage und wieder sage, er ist brav und gut, aber es zerreißt mir mein inneres Eingeweide; ich kann nicht gerecht sein.«

Weil es ein linder Abend war und das Wetter anfing, sich zum Tauen zu neigen, ging Lotte mit Alberten zu Fuß zurück. Unterwegs sah sie sich hier und da um, eben als ob sie Werthers Begleitung vermisste. Albert fing von ihm an zu reden, er tadelte ihn, indem er ihm Gerechtigkeit widerfahren ließ. Er berührte seine unglückliche Leidenschaft und wünschte, dass es möglich sein möchte, ihn zu entfernen. – »Ich wünsch' es auch um unsertwillen«, sagt' er, »und ich bitte dich«, fuhr er fort, »sieh' zu, seinem Betragen gegen dich eine andere Richtung zu geben, seine öftern Besuche zu vermindern. Die Leute werden aufmerksam, und ich weiß, dass man hier und da drüber gesprochen hat.« – Lotte schwieg, und Albert schien ihr Schweigen empfunden zu haben, wenigstens seit der Zeit erwähnte er Werthers nicht mehr gegen sie, und wenn sie seiner erwähnte, ließ er das Gespräch fallen oder lenkte es woanders hin.

Der vergebliche Versuch, den Werther zur Rettung des Unglücklichen gemacht hatte, war das letzte Auflodern der Flamme eines verlöschenden Lichtes; er versank nur desto tiefer in Schmerz und Untätigkeit; besonders kam er fast außer sich, als er hörte, dass man ihn vielleicht gar zum Zeugen gegen den Menschen, der sich nun aufs Leugnen legte, auffordern könnte.

Alles was ihm Unangenehmes jemals in seinem wirksamen Leben begegnet war, der Verdruss bei der Gesandtschaft, alles was ihm sonst misslungen war, was ihn je gekränkt hatte, ging in seiner Seele auf und nieder. Er fand sich durch all dieses wie zur Untätigkeit berechtigt, er fand sich abgeschnitten von aller Aussicht, unfähig, irgendeine Handhabe zu ergreifen, mit der man die Geschäfte des gemeinen Lebens anfasst; und so rückte er endlich, ganz seiner wunderbaren Empfindung, Denkart und einer endlosen Leidenschaft hingegeben, in dem ewigen Einerlei eines traurigen Umgangs mit dem liebenswürdigen und geliebten Geschöpf, dessen Ruhe er störte, in seine Kräfte stürmend, sie ohne Zweck und Aussicht abarbeitend, immer einem traurigen Ende näher.

Von seiner Verworrenheit, Leidenschaft, von seinem rastlosen Treiben und Streben, von seiner Lebensmüde sind einige hinterlassene Briefe die stärksten Zeugnisse, die wir hier einrücken wollen.

Am 12. Dezember

Lieber Wilhelm, ich bin in einem Zustand, in dem jene Unglücklichen gewesen sein müssen, von denen man glaubte, sie würden von einem bösen Geist umhergetrieben. Manchmal ergreift mich's; es ist nicht Angst, nicht Begier – es ist ein inneres, unbekanntes Toben, das meine Brust zu zerreißen droht, das mir die Gurgel zupresst! Wehe! wehe! und dann schweife ich umher in den furchtbaren nächtlichen Szenen dieser menschenfeindlichen Jahrszeit.

Gestern Abend musste ich hinaus. Es war plötzlich Tauwetter eingefallen, ich hatte gehört, der Fluss sei übergetreten, alle Bäche geschwollen und von Wahlheim herunter mein liebes Tal überschwemmt! Nachts nach elfe rannte ich hinaus. Ein fürchterliches Schauspiel, vom Fels herunter die wühlenden Fluten in dem Mondlicht wirbeln zu sehen, über Äcker und Wiesen und Hecken und alles, und das weite Tal hinauf und hinab eine stürmende See im

Sausen des Windes! Und wenn dann der Mond wieder hervortrat und über der schwarzen Wolke ruhte, und vor mir hinaus die Flut in fürchterlich herrlichem Widerschein rollte und klang: da überfiel mich ein Schauer, und wieder ein Sehnen! Ach, mit offenen Armen stand ich gegen den Abgrund und atmete hinab! hinab! und verlor mich in der Wonne, meine Qualen, meine Leiden da hinabzustürmen! dahinzubrausen wie die Wellen! O! – und den Fuß vom Boden zu heben vermochtest du nicht, und alle Qualen zu enden! – Meine Uhr ist noch nicht abgelaufen, ich fühle es! O Wilhelm! wie gern hätte ich mein Menschsein drum gegeben, mit jenem Sturmwind die Wolken zu zerreißen, die Fluten zu fassen! Ha! und wird nicht vielleicht dem Eingekerkerten einmal diese Wonne zuteil?

Und wie ich wehmütig hinabsah auf ein Plätzchen, wo ich mit Lotten unter einer Weide geruht, auf einem heißen Spaziergang, – das war auch überschwemmt, und kaum dass ich die Weide erkannte! Wilhelm! Und ihre Wiesen, dachte ich, die Gegend um ihr Jagdhaus! wie verstört jetzt vom reißenden Strom unsere Laube! dacht' ich. Und der Vergangenheit Sonnenstrahl blickte herein, wie einem Gefangenen ein Traum von Herden, Wiesen und Ehrenämtern. Ich stand! – Ich schelte mich nicht, denn ich habe Mut zu sterben. – Ich hätte – Nun sitze ich hier wie ein altes Weib, das ihr Holz von Zäunen stoppelt und ihr Brot an den Türen, um ihr hinsterbendes, freudloses Dasein noch einen Augenblick zu verlängern und zu erleichtern.

Am 14. Dezember

Was ist das, mein Lieber? Ich erschrecke vor mir selbst! Ist nicht meine Liebe zu ihr die heiligste, reinste, brüderlichste Liebe? Habe ich jemals einen strafbaren Wunsch in meiner Seele gefühlt? – Ich will nicht beteuern – Und nun, Träume! O wie wahr fühlten die Menschen, die so widersprechende Wirkungen fremden Mächten zuschrieben! Diese Nacht! ich zittere, es zu sagen, hielt ich sie in meinen Armen, fest an meinen Busen gedrückt, und deckte ihren liebelispelnden Mund mit unendlichen Küssen; mein Auge schwamm in der Trunkenheit des ihrigen! Gott! bin ich strafbar, dass ich auch jetzt noch eine Seligkeit fühle, mir diese glühenden Freuden mit voller Innigkeit zurückzurufen? Lotte! Lotte! – Und mit mir ist es aus! Meine Sinne verwirren sich, schon acht Tage habe ich keine Besinnungskraft mehr, meine Augen sind voll Tränen. Ich bin nirgends wohl, und überall wohl. Ich wünsche nichts, verlange nichts. Mir wäre besser, ich ginge.

Der Entschluss, die Welt zu verlassen, hatte in dieser Zeit, unter solchen Umständen in Werthers Seele immer mehr Kraft gewonnen. Seit der Rückkehr zu Lotten war es immer seine letzte Aussicht und Hoffnung gewesen; doch hatte er sich gesagt, es solle keine übereilte, keine rasche Tat sein, er wolle mit der besten Überzeugung, mit der möglichst ruhigen Entschlossenheit diesen Schritt tun.

Seine Zweifel, sein Streit mit sich selbst blicken aus einem Zettelchen hervor, das wahrscheinlich ein angefangener Brief an Wilhelm ist und ohne Datum unter seinen Papieren gefunden worden: »Ihre Gegenwart, ihr Schicksal, ihre Teilnahme an dem meinigen presst noch die letzten Tränen aus meinem versengten Gehirn. Den Vorhang aufzuheben und dahinter zu treten! das ist alles! Und warum das Zaudern und Zagen? Weil man nicht weiß, wie es dahinten aussieht? und man nicht wiederkehrt? Und dass das nun die Eigenschaft unseres Geistes ist, da Verwirrung und Finsternis zu ahnen, wovon wir nichts Bestimmtes wissen.«

Endlich ward er mit dem traurigen Gedanken immer mehr verwandt und befreundet und sein Vorsatz fest und unwiderruflich, wovon folgender zweideutige Brief, den er an seinen Freund schrieb, ein Zeugnis abgibt.

Ich danke deiner Liebe, Wilhelm, dass du das Wort so aufgefangen hast. Ja, du hast recht: mir wäre besser, ich ginge. Der Vorschlag, den du zu einer Rückkehr zu euch tust, gefällt mir nicht ganz; wenigstens möchte ich noch gern einen Umweg machen, besonders da wir anhaltenden Frost und gute Wege zu hoffen haben. Auch ist mir es sehr lieb, dass du kommen willst, mich abzuholen; verziehe nur noch vierzehn Tage, und erwarte noch einen Brief von mir mit dem Weiteren. Es ist nötig, dass nichts gepflückt werde, ehe es reif ist. Und vierzehn Tage auf oder ab tun viel. Meiner Mutter sollst du sagen: dass sie für ihren Sohn beten soll, und dass ich sie um Vergebung bitte wegen allen Verdrusses, den ich ihr gemacht habe. Das war nun mein Schicksal, die zu betrüben, denen ich Freude schuldig war. Leb' wohl, mein Teuerster! Allen Segen des Himmels über dich! Leb' wohl!

Was in dieser Zeit in Lottens Seele vorging, wie ihre Gesinnungen gegen ihren Mann, gegen ihren unglücklichen Freund gewesen, getrauen wir uns kaum mit Worten auszudrücken, obgleich wir uns davon, nach der Kenntnis ihres Charakters, wohl einen stillen Begriff machen können, und eine schöne weibliche Seele sich in die ihrige denken und mit ihr empfinden kann.

So viel ist gewiss, sie war fest bei sich entschlossen, alles zu tun, um Werthern zu entfernen, und wenn sie zauderte, so war es eine herzliche, freundschaftliche Schonung, weil sie wusste, wie viel es ihn kosten, ja dass es ihm beinahe unmöglich sein würde. Doch ward sie in dieser Zeit mehr gedrängt, ernstzumachen; es schwieg ihr Mann ganz über dies Verhältnis, wie sie auch immer darüber geschwiegen hatte, und um so mehr war ihr daran gelegen, ihm durch die Tat zu beweisen, wie ihre Gesinnungen der seinigen wert seien.

An demselben Tag, als Werther den zuletzt eingeschalteten Brief an seinen Freund geschrieben, es war der Sonntag vor Weihnachten, kam er abends zu Lotten und fand sie allein. Sie beschäftigte sich, einige Spielwerke in Ordnung zu bringen, die sie ihren kleinen Geschwistern als Christgeschenke zurechtgemacht hatte. Er redete von dem Vergnügen, das die Kleinen haben würden, und von den Zeiten, da einen die unerwartete Öffnung der Tür und die Erscheinung eines aufgeputzten Baumes mit Wachslichtern, Zuckerwerk und Äpfeln in paradiesische Entzückung setzte. – »Sie sollen«, sagte Lotte, indem sie ihre Verlegenheit unter ein liebes Lächeln verbarg, »Sie sollen auch beschert kriegen, wenn Sie recht geschickt sind; ein Wachsstöckchen und noch was.« – »Und was heißen Sie geschickt sein?« rief er aus; »wie soll ich sein? wie kann ich sein? beste Lotte!« – »Donnerstag Abend«, sagte sie, »ist Weihnachtsabend, da kommen die Kinder, mein Vater auch, da kriegt jedes das Seinige, da kommen Sie auch – aber nicht eher.« – Werther stutzte. – »Ich bitte Sie«, fuhr sie fort, »es ist nun einmal so, ich bitte Sie um meiner Ruhe willen, es kann nicht, es kann nicht so bleiben.« – Er wandte seine Augen von ihr und ging in der Stube auf und ab und murmelte das »Es kann nicht so bleiben!« zwischen den Zähnen. – Lotte, die den schrecklichen Zustand fühlte, worein ihn diese Worte versetzt hatten, suchte durch allerlei Fragen seine Gedanken abzulenken, aber vergebens. – »Nein, Lotte«, rief er aus, »ich werde Sie nicht wiedersehen!« – »Warum das?« versetzte sie, »Werther, Sie können, Sie müssen uns wiedersehen, nur mäßigen Sie sich. O warum mussten Sie mit dieser Heftigkeit, dieser unbezwinglich haftenden Leidenschaft für alles, was Sie einmal anfassen, geboren werden! Ich bitte Sie«, fuhr sie fort, indem sie ihn bei der Hand nahm, »mäßigen Sie sich! Ihr Geist, Ihre Wissenschaften, Ihre Talente, was bieten die Ihnen für mannigfaltige Ergötzungen dar! Seien Sie ein Mann, wenden Sie diese traurige Anhänglichkeit von einem Geschöpf, das nichts tun kann als Sie bedauern.« – Er knurrte mit den Zähnen und sah sie düster an. – Sie hielt seine Hand. »Nur einen Augenblick ruhigen Sinn, Werther!« sagte sie. »Fühlen Sie nicht, dass Sie sich betrügen, sich willentlich zugrunde richten! Warum denn mich, Werther? just mich, das Eigentum eines andern? just das? Ich fürchte, ich fürchte, es ist nur die Unmöglichkeit, mich zu besitzen, die Ihnen diesen Wunsch so reizend macht.« – Er zog seine Hand aus der ihrigen, indem er sie mit einem starren, unwilligen Blick ansah. »Weise!« rief er, »sehr weise! hat vielleicht Albert diese Anmerkung gemacht? Politisch! sehr politisch!« – »Es kann sie jeder machen.« versetzte sie drauf. »Und sollte denn in der weiten Welt kein Mädchen sein, das die Wünsche Ihres Herzens erfüllte? Bringen Sie's über sich, suchen Sie darnach, und ich schwöre Ihnen, Sie werden sie finden; denn schon lange ängstigt mich, für Sie und uns, die Einschränkung, in die Sie sich diese Zeit her selbst gebannt haben. Bringen Sie es über sich, eine Reise wird Sie, muss Sie zerstreuen! Suchen Sie, finden Sie einen werten Gegenstand Ihrer Liebe, und kehren Sie zurück, und lassen Sie uns zusammen die Seligkeit einer wahren Freundschaft genießen.«

»Das könnte man«, sagte er mit einem kalten Lachen, »drucken lassen und allen Hofmeistern empfehlen. Liebe Lotte! lassen Sie mir noch ein klein wenig Ruh, es wird alles werden!« – »Nur das, Werther, dass Sie nicht eher kommen als Weihnachtsabend!« – Er wollte antworten, und Albert trat in die Stube. Man bot sich einen frostigen Guten Abend und ging verlegen im Zimmer nebeneinander auf und ab. Werther fing einen unbedeutenden Diskurs an, der bald aus war, Albert desgleichen, der sodann seine Frau nach gewissen Aufträgen fragte und, als er hörte, sie seien noch nicht ausgerichtet, ihr einige Worte sagte, die Werthern kalt, ja gar hart vorkamen. Er wollte gehen, er konnte nicht und zauderte bis acht, da sich denn sein Unmut und Unwillen immer vermehrte, bis der Tisch gedeckt wurde, und er Hut und Stock nahm. Albert lud ihn ein zu bleiben, er aber, der nur ein unbedeutendes Kompliment zu hören glaubte, dankte kalt dagegen und ging weg.

Er kam nach Hause, nahm seinem Burschen, der ihm leuchten wollte, das Licht aus der Hand und ging allein in sein Zimmer, weinte laut, redete aufgebracht mit sich selbst, ging heftig die Stube auf und ab und warf sich endlich in seinen Kleidern aufs Bett, wo ihn der Bediente fand, der es gegen elfe wagte hineinzugehn, um zu fragen, ob er dem Herrn die Stiefeln ausziehen sollte, das er denn zuließ und dem Bedienten verbot, am nächsten Morgen ins Zimmer zu kommen, bis er ihm rufen würde.

Montags früh, den einundzwanzigsten Dezember, schrieb er folgenden Brief an Lotten, den man nach seinem Tode versiegelt auf seinem Schreibtische gefunden und ihr überbracht hat, und den ich absatzweise hier einrücken will, so wie aus den Umständen erhellt, dass er ihn geschrieben habe.

»Es ist beschlossen, Lotte, ich will sterben, und das schreib' ich dir ohne romantische Überspannung, gelassen, am Morgen des Tages, an dem ich dich zum letzten Male sehen werde. Wenn du dieses liest, meine Beste, deckt schon das kühle Grab die erstarrten Reste des Unruhigen, Unglücklichen, der für die letzten Augenblicke seines Lebens keine größere Süßigkeit weiß, als sich mit dir zu unterhalten. Ich habe eine schreckliche Nacht gehabt und, ach, eine wohltätige Nacht. Sie ist es, die meinen Entschluss befestigt, bestimmt hat: ich will sterben! Wie ich mich gestern von dir riss, in der fürchterlichen Empörung meiner Sinne, wie sich all das nach meinem Herzen drängte und mein hoffnungsloses, freudloses Dasein neben dir in grässlicher Kälte mich anpackte – ich erreichte kaum mein Zimmer, ich warf mich außer mir auf meine Knie, und o Gott! du gewährtest mir die letzte Labsal der bittersten Tränen! Tausend Anschläge, tausend Aussichten wüteten durch meine Seele, und zuletzt stand er da, fest, ganz, der letzte, einzige Gedanke: ich will sterben! – Ich legte mich nieder, und morgens, in der Ruhe des Erwachens, steht er noch fest, noch ganz stark in meinem Herzen: ich will sterben! – Es ist nicht Verzweiflung, es ist Gewissheit, dass ich ausgetragen habe, und dass ich mich opfere für dich. Ja, Lotte! warum sollte ich es verschweigen? Eins von uns dreien muss hinweg, und das will ich sein! O meine Beste! In diesem zerrissenen Herzen ist es wütend herumgeschlichen, oft – deinen Mann zu ermorden! – dich! – mich! – So sei es denn! – Wenn du hinaufsteigst auf den Berg, an einem schönen Sommerabend, dann erinnere dich meiner, wie ich so oft das Tal heraufkam, und dann blicke zum Kirchhof hinüber nach meinem Grab, wie der Wind das hohe Gras im Schein der sinkenden Sonne hin und her wiegt. – Ich war ruhig, als ich anfing, nun, nun weine ich wie ein Kind, da alles das so lebhaft um mich wird. –«

Gegen zehn Uhr rief Werther seinem Bedienten, und beim Anziehen sagte er ihm, dass er in einigen Tagen verreisen würde, er solle daher die Kleider auskehren und alles zum Einpacken zurecht machen; auch gab er ihm Befehl, überall Kontos zu fordern, einige ausgeliehene Bücher abzuholen und einigen Armen, denen er wöchentlich etwas zu geben gewohnt war, ihr Zugeteiltes auf zwei Monate voraus zu bezahlen.

Er ließ sich das Essen auf die Stube bringen, und nach Tisch ritt er hinaus zum Amtmann, den er nicht zu Hause antraf. Er ging tiefsinnig im Garten auf und ab und schien noch zuletzt alle Schwermut der Erinnerung auf sich häufen zu wollen.

Die Kleinen ließen ihn nicht lange in Ruhe, sie verfolgten ihn, sprangen an ihm hinauf, erzählen ihm, dass, wenn Morgen, und wieder Morgen, und noch ein Tag wäre, sie die Christgeschenke bei Lotten holten, und erzählten ihm Wunder, die sich ihre kleine Einbildungskraft versprach. – »Morgen!« rief er aus, »und wieder Morgen! und noch ein Tag!« – und küsste sie alle herzlich und wollte sie verlassen, als ihm der Kleine noch etwas ins Ohr sagen wollte. Der verriet ihm, die großen Brüder hätten schöne Neujahrswünsche geschrieben, so groß! und einen für den Papa, für Albert und Lotten einen und auch einen für Herrn Werther; die wollten sie am Neujahrstag früh überreichen. Das übermannte ihn, er schenkte jedem etwas, setzte sich zu Pferd, ließ den Alten grüßen und ritt mit Tränen in den Augen davon.

Gegen fünf kam er nach Hause, befahl der Magd, nach dem Feuer zu sehen und es bis in die Nacht zu unterhalten. Den Bedienten hieß er Bücher und Wäsche unten in den Koffer packen und die Kleider einnähen. Darauf schrieb er wahrscheinlich folgenden Absatz seines letzten Briefes an Lotten.

»Du erwartest mich nicht! Du glaubst, ich würde gehorchen und erst Weihnachtsabend dich wieder sehn. O Lotte! heut oder nie mehr. Weihnachtsabend hältst du dieses Papier in deiner Hand, zitterst und benetzest es mit deinen lieben Tränen. Ich will, ich muss! O wie wohl ist es mir, dass ich entschlossen bin.«

Lotte war indes in einen sonderbaren Zustand geraten. Nach der letzten Unterredung mit Werthern hatte sie empfunden, wie schwer es ihr fallen werde, sich von ihm zu trennen, was er leiden würde, wenn er sich von ihr entfernen sollte.

Es war wie im Vorübergehn in Alberts Gegenwart gesagt worden, dass Werther vor Weihnachtsabend nicht wieder kommen werde, und Albert war zu einem Beamten in der Nachbarschaft geritten, mit dem er Geschäfte abzutun hatte, und wo er über Nacht ausbleiben musste.

Sie saß nun allein, keins von ihren Geschwistern war um sie, sie überließ sich ihren Gedanken, die still über ihren Verhältnissen herumschweiften. Sie sah sich nun mit dem Mann auf ewig verbunden, dessen Liebe und Treue sie kannte, dem sie von Herzen zugetan war, dessen Ruhe, dessen Zuverlässigkeit recht vom Himmel dazu bestimmt zu sein schien, dass eine wackere Frau das Glück ihres Lebens darauf gründen sollte; sie fühlte, was er ihr und ihren Kindern auf immer sein würde. Auf der andern Seite war ihr Werther so teuer geworden, gleich vom ersten Augenblick ihrer Bekanntschaft an hatte sich die Übereinstimmung ihrer Gemüter so schön gezeigt, der lang dauernde Umgang mit ihm, so manch durchlebte Situation hatte einen unauslöschlichen Eindruck auf ihr Herz gemacht. Alles, was sie Interessantes fühlte und dachte, war sie gewohnt mit ihm zu teilen, und seine Entfernung drohte in ihr ganzes Wesen eine Lücke zu reißen, die nicht wieder ausgefüllt werden konnte. O, hätte sie ihn in dem Augenblick zum Bruder umwandeln können, wie glücklich wäre sie gewesen! Hätte sie ihn einer ihrer Freundinnen verheiraten dürfen, hätte sie hoffen können, auch sein Verhältnis zu Albert ganz wieder herzustellen!

Sie hatte ihre Freundinnen der Reihe nach durchdacht und fand bei einer jeglichen etwas auszusetzen, fand keine, der sie ihn gegönnt hätte.

Über allen diesen Betrachtungen fühlte sie erst tief, ohne sich es deutlich zu machen, dass ihr herzliches, heimliches Verlangen sei, ihn für sich zu behalten, und sagte sich daneben, dass sie ihn nicht behalten könne, behalten dürfe; ihr reines, schönes, sonst so leichtes und leicht sich helfendes Gemüt empfand den Druck einer Schwermut, dem die Aussicht zum Glück verschlossen ist. Ihr Herz war gepresst, und eine trübe Wolke lag über ihrem Auge.

So war es halb sieben geworden, als sie Werthern die Treppe heraufkommen hörte und seinen Tritt, seine Stimme, die nach ihr fragte, bald erkannte. Wie schlug ihr Herz, und wir dürfen fast sagen zum ersten Mal, bei seiner Ankunft. Sie hätte sich gern vor ihm verleugnen lassen, und als er hereintrat, rief sie ihm mit einer Art von leidenschaftlicher Verwirrung entgegen: »Sie haben nicht Wort gehalten.« – »Ich habe nichts versprochen.« war seine Antwort. – »So hätten Sie wenigstens meiner Bitte stattgeben sollen«, versetzte sie, »ich bat Sie um unser beider Ruhe.«

Sie wusste nicht recht, was sie sagte, ebenso wenig was sie tat, als sie nach einigen Freundinnen schickte, um nicht mit Werthern allein zu sein. Er legte einige Bücher hin, die er gebracht hatte, fragte nach andern, und sie wünschte, bald dass ihre Freundinnen kommen, bald dass sie wegbleiben möchten. Das Mädchen kam zurück und brachte die Nachricht, dass sich beide entschuldigen ließen.

Sie wollte das Mädchen mit ihrer Arbeit in das Nebenzimmer sitzen lassen; dann besann sie sich wieder anders. Werther ging in der Stube auf und ab, sie trat ans Klavier und fing ein Menuett an, es wollte nicht fließen. Sie nahm sich zusammen und setzte sich gelassen zu Werthern, der seinen gewöhnlichen Platz auf dem Kanapee eingenommen hatte.

»Haben Sie nichts zu lesen?« sagte sie. – Er hatte nichts. – »Da drin in meiner Schublade«, fing sie an, »liegt Ihre Übersetzung einiger Gesänge Ossians; ich habe sie noch nicht gelesen, denn ich hoffte immer, sie von Ihnen zu hören; aber seither hat sich's nicht finden, nicht machen wollen.« – Er lächelte, holte die Lieder, ein Schauer überfiel ihn, als er sie in die Hände nahm, und die Augen standen ihm voll Tränen, als er hineinsah. Er setzte sich nieder und las.

»Stern der dämmernden Nacht, schön funkelst du im Westen, hebst dein strahlend Haupt aus deiner Wolke, wandelst stattlich deinen Hügel hin. Wonach blickst du auf die Heide? Die stürmenden Winde haben sich gelegt; von ferne kommt des Gießbachs Murmeln; rauschende Wellen spielen am Felsen fern; das Gesumme der Abendfliegen schwärmt übers Feld. Wonach siehst du, schönes Licht? Aber du lächelst und gehst, freudig umgeben dich die Wellen und baden dein liebliches Haar. Lebe wohl, ruhiger Strahl. Erscheine, du herrliches Licht von Ossians Seele!

Und es erscheint in seiner Kraft. Ich sehe meine geschiedenen Freunde, sie sammeln sich auf Lora, wie in den Tagen, die vorüber sind. – Fingal kommt wie eine feuchte Nebelsäule; um ihn sind seine Helden, und, siehe! die Barden des Gesangs: Grauer Ullin! stattlicher Ryno! Alpin, lieblicher Sänger! und du, sanft klagende Minona! – Wie verändert seid ihr, meine Freunde, seit den festlichen Tagen auf Selma, da wir buhlten um die Ehre des Gesanges, wie Frühlingslüfte den Hügel hin wechselnd beugen das schwach lispelnde Gras.

Da trat Minona hervor in ihrer Schönheit, mit niedergeschlagenem Blick und tränenvollem Auge, schwer floss ihr Haar im unsteten Wind, der von dem Hügel herstieß. – Düster ward's in der Seele der Helden, als sie die liebliche Stimme erhob; denn oft hatten sie das Grab Salgars gesehen, oft die finstere Wohnung der weißen Colma. Colma, verlassen auf dem Hügel, mit der harmonischen Stimme; Salgar versprach zu kommen; aber ringsum zog sich die Nacht. Hört Colmas Stimme, als sie auf dem Hügel allein saß.

Colma

Es ist Nacht! – Ich bin allein, verloren auf dem stürmischen Hügel. Der Wind saust im Gebirg'. Der Strom heult den Felsen hinab. Keine Hütte schützt mich vor Regen, mich Verlassne auf dem stürmischen Hügel.

Tritt, o Mond, aus deinen Wolken, erscheinet, Sterne der Nacht! Leite mich irgendein Strahl zu dem Ort, wo meine Liebe ruht von den Beschwerden der Jagd, sein Bogen neben ihm abgespannt, seine Hunde schnobend um ihn! Aber hier muss ich sitzen allein auf dem Felsen des verwachsenen Stroms. Der Strom und der Sturm saust, ich höre nicht die Stimme meines Geliebten.

Warum zaudert mein Salgar? Hat er sein Wort vergessen? – Da ist der Fels und der Baum und hier der rauschende Strom! Mit einbrechender Nacht versprachst du hier zu sein; ach! wohin hat sich mein Salgar verirrt? Mit dir wollt' ich fliehen, verlassen Vater und Bruder, die stolzen! Lange sind unsere Geschlechter Feinde, aber wir sind keine Feinde, o Salgar!

Schweig eine Weile, o Wind! still eine kleine Weile, o Strom, dass meine Stimme klinge durchs Tal, dass mein Wanderer mich höre. Salgar! ich bin's, die ruft! Hier ist der Baum und der Fels! Salgar! mein Lieber! hier bin ich; warum zauderst du zu kommen?

Sieh, der Mond scheint, die Flut glänzt im Tal, die Felsen stehen grau den Hügel hinauf; aber ich seh' ihn nicht auf der Höhe, seine Hunde vor ihm her verkündigen nicht seine Ankunft. Hier muss ich sitzen allein.

Aber wer sind, die dort unten liegen auf der Heide? – Mein Geliebter? Mein Bruder? – Redet, o meine Freunde! Sie antworten nicht. Wie geängstigt ist meine Seele! – Ach sie sind tot! Ihre Schwerter rot vom Gefecht! O mein Bruder, mein Bruder, warum hast du meinen Salgar erschlagen? O mein Salgar, warum hast du meinen Bruder erschlagen? Ihr wart mir beide so lieb! O du warst schön am Hügel unter Tausenden! Es war schrecklich in der Schlacht. Antwortet mir! hört meine Stimme, meine Geliebten! Aber ach, sie sind stumm, stumm auf ewig! Kalt wie die Erde ist ihr Busen!

O vom Felsen des Hügels, vom Gipfel des stürmenden Berges, redet, Geister der Toten! redet! mir soll es nicht grausen! – Wohin seid ihr zur Ruhe gegangen? In welcher Gruft des Gebirges soll ich euch finden? – Keine schwache Stimme vernehme ich im Wind, keine wehende Antwort im Sturme des Hügels.

Ich sitze in meinem Jammer, ich harre auf den Morgen in meinen Tränen. Wühlet das Grab, ihr Freunde der Toten, aber schließt es nicht, bis ich komme. Mein Leben schwindet wie ein Traum; wie sollt' ich zurückbleiben! Hier will ich wohnen mit meinen Freunden am Strom des klingenden Felsens – Wenn's Nacht wird auf dem Hügel, und Wind kommt über die Heide, soll mein Geist im Winde stehn und betrauern den Tod meiner Freunde. Der Jäger hört mich aus seiner Laube, fürchtet meine Stimme und liebt sie; denn süß soll meine Stimme sein um meine Freunde, sie waren mir beide so lieb!

Das war dein Gesang, o Minona, Tormans sanft errötende Tochter. Unsere Tränen flossen um Colma, und unsere Seele ward düster.

Ullin trat auf mit der Harfe und gab uns Alpins Gesang – Alpins Stimme war freundlich, Rynos Seele ein Feuerstrahl. Aber schon ruhten sie im engen Haus, und ihre Stimme war verhallt in Selma. Einst kehrte Ullin zurück von der Jagd, ehe die Helden noch fielen. Er hörte ihren Wettgesang auf dem Hügel. Ihr Lied war sanft, aber traurig. Sie klagten Morars Fall, des ersten der Helden. Seine Seele war wie Fingals Seele, sein Schwert wie das Schwert Oskars – Aber er fiel, und sein Vater jammerte, und seiner Schwester Augen waren voll Tränen, Minonas Augen waren voll Tränen, der Schwester des herrlichen Morars. Sie trat zurück vor Ullins Gesang, wie der Mond im Westen, der den Sturmregen voraussieht und sein schönes Haupt in eine Wolke verbirgt. – Ich schlug die Harfe mit Ullin zum Gesange des Jammers.

Ryno

Vorbei sind Wind und Regen, der Mittag ist so heiter, die Wolken teilen sich. Fliehend bescheint den Hügel die unbeständige Sonne. Rötlich fließt der Strom des Bergs im Tale hin. Süß ist dein Murmeln, Strom; doch süßer die Stimme, die ich höre. Es ist Alpins Stimme, er bejammert den Toten. Sein Haupt ist vor Alter gebeugt und rot sein tränendes Auge. Alpin, trefflicher Sänger, warum allein auf dem schweigenden Hügel? Warum jammerst du wie ein Windstoß im Walde, wie eine Welle am fernen Gestade?

Alpin

Meine Tränen, Ryno, sind für den Toten, meine Stimme für die Bewohner des Grabs. Schlank bist du auf dem Hügel, schön unter den Söhnen der Heide. Aber du wirst fallen wie Morar, und auf deinem Grab wird der Trauernde sitzen. Die Hügel werden dich vergessen, deine Bogen in der Halle liegen ungespannt.

Du warst schnell, o Morar, wie ein Reh auf dem Hügel, schrecklich wie die Nachtfeuer am Himmel. Dein Grimm war ein Sturm, dein Schwert in der Schlacht wie Wetterleuchten über der Heide. Deine Stimme glich dem Waldstrome nach dem Regen, dem Donner auf fernen Hügeln. Manche fielen von deinem Arm, die Flamme deines Grimmes verzehrte sie. Aber wenn du wiederkehrtest vom Kriege, wie friedlich war deine Stirn! dein Angesicht war gleich der Sonne nach dem Gewitter, gleich dem Monde in der schweigenden Nacht, ruhig deine Brust wie der See, wenn sich des Windes Brausen gelegt hat.

Eng ist nun deine Wohnung, finster deine Stätte! Mit drei Schritten mess' ich dein Grab, o du, der du einst so groß warst! Vier Steine mit moosigen Häuptern sind dein einziges Gedächtnis; ein entblätterter Baum, langes Gras, das im Winde wispelt, deutet dem Auge des Jägers das Grab des mächtigen Morars. Keine Mutter hast du, dich zu beweinen, kein Mädchen mit Tränen der Liebe. Tot ist, die dich gebar, gefallen die Tochter von Morglan.

Wer auf seinem Stabe ist das? Wer ist es, dessen Haupt weiß ist vor Alter, dessen Augen rot sind von Tränen? Es ist dein Vater, o Morar, der Vater keines Sohnes außer dir. Er hörte von deinem Ruf in der Schlacht, er hörte von zerstobenen Feinden; er hörte Morars Ruhm! Ach! nichts von seiner Wunde? Weine, Vater Morars, weine! Aber dein Sohn hört dich nicht. Tief ist der Schlaf der Toten, niedrig ihr Kissen von Staub. Nimmer achtet er auf die Stimme, nie erwacht er auf deinen Ruf. O wann wird es Morgen im Grab, zu gebieten dem Schlummerer: Erwache!

Lebe wohl, edelster der Menschen, du Eroberer im Felde! Aber nimmer wird dich das Feld sehen, nimmer der düstere Wald leuchten vom Glanz deines Stahls. Du hinterließest keinen Sohn, aber der Gesang soll deinen Namen erhalten, künftige Zeiten sollen von dir hören, hören vom gefallenen Morar. –

Laut war die Trauer der Helden, am lautesten Armins berstender Seufzer. Ihn erinnerte es an den Tod seines Sohnes, er fiel in den Tagen der Jugend. Carmor saß nah bei dem Helden, der Fürst des hallenden Galmal. ›Warum schluchzet der Seufzer Armins?‹ sprach er, ›was ist hier zu weinen? Klingt nicht Lied und Gesang, die Seele zu schmelzen und zu ergötzen? Sie sind wie sanfter Nebel, der steigend vom See aufs Tal sprüht, und die blühenden Blumen füllet das Nass; aber die Sonne kommt wieder in ihrer Kraft, und der Nebel ist gegangen. Warum bist du so jammervoll, Armin, Herrscher des seeumflossenen Gorma?‹

›Jammervoll! Wohl das bin ich, und nicht gering die Ursache meines Wehs. – Carmor, du verlorst keinen Sohn, verlorst keine blühende Tochter; Colgar, der Tapfere, lebt, und Annira, die schönste der Mädchen. Die Zweige deines Hauses blühen, o Carmor; aber Armin ist der Letzte seines Stammes. Finster ist dein Bett, o Daura! dumpf ist dein Schlaf in dem Grabe – Wann erwachst du mit deinen Gesängen, mit deiner melodischen Stimme? Auf, ihr Winde des Herbstes! auf, stürmt über die finstere Heide! Waldströme, braust! Heult, Stürme, im Gipfel der Eichen! Wandle durch gebrochene Wolken, o Mond, zeig' wechselnd dein bleiches Gesicht! Erinnre mich der schrecklichen Nacht, als meine Kinder umkamen, da Arindal, der Mächtige, fiel, Daura, die Liebe, verging.

Daura, meine Tochter, du warst schön, schön wie der Mond auf den Hügeln von Fura, weiß wie der gefallene Schnee, süß wie die atmende Luft! Arindal, dein Bogen war stark, dein Speer schnell auf dem Felde, dein Blick wie Nebel auf der Welle, dein Schild eine Feuerwolke im Sturm!

Armar, berühmt im Kriege, kam und warb um Dauras Liebe; sie widerstand nicht lange. Schön waren die Hoffnungen ihrer Freunde.

Erath, der Sohn Odgals, grollte, denn sein Bruder lag erschlagen von Armar. Er kam, als ein Schiffer verkleidet. Schön war sein Nachen auf der Welle, weiß seine Locken vor Alter, ruhig sein ernstes Gesicht. ›Schönste der Mädchen‹, sagte er, ›liebliche Tochter von Armin, dort am Felsen, nicht fern in der See, wo die rote Frucht vom Baume herblinkt, dort wartet Armar auf Daura; ich komme, seine Liebe zu führen über die rollende See.‹

Sie folgt' ihm und rief nach Armar; nichts antwortete als die Stimme des Felsens. ›Armar! mein Lieber! mein Lieber! warum ängstigst du mich so? Höre, Sohn Arnarths! höre! Daura ist's, die dich ruft!‹

Erath, der Verräter, floh lachend zum Land. Sie erhob ihre Stimme, rief nach ihrem Vater und Bruder: ›Arindal! Armin! Ist keiner da, seine Daura zu retten?‹

Ihre Stimme kam über die See. Arindal, mein Sohn, stieg vom Hügel herab, rau in der Beute der Jagd, seine Pfeile rasselten an seiner Seite, seinen Bogen trug er in der Hand, fünf schwarzgraue Doggen waren um ihn. Er sah den kühnen Erath am Ufer, fasst' und band ihn an die Eiche, fest umflocht er seine Hüften, der Gefesselte füllte mit Ächzen die Winde.

Arindal betritt die Wellen in seinem Boot, Daura herüberzubringen. Armar kam in seinem Grimme, drückt' ab den grau befiederten Pfeil, er klang, er sank in dein Herz, o Arindal, mein Sohn! Statt Eraths, des Verräters, kamst du um, das Boot erreichte den Felsen, er sank dran nieder und starb. Zu deinen Füßen floss deines Bruders Blut, welch war dein Jammer, o Daura!

Die Wellen zerschmettern das Boot. Armar stürzt sich in die See, seine Daura zu retten oder zu sterben. Schnell stürmte ein Stoß vom Hügel in die Wellen, er sank und hob sich nicht wieder.

Allein auf dem seebespülten Felsen hört' ich die Klagen meiner Tochter. Viel und laut war ihr Schreien, doch konnt' sie ihr Vater nicht retten. Die ganze Nacht stand ich am Ufer, ich sah sie im schwachen Strahl des Mondes, die ganze Nacht hört' ich ihr Schreien, laut war der Wind, und der Regen schlug scharf nach der Seite des Berges. Ihre Stimme ward schwach, ehe der Morgen erschien, sie starb weg wie die Abendluft zwischen dem Grase der Felsen. Beladen mit Jammer starb sie und ließ Armin allein! Dahin ist meine Stärke im Krieg, gefallen mein Stolz unter den Mädchen. – Wenn die Stürme des Berges kommen, wenn der Nord die Wellen hochhebt, sitz' ich am schallenden Ufer, schaue nach dem schrecklichen Felsen.

Oft im sinkenden Monde seh' ich die Geister meiner Kinder, halb dämmernd wandeln sie zusammen in trauriger Eintracht.‹«

Ein Strom von Tränen, der aus Lottens Augen brach und ihrem gepressten Herzen Luft machte, hemmte Werthers Gesang. Er warf das Papier hin, fasste ihre Hand und weinte die bittersten Tränen. Lotte ruhte auf der andern und verbarg ihre Augen ins Schnupftuch. Die Bewegung beider war fürchterlich. Sie fühlten ihr eigenes Elend in dem Schicksal der Edlen, fühlten es zusammen, und ihre Tränen vereinigten sich. Die Lippen und Augen Werthers glühten an Lottens Arm; ein Schauer überfiel sie; sie wollte sich entfernen, und Schmerz und Anteil lagen betäubend wie Blei auf ihr. Sie atmete, sich zu erholen, und bat ihn schluchzend fortzufahren, bat mit der ganzen Stimme des Himmels! Werther zitterte, sein Herz wollte bersten, er hob das Blatt auf und las halb gebrochen: »Warum weckst du mich, Frühlingsluft? Du buhlst und sprichst: Ich betaue mit Tropfen des Himmels! Aber die Zeit meines Welkens ist nah, nahe der Sturm, der meine Blätter herabstört! Morgen wird der Wanderer kommen, kommen der mich sah in meiner Schönheit, ringsum wird sein Auge im Felde mich suchen und wird mich nicht finden. –«

Die ganze Gewalt dieser Worte fiel über den Unglücklichen. Er warf sich vor Lotten nieder in der vollen Verzweiflung, fasste ihre Hände, drückte sie in seine Augen, wider seine Stirn, und ihr schien eine Ahnung seines schrecklichen Vorhabens durch die Seele zu fliegen. Ihre Sinne verwirrten sich, sie drückte seine Hände, drückte sie wider ihre Brust, neigte sich mit einer wehmütigen Bewegung zu ihm, und ihre glühenden Wangen berührten sich. Die Welt verging ihnen. Er schlang seine Arme um sie, presste sie an seine Brust und deckte ihre zitternden, stammelnden Lippen mit wütenden Küssen. – »Werther!« rief sie mit erstickter Stimme, sich abwendend, »Werther!«, und drückte mit schwacher Hand seine Brust von der ihrigen; »Werther!« rief sie mit dem gefassten Ton des edelsten Gefühls. – Er widerstand nicht, ließ sie aus seinen Armen und warf sich unsinnig vor sie hin. – Sie riss sich auf, und in ängstlicher Verwirrung, bebend zwischen Liebe und Zorn, sagte sie: »Das ist das letzte Mal! Werther! Sie sehn mich nicht wieder.« Und mit dem vollsten Blick der Liebe auf den Elenden eilte sie ins Nebenzimmer und schloss hinter sich zu. – Werther streckte ihr die Arme nach, getraute sich nicht, sie zu halten. Er lag auf der Erde, den Kopf auf dem Kanapee, und in dieser Stellung blieb er über eine halbe Stunde, bis ihn ein Geräusch zu sich selbst rief. Es war das Mädchen, das den Tisch decken wollte. Er ging im Zimmer auf und ab, und da er sich wieder allein sah, ging er zur Tür des Kabinetts und rief mit leiser Stimme: »Lotte! Lotte! nur noch *ein* Wort! Ein Lebewohl!« – Sie schwieg. – Er harrte und bat und harrte; dann riss er sich weg und rief: »Lebe wohl, Lotte! Auf ewig lebe wohl!«

Er kam ans Stadttor. Die Wächter, die ihn schon gewohnt waren, ließen ihn stillschweigend hinaus. Es stiebte zwischen Regen und Schnee, und erst gegen elfe klopfte er wieder. Sein Diener bemerkte, als Werther nach Hause kam, dass seinem Herrn der Hut fehlte. Er getraute sich nicht, etwas zu sagen, entkleidete ihn, alles war nass. Man hat nachher den Hut auf einem Felsen, der an dem Abhang des Hügels ins Tal sieht, gefunden, und es ist unbegreiflich, wie er ihn in einer finstern, feuchten Nacht, ohne zu stürzen, erstiegen hat.

Er legte sich zu Bett und schlief lange. Der Bediente fand ihn schreibend, als er ihm am nächsten Morgen auf sein Rufen den Kaffee brachte. Er schrieb folgendes im Briefe an Lotten:

»Zum letzten Male denn, zum letzten Male schlage ich diese Augen auf. Sie sollen, ach, die Sonne nicht mehr sehn, ein trüber, neblichter Tag hält sie bedeckt. So traure denn, Natur! Dein Sohn, dein Freund, dein Geliebter naht sich seinem Ende. Lotte, das ist ein Gefühl ohnegleichen, und doch kommt es dem dämmernden Traum am nächsten, zu sich zu sagen: das ist der letzte Morgen. Der letzte! Lotte, ich habe keinen Sinn für das Wort: der letzte! Stehe ich nicht da in meiner ganzen Kraft, und Morgen liege ich ausgestreckt und schlaff am Boden. Sterben! was heißt das?

Siehe, wir träumen, wenn wir vom Tod reden. Ich habe manchen sterben sehen; aber so eingeschränkt ist die Menschheit, dass sie für ihres Daseins Anfang und Ende keinen Sinn hat. Jetzt noch mein, dein! dein, o Geliebte! Und einen Augenblick später – getrennt, geschieden – vielleicht auf ewig? – Nein, Lotte, nein – Wie kann ich vergehen? Wie kannst du vergehen? Wir sind ja! – Vergehen! – Was heißt das? Das ist wieder ein Wort, ein leerer Schall, ohne Gefühl für mein Herz. – – Tot, Lotte! Eingescharrt der kalten Erde, so eng! so finster! – Ich hatte eine Freundin, die mein alles war meiner hilflosen Jugend; sie starb, und ich folgte ihrer Leiche und stand an dem Grab, wie sie den Sarg hinunterließen und die Seile schnurrend unter ihm weg und wieder herauf schnellten, dann die erste Schaufel hinunter schollerte, und die ängstliche Lade einen dumpfen Ton wiedergab und dumpfer und immer dumpfer und endlich bedeckt war! – Ich stürzte neben das Grab hin – ergriffen, erschüttert, geängstigt, zerrissen mein Innerstes, aber ich wusste nicht, wie mir geschah – wie mir geschehen wird – Sterben! Grab! Ich verstehe die Worte nicht!

O vergib mir! vergib mir! Gestern! Es hätte der letzte Augenblick meines Lebens sein sollen. O du Engel! Zum ersten Male, zum ersten Male ganz ohne Zweifel durch mein innig Innerstes durchglühte mich das Wonnegefühl: Sie liebt mich! Sie liebt mich! Es brennt noch auf meinen Lippen das heilige Feuer, das von den deinigen strömte, neue, warme Wonne ist in meinem Herzen. Vergib mir! vergib mir!

Ach, ich wusste, dass du mich liebtest, wusste es von den ersten seelenvollen Blicken, an dem ersten Händedruck, und doch, wenn ich wieder weg war, wenn ich Alberten an deiner Seite sah, verzagte ich wieder in fieberhaften Zweifeln.

Erinnerst du dich der Blumen, die du mir schicktest, als du in jener fatalen Gesellschaft mir kein Wort sagen, keine Hand reichen konntest? o, ich habe die halbe Nacht davor gekniet, und sie versiegelten mir deine Liebe. Aber ach! diese Eindrücke gingen vorüber, wie das Gefühl der Gnade seines Gottes allmählich wieder aus der Seele des Gläubigen weicht, die ihm mit ganzer Himmelsfülle in heiligen, sichtbaren Zeichen gereicht ward.

Alles das ist vergänglich, aber keine Ewigkeit soll das glühende Leben auslöschen, das ich gestern auf deinen Lippen genoss, das ich in mir fühle! Sie liebt mich! Dieser Arm hat sie umfasst, diese Lippen haben auf ihren Lippen gezittert, dieser Mund hat an dem ihrigen gestammelt. Sie ist mein! Du bist mein! ja, Lotte, auf ewig.

Und was ist das, dass Albert dein Mann ist? Mann! Das wäre denn für diese Welt – und für diese Welt Sünde, dass ich dich liebe, dass ich dich aus seinen Armen in die meinigen reißen möchte? Sünde? Gut, und ich strafe mich dafür; ich habe sie in ihrer ganzen Himmelswonne geschmeckt, diese Sünde, habe Lebensbalsam und Kraft in mein Herz gesaugt. Du bist von diesem Augenblick an mein! mein, o Lotte! Ich gehe voran! gehe zu meinem Vater, zu deinem Vater. Dem will ich's klagen, und er wird mich trösten, bis du kommst, und ich fliege dir entgegen und fasse dich und bleibe bei dir vor dem Angesicht des Unendlichen in ewigen Umarmungen.

Ich träume nicht, ich wähne nicht! Nah am Grab wird mir es heller. Wir werden sein! Wir werden uns wiedersehen! Deine Mutter sehen! ich werde sie sehen, werde sie finden, ach, und vor ihr mein ganzes Herz ausschütten! Deine Mutter, dein Ebenbild.«

Gegen elfe fragte Werther seinen Bedienten, ob wohl Albert zurückgekommen sei? Der Bediente sagte: ja, er habe dessen Pferd dahinführen sehen. Darauf gibt ihm der Herr ein offenes Zettelchen des Inhalts: »Wollten Sie mir wohl zu einer vorhabenden Reise Ihre Pistolen leihen? Leben Sie recht wohl!«

Die liebe Frau hatte die letzte Nacht wenig geschlafen; was sie gefürchtet hatte, war entschieden, auf eine Weise entschieden, die sie weder ahnen noch fürchten konnte. Ihr sonst so rein und leicht fließendes Blut war in einer fieberhaften Empörung, tausenderlei Empfindungen zerrütteten das schöne Herz. War es das Feuer von Werthers Umarmungen, das sie in ihrem Busen fühlte? War es Unwille über seine Verwegenheit? War es eine unmutige Vergleichung ihres gegenwärtigen Zustandes mit jenen Tagen ganz unbefangener, freier Unschuld und sorglosen Zutrauens zu sich selbst? Wie sollte sie ihrem Mann entgegengehen, wie ihm eine Szene bekennen, die sie so gut gestehen durfte, und die sie sich doch zu gestehen nicht getraute? Sie hatten so lange gegeneinander geschwiegen, und sollte sie die erste sein, die das Stillschweigen bräche und eben zur unrechten Zeit ihrem Gatten eine so unerwartete Entdeckung machte? Schon fürchtete sie, die bloße Nachricht von Werthers Besuch werde ihm einen unangenehmen Eindruck machen, und nun gar diese unerwartete Katastrophe! Konnte sie wohl hoffen, dass ihr Mann sie ganz im rechten Licht sehen, ganz ohne Vorurteil aufnehmen würde? Und konnte sie wünschen, dass er in ihrer Seele lesen möchte? Und doch wieder, konnte sie sich verstellen gegen den Mann, vor dem sie immer wie ein kristallhelles Glas offen und frei gestanden und dem sie keine ihrer Empfindungen jemals verheimlicht noch verheimlichen können? Eins und das andre machte ihr Sorgen und setzte sie in Verlegenheit; und immer kehrten ihre Gedanken wieder zu Werthern, der für sie verloren war, den sie nicht lassen konnte, den sie – leider! – sich selbst überlassen musste, und dem, wenn er sie verloren hatte, nichts mehr übrig blieb.

Wie schwer lag jetzt, was sie sich in dem Augenblick nicht deutlich machen konnte, die Stockung auf ihr, die sich unter ihnen festgesetzt hatte! So verständige, so gute Menschen fingen wegen gewisser heimlicher Verschiedenheiten untereinander zu schweigen an, jedes dachte seinem Recht und dem Unrecht des andern nach, und die Verhältnisse verwickelten und verhetzten sich dergestalt, dass es unmöglich ward, den Knoten eben in dem kritischen Moment, von dem alles abhing, zu lösen. Hätte eine glückliche Vertraulichkeit sie früher wieder einander näher gebracht, wäre Liebe und Nachsicht wechselweise unter ihnen lebendig worden und hätte ihre Herzen aufgeschlossen, vielleicht wäre unser Freund noch zu retten gewesen.

Noch ein sonderbarer Umstand kam dazu. Werther hatte, wie wir aus seinen Briefen wissen, nie ein Geheimnis daraus gemacht, dass er sich diese Welt zu verlassen sehnte. Albert hatte ihn oft bestritten, auch war zwischen Lotten und ihrem Mann manchmal die Rede davon gewesen. Dieser, wie er einen entschiedenen Widerwillen gegen die Tat empfand, hatte auch gar oft mit einer Art von Empfindlichkeit, die sonst ganz außer seinem Charakter lag, zu erkennen gegeben, dass er an dem Ernst eines solchen Vorsatzes sehr zu zweifeln Ursach' finde, er hatte sich sogar darüber einigen Scherz erlaubt und seinen Unglauben Lotten mitgeteilt. Dies beruhigte sie zwar einerseits, wenn ihre Gedanken ihr das traurige Bild vorführten, andererseits aber fühlte sie sich auch dadurch gehindert, ihrem Mann die Besorgnisse mitzuteilen, die sie in dem Augenblicke quälten.

Albert kam zurück, und Lotte ging ihm mit einer verlegenen Hastigkeit entgegen, er war nicht heiter, sein Geschäft war nicht vollbracht, er hatte in dem benachbarten Amtmann einen unbiegsamen, kleinsinnigen Menschen gefunden. Der üble Weg auch hatte ihn verdrießlich gemacht.

Er fragte, ob nichts vorgefallen sei, und sie antwortete mit Übereilung: Werther sei gestern Abend dagewesen. Er fragte, ob Briefe gekommen, und er erhielt zur Antwort, dass ein Brief und Pakete auf seiner Stube lägen. Er ging hinüber, und Lotte blieb allein. Die Gegenwart des Mannes, den sie liebte und ehrte, hatte einen neuen Eindruck auf ihr Herz gemacht. Das Andenken seines Edelmuts, seiner Liebe und Güte hatte ihr Gemüt mehr beruhigt, sie fühlte einen heimlichen Zug, ihm zu folgen, sie nahm ihre Arbeit und ging auf sein Zimmer, wie sie mehr zu tun pflegte. Sie fand ihn beschäftigt, die Pakete zu erbrechen und zu lesen. Einige schienen nicht das Angenehmste zu enthalten. Sie tat einige Fragen an ihn, die er kurz beantwortete, und sich an den Pult stellte, zu schreiben.

Sie waren auf diese Weise eine Stunde nebeneinander gewesen, und es ward immer dunkler in Lottens Gemüt. Sie fühlte, wie schwer es ihr werden würde, ihrem Mann, auch wenn er bei dem besten Humor wäre, das zu entdecken, was ihr auf dem Herzen lag; sie verfiel in eine Wehmut, die ihr desto ängstlicher ward, als sie solche zu verbergen und ihre Tränen zu verschlucken suchte.

Das Erscheinen von Werthers Knaben setzte sie in die größte Verlegenheit; er überreichte Alberten das Zettelchen, der sich gelassen zu seiner Frau wandte und sagte: »Gib ihm die Pistolen.« – »Ich lasse ihm glückliche Reise wünschen.« sagte er zum Jungen. – Das fiel auf sie wie ein Donnerschlag, sie schwankte aufzustehen, sie wusste nicht, wie ihr geschah. Langsam ging sie zur Wand, zitternd nahm sie das Gewehr herunter, putzte den Staub ab und zauderte, und hätte noch lange gezögert, wenn nicht Albert durch einen fragenden Blick sie gedrängt hätte. Sie gab das unglückliche Werkzeug dem Knaben, ohne ein Wort vorbringen zu können, und als der zum Haus hinaus war, legte sie ihre Arbeit zusammen, ging in ihr Zimmer, in dem Zustand der unaussprechlichsten Ungewissheit. Ihr Herz weissagte ihr alle Schrecknisse. Bald war sie im Begriff, sich zu den Füßen ihres Mannes zu werfen, ihm alles zu entdecken, die Geschichte des gestrigen Abends, ihre Schuld und ihre Ahnungen. Dann sah sie wieder keinen Ausweg des Unternehmens, am wenigsten konnte sie hoffen, ihren Mann zu einem Gang zu Werthern zu bereden. Der Tisch ward gedeckt, und eine gute Freundin, die nur etwas zu fragen kam, gleich gehen wollte – und blieb, machte die Unterhaltung bei Tisch erträglich; man zwang sich, man redete, man erzählte, man vergaß sich.

Der Knabe kam mit den Pistolen zu Werthern, der sie ihm mit Entzücken abnahm, als er hörte, Lotte habe sie ihm gegeben. Er ließ sich Brot und Wein bringen, hieß den Knaben zu Tische gehen und setzte sich nieder, zu schreiben.

»Sie sind durch deine Hände gegangen, du hast den Staub davon geputzt, ich küsse sie tausendmal, du hast sie berührt! Und du, Geist des Himmels, begünstigst meinen Entschluss, und du, Lotte, reichst mir das Werkzeug, du, von deren Händen ich den Tod zu empfangen wünschte, und ach! nun empfange. O ich habe meinen Jungen ausgefragt. Du zittertest, als du sie ihm reichtest, du sagtest kein Lebewohl! – Wehe! wehe! kein Lebewohl! – Solltest du dein Herz für mich verschlossen haben, um des Augenblicks willen, der mich ewig an dich befestigte? Lotte, kein Jahrtausend vermag den Eindruck auszulöschen! und ich fühle es, du kannst den nicht hassen, der so für dich glüht.«

Nach Tisch hieß er den Knaben alles vollends einpacken, zerriss viele Papiere, ging aus und brachte noch kleine Schulden in Ordnung. Er kam wieder nach Hause, ging wieder aus vors Tor, ungeachtet des Regens, in den gräflichen Garten, schweifte weiter in der Gegend umher und kam bei anbrechender Nacht zurück und schrieb.

»Wilhelm, ich habe zum letzten Male Feld und Wald und den Himmel gesehen. Leb wohl auch du! Liebe Mutter, verzeiht mir! Tröste sie, Wilhelm! Gott segne euch! Meine Sachen sind alle in Ordnung. Lebt wohl! wir sehen uns wieder und freudiger.«

»Ich habe dir übel gelohnt, Albert, und du vergibst mir. Ich habe den Frieden deines Hauses gestört, ich habe Misstrauen zwischen euch gebracht. Lebe wohl! ich will es enden. O dass ihr glücklich wäret durch meinen Tod! Albert! Albert! mache den Engel glücklich! Und so wohne Gottes Segen über dir!«

Er kramte den Abend noch viel in seinen Papieren, zerriss vieles und warf es in den Ofen, versiegelte einige Pakete mit den Adressen an Wilhelm. Sie enthielten kleine Aufsätze, abgerissene Gedanken, deren ich verschiedene gesehen habe; und nachdem er um zehn Uhr Feuer hatte nachlegen und sich eine Flasche Wein geben lassen, schickte er den Bedienten, dessen Kammer wie auch die Schlafzimmer der Hausleute weit hinten hinaus waren, zu Bett, der sich dann in seinen Kleidern niederlegte, um früh bei der Hand zu sein; denn sein Herr hatte gesagt, die Postpferde würden vor sechs vors Haus kommen.

Nach elfe

Alles ist so still um mich her, und so ruhig meine Seele. Ich danke dir, Gott, der du diesen letzten Augenblicken diese Wärme, diese Kraft schenkst.

Ich trete an das Fenster, meine Beste, und sehe, und sehe noch durch die stürmenden, vorüber fliehenden Wolken einzelne Sterne des ewigen Himmels! Nein, ihr werdet nicht fallen! Der Ewige trägt euch in seinem Herzen, und mich. Ich sehe die Deichselsterne des Wagens, des liebsten unter allen Gestirnen. Wenn ich nachts von dir ging, wie ich aus deinem Tore trat, stand er mir gegenüber. Mit welcher Trunkenheit habe ich ihn oft angesehen, oft mit aufgehobenen Händen ihn zum Zeichen, zum heiligen Merkstein meiner gegenwärtigen Seligkeit gemacht! und noch – O Lotte, was erinnert mich nicht an dich! umgibst du mich nicht! und habe ich nicht, gleich einem Kind, ungenügsam allerlei Kleinigkeiten zu mir gerissen, die du Heilige berührt hattest!

Liebes Schattenbild! Ich vermache dir es zurück, Lotte, und bitte dich, es zu ehren. Tausend, tausend Küsse habe ich darauf gedrückt, tausend Grüße ihm zugewinkt, wenn ich ausging oder nach Hause kam.

Ich habe deinen Vater in einem Zettelchen gebeten, meine Leiche zu schützen. Auf dem Kirchhof sind zwei Lindenbäume, hinten in der Ecke nach dem Felde zu; dort wünsche ich zu ruhen. Er kann, er wird das für seinen Freund tun. Bitte ihn auch. Ich will frommen Christen nicht zumuten, ihren Körper neben einen armen Unglücklichen zu legen. Ach, ich wollte, ihr begrübt mich am Weg, oder im einsamen Tal, dass Priester und Levit vor dem bezeichneten Stein sich segnend vorübergingen und der Samariter eine Träne weinte.

Hier, Lotte! Ich schaudre nicht, den kalten, schrecklichen Kelch zu fassen, aus dem ich den Taumel des Todes trinken soll! Du reichtest mir ihn, und ich zage nicht. All! all! So sind alle die Wünsche und Hoffnungen meines Lebens erfüllt! So kalt, so starr an der ehernen Pforte des Todes anzuklopfen.

Dass ich des Glückes hätte teilhaftig werden können, für dich zu sterben! Lotte, für dich mich hinzugeben! Ich wollte mutig, ich wollte freudig sterben, wenn ich dir die Ruhe, die Wonne deines Lebens wiederschaffen könnte. Aber ach! das ward nur wenigen Edeln gegeben, ihr Blut für die Ihrigen zu vergießen und durch ihren Tod ein neues, hundertfältiges Leben ihren Freunden anzufachen.

In diesen Kleidern, Lotte, will ich begraben sein, du hast sie berührt, geheiligt; ich habe auch deinen Vater darum gebeten. Meine Seele schwebt über dem Sarge. Man soll meine Taschen nicht aussuchen. Diese blassrote Schleife, die du am Busen hattest, als ich dich zum ersten Male unter deinen Kindern fand – O küsse sie tausendmal und erzähle ihnen das Schicksal ihres unglücklichen Freundes. Die Lieben! Sie wimmeln um mich. Ach wie ich mich an dich schloss! seit dem ersten Augenblick dich nicht lassen konnte! – Diese Schleife soll mit mir begraben werden. An meinem Geburtstag schenktest du sie mir! Wie ich das alles verschlang! – Ach, ich dachte nicht, dass mich der Weg hierher führen sollte! – – Sei ruhig! Ich bitte dich, sei ruhig! –

Sie sind geladen – Es schlägt zwölfe! So sei es denn! – Lotte! Lotte, lebe wohl! lebe wohl!

Ein Nachbar sah den Blitz vom Pulver und hörte den Schuss fallen; da aber alles still blieb, achtete er nicht weiter drauf.

Morgens um sechse tritt der Bediente herein mit dem Licht. Er findet seinen Herrn auf der Erde, die Pistole und Blut. Er ruft, er fasst ihn an; keine Antwort, er röchelt nur noch. Er läuft zu den Ärzten, zu Alberten. Lotte hört die Schelle ziehen, ein Zittern ergreift alle ihre Glieder. Sie weckt ihren Mann, sie stehen auf, der Bediente bringt heulend und stotternd die Nachricht, Lotte sinkt ohnmächtig vor Alberten nieder.

Als der Medikus zu dem Unglücklichen kam, fand er ihn auf der Erde ohne Rettung, der Puls schlug, die Glieder waren alle gelähmt. Überm rechten Auge hatte er sich durch den Kopf geschossen, das Gehirn war herausgetrieben. Man ließ ihm zum Überfluss eine Ader am Arm, das Blut lief, er holte noch immer Atem.

Aus dem Blut auf der Lehne des Sessels konnte man schließen, er habe sitzend vor dem Schreibtisch die Tat vollbracht, dann ist er heruntergesunken, hat sich konvulsivisch um den Stuhl herumgewälzt. Er lag zum Fenster hin entkräftet auf dem Rücken, war in völliger Kleidung, gestiefelt, im blauen Frack mit gelber Weste.

Das Haus, die Nachbarschaft, die Stadt kam in Aufruhr. Albert trat herein. Werthern hatte man aufs Bett gelegt, die Stirn verbunden, sein Gesicht schon wie eines Toten, er rührte kein Glied. Die Lunge röchelte noch fürchterlich, bald schwach, bald stärker; man erwartete sein Ende.

Vom Wein hatte er nur ein Glas getrunken. »Emilia Galotti« lag auf dem Pult aufgeschlagen.

Von Alberts Bestürzung, von Lottens Jammer lasst mich nichts sagen.

Der alte Amtmann kam auf die Nachricht hereingesprengt, er küsste den Sterbenden unter den heißesten Tränen. Seine ältesten Söhne kamen bald nach ihm zu Fuß, sie fielen neben dem Bett nieder im Ausdruck des unbändigsten Schmerzes, küssten ihm die Hände und den Mund, und der älteste, den er immer am meisten geliebt, hing an seinen Lippen, bis er verschieden war und man den Knaben mit Gewalt wegriss. Um zwölfe mittags starb er. Die Gegenwart des Amtmanns und seine Anstalten tuschten einen Auflauf. Nachts gegen elfe ließ er ihn an der Stätte begraben, die er sich erwählt hatte. Der Alte folgte der Leiche und die Söhne, Albert vermocht's nicht. Man fürchtete für Lottens Leben. Handwerker trugen ihn. Kein Geistlicher hat ihn begleitet.

Briefe aus der Schweiz

Erste Abteilung

[„*Werther*“, Anhang; *Werke*, Cotta, Tübingen 1808]

Als vor mehreren Jahren uns nachstehende Briefe abschriftlich mitgeteilt wurden, behauptete man, sie unter Werthers Papieren gefunden zu haben, und wollte wissen, dass er vor seiner Bekanntschaft mit Lotten in der Schweiz gewesen. Die Originale haben wir niemals gesehen und mögen übrigens dem Gefühl und Urteil des Lesers auf keine Weise vorgreifen; denn, wie dem auch sei, so wird man die wenigen Blätter nicht ohne Teilnahme durchlaufen können.

Wie ekeln mich meine Beschreibungen an, wenn ich sie wieder lese! Nur dein Rat, dein Geheiß, dein Befehl können mich dazu vermögen. Ich las auch so viele Beschreibungen dieser Gegenstände, ehe ich sie sah. Gaben sie mir denn ein Bild oder nur irgendeinen Begriff? Vergebens arbeitete meine Einbildungskraft, sie hervorzubringen, vergebens mein Geist, etwas dabei zu denken. Nun steh ich und schaue diese Wunder, und wie wird mir dabei? Ich denke nichts, ich empfinde nichts und möchte so gern etwas dabei denken und empfinden. Diese herrliche Gegenwart regt mein Innerstes an, fordert mich zur Tätigkeit auf, und was kann ich tun, was tue ich! Da setz ich mich hin und schreibe und beschreibe. So geht denn hin, ihr Beschreibungen! Betrügt meinen Freund, macht ihn glauben, dass ich etwas tue, dass er etwas sieht und liest!

Frei wären die Schweizer? Frei diese wohlhabenden Bürger in den verschlossenen Städten? Frei diese armen Teufel an ihren Klippen und Felsen? Was man dem Menschen nicht alles weismachen kann! Besonders wenn man so ein altes Märchen in Spiritus aufbewahrt. Sie machten sich einmal von einem Tyrannen los und konnten sich in einem Augenblick frei denken; nun erschuf ihnen die liebe Sonne aus dem Aas des Unterdrückers einen Schwarm von kleinen Tyrannen durch eine sonderbare Wiedergeburt; nun erzählen sie das alte Märchen immerfort, man hört bis zum Überdruss, sie hätten sich einmal frei gemacht und wären frei geblieben; und nun sitzen sie hinter ihren Mauern, eingefangen von ihren Gewohnheiten und Gesetzen, ihren Fraubasereien [garrulitas, superflua dubitatio; Geschwätzigkeit, überflüssige Zweifelei; Anm. d. Hg.] und Philistereien, und da draußen auf den Felsen ist's auch wohl der Mühe wert, von Freiheit zu reden, wenn man das halbe Jahr vom Schnee wie ein Murmeltier gefangengehalten wird.

Pfui, wie sieht so ein Menschenwerk, und so ein schlechtes, notgedrungenes Menschenwerk, so ein schwarzes Städtchen, so ein Schindel- und Steinhaufen mitten in der großen, herrlichen Natur aus! Große Kiesel- und andere Steine auf den Dächern, dass ja der Sturm ihnen die traurige Decke nicht vom Kopf wegführe, und den Schmutz, den Mist! und staunende Wahnsinnige! – Wo man den Menschen nur wieder begegnet, möchte man von ihnen und ihren kümmerlichen Werken gleich davonfliehen.

Dass in den Menschen so viele geistige Anlagen sind, die sie im Leben nicht entwickeln können, die auf eine bessere Zukunft, auf ein harmonisches Dasein deuten, darin sind wir einig, mein Freund, und meine andere Grille kann ich auch nicht aufgeben, obgleich du mich schon oft für einen Schwärmer erklärt hast. Wir fühlen auch die Ahnung körperlicher Anlagen, auf deren Entwicklung wir in diesem Leben Verzicht tun müssen: so ist es ganz gewiss mit dem Fliegen. So wie mich sonst die Wolken schon reizten, mit ihnen fort in fremde Länder zu ziehen, wenn sie hoch über meinem Haupt wegzogen, so steh ich jetzt oft in Gefahr, dass sie mich von einer Felsenspitze mitnehmen, wenn sie an mir vorbeiziehen. Welche Begierde fühl ich, mich in den unendlichen Luftraum zu stürzen, über den schauerlichen Abgründen zu schweben und mich auf einen unzugänglichen Felsen niederzulassen. Mit welchem Verlangen hol ich tiefer und tiefer Atem, wenn der Adler in dunkler, blauer Tiefe unter mir über Felsen und Wäldern schwebt und in Gesellschaft eines Weibchens um den Gipfel, dem er seinen Horst und seine Jungen anvertraut hat, große Kreise in sanfter Eintracht zieht. Soll ich denn nur immer die Höhe erkriechen, am höchsten Felsen wie am niedrigsten Boden kleben und, wenn ich mühselig mein Ziel erreicht habe, mich ängstlich anklammern, vor der Rückkehr schaudern und vor dem Falle zittern?

Mit welchen sonderbaren Eigenheiten sind wir doch geboren! Welches unbestimmte Streben wirkt in uns! Wie seltsam wirken Einbildungskraft und körperliche Stimmungen gegeneinander! Sonderbarkeiten meiner frühen Jugend kommen wieder hervor. Wenn ich einen langen Weg vor mich hin gehe und der Arm an meiner Seite schlenkert, greif ich manchmal zu, als ob ich einen Wurfspieß fassen wollte; ich schleudre ihn, ich weiß nicht auf wen, ich weiß nicht auf was; dann kommt ein Pfeil gegen mich angeflogen und durchbohrt mir das Herz; ich schlage mit der Hand auf die Brust und fühle eine unaussprechliche Süßigkeit, und kurz darauf bin ich wieder in meinem natürlichen Zustand. Woher kommt mir die Erscheinung? Was soll sie heißen, und warum wiederholt sie sich immer ganz mit denselben Bildern, derselben körperlichen Bewegung, derselben Empfindung?

Man sagt mir wieder, dass die Menschen, die mich unterwegs gesehen haben, sehr wenig mit mir zufrieden sind. Ich will es gern glauben, denn auch niemand von ihnen hat zu meiner Zufriedenheit beigetragen. Was weiß ich, wie es zugeht, dass die Gesellschaften mich drücken, dass die Höflichkeit mir unbequem ist, dass das, was sie mir sagen, mich nicht interessiert, dass das, was sie mir zeigen, mir entweder gleichgültig ist oder mich ganz anders aufregt. Seh ich eine gezeichnete, eine gemalte Landschaft, so entsteht eine Unruhe in mir, die unaussprechlich ist. Die Fußzehen in meinen Schuhen fangen an zu zucken, als ob sie den Boden ergreifen wollten, die Finger der Hände bewegen sich krampfhaft, ich beiße in die Lippen, und es mag schicklich oder unschicklich sein, ich suche der Gesellschaft zu entfliehen, ich werfe mich der herrlichen Natur gegenüber auf einen unbequemen Sitz, ich suche sie mit meinen Augen zu ergreifen, zu durchbohren und kritzle in ihrer Gegenwart ein Blättchen voll, das nichts darstellt und doch mir so unendlich wert bleibt, weil es mich an einen glücklichen Augenblick erinnert, dessen Seligkeit mir diese stümperhafte Übung ertragen hat. Was ist denn das, dieses sonderbare Streben von der Kunst zur Natur, von der Natur zur Kunst zurück? Deutet es auf einen Künstler, warum fehlt mir die Stetigkeit? Ruft mich's zum Genuss, warum kann ich ihn nicht ergreifen? Man schickte uns neulich einen Korb mit Obst, ich war entzückt wie von einem himmlischen Anblick; dieser Reichtum, diese Fülle, diese Mannigfaltigkeit und Verwandtschaft! Ich konnte mich nicht überwinden, eine Beere abzupflücken, einen Pfirsich, eine Feige aufzubrechen. Gewiss, dieser Genuss des Auges und des innern Sinnes ist höher, des Menschen würdiger, er ist vielleicht der Zweck der Natur, wenn die hungrigen und durstigen Menschen glauben, für ihren Gaumen habe sich die Natur in Wundern erschöpft. Ferdinand kam und fand mich in meinen Betrachtungen, er gab mir recht und sagte dann lächelnd mit einem tiefen Seufzer: »Ja, wir sind nicht wert, diese herrlichen Naturprodukte zu zerstören, wahrlich, es wäre schade! Erlaube mir, dass ich sie meiner Geliebten schicke.« Wie gern sah ich den Korb wegtragen! Wie liebte ich Ferdinanden! Wie dankte ich ihm für das Gefühl, das er in mir erregte, über die Aussicht, die er mir gab. Ja, wir sollen das Schöne kennen, wir sollen es mit Entzücken betrachten und uns zu ihm, zu seiner Natur zu erheben suchen; und um das zu vermögen, sollen wir uns uneigennützig erhalten, wir sollen es uns nicht zueignen, wir sollen es lieber mitteilen, es denen aufopfern, die uns lieb und wert sind.

Was bildet man nicht immer an unserer Jugend! Da sollen wir bald diese, bald jene Unart ablegen, und doch sind die Unarten meist ebenso viele Organe, die dem Menschen durch das Leben helfen. Was ist man nicht hinter dem Knaben her, dem man einen Funken Eitelkeit anmerkt! Was ist der Mensch für eine elende Kreatur, wenn er alle Eitelkeit abgelegt hat! Wie ich zu dieser Reflexion gekommen bin, will ich dir sagen: Vorgestern gesellte sich ein junger Mensch zu uns, der mir und Ferdinanden äußerst zuwider war. Seine schwachen Seiten waren so herausgekehrt, seine Leerheit so deutlich, seine Sorgfalt fürs Äußere so auffallend, wir hielten ihn so weit unter uns, und überall war er besser aufgenommen als wir. Unter anderen Torheiten trug er eine Unterweste von rotem Atlas, die am Hals so zugeschnitten war, dass sie wie ein Ordensband aussah. Wir konnten unsern Spott über diese Albernheit nicht verbergen; er ließ alles über sich ergehen, zog den besten Vorteil hervor und lachte uns wahrscheinlich heimlich aus. Denn Wirt und Wirtin, Kutscher, Knecht und Mägde, sogar einige Passagiere ließen sich durch diese Scheinzierde betrügen, begegneten ihm höflicher als uns, er ward zuerst bedient, und zu unserer größten Demütigung sahen wir, dass die hübschen Mädchen im Haus besonders nach ihm schielten. Zuletzt mussten wir die durch sein vornehmes Wesen teurer gewordne Zeche zu gleichen Teilen tragen. Wer war nun der Narr im Spiel? Er wahrhaftig nicht!

Es ist was Schönes und Erbauliches um die Sinnbilder und Sittensprüche, die man hier auf den Öfen antrifft. Hier hast du die Zeichnung von einem solchen Lehrbild, das mich besonders ansprach. Ein Pferd, mit dem Hinterfuß an einen Pfahl gebunden, grast umher, soweit es ihm der Strick zulässt; unten steht geschrieben: »Lass mich mein bescheiden Teil Speise dahinnehmen.« So wird es ja wohl auch bald mit mir werden, wenn ich nach Hause komme und nach eurem Willen, wie das Pferd in der Mühle, meine Pflicht tue und dafür, wie das Pferd hier am Ofen, einen wohl abgemessenen Unterhalt empfange. Ja, ich komme zurück, und was mich erwartet, war wohl der Mühe wert, diese Berghöhen zu erklettern, diese Täler zu durchirren und diesen blauen Himmel zu sehen, zu sehen, dass es eine Natur gibt, die durch eine ewige, stumme Notwendigkeit besteht, die unbedürftig, gefühllos und göttlich ist, indes wir in Flecken und Städten unser kümmerliches Bedürfnis zu sichern haben und nebenher alles einer verworrenen Willkür unterwerfen, die wir Freiheit nennen.

Ja, ich habe die Furka, den Gotthard bestiegen! Diese erhabenen, unvergleichlichen Naturszenen werden immer vor meinem Geist stehen; ja, ich habe die römische Geschichte gelesen, um bei der Vergleichung recht lebhaft zu fühlen, was für ein armseliger Schlucker ich bin.

Es ist mir nie so deutlich geworden wie die letzten Tage, dass ich in der Beschränkung glücklich sein könnte, so gut glücklich sein könnte wie jeder andere, wenn ich nur ein Geschäft wüsste, ein rühriges, das aber keine Folge auf den Morgen hätte, das Fleiß und Bestimmtheit im Augenblick erforderte, ohne Vorsicht und Rücksicht zu verlangen. Jeder Handwerker scheint mir der glücklichste Mensch; was er zu tun hat, ist ausgesprochen; was er leisten kann, ist entschieden; er besinnt sich nicht bei dem, was man von ihm fordert; er arbeitet, ohne zu denken, ohne Anstrengung und Hast, aber mit Applikation und Liebe, wie der Vogel sein Nest, wie die Biene ihre Zellen herstellt; er ist nur eine Stufe über dem Tier und ist ein ganzer Mensch. Wie beneid ich den Töpfer an seiner Scheibe, den Tischler hinter seiner Hobelbank!

Der Ackerbau gefällt mir nicht, diese erste und notwendige Beschäftigung der Menschen ist mir zuwider; man äfft die Natur nach, die ihre Samen überall ausstreut, und will nun auf diesem besondern Feld diese besondre Frucht hervorbringen. Das geht nun nicht so; das Unkraut wächst mächtig, Kälte und Nässe schadet der Saat, und Hagelwetter zerstört sie. Der arme Landmann harrt das ganze Jahr, wie etwa die Karten über den Wolken fallen mögen, ob er sein Paroli gewinnt oder verliert. Ein solcher ungewisser, zweideutiger Zustand mag den Menschen wohl angemessen sein, in unserer Dumpfheit, da wir nicht wissen, woher wir kommen noch wohin wir gehen. Mag es denn auch erträglich sein, seine Bemühungen dem Zufall zu übergeben; hat doch der Pfarrer Gelegenheit, wenn es recht schlecht aussieht, seiner Götter zu gedenken und die Sünden seiner Gemeinde mit Naturbegebenheiten zusammenzuhängen.

So habe ich denn Ferdinanden nichts vorzuwerfen! Auch mich hat ein Liebesabenteuer erwartet. Abenteuer? Warum brauche ich das alberne Wort, es ist nichts Abenteuerliches in einem sanften Zuge, der Menschen zu Menschen hinzieht. Unser bürgerliches Leben, unsere falschen Verhältnisse, das sind die Abenteuer, das sind die Ungeheuer, und sie kommen uns doch so bekannt, so verwandt wie Onkel und Tanten vor!

Wir waren bei dem Herrn Tudou eingeführt, und wir fanden uns in der Familie sehr glücklich: reiche, offene, gute, lebhafte Menschen, die das Glück des Tages, ihres Vermögens, der herrlichen Lage mit ihren Kindern sorglos und anständig genießen. Wir jungen Leute waren nicht genötigt, wie es in so vielen steifen Häusern geschieht, uns um der Alten willen am Spieltisch aufzuopfern. Die Alten gesellten sich vielmehr zu uns, Vater, Mutter und Tanten, wenn wir kleine Spiele aufbrachten, in denen Zufall, Geist und Witz durcheinander wirken. Eleonore, denn ich muss sie nun doch einmal nennen, die zweite Tochter – ewig wird mir ihr Bild gegenwärtig sein –, eine schlanke, zarte Gestalt, eine reine Bildung, ein heiteres Auge, eine blasse Farbe, die bei Mädchen dieses Alters eher reizend als abschreckend ist, weil sie auf eine heilbare Krankheit deutet, im Ganzen eine unglaublich angenehme Gegenwart. Sie schien fröhlich und lebhaft, und man war so gern mit ihr. Bald, ja ich darf sagen gleich, gleich den ersten Abend gesellte sie sich zu mir, setzte sich neben mich, und wenn uns das Spiel trennte, wusste sie mich doch wiederzufinden. Ich war froh und heiter; die Reise, das schöne Wetter, die Gegend, alles hatte mich zu einer unbedingten, ja ich möchte fast sagen, zu einer aufgespannten Fröhlichkeit gestimmt; ich nahm sie von jedem auf und teilte sie jedem mit, sogar Ferdinand schien einen Augenblick seiner Schönen zu vergessen. Wir hatten uns in abwechselnden Spielen erschöpft, als wir endlich aufs Heiraten verfielen, das als Spiel lustig genug ist. Die Namen von Männern und Frauen werden in zwei Hüte geworfen und so die Ehen gegeneinander gezogen. Auf jede, die herauskommt, macht eine Person in der Gesellschaft, an der die Reihe ist, das Gedicht. Alle Personen in der Gesellschaft, Vater, Mutter und Tanten, mussten in die Hüte, alle bedeutenden Personen, die wir aus ihrem Kreise kannten, und um die Zahl der Kandidaten zu vermehren, warfen wir noch die bekanntesten Personen der politischen und literarischen Welt mit hinein. Wir fingen an, und es wurden gleich einige bedeutende Paare gezogen. Nicht jedermann konnte mit den Versen sogleich nach; sie, Ferdinand und ich und eine von den Tanten, die sehr artige französische Verse macht, wir teilten uns bald das Sekretariat. Die Einfälle waren meist gut und die Verse leidlich; besonders hatten die ihrigen ein Naturell, das sich vor allen andern auszeichnete, eine glückliche Wendung, ohne eben geistreich zu sein, Scherz ohne Spott, und einen guten Willen gegen jedermann. Der Vater lachte herzlich und glänzte vor Freude, als man die Verse seiner Tochter neben den unsern für die besten anerkennen musste. Unser unmäßiger Beifall freute ihn hoch; wir lobten, wie man das Unerwartete preist, wie man preist, wenn uns der Autor bestochen hat. Endlich kam auch mein Los, und der Himmel hatte mich ehrenvoll bedacht; es war niemand geringeres als die russische Kaiserin, die man mir zur Gefährtin meines Lebens herausgezogen hatte. Man lachte herzlich, und Eleonore behauptete, auf ein so hohes Beilager müsste sich die ganze Gesellschaft angreifen. Alle griffen sich an, einige Federn waren zerkaut, sie war zuerst fertig, wollte aber zuletzt lesen, die Mutter und die eine Tante brachten gar nichts zustande, und obgleich der Vater ein wenig geradezu, Ferdinand schalkhaft und die Tante zurückhaltend gewesen war, so konnte man doch durch alles ihre Freundschaft und gute Meinung sehen. Endlich kam es an sie, sie holte tief Atem, ihre Heiterkeit und Freiheit verließ sie, sie las nicht, sie lispelte es nur und legte es vor mich hin zu den andern; ich war erstaunt, erschrocken: so bricht die Knospe der Liebe in ihrer größten Schönheit und Bescheidenheit auf! Es war mir, als wenn ein ganzer Frühling auf einmal seine Blüten auf mich herunterschüttelte. Jedermann schwieg, Ferdinanden verließ seine Geistesgegenwart nicht, er rief: »Schön, sehr schön! Er verdient das Gedicht so wenig wie ein Kaisertum.« – »Wenn wir es nur verstanden hätten«, sagte der Vater; man verlangte, ich sollte es noch einmal lesen. Meine Augen hatten bisher auf diesen köstlichen Worten geruht, ein Schauder überlief mich von Kopf bis Fuß, Ferdinand merkte meine Verlegenheit, nahm das Blatt weg und las; sie ließ ihn kaum endigen, als sie schon ein anderes Los zog. Das Spiel dauerte nicht lange mehr, und das Essen ward aufgetragen.

Soll ich oder soll ich nicht? Ist es gut, dir etwas zu verschweigen, dem ich so viel, dem ich alles sage? Soll ich dir etwas Bedeutendes verschweigen, indessen ich dich mit so vielen Kleinigkeiten unterhalte, die gewiss niemand lesen möchte als du, der du eine so große und wunderbare Vorliebe für mich gefasst hast? Oder soll ich etwas verschweigen, weil es dir einen falschen, einen üblen Begriff von mir geben könnte? Nein! Du kennst mich besser, als ich mich selbst kenne; du wirst auch das, was du mir nicht zutraust, zurechtlegen, wenn ich's tun konnte; du wirst mich, wenn ich tadelnswert bin, nicht verschonen, mich leiten und führen, wenn meine Sonderbarkeiten mich vom rechten Wege abführen sollten.

Meine Freude, mein Entzücken an Kunstwerken, wenn sie wahr, wenn sie unmittelbar geistreiche Aussprüche der Natur sind, macht jedem Besitzer, jedem Liebhaber die größte Freude. Diejenigen, die sich Kenner nennen, sind nicht immer meiner Meinung; nun geht mich doch ihre Kennerschaft nichts an, wenn ich glücklich bin. Drückt sich nicht die lebendige Natur lebhaft dem Sinne des Auges ein, bleiben die Bilder nicht fest vor meiner Stirn, verschönern sie sich nicht, und freuen sie sich nicht, den durch Menschengeist verschönerten Bildern der Kunst zu begegnen? Ich gestehe dir, darauf beruht bisher meine Liebe zur Natur, meine Liebhaberei zur Kunst, dass ich jene so schön, so glänzend und so entzückend sah, dass mich das Nachstreben des Künstlers, das unvollkommene Nachstreben, fast wie ein vollkommenes Vorbild hinriss. Geistreiche, gefühlte Kunstwerke sind es, die mich entzücken. Das kalte Wesen, das sich in einen beschränkten Zirkel einer gewissen dürftigen Manier, eines kümmerlichen Fleißes einschränkt, ist mir ganz unerträglich. Du siehst daher, dass meine Freude, meine Neigung bis jetzt nur solchen Kunstwerken gelten konnte, deren natürliche Gegenstände mir bekannt waren, die ich mit meinen Erfahrungen vergleichen konnte. Ländliche Gegenden mit dem, was in ihnen lebt und webt, Blumen- und Fruchtstücke, gotische Kirchen, ein der Natur unmittelbar abgewonnenes Porträt, das könnt ich erkennen, fühlen und, wenn du willst, gewissermaßen beurteilen. Der wackre M. hatte seine Freude an meinem Wesen und trieb, ohne dass ich es übelnehmen konnte, seinen Scherz mit mir. Er übersieht mich so weit in diesem Fache, und ich mag lieber leiden, dass man lehrreich spottet, als dass man unfruchtbar lobt. Er hatte sich gemerkt, was mir zunächst auffiel, und verbarg mir nach einiger Bekanntschaft nicht, dass in den Dingen, die mich entzückten, noch manches Schätzenswerte sein möchte, das mir erst die Zeit entdecken würde. Ich lasse das dahingestellt sein und muss denn doch, meine Feder mag auch noch so viele Umschweife nehmen, zur Sache kommen, die ich dir, obwohl mit einigem Widerwillen, anvertraue. Ich sehe dich in deiner Stube, in deinem Hausgärtchen, wo du bei einer Pfeife Tabak den Brief erbrechen und lesen wirst. Können mir deine Gedanken in die freie und bunte Welt folgen? Werden deiner Einbildungskraft die Verhältnisse und die Umstände so deutlich sein? Und wirst du gegen einen abwesenden Freund so nachsichtig bleiben, wie ich dich in der Gegenwart oft gefunden habe?

Nachdem mein Kunstfreund mich näher kennengelernt, nachdem er mich wert hielt, stufenweise bessere Stücke zu sehen, brachte er nicht ohne geheimnisvolle Miene einen Kasten herbei, der, eröffnet, mir eine Danae in Lebensgröße zeigte, die den goldnen Regen in ihrem Schoße empfängt. Ich staunte über die Pracht der Glieder, über die Herrlichkeit der Lage und Stellung, über das Große der Zärtlichkeit und über das Geistreiche des sinnlichsten Gegenstandes; und doch stand ich nur in Betrachtung davor. Es erregte nicht jenes Entzücken, jene Freude, jene unaussprechliche Lust in mir. Mein Freund, der mir vieles von den Verdiensten dieses Bildes vorsagte, bemerkte über sein eignes Entzücken meine Kälte nicht und war erfreut, mir an diesem trefflichen Bilde die Vorzüge der italienischen Schule deutlich zu machen. Der Anblick dieses Bildes hatte mich nicht glücklich, er hatte mich unruhig gemacht. Wie? sagte ich zu mir selbst, in welchem besondern Falle finden wir uns, wir bürgerlich eingeschränkten Menschen? Ein bemooster Fels, ein Wasserfall hält meinen Blick so lange gefesselt, ich kann ihn auswendig; seine Höhen und Tiefen, seine Lichter und Schatten, seine Farben, Halbfarben und Widerscheine, alles stellt sich mir im Geiste dar, sooft ich nur will; alles kommt mir aus einer glücklichen Nachbildung ebenso lebhaft wieder entgegen: und vom Meisterstück der Natur, vom menschlichen Körper, von dem Zusammenhang, der Zusammenstimmung seines Gliederbaus habe ich nur einen allgemeinen Begriff, der eigentlich gar kein Begriff ist. Meine Einbildungskraft stellt mir diesen herrlichen Bau nicht lebhaft vor, und wenn mir ihn die Kunst darbietet, bin ich nicht imstande, weder etwas dabei zu fühlen noch das Bild zu beurteilen. Nein! Ich will nicht länger in dem stumpfen Zustand bleiben, ich will mir die Gestalt des Menschen eindrücken wie die Gestalt der Trauben und Pfirsiche.

Ich veranlasste Ferdinanden, zu baden im See; wie herrlich ist mein junger Freund gebildet! Welch ein Ebenmaß aller Teile! Welch eine Fülle der Form, welch ein Glanz der Jugend, welch ein Gewinn für mich, meine Einbildungskraft mit diesem vollkommenen Muster der menschlichen Natur bereichert zu haben! Nun bevölkere ich Wälder, Wiesen und Höhen mit so schönen Gestalten; ihn seh ich als Adonis dem Eber folgen, ihn als Narziss sich in der Quelle bespiegeln!

Noch aber fehlt mir leider Venus, die ihn zurückhält, Venus, die seinen Tod betrauert, die schöne Echo, die noch einen Blick auf den kalten Jüngling wirft, ehe sie verschwindet. Ich nahm mir fest vor, es koste, was es wolle, ein Mädchen in dem Naturzustand zu sehen, wie ich meinen Freund gesehen hatte. Wir kamen nach Genf. Sollten in dieser großen Stadt, dachte ich, nicht Mädchen sein, die sich für einen gewissen Preis dem Mann überlassen? Und sollte nicht eine darunter schön und willig genug sein, meinen Augen ein Fest zu geben? Ich horchte an dem Lohnbedienten, der sich mir, jedoch nur langsam und auf eine kluge Weise, näherte. Natürlich sagte ich ihm nichts von meiner Absicht; er mochte von mir denken, was er wollte; denn man will lieber jemandem lasterhaft als lächerlich erscheinen. Er führte mich abends zu einem alten Weib; sie empfing mich mit viel Vorsicht und Bedenklichkeiten: es sei, meinte sie, überall und besonders in Genf gefährlich, der Jugend zu dienen. Ich erklärte mich sogleich, was ich für einen Dienst von ihr verlangte. Mein Märchen glückte mir, und die Lüge ging mir geläufig vom Munde. Ich war ein Maler, hatte Landschaften gezeichnet, die ich nun durch die Gestalten schöner Nymphen zu heroischen Landschaften erheben wolle. Ich sagte die wunderlichsten Dinge, die sie ihr Lebtag nicht gehört haben mochte. Sie schüttelte dagegen den Kopf und versicherte mir, es sei schwer, meinen Wunsch zu befriedigen. Ein ehrbares Mädchen werde sich nicht leicht dazu entschließen, es werde mich was kosten, sie wolle sehen. »Was?« rief ich aus, »ein ehrbares Mädchen ergibt sich für einen leidlichen Preis einem fremden Mann?« – »Allerdings.« – »Und sie will nicht nackend vor seinen Augen erscheinen?« – »Keineswegs; dazu gehört viel Entschließung.« – »Selbst wenn sie schön ist?« – »Auch dann. Genug, ich will sehen, was ich für Sie tun kann, Sie sind ein junger, artiger, hübscher Mann, für den man sich schon Mühe geben muss.«

Sie klopfte mir auf die Schultern und auf die Wangen: »Ja!« rief sie aus, »ein Maler, das muss es wohl sein, denn Sie sind weder alt noch vornehm genug, um dergleichen Szenen zu bedürfen.« Sie bestellte mich auf den folgenden Tag, und so schieden wir voneinander.

Ich kann heute nicht vermeiden, mit Ferdinand in eine große Gesellschaft zu gehen, und am Abend steht mir das Abenteuer bevor. Es wird einen schönen Gegensatz geben. Schon kenne ich diese verwünschte Gesellschaft, wo die alten Weiber verlangen, dass man mit ihnen spielen, die jungen, dass man mit ihnen liebäugeln soll, wo man dann dem Gelehrten zuhören, den Geistlichen verehren, dem Edelmann Platz machen muss, wo die vielen Lichter kaum eine leidliche Gestalt beleuchten, die noch dazu hinter einen barbarischen Putz versteckt ist. Soll ich Französisch reden, eine fremde Sprache, in der man immer albern erscheint, man mag sich stellen, wie man will, weil man immer nur das Gemeine, nur die groben Züge, und noch dazu stockend und stotternd, ausdrücken kann? Denn was unterscheidet den Dummkopf vom geistreichen Menschen, als dass dieser das Zarte, Gehörige der Gegenwart schnell, lebhaft und eigentümlich ergreift und mit Leichtigkeit ausdrückt, als dass jene, gerade wie wir es in einer fremden Sprache tun, sich mit schon gestempelten, hergebrachten Phrasen bei jeder Gelegenheit behelfen müssen. Heute will ich mit Ruhe ein paar Stunden die schlechten Späße ertragen in der Aussicht auf die sonderbare Szene, die meiner wartet.

Mein Abenteuer ist bestanden, vollkommen nach meinen Wünschen, über meine Wünsche, und doch weiß ich nicht, ob ich mich darüber freuen oder ob ich mich tadeln soll. Sind wir denn nicht gemacht, das Schöne rein zu beschauen, ohne Eigennutz das Gute hervorzubringen? Fürchte nichts und höre mich: ich habe mir nichts vorzuwerfen; der Anblick hat mich nicht aus meiner Fassung gebracht, aber meine Einbildungskraft ist entzündet, mein Blut erhitzt. Oh! Stünd ich nur schon den großen Eismassen gegenüber, um mich wieder abzukühlen! Ich schlich mich aus der Gesellschaft und, in meinen Mantel gewickelt, nicht ohne Bewegung zur Alten. »Wo haben Sie Ihr Portefeuille?« rief sie aus. – »Ich hab es diesmal nicht mitgebracht. Ich will heute nur mit den Augen studieren.« – »Ihre Arbeiten müssen Ihnen gut bezahlt werden, wenn Sie so teure Studien machen können. Heute werden Sie nicht wohlfeil davonkommen. Das Mädchen verlangt ***, und mir können Sie auch für meine Bemühung unter ** nicht geben.« (Du verzeihst mir, wenn ich dir den Preis nicht gestehe.) »Dafür sind Sie aber auch bedient, wie Sie es wünschen können. Ich hoffe, Sie sollen meine Vorsorge loben; so einen Augenschmaus haben Sie noch nicht gehabt, und … das Anfühlen haben Sie umsonst.«

Sie brachte mich darauf in ein kleines, artig möbliertes Zimmer: ein sauberer Teppich deckte den Fußboden, in einer Art von Nische stand ein sehr reinliches Bett, zur Seite des Hauptes eine Toilette mit aufgestelltem Spiegel und zu den Füßen ein Guéridon [kleiner Beistelltisch, meistens rund; Anm. d. Hg.] mit einem dreiarmigen Leuchter, auf dem schöne, helle Kerzen brannten; auch auf der Toilette brannten zwei Lichter. Ein erloschenes Kaminfeuer hatte die Stube durchaus erwärmt. Die Alte wies mir einen Sessel an, dem Bett gegenüber am Kamin, und entfernte sich. Es währte nicht lange, so kam zu der entgegengesetzten Tür ein großes, herrlich gebildetes, schönes Frauenzimmer heraus; ihre Kleidung unterschied sich nicht von der gewöhnlichen. Sie schien mich nicht zu bemerken, warf ihren schwarzen Mantel ab und setzte sich vor die Toilette. Sie nahm eine große Haube, die ihr Gesicht bedeckt hatte, vom Kopf: eine schöne, regelmäßige Bildung zeigte sich, braune Haare mit vielen und großen Locken rollten auf die Schultern herunter. Sie fing an, sich auszukleiden; welch eine wunderliche Empfindung, da ein Stück nach dem andern herabfiel und die Natur, von der fremden Hülle entkleidet, mir als fremd erschien und beinahe, möcht ich sagen, mir einen schauerlichen Eindruck machte. Ach! Mein Freund, ist es nicht mit unsern Meinungen, unsern Vorurteilen, Einrichtungen, Gesetzen und Grillen auch so? Erschrecken wir nicht, wenn eine von diesen fremden, ungehörigen, unwahren Umgebungen uns entzogen wird, und irgendein Teil unserer wahren Natur entblößt dastehen soll? Wir schaudern, wir schämen uns; aber vor keiner wunderlichen und abgeschmackten Art, uns durch äußern Zwang zu entstellen, fühlen wir die mindeste Abneigung. Soll ich dir's gestehen, ich konnte mich ebenso wenig in den herrlichen Körper finden, da die letzte Hülle herabfiel, als vielleicht Freund L. sich in seinen Zustand finden wird, wenn ihn der Himmel zum Anführer der Mohawks machen sollte. Was sehen wir an den Weibern? Was für Weiber gefallen uns, und wie konfundieren wir alle Begriffe? Ein kleiner Schuh sieht gut aus, und wir rufen: Welch ein schöner kleiner Fuß! Ein schmaler Schnürleib hat etwas Elegantes, und wir preisen die schöne Taille.

Ich beschreibe dir meine Reflexionen, weil ich dir mit Worten die Reihe von entzückenden Bildern nicht darstellen kann, die mich das schöne Mädchen mit Anstand und Artigkeit sehen ließ. Alle Bewegungen folgten so natürlich aufeinander, und doch schienen sie so studiert zu sein. Reizend war sie, als sie sich entkleidete, schön, herrlich schön, als das letzte Gewand fiel. Sie stand, wie Minerva vor Paris mochte gestanden haben, bescheiden bestieg sie ihr Lager, unbedeckt versuchte sie in verschiedenen Stellungen sich dem Schlafe zu ergeben, endlich schien sie entschlummert. In der anmutigsten Stellung blieb sie eine Weile, ich konnte nur staunen und bewundern. Endlich schien ein leidenschaftlicher Traum sie zu beunruhigen, sie seufzte tief, veränderte heftig die Stellung, stammelte den Namen eines Geliebten und schien ihre Arme gegen ihn auszustrecken. »Komm!« rief sie endlich mit vernehmlicher Stimme, »komm, mein Freund, in meine Arme, oder ich schlafe wirklich ein.« In dem Augenblick ergriff sie die seidne, durchnähte Decke, zog sie über sich her, und ein allerliebstes Gesicht sah unter ihr hervor.

Die Wahlverwandtschaften

Ein Roman

[Cotta, Tübingen 1809]

Erster Teil

Erstes Kapitel

Eduard – so nennen wir einen reichen Baron im besten Mannesalter – Eduard hatte in seiner Baumschule die schönste Stunde eines Aprilnachmittags zugebracht, um frisch erhaltene Pfropfreiser auf junge Stämme zu bringen. Sein Geschäft war eben vollendet; er legte die Gerätschaften in das Futteral zusammen und betrachtete seine Arbeit mit Vergnügen, als der Gärtner hinzutrat und sich an dem teilnehmenden Fleiß des Herrn ergötzte.

„Hast du meine Frau nicht gesehen?“ fragte Eduard, indem er sich weiterzugehen anschickte.

„Drüben in den neuen Anlagen“, versetzte der Gärtner. „Die Mooshütte wird heute fertig, die sie an der Felswand, dem Schloss gegenüber, gebaut hat. Alles ist recht schön geworden und muss Euer Gnaden gefallen. Man hat eine vortreffliche Aussicht: unten das Dorf, ein wenig rechter Hand die Kirche, über deren Turmspitze man fast hinwegsieht, gegenüber das Schloss und die Gärten.“

„Ganz recht“, versetzte Eduard; „einige Schritte von hier konnte ich die Leute arbeiten sehen.“

„Dann“, fuhr der Gärtner fort, „öffnet sich rechts das Tal, und man sieht über die reichen Baumwiesen in eine heitere Ferne. Der Stieg die Felsen hinauf ist gar hübsch angelegt. Die gnädige Frau versteht es; man arbeitet unter ihr mit Vergnügen.“

„Geh zu ihr“, sagte Eduard, „und ersuche sie, auf mich zu warten. Sage ihr, ich wünsche die neue Schöpfung zu sehen und mich daran zu erfreuen.“

Der Gärtner entfernte sich eilig, und Eduard folgte bald.

Dieser stieg nun die Terrassen hinunter, musterte im Vorbeigehen Gewächshäuser und Treibbeete, bis er ans Wasser, dann über einen Steg an den Ort kam, wo sich der Pfad zu den neuen Anlagen in zwei Arme teilte. Den einen, der über den Kirchhof ziemlich gerade zur Felswand hinging, ließ er liegen, um den andern einzuschlagen, der sich links etwas weiter durch anmutiges Gebüsch sachte hinaufwand; da, wo beide zusammentrafen, setzte er sich für einen Augenblick auf einer wohlangebrachten Bank nieder, betrat sodann den eigentlichen Stieg und sah sich durch allerlei Treppen und Absätze auf dem schmalen, bald mehr bald weniger steilen Weg endlich zur Mooshütte geleitet.

An der Türe empfing Charlotte ihren Gemahl und ließ ihn dergestalt niedersitzen, dass er durch Tür und Fenster die verschiedenen Bilder, welche die Landschaft gleichsam im Rahmen zeigten, auf einen Blick übersehen konnte. Er freute sich daran in Hoffnung, dass der Frühling bald alles noch reichlicher beleben würde. „Nur eines hab’ ich zu erinnern“, setzte er hinzu, „die Hütte scheint mir etwas zu eng.“

„Für uns beide doch geräumig genug“, versetzte Charlotte.

„Nun freilich“, sagte Eduard, „für einen Dritten ist auch wohl noch Platz.“

„Warum nicht?“ versetzte Charlotte, „und auch für ein Viertes. Für größere Gesellschaft wollen wir schon andere Stellen bereiten.“

„Da wir denn ungestört hier allein sind“, sagte Eduard, „und ganz ruhigen, heiteren Sinnes, so muss ich dir gestehen, dass ich schon einige Zeit etwas auf dem Herzen habe, was ich dir anvertrauen muss und möchte, und nicht dazu kommen kann.“

„Ich habe dir so etwas angemerkt", versetzte Charlotte.

„Und ich will nur gestehen", fuhr Eduard fort, „wenn mich der Postbote morgen früh nicht drängte, wenn wir uns nicht heut entschließen müssten, ich hätte vielleicht noch länger geschwiegen."

„Was ist es denn?" fragte Charlotte freundlich entgegenkommend.

„Es betrifft unsern Freund, den Hauptmann", antwortete Eduard. „Du kennst die traurige Lage, in die er, wie so mancher andere, ohne sein Verschulden geraten ist. Wie schmerzlich muss es einem Mann von seinen Kenntnissen, seinen Talenten und Fertigkeiten sein, sich außer Tätigkeit zu sehen und – ich will nicht lange zurückhalten mit dem, was ich für ihn wünsche: ich möchte, dass wir ihn auf einige Zeit zu uns nähmen."

„Das ist wohl zu überlegen und von mehr als einer Seite zu betrachten", versetzte Charlotte.

„Meine Ansichten bin ich bereit dir mitzuteilen", entgegnete ihr Eduard. „In seinem letzten Brief herrscht ein stiller Ausdruck des tiefsten Missmuts; nicht dass es ihm an irgendeinem Bedürfnis fehle, denn er weiß sich durchaus zu beschränken, und für das Notwendige habe ich gesorgt; auch drückt es ihn nicht, etwas von mir anzunehmen, denn wir sind unsre Lebzeit über einander wechselseitig so viel schuldig geworden, dass wir nicht berechnen können, wie unser Kredit und Debet sich gegeneinander verhalte – dass er geschäftslos ist, das ist eigentlich seine Qual. Das Vielfache, was er an sich ausgebildet hat, zu andrer Nutzen täglich und stündlich zu gebrauchen, ist ganz allein sein Vergnügen, ja seine Leidenschaft. Und nun die Hände in den Schoß zu legen oder noch weiter zu studieren, sich weitere Geschicklichkeit zu verschaffen, da er das nicht brauchen kann, was er in vollem Maße besitzt – genug, liebes Kind, es ist eine peinliche Lage, deren Qual er doppelt und dreifach in seiner Einsamkeit empfindet."

„Ich dachte doch", sagte Charlotte, „ihm wären von verschiedenen Orten Anerbietungen geschehen. Ich hatte selbst um seinetwillen an manche tätige Freunde und Freundinnen geschrieben, und soviel ich weiß, blieb dies auch nicht ohne Wirkung."

„Ganz recht", versetzte Eduard; „aber selbst diese verschiedenen Gelegenheiten, diese Anerbietungen machen ihm neue Qual, neue Unruhe. Keines von den Verhältnissen ist ihm gemäß. Er soll nicht wirken; er soll sich aufopfern, seine Zeit, seine Gesinnungen, seine Art zu sein, und das ist ihm unmöglich. Je mehr ich das alles betrachte, je mehr ich es fühle, desto lebhafter wird der Wunsch, ihn bei uns zu sehen."

„Es ist recht schön und liebenswürdig von dir", versetzte Charlotte, „dass du des Freundes Zustand mit soviel Teilnahme bedenkst; allein erlaube mir, dich aufzufordern, auch deiner, auch unser zu gedenken."

„Das habe ich getan", entgegnete ihr Eduard. „Wir können von seiner Nähe uns nur Vorteil und Annehmlichkeit versprechen. Von dem Aufwand will ich nicht reden, der auf alle Fälle gering für mich wird, wenn er zu uns zieht, besonders wenn ich zugleich bedenke, dass uns seine Gegenwart nicht die mindeste Unbequemlichkeit verursacht. Auf dem rechten Flügel des Schlosses kann er wohnen, und alles andere findet sich. Wie viel wird ihm dadurch geleistet, und wie manches Angenehme wird uns durch seinen Umgang, ja wie mancher Vorteil! Ich hätte längst eine Ausmessung des Gutes und der Gegend gewünscht; er wird sie besorgen und leiten. Deine Absicht ist, selbst die Güter künftig zu verwalten, sobald die Jahre der gegenwärtigen Pächter verflossen sind. Wie bedenklich ist ein solches Unternehmen! Zu welchen Vorkenntnissen kann er uns nicht verhelfen! Ich fühle nur zu sehr, dass mir ein Mann dieser Art abgeht. Die Landleute haben die rechten Kenntnisse; ihre Mitteilungen aber sind konfus und nicht ehrlich. Die Studierten aus der Stadt und von den Akademien sind wohl klar und ordentlich, aber es fehlt an der unmittelbaren Einsicht in die Sache. Vom

Freunde kann ich mir beides versprechen; und dann entspringen noch hundert andere Verhältnisse daraus, die ich mir alle gern vorstellen mag, die auch auf dich Bezug haben und wovon ich viel Gutes voraussehe. Nun danke ich dir, dass du mich freundlich angehört hast; jetzt sprich aber auch recht frei und umständlich und sage mir alles, was du zu sagen hast; ich will dich nicht unterbrechen."

„Recht gut", versetzte Charlotte; „so will ich gleich mit einer allgemeinen Bemerkung anfangen. Die Männer denken mehr aufs Einzelne, aufs Gegenwärtige, und das mit Recht, weil sie zu tun, zu wirken berufen sind, die Weiber hingegen mehr auf das, was im Leben zusammenhängt, und das mit gleichem Recht, weil ihr Schicksal, das Schicksal ihrer Familien an diesen Zusammenhang geknüpft ist und auch gerade dieses Zusammenhängende von ihnen gefordert wird. Lass uns deswegen einen Blick auf unser gegenwärtiges, auf unser vergangenes Leben werfen, und du wirst mir eingestehen, dass die Berufung des Hauptmannes nicht so ganz mit unsern Vorsätzen, unsern Plänen, unsern Einrichtungen zusammentrifft.

Mag ich doch so gern unserer frühsten Verhältnisse gedenken! Wir liebten einander als junge Leute recht herzlich; wir wurden getrennt; du von mir, weil dein Vater, aus nie zu sättigender Begierde des Besitzes, dich mit einer ziemlich älteren, reichen Frau verband; ich von dir, weil ich, ohne sonderliche Aussichten, einem wohlhabenden, nicht geliebten, aber geehrten Manne meine Hand reichen musste. Wir wurden wieder frei; du früher, indem dich dein Mütterchen im Besitz eines großen Vermögens ließ; ich später, eben zu der Zeit, da du von Reisen zurückkamst. So fanden wir uns wieder. Wir freuten uns der Erinnerung, wir liebten die Erinnerung, wir konnten ungestört zusammenleben. Du drangst auf eine Verbindung; ich willigte nicht gleich ein, denn da wir ungefähr von denselben Jahren sind, so bin ich als Frau wohl älter geworden, du nicht als Mann. Zuletzt wollte ich dir nicht versagen, was du für dein einziges Glück zu halten schienst. Du wolltest von allen Unruhen, die du bei Hof, im Militär, auf Reisen erlebt hattest, dich an meiner Seite erholen, zur Besinnung kommen, des Lebens genießen; aber auch nur mit mir allein. Meine einzige Tochter tat ich in Pension, wo sie sich freilich mannigfaltiger ausbildet, als bei einem ländlichen Aufenthalt geschehen könnte; und nicht sie allein, auch Ottilien, meine liebe Nichte, tat ich dorthin, die vielleicht zur häuslichen Gehilfin unter meiner Anleitung am besten herangewachsen wäre. Das alles geschah mit deiner Zustimmung, bloß damit wir uns selbst leben, bloß damit wir das früh so sehnlich gewünschte, endlich spät erlangte Glück ungestört genießen möchten. So haben wir unsern ländlichen Aufenthalt angetreten. Ich übernahm das Innere, du das Äußere und was ins Ganze geht. Meine Einrichtung ist gemacht, dir in allem entgegenzukommen, nur für dich allein zu leben; lass uns wenigstens eine Zeitlang versuchen, inwiefern wir auf diese Weise miteinander ausreichen."

„Da das Zusammenhängende, wie du sagst, eigentlich euer Element ist", versetzte Eduard, „so muss man euch freilich nicht in einer Folge reden hören oder sich entschließen, euch Recht zu geben; und du sollst auch Recht haben bis auf den heutigen Tag. Die Anlage, die wir bis jetzt zu unserm Dasein gemacht haben, ist von guter Art; sollen wir aber nichts weiter darauf bauen, und soll sich nichts weiter daraus entwickeln? Was ich im Garten leiste, du im Park, soll das nur für Einsiedler getan sein?"

„Recht gut!" versetzte Charlotte, „recht wohl! Nur dass wir nichts Hinderndes, Fremdes hereinbringen! Bedenke, dass unsre Vorsätze, auch was die Unterhaltung betrifft, sich gewissermaßen nur auf unser beiderseitiges Zusammensein bezogen. Du wolltest zuerst die Tagebücher deiner Reise mir in ordentlicher Folge mitteilen, bei dieser Gelegenheit so manches dahin Gehörige von Papieren in Ordnung bringen und unter meiner Teilnahme, mit meiner Beihilfe aus diesen unschätzbaren, aber verworrenen Heften und Blättern ein für uns und andere erfreuliches Ganze zusammenstellen. Ich versprach, dir bei der Abschrift zu helfen, und wir dachten es uns so bequem, so artig, so gemütlich und heimlich, die Welt, die wir zusammen nicht sehen sollten, in der Erinnerung zu durchreisen. Ja, der Anfang ist schon gemacht. Dann hast du die Abende deine Flöte wieder vorgenommen, begleitest mich am Klavier; und an Besuchen aus der Nachbarschaft und in die Nachbarschaft fehlt es uns nicht. Ich wenigstens habe mir aus allem diesem den ersten wahrhaft fröhlichen Sommer zusammengebaut, den ich in meinem Leben zu genießen dachte."

„Wenn mir nur nicht", versetzte Eduard, indem er sich die Stirne rieb, „bei alledem, was du mir so liebevoll und verständig wiederholst, immer der Gedanke beiginge, durch die Gegenwart des Hauptmanns würde nichts gestört, ja vielmehr alles beschleunigt und neu belebt. Auch er hat einen Teil meiner Wanderungen mitgemacht; auch er hat manches, und in verschiedenem Sinne, sich gemerkt: wir benutzten das zusammen, und alsdann würde es erst ein hübsches Ganzes werden."

„So lass mich denn dir aufrichtig gestehen", entgegnete Charlotte mit einiger Ungeduld, „dass diesem Vorhaben mein Gefühl widerspricht, dass eine Ahnung mir nichts Gutes weissagt."

„Auf diese Weise wäret ihr Frauen wohl unüberwindlich", versetzte Eduard, „erst verständig, dass man nicht widersprechen kann, liebevoll, dass man sich gern hingibt, gefühlvoll, dass man euch nicht weh tun mag, ahnungsvoll, dass man erschrickt."

„Ich bin nicht abergläubisch", versetzte Charlotte, „und gebe nichts auf diese dunklen Anregungen, insofern sie nur solche wären; aber es sind meistenteils unbewusste Erinnerungen glücklicher und unglücklicher Folgen, die wir an eigenen oder fremden Handlungen erlebt haben. Nichts ist bedeutender in jedem Zustand als die Dazwischenkunft eines Dritten. Ich habe Freunde gesehen, Geschwister, Liebende, Gatten, deren Verhältnis durch den zufälligen oder gewählten Hinzutritt einer neuen Person ganz und gar verändert, deren Lage völlig umgekehrt wurde."

„Das kann wohl geschehen", versetzte Eduard, „bei Menschen, die nur dunkel vor sich hinleben, nicht bei solchen, die, schon durch Erfahrung aufgeklärt, sich mehr bewusst sind."

„Das Bewusstsein, mein Liebster", entgegnete Charlotte, „ist keine hinlängliche Waffe, ja manchmal eine gefährliche für den, der sie führt; und aus diesem allen tritt wenigstens so viel hervor, dass wir uns ja nicht übereilen sollen. Gönne mir noch einige Tage, entscheide nicht!"

„Wie die Sache steht", erwiderte Eduard, „werden wir uns auch nach mehreren Tagen immer übereilen. Die Gründe für und dagegen haben wir wechselweise vorgebracht; es kommt auf den Entschluss an, und da wär es wirklich das Beste, wir gäben ihn dem Los anheim."

„Ich weiß", versetzte Charlotte, „dass du in zweifelhaften Fällen gerne wettest oder würfelst; bei einer so ernsthaften Sache hingegen würde ich dies für einen Frevel halten."

„Was soll ich aber dem Hauptmann schreiben?" rief Eduard aus; „denn ich muss mich gleich hinsetzen."

„Einen ruhigen, vernünftigen, tröstlichen Brief", sagte Charlotte.

„Das heißt so viel wie keinen", versetzte Eduard.

„Und doch ist es in manchen Fällen", versetzte Charlotte, „notwendig und freundlich, lieber nichts zu schreiben, als nicht zu schreiben."

Zweites Kapitel

Eduard fand sich allein auf seinem Zimmer, und wirklich hatte die Wiederholung seiner Lebensschicksale aus dem Mund Charlottens, die Vergegenwärtigung ihres beiderseitigen Zustandes, ihrer Vorsätze sein lebhaftes Gemüt angenehm aufgeregt. Er hatte sich in ihrer Nähe, in ihrer Gesellschaft so glücklich gefühlt, dass er sich einen freundlichen, teilnehmenden, aber ruhigen und auf nichts hindeutenden Brief an den Hauptmann ausdachte. Als er aber zum Schreibtisch ging und den Brief des Freundes aufnahm, um ihn nochmals durchzulesen, trat ihm sogleich wieder der traurige Zustand des trefflichen Mannes entgegen; alle Empfindungen, die ihn diese Tage gepeinigt hatten, wachten wieder auf, und es schien ihm unmöglich, seinen Freund einer so ängstlichen Lage zu überlassen.

Sich etwas zu versagen, war Eduard nicht gewohnt. Von Jugend auf das einzige, verzogene Kind reicher Eltern, die ihn zu einer seltsamen, aber höchst vorteilhaften Heirat mit einer viel älteren Frau zu bereden wussten, von dieser auch auf alle Weise verzärtelt, indem sie sein gutes Betragen gegen sie durch die größte Freigebigkeit zu erwidern suchte, nach ihrem baldigen Tode sein eigner Herr, auf Reisen unabhängig, jeder Abwechslung, jeder Veränderung mächtig, nichts Übertriebenes wollend, aber viel und vielerlei wollend, freimütig, wohltätig, brav, ja tapfer im Fall – was konnte in der Welt seinen Wünschen entgegenstehen!

Bisher war alles nach seinem Sinne gegangen, auch zum Besitz Charlottens war er gelangt, den er sich durch eine hartnäckige, ja romanhafte Treue doch zuletzt erworben hatte; und nun fühlte er sich zum ersten Mal widersprochen, zum ersten Mal gehindert, eben da er seinen Jugendfreund an sich heranziehen, da er sein ganzes Dasein gleichsam abschließen wollte. Er war verdrießlich, ungeduldig, nahm einige Mal die Feder und legte sie nieder, weil er nicht einig mit sich werden konnte, was er schreiben sollte. Gegen die Wünsche seiner Frau wollte er nicht, nach ihrem Verlangen konnte er nicht; unruhig wie er war, sollte er einen ruhigen Brief schreiben; es wäre ihm ganz unmöglich gewesen. Das Natürlichste war, dass er Aufschub suchte. Mit wenig Worten bat er seinen Freund um Verzeihung, dass er diese Tage nicht geschrieben, dass er heut nicht ausführlich schreibe, und versprach für nächstens ein bedeutenderes, ein beruhigendes Blatt.

Charlotte benutzte des andern Tags auf einem Spaziergang zu derselben Stelle die Gelegenheit, das Gespräch wieder anzuknüpfen, vielleicht in der Überzeugung, dass man einen Vorsatz nicht sicherer abstumpfen kann, als wenn man ihn öfters durchspricht.

Eduarden war diese Wiederholung erwünscht. Er äußerte sich in seiner Weise freundlich und angenehm; denn wenn er, empfänglich wie er war, leicht aufloderte, wenn sein lebhaftes Begehren zudringlich ward, wenn seine Hartnäckigkeit ungeduldig machen konnte, so waren doch alle seine Äußerungen durch eine vollkommene Schonung des andern dergestalt gemildert, dass man ihn immer noch liebenswürdig finden musste, wenn man ihn auch beschwerlich fand.

Auf eine solche Weise brachte er Charlotten diesen Morgen erst in die heiterste Laune, dann durch anmutige Gesprächswendungen ganz aus der Fassung, so dass sie zuletzt ausrief: „Du willst gewiss, dass ich das, was ich dem Ehemann versagte, dem Liebhaber zugestehen soll. Wenigstens, mein Lieber“, fuhr sie fort, „sollst du gewahr werden, dass deine Wünsche, die freundliche Lebhaftigkeit, womit du sie ausdrückst, mich nicht ungerührt, mich nicht unbewegt lassen. Sie nötigen mich zu einem Geständnis. Ich habe dir bisher auch etwas verborgen. Ich befinde mich in einer ähnlichen Lage wie du und habe mir schon eben die Gewalt angetan, die ich dir nun über dich selbst zumute.“

„Das hör ich gern“, sagte Eduard; „ich merke wohl, im Ehestand muss man sich manchmal streiten, denn dadurch erfährt man was voneinander.“

„Nun sollst du also erfahren“, sagte Charlotte, „dass es mir mit Ottilien geht, wie dir mit dem Hauptmann. Höchst ungern weiß ich das liebe Kind in der Pension, wo sie sich in sehr drückenden Verhältnissen befindet. Wenn Luciane, meine Tochter, die für die Welt geboren ist, sich dort für die Welt bildet, wenn sie Sprachen, Geschichtliches und was sonst von Kenntnissen ihr mitgeteilt wird, so wie ihre Noten und Variationen vom Blatt wegspielt; wenn bei einer lebhaften Natur und bei einem glücklichen Gedächtnis sie, man möchte wohl sagen, alles vergisst und im Augenblicke sich an alles erinnert; wenn sie durch Freiheit des Betragens, Anmut im Tanz, schickliche Bequemlichkeit des Gesprächs sich vor allen auszeichnet und durch ein angebornes herrschendes Wesen sich zur Königin des kleinen Kreises macht, wenn die Vorsteherin dieser Anstalt sie als kleine Gottheit ansieht, die nun erst unter ihren Händen recht gedeiht, die ihr Ehre machen, Zutrauen erwerben und einen Zufluss von andern jungen Personen verschaffen wird, wenn die ersten Seiten ihrer Briefe und Monatsberichte immer nur Hymnen sind über die Vortrefflichkeit eines solchen Kindes, die ich denn recht gut in meine Prosa zu übersetzen weiß; so ist dagegen, was sie schließlich von Ottilien erwähnt, nur immer Entschuldigung auf Entschuldigung, dass ein übrigens so schön heranwachsendes Mädchen sich nicht entwickeln, keine Fähigkeiten und keine Fertigkeiten zeigen wolle. Das wenige, was sie sonst noch hinzufügt, ist gleichfalls für mich kein Rätsel, weil ich in diesem lieben Kind den ganzen Charakter ihrer Mutter, meiner wertesten Freundin, gewahr werde, die sich neben mir entwickelt hat und deren Tochter ich gewiss, wenn ich Erzieherin oder Aufseherin sein könnte, zu einem herrlichen Geschöpf heraufbilden wollte.

Da es aber einmal nicht in unsern Plan geht und man an seinen Lebensverhältnissen nicht so viel zupfen und zerren, nicht immer was Neues an sie heranziehen soll, so trag ich das lieber, ja ich überwinde die unangenehme Empfindung, wenn meine Tochter, welche recht gut weiß, dass die arme Ottilie ganz von uns abhängt, sich ihrer Vorteile übermütig gegen sie bedient und unsre Wohltat dadurch gewissermaßen vernichtet.

Doch wer ist so gebildet, dass er nicht seine Vorzüge gegen andre manchmal auf eine grausame Weise geltend machte! Wer steht so hoch, dass er unter einem solchen Druck nicht manchmal leiden müsste! Durch diese Prüfungen wächst Ottiliens Wert; aber seitdem ich den peinlichen Zustand recht deutlich einsehe, habe ich mir Mühe gegeben, sie anderwärts unterzubringen. Stündlich soll mir eine Antwort kommen, und alsdann will ich nicht zaudern. So steht es mit mir, mein Bester. Du siehst, wir tragen beiderseits dieselben Sorgen in einem treuen, freundschaftlichen Herzen. Lass sie uns gemeinsam tragen, da sie sich nicht gegeneinander aufheben!"

„Wir sind wunderliche Menschen", sagte Eduard lächelnd. „Wenn wir nur etwas, das uns Sorge macht, aus unserer Gegenwart verbannen können, da glauben wir schon, nun sei es abgetan. Im Ganzen können wir vieles aufopfern, aber uns im Einzelnen herzugeben, ist eine Forderung, der wir selten gewachsen sind. So war meine Mutter. Solange ich als Knabe oder Jüngling bei ihr lebte, konnte sie der augenblicklichen Besorgnisse nicht los werden. Verspätete ich mich bei einem Ausritt, so musste mir ein Unglück begegnet sein; durchnässte mich ein Regenschauer, so war das Fieber mir gewiss. Ich verreiste, ich entfernte mich von ihr, und nun schien ich ihr kaum anzugehören."

„Betrachten wir es genauer", fuhr er fort, „so handeln wir beide töricht und unverantwortlich, zwei der edelsten Naturen, die unser Herz so nahe angehen, im Kummer und im Druck zu lassen, nur um uns keiner Gefahr auszusetzen. Wenn dies nicht selbstsüchtig genannt werden soll, wie will man es nennen? Nimm Ottilien, lass mir den Hauptmann, und in Gottes Namen sei der Versuch gemacht!"

„Es möchte noch zu wagen sein", sagte Charlotte bedenklich, „wenn die Gefahr für uns allein wäre. Glaubst du denn aber, dass es rätlich sei, den Hauptmann mit Ottilien als Hausgenossen zu sehen, einen Mann ungefähr in deinen Jahren, in den Jahren – dass ich dir dieses Schmeichelhafte nur gerade unter die Augen sage –, wo der Mann erst liebefähig und erst der Liebe wert wird, und ein Mädchen von Ottiliens Vorzügen?"

„Ich weiß doch auch nicht", versetzte Eduard, „wie du Ottilien so hoch stellen kannst! Nur dadurch erkläre ich mir's, dass sie deine Neigung zu ihrer Mutter geerbt hat. Hübsch ist sie, das ist wahr, und ich erinnere mich, dass der Hauptmann mich auf sie aufmerksam machte, als wir vor einem Jahr zurückkamen und sie mit dir bei deiner Tante trafen. Hübsch ist sie, besonders hat sie schöne Augen; aber ich wüsste doch nicht, dass sie den mindesten Eindruck auf mich gemacht hätte."

„Das ist löblich an dir", sagte Charlotte, „denn ich war ja gegenwärtig; und obgleich sie viel jünger ist als ich, so hatte doch die Gegenwart der ältern Freundin so viele Reize für dich, dass du über die aufblühende, versprechende Schönheit hinaussahest. Es gehört auch dies zu deiner Art zu sein, weshalb ich so gern das Leben mit dir teile."

Charlotte, so aufrichtig sie zu sprechen schien, verhehlte doch etwas. Sie hatte nämlich damals dem von Reisen zurückkehrenden Eduard Ottilien absichtlich vorgeführt, um dieser geliebten Pflegetochter eine so große Partie zuzuwenden; denn an sich selbst in Bezug auf Eduard dachte sie nicht mehr. Der Hauptmann war auch angestiftet, Eduarden aufmerksam zu machen; aber dieser, der seine frühe Liebe zu Charlotten hartnäckig im Sinne behielt, sah weder rechts noch links und war nur glücklich in dem Gefühl, dass es möglich sei, eines so lebhaft gewünschten und durch eine Reihe von Ereignissen scheinbar auf immer versagten Gutes endlich doch teilhaft zu werden.

Eben stand das Ehepaar im Begriff, die neuen Anlagen herunter zum Schloss zu gehen, als ein Bedienter ihnen hastig entgegenstieg und mit lachendem Mund sich schon von unten herauf vernehmen ließ: „Kommen Euer Gnaden doch ja schnell herüber! Herr Mittler ist in den Schlosshof gesprengt. Er hat uns alle zusammengeschrien, wir sollen sie aufsuchen, wir sollen Sie fragen, ob es Not tue. ‚Ob es Not tut', rief er uns nach, ‚hört ihr? aber geschwind, geschwind!'"

„Der drollige Mann!" rief Eduard aus; „kommt er nicht gerade zur rechten Zeit, Charlotte? – Geschwind zurück!" befahl er dem Bedienten; „sag' ihm, es tue Not, sehr Not! Er soll nur absteigen. Versorgt sein Pferd; führt ihn in den Saal, setzt ihm ein Frühstück vor! Wir kommen gleich. Lass uns den nächsten Weg nehmen!" sagte er zu seiner Frau und schlug den Pfad über den Kirchhof ein, den er sonst zu vermeiden pflegte. Aber wie verwundert war er, als er fand, dass Charlotte auch hier für das Gefühl gesorgt habe. Mit möglichster Schonung der alten Denkmäler hatte sie alles so zu vergleichen und zu ordnen gewusst, dass es ein angenehmer Raum schien, auf dem das Auge und die Einbildungskraft gerne verweilten.

Auch dem ältesten Stein hatte sie seine Ehre gegönnt. Den Jahren nach waren sie an der Mauer aufgerichtet, eingefügt oder sonst angebracht; der hohe Sockel der Kirche selbst war damit vermannigfaltigt und geziert. Eduard fühlte sich sonderbar überrascht, wie er durch die kleine Pforte hereintrat: er drückte Charlotten die Hand, und im Auge stand ihm eine Träne.

Aber der närrische Gast verscheuchte sie gleich. Denn dieser hatte keine Ruh im Schloss gehabt, war spornstreichs durchs Dorf bis ans Kirchhoftor geritten, wo er still hielt und seinen Freunden entgegenrief: „Ihr habt mich doch nicht zum besten? Tuts wirklich Not, so bleibe ich zu Mittag hier. Haltet mich nicht auf! Ich habe heute noch viel zu tun."

„Da Ihr Euch so weit bemüht habt", rief ihm Eduard entgegen, „so reitet noch vollends herein; wir kommen an einem ernsthaften Ort zusammen; und seht, wie schön Charlotte diese Trauer ausgeschmückt hat!"

„Hier herein", rief der Reiter, „komm ich weder zu Pferd, noch zu Wagen, noch zu Fuß. Diese da ruhen in Frieden, mit ihnen habe ich nichts zu schaffen. Gefallen muss ich mirs lassen, wenn man mich einmal, die Füße voran, hereinschleppt. Also ists Ernst?"

„Ja", rief Charlotte, „recht Ernst! Es ist das erste Mal, dass wir neuen Gatten in Not und Verwirrung sind, woraus wir uns nicht zu helfen wissen."

„Ihr seht nicht danach aus", versetzte er, „doch will ichs glauben. Führt ihr mich an, so lass ich euch künftig stecken. Folgt geschwinde nach! Meinem Pferd mag die Erholung zugut kommen."

Bald fanden sich die dreie im Saal zusammen; das Essen ward aufgetragen, und Mittler erzählte von seinen heutigen Taten und Vorhaben. Dieser seltsame Mann war früherhin Geistlicher gewesen und hatte sich bei einer rastlosen Tätigkeit in seinem Amt dadurch ausgezeichnet, dass er alle Streitigkeiten, sowohl die häuslichen als die nachbarlichen, erst der einzelnen Bewohner, sodann ganzer Gemeinden und mehrerer Gutsbesitzer zu stillen und zu schlichten wusste. Solange er im Dienst war, hatte sich kein Ehepaar scheiden lassen, und die Landeskollegien wurden mit keinen Händeln und Prozessen von dorther behelligt. Wie nötig ihm die Rechtskunde sei, ward er zeitig gewahr. Er warf sein ganzes Studium darauf und fühlte sich bald den geschicktesten Advokaten gewachsen. Sein Wirkungskreis dehnte sich wunderbar aus; und man war im Begriff, ihn nach der Residenz zu ziehen, um das von oben herein zu vollenden, was er von unten herauf begonnen hatte, als er einen ansehnlichen Lotteriegewinst tat, sich ein mäßiges Gut kaufte, es verpachtete und zum Mittelpunkt seiner Wirksamkeit machte, mit dem festen Vorsatz oder vielmehr nach alter Gewohnheit und Neigung, in keinem Hause zu verweilen, wo nichts zu schlichten und nichts zu helfen wäre. Diejenigen, die auf die Namensbedeutungen abergläubisch sind, behaupten, der Name Mittler habe ihn genötigt, diese seltsamste aller Bestimmungen zu ergreifen.

Der Nachtisch war aufgetragen, als der Gast seine Wirte ernstlich vermahnte, nicht weiter mit ihren Entdeckungen zurückzuhalten, weil er gleich nach dem Kaffee fort müsse. Die beiden Eheleute machten umständlich ihre Bekenntnisse; aber kaum hatte er den Sinn der Sache vernommen, als er verdrießlich vom Tisch auffuhr, ans Fenster sprang und sein Pferd zu satteln befahl.

„Entweder ihr kennt mich nicht", rief er aus, „ihr versteht mich nicht, oder ihr seid sehr boshaft. Ist denn hier ein Streit? Ist denn hier eine Hilfe nötig? Glaubt ihr, dass ich in der Welt bin, um Rat zu geben? Das ist das dümmste Handwerk, das einer treiben kann. Rate sich jeder selbst und tue, was er nicht lassen kann. Gerät es gut, so freue er sich seiner Weisheit und seines Glücks; läufts übel ab, dann bin ich bei der Hand. Wer ein Übel los sein will, der weiß immer, was er will; wer was Besseres will, als er hat, der ist ganz starblind – Ja ja! lacht nur – er spielt Blindekuh, er ertappts vielleicht; aber was? Tut, was ihr wollt: es ist ganz einerlei! Nehmt die Freunde zu euch, lasst sie weg: alles einerlei! Das Vernünftigste habe ich misslingen sehen, das Abgeschmackteste gelingen. Zerbrecht euch die Köpfe nicht, und wenns auf eine oder die andre Weise übel abläuft, zerbrecht sie euch auch nicht! Schickt nur nach mir, und euch soll geholfen werden. Bis dahin euer Diener!"

Und so schwang er sich aufs Pferd, ohne den Kaffee abzuwarten.

„Hier siehst du", sagte Charlotte, „wie wenig eigentlich ein Dritter fruchtet, wenn es zwischen zwei nah verbundenen Personen nicht ganz im Gleichgewicht steht. Gegenwärtig sind wir doch wohl noch verworrener und ungewisser, wenns möglich ist, als vorher."

Beide Gatten würden auch wohl noch eine Zeitlang geschwankt haben, wäre nicht ein Brief des Hauptmanns im Wechsel gegen Eduards letzten angekommen. Er hatte sich entschlossen, eine der ihm angebotenen Stellen anzunehmen, ob sie ihm gleich keineswegs gemäß war. Er sollte mit vornehmen und reichen Leuten die Langeweile teilen, indem man auf ihn das Zutrauen setzte, dass er sie vertreiben würde.

Eduard übersah das ganze Verhältnis recht deutlich und malte es noch recht scharf aus. „Wollen wir unsern Freund in einem solchen Zustand wissen?" rief er. „Du kannst nicht so grausam sein, Charlotte!"

„Der wunderliche Mann, unser Mittler", versetzte Charlotte, „hat am Ende doch recht. Alle solche Unternehmungen sind Wagestücke. Was daraus werden kann, sieht kein Mensch voraus. Solche neuen Verhältnisse können fruchtbar sein an Glück und an Unglück, ohne dass wir uns dabei Verdienst oder Schuld sonderlich zurechnen dürfen. Ich fühle mich nicht stark genug, dir länger zu widerstehen. Lass uns den Versuch machen! Das einzige, was ich dich bitte: es sei nur auf kurze Zeit angesehen. Erlaube mir, dass ich mich tätiger als bisher für ihn verwende und meinen Einfluss, meine Verbindungen eifrig benutze und aufrege, ihm eine Stelle zu verschaffen, die ihm nach seiner Weise einige Zufriedenheit gewähren kann."

Eduard versicherte seine Gattin auf die anmutigste Weise der lebhaftesten Dankbarkeit. Er eilte mit freiem, frohem Gemüt, seinem Freund Vorschläge schriftlich zu tun. Charlotte musste in einer Nachschrift ihren Beifall eigenhändig hinzufügen, ihre freundschaftlichen Bitten mit den seinen vereinigen. Sie schrieb mit gewandter Feder gefällig und verbindlich, aber doch mit einer Art von Hast, die ihr sonst nicht gewöhnlich war; und was ihr nicht leicht begegnete, sie verunstaltete das Papier zuletzt mit einem Tintenfleck, der sie ärgerlich machte und nur größer wurde, als sie ihn wegwischen wollte.

Eduard scherzte darüber, und weil noch Platz war, fügte er eine zweite Nachschrift hinzu: der Freund solle aus diesen Zeichen die Ungeduld sehen, womit er erwartet werde, und nach der Eile, womit der Brief geschrieben, die Eilfertigkeit seiner Reise einrichten.

Der Bote war fort, und Eduard glaubte seine Dankbarkeit nicht überzeugender ausdrücken zu können, als aber- und abermals darauf zu bestehen, Charlotte solle zugleich Ottilien aus der Pension holen lassen.

Sie bat um Aufschub und wusste diesen Abend bei Eduard die Lust zu einer musikalischen Unterhaltung aufzuregen. Charlotte spielte sehr gut Klavier, Eduard nicht ebenso bequem die Flöte; denn ob er sich gleich zuzeiten viel Mühe gegeben hatte, so war ihm doch nicht die Geduld, die Ausdauer verliehen, die zur Ausbildung eines solchen Talentes gehört. Er führte deshalb seine Partie sehr ungleich aus, einige Stellen gut, nur vielleicht zu geschwind; bei andern wieder hielt er an, weil sie ihm nicht geläufig waren, und so wär es für jeden andern schwer gewesen, ein Duett mit ihm durchzubringen. Aber Charlotte wusste sich darein zu finden; sie hielt an und ließ sich wieder von ihm fortreißen und versah also die doppelte Pflicht eines guten Kapellmeisters und einer klugen Hausfrau, die im ganzen immer das Maß einzuhalten wissen, wenn auch die einzelnen Passagen nicht immer im Takt bleiben sollten.

Drittes Kapitel

Der Hauptmann kam. Er hatte einen sehr verständigen Brief vorausgeschickt, der Charlotten völlig beruhigte. So viel Deutlichkeit über sich selbst, so viel Klarheit über seinen eigenen Zustand, über den Zustand seiner Freunde gab eine heitere und fröhliche Aussicht.

Die Unterhaltungen der ersten Stunden waren, wie unter Freunden zu geschehen pflegt, die sich eine Zeitlang nicht gesehen haben, lebhaft, ja fast erschöpfend. Gegen Abend veranlasste Charlotte einen Spaziergang auf die neuen Anlagen. Der Hauptmann gefiel sich sehr in der Gegend und bemerkte jede Schönheit, welche durch die neuen Wege erst sichtbar und genießbar geworden. Er hatte ein geübtes Auge und dabei ein genügsames; und obgleich er das Wünschenswerte sehr wohl kannte, machte er doch nicht, wie es öfters zu geschehen pflegt, Personen, die ihn in dem Ihrigen herumführten, dadurch einen üblen Humor, dass er mehr verlangte, als die Umstände zuließen, oder auch wohl gar an etwas Vollkommeneres erinnerte, das er anderswo gesehen.

Als sie die Mooshütte erreichten, fanden sie solche auf das lustigste ausgeschmückt, zwar nur mit künstlichen Blumen und Wintergrün, doch darunter so schöne Büschel natürlichen Weizens und anderer Feld- und Baumfrüchte angebracht, dass sie dem Kunstsinn der Anordnenden zur Ehre gereichten. „Obschon mein Mann nicht liebt, dass man seinen Geburts- oder Namenstag feiere, so wird er mir doch heute nicht verargen, einem dreifachen Fest diese wenigen Kränze zu widmen."

„Ein dreifaches?“ rief Eduard. – „Ganz gewiss!“ versetzte Charlotte; „unseres Freundes Ankunft behandeln wir billig als ein Fest; und dann habt ihr beide wohl nicht daran gedacht, dass heute euer Namenstag ist. Heißt nicht einer Otto so gut wie der andere?“

Beide Freunde reichten sich die Hände über den kleinen Tisch. „Du erinnerst mich“, sagte Eduard, „an dieses jugendliche Freundschaftsstück. – Als Kinder hießen wir beide so; doch als wir in der Pension zusammenlebten und manche Irrung daraus entstand, so trat ich ihm freiwillig diesen hübschen, lakonischen Namen ab.“

„Wobei du denn doch nicht gar zu großmütig warst“, sagte der Hauptmann. „Denn ich erinnere mich recht wohl, dass dir der Name Eduard besser gefiel, wie er denn auch, von angenehmen Lippen ausgesprochen, einen besonders guten Klang hat.“

Nun saßen sie also zu dreien um dasselbe Tischchen, wo Charlotte so eifrig gegen die Ankunft des Gastes gesprochen hatte. Eduard in seiner Zufriedenheit wollte die Gattin nicht an jene Stunden erinnern, doch enthielt er sich nicht zu sagen: „Für ein Viertes wäre auch noch recht gut Platz.“

Waldhörner ließen sich in diesem Augenblick vom Schloss herüber vernehmen, bejahten gleichsam und bekräftigten die guten Gesinnungen und Wünsche der beisammen verweilenden Freunde. Stillschweigend hörten sie zu, während jedes in sich selbst zurückkehrte und sein eigenes Glück in so schöner Verbindung doppelt empfand.

Eduard unterbrach die Pause zuerst, indem er aufstand und vor die Mooshütte hinaustrat. „Lass uns“, sagte er zu Charlotten, „den Freund gleich völlig auf die Höhe führen, damit er nicht glaube, dieses beschränkte Tal nur sei unser Erbgut und Aufenthalt; der Blick wird oben freier und die Brust erweitert sich.“

„So müssen wir diesmal noch“, versetzte Charlotte, „den alten, etwas beschwerlichen Fußpfad erklimmen; doch, hoffe ich, sollen meine Stufen und Steige nächstens bequemer bis ganz hinauf leiten.“

Und so gelangte man dann über Felsen, durch Busch und Gesträuch zur letzten Höhe, die zwar keine Fläche, doch fortlaufende, fruchtbare Rücken bildete. Dorf und Schloss hinterwärts waren nicht mehr zu sehen. In der Tiefe erblickte man ausgebreitete Teiche, drüben bewachsene Hügel, an denen sie sich hinzogen, endlich steile Felsen, welche senkrecht den letzten Wasserspiegel entschieden begrenzten und ihre bedeutenden Formen auf der Oberfläche desselben abbildeten. Dort in der Schlucht, wo ein starker Bach den Teichen zufiel, lag eine Mühle halb versteckt, die mit ihren Umgebungen als ein freundliches Ruheplätzchen erschien. Mannigfaltig wechselten im ganzen Halbkreis, den man übersah, Tiefen und Höhen, Büsche und Wälder, deren erstes Grün für die Folge den füllereichsten Anblick versprach. Auch einzelne Baumgruppen hielten an mancher Stelle das Auge fest. Besonders zeichnete zu den Füßen der schauenden Freunde sich eine Masse Pappeln und Platanen zunächst am Rand des mittleren Teiches vorteilhaft aus. Sie stand in ihrem besten Wachstum, frisch, gesund, empor und in die Breite strebend.

Eduard lenkte besonders auf diese die Aufmerksamkeit seines Freundes. „Diese habe ich“, rief er aus, „in meiner Jugend selbst gepflanzt. Es waren junge Stämmchen, die ich rettete, als mein Vater, bei der Anlage zu einem neuen Teil des großen Schlossgartens, sie mitten im Sommer ausroden ließ. Ohne Zweifel werden sie auch dieses Jahr sich durch neue Triebe wieder dankbar hervortun.“

Man kehrte zufrieden und heiter zurück. Dem Gaste ward auf dem rechten Flügel des Schlosses ein freundliches, geräumiges Quartier angewiesen, wo er sehr bald Bücher, Papiere und Instrumente aufgestellt und geordnet hatte, um in seiner gewohnten Tätigkeit fortzufahren. Aber Eduard ließ ihm in den ersten Tagen keine Ruhe; er führte ihn überall herum, bald zu Pferde, bald zu Fuß, und machte ihn mit der Gegend, mit dem Gute bekannt; wobei er ihm zugleich die Wünsche mitteilte, die er zu besserer Kenntnis und vorteilhafterer Benutzung desselben seit langer Zeit bei sich hegte.

„Das erste, was wir tun sollten", sagte der Hauptmann, „wäre, dass ich die Gegend mit der Magnetnadel aufnähme. Es ist das ein leichtes, heiteres Geschäft, und wenn es auch nicht die größte Genauigkeit gewährt, so bleibt es doch immer nützlich und für den Anfang erfreulich; auch kann man es ohne große Beihilfe leisten und weiß gewiss, dass man fertig wird. Denkst du einmal an eine genauere Ausmessung, so lässt sich dazu wohl auch noch Rat finden."

Der Hauptmann war in dieser Art des Aufnehmens sehr geübt. Er hatte die nötige Gerätschaft mitgebracht und fing sogleich an. Er unterrichtete Eduarden, einige Jäger und Bauern, die ihm bei dem Geschäft behilflich sein sollten. Die Tage waren günstig; die Abende und die frühsten Morgen brachte er mit Aufzeichnen und Schraffieren zu. Schnell war auch alles laviert und illuminiert, und Eduard sah seine Besitzungen auf das deutlichste aus dem Papier wie eine neue Schöpfung hervorgewachsen. Er glaubte sie jetzt erst kennenzulernen, sie schienen ihm jetzt erst recht zu gehören.

Es gab Gelegenheit, über die Gegend, über Anlagen zu sprechen, die man nach einer solchen Übersicht viel besser zustande bringe, als wenn man nur einzeln, nach zufälligen Eindrücken, an der Natur herumversuche.

„Das müssen wir meiner Frau deutlich machen", sagte Eduard.

„Tue das nicht!" versetzte der Hauptmann, der die Überzeugungen anderer nicht gern mit den seinigen durchkreuzte, den die Erfahrung gelehrt hatte, dass die Ansichten der Menschen viel zu mannigfaltig sind, als dass sie, selbst durch die vernünftigsten Vorstellungen, auf einen Punkt versammelt werden könnten. „Tue es nicht!" rief er, „sie dürfte leicht irre werden. Es ist ihr wie all denen, die sich nur aus Liebhaberei mit solchen Dingen beschäftigen, mehr daran gelegen, dass sie etwas tue, als dass etwas getan werde. Man tastet an der Natur, man hat Vorliebe für dieses oder jenes Plätzchen; man wagt nicht, dieses oder jenes Hindernis wegzuräumen, man ist nicht kühn genug, etwas aufzuopfern; man kann sich voraus nicht vorstellen, was entstehen soll, man probiert, es gerät, es missrät, man verändert, verändert vielleicht, was man lassen sollte, lässt, was man verändern sollte, und so bleibt es zuletzt immer ein Stückwerk, das gefällt und anregt, aber nicht befriedigt."

„Gesteh mir aufrichtig", sagte Eduard, „du bist mit ihren Anlagen nicht zufrieden."

„Wenn die Ausführung den Gedanken erschöpfte, der sehr gut ist, so wäre nichts zu erinnern. Sie hat sich mühsam durch das Gestein hinaufgequält und quält nun jeden, wenn du willst, den sie hinaufführt. Weder nebeneinander noch hintereinander schreitet man mit einer gewissen Freiheit. Der Takt des Schrittes wird jeden Augenblick unterbrochen; und was ließe sich nicht noch alles einwenden!"

„Wäre es denn leicht anders zu machen gewesen?" fragte Eduard.

„Gar leicht", versetzte der Hauptmann; „sie durfte nur die eine Felsenecke, die noch dazu unscheinbar ist, weil sie aus kleinen Teilen besteht, wegbrechen, so erlangte sie eine schön geschwungene Wendung zum Aufstieg und zugleich überflüssige Steine, um die Stellen heraufzumauern, wo der Weg schmal und verkrüppelt geworden wäre. Doch sei dies im engsten Vertrauen unter uns gesagt; sie wird sonst irre und verdrießlich. Auch muss man, was gemacht ist, bestehen lassen. Will man weiter Geld und Mühe aufwenden, so wäre von der Mooshütte hinaufwärts und über die Anhöhe noch mancherlei zu tun und viel Angenehmes zu leisten."

Hatten auf diese Weise die beiden Freunde am Gegenwärtigen manche Beschäftigung, so fehlte es nicht an lebhafter und vergnüglicher Erinnerung vergangener Tage, woran Charlotte wohl teilzunehmen pflegte. Auch nahm man sich vor, wenn nur die nächsten Arbeiten erst getan wären, an die Reisejournale zu gehen und auch auf diese Weise die Vergangenheit hervorzurufen. – Übrigens hatte Eduard mit Charlotten allein weniger Stoff zur Unterhaltung, besonders seitdem er den Tadel ihrer Parkanlagen, der ihm so gerecht schien, auf dem Herzen fühlte. Lange verschwieg er, was ihm der Hauptmann anvertraut hatte; aber als er seine Gattin zuletzt beschäftigt sah, von der Mooshütte hinauf zur Anhöhe wieder mit Stüfchen und Pfädchen sich emporzuarbeiten, so hielt er nicht länger zurück, sondern machte sie nach einigen Umschweifen mit seinen neuen Einsichten bekannt.

Charlotte stand betroffen. Sie war geistreich genug, um schnell einzusehen, dass jene recht hatten; aber das Getane widersprach, es war nun einmal so gemacht; sie hatte es recht, sie hatte es wünschenswert gefunden, selbst das Getadelte war ihr in jedem einzelnen Teile lieb; sie widerstrebte der Überzeugung, sie verteidigte ihre kleine Schöpfung, sie schalt auf die Männer, die gleich ins Weite und Große gingen, aus einem Scherz, aus einer Unterhaltung gleich ein Werk machen wollten, nicht an die Kosten denken, die ein erweiterter Plan durchaus nach sich zieht. Sie war bewegt, verletzt, verdrießlich; sie konnte das Alte nicht fahren lassen, das Neue nicht ganz abweisen; aber entschlossen wie sie war, stellte sie sogleich die Arbeit ein und nahm sich Zeit, die Sache zu bedenken und bei sich reif werden zu lassen.

Indem sie nun auch diese tätige Unterhaltung vermisste, da indes die Männer ihr Geschäft immer geselliger betrieben und besonders die Kunstgärten und Glashäuser mit Eifer besorgten, auch dazwischen die gewöhnlichen ritterlichen Übungen fortsetzten, wie Jagen, Pferdekaufen, -tauschen, -bereiten und -einfahren, fühlte sich Charlotte täglich einsamer. Sie führte ihren Briefwechsel auch um des Hauptmanns willen lebhafter, und doch gab es manche einsame Stunde. Desto angenehmer und unterhaltender waren ihr die Berichte, die sie von der Pensionsanstalt erhielt.

Einem weitläufigen Brief der Vorsteherin, welcher sich wie gewöhnlich über der Tochter Fortschritte mit Behagen verbreitete, war eine kurze Nachschrift hinzugefügt nebst einer Beilage von der Hand eines männlichen Gehilfen am Institut, die wir beide mitteilen:

Nachschrift der Vorsteherin

„Von Ottilien, meine Gnädige, hätte ich eigentlich nur zu wiederholen, was in meinen vorigen Berichten enthalten ist. Ich wüsste sie nicht zu schelten, und doch kann ich nicht zufrieden mit ihr sein. Sie ist nach wie vor bescheiden und gefällig gegen andere; aber dieses Zurücktreten, diese Dienstbarkeit will mir nicht gefallen. Euer Gnaden haben ihr neulich Geld und verschiedenes Zeug geschickt. Das erste hat sie nicht angegriffen, das andere liegt auch noch da, unberührt. Sie hält freilich ihre Sachen sehr reinlich und gut und scheint nur in diesem Sinn die Kleider zu wechseln. Auch kann ich ihre große Mäßigkeit im Essen und Trinken nicht loben. An unserem Tisch ist kein Überfluss; doch sehe ich nichts lieber, als wenn die Kinder sich an schmackhaften und gesunden Speisen satt essen. Was mit Bedacht und Überzeugung aufgetragen und vorgelegt ist, soll auch aufgegessen werden. Dazu kann ich Ottilien niemals bringen. Ja, sie macht sich irgendein Geschäft, um eine Lücke auszufüllen, wo die Dienerinnen etwas versäumen, nur um eine Speise oder den Nachtisch zu übergehen. Bei diesem allen kommt jedoch in Betrachtung, dass sie manchmal, wie ich erst spät erfahren habe, Kopfweh auf der linken Seite hat, das zwar vorübergeht, aber schmerzlich und bedeutend sein mag. So viel von diesem übrigens so schönen und lieben Kinde."

Beilage des Gehilfen

„Unsere vortreffliche Vorsteherin lässt mich gewöhnlich die Briefe lesen, in welchen sie Beobachtungen über ihre Zöglinge den Eltern und Vorgesetzten mitteilt. Diejenigen, die an Euer Gnaden gerichtet sind, lese ich immer mit doppelter Aufmerksamkeit, mit doppeltem Vergnügen; denn indem wir Ihnen zu einer Tochter Glück zu wünschen haben, die alle jene glänzenden Eigenschaften vereinigt, wodurch man in der Welt emporsteigt, so muss ich wenigstens Sie nicht minder glücklich preisen, dass Ihnen in Ihrer Pflegetochter ein Kind beschert ist, das zum Wohl, zur Zufriedenheit anderer und gewiss auch zu seinem eigenen Glück geboren ward. Ottilie ist fast unser einziger Zögling, über den ich mit unserer so verehrten Vorsteherin nicht einig werden kann. Ich verarge dieser tätigen Frau keineswegs, dass sie verlangt, man soll die Früchte ihrer Sorgfalt äußerlich und deutlich sehen; aber es gibt auch verschlossene Früchte, die erst die rechten, kernhaften sind und die sich früher oder später zu einem schönen Leben entwickeln. Dergleichen ist gewiss Ihre Pflegetochter. Solange ich sie unterrichte, sehe ich sie immer gleichen Schrittes gehen, langsam, langsam vorwärts, nie zurück. Wenn es bei einem Kind nötig ist, am Anfang anzufangen, so ist es gewiss bei ihr. Was nicht aus dem Vorhergehenden folgt, begreift sie nicht. Sie steht unfähig, ja stöckisch vor einer leicht fasslichen Sache, die für sie mit nichts zusammenhängt. Kann man aber die Mittelglieder finden und ihr deutlich machen, so ist ihr das Schwerste begreiflich.

Bei diesem langsamen Vorschreiten bleibt sie gegen ihre Mitschülerinnen zurück, die mit ganz andern Fähigkeiten immer vorwärtseilen, alles, auch das Unzusammenhängende, leicht fassen, leicht behalten und bequem wieder anwenden. So lernt sie, so vermag sie bei einem beschleunigten Lehrvortrage gar nichts; wie es der Fall in einigen Stunden ist, welche von trefflichen, aber raschen und ungeduldigen Lehrern gegeben werden. Man hat über ihre Handschrift geklagt, über ihre Unfähigkeit, die Regeln der Grammatik zu fassen. Ich habe diese Beschwerde näher untersucht: es ist wahr, sie schreibt langsam und steif, wenn man so will, doch nicht zaghaft und ungestalt. Was ich ihr von der französischen Sprache, die zwar mein Fach nicht ist, schrittweise mitteilte, begriff sie leicht. Freilich ist es wunderbar: sie weiß vieles und recht gut; nur wenn man sie fragt, scheint sie nichts zu wissen.

Soll ich mit einer allgemeinen Bemerkung schließen, so möchte ich sagen: sie lernt nicht als eine, die erzogen werden soll, sondern als eine, die erziehen will; nicht als Schülerin, sondern als künftige Lehrerin. Vielleicht kommt es Euer Gnaden sonderbar vor, dass ich selbst als Erzieher und Lehrer jemanden nicht mehr zu loben glaube, als wenn ich ihn für meinesgleichen erkläre. Euer Gnaden bessere Einsicht, tiefere Menschen- und Weltkenntnis wird aus meinen beschränkten, wohlgemeinten Worten das Beste nehmen. Sie werden sich überzeugen, dass auch an diesem Kinde viel Freude zu hoffen ist. Ich empfehle mich zu Gnaden und bitte um die Erlaubnis, wieder zu schreiben, sobald ich glaube, dass mein Brief etwas Bedeutendes und Angenehmes enthalten werde.“

Charlotte freute sich über dieses Blatt. Sein Inhalt traf ganz nahe mit den Vorstellungen zusammen, welche sie von Ottilien hegte; dabei konnte sie sich eines Lächelns nicht enthalten, indem der Anteil des Lehrers herzlicher zu sein schien, als ihn die Einsicht in die Tugenden eines Zöglings hervorzubringen pflegt. Bei ihrer ruhigen, vorurteilsfreien Denkweise ließ sie auch ein solches Verhältnis, wie so viele andere, vor sich liegen; die Teilnahme des verständigen Mannes an Ottilien hielt sie wert; denn sie hatte in ihrem Leben genugsam einsehen gelernt, wie hoch jede wahre Neigung zu schätzen sei in einer Welt, wo Gleichgültigkeit und Abneigung eigentlich recht zu Hause sind.

Viertes Kapitel

Die topographische Karte, auf welcher das Gut mit seinen Umgebungen nach einem ziemlich großen Maßstab charakteristisch und fasslich durch Federstriche und Farben dargestellt war und welche der Hauptmann durch einige trigonometrische Messungen sicher zu gründen wusste, war bald fertig; denn weniger Schlaf als dieser tätige Mann bedurfte kaum jemand, so wie sein Tag stets dem augenblicklichen Zwecke gewidmet und deswegen jederzeit am Abend etwas getan war.

„Lass uns nun“, sagte er zu seinem Freund, „an das Übrige gehen, an die Gutsbeschreibung, wozu schon genugsame Vorarbeit da sein muss, aus der sich nachher Pachtanschläge und anderes schon entwickeln werden. Nur eines lass uns festsetzen und einrichten: trenne alles, was eigentlich Geschäft ist, vom Leben! Das Geschäft verlangt Ernst und Strenge, das Leben Willkür; das Geschäft die reinste Folge, dem Leben tut eine Inkonsequenz oft Not, ja sie ist liebenswürdig und erheiternd. Bist du bei dem einen sicher, so kannst du im andern desto freier sein, anstatt dass bei einer Vermischung das Sichre durch das Freie weggerissen und aufgehoben wird.“

Eduard fühlte in diesen Vorschlägen einen leisen Vorwurf. Zwar von Natur nicht unordentlich, konnte er doch niemals dazu kommen, seine Papiere nach Fächern abzuteilen. Das, was er mit andern abzutun hatte, was bloß von ihm selbst abhing, es war nicht geschieden, so wie er auch Geschäfte und Beschäftigung, Unterhaltung und Zerstreuung nicht genugsam voneinander absonderte. Jetzt wurde es ihm leicht, da ein Freund diese Bemühung übernahm, ein zweites Ich die Sonderung bewirkte, in die das eine Ich nicht immer sich spalten mag.

Sie errichteten auf dem Flügel des Hauptmanns eine Repositur für das Gegenwärtige, ein Archiv für das Vergangene, schafften alle Dokumente, Papiere, Nachrichten aus verschiedenen Behältnissen, Kammern, Schränken und Kisten herbei, und auf das geschwindeste war der Wust in eine erfreuliche Ordnung gebracht, lag rubriziert in bezeichneten Fächern. Was man wünschte, ward vollständiger gefunden, als man gehofft hatte. Hierbei ging ihnen ein alter Schreiber sehr zur Hand, der den Tag über, ja einen Teil der Nacht nicht vom Pulte kam und mit dem Eduard bisher immer unzufrieden gewesen war.

„Ich kenne ihn nicht mehr“, sagte Eduard zu seinem Freund, „wie tätig und brauchbar der Mensch ist.“ – „Das macht“, versetzte der Hauptmann, „wir tragen ihm nichts Neues auf, als bis er das Alte nach seiner Bequemlichkeit vollendet hat; und so leistet er, wie du siehst, sehr viel; sobald man ihn stört, vermag er gar nichts.“

Brachten die Freunde auf diese Weise ihre Tage zusammen zu, so versäumten sie abends nicht, Charlotten regelmäßig zu besuchen. Fand sich keine Gesellschaft von benachbarten Orten und Gütern, welches öfters geschah, so war das Gespräch wie das Lesen meist solchen Gegenständen gewidmet, welche den Wohlstand, die Vorteile und das Behagen der bürgerlichen Gesellschaft vermehren.

Charlotte, ohnehin gewohnt, die Gegenwart zu nutzen, fühlte sich, indem sie ihren Mann zufrieden sah, auch persönlich gefördert. Verschiedene häusliche Anstalten, die sie längst gewünscht, aber nicht recht hatte einleiten können, wurden durch die Tätigkeit des Hauptmanns bewirkt. Die Hausapotheke, die bisher nur aus wenigen Mitteln bestanden, ward bereichert und Charlotte sowohl durch fassliche Bücher als durch Unterredung in den Stand gesetzt, ihr tätiges und hilfreiches Wesen öfter und wirksamer als bisher in Übung zu bringen.

Da man auch die gewöhnlichen und dessen ungeachtet nur zu oft überraschenden Notfälle durchdachte, wurde alles, was zur Rettung der Ertrunkenen nötig sein möchte, umso mehr angeschafft, als bei der Nähe so mancher Teiche, Gewässer und Wasserwerke öfters ein und der andere Unfall dieser Art vorkam. Diese Rubrik besorgte der Hauptmann sehr ausführlich, und Eduarden entschlüpfte die Bemerkung, dass ein solcher Fall im Leben seines Freundes auf die seltsamste Weise Epoche gemacht. Doch als dieser schwieg und einer traurigen Erinnerung auszuweichen schien, hielt Eduard gleichfalls an, so wie auch Charlotte, die nicht weniger im Allgemeinen davon unterrichtet war, über jene Äußerungen hinwegging.

„Wir wollen alle diese vorsorglichen Anstalten loben“, sagte eines Abends der Hauptmann; „nun geht uns aber das Notwendigste noch ab, ein tüchtiger Mann, der das alles zu handhaben weiß. Ich kann hiezu einen mir bekannten Feldchirurgus vorschlagen, der jetzt um leidliche Bedingung zu haben ist, ein vorzüglicher Mann in seinem Fach, und der mir auch in Behandlung heftiger innerer Übel öfters mehr Genüge getan hat als ein berühmter Arzt; und augenblickliche Hilfe ist doch immer das, was auf dem Lande am meisten vermisst wird.“

Auch dieser wurde sogleich verschrieben, und beide Gatten freuten sich, dass sie so manche Summe, die ihnen zu willkürlichen Ausgaben übrigblieb, auf die nötigsten zu verwenden Anlass gefunden.

So benutzte Charlotte die Kenntnisse, die Tätigkeit des Hauptmanns auch nach ihrem Sinne und fing an, mit seiner Gegenwart völlig zufrieden und über alle Folgen beruhigt zu werden. Sie bereitete sich gewöhnlich vor, manches zu fragen, und da sie gern leben mochte, so suchte sie alles Schädliche, alles Tödliche zu entfernen. Die Bleiglasur der Töpferwaren, der Grünspan kupferner Gefäße hatte ihr schon manche Sorge gemacht. Sie ließ sich hierüber belehren, und natürlicherweise musste man auf die Grundbegriffe der Physik und Chemie zurückgehen.

Zufälligen, aber immer willkommenen Anlass zu solchen Unterhaltungen gab Eduards Neigung, der Gesellschaft vorzulesen. Er hatte eine sehr wohlklingende, tiefe Stimme und war früher wegen lebhafter, gefühlter Rezitation dichterischer und rednerischer Arbeiten angenehm und berühmt gewesen. Nun waren es andere Gegenstände, die ihn beschäftigten, andere Schriften, woraus er vorlas, und eben seit einiger Zeit vorzüglich Werke physischen, chemischen und technischen Inhalts.

Eine seiner besondern Eigenheiten, die er jedoch vielleicht mit mehrern Menschen teilt, war die, dass es ihm unerträglich fiel, wenn jemand ihm beim Lesen in das Buch sah. In früherer Zeit, beim Vorlesen von Gedichten, Schauspielen, Erzählungen, war es die natürliche Folge der lebhaften Absicht, die der Vorlesende so gut wie der Dichter, der Schauspieler, der Erzählende hat, zu überraschen, Pausen zu machen, Erwartungen zu erregen; da es denn freilich dieser beabsichtigten Wirkung sehr zuwider ist, wenn ihm ein Dritter wissentlich mit den Augen vorspringt. Er pflegte sich auch deswegen in solchem Falle immer so zu setzen, dass er niemand im Rücken hatte. Jetzt zu dreien war diese Vorsicht unnötig; und da es diesmal nicht auf Erregung des Gefühls, auf Überraschung der Einbildungskraft abgesehen war, so dachte er selbst nicht daran, sich sonderlich in Acht zu nehmen.

Nur eines Abends fiel es ihm auf, als er sich nachlässig gesetzt hatte, dass Charlotte ihm in das Buch sah. Seine alte Ungeduld erwachte, und er verwies es ihr, gewissermaßen unfreundlich: „Wollte man sich doch solche Unarten, wie so manches andre, was der Gesellschaft lästig ist, ein für allemal abgewöhnen! Wenn ich jemand vorlese, ist es denn nicht, als wenn ich ihm mündlich etwas vortrüge? Das Geschriebene, das Gedruckte tritt an die Stelle meines eigenen Sinnes, meines eigenen Herzens; und würde ich mich wohl zu reden bemühen, wenn ein Fensterchen vor meiner Stirn, vor meiner Brust angebracht wäre, so dass der, dem ich meine Gedanken einzeln zuzählen, meine Empfindungen einzeln zureichen will, immer schon lange vorher wissen könnte, wo es mit mir hinaus wollte? Wenn mir jemand ins Buch sieht, so ist mir immer, als wenn ich in zwei Stücke gerissen würde.“

Charlotte, deren Gewandtheit sich in größeren und kleineren Zirkeln besonders dadurch bewies, dass sie jede unangenehme, jede heftige, ja selbst nur lebhafte Äußerung zu beseitigen, ein sich verlängerndes Gespräch zu unterbrechen, ein stockendes anzuregen wusste, war auch diesmal von ihrer guten Gabe nicht verlassen: „Du wirst mir meinen Fehler gewiss verzeihen, wenn ich bekenne, was mir diesen Augenblick begegnet ist. Ich hörte von Verwandtschaften lesen, und da dacht ich eben gleich an meine Verwandten, an ein paar Vettern, die mir gerade in diesem Augenblick zu schaffen machen. Meine Aufmerksamkeit kehrt zu deiner Vorlesung zurück; ich höre, dass von ganz leblosen Dingen die Rede ist, und blicke dir ins Buch, um mich wieder zurechtzufinden."

„Es ist eine Gleichnisrede, die dich verführt und verwirrt hat", sagte Eduard. „Hier wird freilich nur von Erden und Mineralien gehandelt, aber der Mensch ist ein wahrer Narziss; er bespiegelt sich überall gern selbst, er legt sich als Folie der ganzen Welt unter."

„Jawohl!" fuhr der Hauptmann fort; „so behandelt er alles, was er außer sich findet; seine Weisheit wie seine Torheit, seinen Willen wie seine Willkür leiht er den Tieren, den Pflanzen, den Elementen und den Göttern."

„Möchtet ihr mich", versetzte Charlotte, „da ich euch nicht zu weit von dem augenblicklichen Interesse wegführen will, nur kurz belehren, wie es eigentlich hier mit den Verwandtschaften gemeint sei?"

„Das will ich wohl gerne tun", erwiderte der Hauptmann, zu dem sich Charlotte gewandt hatte, „freilich nur so gut, als ich es vermag, wie ich es etwa vor zehn Jahren gelernt, wie ich es gelesen habe. Ob man in der wissenschaftlichen Welt noch so darüber denkt, ob es zu den neuern Lehren passt, wüsste ich nicht zu sagen."

„Es ist schlimm genug", rief Eduard, „dass man jetzt nichts mehr für sein ganzes Leben lernen kann. Unsre Vorfahren hielten sich an den Unterricht, den sie in ihrer Jugend empfangen; wir aber müssen jetzt alle fünf Jahre umlernen, wenn wir nicht ganz aus der Mode kommen wollen."

„Wir Frauen", sagte Charlotte, „nehmen es nicht so genau; und wenn ich aufrichtig sein soll, so ist es mir eigentlich nur um den Wortverstand zu tun; denn es macht in der Gesellschaft nichts lächerlicher, als wenn man ein fremdes, ein Kunstwort falsch anwendet. Deshalb möchte ich nur wissen, in welchem Sinn dieser Ausdruck eben bei diesen Gegenständen gebraucht wird. Wie es wissenschaftlich damit zusammenhänge, wollen wir den Gelehrten überlassen, die übrigens, wie ich habe bemerken können, sich wohl schwerlich jemals einigen werden."

„Wo fangen wir aber nun an, um am schnellsten in die Sache zu kommen?" fragte Eduard nach einer Pause den Hauptmann, der, sich ein wenig bedenkend, bald darauf erwiderte:

„Wenn es mir erlaubt ist, dem Scheine nach weit auszuholen, sind wir bald am Platze."

„Seien Sie meiner ganzen Aufmerksamkeit versichert", sagte Charlotte, indem sie ihre Arbeit beiseitelegte.

Und so begann der Hauptmann: „An allen Naturwesen, die wir gewahr werden, bemerken wir zuerst, dass sie einen Bezug auf sich selbst haben. Es klingt freilich wunderlich, wenn man etwas ausspricht, was sich ohnehin versteht; doch nur indem man sich über das Bekannte völlig verständigt hat, kann man miteinander zum Unbekannten fortschreiten."

„Ich dächte", fiel ihm Eduard ein, „wir machten ihr und uns die Sache durch Beispiele bequem. Stelle dir nur das Wasser, das Öl, das Quecksilber vor, so wirst du eine Einigkeit, einen Zusammenhang ihrer Teile finden. Diese Einung verlassen sie nicht, außer durch Gewalt oder sonstige Bestimmung. Ist diese beseitigt, so treten sie gleich wieder zusammen."

„Ohne Frage", sagte Charlotte beistimmend. „Regentropfen vereinigen sich gern zu Strömen. Und schon als Kinder spielen wir erstaunt mit dem Quecksilber, indem wir es in Kügelchen trennen und es wieder zusammenlaufen lassen."

„Und so darf ich wohl", fügte der Hauptmann hinzu, „eines bedeutenden Punktes im flüchtigen Vorbeigehen erwähnen, dass nämlich dieser völlig reine, durch Flüssigkeit mögliche Bezug sich entschieden und immer durch die Kugelgestalt auszeichnet. Der fallende Wassertropfen ist rund; von den Quecksilberkügelchen haben Sie selbst gesprochen; ja ein fallendes geschmolzenes Blei, wenn es Zeit hat, völlig zu erstarren, kommt unten in Gestalt einer Kugel an." – „Lassen Sie mich voreilen", sagte Charlotte, „ob ich treffe, wo Sie hinwollen. Wie jedes gegen sich selbst einen Bezug hat, so muss es auch gegen andere ein Verhältnis haben."

„Und das wird nach Verschiedenheit der Wesen verschieden sein", fuhr Eduard eilig fort. „Bald werden sie sich als Freunde und alte Bekannte begegnen, die schnell zusammentreten, sich vereinigen, ohne aneinander etwas zu verändern, wie sich Wein mit Wasser vermischt. Dagegen werden andre fremd nebeneinander verharren und selbst durch mechanisches Mischen und Reiben sich keineswegs verbinden; wie Öl und Wasser, zusammengerüttelt, sich augenblicklich wieder auseinander sondert."

„Es fehlt nicht viel", sagte Charlotte, „so sieht man in diesen einfachen Formen die Menschen, die man gekannt hat; besonders aber erinnert man sich dabei der Sozietäten, in denen man lebte. Die meiste Ähnlichkeit jedoch mit diesen seelenlosen Wesen haben die Massen, die in der Welt sich einander gegenüberstellen, die Stände, die Berufsbestimmungen, der Adel und der dritte Stand, der Soldat und der Zivilist."

„Und doch!" versetzte Eduard; „wie diese durch Sitten und Gesetze vereinbar sind, so gibt es auch in unserer chemischen Welt Mittelglieder, dasjenige zu verbinden, was sich einander abweist."

„So verbinden wir", fiel der Hauptmann ein, „das Öl durch Laugensalz mit dem Wasser."

„Nur nicht zu geschwind mit Ihrem Vortrag!" sagte Charlotte, „damit ich zeigen kann, dass ich Schritt halte. Sind wir nicht hier schon zu den Verwandtschaften gelangt?"

„Ganz richtig", erwiderte der Hauptmann; „und wir werden sie gleich in ihrer vollen Kraft und Bestimmtheit kennenlernen. Diejenigen Naturen, die sich beim Zusammentreffen einander schnell ergreifen und wechselseitig bestimmen, nennen wir verwandt. An den Alkalien und Säuren, die, obgleich einander entgegengesetzt und vielleicht eben deswegen, weil sie einander entgegengesetzt sind, sich am entschiedensten suchen und fassen, sich modifizieren und zusammen einen neuen Körper bilden, ist diese Verwandtschaft auffallend genug. Gedenken wir nur des Kalks, der zu allen Säuren eine große Neigung, eine entschiedene Vereinigungslust äußert! Sobald unser chemisches Kabinett ankommt, wollen wir Sie verschiedene Versuche sehen lassen, die sehr unterhaltend sind und einen besseren Begriff geben als Worte, Namen und Kunstausdrücke."

„Lassen Sie mich gestehen", sagte Charlotte, „wenn Sie diese Ihre wunderlichen Wesen verwandt nennen, so kommen sie mir nicht sowohl als Blutsverwandte, vielmehr als Geistes- und Seelenverwandte vor. Auf eben diese Weise können unter Menschen wahrhaft bedeutende Freundschaften entstehen; denn entgegengesetzte Eigenschaften machen eine innigere Vereinigung möglich. Und so will ich denn abwarten, was Sie mir von diesen geheimnisvollen Wirkungen vor die Augen bringen werden. – Ich will dich", sagte sie, zu Eduard gewendet, „jetzt im Vorlesen nicht weiter stören und, um so viel besser unterrichtet, deinen Vortrag mit Aufmerksamkeit vernehmen."

„Da du uns einmal aufgerufen hast", versetzte Eduard, „so kommst du so leicht nicht los; denn eigentlich sind die verwickelten Fälle die interessantesten. Erst bei diesen lernt man die Grade der Verwandtschaften, die nähern, stärkern, entferntern, geringern Beziehungen kennen; die Verwandtschaften werden erst interessant, wenn sie Scheidungen bewirken."

„Kommt das traurige Wort", rief Charlotte, „das man leider in der Welt jetzt so oft hört, auch in der Naturlehre vor?"

„Allerdings!" erwiderte Eduard. „Es war sogar ein bezeichnender Ehrentitel der Chemiker, dass man sie Scheidekünstler nannte."

„Das tut man also nicht mehr", versetzte Charlotte, „und tut sehr wohl daran. Das Vereinigen ist eine größere Kunst, ein größeres Verdienst. Ein Einungskünstler wäre in jedem Fache der ganzen Welt willkommen. – Nun so lasst mich denn, weil ihr doch einmal im Zug seid, ein paar solche Fälle wissen!“ – „So schließen wir uns denn gleich“, sagte der Hauptmann, „an dasjenige wieder an, was wir oben schon benannt und besprochen haben. Zum Beispiel, was wir Kalkstein nennen, ist eine mehr oder weniger reine Kalkerde, innig mit einer zarten Säure verbunden, die uns in Luftform bekannt geworden ist. Bringt man ein Stück solchen Steines in verdünnte Schwefelsäure, so ergreift diese den Kalk und erscheint mit ihm als Gips; jene zarte, luftige Säure hingegen entflieht. Hier ist eine Trennung, eine neue Zusammensetzung entstanden, und man glaubt sich nunmehr berechtigt, sogar das Wort Wahlverwandtschaft anzuwenden, weil es wirklich aussieht, als wenn ein Verhältnis dem andern vorgezogen, eins vor dem andern erwählt würde.“

„Verzeihen Sie mir“, sagte Charlotte, „wie ich dem Naturforscher verzeihe, aber ich würde hier niemals eine Wahl, eher eine Naturnotwendigkeit erblicken, und diese kaum; denn es ist am Ende vielleicht gar nur die Sache der Gelegenheit. Gelegenheit macht Verhältnisse, wie sie Diebe macht; und wenn von Ihren Naturkörpern die Rede ist, so scheint mir die Wahl bloß in den Händen des Chemikers zu liegen, der diese Wesen zusammenbringt. Sind sie aber einmal beisammen, dann gnade ihnen Gott! In dem gegenwärtigen Falle dauert mich nur die arme Luftsäure, die sich wieder im Unendlichen herumtreiben muss.“

„Es kommt nur auf sie an“, versetzte der Hauptmann, „sich mit dem Wasser zu verbinden und als Mineralquelle Gesunden und Kranken zur Erquickung zu dienen.“

„Der Gips hat gut reden“, sagte Charlotte; „der ist nun fertig, ist ein Körper, ist versorgt, anstatt dass jenes ausgetriebene Wesen noch manche Not haben kann, bis es wieder unterkommt.“

„Ich müsste sehr irren“, sagte Eduard lächelnd, „oder es steckt eine kleine Tücke hinter deinen Reden. Gesteh nur deine Schalkheit! Am Ende bin ich in deinen Augen der Kalk, der vom Hauptmann, als einer Schwefelsäure, ergriffen, deiner anmutigen Gesellschaft entzogen und in einen refraktären Gips verwandelt wird.“

„Wenn das Gewissen“, versetzte Charlotte, „dich solche Betrachtungen machen heißt, so kann ich ohne Sorge sein. Diese Gleichnisreden sind artig und unterhaltend, und wer spielt nicht gern mit Ähnlichkeiten! Aber der Mensch ist doch um so manche Stufe über jene Elemente erhöht, und wenn er hier mit den schönen Worten Wahl und Wahlverwandtschaft etwas freigebig gewesen, so tut er wohl, wieder in sich selbst zurückzukehren und den Wert solcher Ausdrücke bei diesem Anlass recht zu bedenken. Mir sind leider Fälle genug bekannt, wo eine innige, unauflöslich scheinende Verbindung zweier Wesen durch gelegentliche Zugesellung eines dritten aufgehoben und eins der erst so schön verbundenen ins lose Weite hinausgetrieben ward.“

„Da sind die Chemiker viel galanter“, sagte Eduard; „sie gesellen ein viertes dazu, damit keines leer ausgehe.“

„Jawohl!“ versetzte der Hauptmann; „diese Fälle sind allerdings die bedeutendsten und merkwürdigsten, wo man das Anziehen, das Verwandtsein, dieses Verlassen, dieses Vereinigen gleichsam übers Kreuz wirklich darstellen kann, wo vier bisher je zwei zu zwei verbundene Wesen, in Berührung gebracht, ihre bisherige Vereinigung verlassen und sich aufs neue verbinden. In diesem Fahrenlassen und Ergreifen, in diesem Fliehen und Suchen glaubt man wirklich eine höhere Bestimmung zu sehen; man traut solchen Wesen eine Art von Wollen und Wählen zu und hält das Kunstwort ‚Wahlverwandtschaften‘ für vollkommen gerechtfertigt.“

„Beschreiben Sie mir einen solchen Fall!“ sagte Charlotte.

„Man sollte dergleichen“, versetzte der Hauptmann, „nicht mit Worten abtun. Wie schon gesagt: sobald ich Ihnen die Versuche selbst zeigen kann, wird alles anschaulicher und angenehmer werden. Jetzt müsste ich Sie mit schrecklichen Kunstworten hinhalten, die Ihnen doch keine Vorstellung gäben. Man muss diese tot scheinenden und doch zur Tätigkeit innerlich immer bereiten Wesen wirkend vor seinen Augen sehen, mit Teilnahme schauen, wie sie einander suchen, sich anziehen, ergreifen, zerstören, verschlingen, aufzehren und sodann aus der innigsten Verbindung wieder in erneuter, neuer, unerwarteter Gestalt hervortreten: dann traut man ihnen erst ein ewiges Leben, ja wohl gar Sinn und Verstand zu, weil wir unsere Sinne kaum genügend fühlen, sie recht zu beobachten, und unsre Vernunft kaum hinlänglich ist, sie zu fassen."

„Ich leugne nicht", sagte Eduard, „dass die seltsamen Kunstwörter demjenigen, der nicht durch sinnliches Anschauen, durch Begriffe mit ihnen versöhnt ist, beschwerlich, ja lächerlich werden müssen. Doch könnten wir leicht mit Buchstaben einstweilen das Verhältnis ausdrücken, wovon hier die Rede war."

„Wenn Sie glauben, dass es nicht pedantisch aussieht", versetzte der Hauptmann, „so kann ich wohl in der Zeichensprache mich kurz zusammenfassen. Denken Sie sich ein A, das mit einem B innig verbunden ist, durch viele Mittel und durch manche Gewalt nicht von ihm zu trennen; denken Sie sich ein C, das sich ebenso zu einem D verhält, bringen Sie nun die beiden Paare in Berührung: A wird sich zu D, C zu B werfen, ohne dass man sagen kann, wer das andere zuerst verlassen, wer sich mit dem andern zuerst wieder verbunden habe."

„Nun denn!" fiel Eduard ein; „bis wir all dieses mit Augen sehen, wollen wir diese Formel als Gleichnisrede betrachten, woraus wir uns eine Lehre zum unmittelbaren Gebrauch ziehen. Du stellst das A vor, Charlotte, und ich dein B; denn eigentlich hänge ich doch nur von dir ab und folge dir wie dem A das B. Das C ist ganz deutlich der Kapitän, der mich für diesmal dir einigermaßen entzieht. Nun ist es billig, dass, wenn du nicht ins Unbestimmte entweichen sollst, dir für ein D gesorgt werde, und das ist ganz ohne Frage das liebenswürdige Dämchen Ottilie, gegen deren Annäherung du dich nicht länger verteidigen darfst."

„Gut!" versetzte Charlotte. „Wenn auch das Beispiel, wie mir scheint, nicht ganz auf unsern Fall passt, so halte ich es doch für ein Glück, dass wir heute einmal völlig zusammentreffen und dass diese Natur- und Wahlverwandtschaften unter uns eine vertrauliche Mitteilung beschleunigen. Ich will es also nur gestehen, dass ich seit diesem Nachmittag entschlossen bin, Ottilien zu berufen; denn meine bisherige treue Beschließerin und Haushälterin wird wegziehen, weil sie heiratet. Dies wäre von meiner Seite und um meinetwillen; was mich um Ottiliens willen bestimmt, das wirst du uns vorlesen. Ich will dir nicht ins Blatt sehen, aber freilich ist mir der Inhalt schon bekannt. Doch lies nur, lies." Mit diesen Worten zog sie einen Brief hervor und reichte ihn Eduarden.

Fünftes Kapitel

Brief der Vorsteherin

„Euer Gnaden werden verzeihen, wenn ich mich heute ganz kurz fasse, denn ich habe nach vollendeter öffentlicher Prüfung dessen, was wir im vergangenen Jahr an unsern Zöglingen geleistet haben, sämtlichen Eltern und Vorgesetzten den Verlauf zu melden; auch darf ich wohl kurz sein, weil ich mit wenigem viel sagen kann. Ihre Fräulein Tochter hat sich in jedem Sinne als die Erste bewiesen. Die beiliegenden Zeugnisse, ihr eigner Brief, der die Beschreibung der Preise enthält, die ihr geworden sind, und zugleich das Vergnügen ausdrückt, das sie über ein so glückliches Gelingen empfindet, wird Ihnen zur Beruhigung, ja zur Freude gereichen. Die meinige wird dadurch einigermaßen gemindert, dass ich voraussehe, wir werden nicht lange mehr Ursache haben, ein so weit vorgeschrittenes Frauenzimmer bei uns zurückzuhalten. Ich empfehle mich zu Gnaden und nehme mir die Freiheit, nächstens meine

Gedanken über das, was ich am vorteilhaftesten für sie halte, zu eröffnen. Von Ottilien schreibt mein freundlicher Gehilfe."

Brief des Gehilfen

„Von Ottilien lässt mich unsre ehrwürdige Vorsteherin schreiben, teils weil es ihr, nach ihrer Art zu denken, peinlich wäre, dasjenige, was zu melden ist, zu melden, teils auch, weil sie selbst einer Entschuldigung bedarf, die sie lieber mir in den Mund legen mag.

Da ich nur allzu wohl weiß, wie wenig die gute Ottilie das zu äußern imstande ist, was in ihr liegt und was sie vermag, so war mir vor der öffentlichen Prüfung einigermaßen bange, um so mehr, als überhaupt dabei keine Vorbereitung möglich ist, und auch, wenn es nach der gewöhnlichen Weise sein könnte, Ottilie auf den Schein nicht vorzubereiten wäre. Der Ausgang hat meine Sorge nur zu sehr gerechtfertigt; sie hat keinen Preis erhalten und ist auch unter denen, die kein Zeugnis empfangen haben. Was soll ich viel sagen? Im Schreiben hatten andere kaum so wohlgeformte Buchstaben, doch viel freiere Züge; im Rechnen waren alle schneller, und an schwierige Aufgaben, welche sie besser löst, kam es bei der Untersuchung nicht. Im Französischen überparlierten und überexponierten sie manche; in der Geschichte waren ihr Namen und Jahreszahlen nicht gleich bei der Hand; bei der Geographie vermisste man Aufmerksamkeit auf die politische Einteilung. Zum musikalischen Vortrag ihrer wenigen bescheidenen Melodien fand sich weder Zeit noch Ruhe. Im Zeichnen hätte sie gewiss den Preis davongetragen; ihre Umrisse waren rein und die Ausführung bei vieler Sorgfalt geistreich. Leider hatte sie etwas zu Großes unternommen und war nicht fertig geworden.

Als die Schülerinnen abgetreten waren, die Prüfenden zusammen Rat hielten und uns Lehrern wenigstens einiges Wort dabei gönnten, merkte ich wohl bald, dass von Ottilien gar nicht und, wenn es geschah, wo nicht mit Missbilligung, doch mit Gleichgültigkeit gesprochen wurde. Ich hoffte, durch eine offene Darstellung ihrer Art zu sein, einige Gunst zu erregen, und wagte mich daran mit doppeltem Eifer, einmal, weil ich nach meiner Überzeugung sprechen konnte, und sodann, weil ich mich in jüngeren Jahren in eben demselben traurigen Fall befunden hatte. Man hörte mich mit Aufmerksamkeit an; doch als ich geendigt hatte, sagte mir der vorsitzende Prüfende zwar freundlich, aber lakonisch: ‚Fähigkeiten werden vorausgesetzt, sie sollen zu Fertigkeiten werden. Dies ist der Zweck aller Erziehung, dies ist die laute, deutliche Absicht der Eltern und Vorgesetzten, die stille, nur halb bewusste der Kinder selbst. Dies ist auch der Gegenstand der Prüfung, wobei zugleich Lehrer und Schüler beurteilt werden. Aus dem, was wir von Ihnen vernehmen, schöpfen wir gute Hoffnung von dem Kinde, und Sie sind allerdings lobenswürdig, indem Sie auf die Fähigkeiten der Schülerinnen genau achtgeben. Verwandeln Sie solche übers Jahr in Fertigkeiten, so wird es Ihnen und Ihrer begünstigten Schülerin nicht an Beifall mangeln.'

In das, was hierauf folgte, hatte ich mich schon ergeben, aber ein noch Übleres nicht befürchtet, das sich bald darauf zutrug. Unsere gute Vorsteherin, die wie ein guter Hirte auch nicht eins von ihren Schäfchen verloren oder, wie es hier der Fall war, ungeschmückt sehen möchte, konnte, nachdem die Herren sich entfernt hatten, ihren Unwillen nicht verbergen und sagte zu Ottilien, die ganz ruhig, während die andern sich über ihre Preise freuten, am Fenster stand: ‚Aber sagen Sie mir, um Himmels willen! wie kann man so dumm aussehen, wenn man es nicht ist?' Ottilie versetzte ganz gelassen: ‚Verzeihen Sie, liebe Mutter, ich habe gerade heute wieder mein Kopfweh, und ziemlich stark.' – ‚Das kann niemand wissen!' versetzte die sonst so teilnehmende Frau und kehrte sich verdrießlich um.

Nun es ist wahr: niemand kann es wissen; denn Ottilie verändert das Gesicht nicht, und ich habe auch nicht gesehen, dass sie einmal die Hand zur Schläfe bewegt hätte.

Das war noch nicht alles. Ihre Fräulein Tochter, gnädige Frau, sonst lebhaft und freimütig, war im Gefühl ihres heutigen Triumphs ausgelassen und übermütig. Sie sprang mit ihren Preisen und Zeugnissen in den Zimmern herum und schüttelte sie auch Ottilien vor dem Gesicht. ‚Du bist heute schlecht gefahren!' rief sie aus. Ganz gelassen antwortete Ottilie: ‚Es ist noch nicht der letzte Prüfungstag.' – ‚Und doch wirst du immer die Letzte bleiben!' rief das Fräulein und sprang hinweg.

Ottilie schien gelassen für jeden andern, nur nicht für mich. Eine innere, unangenehme, lebhafte Bewegung, der sie widersteht, zeigt sich durch eine ungleiche Farbe des Gesichts. Die linke Wange wird auf einen Augenblick rot, indem die rechte bleich wird. Ich sah dies Zeichen, und meine Teilnehmung konnte sich nicht zurückhalten. Ich führte unsre Vorsteherin beiseite, sprach ernsthaft mit ihr über die Sache. Die treffliche Frau erkannte ihren Fehler.

Wir berieten, wir besprachen uns lange, und ohne deshalb weitläufiger zu sein, will ich Euer Gnaden unsern Beschluss und unsre Bitte vortragen: Ottilien auf einige Zeit zu sich zu nehmen. Die Gründe werden Sie sich selbst am besten entfalten. Bestimmen Sie sich hierzu, so sage ich mehr über die Behandlung des guten Kindes. Verlässt uns dann Ihre Fräulein Tochter, wie zu vermuten steht, so sehen wir Ottilien mit Freuden zurückkehren.

Noch eins, das ich vielleicht in der Folge vergessen könnte: ich habe nie gesehen, dass Ottilie etwas verlangt oder gar um etwas dringend gebeten hätte. Dagegen kommen Fälle vor, wiewohl selten, dass sie etwas abzulehnen sucht, was man von ihr fordert. Sie tut das mit einer Gebärde, die für den, der den Sinn davon erfasst hat, unwiderstehlich ist. Sie drückt die flachen Hände, die sie in die Höhe hebt, zusammen und führt sie gegen die Brust, indem sie sich nur wenig vorwärts neigt und den dringend Fordernden mit einem solchen Blick ansieht, dass er gern von allem absteht, was er verlangen oder wünschen möchte. Sehen Sie jemals diese Gebärde, gnädige Frau, wie es bei Ihrer Behandlung nicht wahrscheinlich ist, so gedenken Sie meiner und schonen Ottilien."

Eduard hatte diese Briefe vorgelesen, nicht ohne Lächeln und Kopfschütteln. Auch konnte es an Bemerkungen über die Personen und über die Lage der Sache nicht fehlen.

„Genug!" rief Eduard endlich aus; „es ist entschieden, sie kommt! Für dich wäre gesorgt, meine Liebe, und wir dürfen nun auch mit unserm Vorschlag herausrücken. Es wird höchst nötig, dass ich zu dem Hauptmann auf den rechten Flügel hinüberziehe. Sowohl abends als morgens ist erst die rechte Zeit, zusammen zu arbeiten. Du erhältst dagegen für dich und Ottilien auf deiner Seite den schönsten Raum."

Charlotte ließ sichs gefallen, und Eduard schilderte ihre künftige Lebensart. Unter anderem rief er aus: „Es ist doch recht zuvorkommend von der Nichte, ein wenig Kopfweh auf der linken Seite zu haben; ich habe es manchmal auf der rechten. Trifft es zusammen und wir sitzen gegenüber, ich auf den rechten Ellbogen, sie auf den linken gestützt und die Köpfe nach verschiedenen Seiten in die Hand gelegt, so muss das ein Paar artige Gegenbilder geben."

Der Hauptmann wollte das gefährlich finden. Eduard hingegen rief aus: „Nehmen Sie sich nur, lieber Freund, vor dem D in acht! Was sollte B denn anfangen, wenn ihm C entrissen würde?"

„Nun, ich dächte doch", versetzte Charlotte, „das verstünde sich von selbst."

„Freilich", rief Eduard; „es kehrte zu seinem A zurück, zu seinem A und O!" rief er, indem er aufsprang und Charlotten fest an seine Brust drückte.

Sechstes Kapitel

Ein Wagen, der Ottilien brachte, war angefahren. Charlotte ging ihr entgegen; das liebe Kind eilte, sich ihr zu nähern, warf sich ihr zu Füßen und umfasste ihre Knie.

„Wozu die Demütigung!“ sagte Charlotte, die einigermaßen verlegen war und sie aufheben wollte. „Es ist so demütig nicht gemeint“, versetzte Ottilie, die in ihrer vorigen Stellung blieb. „Ich mag mich nur so gern jener Zeit erinnern, da ich noch nicht höher reichte als bis an Ihre Knie und Ihrer Liebe schon so gewiss war.“

Sie stand auf, und Charlotte umarmte sie herzlich. Sie ward den Männern vorgestellt und gleich mit besonderer Achtung als Gast behandelt. Schönheit ist überall ein gar willkommener Gast. Sie schien aufmerksam auf das Gespräch, ohne dass sie daran teilgenommen hätte.

Den andern Morgen sagte Eduard zu Charlotten: „Es ist ein angenehmes, unterhaltendes Mädchen.“

„Unterhaltend?“ versetzte Charlotte mit Lächeln; „sie hat ja den Mund noch nicht aufgetan.“

„So?“ erwiderte Eduard, indem er sich zu besinnen schien, „das wäre doch wunderbar!“

Charlotte gab dem neuen Ankömmling nur wenig Winke, wie es mit dem Hausgeschäft zu halten sei. Ottilie hatte schnell die ganze Ordnung eingesehen, ja, was noch mehr ist, empfunden. Was sie für alle, für einen jeden insbesondre zu besorgen hatte, begriff sie leicht. Alles geschah pünktlich. Sie wusste anzuordnen, ohne dass sie zu befehlen schien, und wo jemand säumte, verrichtete sie das Geschäft gleich selbst.

Sobald sie gewahr wurde, wie viel Zeit ihr übrigblieb, bat sie Charlotten, ihre Stunden einteilen zu dürfen, die nun genau beobachtet wurden. Sie arbeitete das Vorgesetzte auf eine Art, von der Charlotte durch den Gehilfen unterrichtet war. Man ließ sie gewähren. Nur zuweilen suchte Charlotte sie anzuregen. So schob sie ihr manchmal abgeschriebene Federn unter, um sie auf einen freieren Zug der Handschrift zu leiten; aber auch diese waren bald wieder scharf geschnitten.

Die Frauenzimmer hatten untereinander festgesetzt, französisch zu reden, wenn sie allein wären, und Charlotte beharrte um so mehr darauf, als Ottilie gesprächiger in der fremden Sprache war, indem man ihr die Übung derselben zur Pflicht gemacht hatte. Hier sagte sie oft mehr, als sie zu wollen schien. Besonders ergötzte sich Charlotte an einer zufälligen, zwar genauen, aber doch liebevollen Schilderung der ganzen Pensionsanstalt. Ottilie ward ihr eine liebe Gesellschafterin, und sie hoffte, dereinst in ihr eine zuverlässige Freundin zu finden.

Charlotte nahm indes die älteren Papiere wieder vor, die sich auf Ottilien bezogen, um sich in Erinnerung zu rufen, was die Vorsteherin, was der Gehilfe über das gute Kind geurteilt, um es mit ihrer Persönlichkeit selbst zu vergleichen. Denn Charlotte war der Meinung, man könne nicht geschwind genug mit dem Charakter der Menschen bekannt werden, mit denen man zu leben hat, um zu wissen, was sich von ihnen erwarten, was sich an ihnen bilden lässt, oder was man ihnen ein für alle Mal zugestehen und verzeihen muss.

Sie fand zwar bei dieser Untersuchung nichts Neues, aber manches Bekannte ward ihr bedeutender und auffallender. So konnte ihr zum Beispiel Ottiliens Mäßigkeit im Essen und Trinken wirklich Sorge machen.

Das Nächste, was die Frauen beschäftigte, war der Anzug. Charlotte verlangte von Ottilien, sie solle in Kleidern reicher und mehr ausgesucht erscheinen. Sogleich schnitt das gute, tätige Kind die ihr früher geschenkten Stoffe selbst zu und wusste sie sich mit geringer Beihilfe anderer schnell und höchst zierlich anzupassen. Die neuen, modischen Gewänder erhöhten ihre Gestalt; denn indem das Angenehme einer Person sich auch über ihre Hülle verbreitet, glaubt man sie immer wieder von neuem und anmutiger zu sehen, wenn sie ihre Eigenschaften einer neuen Umgebung mitteilt.

Dadurch ward sie den Männern, wie von Anfang so immer mehr, dass wir es nur mit dem rechten Namen nennen, ein wahrer Augentrost. Denn wenn der Smaragd durch seine herrliche Farbe dem Gesicht wohltut, ja sogar einige Heilkraft an diesem edlen Sinn ausübt, so wirkt die menschliche Schönheit noch mit weit größerer Gewalt auf den äußern und innern Sinn. Wer sie erblickt, den kann nichts Übles anwehen; er fühlt sich mit sich selbst und mit der Welt in Übereinstimmung.

Auf manche Weise hatte daher die Gesellschaft durch Ottiliens Ankunft gewonnen. Die beiden Freunde hielten regelmäßiger die Stunden, ja die Minuten der Zusammenkünfte. Sie ließen weder zum Essen, noch zum Tee, noch zum Spaziergang länger als billig auf sich warten. Sie eilten, besonders abends, nicht so bald von Tische weg. Charlotte bemerkte das wohl und ließ beide nicht unbeobachtet. Sie suchte zu erforschen, ob einer vor dem andern hierzu den Anlass gäbe; aber sie konnte keinen Unterschied bemerken. Beide zeigten sich überhaupt geselliger. Bei ihren Unterhaltungen schienen sie zu bedenken, was Ottiliens Teilnahme zu erregen geeignet sein möchte, was ihren Einsichten, ihren übrigen Kenntnissen gemäß wäre. Beim Lesen und Erzählen hielten sie inne, bis sie wiederkam. Sie wurden milder und im Ganzen mitteilender.

In Erwiderung dagegen wuchs die Dienstbeflissenheit Ottiliens mit jedem Tag. Je mehr sie das Haus, die Menschen, die Verhältnisse kennenlernte, desto lebhafter griff sie ein, desto schneller verstand sie jeden Blick, jede Bewegung, ein halbes Wort, einen Laut. Ihre ruhige Aufmerksamkeit blieb sich immer gleich, so wie ihre gelassene Regsamkeit. Und so war ihr Sitzen, Aufstehen, Gehen, Kommen, Holen, Bringen, Wiederniedersitzen ohne einen Schein von Unruhe, ein ewiger Wechsel, eine ewige angenehme Bewegung. Dazu kam, dass man sie nicht gehen hörte; so leise trat sie auf.

Diese anständige Dienstfertigkeit Ottiliens machte Charlotten viel Freude. Ein einziges, was ihr nicht ganz angemessen vorkam, verbarg sie Ottilien nicht. „Es gehört", sagte sie eines Tages zu ihr, „unter die lobenswürdigen Aufmerksamkeiten, dass wir uns schnell bücken, wenn jemand etwas aus der Hand fallen lässt, und es eilig aufzuheben suchen. Wir bekennen uns dadurch ihm gleichsam dienstpflichtig; nur ist in der größern Welt dabei zu bedenken, wem man eine solche Ergebenheit bezeigt. Gegen Frauen will ich dir darüber keine Gesetze vorschreiben. Du bist jung. Gegen Höhere und Ältere ist es Schuldigkeit, gegen deinesgleichen Artigkeit, gegen Jüngere und Niedere zeigt man sich dadurch menschlich und gut; nur will es einem Frauenzimmer nicht wohl geziemen, sich Männern auf diese Weise ergeben und dienstbar zu zeigen."

„Ich will es mir abzugewöhnen versuchen", versetzte Ottilie. „Indessen werden Sie mir diese Unschicklichkeit vergeben, wenn ich Ihnen sage, wie ich dazu gekommen bin. Man hat uns die Geschichte gelehrt; ich habe nicht so viel daraus behalten, als ich wohl gesollt hätte; denn ich wusste nicht, wozu ichs brauchen würde. Nur einzelne Begebenheiten sind mir sehr eindrücklich gewesen, so folgende: Als Karl der Erste von England vor seinen sogenannten Richtern stand, fiel der goldene Knopf des Stöckchens, das er trug, herunter. Gewohnt, dass bei solchen Gelegenheiten sich alles für ihn bemühte, schien er sich umzusehen und zu erwarten, dass ihm jemand auch diesmal den kleinen Dienst erweisen sollte. Es regte sich niemand; er bückte sich selbst, um den Knopf aufzuheben. Mir kam das so schmerzlich vor, ich weiß nicht, ob mit Recht, dass ich von jenem Augenblick an niemandem kann etwas aus den Händen fallen sehn, ohne mich danach zu bücken. Da es aber freilich nicht immer schicklich sein mag und ich", fuhr sie lächelnd fort, „nicht jederzeit meine Geschichte erzählen kann, so will ich mich künftig mehr zurückhalten." – Indessen hatten die guten Anstalten, zu denen sich die beiden Freunde berufen fühlten, ununterbrochenen Fortgang. Ja täglich fanden sie neuen Anlass, etwas zu bedenken und zu unternehmen.

Als sie eines Tages zusammen durch das Dorf gingen, bemerkten sie missfällig, wie weit es an Ordnung und Reinlichkeit hinter jenen Dörfern zurückstehe, wo die Bewohner durch die Kostbarkeit des Raums auf beides hingewiesen werden. – „Du erinnerst dich", sagte der Hauptmann, „wie wir auf unserer Reise durch die Schweiz den Wunsch äußerten, eine ländliche sogenannte Parkanlage recht eigentlich zu verschönern, indem wir ein so gelegenes Dorf nicht zur Schweizer Bauart, sondern zur Schweizer Ordnung und Sauberkeit, welche die Benutzung so sehr befördern, einrichteten."

„Hier zum Beispiel", versetzte Eduard, „ginge das wohl an. Der Schlossberg verläuft in einem vorspringenden Winkel herunter; das Dorf ist ziemlich regelmäßig im Halbzirkel gegenüber gebaut; dazwischen fließt der Bach, gegen dessen Anschwellen sich der eine mit Steinen, der andere mit Pfählen, wieder einer mit Balken und der Nachbar sodann mit Planken verwahren will, keiner aber den andern fördert, vielmehr sich und den übrigen Schaden und Nachteil bringt. So geht der Weg auch in ungeschickter Bewegung bald herauf, bald herab, bald durchs Wasser, bald über Steine. Wollten die Leute mit Hand anlegen, so würde kein großer Zuschuss nötig sein, um hier eine Mauer im Halbkreis auszuführen, den Weg dahinter bis an die Häuser zu erhöhen, den schönsten Raum herzustellen, der Reinlichkeit Platz zu geben und durch eine ins Große gehende Anstalt alle kleine, unzulängliche Sorge auf einmal zu verbannen."

„Lass es uns versuchen!" sagte der Hauptmann, während er die Lage mit den Augen überlief und schnell beurteilte.

„Ich mag mit Bürgern und Bauern nichts zu tun haben, wenn ich ihnen nicht geradezu befehlen kann", versetzte Eduard.

„Du hast so unrecht nicht", erwiderte der Hauptmann; „denn auch mir machten dergleichen Geschäfte im Leben schon viel Verdruss. Wie schwer ist es, dass der Mensch recht abwäge, was man aufopfern muss gegen das, was zu gewinnen ist, wie schwer, den Zweck zu wollen und die Mittel nicht zu verschmähen! Viele verwechseln gar die Mittel und den Zweck, erfreuen sich an jenen, ohne diesen im Auge zu behalten. Jedes Übel soll an der Stelle geheilt werden, wo es zum Vorschein kommt, und man kümmert sich nicht um jenen Punkt, wo es eigentlich seinen Ursprung nimmt, woher es wirkt. Deswegen ist es so schwer, Rat zu pflegen, besonders mit der Menge, die im Täglichen ganz verständig ist, aber selten weiter sieht als auf Morgen. Kommt nun gar dazu, dass der eine bei einer gemeinsamen Anstalt gewinnen, der andre verlieren soll, ist mit Vergleich nun gar nichts auszurichten. Alles eigentlich gemeinsame Gute muss durch das unumschränkte Majestätsrecht gefördert werden."

Während sie standen und sprachen, bettelte sie ein Mensch an, der mehr frech als bedürftig aussah. Eduard, ungern unterbrochen und beunruhigt, schalt ihn, nachdem er ihn einige Mal vergebens gelassener abgewiesen hatte. Als aber der Kerl sich murrend, ja gegenscheltend mit kleinen Schritten entfernte, auf die Rechte des Bettlers trotzte, dem man wohl ein Almosen versagen, ihn aber nicht beleidigen dürfe, weil er so gut wie jeder andere unter dem Schutze Gottes und der Obrigkeit stehe, kam Eduard ganz aus der Fassung.

Der Hauptmann, ihn zu begütigen, sagte darauf: „Lass uns diesen Vorfall als eine Aufforderung annehmen, unsere ländliche Polizei auch hierauf zu erstrecken! Almosen muss man einmal geben; man tut aber besser, wenn man sie nicht selbst gibt, besonders zu Hause. Da sollte man mäßig und gleichförmig in allem sein, auch im Wohltun. Eine allzu reichliche Gabe lockt Bettler herbei, anstatt sie abzufertigen, dagegen man wohl auf der Reise, im Vorbeifliegen, einem Armen auf der Strasse in der Gestalt des zufälligen Glücks erscheinen und ihm eine überraschende Gabe zuwerfen mag. Uns macht die Lage des Dorfes, des Schlosses eine solche Anstalt sehr leicht; ich habe schon früher darüber nachgedacht.

Am einen Ende des Dorfes liegt das Wirtshaus, am anderen wohnen ein paar alte, gute Leute; an beiden Orten musst du eine kleine Geldsumme niederlegen. Nicht der ins Dorf Hereingehende, sondern der Hinausgehende erhält etwas; und da die beiden Häuser zugleich an den Wegen stehen, die aufs Schloss führen, wird auch alles, was sich hinaufwenden wollte, an die beiden Stellen verwiesen."

„Komm", sagte Eduard, „wir wollen das gleich abmachen; das Genauere können wir immer noch nachholen."

Sie gingen zum Wirt und zu dem alten Paar, und die Sache war abgetan.

„Ich weiß recht gut", sagte Eduard, indem sie zusammen den Schlossberg wieder hinaufstiegen, „dass alles in der Welt ankommt auf einen gescheiten Einfall und auf einen festen Entschluss. So hast du die Parkanlagen meiner Frau sehr richtig beurteilt und mir auch schon einen Wink zum Bessern gegeben, den ich ihr, wie ich gar nicht leugnen will, sogleich mitgeteilt habe."

„Ich konnte es vermuten", versetzte der Hauptmann, „aber nicht billigen. Du hast sie irregemacht; sie lässt alles liegen und trutzt in dieser einzigen Sache mit uns; denn sie vermeidet davon zu reden und hat uns nicht wieder zur Mooshütte eingeladen, obgleich sie mit Ottilien in den Zwischenstunden hinaufgeht."

„Dadurch müssen wir uns", versetzte Eduard, „nicht abschrecken lassen. Wenn ich von etwas Gutem überzeugt bin, was geschehen könnte und sollte, so habe ich keine Ruhe, bis ich es getan sehe. Sind wir doch sonst klug, etwas einzuleiten! Lass uns die englischen Parkbeschreibungen mit Kupfern zur Abendunterhaltung vornehmen, nachher deine Gutskarte! Man muss es erst problematisch und nur wie zum Scherz behandeln; der Ernst wird sich schon finden."

Nach dieser Verabredung wurden die Bücher aufgeschlagen, worin man jedes Mal den Grundriss der Gegend und ihre landschaftliche Ansicht in ihrem ersten, rohen Naturzustand gezeichnet sah, sodann auf andern Blättern die Veränderung dargestellt fand, welche die Kunst daran vorgenommen, um all das bestehende Gute zu nutzen und zu steigern. Hiervon war der Übergang zur eigenen Besitzung, zur eignen Umgebung und zu dem, was man daran ausbilden könnte, sehr leicht.

Die von dem Hauptmann entworfene Karte zugrunde zu legen, war nunmehr eine angenehme Beschäftigung; nur konnte man sich von jener ersten Vorstellung, nach der Charlotte die Sache einmal angefangen hatte, nicht ganz losreißen. Doch erfand man einen leichtern Aufgang zur Höhe; man wollte oberwärts am Abhang vor einem angenehmen Gehölzchen ein Lustgebäude ausführen; dieses sollte einen Bezug zum Schloss haben; aus den Schlossfenstern sollte man es übersehen, von dorther Schloss und Gärten wieder bestreichen können.

Der Hauptmann hatte alles wohl überlegt und gemessen und brachte jenen Dorfweg, jene Mauer am Bache her, jene Ausfüllung wieder zur Sprache. „Ich gewinne", sagte er, „indem ich einen bequemen Weg zur Anhöhe hinaufführe, gerade so viel Steine, als ich zu jener Mauer bedarf. Sobald eins ins andere greift, wird beides wohlfeiler und geschwinder bewerkstelligt."

„Nun aber", sagte Charlotte, „kommt meine Sorge. Notwendig muss etwas Bestimmtes ausgesetzt werden; und wenn man weiß, wie viel zu einer solchen Anlage erforderlich ist, dann teilt man es ein, wo nicht auf Wochen, doch wenigstens auf Monate. Die Kasse ist unter meinem Beschluss; ich zahle die Zettel, und die Rechnung führe ich selbst."

„Du scheinst uns nicht sonderlich viel zu vertrauen", sagte Eduard. „Nicht viel in willkürlichen Dingen", versetzte Charlotte. „Die Willkür wissen wir besser zu beherrschen als ihr."

Die Einrichtung war gemacht, die Arbeit rasch angefangen, der Hauptmann immer gegenwärtig und Charlotte nunmehr fast täglich Zeuge seines ernsten und bestimmten Sinnes.

Auch er lernte sie näher kennen, und beiden wurde es leicht, zusammenzuwirken und etwas zustande zu bringen.

Es ist mit den Geschäften wie mit dem Tanze: Personen, die gleichen Schritt halten, müssen sich unentbehrlich werden, ein wechselseitiges Wohlwollen muss notwendig daraus entspringen, und dass Charlotte dem Hauptmann, seitdem sie ihn näher kennengelernt, wirklich wohlwollte, davon war ein sicherer Beweis, dass sie ihn einen schönen Ruheplatz, den sie bei ihren ersten Anlagen besonders ausgesucht und verziert hatte, der aber seinem Plan entgegenstand, ganz gelassen zerstören ließ, ohne auch nur die mindeste unangenehme Empfindung dabei zu haben.

Siebentes Kapitel

Indem nun Charlotte mit dem Hauptmann eine gemeinsame Beschäftigung fand, so war die Folge, dass sich Eduard mehr zu Ottilien gesellte. Für sie sprach ohnehin seit einiger Zeit eine stille, freundliche Neigung in seinem Herzen. Gegen jedermann war sie dienstfertig und zuvorkommend; dass sie es gegen ihn am meisten sei, das wollte seiner Selbstliebe scheinen. Nun war keine Frage: was für Speisen und wie er sie liebte, hatte sie schon genau bemerkt; wie viel Zucker er zum Tee zu nehmen pflegte und was dergleichen mehr ist, entging ihr nicht. Besonders war sie sorgfältig, alle Zugluft abzuwehren, gegen die er eine übertriebene Empfindlichkeit zeigte und deshalb mit seiner Frau, der es nicht luftig genug sein konnte, manchmal in Widerspruch geriet. Ebenso wusste sie im Baum- und Blumengarten Bescheid. Was er wünschte, suchte sie zu fördern, was ihn ungeduldig machen konnte, zu verhüten, dergestalt dass sie in Kurzem wie ein freundlicher Schutzgeist ihm unentbehrlich ward und er anfing, ihre Abwesenheit schon peinlich zu empfinden. Hierzu kam noch, dass sie gesprächiger und offener schien, sobald sie sich allein trafen.

Eduard hatte bei zunehmenden Jahren immer etwas Kindliches behalten, das der Jugend Ottiliens besonders zusagte. Sie erinnerten sich gern früherer Zeiten, wo sie einander gesehen; es stiegen diese Erinnerungen bis in die ersten Epochen der Neigung Eduards zu Charlotten. Ottilie wollte sich der beiden noch als des schönsten Hofpaares erinnern; und wenn Eduard ihr ein solches Gedächtnis aus ganz früher Jugend absprach, so behauptete sie doch, besonders einen Fall noch vollkommen gegenwärtig zu haben, wie sie sich einmal bei seinem Hereintreten in Charlottens Schoß versteckt, nicht aus Furcht, sondern aus kindischer Überraschung. Sie hätte dazusetzen können: weil er so lebhaften Eindruck auf sie gemacht, weil er ihr gar so wohl gefallen.

Bei solchen Verhältnissen waren manche Geschäfte, welche die beiden Freunde zusammen früher vorgenommen, gewissermaßen ins Stocken geraten, so dass sie für nötig fanden, sich wieder eine Übersicht zu verschaffen, einige Aufsätze zu entwerfen, Briefe zu schreiben. Sie bestellten sich deshalb auf ihre Kanzlei, wo sie den alten Kopisten müßig fanden. Sie gingen an die Arbeit und gaben ihm bald zu tun, ohne zu bemerken, dass sie ihm manches aufbürdeten, was sie sonst selbst zu verrichten gewohnt waren. Gleich der erste Aufsatz wollte dem Hauptmann, gleich der erste Brief Eduarden nicht gelingen. Sie quälten sich eine Zeitlang mit Konzipieren und Umschreiben, bis endlich Eduard, dem es am wenigsten vonstatten ging, nach der Zeit fragte.

Da zeigte sich denn, dass der Hauptmann vergessen hatte, seine chronometrische Sekundenuhr aufzuziehen, das erste Mal seit vielen Jahren; und sie schienen, wo nicht zu empfinden, doch zu ahnen, dass die Zeit anfange, ihnen gleichgültig zu werden.

Während so die Männer einigermaßen in ihrer Geschäftigkeit nachließen, wuchs vielmehr die Tätigkeit der Frauen. Überhaupt nimmt die gewöhnliche Lebensweise einer Familie, die aus den gegebenen Personen und aus notwendigen Umständen entspringt, auch wohl eine außerordentliche Neigung, eine werdende Leidenschaft in sich wie ein Gefäß auf, und es kann eine ziemliche Zeit vergehen, ehe dieses neue Ingrediens eine merkliche Gärung verursacht und schäumend über den Rand schwillt.

Bei unsern Freunden waren die entstehenden wechselseitigen Neigungen von der angenehmsten Wirkung. Die Gemüter öffneten sich, und ein allgemeines Wohlwollen entsprang aus dem besonderen. Jeder Teil fühlte sich glücklich und gönnte dem anderen sein Glück.

Ein solcher Zustand erhebt den Geist, indem er das Herz erweitert, und alles, was man tut und vornimmt, hat eine Richtung gegen das Unermessliche. So waren auch die Freunde nicht mehr in ihrer Wohnung befangen. Ihre Spaziergänge dehnten sich weiter aus, und wenn dabei Eduard mit Ottilien, die Pfade zu wählen, die Wege zu bahnen, vorauseilte, so folgte der Hauptmann mit Charlotten in bedeutender Unterhaltung, teilnehmend an manchem neu entdeckten Plätzchen, an mancher unerwarteten Aussicht, ruhig der Spur jener rascheren Vorgänger.

Eines Tages leitete sie ihr Spaziergang durch die Schlosspforte des rechten Flügels hinunter zum Gasthof, über die Brücke den Teichen zu, an denen sie hingingen, soweit man gewöhnlich das Wasser verfolgte, dessen Ufer sodann, von einem buschigen Hügel und weiterhin von Felsen eingeschlossen, aufhörte, gangbar zu sein.

Aber Eduard, dem von seinen Jagdwanderungen her die Gegend bekannt war, drang mit Ottilien auf einem bewachsenen Pfade weiter vor, wohl wissend, dass die alte, zwischen Felsen versteckte Mühle nicht weit abliegen konnte. Allein der wenig betretene Pfad verlor sich bald, und sie fanden sich im dichten Gebüsch zwischen moosigem Gestein verirrt, doch nicht lange; denn das Rauschen der Räder verkündigte ihnen sogleich die Nähe des gesuchten Ortes. – Auf eine Klippe vorwärts tretend, sahen sie das alte, schwarze, wunderliche Holzgebäude im Grunde vor sich, von steilen Felsen sowie von hohen Bäumen umschattet. Sie entschlossen sich kurz und gut, über Moos und Felstrümmer hinabzusteigen, Eduard voran; und wenn er nun in die Höhe sah und Ottilie leicht schreitend, ohne Furcht und Ängstlichkeit, im schönsten Gleichgewicht von Stein zu Stein ihm folgte, glaubte er ein himmlisches Wesen zu sehen, das über ihm schwebte. Und wenn sie nun manchmal an unsicherer Stelle seine ausgestreckte Hand ergriff, ja sich auf seine Schulter stützte, dann konnte er sich nicht verleugnen, dass es das zarteste weibliche Wesen sei, das ihn berührte. Fast hätte er gewünscht, sie möchte straucheln, gleiten, dass er sie in seinen Arme auffangen, sie an sein Herz drücken könnte. Doch dies hätte er unter keiner Bedingung getan, aus mehr als einer Ursache: er fürchtete sie zu beleidigen, sie zu beschädigen.

Wie dies gemeint sei, erfahren wir sogleich. Denn als er nun herabgelangt, ihr unter den hohen Bäumen am ländlichen Tisch gegenübersaß, die freundliche Müllerin nach Milch, der bewillkommende Müller Charlotten und dem Hauptmann entgegen gesandt war, fing Eduard mit einigem Zaudern zu sprechen an:

„Ich habe eine Bitte, liebe Ottilie; verzeihen Sie mir die, wenn Sie mir sie auch versagen! Sie machen kein Geheimnis daraus, und es braucht es auch nicht, dass Sie unter Ihrem Gewand, auf Ihrer Brust ein Miniaturbild tragen. Es ist das Bild Ihres Vaters, des braven Mannes, den Sie kaum gekannt und der in jedem Sinne eine Stelle an Ihrem Herzen verdient. Aber vergeben Sie mir: das Bild ist ungeschickt groß, und dieses Metall, dieses Glas macht mir tausend Ängste, wenn Sie ein Kind in die Höhe heben, etwas vor sich hintragen, wenn die Kutsche schwankt, wenn wir durchs Gebüsch dringen, eben jetzt, wie wir vom Felsen herabstiegen. Mir ist die Möglichkeit schrecklich, dass irgendein unvorgesehener Stoß, ein Fall, eine Berührung Ihnen schädlich und verderblich sein könnte. Tun Sie es mir zuliebe, entfernen Sie das Bild, nicht aus Ihrem Andenken, nicht aus Ihrem Zimmer; ja geben Sie ihm den schönsten, den heiligsten Ort Ihrer Wohnung; nur von Ihrer Brust entfernen Sie etwas, dessen Nähe mir, vielleicht aus übertriebener Ängstlichkeit, so gefährlich scheint!“ – Ottilie schwieg und hatte, während er sprach, vor sich hingesehen; dann, ohne Übereilung und ohne Zaudern, mit einem Blick mehr gen Himmel als auf Eduard gewendet, löste sie die Kette, zog das Bild hervor, drückte es gegen ihre Stirn und reichte es dem Freunde hin mit den Worten: „Heben Sie mir es auf, bis wir nach Hause kommen! Ich vermag Ihnen nicht besser zu bezeugen, wie sehr ich Ihre freundliche Sorgfalt zu schätzen weiß.“

Der Freund wagte nicht, das Bild an seine Lippen zu drücken, aber er fasste ihre Hand und drückte sie an seine Augen. Es waren vielleicht die zwei schönsten Hände, die sich jemals zusammenschlossen. Ihm war, als wenn ihm ein Stein vom Herzen gefallen wäre, als wenn sich eine Scheidewand zwischen ihm und Ottilien niedergelegt hätte.

Vom Müller geführt, langten Charlotte und der Hauptmann auf einem bequemeren Pfade herunter. Man begrüßte sich, man erfreute und erquickte sich. Zurück wollte man denselben Weg nicht kehren, und Eduard schlug einen Felspfad auf der andern Seite des Baches vor, auf welchem die Teiche wieder zu Gesicht kamen, indem man ihn mit einiger Anstrengung zurücklegte. Nun durchstrich man abwechselndes Gehölz und erblickte nach dem Lande zu mancherlei Dörfer, Flecken, Meiereien mit ihren grünen und fruchtbaren Umgebungen; zunächst ein Vorwerk, das an der Höhe mitten im Holze gar vertraulich lag. Am schönsten zeigte sich der größte Reichtum der Gegend, vor- und rückwärts, auf der sanft erstiegenen Höhe, von wo man zu einem lustigen Wäldchen gelangte und beim Heraustreten aus demselben sich auf dem Felsen dem Schloss gegenüber befand.

Wie froh waren sie, als sie daselbst gewissermaßen unvermutet ankamen! Sie hatten eine kleine Welt umgangen; sie standen auf dem Platze, wo das neue Gebäude hinkommen sollte, und sahen wieder in die Fenster ihrer Wohnung.

Man stieg zur Mooshütte hinunter und saß zum ersten Mal darin zu vieren. Nichts war natürlicher, als dass einstimmig der Wunsch ausgesprochen wurde, dieser heutige Weg, den sie langsam und nicht ohne Beschwerlichkeit gemacht, möchte dergestalt geführt und eingerichtet werden, dass man ihn gesellig, schlendernd und mit Behaglichkeit zurücklegen könnte. Jedes tat Vorschläge, und man berechnete, dass der Weg, zu welchem sie mehrere Stunden gebraucht hatten, wohl gebahnt in einer Stunde zum Schloss zurückführen müsste. Schon legte man in Gedanken unterhalb der Mühle, wo der Bach in die Teiche fließt, eine wegverkürzende und die Landschaft zierende Brücke an, als Charlotte der erfindenden Einbildungskraft einigen Stillstand gebot, indem sie an die Kosten erinnerte, welche zu einem solchen Unternehmen erforderlich sein würden.

„Hier ist auch zu helfen“, versetzte Eduard. „Jenes Vorwerk im Wald, das so schön zu liegen scheint und so wenig einträgt, dürfen wir nur veräußern und das daraus Erlöste für diese Anlagen verwenden, so genießen wir vergnüglich auf einem unschätzbaren Spaziergange die Interessen eines wohl angelegten Kapitals, während wir jetzt mit Missmut, bei letzter Berechnung am Schluss des Jahrs, eine kümmerliche Einnahme daraus ziehen.“

Charlotte selbst konnte als gute Haushälterin nicht viel dagegen erinnern. Die Sache war schon früher zur Sprache gekommen. Nun wollte der Hauptmann einen Plan zu Zerschlagung der Grundstücke unter die Waldbauern machen; Eduard aber wollte kürzer und bequemer verfahren wissen. Der gegenwärtige Pächter, der schon Vorschläge getan hatte, sollte es erhalten, terminweise zahlen, und so terminweise wollte man die planmäßigen Anlagen von Strecke zu Strecke vornehmen.

So eine vernünftige, gemäßigte Einrichtung musste durchaus Beifall finden, und schon sah die ganze Gesellschaft im Geiste die neuen Wege sich schlängeln, auf denen und in deren Nähe man noch die angenehmsten Ruhe- und Aussichtsplätze zu entdecken hoffte. – Um sich alles mehr im Einzelnen zu vergegenwärtigen, nahm man abends zu Hause sogleich die neue

Karte vor. Man übersah den zurückgelegten Weg und wie er vielleicht an einigen Stellen noch vorteilhafter zu führen wäre. Alle früheren Vorsätze wurden nochmals durchgesprochen und mit den neuesten Gedanken verbunden, der Platz des neuen Hauses dem Schloss gegenüber nochmals gebilligt und der Kreislauf der Wege bis dahin abgeschlossen.

Ottilie hatte zu all dem geschwiegen, als Eduard zuletzt den Plan, der bisher vor Charlotten gelegen, vor sie hinwandte und sie zugleich einlud, ihre Meinung zu sagen, und, als sie einen Augenblick anhielt, sie liebevoll ermunterte, doch ja nicht zu schweigen; alles sei ja noch gleichgültig, alles noch im Werden. – „Ich würde", sagte Ottilie, indem sie den Finger auf die höchste Fläche der Anhöhe setzte, „das Haus hierher bauen. Man sähe zwar das Schloss nicht, denn es wird von dem Wäldchen verdeckt; aber man befände sich auch dafür wie in einer andern und neuen Welt, indem zugleich das Dorf und alle Wohnungen verborgen wären. Die Aussicht auf die Teiche, nach der Mühle, auf die Höhen, in die Gebirge, nach dem Lande zu ist außerordentlich schön; ich habe es im Vorbeigehen bemerkt."

„Sie hat recht!" rief Eduard. „Wie konnte uns das nicht einfallen! Nicht wahr, so ist es gemeint, Ottilie?" – Er nahm einen Bleistift und strich ein längliches Viereck recht stark und derb auf die Anhöhe.

Dem Hauptmann fuhr das durch die Seele, denn er sah einen sorgfältigen, reinlich gezeichneten Plan ungern auf diese Weise verunstaltet; doch fasste er sich nach einer leisen Missbilligung und ging auf den Gedanken ein. „Ottilie hat recht", sagte er; „macht man nicht gern eine entfernte Spazierfahrt, um einen Kaffee zu trinken, einen Fisch zu genießen, der uns zu Hause nicht so gut geschmeckt hätte? Wir verlangen Abwechselung und fremde Gegenstände. Das Schloss haben die Alten mit Vernunft hierher gebaut, denn es liegt geschützt vor den Winden und nah an allen täglichen Bedürfnissen; ein Gebäude hingegen, mehr zum geselligen Aufenthalt als zur Wohnung, wird sich dorthin recht wohl schicken und in der guten Jahreszeit die angenehmsten Stunden gewähren."

Je mehr man die Sache durchsprach, desto günstiger erschien sie, und Eduard konnte seinen Triumph nicht verbergen, dass Ottilie den Gedanken gehabt. Er war so stolz darauf, als ob die Erfindung seine gewesen wäre.

Achtes Kapitel

Der Hauptmann untersuchte gleich am frühsten Morgen den Platz, entwarf erst einen flüchtigen und, als die Gesellschaft an Ort und Stelle sich nochmals entschieden hatte, einen genauen Aufriss nebst Anschlag und allem Erforderlichen. Es fehlte nicht an der nötigen Vorbereitung. Jenes Geschäft wegen Verkauf des Vorwerks ward auch sogleich wieder angegriffen. Die Männer fanden zusammen neuen Anlass zur Tätigkeit.

Der Hauptmann machte Eduarden aufmerksam, dass es eine Artigkeit, ja wohl gar eine Schuldigkeit sei, Charlottens Geburtstag durch Legung des Grundsteins zu feiern. Es bedurfte nicht viel, die alte Abneigung Eduards gegen solche Feste zu überwinden; denn es kam ihm schnell in den Sinn, Ottiliens Geburtstag, der später fiel, gleichfalls recht feierlich zu begehen.

Charlotte, der die neuen Anlagen, und was deshalb geschehen sollte, bedeutend, ernstlich, ja fast bedenklich vorkamen, beschäftigte sich damit, die Anschläge, Zeit- und Geldeinteilungen nochmals für sich durchzugehen. Man sah sich des Tags weniger, und mit desto mehr Verlangen suchte man sich des Abends auf.

Ottilie war indessen schon völlig Herrin des Haushalts, und wie konnte es anders sein bei ihrem stillen und sichern Betragen. Auch war ihre ganze Sinnesweise dem Hause und dem Häuslichen mehr als der Welt, mehr als dem Leben im Freien zugewendet. Eduard bemerkte bald, dass sie eigentlich nur aus Gefälligkeit in die Gegend mitging, dass sie nur aus geselliger Pflicht abends länger draußen verweilte, auch wohl manchmal einen Vorwand häuslicher Tätigkeit suchte, um wieder hineinzugehen. Sehr bald wusste er daher die gemeinschaftlichen Wanderungen so einzurichten, dass man vor Sonnenuntergang wieder zu Hause war, und fing an, was er lange unterlassen hatte, Gedichte vorzulesen, solche besonders, in deren Vortrag der Ausdruck einer reinen, doch leidenschaftlichen Liebe zu legen war.

Gewöhnlich saßen sie abends um einen kleinen Tisch auf hergebrachten Plätzen: Charlotte auf dem Sofa, Ottilie auf einem Sessel ihr gegenüber, und die Männer nahmen die beiden andern Seiten ein. Ottilie saß Eduarden zur Rechten, wohin er auch das Licht schob, wenn er las. Alsdann rückte Ottilie wohl näher, um ins Buch zu sehen, denn auch sie traute ihren eigenen Augen mehr als fremden Lippen; und Eduard gleichfalls rückte zu, um es ihr auf alle Weise bequem zu machen, ja er hielt oft längere Pausen als nötig, damit er nur nicht eher umwendete, bis auch sie ans Ende der Seite gekommen.

Charlotte und der Hauptmann bemerkten es wohl und sahen manchmal einander lächelnd an; doch wurden beide von einem anderen Zeichen überrascht, in welchem sich Ottiliens stille Neigung gelegentlich offenbarte.

An einem Abend, welcher der kleinen Gesellschaft durch einen lästigen Besuch zum Teil verloren gegangen, tat Eduard den Vorschlag, noch beisammen zu bleiben. Er fühlte sich aufgelegt, seine Flöte vorzunehmen, welche lange nicht an die Tagesordnung gekommen war. Charlotte suchte nach den Sonaten, die sie zusammen gewöhnlich aufzuführen pflegten, und da sie nicht zu finden waren, gestand Ottilie nach einigem Zaudern, dass sie solche mit auf ihr Zimmer genommen.

„Und Sie können, Sie wollen mich auf dem Flügel begleiten?“ rief Eduard, dem die Augen vor Freude glänzten. „Ich glaube wohl“, versetzte Ottilie, „dass es gehen wird.“ Sie brachte die Noten herbei und setzte sich ans Klavier. Die Zuhörenden waren aufmerksam und überrascht, wie vollkommen Ottilie das Musikstück für sich selbst gelernt hatte, aber noch mehr überrascht, wie sie es der Spielart Eduards anzupassen wusste. ‚Anzupassen wusste’ ist nicht der rechte Ausdruck; denn wenn es von Charlottens Geschicklichkeit und freiem Willen abhing, ihrem bald zögernden, bald voreilenden Gatten zuliebe hier anzuhalten, dort mitzugehen, so schien Ottilie, welche die Sonate von jenen einige Mal spielen gehört, sie nur in dem Sinne gelernt zu haben, wie jener sie begleitete. Sie hatte seine Mängel so zu den ihrigen gemacht, dass daraus wieder eine Art von lebendigem Ganzen entsprang, das sich zwar nicht taktgemäß bewegte, aber doch höchst angenehm und gefällig lautete. Der Komponist selbst hätte seine Freude daran gehabt, sein Werk auf eine so liebevolle Weise entstellt zu sehen.

Auch diesem wundersamen, unerwarteten Begegnis sahen der Hauptmann und Charlotte stillschweigend mit einer Empfindung zu, wie man oft kindische Handlungen betrachtet, die man wegen ihrer besorglichen Folgen gerade nicht billigt und doch nicht schelten kann, ja vielleicht beneiden muss. Denn eigentlich war die Neigung dieser beiden ebenso gut im Wachsen als jene, und vielleicht nur noch gefährlicher dadurch, dass beide ernster, sicherer von sich selbst, sich zu halten fähiger waren.

Schon fing der Hauptmann an zu fühlen, dass eine unwiderstehliche Gewohnheit ihn an Charlotten zu fesseln drohte. Er gewann es über sich, den Stunden auszuweichen, in denen Charlotte zu den Anlagen zu kommen pflegte, indem er schon am frühsten Morgen aufstand, alles anordnete und sich dann zur Arbeit auf seinen Flügel ins Schloss zurückzog. Die ersten Tage hielt es Charlotte für zufällig; sie suchte ihn an allen wahrscheinlichen Stellen; dann glaubte sie ihn zu verstehen und achtete ihn nur desto mehr.

Vermied nun der Hauptmann, mit Charlotten allein zu sein, so war er desto emsiger, zur glänzenden Feier des herannahenden Geburtsfestes die Anlagen zu betreiben und zu beschleunigen; denn indem er von unten hinauf, hinter dem Dorf her, den bequemen Weg führte, so ließ er, vorgeblich um Steine zu brechen, auch von oben herunter arbeiten und hatte alles so eingerichtet und berechnet, dass erst in der letzten Nacht die beiden Teile des Weges sich begegnen sollten. Zum neuen Haus oben war auch schon der Keller mehr gebrochen als gegraben und ein schöner Grundstein mit Fächern und Deckplatten zugehauen.

Die äußere Tätigkeit, diese kleinen, freundlichen, geheimnisvollen Absichten bei innern, mehr oder weniger zurückgedrängten Empfindungen ließen die Unterhaltung der Gesellschaft, wenn sie beisammen war, nicht lebhaft werden, dergestalt dass Eduard, der etwas Lückenhaftes empfand, den Hauptmann eines Abends aufrief, seine Violine hervorzunehmen und Charlotten am Klavier zu begleiten. Der Hauptmann konnte dem allgemeinen Verlangen nicht widerstehen, und so führten beide mit Empfindung, Behagen und Freiheit eins der schwersten Musikstücke zusammen auf, dass es ihnen und dem zuhörenden Paar zum größten Vergnügen gereichte. Man versprach sich öftere Wiederholung und mehrere Zusammenübung.

„Sie machen es besser als wir, Ottilie!“ sagte Eduard. „Wir wollen sie bewundern, aber uns doch zusammen freuen.“

Neuntes Kapitel

Der Geburtstag war herbeigekommen und alles fertig geworden: die ganze Mauer, die den Dorfweg zum Wasser zu einfasste und erhöhte, ebenso der Weg an der Kirche vorbei, wo er eine Zeitlang in dem von Charlotten angelegten Pfade fortlief, sich dann die Felsen hinaufwärts schlang, die Mooshütte links über sich, dann nach einer völligen Wendung links unter sich ließ und so allmählich auf die Höhe gelangte.

Es hatte sich diesen Tag viel Gesellschaft eingefunden. Man ging zur Kirche, wo man die Gemeinde im festlichen Schmuck versammelt antraf. Nach dem Gottesdienst zogen die Knaben, Jünglinge und Männer, wie es angeordnet war, voraus; dann kam die Herrschaft mit ihrem Besuch und Gefolge; Mädchen, Jungfrauen und Frauen machten den Beschluss.

Bei der Wendung des Weges war ein erhöhter Felsenplatz eingerichtet; dort ließ der Hauptmann Charlotten und die Gäste ausruhen. Hier übersahen sie den ganzen Weg, die hinaufgeschrittene Männerschar, die nachwandelnden Frauen, welche nun vorbeizogen. Es war bei dem herrlichen Wetter ein wunderschöner Anblick. Charlotte fühlte sich überrascht, gerührt und drückte dem Hauptmann herzlich die Hand.

Man folgte der sachte fortschreitenden Menge, die nun schon einen Kreis um den künftigen Hausraum gebildet hatte. Der Bauherr, die Seinigen und die vornehmsten Gäste wurden eingeladen, in die Tiefe hinabzusteigen, wo der Grundstein, an einer Seite unterstützt, eben zum Niederlassen bereitlag. Ein wohl geputzter Maurer, die Kelle in der einen, den Hammer in der andern Hand, hielt in Reimen eine anmutige Rede, die wir in Prosa nur unvollkommen wiedergeben können.

„Drei Dinge“, fing er an, „sind bei einem Gebäude zu beachten: dass es am rechten Fleck stehe, dass es wohl gegründet, dass es vollkommen ausgeführt sei. Das erste ist eigentlich die Sache des Bauherrn; denn wie in der Stadt nur der Fürst und die Gemeinde bestimmen können, wohin gebaut werden soll, so ist es auf dem Land das Vorrecht des Grundherrn, dass er sage: hier soll meine Wohnung stehen und nirgends anders.“

Eduard und Ottilie wagten nicht, bei diesen Worten einander anzusehen, obgleich sie nahe einander gegenüber standen.

„Das dritte, die Vollendung, ist die Sorge gar vieler Gewerke; ja wenige sind, die nicht dabei beschäftigt wären. Aber das zweite, die Gründung, ist des Maurers Angelegenheit und, dass wir es nur keck heraussagen, die Hauptangelegenheit des ganzen Unternehmens. Es ist ein ernstes Geschäft, und unsere Einladung ist ernsthaft; denn diese Feierlichkeit wird in der

Tiefe begangen. Hier innerhalb dieses engen, ausgegrabenen Raums erweisen Sie uns die Ehre, als Zeugen unseres geheimnisvollen Geschäftes zu erscheinen. Gleich werden wir diesen wohl zugehauenen Stein niederlegen, und bald werden diese mit schönen und würdigen Personen gezierten Erdwände nicht mehr zugänglich, sie werden ausgefüllt sein.

Diesen Grundstein, der mit seiner Ecke die rechte Ecke des Gebäudes, mit seiner Rechtwinkligkeit die Regelmäßigkeit desselben, mit seiner wasser- und senkrechten Lage Lot und Waage aller Mauern und Wände bezeichnet, könnten wir ohne weiteres niederlegen; denn er ruhte wohl auf seiner eigenen Schwere. Aber auch hier soll es am Kalk, am Bindungsmittel nicht fehlen; denn so wie Menschen, die einander von Natur zugeneigt sind, noch besser zusammenhalten, wenn das Gesetz sie verkittet, so werden auch Steine, deren Form schon zusammenpasst, noch besser durch diese bindenden Kräfte vereinigt; und da es sich nicht ziemen will, unter den Tätigen müßig zu sein, so werden Sie nicht verschmähen, auch hier Mitarbeiter zu werden.“

Er überreichte hierauf seine Kelle Charlotten, welche damit Kalk unter den Stein warf. Mehreren wurde ein Gleiches zu tun angesonnen und der Stein alsbald niedergesenkt, worauf dann Charlotten und den übrigen sogleich der Hammer gereicht wurde, um durch ein dreimaliges Pochen die Verbindung des Steins mit dem Grunde ausdrücklich zu segnen.

„Des Maurers Arbeit“, fuhr der Redner fort, „zwar jetzt unter freiem Himmel, geschieht, wo nicht immer im Verborgnen, doch zum Verborgnen. Der regelmäßig ausgeführte Grund wird verschüttet, und sogar bei den Mauern, die wir am Tage aufführen, ist man unser am Ende kaum eingedenk. Die Arbeiten des Steinmetzen und Bildhauers fallen mehr in die Augen, und wir müssen es sogar noch gutheißen, wenn der Tüncher die Spur unserer Hände völlig auslöscht und sich unser Werk zueignet, indem er es überzieht, glättet und färbt.

Wem muss also mehr daran gelegen sein, das, was er tut, sich selbst recht zu machen, indem er es recht macht, als dem Maurer? Wer hat mehr als er das Selbstbewusstsein zu nähren Ursach? Wenn das Haus aufgeführt, der Boden geplättet und gepflastert, die Außenseite mit Zierraten überdeckt ist, sieht er durch alle Hüllen immer noch hinein und erkennt noch jene regelmäßigen, sorgfältigen Fugen, denen das Ganze sein Dasein und seinen Halt zu danken hat.

Aber wie jeder, der eine Übeltat begangen, fürchten muss, dass, ungeachtet alles Abwehrens, sie dennoch ans Licht kommen werde, so muss derjenige erwarten, der insgeheim das Gute getan, dass auch dieses wider seinen Willen an den Tag komme. Deswegen machen wir diesen Grundstein zugleich zum Gedenkstein. Hier in diese unterschiedlichen gehauenen Vertiefungen soll Verschiedenes eingesenkt werden zum Zeugnis für eine ferne Nachwelt. Diese metallenen zugelöteten Köcher enthalten schriftliche Nachrichten; auf diese Metallplatten ist allerlei Merkwürdiges eingegraben; in diesen schönen gläsernen Flaschen versenken wir den besten alten Wein, mit Bezeichnung seines Geburtsjahrs; es fehlt nicht an Münzen verschiedener Art, in diesem Jahre geprägt: alles dieses erhielten wir durch die Freigebigkeit unseres Bauherrn. Auch ist hier noch mancher Platz, wenn irgendein Gast und Zuschauer etwas der Nachwelt zu übergeben Belieben trüge.“

Nach einer kleinen Pause sah der Geselle sich um; aber wie es in solchen Fällen zu gehen pflegt: niemand war vorbereitet, jedermann überrascht, bis endlich ein junger, munterer Offizier anfing und sagte: „Wenn ich etwas beitragen soll, das in dieser Schatzkammer noch nicht niedergelegt ist, so muss ich ein paar Knöpfe von der Uniform schneiden, die doch wohl auch verdienen, auf die Nachwelt zu kommen.“ Gesagt, getan! Und nun hatte mancher einen ähnlichen Einfall. Die Frauenzimmer säumten nicht, von ihren kleinen Haarkämmen hineinzulegen; Riechfläschchen und andre Zierden wurden nicht geschont; nur Ottilie zauderte, bis Eduard sie durch ein freundliches Wort aus der Betrachtung all der beigesteuerten und eingelegten Dinge herausriss. Sie löste darauf die goldne Kette vom Halse, an der das Bild ihres Vaters gehangen hatte, und legte sie mit leiser Hand über die anderen Kleinode hin, worauf Eduard mit einiger Hast veranstaltete, dass der wohl gefugte Deckel sogleich aufgestürzt und eingekittet wurde.

Der junge Gesell, der sich dabei am tätigsten erwiesen, nahm seine Rednermiene wieder an und fuhr fort: „Wir gründen diesen Stein für ewig, zur Sicherung des längsten Genusses der gegenwärtigen und künftigen Besitzer dieses Hauses. Allein während wir hier gleichsam einen Schatz vergraben, denken wir zugleich, bei dem gründlichsten aller Geschäfte, an die Vergänglichkeit der menschlichen Dinge; wir denken uns eine Möglichkeit, dass dieser fest versiegelte Deckel wieder aufgehoben werden könne, welches nicht anders geschehen dürfte, als wenn das alles wieder zerstört wäre, was wir noch nicht einmal ausgeführt haben.

Aber eben, damit dieses aufgeführt werde: zurück mit den Gedanken aus der Zukunft, zurück ins Gegenwärtige! Lasst uns nach begangenem heutigem Fest unsere Arbeit sogleich fördern, damit keiner von den Gewerken, die auf unserm Grunde fortarbeiten, zu feiern brauche, dass der Bau eilig in die Höhe steige und vollendet werde und aus den Fenstern, die noch nicht sind, der Hausherr mit den Seinigen und seinen Gästen sich fröhlich in der Gegend umschaue, auf deren aller sowie sämtlicher Anwesenden Gesundheit hiermit getrunken sei!“

Und so leerte er ein wohl geschliffenes Kelchglas auf einen Zug aus und warf es in die Luft; denn es bezeichnet das Übermaß einer Freude, das Gefäß zu zerstören, dessen man sich in der Fröhlichkeit bedient. Aber diesmal ereignete es sich anders: das Glas kam nicht wieder auf den Boden, und zwar ohne Wunder.

Man hatte nämlich, um mit dem Bau vorwärtszukommen, bereits an der entgegengesetzten Ecke den Grund völlig herausgeschlagen, ja schon angefangen, die Mauern aufzuführen, und zu dem Endzweck das Gerüst erbaut, so hoch, als es überhaupt nötig war.

Dass man es besonders zu dieser Feierlichkeit mit Brettern belegt und eine Menge Zuschauer hinaufgelassen hatte, war zum Vorteil der Arbeitsleute geschehen. Dort hinauf flog das Glas und wurde von einem aufgefangen, der diesen Zufall als ein glückliches Zeichen für sich ansah. Er zeigte es zuletzt herum, ohne es aus der Hand zu lassen, und man sah darauf die Buchstaben E und O in sehr zierlicher Verschlingung eingeschnitten: es war eins der Gläser, die für Eduarden in seiner Jugend verfertigt worden.

Die Gerüste standen wieder leer, und die leichtesten unter den Gästen stiegen hinauf, sich umzusehen, und konnten die schöne Aussicht nach allen Seiten nicht genugsam rühmen; denn was entdeckt der nicht alles, der auf einem hohen Punkte nur um ein Geschoss höher steht!

Nach dem Innern des Landes zu kamen mehrere neue Dörfer zum Vorschein, den silbernen Streifen des Flusses erblickte man deutlich, ja selbst die Türme der Hauptstadt wollte einer gewahr werden. An der Rückseite, hinter den waldigen Hügeln, erhoben sich die blauen Gipfel eines fernen Gebirges, und die nächste Gegend übersah man im Ganzen. „Nun sollten nur noch“, rief einer, „die drei Teiche zu einem See vereinigt werden; dann hätte der Anblick alles, was groß und wünschenswert ist.“

„Das ließe sich wohl machen“, sagte der Hauptmann; „denn sie bildeten schon vorzeiten einen Bergsee.“

„Nur bitte ich, meine Platanen- und Pappelgruppe zu schonen“, sagte Eduard, „die so schön am mittelsten Teiche steht. Sehen Sie“, – wandte er sich zu Ottilien, die er einige Schritte vorführte, während er hinabwies – „diese Bäume habe ich selbst gepflanzt.“

„Wie lange stehen sie wohl schon?“ fragte Ottilie. „Etwa so lange“, versetzte Eduard, „als Sie auf der Welt sind. Ja, liebes Kind, ich pflanzte schon, da Sie noch in der Wiege lagen.“

Die Gesellschaft begab sich wieder ins Schloss zurück. Nach aufgehobener Tafel wurde sie zu einem Spaziergang durch das Dorf eingeladen, um auch hier die neuen Anstalten in Augenschein zu nehmen. Dort hatten sich auf des Hauptmanns Veranlassung die Bewohner vor ihren Häusern versammelt; sie standen nicht in Reihen, sondern familienweise natürlich gruppiert, teils, wie es der Abend forderte, beschäftigt, teils auf neuen Bänken ausruhend. Es ward ihnen zur angenehmen Pflicht gemacht, wenigstens jeden Sonntag und Festtag diese Reinlichkeit, diese Ordnung zu erneuern.

Eine innere Geselligkeit mit Neigung, wie sie sich unter unseren Freunden erzeugt hatte, wird durch eine größere Gesellschaft immer nur unangenehm unterbrochen. Alle vier waren zufrieden, sich wieder im großen Saal allein zu finden; doch ward dieses häusliche Gefühl einigermaßen gestört, als ein Brief, der Eduarden überreicht wurde, neue Gäste auf Morgen ankündigte. – „Wie wir vermuteten“, rief Eduard Charlotten zu; „der Graf wird nicht ausbleiben, er kommt morgen.“

„Da ist also auch die Baronesse nicht weit“, versetzte Charlotte.

„Gewiss nicht!“ antwortete Eduard; „sie wird auch morgen von ihrer Seite anlangen. Sie bitten um ein Nachtquartier und wollen übermorgen zusammen wieder fortreisen.“

„Da müssen wir unsere Anstalten beizeiten machen, Ottilie!“ sagte Charlotte.

„Wie befehlen Sie die Einrichtung?“ fragte Ottilie.

Charlotte gab es im Allgemeinen an, und Ottilie entfernte sich.

Der Hauptmann erkundigte sich nach dem Verhältnis dieser beiden Personen, das er nur im Allgemeinsten kannte. Sie hatten früher, beide schon anderwärts verheiratet, sich leidenschaftlich liebgewonnen. Eine doppelte Ehe war nicht ohne Aufsehn gestört; man dachte an Scheidung. Bei der Baroness war sie möglich geworden, bei dem Grafen nicht. Sie mussten sich zum Schein trennen, allein ihr Verhältnis blieb; und wenn sie winters in der Residenz nicht zusammen sein konnten, so entschädigten sie sich sommers auf Lustreisen und in Bädern. Sie waren beide etwas älter als Eduard und Charlotte und sämtlich genaue Freunde aus früher Hofzeit her. Man hatte immer ein gutes Verhältnis erhalten, obgleich man nicht alles an seinen Freunden billigte. Nur diesmal war Charlotten ihre Ankunft gewissermaßen ganz ungelegen, und wenn sie die Ursache genau untersucht hätte: es war eigentlich um Ottiliens willen. Das gute, reine Kind sollte ein solches Beispiel so früh nicht gewahr werden.

„ Sie hätten wohl noch ein paar Tage wegbleiben können“, sagte Eduard, als eben Ottilie wieder hereintrat, „bis wir den Vorwerksverkauf in Ordnung gebracht. Der Aufsatz ist fertig, die eine Abschrift habe ich hier; nun fehlt es aber an der zweiten, und unser alter Kanzellist ist recht krank.“ Der Hauptmann bot sich an, auch Charlotte; dagegen waren einige Einwendungen zu machen. „Geben Sie mirs nur!“ rief Ottilie mit einiger Hast.

„Du wirst nicht damit fertig“, sagte Charlotte.

„Freilich müsste ich es übermorgen früh haben, und es ist viel“, sagte Eduard. „Es soll fertig sein“, rief Ottilie und hatte das Blatt schon in den Händen.

Des andern Morgens, als sie sich aus dem oberen Stock nach den Gästen umsahen, denen sie entgegenzugehen nicht verfehlen wollten, sagte Eduard: „Wer reitet denn so langsam dort die Strasse her?“ Der Hauptmann beschrieb die Figur des Reiters genauer. „So ist ers doch“, sagte Eduard; „denn das Einzelne, das du besser siehst als ich, passt sehr gut zu dem Ganzen, das ich recht wohl sehe. Es ist Mittler. Wie kommt er aber dazu, langsam und so langsam zu reiten?“

Die Figur kam näher, und Mittler war es wirklich. Man empfing ihn freundlich, als er langsam die Treppe heraufstieg. „Warum sind Sie nicht gestern gekommen?“ rief ihm Eduard entgegen. „Laute Feste lieb ich nicht“, versetzte jener. „Heute komm ich aber, den Geburtstag meiner Freundin mit euch im Stillen nachzufeiern.“

„Wie können Sie denn soviel Zeit gewinnen?“ fragte Eduard scherzend.

„Meinen Besuch, wenn er euch etwas wert ist, seid ihr einer Betrachtung schuldig, die ich gestern gemacht habe. Ich freute mich recht herzlich den halben Tag in einem Hause, wo ich Frieden gestiftet hatte, und dann hörte ich, dass hier Geburtstag gefeiert werde. ‚Das kann man doch am Ende selbstisch nennen‘, dachte ich bei mir, ‚dass du dich nur mit denen freuen willst, die du zum Frieden bewogen hast. Warum freust du dich nicht auch einmal mit Freunden, die Frieden halten und hegen?‘ Gesagt, getan! Hier bin ich, wie ich mir vorgenommen hatte.“

„Gestern hätten Sie große Gesellschaft gefunden, heute finden Sie nur kleine“, sagte Charlotte. „Sie finden den Grafen und die Baroness, die Ihnen auch schon zu schaffen gemacht haben.“

Aus der Mitte der vier Hausgenossen, die den seltsamen, willkommenen Mann umgeben hatten, fuhr er mit verdrießlicher Lebhaftigkeit heraus, indem er sogleich nach Hut und Reitgerte suchte: „Schwebt doch immer ein Unstern über mir, sobald ich einmal ruhen und mir wohltun will! Aber warum gehe ich aus meinem Charakter heraus! Ich hätte nicht kommen sollen, und nun wird’ ich vertrieben. Denn mit jenen will ich nicht unter einem Dach bleiben; und nehmt euch in Acht: sie bringen nichts als Unheil! Ihr Wesen ist wie ein Sauerteig, der seine Ansteckung fortpflanzt.“

Man suchte ihn zu begütigen, aber vergebens. „Wer mir den Ehestand angreift“, rief er aus, „wer mir durch Wort, ja durch Tat diesen Grund aller sittlichen Gesellschaft untergräbt, der hat es mit mir zu tun; oder wenn ich sein nicht Herr werden kann, habe ich nichts mit ihm zu tun. Die Ehe ist der Anfang und der Gipfel aller Kultur. Sie macht den Rohen mild, und der Gebildetste hat keine bessere Gelegenheit, seine Milde zu beweisen. Unauflöslich muss sie sein; denn sie bringt so vieles Glück, dass alles einzelne Unglück dagegen gar nicht zu rechnen ist. Und was will man von Unglück reden? Ungeduld ist es, die den Menschen von Zeit zu Zeit anfällt, und dann beliebt er sich unglücklich zu finden. Lasse man den Augenblick vorübergehen, und man wird sich glücklich preisen, dass ein so lange Bestandenes noch besteht. Sich zu trennen gibts gar keinen hinlänglichen Grund. Der menschliche Zustand ist so hoch in Leiden und Freuden gesetzt, dass gar nicht berechnet werden kann, was ein Paar Gatten einander schuldig werden. Es ist eine unendliche Schuld, die nur durch die Ewigkeit abgetragen werden kann. Unbequem mag es manchmal sein, das glaub’ ich wohl, und das ist eben recht. Sind wir nicht auch mit dem Gewissen verheiratet, das wir oft gerne los sein möchten, weil es unbequemer ist, als uns je ein Mann oder eine Frau werden könnte?“

So sprach er lebhaft und hätte wohl noch lange fortgesprochen, wenn nicht blasende Postillions die Ankunft der Herrschaften verkündigt hätten, welche wie abgemessen von beiden Seiten zu gleicher Zeit in den Schlosshof hereinfuhren. Als ihnen die Hausgenossen entgegeneilten, versteckte sich Mittler, ließ sich das Pferd zum Gasthof bringen und ritt verdrießlich davon.

Zehntes Kapitel

Die Gäste waren bewillkommt und eingeführt; sie freuten sich, das Haus, die Zimmer wieder zu betreten, wo sie früher so manchen guten Tag erlebt und die sie eine lange Zeit nicht gesehen hatten. Höchst angenehm war auch den Freunden ihre Gegenwart. Den Grafen sowie die Baronesse konnte man unter jene hohen, schönen Gestalten zählen, die man in einem mittlern Alter fast lieber als in der Jugend sieht; denn wenn ihnen auch etwas von der ersten Blüte abgehn möchte, so erregen sie doch nun mit der Neigung ein entschiedenes Zutrauen. Auch dieses Paar zeigte sich höchst bequem in der Gegenwart. Ihre freie Weise, die Zustände des Lebens zu nehmen und zu behandeln, ihre Heiterkeit und scheinbare Unbefangenheit teilte sich sogleich mit, und ein hoher Anstand begrenzte das Ganze, ohne dass man irgendeinen Zwang bemerkt hätte.

Diese Wirkung ließ sich augenblicks in der Gesellschaft empfinden. Die Neueintretenden, welche unmittelbar aus der Welt kamen, wie man sogar an ihren Kleidern, Gerätschaften und allen Umgebungen sehen konnte, machten gewissermaßen mit unsern Freunden, ihrem ländlichen und heimlich leidenschaftlichen Zustand eine Art von Gegensatz, der sich jedoch sehr bald verlor, indem alte Erinnerungen und gegenwärtige Teilnahme sich vermischten und ein schnelles, lebhaftes Gespräch alle geschwind zusammenband.

Es währte indessen nicht lange, als schon eine Sonderung vorging. Die Frauen zogen sich auf ihren Flügel zurück und fanden daselbst, indem sie sich mancherlei anvertrauten und zugleich die neuesten Formen und Zuschnitte von Frühkleidern, Hüten und dergleichen zu mustern anfingen, genugsame Unterhaltung, während die Männer sich um die neuen Reisewagen, mit vorgeführten Pferden, beschäftigten und gleich zu handeln und zu tauschen anfingen. – Erst zu Tisch kam man wieder zusammen. Die Umkleidung war geschehen, und auch hier zeigte sich das angekommene Paar zu seinem Vorteil. Alles, was sie an sich trugen, war neu und gleichsam ungesehen und doch schon durch den Gebrauch zur Gewohnheit und Bequemlichkeit eingeweiht.

Das Gespräch war lebhaft und abwechselnd, wie denn in Gegenwart solcher Personen alles und nichts zu interessieren scheint. Man bediente sich der französischen Sprache, um die Aufwartenden vom Mitverständnis auszuschließen, und schweifte mit mutwilligem Behagen über hohe und mittlere Weltverhältnisse hin. Auf einem einzigen Punkt blieb die Unterhaltung länger als billig haften, als Charlotte nach einer Jugendfreundin sich erkundigte und mit einiger Befremdung vernahm, dass sie ehestens geschieden werden sollte.

„Es ist unerfreulich“, sagte Charlotte, „wenn man seine abwesenden Freunde irgendeinmal geborgen, eine Freundin, die man liebt, versorgt glaubt; eh man sichs versieht, muss man wieder hören, dass ihr Schicksal im Schwanken ist, und dass sie erst wieder neue und vielleicht abermals unsichre Pfade des Lebens betreten soll.“

„Eigentlich, meine Beste“, versetzte der Graf, „sind wir selbst schuld, wenn wir auf solche Weise überrascht werden. Wir mögen uns die irdischen Dinge und besonders auch die ehelichen Verbindungen gern so recht dauerhaft vorstellen, und was den letzten Punkt betrifft, so verführen uns die Lustspiele, die wir immer wiederholt sehen, zu solchen Einbildungen, die mit dem Gang der Welt nicht zusammentreffen. In der Komödie sehen wir eine Heirat als das letzte Ziel eines durch die Hindernisse mehrerer Akte verschobenen Wunsches, und im Augenblick, da es erreicht ist, fällt der Vorhang, und die momentane Befriedigung klingt bei uns nach. In der Welt ist es anders; da wird hinten immer fortgespielt, und wenn der Vorhang wieder aufgeht, mag man gern nichts weiter davon sehen noch hören.“

„Es muss doch so schlimm nicht sein“, sagte Charlotte lächelnd, „da man sieht, dass auch Personen, die von diesem Theater abgetreten sind, wohl gern darauf wieder eine Rolle spielen mögen.“

„Dagegen ist nichts einzuwenden“, sagte der Graf. „Eine neue Rolle mag man gern wieder übernehmen, und wenn man die Welt kennt, so sieht man wohl: auch beim Ehestand ist es nur diese entschiedene, ewige Dauer zwischen so viel Beweglichem in der Welt, die etwas Ungeschicktes an sich trägt. Einer von meinen Freunden, dessen gute Laune sich meist in Vorschlägen zu neuen Gesetzen hervortat, behauptete: eine jede Ehe solle nur auf fünf Jahre geschlossen werden. Es sei, sagte er, dies eine schöne, ungerade, heilige Zahl und ein solcher Zeitraum eben hinreichend, um sich kennenzulernen, einige Kinder herauszubringen, sich zu entzweien und, was das Schönste sei, sich wieder zu versöhnen. Gewöhnlich rief er aus: ‚Wie glücklich würde die erste Zeit verstreichen! Zwei, drei Jahre wenigstens gingen vergnüglich hin. Dann würde doch wohl dem einen Teil daran gelegen sein, das Verhältnis länger dauern zu sehen, die Gefälligkeit würde wachsen, je mehr man sich dem Termin der Aufkündigung näherte. Der gleichgültige, ja selbst der unzufriedene Teil würde durch ein solches Betragen begütigt und eingenommen. Man vergäße, wie man in guter Gesellschaft die Stunden vergisst, dass die Zeit verfließe, und fände sich aufs Angenehmste überrascht, wenn man nach verlaufenem Termin erst bemerkte, dass er schon stillschweigend verlängert sei.'"

So artig und lustig dies klang und so gut man, wie Charlotte wohl empfand, diesem Scherz eine tiefe moralische Deutung geben konnte, so waren ihr dergleichen Äußerungen, besonders um Ottiliens willen, nicht angenehm. Sie wusste recht gut, dass nichts gefährlicher sei als ein allzu freies Gespräch, das einen strafbaren oder halbstrafbaren Zustand als einen gewöhnlichen, gemeinen, ja löblichen behandelt; und dahin gehört doch gewiss alles, was die eheliche Verbindung antastet. Sie suchte daher nach ihrer gewandten Weise das Gespräch abzulenken; da sie es nicht vermochte, tat es ihr leid, dass Ottilie alles so gut eingerichtet hatte, um nicht aufstehen zu dürfen. Das ruhig aufmerksame Kind verstand sich mit dem Haushofmeister durch Blick und Wink, dass alles auf das Trefflichste geriet, obgleich ein paar neue, ungeschickte Diener in der Livree staken.

Und so fuhr der Graf, Charlottens Ablenken nicht empfindend, über diesen Gegenstand sich zu äußern fort. Ihm, der sonst nicht gewohnt war, im Gespräch irgend lästig zu sein, lastete diese Sache zu sehr auf dem Herzen, und die Schwierigkeiten, sich von seiner Gemahlin getrennt zu sehen, machten ihn bitter gegen alles, was eheliche Verbindung betraf, die er doch selbst mit der Baronesse so eifrig wünschte.

„Jener Freund", so fuhr er fort, „tat noch einen andern Gesetzvorschlag: Eine Ehe sollte nur alsdann für unauflöslich gehalten werden, wenn entweder beide Teile oder wenigstens der eine Teil zum dritten Mal verheiratet wäre. Denn was eine solche Person betreffe, so bekenne sie unwidersprechlich, dass sie die Ehe für etwas Unentbehrliches halte. Nun sei auch schon bekannt geworden, wie sie sich in ihren frühern Verbindungen betragen, ob sie Eigenheiten habe, die oft mehr zur Trennung Anlass geben als üble Eigenschaften. Man habe sich also wechselseitig zu erkundigen; man habe ebenso gut auf Verheiratete wie auf Unverheiratete achtzugeben, weil man nicht wisse, wie die Fälle kommen können."

„Das würde freilich das Interesse der Gesellschaft sehr vermehren", sagte Eduard; „denn in der Tat jetzt, wenn wir verheiratet sind, fragt niemand weiter mehr nach unsern Tugenden und unsern Mängeln."

„Bei einer solchen Einrichtung", fiel die Baroness lächelnd ein, „hätten unsere lieben Wirte schon zwei Stufen glücklich überstiegen und könnten sich auf die dritte vorbereiten."

„Ihnen ists wohl geraten", sagte der Graf; „hier hat der Tod willig getan, was die Konsistorien sonst nur ungern zu tun pflegen."

„Lassen wir die Toten ruhen", versetzte Charlotte mit einem halb ernsten Blicke.

„Warum?" versetzte der Graf, „da man ihrer in Ehren gedenken kann. Sie waren bescheiden genug, sich mit einigen Jahren zu begnügen für mannigfaltiges Gute, das sie zurückließen." – „Wenn nur nicht gerade", sagte die Baronesse mit einem verhaltenen Seufzer, „in solchen Fällen das Opfer der besten Jahre gebracht werden müsste!"

„Jawohl", versetzte der Graf, „man müsste darüber verzweifeln, wenn nicht überhaupt in der Welt so weniges eine erhoffte Folge zeigte. Kinder halten nicht, was sie versprechen, junge Leute sehr selten, und wenn sie Wort halten, hält es ihnen die Welt nicht."

Charlotte, welche froh war, dass das Gespräch sich wendete, versetzte heiter: „Nun! wir müssen uns ja ohnehin bald genug gewöhnen, das Gute stück- und teilweise zu genießen."

„Gewiss", versetzte der Graf, „Sie haben beide sehr schöner Zeiten genossen. Wenn ich mir die Jahre zurückerinnere, da Sie und Eduard das schönste Paar bei Hof waren; weder von so glänzenden Zeiten noch von so hervorleuchtenden Gestalten ist jetzt die Rede mehr. Wenn Sie beide zusammen tanzten, aller Augen waren auf Sie gerichtet, und wie umworben beide, indem Sie sich nur ineinander bespiegelten!"

„Da sich so manches verändert hat", sagte Charlotte, „können wir wohl so viel Schönes mit Bescheidenheit anhören."

„Eduarden habe ich doch oft im Stillen getadelt", sagte der Graf, „dass er nicht beharrlicher war; denn am Ende hätten seine wunderlichen Eltern wohl nachgegeben; und zehn frühe Jahre gewinnen ist keine Kleinigkeit."

„Ich muss mich seiner annehmen", fiel die Baronesse ein. „Charlotte war nicht ganz ohne Schuld, nicht ganz rein von allem Umhersehen, und ob sie gleich Eduarden von Herzen liebte und sich ihn auch heimlich zum Gatten bestimmte, so war ich doch Zeuge, wie sehr sie ihn manchmal quälte, sodass man ihn leicht zu dem unglücklichen Entschluss drängen konnte, zu reisen, sich zu entfernen, sich von ihr zu entwöhnen."

Eduard nickte der Baronesse zu und schien dankbar für ihre Fürsprache.

„Und dann muss ich eins", fuhr sie fort, „zu Charlottens Entschuldigung beifügen: der Mann, der zu jener Zeit um sie warb, hatte sich schon lange durch Neigung zu ihr ausgezeichnet und war, wenn man ihn näher kannte, gewiss liebenswürdiger, als ihr anderen gern zugestehen mögt."

„Liebe Freundin", versetzte der Graf etwas lebhaft, „bekennen wir nur, dass er Ihnen nicht ganz gleichgültig war, und dass Charlotte von Ihnen mehr zu befürchten hatte als von einer anderen. Ich finde das einen sehr hübschen Zug an den Frauen, dass sie ihre Anhänglichkeit an irgendeinen Mann solange noch fortsetzen, ja durch keine Art von Trennung stören oder aufheben lassen."

„Diese gute Eigenschaft besitzen vielleicht die Männer noch mehr", versetzte die Baronesse; „wenigstens an Ihnen, lieber Graf, habe ich bemerkt, dass niemand mehr Gewalt über Sie hat als ein Frauenzimmer, dem Sie früher zugeneigt waren. So habe ich gesehen, dass Sie auf die Fürsprache einer solchen sich mehr Mühe gaben, um etwas auszuwirken, als vielleicht die Freundin des Augenblicks von Ihnen erlangt hätte."

„Einen solchen Vorwurf darf man sich wohl gefallen lassen", versetzte der Graf; „doch was Charlottens ersten Gemahl betrifft, so konnte ich ihn deshalb nicht leiden, weil er mir das schöne Paar auseinandersprengte, ein wahrhaft prädestiniertes Paar, das, einmal zusammengegeben, weder fünf Jahre zu scheuen, noch auf eine zweite oder gar dritte Verbindung hinzusehen brauchte."

„Wir wollen versuchen", sagte Charlotte, „wieder einzubringen, was wir versäumt haben."

„Da müssen Sie sich dazuhalten", sagte der Graf. „Ihre ersten Heiraten", fuhr er mit einiger Heftigkeit fort, „waren doch so eigentlich rechte Heiraten von der verhassten Art, und leider haben überhaupt die Heiraten – verzeihen Sie mir einen lebhafteren Ausdruck – etwas Tölpelhaftes; sie verderben die zartesten Verhältnisse, und es liegt doch eigentlich nur an der plumpen Sicherheit, auf die sich wenigstens ein Teil etwas zugute tut. Alles versteht sich von selbst, und man scheint sich nur verbunden zu haben, damit eins wie das andere nunmehr seiner Wege gehe." – In diesem Augenblick machte Charlotte, die ein für allemal dies Gespräch abbrechen wollte, von einer kühnen Wendung Gebrauch; es gelang ihr. Die Unterhaltung ward allgemeiner, die beiden Gatten und der Hauptmann konnten daran teilnehmen; selbst Ottilie ward veranlasst sich zu äußern, und der Nachtisch ward mit der besten Stimmung genossen, woran der in zierlichen Fruchtkörben aufgestellte Obstreichtum, die bunteste, in Prachtgefäßen schön verteilte Blumenfülle den vorzüglichsten Anteil hatte.

Auch die neuen Parkanlagen kamen zur Sprache, die man sogleich nach Tisch besuchte. Ottilie zog sich unter dem Vorwand häuslicher Beschäftigung zurück; eigentlich aber setzte sie sich nieder zur Abschrift. Der Graf wurde vom Hauptmann unterhalten; später gesellte sich Charlotte zu ihm. Als sie oben auf die Höhe gelangt waren und der Hauptmann gefällig hinuntereilte, um den Plan zu holen, sagte der Graf zu Charlotten: „Dieser Mann gefällt mir außerordentlich. Er ist sehr wohl und im Zusammenhang unterrichtet. Ebenso scheint seine Tätigkeit sehr ernst und folgerecht. Was er hier leistet, würde in einem höhern Kreise von viel Bedeutung sein.“

Charlotte vernahm des Hauptmanns Lob mit innigem Behagen. Sie fasste sich jedoch und bekräftigte das Gesagte mit Ruhe und Klarheit. Wie überrascht war sie aber, als der Graf fortfuhr: „Diese Bekanntschaft kommt mir sehr zu gelegener Zeit. Ich weiß eine Stelle, auf die der Mann vollkommen passt, und ich kann mir durch eine solche Empfehlung, indem ich ihn glücklich mache, einen hohen Freund auf das allerbeste verbinden.“

Es war wie ein Donnerschlag, der auf Charlotten herabfiel. Der Graf bemerkte nichts; denn die Frauen, gewohnt, sich jederzeit zu bändigen, behalten in den außerordentlichsten Fällen immer noch eine Art von scheinbarer Fassung. Doch hörte sie schon nicht mehr, was der Graf sagte, als er fortfuhr: „Wenn ich von etwas überzeugt bin, geht es bei mir geschwind her. Ich habe schon meinen Brief im Kopfe zusammengestellt, und mich drängts, ihn zu schreiben. Sie verschaffen mir einen reitenden Boten, den ich noch heute Abend wegschicken kann.“

Charlotte war innerlich zerrissen. Von diesen Vorschlägen sowie von sich selbst überrascht, konnte sie kein Wort hervorbringen. Der Graf fuhr glücklicherweise fort, von seinen Plänen für den Hauptmann zu sprechen, deren Günstiges Charlotten nur allzu sehr in die Augen fiel. Es war Zeit, dass der Hauptmann herauftrat und seine Rolle vor dem Grafen entfaltete. Aber mit wie andern Augen sah sie den Freund an, den sie verlieren sollte! Mit einer notdürftigen Verbeugung wandte sie sich weg und eilte hinunter zur Mooshütte. Schon auf halbem Wege stürzten ihr die Tränen aus den Augen, und nun warf sie sich in den engen Raum der kleinen Einsiedelei und überließ sich ganz einem Schmerz, einer Leidenschaft, einer Verzweiflung, von deren Möglichkeit sie wenig Augenblicke vorher auch nicht die leiseste Ahnung gehabt hatte.

Auf der anderen Seite war Eduard mit der Baronesse an den Teichen hergegangen. Die kluge Frau, die gern von allem unterrichtet sein mochte, bemerkte bald in einem tastenden Gespräch, dass Eduard sich zu Ottiliens Lob weitläufig herausließ, und wusste ihn auf eine so natürliche Weise nach und nach in Gang zu bringen, dass ihr zuletzt kein Zweifel übrigblieb, hier sei eine Leidenschaft nicht auf dem Wege, sondern wirklich angelangt.

Verheiratete Frauen, wenn sie sich auch untereinander nicht lieben, stehen doch stillschweigend miteinander, besonders gegen junge Mädchen, im Bunde. Die Folgen einer solchen Zuneigung stellten sich ihrem weltgewandten Geist nur allzu geschwind dar. Dazu kam noch, dass sie schon heute früh mit Charlotten über Ottilien gesprochen und den Aufenthalt dieses Kindes auf dem Lande, besonders bei seiner stillen Gemütsart, nicht gebilligt und den Vorschlag getan hatte, Ottilien in die Stadt zu einer Freundin zu bringen, die sehr viel an die Erziehung ihrer einzigen Tochter wende und sich nur nach einer gutartigen Gespielin umsehe, die an die zweite Kindesstatt treten und alle Vorteile mitgenießen solle. Charlotte hatte sichs zur Überlegung genommen. – Nun aber brachte der Blick in Eduards Gemüt diesen Vorschlag bei der Baroness ganz zur vorsätzlichen Festigkeit, und um so schneller dieses in ihr vorging, desto mehr schmeichelte sie äußerlich Eduards Wünschen. Denn niemand besaß sich mehr als diese Frau, und diese Selbstbeherrschung in außerordentlichen Fällen gewöhnt uns, sogar einen gemeinen Fall mit Verstellung zu behandeln, macht uns geneigt, indem wir so viel Gewalt über uns selbst üben, unsre Herrschaft auch über die andern zu verbreiten, um uns durch das, was wir äußerlich gewinnen, für dasjenige, was wir innerlich entbehren, gewissermaßen schadlos zu halten. – An diese Gesinnung schließt sich meist eine Art heimlicher Schadenfreude über die Dunkelheit der andern, über das Bewusstlose, womit sie in eine Falle gehen. Wir freuen uns nicht allein über das gegenwärtige Gelingen, sondern zugleich auch auf die künftig überraschende Beschämung. Und so war die Baronesse boshaft genug, Eduarden zur Weinlese auf ihre Güter mit Charlotten einzuladen und die Frage Eduards, ob sie Ottilien mitbringen dürften, auf eine Weise, die er beliebig zu seinen Gunsten auslegen konnte, zu beantworten.

Eduard sprach schon mit Entzücken von der herrlichen Gegend, dem großen Fluss, den Hügeln, Felsen und Weinbergen, von alten Schlössern, von Wasserfahrten, von dem Jubel der Weinlese, des Kelterns und so weiter, wobei er in der Unschuld seines Herzens sich schon im Voraus laut über den Eindruck freute, den dergleichen Szenen auf das frische Gemüt Ottiliens machen würden. In diesem Augenblick sah man Ottilien herankommen, und die Baronesse sagte schnell zu Eduard, er möchte von dieser geplanten Herbstreise ja nichts reden; denn gewöhnlich geschähe das nicht, worauf man sich so lange voraus freue. Eduard versprach, nötigte sie aber, Ottilien geschwinder entgegenzugehen, und eilte ihr endlich, dem lieben Kinde zu, mehrere Schritte voran. Eine herzliche Freude drückte sich in seinem ganzen Wesen aus. Er küsste ihr die Hand, in die er einen Strauß Feldblumen drückte, die er unterwegs zusammengepflückt hatte. Die Baronesse fühlte sich bei diesem Anblick in ihrem Innern fast erbittert. Denn wenn sie auch das, was an dieser Neigung strafbar sein mochte, nicht billigen durfte, so konnte sie das, was daran liebenswürdig und angenehm war, jenem unbedeutenden Neuling von Mädchen keineswegs gönnen.

Als man sich zum Abendessen zusammengesetzt hatte, war eine völlig andre Stimmung in der Gesellschaft verbreitet. Der Graf, der schon vor Tisch geschrieben und den Boten fortgeschickt hatte, unterhielt sich mit dem Hauptmann, den er auf eine verständige und bescheidene Weise immer mehr ausforschte, indem er ihn diesen Abend an seine Seite gebracht hatte. Die zur Rechten des Grafen sitzende Baronesse fand von daher wenig Unterhaltung, ebenso wenig an Eduard, der, erst durstig, dann aufgeregt, des Weines nicht schonte und sich sehr lebhaft mit Ottilien unterhielt, die er an sich gezogen hatte, wie von der andern Seite neben dem Hauptmann Charlotte saß, der es schwer, ja beinahe unmöglich ward, die Bewegungen ihres Innern zu verbergen.

Die Baronesse hatte Zeit genug, Beobachtungen anzustellen. Sie bemerkte Charlottens Unbehagen, und weil sie nur Eduards Verhältnis zu Ottilien im Sinn hatte, so überzeugte sie sich leicht, auch Charlotte sei bedenklich und verdrießlich über ihres Gemahls Benehmen, und überlegte, wie sie nunmehr am besten zu ihren Zwecken gelangen könne.

Auch nach Tisch fand sich ein Zwiespalt in der Gesellschaft. Der Graf, der den Hauptmann recht ergründen wollte, brauchte bei einem so ruhigen, keineswegs eitlen und überhaupt lakonischen Mann verschiedene Wendungen, um zu erfahren, was er wünschte. Sie gingen miteinander an der einen Seite des Saals auf und ab, indes Eduard, aufgeregt von Wein und Hoffnung, mit Ottilien an einem Fenster scherzte, Charlotte und die Baroness aber stillschweigend an der andern Seite des Saals nebeneinander hin und her gingen. Ihr Schweigen und müßiges Umherstehen brachte denn auch zuletzt eine Stockung in die übrige Gesellschaft. Die Frauen zogen sich zurück auf ihren Flügel, die Männer auf den anderen, und so schien dieser Tag abgeschlossen.

Elftes Kapitel

Eduard begleitete den Grafen auf sein Zimmer und ließ sich recht gern durchs Gespräch verführen, noch eine Zeitlang bei ihm zu bleiben. Der Graf verlor sich in vorige Zeiten, gedachte mit Lebhaftigkeit an die Schönheit Charlottens, die er als ein Kenner mit vielem Feuer entwickelte: „Ein schöner Fuß ist eine große Gabe der Natur. Diese Anmut ist unverwüstlich. Ich habe sie heute im Gehen beobachtet; noch immer möchte man ihren Schuh küssen und die zwar etwas barbarische, aber doch tief gefühlte Ehrenbezeugung der Sarmaten wiederholen, die nichts Besseres kennen, als aus dem Schuh einer geliebten und verehrten Person ihre Gesundheit zu trinken."

Die Spitze des Fußes blieb nicht allein der Gegenstand des Lobes unter zwei vertrauten Männern. Sie gingen von der Person auf alte Geschichten und Abenteuer zurück und kamen auf die Hindernisse, die man ehemals den Zusammenkünften dieser beiden Liebenden entgegengesetzt, welche Mühe sie sich gegeben, welche Kunstgriffe sie erfunden, nur um sich sagen zu können, dass sie sich liebten.

„Erinnerst du dich", fuhr der Graf fort, „welch Abenteuer ich dir recht freundschaftlich und uneigennützig bestehen helfen, als unsre höchsten Herrschaften ihren Oheim besuchten und auf dem weitläufigen Schloss zusammenkamen? Der Tag war in Feierlichkeiten und Feierkleidern hingegangen; ein Teil der Nacht sollte wenigstens unter freiem, liebevollem Gespräch verstreichen."

„Den Hinweg zum Quartier der Hofdamen hatten Sie sich wohl gemerkt", sagte Eduard. „Wir gelangten glücklich zu meiner Geliebten."

„Die", versetzte der Graf, „mehr an den Anstand als an meine Zufriedenheit gedacht und eine sehr hässliche Ehrenwächterin bei sich behalten hatte; da mir denn, indessen ihr euch mit Blicken und Worten sehr gut unterhieltet, ein höchst unerfreuliches Los zuteil ward."

„Ich habe mich noch gestern", versetzte Eduard, „als Sie sich anmelden ließen, mit meiner Frau an die Geschichte erinnert, besonders an unsern Rückzug. Wir verfehlten den Weg und kamen zum Vorsaal der Garden. Weil wir uns nun von da gut zurecht finden wussten, glaubten wir auch hier ganz ohne Bedenken hindurch und am Posten, wie an den übrigen, vorbeigehen zu können. Aber wie groß war beim Öffnen der Tür unsere Verwunderung! Der Weg war mit Matratzen verlegt, auf denen die Riesen in mehreren Reihen ausgestreckt lagen und schliefen. Der einzig Wachende auf dem Posten sah uns verwundert an; wir aber, im jugendlichen Mut und Mutwillen, stiegen ganz gelassen über die ausgestreckten Stiefel weg, ohne dass auch nur einer von diesen schnarchenden Enakskindern erwacht wäre."

„Ich hatte große Lust zu stolpern", sagte der Graf, „damit es Lärm gegeben hätte; denn welch eine seltsame Auferstehung würden wir gesehen haben!"

In diesem Augenblick schlug die Schlossglocke zwölf.

„Es ist Mitternacht", sagte der Graf lächelnd, „und eben rechte Zeit. Ich muss Sie, lieber Baron, um eine Gefälligkeit bitten: führen Sie mich heute, wie ich Sie damals führte; ich habe der Baroness das Versprechen gegeben, sie noch zu besuchen. Wir haben uns den ganzen Tag nicht allein gesprochen, wir haben uns so lange nicht gesehen, und nichts ist natürlicher, als dass man sich nach einer vertraulichen Stunde sehnt. Zeigen Sie mir den Hinweg, den Rückweg will ich schon finden, und auf alle Fälle werde ich über keine Stiefel wegzustolpern haben."

„Ich will Ihnen recht gern diese gastliche Gefälligkeit erweisen", versetzte Eduard; „nur sind die drei Frauenzimmer drüben zusammen auf dem Flügel. Wer weiß, ob wir sie nicht noch beieinander finden, oder was wir sonst für Händel anrichten, die irgendein wunderliches Ansehn gewinnen." – „Nur keine Sorge!" sagte der Graf; „die Baronesse erwartet mich. Sie ist um diese Zeit gewiss auf ihrem Zimmer und allein."

„Die Sache ist übrigens leicht“, versetzte Eduard und nahm ein Licht, dem Grafen vorleuchtend eine geheime Treppe hinunter, die zu einem langen Gang führte. Am Ende desselben öffnete Eduard eine kleine Tür. Sie erstiegen eine Wendeltreppe; oben auf einem engen Ruheplatz deutete Eduard dem Grafen, dem er das Licht in die Hand gab, zu einer Tapetentür rechts, die beim ersten Versuch sogleich sich öffnete, den Grafen aufnahm und Eduarden im dunklen Raum zurückließ.

Eine andre Türe links ging in Charlottens Schlafzimmer. Er hörte reden und horchte. Charlotte sprach zu ihrem Kammermädchen: „Ist Ottilie schon zu Bette?“ – „Nein“, versetzte jene, „sie sitzt noch unten und schreibt.“ – „So zünde Sie das Nachtlicht an“, sagte Charlotte, „und gehe Sie nur hin: es ist spät. Die Kerze will ich selbst auslöschen und für mich zu Bette gehen.“

Eduard hörte mit Entzücken, dass Ottilie noch schreibe. ‚Sie beschäftigt sich für mich!‘ dachte er triumphierend. Durch die Finsternis ganz in sich selbst eingeengt, sah er sie sitzen, schreiben; er glaubte zu ihr zu treten, sie zu sehen, wie sie sich nach ihm umdrehte; er fühlte ein unüberwindliches Verlangen, ihr noch einmal nahe zu sein. Von hier aber war kein Weg in das Halbgeschoss, wo sie wohnte. Nun befand er sich unmittelbar an seiner Frauen Türe, eine sonderbare Verwechslung ging in seiner Seele vor; er versuchte die Tür aufzudrehen, er fand sie verschlossen, er pochte leise an, Charlotte hörte nicht.

Sie ging in dem größeren Nebenzimmer lebhaft auf und ab. Sie wiederholte sich aber- und abermals, was sie seit jenem unerwarteten Vorschlag des Grafen oft genug bei sich um und um gewendet hatte. Der Hauptmann schien vor ihr zu stehen. Er füllte noch das Haus, er belebte noch die Spaziergänge, und er sollte fort, das alles sollte leer werden! Sie sagte sich alles, was man sich sagen kann, ja sie antizipierte, wie man gewöhnlich pflegt, den leidigen Trost, dass auch solche Schmerzen durch die Zeit gelindert werden. Sie verwünschte die Zeit, die es braucht, um sie zu lindern; sie verwünschte die totenhafte Zeit, wo sie würden gelindert sein.

Da war denn zuletzt die Zuflucht zu den Tränen um so willkommner, als sie bei ihr selten stattfand. Sie warf sich auf das Sofa und überließ sich ganz ihrem Schmerz. Eduard seinerseits konnte von der Tür nicht weg; er pochte nochmals, und zum dritten Mal etwas stärker, sodass Charlotte durch die Nachtstille es ganz deutlich vernahm und erschreckt auffuhr. Der erste Gedanke war, es könne, es müsse der Hauptmann sein; der zweite, das sei unmöglich. Sie hielt es für Täuschung, aber sie hatte es gehört, sie wünschte, sie fürchtete es gehört zu haben. Sie ging ins Schlafzimmer, trat leise zur verriegelten Tapetentür. Sie schalt sich wegen ihrer Furcht. ‚Wie leicht kann die Gräfin etwas bedürfen!‘ sagte sie zu sich selbst und rief gefasst und gesetzt: „Ist jemand da?“ Eine leise Stimme antwortete: „Ich bins.“ – „Wer?“ entgegnete Charlotte, die den Ton nicht unterscheiden konnte. Ihr stand des Hauptmanns Gestalt vor der Tür. Etwas lauter klang es ihr entgegen: „Eduard!“ Sie öffnete, und ihr Gemahl stand vor ihr. Er begrüßte sie mit einem Scherz. Es ward ihr möglich, in diesem Tone fortzufahren. Er verwickelte den rätselhaften Besuch in rätselhafte Erklärungen. „Warum ich denn aber eigentlich komme“, sagte er zuletzt, „muss ich dir nur gestehen. Ich habe ein Gelübde getan, heute Abend noch deinen Schuh zu küssen.“

„Das ist dir lange nicht eingefallen“, sagte Charlotte. „Desto schlimmer“, versetzte Eduard, „und desto besser!“ – Sie hatte sich in einen Sessel gesetzt, um ihre leichte Nachtkleidung seinen Blicken zu entziehen. Er warf sich vor ihr nieder, und sie konnte sich nicht erwehren, dass er nicht ihren Schuh küsste, und dass, als dieser ihm in der Hand blieb, er den Fuß ergriff und ihn zärtlich an seine Brust drückte.

Charlotte war eine von den Frauen, die, von Natur mäßig, im Ehestand ohne Vorsatz und Anstrengung die Art und Weise der Liebhaberinnen fortführen. Niemals reizte sie den Mann, ja seinem Verlangen kam sie kaum entgegen; aber ohne Kälte und abstoßende Strenge glich sie immer einer liebevollen Braut, die selbst vor dem Erlaubten noch innige Scheu trägt. Und so fand sie Eduard diesen Abend in doppeltem Sinne. Wie sehnlich wünschte sie den Gatten weg; denn die Luftgestalt des Freundes schien ihr Vorwürfe zu machen. Aber das, was Eduarden hätte entfernen sollen, zog ihn nur mehr an. Eine gewisse Bewegung war an ihr sichtbar. Sie hatte geweint, und wenn weiche Personen dadurch meist an Anmut verlieren, so gewinnen diejenigen dadurch unendlich, die wir gewöhnlich als stark und gefasst kennen. Eduard war so liebenswürdig, so freundlich, so dringend; er bat sie, bei ihr bleiben zu dürfen, er forderte nicht, bald ernst, bald scherzhaft suchte er sie zu bereden, er dachte nicht daran, dass er Rechte habe, und löschte zuletzt mutwillig die Kerze aus.

In der Lampendämmerung sogleich behauptete die innere Neigung, behauptete die Einbildungskraft ihre Rechte über das Wirkliche: Eduard hielt nur Ottilien in seinen Armen, Charlotten schwebte der Hauptmann näher oder ferner vor der Seele, und so verwebten, wundersam genug, sich Abwesendes und Gegenwärtiges reizend und wonnevoll durcheinander.

Und doch lässt sich die Gegenwart ihr ungeheures Recht nicht rauben. Sie brachten einen Teil der Nacht unter allerlei Gesprächen und Scherzen zu, die desto freier waren als das Herz leider keinen Teil daran nahm. Aber als Eduard des andern Morgens an dem Busen seiner Frau erwachte, schien ihm der Tag ahnungsvoll hereinzublicken, die Sonne schien ihm ein Verbrechen zu beleuchten; er schlich sich leise von ihrer Seite, und sie fand sich, seltsam genug, allein, als sie erwachte.

Zwölftes Kapitel

Als die Gesellschaft zum Frühstück wieder zusammenkam, hätte ein aufmerksamer Beobachter an dem Betragen der Einzelnen die Verschiedenheit der innern Gesinnungen und Empfindungen abnehmen können. Der Graf und die Baroness begegneten sich mit dem heitern Behagen, das ein Paar Liebende empfinden, die sich nach erduldeter Trennung ihrer wechselseitigen Neigung abermals versichert halten, dagegen Charlotte und Eduard gleichsam beschämt und reuig dem Hauptmann und Ottilien entgegentraten. Denn so ist die Liebe beschaffen, dass sie allein recht zu haben glaubt und alle anderen Rechte vor ihr verschwinden. Ottilie war kindlich heiter, nach ihrer Weise konnte man sie offen nennen. Ernst erschien der Hauptmann; ihm war bei der Unterredung mit dem Grafen, indem dieser alles in ihm aufregte, was einige Zeit geruht und geschlafen hatte, nur zu fühlbar geworden, dass er eigentlich hier seine Bestimmung nicht erfülle und im Grunde bloß in einem halbtätigen Müßiggang hinschlendere. Kaum hatten sich die beiden Gäste entfernt, als schon wieder neuer Besuch eintraf, Charlotten willkommen, die aus sich selbst herauszugehen, sich zu zerstreuen wünschte; Eduarden ungelegen, der eine doppelte Neigung fühlte, sich mit Ottilien zu beschäftigen; Ottilien gleichfalls unerwünscht, die mit ihrer auf Morgen früh so nötigen Abschrift noch nicht fertig war. Und so eilte sie auch, als die Fremden sich spät entfernten, sogleich auf ihr Zimmer.

Es war Abend geworden. Eduard, Charlotte und der Hauptmann, welche die Fremden, ehe sie sich in den Wagen setzten, eine Strecke zu Fuß begleitet hatten, wurden einig, noch einen Spaziergang zu den Teichen zu machen. Ein Kahn war angekommen, den Eduard mit ansehnlichen Kosten aus der Ferne bestellt hatte. Man wollte versuchen, ob er sich leicht bewegen und lenken lasse.

Er war am Ufer des mittelsten Teiches nicht weit von einigen alten Eichbäumen angebunden, auf die man schon bei künftigen Anlagen gerechnet hatte. Hier sollte ein Landungsplatz angebracht, unter den Bäumen ein architektonischer Ruhesitz aufgeführt werden, wonach diejenigen, die über den See fahren, zu steuern hätten. – „Wo wird man denn nun drüben die Landung am besten anlegen?“ fragte Eduard. „Ich sollte denken, bei meinen Platanen.“

„Sie stehen ein wenig zu weit rechts", sagte der Hauptmann. „Landet man weiter unten, so ist man dem Schloss näher; doch muss man es überlegen."

Der Hauptmann stand schon im Heck des Kahns und hatte ein Ruder ergriffen. Charlotte stieg ein, Eduard gleichfalls und fasste das andere Ruder; aber als er eben im Abstoßen begriffen war, gedachte er Ottiliens, dachte, dass ihn diese Wasserfahrt verspäten, wer weiß erst wann zurückführen würde. Er entschloss sich kurz und gut, sprang wieder ans Land, reichte dem Hauptmann das andere Ruder und eilte, sich flüchtig entschuldigend, nach Hause.

Dort vernahm er, Ottilie habe sich eingeschlossen, sie schreibe. Bei dem angenehmen Gefühl, dass sie für ihn etwas tue, empfand er das lebhafteste Missbehagen, sie nicht gegenwärtig zu sehen. Seine Ungeduld vermehrte sich mit jedem Augenblick. Er ging in dem großen Saal auf und ab, versuchte allerlei, und nichts vermochte seine Aufmerksamkeit zu fesseln. Sie wünschte er zu sehen, allein zu sehen, ehe noch Charlotte mit dem Hauptmann zurückkäme. Es ward Nacht, die Kerzen wurden angezündet.

Endlich trat sie herein, glänzend von Liebenswürdigkeit. Das Gefühl, etwas für den Freund getan zu haben, hatte ihr ganzes Wesen über sich selbst gehoben. Sie legte das Original und die Abschrift vor Eduard auf den Tisch. „Wollen wir kollationieren?" sagte sie lächelnd. Eduard wusste nicht, was er erwidern sollte. Er sah sie an, er besah die Abschrift. Die ersten Blätter waren mit der größten Sorgfalt, mit einer zarten weiblichen Hand geschrieben, dann schienen sich die Züge zu verändern, leichter und freier zu werden; aber wie erstaunt war er, als er die letzten Seiten mit den Augen überlief! „Um Gottes willen!" rief er aus, „was ist das? Das ist meine Hand!" Er sah Ottilien an und wieder auf die Blätter, besonders der Schluss war ganz, als wenn er ihn selbst geschrieben hätte. Ottilie schwieg, aber sie blickte ihm mit der größten Zufriedenheit in die Augen. Eduard hob seine Arme empor: „Du liebst mich!" rief er aus, „Ottilie, du liebst mich!" und sie hielten einander umfasst. Wer das andere zuerst ergriffen, wäre nicht zu unterscheiden gewesen.

Von diesem Augenblick an war die Welt für Eduarden umgewendet, er nicht mehr, was er gewesen, die Welt nicht mehr, was sie gewesen. Sie standen voreinander, er hielt ihre Hände, sie sahen einander in die Augen, im Begriff, sich wieder zu umarmen.

Charlotte mit dem Hauptmann trat herein. Zu den Entschuldigungen eines längeren Ausbleibens lächelte Eduard heimlich. ‚O wie viel zu früh kommt ihr!' sagte er zu sich selbst.

Sie setzten sich zum Abendessen. Die Personen des heutigen Besuchs wurden beurteilt. Eduard, liebevoll aufgeregt, sprach gut von einem jeden, immer schonend, oft billigend. Charlotte, die nicht durchaus seiner Meinung war, bemerkte diese Stimmung und scherzte mit ihm, dass er, der sonst über die scheidende Gesellschaft immer das strengste Zungengericht ergehen lasse, heute so mild und nachsichtig sei.

Mit Feuer und herzlicher Überzeugung rief Eduard: „Man muss nur ein Wesen recht von Grund aus lieben, da kommen einem die übrigen alle liebenswürdig vor!" Ottilie schlug die Augen nieder, und Charlotte sah vor sich hin.

Der Hauptmann nahm das Wort und sagte: „Mit den Gefühlen der Hochachtung, der Verehrung ist es doch auch etwas Ähnliches. Man erkennt nur erst das Schätzenswerte in der Welt, wenn man solche Gesinnungen an einem Gegenstand zu üben Gelegenheit findet."

Charlotte suchte bald in ihr Schlafzimmer zu gelangen, um sich der Erinnerung dessen zu überlassen, was diesen Abend zwischen ihr und dem Hauptmann vorgegangen war.

Als Eduard ans Ufer springend den Kahn vom Lande stieß, Gattin und Freund dem schwankenden Element selbst überantwortete, sah nunmehr Charlotte den Mann, um den sie im Stillen schon so viel gelitten hatte, in der Dämmerung vor sich sitzen und durch die Führung zweier Ruder das Fahrzeug in beliebiger Richtung fortbewegen. Sie empfand eine tiefe, selten gefühlte Traurigkeit. Das Kreisen des Kahns, das Plätschern der Ruder, der über den

Wasserspiegel hinschauernde Windhauch, das Säuseln der Rohre, das letzte Schweben der Vögel, das Blinken und Widerblinken der ersten Sterne: alles hatte etwas Geisterhaftes in dieser allgemeinen Stille. Es schien ihr, der Freund führe sie weit weg, um sie auszusetzen, sie allein zu lassen. Eine wunderbare Bewegung war in ihrem Innern, und sie konnte nicht weinen.

Der Hauptmann beschrieb ihr unterdessen, wie nach seiner Absicht die Anlagen werden sollten. Er rühmte die guten Eigenschaften des Kahns, dass er sich leicht mit zwei Rudern von einer Person bewegen und regieren lasse. Sie werde das selbst lernen, es sei eine angenehme Empfindung, manchmal allein auf dem Wasser hinzuschwimmen und sein eigner Fähr- und Steuermann zu sein.

Bei diesen Worten fiel der Freundin die bevorstehende Trennung aufs Herz. ‚Sagt er das mit Vorsatz?' dachte sie bei sich. ‚Weiß er schon davon? vermutet ers? Oder sagt er es zufällig, sodass er mir bewusstlos mein Schicksal vorausverkündigt?' Es ergriff sie eine große Wehmut, eine Ungeduld; sie bat ihn, baldmöglichst zu landen und mit ihr zum Schloss zurückzukehren.

Es war das erste Mal, dass der Hauptmann die Teiche befuhr, und ob er gleich im allgemeinen ihre Tiefe untersucht hatte, so waren ihm doch die einzelnen Stellen unbekannt. Dunkel fing es an zu werden; er richtete seinen Lauf dahin, wo er einen bequemen Ort zum Aussteigen vermutete und den Fußpfad nicht entfernt wusste, der zum Schlosse führte. Aber auch von dieser Bahn wurde er einigermaßen abgelenkt, als Charlotte mit einer Art von Ängstlichkeit den Wunsch wiederholte, bald an Land zu sein. Er näherte sich mit erneuten Anstrengungen dem Ufer, aber leider fühlte er sich in einiger Entfernung davon angehalten; er hatte sich festgefahren, und seine Bemühungen, wieder loszukommen, waren vergebens. Was war zu tun? Ihm blieb nichts übrig, als ins Wasser zu steigen, das seicht genug war, und die Freundin an Land zu tragen. Glücklich brachte er die liebe Bürde hinüber, stark genug, um nicht zu schwanken oder ihr einige Sorgen zu geben; aber doch hatte sie ängstlich ihre Arme um seinen Hals geschlungen.

Er hielt sie fest und drückte sie an sich. Erst auf einem Rasenabhang ließ er sie nieder, nicht ohne Bewegung und Verwirrung. Sie lag noch an seinem Halse; er schloss sie aufs neue in seine Arme und drückte einen lebhaften Kuss auf ihre Lippen; aber auch im Augenblick lag er zu ihren Füßen, drückte seinen Mund auf ihre Hand und rief: „Charlotte, werden Sie mir vergeben?"

Der Kuss, den der Freund gewagt, den sie ihm beinahe zurückgegeben, brachte Charlotten wieder zu sich. Sie drückte seine Hand, aber sie hob ihn nicht auf. Doch indem sie sich zu ihm hinunterneigte und eine Hand auf seine Schultern legte, rief sie aus: „Dass dieser Augenblick in unserm Leben Epoche mache, können wir nicht verhindern; aber dass sie unser wert sei, hängt von uns ab. Sie müssen scheiden, lieber Freund, und Sie werden scheiden. Der Graf macht Anstalt, Ihr Schicksal zu verbessern; es freut und schmerzt mich. Ich wollte es verschweigen, bis es gewiss wäre; der Augenblick nötigt mich, dies Geheimnis zu entdecken. Nur insofern kann ich Ihnen, kann ich mir verzeihen, wenn wir den Mut haben, unsere Lage zu ändern, da es von uns nicht abhängt, unsere Gesinnung zu ändern." Sie hub ihn auf und ergriff seinen Arm, um sich darauf zu stützen, und so kamen sie stillschweigend zum Schlosse.

Nun aber stand sie in ihrem Schlafzimmer, wo sie sich als Gattin Eduards empfinden und betrachten musste. Ihr kam bei diesen Widersprüchen ihr tüchtiger und durchs Leben mannigfaltig geübter Charakter zu Hilfe. Immer gewohnt, sich ihrer selbst bewusst zu sein, sich selbst zu gebieten, ward es ihr auch jetzt nicht schwer, durch ernste Betrachtung sich dem erwünschten Gleichgewicht zu nähern; ja sie musste über sich selbst lächeln, indem sie des wunderlichen Nachtbesuches gedachte. Doch schnell ergriff sie eine seltsame Ahnung, ein freudig bängliches Erzittern, das in fromme Wünsche und Hoffnungen sich auflöste. Gerührt kniete sie nieder, sie wiederholte den Schwur, den sie Eduarden vor dem Altar getan. Freundschaft, Neigung, Entsagen gingen vor ihr in heitern Bildern vorüber. Sie fühlte sich innerlich wiederhergestellt. Bald ergreift sie eine süße Müdigkeit und ruhig schläft sie ein.

Dreizehntes Kapitel

Eduard von seiner Seite ist in einer ganz verschiedenen Stimmung. Zu schlafen denkt er so wenig, dass es ihm nicht einmal einfällt, sich auszuziehen. Die Abschrift des Dokuments küsst er tausendmal, den Anfang von Ottiliens kindlich schüchterner Hand; das Ende wagt er kaum zu küssen, weil er seine eigene Hand zu sehen glaubt. ‚O dass es ein andres Dokument wäre!' sagt er sich im Stillen; und doch ist es ihm auch schon die schönste Versicherung, dass sein höchster Wunsch erfüllt sei. Bleibt es ja doch in seinen Händen! Und wird er es nicht immerfort an sein Herz drücken, obgleich entstellt durch die Unterschrift eines Dritten?

Der abnehmende Mond steigt überm Wald hervor. Die warme Nacht lockt Eduarden ins Freie; er schweift umher, er ist der unruhigste und der glücklichste aller Sterblichen. Er wandelt durch die Gärten; sie sind ihm zu eng; er eilt auf das Feld, und es wird ihm zu weit. Zum Schloss zieht es ihn zurück; er findet sich unter Ottiliens Fenstern. Dort setzt er sich auf eine Terrassentreppe. ‚Mauern und Riegel', sagt er zu sich selbst, ‚trennen uns jetzt, aber unsere Herzen sind nicht getrennt. Stünde sie vor mir, in meine Arme würde sie fallen, ich in die ihrigen, und was bedarf es weiter als diese Gewissheit!' Alles war still um ihn her, kein Lüftchen regte sich; so still wars, dass er das wühlende Arbeiten emsiger Tiere unter der Erde vernehmen konnte, denen Tag und Nacht gleich sind. Er hing ganz seinen glücklichen Träumen nach, schlief endlich ein und erwachte nicht eher wieder, als bis die Sonne mit herrlichem Blick heraufstieg und die frühsten Nebel gewältigte.

Nun fand er sich als den ersten Wachenden in seinen Besitzungen. Die Arbeiter schienen ihm zu lange auszubleiben. Sie kamen; es schienen ihm ihrer zu wenig und die vorgesetzte Tagesarbeit für seine Wünsche zu gering. Er fragte nach mehreren Arbeitern; man versprach sie und stellte sie im Laufe des Tages. Aber auch diese sind ihm nicht genug, um seine Vorsätze schleunig ausgeführt zu sehen. Das Schaffen macht ihm keine Freude mehr; es soll schon alles fertig sein, und für wen? Die Wege sollen gebahnt sein, damit Ottilie bequem sie gehen, die Sitze schon an Ort und Stelle, damit Ottilie dort ruhen könne. Auch an dem neuen Hause treibt er, was er kann; es soll an Ottiliens Geburtstag gerichtet werden. In Eduards Gesinnungen wie in seinen Handlungen ist kein Maß mehr. Das Bewusstsein, zu lieben und geliebt zu werden, treibt ihn ins Unendliche. Wie verändert ist ihm die Ansicht von allen Zimmern, von allen Umgebungen! Er findet sich in seinem eigenen Haus nicht mehr. Ottiliens Gegenwart verschlingt ihm alles; er ist ganz in ihr versunken, keine andre Betrachtung steigt vor ihm auf, kein Gewissen spricht ihm zu; alles, was in seiner Natur gebändigt war, bricht los, sein ganzes Wesen strömt gegen Ottilien.

Der Hauptmann beobachtet dieses leidenschaftliche Treiben und wünscht den traurigen Folgen zuvorzukommen. All diese Anlagen, die jetzt mit einem einseitigen Triebe übermäßig gefördert werden, hatte er auf ein ruhig freundliches Zusammenleben berechnet. Der Verkauf des Vorwerks war durch ihn zustande gebracht, die erste Zahlung geschehen, Charlotte hatte sie der Abrede nach in ihre Kasse genommen. Aber sie muss gleich in der ersten Woche Ernst und Geduld und Ordnung mehr als sonst üben und im Auge haben; denn nach der übereilten Weise wird das Ausgesetzte nicht lange reichen.

Es war viel angefangen und viel zu tun. Wie soll er Charlotten in dieser Lage lassen! Sie beraten sich und kommen überein, man wolle die planmäßigen Arbeiten lieber selbst beschleunigen, zu dem Ende Gelder aufnehmen und zu deren Abtragung die Zahlungstermine anweisen, die vom Vorwerksverkauf zurückgeblieben waren. Es ließ sich fast ohne Verlust durch Zession der Gerechtsame tun; man hatte freiere Hand; man leistete, da alles im Gange, Arbeiter genug vorhanden waren, mehr auf einmal und gelangte gewiss und bald zum Zweck. Eduard stimmte gern zu, weil es mit seinen Absichten übereintraf.

Im innern Herzen beharrt indessen Charlotte bei dem, was sie bedacht und sich vorgesetzt, und männlich steht ihr der Freund mit gleichem Sinn zur Seite. Aber eben dadurch wird ihre Vertraulichkeit nur vermehrt. Sie erklären sich wechselseitig über Eduards Leidenschaft, sie beraten sich darüber. Charlotte schließt Ottilien näher an sich, beobachtet sie strenger, und je mehr sie ihr eigen Herz gewahr worden, desto tiefer blickt sie in das Herz des Mädchens. Sie sieht keine Rettung, sie muss das Kind entfernen.

Nun scheint es ihr eine glückliche Fügung, dass Luciane ein so ausgezeichnetes Lob in der Pension erhalten; denn die Großtante, davon unterrichtet, will sie nun ein für allemal zu sich nehmen, sie um sich haben, sie in die Welt einführen. Ottilie konnte in die Pension zurückkehren, der Hauptmann entfernte sich wohlversorgt; und alles stand wie vor wenigen Monaten, ja um so viel besser. Ihr eigenes Verhältnis hoffte Charlotte zu Eduard bald wiederherzustellen, und sie legte das alles so verständig bei sich zurecht, dass sie sich nur immer mehr in dem Wahn bestärkte: in einen frühern, beschränktern Zustand könne man zurückkehren, ein gewaltsam Entbundenes lasse sich wieder ins Enge bringen.

Eduard empfand indessen die Hindernisse sehr hoch, die man ihm in den Weg legte. Er bemerkte gar bald, dass man ihn und Ottilien auseinanderhielt, dass man ihm erschwerte, sie allein zu sprechen, ja sich ihr zu nähern, außer in Gegenwart von mehreren; und indem er hierüber verdrießlich war, ward er es über manches andere. Konnte er Ottilien flüchtig sprechen, so war es nicht nur, sie seiner Liebe zu versichern, sondern sich auch über seine Gattin, über den Hauptmann zu beschweren. Er fühlte nicht, dass er selbst durch sein heftiges Treiben die Kasse zu erschöpfen auf dem Wege war; er tadelte bitter Charlotten und den Hauptmann, dass sie bei dem Geschäft gegen die erste Abrede handelten, und doch hatte er in die zweite Abrede gewilligt, ja er hatte sie selbst veranlasst und notwendig gemacht.

Der Hass ist parteiisch, aber die Liebe ist es noch mehr. Auch Ottilie entfremdete sich einigermaßen von Charlotten und dem Hauptmann. Als Eduard sich einst gegen Ottilien über den letztern beklagte, dass er als Freund und in einem solchen Verhältnisse nicht ganz aufrichtig handle, versetzte Ottilie unbedachtsam: „Es hat mir schon früher missfallen, dass er nicht ganz redlich gegen Sie ist. Ich hörte ihn einmal zu Charlotten sagen: ‚Wenn uns nur Eduard mit seiner Flötendudelei verschonte! Es kann daraus nichts werden und ist für die Zuhörer so lästig.' Sie können denken, wie mich das geschmerzt hat, da ich Sie so gern akkompagniere."

Kaum hatte sie es gesagt, als ihr schon der Geist zuflüsterte, dass sie hätte schweigen sollen; aber es war heraus. Eduards Gesichtszüge verwandelten sich. Nie hatte ihn etwas mehr verdrossen; er war in seinen liebsten Forderungen angegriffen, er war sich eines kindlichen Strebens ohne die mindeste Anmaßung bewusst. Was ihn unterhielt, was ihn erfreute, sollte doch mit Schonung von Freunden behandelt werden. Er dachte nicht, wie schrecklich es für einen Dritten sei, sich die Ohren durch ein unzulängliches Talent verletzen zu lassen. Er war beleidigt, wütend, um nicht wieder zu vergeben. Er fühlte sich von allen Pflichten losgesprochen.

Die Notwendigkeit, mit Ottilien zu sein, sie zu sehen, ihr etwas zuzuflüstern, ihr zu vertrauen, wuchs mit jedem Tag. Er entschloss sich, ihr zu schreiben, sie um einen geheimen Briefwechsel zu bitten. Das Streifchen Papier, worauf er dies lakonisch genug getan hatte, lag auf dem Schreibtisch und ward vom Zugwind heruntergeführt, als der Kammerdiener hereintrat, ihm die Haare zu kräuseln. Gewöhnlich, um die Hitze des Eisens zu versuchen, bückte sich dieser nach Papierschnitzeln auf der Erde; diesmal ergriff er das Billet, zwickte es eilig, und es war versengt. Eduard, den Missgriff bemerkend, riss es ihm aus der Hand. Bald darauf setzte er sich hin, es noch einmal zu schreiben; es wollte nicht ganz so zum zweiten Mal aus der Feder. Er fühlte einiges Bedenken, einige Besorgnis, die er jedoch überwand. Ottilien wurde das Blättchen in die Hand gedrückt, den ersten Augenblick, wo er sich ihr nähern konnte.

Ottilie versäumte nicht, ihm zu antworten. Ungelesen steckte er das Zettelchen in die Weste, die, modisch kurz, es nicht gut verwahrte. Es schob sich heraus und fiel, ohne von ihm bemerkt zu werden, auf den Boden. Charlotte sah es und hob es auf und reichte es ihm mit einem flüchtigen Überblick. „Hier ist etwas von deiner Hand“, sagte sie, „das du vielleicht ungern verlörest.“

Er war betroffen. ‚Verstellt sie sich?’ dachte er. ‚Ist sie den Inhalt des Blättchens gewahr worden, oder irrt sie sich wegen der Ähnlichkeit der Hände?’ Er hoffte, er dachte das letztere. Er war gewarnt, doppelt gewarnt; aber diese sonderbaren, zufälligen Zeichen, durch die ein höheres Wesen mit uns zu sprechen scheint, waren seiner Leidenschaft unverständlich; vielmehr, indem sie ihn immer weiter führte, empfand er die Beschränkung, in der man ihn zu halten schien, immer unangenehmer. Die freundliche Geselligkeit verlor sich. Sein Herz war verschlossen, und wenn er mit Freund und Frau zusammenzusein genötigt war, so gelang es ihm nicht, seine frühere Neigung zu ihnen in seinem Busen wieder aufzufinden, zu beleben. Der stille Vorwurf, den er sich selbst hierüber machen musste, war ihm unbequem, und er suchte sich durch eine Art von Humor zu helfen, der aber, weil er ohne Liebe war, auch der gewohnten Anmut ermangelte.

Über alle diese Prüfungen half Charlotten ihr inneres Gefühl hinweg. Sie war sich ihres ernsten Vorsatzes bewusst, auf eine so schöne, edle Neigung Verzicht zu tun.

Wie sehr wünschte sie, jenen beiden auch zu Hilfe zu kommen! Entfernung, fühlte sie wohl, wird nicht allein hinreichend sein, ein solches Übel zu heilen. Sie nimmt sich vor, die Sache mit dem guten Kind zur Sprache zu bringen; aber sie vermag es nicht; die Erinnerung ihres eignen Schwankens steht ihr im Weg. Sie sucht sich darüber im allgemeinen auszudrücken; das Allgemeine passt auch auf ihren eignen Zustand, den sie auszusprechen scheut. Ein jeder Wink, den sie Ottilien geben will, deutet zurück in ihr eignes Herz. Sie will warnen und fühlt, dass sie wohl selbst noch einer Warnung bedürfen könnte.

Schweigend hält sie daher die Liebenden noch immer auseinander, und die Sache wird dadurch nicht besser. Leise Andeutungen, die ihr manchmal entschlüpfen, wirken auf Ottilien nicht; denn Eduard hatte diese von Charlottens Neigung zum Hauptmann überzeugt, sie überzeugt, dass Charlotte selbst eine Scheidung wünsche, die er nun auf eine anständige Weise zu bewirken denke.

Ottilie, getragen durch das Gefühl ihrer Unschuld, auf dem Weg zu dem erwünschtesten Glück, lebt nur für Eduard. Durch die Liebe zu ihm in allem Guten gestärkt, um seinetwillen freudiger in ihrem Tun, aufgeschlossener gegen andere, findet sie sich in einem Himmel auf Erden.

So setzen alle zusammen, jeder auf seine Weise, das tägliche Leben fort, mit und ohne Nachdenken; alles scheint seinen gewöhnlichen Gang zu gehen, wie man auch in ungeheuren Fällen, wo alles auf dem Spiele steht, noch immer so fortlebt, als wenn von nichts die Rede wäre.

Vierzehntes Kapitel

Von dem Grafen war indessen ein Brief an den Hauptmann angekommen, und zwar ein doppelter, einer zum Vorzeigen, der sehr schöne Aussichten in die Ferne darwies; der andre hingegen, der ein entschiedenes Anerbieten für die Gegenwart enthielt, eine bedeutende Hof- und Geschäftsstelle, den Rang als Major, ansehnliches Gehalt und andre Vorteile, sollte wegen verschiedener Nebenumstände noch geheimgehalten werden. Auch unterrichtete der Hauptmann seine Freunde nur von jenen Hoffnungen und verbarg, was so nahe bevorstand.

Indessen setzte er die gegenwärtigen Geschäfte lebhaft fort und machte in der Stille Einrichtungen, wie alles in seiner Abwesenheit ungehinderten Fortgang haben könnte. Es ist ihm nun selbst daran gelegen, dass für manches ein Termin bestimmt werde, dass Ottiliens Geburtstag manches beschleunige. Nun wirken die beiden Freunde, obschon ohne ausdrückliches Einverständnis, gern zusammen. Eduard ist nun recht zufrieden, dass man durch das Vorauserheben der Gelder die Kasse verstärkt hat; die ganze Anstalt rückt auf das rascheste vorwärts.

Die drei Teiche in einen See zu verwandeln, hätte jetzt der Hauptmann am liebsten ganz widerraten. Der untere Damm war zu verstärken, die mittlern abzutragen und die ganze Sache in mehr als einem Sinne wichtig und bedenklich. Beide Arbeiten aber, wie sie ineinanderwirken konnten, waren schon angefangen, und hier kam ein junger Architekt, ein ehemaliger Zögling des Hauptmanns, sehr erwünscht, der teils mit Anstellung tüchtiger Meister, teils mit Verdingen der Arbeit, wo sichs tun ließ, die Sache förderte und dem Werke Sicherheit und Dauer versprach; wobei sich der Hauptmann im Stillen freute, dass man seine Entfernung nicht fühlen würde. Denn er hatte den Grundsatz, aus einem übernommenen unvollendeten Geschäft nicht zu scheiden, bis er seine Stelle genugsam ersetzt sähe. Ja er verachtete diejenigen, die, um ihren Abgang fühlbar zu machen, erst noch Verwirrung in ihrem Kreis anrichten, indem sie als ungebildete Selbstler das zu zerstören wünschen, woran sie nicht mehr fortwirken sollen.

So arbeitete man immer mit Anstrengung, um Ottiliens Geburtstag zu verherrlichen, ohne dass man es aussprach oder sichs recht aufrichtig bekannte. Nach Charlottens obgleich neidlosen Gesinnungen konnte es doch kein entschiedenes Fest werden. Die Jugend Ottiliens, ihre Glücksumstände, das Verhältnis zur Familie berechtigten sie nicht, als Königin eines Tages zu erscheinen. Und Eduard wollte nicht davon gesprochen haben, weil alles wie von selbst entspringen, überraschen und natürlich erfreuen sollte.

Alle kamen daher stillschweigend in dem Vorwand überein, als wenn an diesem Tag, ohne weitere Beziehung, jenes Lusthaus gerichtet werden sollte, und bei diesem Anlass konnte man dem Volk sowie den Freunden ein Fest ankündigen.

Eduards Neigung war aber grenzenlos. Wie er sich Ottilien zuzueignen begehrte, so kannte er auch kein Maß des Hingebens, Schenkens, Versprechens. Zu einigen Gaben, die er Ottilien an diesem Tag verehren wollte, hatte ihm Charlotte viel zu ärmliche Vorschläge getan. Er sprach mit seinem Kammerdiener, der seine Garderobe besorgte und mit Handelsleuten und Modehändlern in beständigem Verhältnis blieb; dieser, nicht unbekannt sowohl mit den angenehmsten Gaben selbst als mit der besten Art, sie zu überreichen, bestellte sogleich in der Stadt den niedlichsten Koffer, mit rotem Saffian überzogen, mit Stahlnägeln beschlagen und angefüllt mit Geschenken, einer solchen Schale würdig.

Noch einen anderen Vorschlag tat er Eduarden. Es war ein kleines Feuerwerk vorhanden, das man immer abzubrennen versäumt hatte. Dies konnte man leicht verstärken und erweitern. Eduard ergriff den Gedanken, und jener versprach, für die Ausführung zu sorgen. Die Sache sollte ein Geheimnis bleiben. – Der Hauptmann hatte unterdessen, je näher der Tag heranrückte, seine polizeilichen Einrichtungen getroffen, die er für so nötig hielt, wenn eine

Masse Menschen zusammenberufen oder – gelockt wird. Ja sogar hatte er wegen des Bettelns und andrer Unbequemlichkeiten, wodurch die Anmut eines Festes gestört wird, durchaus Vorsorge genommen.

Eduard und sein Vertrauter dagegen beschäftigten sich vorzüglich mit dem Feuerwerk. Am mittelsten Teiche vor jenen großen Eichbäumen sollte es abgebrannt werden; gegenüber unter den Platanen sollte die Gesellschaft sich aufhalten, um die Wirkung aus gehöriger Ferne, die Abspiegelung im Wasser, und was auf dem Wasser selbst brennend zu schwimmen bestimmt war, mit Sicherheit und Bequemlichkeit anzuschauen.

Unter einem andern Vorwand ließ daher Eduard den Raum unter den Platanen von Gesträuch, Gras und Moos säubern, und nun erschien erst die Herrlichkeit des Baumwuchses sowohl an Höhe als Breite auf dem gereinigten Boden. Eduard empfand darüber die größte Freude. ‚Es war ungefähr um diese Jahrszeit, als ich sie pflanzte. Wie lange mag es her sein?' sagte er zu sich selbst. Sobald er nach Hause kam, schlug er in alten Tagebüchern nach, die sein Vater, besonders auf dem Lande, sehr ordentlich geführt hatte. Zwar diese Pflanzung konnte nicht darin erwähnt sein, aber eine andre häuslich wichtige Begebenheit an demselben Tag, deren sich Eduard noch wohl erinnerte, musste notwendig darin vermerkt stehen. Er durchblättert einige Bände, der Umstand findet sich. Aber wie erstaunt, wie erfreut ist Eduard, als er das wunderbarste Zusammentreffen bemerkt! Der Tag, das Jahr jener Baumpflanzung ist zugleich der Tag, das Jahr von Ottiliens Geburt.

Fünfzehntes Kapitel

Endlich leuchtete Eduarden der sehnlich erwartete Morgen, und nach und nach stellten viele Gäste sich ein; denn man hatte die Einladungen weit umhergeschickt, und manche, die das Legen des Grundsteins versäumt hatten, wovon man soviel Artiges erzählte, wollten diese zweite Feierlichkeit um so weniger verfehlen.

Vor Tafel erschienen die Zimmerleute mit Musik im Schlosshof, ihren reichen Kranz tragend, der aus vielen stufenweise übereinander schwankenden Laub- und Blumenreifen zusammengesetzt war. Sie sprachen ihren Gruß und erbaten sich zur gewöhnlichen Ausschmückung seidene Tücher und Bänder von dem schönen Geschlecht. Indes die Herrschaft speiste, setzten sie ihren jauchzenden Zug weiter fort, und nachdem sie sich eine Zeitlang im Dorfe aufgehalten und daselbst Frauen und Mädchen gleichfalls um manches Band gebracht, kamen sie endlich, begleitet und erwartet von einer großen Menge, auf die Höhe, wo das gerichtete Haus stand.

Charlotte hielt nach der Tafel die Gesellschaft einigermaßen zurück. Sie wollte keinen feierlichen, förmlichen Zug, und man fand sich daher in einzelnen Partien, ohne Rang und Ordnung, auf dem Platz gemächlich ein. Charlotte zögerte mit Ottilien und machte dadurch die Sache nicht besser; denn weil Ottilie wirklich die letzte war, die herantrat, so schien es, als ob Trompeten und Pauken nur auf sie gewartet hätten, als wenn die Feierlichkeit bei ihrer Ankunft nun gleich beginnen müsste.

Dem Hause das rohe Ansehn zu nehmen, hatte man es mit grünem Reisig und Blumen, nach Angabe des Hauptmanns, architektonisch ausgeschmückt; allein ohne dessen Mitwissen hatte Eduard den Architekten veranlasst, in dem Gesims das Datum mit Blumen zu bezeichnen. Das mochte noch hingehen; allein zeitig genug langte der Hauptmann an, um zu verhindern, dass nicht auch der Name Ottiliens im Giebelfeld glänzte. Er wusste dieses Beginnen auf eine geschickte Weise abzulehnen und die schon fertigen Blumenbuchstaben beiseitezubringen.

Der Kranz war aufgesteckt und weit umher in der Gegend sichtbar. Bunt flatterten die Bänder und Tücher in der Luft, und eine kurze Rede verscholl zum größten Teil im Winde.

Die Feierlichkeit war zu Ende, der Tanz auf dem geebneten und mit Lauben umkreisten Platze vor dem Gebäude sollte nun angehen. Ein schmucker Zimmergeselle führte Eduarden ein flinkes Bauermädchen zu und forderte Ottilien auf, welche danebenstand. Die beiden Paare fanden sogleich ihre Nachfolger, und bald genug wechselte Eduard, indem er Ottilien ergriff und mit ihr die Runde machte. Die jüngere Gesellschaft mischte sich fröhlich in den Tanz des Volks, indes die Ältern beobachteten.

Sodann, ehe man sich auf den Spaziergängen zerstreute, ward verabredet, dass man sich mit Untergang der Sonne bei den Platanen wieder versammeln wolle. Eduard fand sich zuerst ein, ordnete alles und nahm Abrede mit dem Kammerdiener, der auf der andern Seite in Gesellschaft des Feuerwerkers die Lusterscheinungen zu besorgen hatte.

Der Hauptmann bemerkte die dazu getroffenen Vorrichtungen nicht mit Vergnügen; er wollte wegen des zu erwartenden Andrangs der Zuschauer mit Eduard sprechen, als ihn derselbe etwas hastig bat, er möge ihm diesen Teil der Feierlichkeit doch allein überlassen.

Schon hatte sich das Volk auf die oberwärts abgestochenen und vom Rasen entblößten Dämme gedrängt, wo das Erdreich uneben und unsicher war. Die Sonne ging unter, die Dämmerung trat ein, und in Erwartung größerer Dunkelheit wurde die Gesellschaft unter den Platanen mit Erfrischungen bedient. Man fand den Ort unvergleichlich und freute sich in Gedanken, künftig von hier die Aussicht auf einen weiten und so mannigfaltig begrenzten See zu genießen.

Ein ruhiger Abend, eine vollkommene Windstille versprachen das nächtliche Fest zu begünstigen, als auf einmal ein entsetzliches Geschrei entstand. Große Schollen hatten sich vom Damme losgetrennt, man sah mehrere Menschen ins Wasser stürzen. Das Erdreich hatte nachgegeben unter dem Drängen und Treten der immer zunehmenden Menge. Jeder wollte den besten Platz haben, und nun konnte niemand vorwärts noch zurück.

Jedermann sprang auf und hinzu, mehr um zu schauen als zu tun; denn was war da zu tun, wo niemand hinreichen konnte. Nebst einigen Entschlossenen eilte der Hauptmann herbei, trieb sogleich die Menge von dem Damm herunter nach den Ufern, um den Hilfreichen freie Hand zu geben, welche die Versinkenden herauszuziehen suchten. Schon waren alle teils durch eignes, teils durch fremdes Bestreben wieder auf dem Trocknen, bis auf einen Knaben, der durch allzu ängstliches Bemühen, statt sich dem Damm zu nähern, sich davon entfernt hatte. Die Kräfte schienen ihn zu verlassen, nur einige Mal kam noch eine Hand, ein Fuß in die Höhe. Unglücklicherweise war der Kahn auf der andern Seite, mit Feuerwerk gefüllt, nur langsam konnte man ihn ausladen, und die Hilfe verzögerte sich. Des Hauptmanns Entschluss war gefasst, er warf die Oberkleider weg, aller Augen richteten sich auf ihn, und seine tüchtige, kräftige Gestalt flößte jedermann Zutrauen ein; aber ein Schrei der Überraschung drang aus der Menge hervor, als er sich ins Wasser stürzte, jedes Auge begleitete ihn, der als geschickter Schwimmer den Knaben bald erreichte und ihn, jedoch tot, an den Damm brachte.

Indessen ruderte der Kahn herbei, der Hauptmann bestieg ihn und forschte genau bei den Anwesenden, ob denn auch wirklich alle gerettet seien. Der Chirurgus kommt und übernimmt den tot geglaubten Knaben; Charlotte tritt hinzu, sie bittet den Hauptmann, nur für sich zu sorgen, zum Schloss zurückzukehren und die Kleider zu wechseln. Er zaudert, bis ihm gesetzte, verständige Leute, die ganz nahe gegenwärtig gewesen, die selbst zur Rettung der Einzelnen beigetragen, auf das heiligste versichern, dass alle gerettet seien.

Charlotte sieht ihn nach Hause gehen, sie denkt, dass Wein und Tee und was sonst nötig wäre, verschlossen ist, dass in solchen Fällen die Menschen gewöhnlich verkehrt handeln; sie eilt durch die zerstreute Gesellschaft, die sich noch unter den Platanen befindet. Eduard ist beschäftigt, jedermann zuzureden: man soll bleiben; in kurzem gedenkt er das Zeichen zu geben, und das Feuerwerk soll beginnen. Charlotte tritt hinzu und bittet ihn, ein Vergnügen zu verschieben, das jetzt nicht am Platze sei, das in dem gegenwärtigen Augenblick nicht genossen werden könne; sie erinnert ihn, was man dem Geretteten und dem Retter schuldig sei. „Der Chirurgus wird schon seine Pflicht tun", versetzte Eduard. „Er ist mit allem versehen, und unser Zudringen wäre nur eine hinderliche Teilnahme."

Charlotte bestand auf ihrer Überzeugung und winkte Ottilien, die sich sogleich zum Weggehen anschickte. Eduard ergriff ihre Hand und rief: „Wir wollen diesen Tag nicht im Lazarett endigen! Zur barmherzigen Schwester ist sie zu gut. Auch ohne uns werden die Scheintoten erwachen und die Lebendigen sich abtrocknen."

Charlotte schwieg und ging. Einige folgten ihr, andere diesen; endlich wollte niemand der letzte sein, und so folgten alle. Eduard und Ottilie fanden sich allein unter den Platanen. Er bestand darauf, zu bleiben, so dringend, so ängstlich sie ihn auch bat, mit ihr zum Schloss zurückzukehren. „Nein, Ottilie!" rief er, „das Außerordentliche geschieht nicht auf glattem, gewöhnlichem Weg. Dieser überraschende Vorfall von heute Abend bringt uns schneller zusammen. Du bist die Meine! Ich habe dirs schon so oft gesagt und geschworen; wir wollen es nicht mehr sagen und schwören, nun soll es werden."

Der Kahn von der andern Seite schwamm herüber. Es war der Kammerdiener, der verlegen anfragte, was nunmehr mit dem Feuerwerk werden sollte. „Brennt es ab!" rief er ihm entgegen. „Für dich allein war es bestellt, Ottilie, und nun sollst du es auch allein sehen! Erlaube mir, an deiner Seite sitzend, es mitzugenießen." Zärtlich bescheiden setzte er sich neben sie, ohne sie zu berühren.

Raketen rauschten auf, Kanonenschläge donnerten, Leuchtkugeln stiegen, Schwärmer schlängelten und platzten, Räder gischten, jedes erst einzeln, dann gepaart, dann alle zusammen und immer gewaltsamer hintereinander und zusammen. Eduard, dessen Busen brannte, verfolgte mit lebhaft zufriedenem Blick diese feurigen Erscheinungen. Ottiliens zartem, aufgeregtem Gemüt war dieses rauschende, blitzende Entstehen und Verschwinden eher ängstlich als angenehm. Sie lehnte sich schüchtern an Eduard, dem diese Annäherung, dieses Zutrauen das volle Gefühl gab, dass sie ihm ganz angehöre.

Die Nacht war kaum in ihre Rechte wieder eingetreten, als der Mond aufging und die Pfade der beiden Rückkehrenden beleuchtete. Eine Figur, den Hut in der Hand, vertrat ihnen den Weg und sprach sie um ein Almosen an, da er an diesem festlichen Tage versäumt worden sei. Der Mond schien ihm ins Gesicht, und Eduard erkannte die Züge jenes zudringlichen Bettlers. Aber so glücklich, wie er war, konnte er nicht ungehalten sein, konnte es ihm nicht einfallen, dass besonders für heute das Betteln höchlich verpönt worden. Er forschte nicht lange in der Tasche und gab ein Goldstück hin. Er hätte jeden gern glücklich gemacht, da sein Glück ohne Grenzen schien.

Zu Hause war indes alles erwünscht gelungen. Die Tätigkeit des Chirurgen, die Bereitschaft alles Nötigen, der Beistand Charlottens, alles wirkte zusammen, und der Knabe ward wieder zum Leben hergestellt. Die Gäste zerstreuten sich, sowohl um noch etwas vom Feuerwerk aus der Ferne zu sehen, als auch um nach solchen verworrenen Szenen ihre ruhige Heimat wieder zu betreten.

Auch hatte der Hauptmann, geschwind umgekleidet, an der nötigen Vorsorge tätigen Anteil genommen; alles war beruhigt, und er fand sich mit Charlotten allein. Mit zutraulicher Freundlichkeit erklärte er nun, dass seine Abreise nahe bevorstehe. Sie hatte diesen Abend so viel erlebt, dass diese Entdeckung wenig Eindruck auf sie machte; sie hatte gesehen, wie der Freund sich aufopferte, wie er rettete und selbst gerettet war. Diese wunderbaren Ereignisse schienen ihr eine bedeutende Zukunft, aber keine unglückliche zu weissagen. – Eduarden, der mit Ottilien hereintrat, wurde die bevorstehende Abreise des Hauptmanns gleichfalls angekündigt. Er argwohnte, dass Charlotte früher um das Nähere gewusst habe, war aber viel zu sehr mit sich und seinen Absichten beschäftigt, als dass er es hätte übel empfinden sollen.

Im Gegenteil vernahm er aufmerksam und zufrieden die gute und ehrenvolle Lage, in die der Hauptmann versetzt werden sollte. Unbändig eilten seine geheimen Wünsche den Begebenheiten voran. Schon sah er jenen mit Charlotten verbunden, sich mit Ottilien. Man hätte ihm zu diesem Fest kein größeres Geschenk machen können.

Aber wie erstaunt war Ottilie, als sie in ihr Zimmer trat und den köstlichen kleinen Koffer auf ihrem Tische fand! Sie säumte nicht, ihn zu öffnen. Da zeigte sich alles so schön gepackt und geordnet, dass sie es nicht auseinanderzunehmen, ja kaum zu lüften wagte. Musselin, Batist, Seide, Schals und Spitzen wetteiferten an Feinheit, Zierlichkeit und Kostbarkeit. Auch war der Schmuck nicht vergessen. Sie begriff wohl die Absicht, sie mehr als einmal von Kopf bis Fuß einzukleiden; es war aber alles so kostbar und fremd, dass sie sichs in Gedanken nicht zuzueignen getraute.

Sechzehntes Kapitel

Am nächsten Morgen war der Hauptmann verschwunden und ein dankbar gefühltes Blatt an die Freunde von ihm zurückgeblieben. Er und Charlotte hatten abends zuvor schon halben und einsilbigen Abschied genommen. Sie empfand eine ewige Trennung und ergab sich darein; denn in dem zweiten Brief des Grafen, den ihr der Hauptmann zuletzt mitteilte, war auch von einer Aussicht auf eine vorteilhafte Heirat die Rede, und obgleich er diesem Punkt keine Aufmerksamkeit schenkte, so hielt sie doch die Sache schon für gewiss und entsagte ihm rein und völlig.

Dagegen glaubte sie nun auch die Gewalt, die sie über sich selbst ausgeübt, von andern fordern zu können. Ihr war es nicht unmöglich gewesen, andern sollte das gleiche möglich sein. In diesem Sinne begann sie das Gespräch mit ihrem Gemahl, um so mehr offen und zuversichtlich, als sie empfand, dass die Sache ein für allemal abgetan werden müsse.

„Unser Freund hat uns verlassen“, sagte sie; „wir sind nun wieder einander gegenüber wie vormals, und es käme nun wohl auf uns an, ob wir wieder völlig in den alten Zustand zurückkehren wollten.“

Eduard, der nichts vernahm, als was seiner Leidenschaft schmeichelte, glaubte, dass Charlotte durch diese Worte den früheren Witwenstand bezeichnen und, obgleich auf unbestimmte Weise, zu einer Scheidung Hoffnung machen wolle. Er antwortete deshalb mit Lächeln: „Warum nicht? Es käme nur darauf an, dass man sich verständigte.“

Er fand sich daher gar sehr betrogen, als Charlotte versetzte: „Auch Ottilien in eine andere Lage zu bringen, haben wir gegenwärtig nur zu wählen; denn es findet sich eine doppelte Gelegenheit, ihr Verhältnisse zu geben, die für sie wünschenswert sind. Sie kann in die Pension zurückkehren, da meine Tochter zur Großtante gezogen ist; sie kann in ein angesehenes Haus aufgenommen werden, um mit einer einzigen Tochter alle Vorteile einer standesmäßigen Erziehung zu genießen.“

„Indessen“, versetzte Eduard ziemlich gefasst, „hat Ottilie sich in unserer freundlichen Gesellschaft so verwöhnt, dass ihr eine andere wohl schwerlich willkommen sein möchte.“

„Wir haben uns alle verwöhnt“, sagte Charlotte, „und du nicht zum letzten. Indessen ist es eine Epoche, die uns zur Besinnung auffordert, die uns ernstlich ermahnt, an das Beste sämtlicher Mitglieder unseres kleinen Zirkels zu denken und auch irgendeine Aufopferung nicht zu versagen.“

„Wenigstens finde ich es nicht billig“, versetzte Eduard, „dass Ottilie aufgeopfert werde, und das geschähe doch, wenn man sie gegenwärtig unter fremde Menschen hinunterstieße. Den Hauptmann hat sein gutes Geschick hier aufgesucht; wir dürfen ihn mit Ruhe, ja mit Behagen von uns scheiden lassen. Wer weiß, was Ottilien bevorsteht; warum sollten wir uns übereilen?“

„Was uns bevorsteht, ist ziemlich klar“, versetzte Charlotte mit einiger Bewegung, und da sie die Absicht hatte, ein für allemal sich auszusprechen, fuhr sie fort: „Du liebst Ottilien, du gewöhnst dich an sie. Neigung und Leidenschaft entspringt und nährt sich auch von ihrer Seite. Warum sollen wir nicht mit Worten aussprechen, was uns jede Stunde gesteht und bekennt? Sollen wir nicht so viel Vorsicht haben, uns zu fragen, was das werden wird?“

„Wenn man auch sogleich nicht darauf antworten kann“, versetzte Eduard, der sich zusammennahm, „so lässt sich doch so viel sagen, dass man eben alsdann sich am ersten entschließt abzuwarten, was uns die Zukunft lehren wird, wenn man gerade nicht sagen kann, was aus einer Sache werden soll.“

„Hier vorauszusehen“, versetzte Charlotte, „bedarf es wohl keiner großen Weisheit, und so viel lässt sich auf alle Fälle gleich sagen, dass wir beide nicht mehr jung genug sind, um blindlings dahin zu gehen, wohin man nicht möchte oder nicht sollte. Niemand kann mehr für uns sorgen; wir müssen unsre eigenen Freunde sein, unsre eigenen Hofmeister. Niemand erwartet von uns, dass wir uns in ein Äußerstes verlieren werden, niemand erwartet, uns tadelnswert oder gar lächerlich zu finden.“

„Kannst du mirs verdenken“, versetzte Eduard, der die offne, reine Sprache seiner Gattin nicht zu erwidern vermochte, „kannst du mich schelten, wenn mir Ottiliens Glück am Herzen liegt? und nicht etwa ein künftiges, das immer nicht zu berechnen ist, sondern ein gegenwärtiges? Denke dir aufrichtig und ohne Selbstbetrug Ottilien aus unserer Gesellschaft gerissen und fremden Menschen untergeben – ich wenigstens fühle mich nicht grausam genug, ihr eine solche Veränderung zuzumuten.“

Charlotte ward gar wohl die Entschlossenheit ihres Gemahls hinter seiner Verstellung gewahr. Erst jetzt fühlte sie, wie weit er sich von ihr entfernt hatte. Mit einiger Bewegung rief sie aus: „Kann Ottilie glücklich sein, wenn sie uns entzweit, wenn sie mir einen Gatten, seinen Kindern einen Vater entreißt?“

„Für unsere Kinder, dächte ich, wäre gesorgt“, sagte Eduard lächelnd und kalt; etwas freundlicher aber fügte er hinzu: „Wer wird auch gleich das Äußerste denken!“

„Das Äußerste liegt der Leidenschaft zu allernächst“, bemerkte Charlotte. „Lehne, solange es noch Zeit ist, den guten Rat nicht ab, nicht die Hilfe, die ich uns biete. In trüben Fällen muss derjenige wirken und helfen, der am klarsten sieht. Diesmal bin ichs. Lieber, liebster Eduard, lass mich gewähren! Kannst du mir zumuten, dass ich auf mein wohl erworbenes Glück, auf die schönsten Rechte, auf dich so geradehin Verzicht leisten soll?“

„Wer sagt das?“ versetzte Eduard mit einiger Verlegenheit.

„Du selbst“, versetzte Charlotte; „indem du Ottilien in der Nähe behalten willst, gestehst du nicht alles zu, was daraus entspringen muss? Ich will nicht in dich dringen; aber wenn du dich nicht überwinden kannst, so wirst du wenigstens dich nicht lange mehr betrügen können.“

Eduard fühlte, wie recht sie hatte. Ein ausgesprochenes Wort ist fürchterlich, wenn es das auf einmal ausspricht, was das Herz lange sich erlaubt hat; und um nur für den Augenblick auszuweichen, erwiderte Eduard: „Es ist mir ja noch nicht einmal klar, was du vorhast.“

„Meine Absicht war“, versetzte Charlotte, „mit dir die beiden Vorschläge zu überlegen. Beide haben viel Gutes. Die Pension würde Ottilien am gemäßesten sein, wenn ich betrachte, wie das Kind jetzt ist. Jene größere und weitere Lage verspricht aber mehr, wenn ich bedenke, was sie werden soll.“ Sie legte darauf umständlich ihrem Gemahl die beiden Verhältnisse dar und schloss mit den Worten: „Was meine Meinung betrifft, so würde ich das Haus jener Dame der Pension vorziehen aus mehreren Ursachen, besonders aber auch, weil ich die Neigung, ja die Leidenschaft des jungen Mannes, den Ottilie dort für sich gewonnen, nicht vermehren will."

Eduard schien ihr Beifall zu geben, nur aber, um einigen Aufschub zu suchen. Charlotte, die darauf ausging, etwas Entscheidendes zu tun, ergriff sogleich die Gelegenheit, als Eduard nicht unmittelbar widersprach, die Abreise Ottiliens, zu der sie schon alles im Stillen vorbereitet hatte, auf die nächsten Tage festzusetzen.

Eduard schauderte, er hielt sich für verraten und die liebevolle Sprache seiner Frau für ausgedacht, künstlich und planmäßig, um ihn auf ewig von seinem Glück zu trennen. Er schien ihr die Sache ganz zu überlassen; allein schon war innerlich sein Entschluss gefasst. Um nur zu Atem zu kommen, um das bevorstehende unabsehliche Unheil der Entfernung Ottiliens abzuwenden, entschied er sich, sein Haus zu verlassen, und zwar nicht ganz ohne Erahnen Charlottens, die er jedoch durch die Einleitung zu täuschen verstand, dass er bei Ottiliens Abreise nicht gegenwärtig sein, ja sie von diesem Augenblick an nicht mehr sehen wolle. Charlotte, die gewonnen zu haben glaubte, tat ihm allen Vorschub. Er befahl seine Pferde, gab dem Kammerdiener die nötige Anweisung, was er einpacken und wie er ihm folgen solle, und so, wie schon im Stegreife, setzte er sich hin und schrieb:

Eduard an Charlotten

„Das Übel, meine Liebe, das uns befallen hat, mag heilbar sein oder nicht, dies nur fühle ich: wenn ich im Augenblick nicht verzweifeln soll, so muss ich Aufschub finden für mich, für uns alle. Indem ich mich aufopfre, kann ich fordern. Ich verlasse mein Haus und kehre nur unter günstigern, ruhigern Aussichten zurück. Du sollst es indessen besitzen, aber mit Ottilien. Bei dir will ich sie wissen, nicht unter fremden Menschen. Sorge für sie, behandle sie wie sonst, wie bisher, ja nur immer liebevoller, freundlicher und zarter. Ich verspreche, kein heimliches Verhältnis zu Ottilien zu suchen. Lasst mich lieber eine Zeitlang ganz unwissend, wie ihr lebt; ich will mir das Beste denken. Denkt auch so von mir. Nur, was ich dich bitte, auf das Innigste, auf das Lebhafteste: mach' keinen Versuch, Ottilien sonst irgendwo unterzugeben, in neue Verhältnisse zu bringen! Außer dem Bezirk deines Schlosses, deines Parks, fremden Menschen anvertraut, gehört sie mir, und ich werde mich ihrer bemächtigen. Ehrst du aber meine Neigung, meine Wünsche, meine Schmerzen, schmeichelst du meinem Wahn meinen Hoffnungen, so will ich auch der Genesung nicht widerstreben, wenn sie sich mir anbietet."

Diese letzte Wendung floss ihm aus der Feder, nicht aus dem Herzen. Ja, wie er sie auf dem Papier sah, fing er bitterlich an zu weinen. Er sollte auf irgendeine Weise dem Glück, ja dem Unglück, Ottilien zu lieben, entsagen! Jetzt fühlte er, was er tat. Er entfernte sich, ohne zu wissen, was daraus entstehen konnte. Er sollte sie wenigstens jetzt nicht wiedersehen; ob er sie je wiedersähe, welche Sicherheit konnte er sich darüber versprechen? Aber der Brief war geschrieben; die Pferde standen vor der Tür; jeden Augenblick musste er fürchten, Ottilien irgendwo zu erblicken und zugleich seinen Entschluss vereitelt zu sehen. Er fasste sich; er dachte, dass es ihm doch möglich sei, jeden Augenblick zurückzukehren und durch die Entfernung gerade seinen Wünschen näher zu kommen. Im Gegenteil stellte er sich Ottilien vor, aus dem Hause gedrängt, wenn er bliebe. Er siegelte den Brief, eilte die Treppe hinab und schwang sich aufs Pferd.

Als er am Wirtshaus vorbeiritt, sah er den Bettler in der Laube sitzen, den er gestern Nacht so reichlich beschenkt hatte. Dieser saß behaglich bei seinem Mittagsmahl, stand auf und verneigte sich ehrerbietig, ja anbetend vor Eduarden. Eben diese Gestalt war ihm gestern erschienen, als er Ottilien am Arm führte; nun erinnerte sie ihn schmerzlich an die glücklichste Stunde seines Lebens. Seine Leiden vermehrten sich; das Gefühl dessen, was er zurückließ, war ihm unerträglich; nochmals blickte er nach dem Bettler: „O du Beneidenswerter!“ rief er aus; „du kannst noch am gestrigen Almosen zehren und ich nicht mehr am gestrigen Glück!“

Siebzehntes Kapitel

Ottilie trat ans Fenster, als sie jemanden wegreiten hörte, und sah Eduarden noch im Rücken. Es kam ihr sonderbar vor, dass er das Haus verließ, ohne sie gesehen, ohne ihr einen Morgengruß geboten zu haben. Sie ward unruhig und immer nachdenklicher, als Charlotte sie auf einen weiten Spaziergang mit sich zog und von mancherlei Gegenständen sprach, aber des Gemahls, und wie es schien vorsätzlich, nicht erwähnte. Doppelt betroffen war sie daher, bei ihrer Zurückkunft den Tisch nur mit zwei Gedecken besetzt zu finden.

Wir vermissen ungern gering scheinende Gewohnheiten, aber schmerzlich empfinden wir erst ein solches Entbehren in bedeutenden Fällen. Eduard und der Hauptmann fehlten, Charlotte hatte seit langer Zeit zum ersten Mal den Tisch selbst angeordnet, und es wollte Ottilien scheinen, als wenn sie abgesetzt wäre. Die beiden Frauen saßen einander gegenüber; Charlotte sprach ganz unbefangen von der Anstellung des Hauptmanns und von der wenigen Hoffnung, ihn bald wiederzusehen. Das Einzige tröstete Ottilien in ihrer Lage, dass sie glauben konnte, Eduard sei, um den Freund noch eine Strecke zu begleiten, ihm nachgeritten.

Allein da sie von Tische aufstanden, sahen sie Eduards Reisewagen unter dem Fenster, und als Charlotte einigermaßen unwillig fragte, wer ihn hierher bestellt habe, so antwortete man ihr, es sei der Kammerdiener, der hier noch einiges aufpacken wolle. Ottilie brauchte ihre ganze Fassung, um ihre Verwunderung und ihren Schmerz zu verbergen.

Der Kammerdiener trat herein und verlangte noch Einiges. Es war eine Mundtasse des Herrn, ein paar silberne Löffel und mancherlei, was Ottilien auf eine weitere Reise, auf ein längeres Außenbleiben zu deuten schien. Charlotte verwies ihm sein Begehren ganz trocken: sie verstehe nicht, was er damit sagen wolle; denn er habe ja alles, was sich auf den Herrn beziehe, selbst im Beschluss. Der gewandte Mann, dem es freilich nur darum zu tun war, Ottilien zu sprechen und sie deswegen unter irgendeinem Vorwand aus dem Zimmer zu locken, wusste sich zu entschuldigen und auf seinem Verlangen zu beharren, das ihm Ottilie auch zu gewähren wünschte; allein Charlotte lehnte es ab, der Kammerdiener musste sich entfernen, und der Wagen rollte fort.

Es war für Ottilien ein schrecklicher Augenblick. Sie verstand es nicht, sie begriff es nicht; aber dass ihr Eduard auf geraume Zeit entrissen war, konnte sie fühlen. Charlotte fühlte den Zustand mit und ließ sie allein. Wir wagen nicht, ihren Schmerz, ihre Tränen zu schildern. Sie litt unendlich. Sie bat nur Gott, dass er ihr nur über diesen Tag weghelfen möchte; sie überstand den Tag und die Nacht, und als sie sich wiedergefunden, glaubte sie, ein anderes Wesen anzutreffen.

Sie hatte sich nicht gefasst, sich nicht ergeben, aber sie war nach so großem Verlust noch da und hatte noch mehr zu befürchten. Ihre nächste Sorge, nachdem das Bewusstsein wiedergekehrt, war sogleich, sie möchte nun, nach Entfernung der Männer, gleichfalls entfernt werden. Sie ahnte nichts von Eduards Drohungen, wodurch ihr der Aufenthalt neben Charlotten gesichert war; doch diente ihr das Betragen Charlottens zu einiger Beruhigung. Diese suchte das gute Kind zu beschäftigen und ließ sie nur selten, nur ungern von sich; und obgleich sie wohl wusste, dass man mit Worten nicht viel gegen eine entschiedene Leidenschaft zu wirken vermag, so kannte sie doch die Macht der Besonnenheit, des Bewusstseins, und brachte daher manches zwischen sich und Ottilien zur Sprache.

So war es für diese ein großer Trost, als jene gelegentlich mit Bedacht und Vorsatz die weise Betrachtung anstellte: „Wie lebhaft ist“, sagte sie, „die Dankbarkeit derjenigen, denen wir mit Ruhe über leidenschaftliche Verlegenheiten hinweghelfen! Lass uns freudig und munter in das eingreifen, was die Männer unvollendet zurückgelassen haben; so bereiten wir uns die schönste Aussicht auf ihre Rückkehr, indem wir das, was ihr stürmendes, ungeduldiges Wesen zerstören möchte, durch unsre Mäßigung erhalten und fördern.“

„Da Sie von Mäßigung sprechen, liebe Tante“, versetzte Ottilie, „so kann ich nicht verbergen, dass mir dabei die Unmäßigkeit der Männer, besonders was den Wein betrifft, einfällt. Wie oft hat es mich betrübt und geängstigt, wenn ich bemerken musste, dass reiner Verstand, Klugheit, Schonung anderer, Anmut und Liebenswürdigkeit selbst für mehrere Stunden verlorengingen und oft statt all des Guten, was ein trefflicher Mann hervorzubringen und zu gewähren vermag, Unheil und Verwirrung hereinzubrechen drohte! Wie oft mögen dadurch gewaltsame Entschließungen veranlasst werden!“

Charlotte gab ihr recht, doch setzte sie das Gespräch nicht fort; denn sie fühlte nur zu wohl, dass auch hier Ottilie bloß Eduarden wieder im Sinne hatte, der zwar nicht gewöhnlich, aber doch öfter, als es wünschenswert war, sein Vergnügen, seine Gesprächigkeit, seine Tätigkeit durch einen gelegentlichen Weingenuss zu steigern pflegte.

Hatte bei jener Äußerung Charlottens sich Ottilie die Männer, besonders Eduarden, wieder herandenken können, so war es ihr um desto auffallender, als Charlotte von einer bevorstehenden Heirat des Hauptmanns wie von einer ganz bekannten und gewissen Sache sprach, wodurch denn alles ein andres Ansehn gewann, als sie nach Eduards frühern Versicherungen sich vorstellen mochte. Durch all dies vermehrte sich die Aufmerksamkeit Ottiliens auf jede Äußerung, jeden Wink, jede Handlung, jeden Schritt Charlottens. Ottilie war klug, scharfsinnig, argwöhnisch geworden, ohne es zu wissen.

Charlotte durchdrang indessen das Einzelne ihrer ganzen Umgebung mit scharfem Blick und wirkte darin mit ihrer klaren Gewandtheit, wobei sie Ottilien beständig teilzunehmen nötigte. Sie zog ihren Haushalt ohne Bänglichkeit ins Enge; ja, wenn sie alles genau betrachtete, so hielt sie den leidenschaftlichen Vorfall für eine Art von glücklicher Schickung. Denn auf dem bisherigen Weg wäre man leicht ins Grenzenlose geraten und hätte den schönen Zustand reichlicher Glücksgüter, ohne sich zeitig genug zu besinnen, durch ein vordringliches Leben und Treiben, wo nicht zerstört, doch erschüttert.

Was von Parkanlagen im Gange war, störte sie nicht. Sie ließ vielmehr dasjenige fortsetzen, was zum Grunde künftiger Ausbildung liegen musste; aber dabei hatte es auch sein Bewenden. Ihr zurückkehrender Gemahl sollte noch genug erfreuliche Beschäftigung finden.

Bei diesen Arbeiten und Vorsätzen konnte sie nicht genug das Verfahren des Architekten loben. Der See lag in kurzer Zeit ausgebreitet vor ihren Augen und die neuentstandenen Ufer zierlich und mannigfaltig bepflanzt und beraset. An dem neuen Haus ward alle raue Arbeit vollbracht, was zur Erhaltung nötig war, besorgt, und dann machte sie einen Abschluss da, wo man mit Vergnügen wieder von vorn anfangen konnte. Dabei war sie ruhig und heiter; Ottilie schien es nur; denn in allem beobachtete sie nichts als Symptome, ob Eduard wohl bald erwartet werde oder nicht. Nichts interessierte sie an allem als diese Betrachtung.

Willkommen war ihr daher eine Anstalt, zu der man die Bauernjungen versammelte und die darauf abzielte, den weitläufig gewordenen Park immer rein zu halten. Eduard hatte schon den Gedanken gehegt. Man ließ den Knaben eine Art heiterer Montur machen, die sie in den Abendstunden anzogen, nachdem sie sich durchaus gereinigt und gesäubert hatten. Die Garderobe war im Schloss; dem verständigsten, genauesten Knaben vertraute man die Aufsicht an; der Architekt leitete das Ganze, und ehe man sichs versah, so hatten die Knaben alle ein gewisses Geschick. Man fand an ihnen eine bequeme Dressur, und sie verrichteten ihr Geschäft nicht ohne eine Art von Manöver. Gewiss, wenn sie mit ihren Scharreisen, gestielten Messerklingen, Rechen, kleinen Spaten und Hacken und wedelartigen Besen einherzogen, wenn andre mit Körben hinterdrein kamen, um Unkraut und Steine beiseitezuschaffen, andre das hohe, große, eiserne Walzenrad hinter sich herzogen, so gab es einen hübschen, erfreulichen Aufzug, in welchem der Architekt eine artige Folge von Stellungen und Tätigkeiten für den Fries eines Gartenhauses sich merkte; Ottilie hingegen sah darin nur eine Art von Parade, welche den rückkehrenden Hausherrn bald begrüßen sollte.

Dies gab ihr Mut und Lust, ihn mit etwas Ähnlichem zu empfangen. Man hatte seither die Mädchen des Dorfes im Nähen, Stricken, Spinnen und andern weiblichen Arbeiten zu ermuntern gesucht. Auch diese Tugenden hatten zugenommen seit jenen Anstalten zu Reinlichkeit und Schönheit des Dorfes. Ottilie wirkte stets mit, aber mehr zufällig, nach Gelegenheit und Neigung. Nun dachte sie es vollständiger und folgerechter zu machen. Aber aus einer Anzahl Mädchen lässt sich kein Chor bilden wie aus einer Anzahl Knaben. Sie folgte ihrem guten Sinn, und ohne sichs ganz deutlich zu machen, versuchte sie nichts, als einem jeden Mädchen Anhänglichkeit an sein Haus, seine Eltern und seine Geschwister einzuflößen.

Das gelang ihr bei vielen. Nur über ein kleines, lebhaftes Mädchen wurde immer geklagt, dass sie ohne Geschick sei und im Haus nun ein für allemal nichts tun wolle. Ottilie konnte dem Mädchen nicht feind sein, denn ihr war es besonders freundlich. Zu ihr zog es sich, mit ihr ging und lief es, wenn sie es erlaubte. Da war es tätig, munter und unermüdlich. Die Anhänglichkeit an eine schöne Herrin schien dem Kind Bedürfnis zu sein. Anfänglich duldete Ottilie die Begleitung des Kindes; dann fasste sie selbst Neigung zu ihm; endlich trennten sie sich nicht mehr, und Nanny begleitete ihre Herrin überallhin.

Diese nahm öfters den Weg zum Garten und freute sich über das schöne Gedeihen. Die Beeren- und Kirschenzeit ging zu Ende, deren Spätlinge jedoch Nanny sich besonders schmecken ließ. Bei dem übrigen Obst, das für den Herbst eine so reichliche Ernte versprach, gedachte der Gärtner beständig des Herrn und niemals, ohne ihn herbeizuwünschen. Ottilie hörte dem guten alten Mann so gern zu. Er verstand sein Handwerk vollkommen und hörte nicht auf, ihr von Eduard vorzusprechen.

Als Ottilie sich freute, dass die Pfropfreiser dieses Frühjahrs alle so gar schön gekommen, erwiderte der Gärtner bedenklich: „Ich wünsche nur, dass der gute Herr viel Freude daran erleben möge. Wäre er diesen Herbst hier, so würde er sehen, was für köstliche Sorten noch von seinem Herrn Vater her im alten Schlossgarten stehen. Die jetzigen Herren Obstgärtner sind nicht so zuverlässig, als sonst die Kartäuser waren. In den Katalogen findet man wohl lauter honette Namen. Man pfropft und erzieht und endlich, wenn sie Früchte tragen, so ist es nicht der Mühe wert, dass solche Bäume im Garten stehen."

Am wiederholtesten aber fragte der treue Diener, fast sooft er Ottilien sah, nach der Rückkunft des Herrn und nach dem Termin derselben. Und wenn Ottilie ihn nicht angeben konnte, so ließ sie der gute Mann nicht ohne stille Betrübnis merken, dass er glaube, sie vertraue ihm nicht, und peinlich war ihr das Gefühl der Unwissenheit, das ihr auf diese Weise recht aufgedrungen ward. Doch konnte sie sich von diesen Rabatten und Beeten nicht trennen. Was sie zusammen zum Teil gesät, alles gepflanzt hatten, stand nun im völligen Flor; kaum bedurfte es noch einer Pflege, außer dass Nanny immer zum Gießen bereit war. Mit welchen Empfindungen betrachtete Ottilie die späteren Blumen, die sich erst anzeigten, deren Glanz und Fülle dereinst an Eduards Geburtstag, dessen Feier sie sich manchmal versprach, prangen, ihre Neigung und Dankbarkeit ausdrücken sollten! Doch war die Hoffnung, dieses Fest zu sehen, nicht immer gleich lebendig. Zweifel und Sorgen umflüsterten stets die Seele des guten Mädchens. – Zu einer eigentlichen, offnen Übereinstimmung mit Charlotten konnte es auch wohl nicht wieder gebracht werden. Denn freilich war der Zustand beider Frauen sehr verschieden.

Wenn alles beim alten blieb, wenn man in das Gleis des gesetzmäßigen Lebens zurückkehrte, gewann Charlotte an gegenwärtigem Glück, und eine frohe Aussicht in die Zukunft öffnete sich ihr; Ottilie hingegen verlor alles, man kann wohl sagen alles; denn sie hatte zuerst Leben und Freude in Eduard gefunden, und in dem gegenwärtigen Zustand fühlte sie eine unendliche Leere, wovon sie früher kaum etwas geahnt hatte. Denn ein Herz, das sucht, fühlt wohl, dass ihm etwas mangle; ein Herz, das verloren hat, fühlt, dass es entbehre. Sehnsucht verwandelt sich in Unmut und Ungeduld, und ein weibliches Gemüt, zum Erwarten und Abwarten gewöhnt, möchte nun aus seinem Kreis herausschreiten, tätig werden, unternehmen und auch etwas für sein Glück tun.

Ottilie hatte Eduarden nicht entsagt. Wie konnte sie es auch, obgleich Charlotte klug genug, gegen ihre eigne Überzeugung die Sache für bekannt annahm und als entschieden voraussetzte, dass ein freundschaftliches, ruhiges Verhältnis zwischen ihrem Gatten und Ottilien möglich sei. Wie oft aber lag diese nachts, wenn sie sich eingeschlossen, auf den Knien vor dem geöffneten Koffer und betrachtete die Geburtstagsgeschenke, von denen sie noch nichts gebraucht, nichts zerschnitten, nichts gefertigt. Wie oft eilte das gute Mädchen bei Sonnenaufgang aus dem Haus, in dem sie sonst all ihre Glückseligkeit gefunden hatte, ins Freie hinaus, in die Gegend, die sie sonst nicht ansprach. Auch auf dem Boden mochte sie nicht verweilen. Sie sprang in den Kahn und ruderte bis mitten in den See; dann zog sie eine Reisebeschreibung hervor, ließ sich von den bewegten Wellen schaukeln, las, träumte sich in die Fremde, und immer fand sie dort ihren Freund; seinem Herzen war sie noch immer nahe geblieben, er dem ihrigen.

Achtzehntes Kapitel

Dass jener wunderlich tätige Mann, den wir bereits kennengelernt, dass Mittler, nachdem er von dem Unheil, das unter diesen Freunden ausgebrochen, Nachricht erhalten, obgleich kein Teil noch seine Hilfe angerufen, in diesem Falle seine Freundschaft, seine Geschicklichkeit zu beweisen, zu üben geneigt war, lässt sich denken. Doch schien es ihm ratsam, erst eine Weile zu zaudern; denn er wusste nur zu wohl, dass es schwerer sei, gebildeten Menschen bei sittlichen Verworrenheiten zu Hilfe zu kommen als ungebildeten. Er überließ sie deshalb eine Zeitlang sich selbst; allein zuletzt konnte er es nicht mehr aushalten und eilte, Eduarden aufzusuchen, dem er schon auf die Spur gekommen war.

Sein Weg führte ihn zu einem angenehmen Tal, dessen anmutig grünen, baumreichen Wiesengrund die Wasserfülle eines immer lebendigen Baches bald durchschlängelte, bald durchrauschte. Auf den sanften Anhöhen zogen sich fruchtbare Felder und wohl bestandene Obstpflanzungen hin. Die Dörfer lagen nicht zu nah aneinander, das Ganze hatte einen friedlichen Charakter, und die einzelnen Partien, wenn auch nicht zum Malen, schienen doch zum Leben vorzüglich geeignet zu sein.

Ein wohlerhaltenes Vorwerk mit einem reinlichen, bescheidenen Wohnhaus, von Gärten umgeben, fiel ihm endlich in die Augen. Er vermutete, hier sei Eduards gegenwärtiger Aufenthalt, und er irrte nicht.

Von diesem einsamen Freund können wir so viel sagen, dass er sich im Stillen dem Gefühl seiner Leidenschaft ganz überließ und dabei mancherlei Plane sich ausdachte, mancherlei Hoffnungen nährte. Er konnte nicht leugnen, dass er Ottilien hier zu sehen wünsche, dass er wünsche, sie hierher zu führen, zu locken, und was er sich sonst noch Erlaubtes und Unerlaubtes zu denken nicht verwehrte. Dann schwankte seine Einbildungskraft in allen Möglichkeiten herum. Sollte er sie hier nicht besitzen, nicht rechtmäßig besitzen können, so wollte er ihr den Besitz des Gutes zueignen. Hier sollte sie still für sich, unabhängig leben; sie sollte glücklich sein und, wenn ihn eine selbstquälerische Einbildungskraft noch weiter führte, vielleicht mit einem anderen glücklich sein.

So verflossen ihm seine Tage in einem ewigen Schwanken zwischen Hoffnung und Schmerz, zwischen Tränen und Heiterkeit, zwischen Vorsätzen, Vorbereitungen und Verzweiflung. Der Anblick Mittlers überraschte ihn nicht. Er hatte dessen Ankunft längst erwartet, und so war er ihm auch halb willkommen. Glaubte er ihn von Charlotten gesendet, so hatte er sich schon auf allerlei Entschuldigungen und Verzögerungen und sodann auf entscheidendere Vorschläge bereitet; hoffte er nun aber von Ottilien wieder etwas zu vernehmen, so war ihm Mittler so lieb wie ein himmlischer Bote.

Verdrießlich daher und verstimmt war Eduard, als er vernahm, Mittler komme nicht von dorther, sondern aus eignem Antrieb. Sein Herz verschloss sich, und das Gespräch wollte sich anfangs nicht einleiten. Doch wusste Mittler nur zu gut, dass ein liebevoll beschäftigtes Gemüt das dringende Bedürfnis hat, sich zu äußern, das, was in ihm vorgeht, vor einem Freund auszuschütten, und ließ sich daher gefallen, nach einigem Hin- und Widerreden diesmal aus seiner Rolle herauszugehen und statt des Vermittlers den Vertrauten zu spielen.

Als er hiernach auf eine freundliche Weise Eduarden wegen seines einsamen Lebens tadelte, erwiderte dieser: „O, ich wüsste nicht, wie ich meine Zeit angenehmer zubringen sollte! Immer bin ich mit ihr beschäftigt, immer in ihrer Nähe. Ich habe den unschätzbaren Vorteil, mir denken zu können, wo sich Ottilie befindet, wo sie geht, wo sie steht, wo sie ausruht. Ich sehe sie vor mir tun und handeln wie gewöhnlich, schaffen und vornehmen, freilich immer das, was mir am meisten schmeichelt. Dabei bleibt es aber nicht; denn wie kann ich fern von ihr glücklich sein! Nun arbeitet meine Phantasie durch, was Ottilie tun sollte, sich mir zu nähern. Ich schreibe süße, zutrauliche Briefe in ihrem Namen an mich, ich antworte ihr und verwahre die Blätter zusammen. Ich habe versprochen, keinen Schritt zu ihr zu tun, und das will ich halten. Aber was bindet sie, dass sie sich nicht zu mir wendet? Hat etwa Charlotte die Grausamkeit gehabt, Versprechen und Schwur von ihr zu fordern, dass sie mir nicht schreiben, keine Nachricht von sich geben wolle? Es ist natürlich, es ist wahrscheinlich, und doch finde ich es unerhört, unerträglich. Wenn sie mich liebt, wie ich glaube, wie ich weiß, warum entschließt sie sich nicht, warum wagt sie es nicht, zu fliehen und sich in meine Arme zu werfen? Sie sollte das, denke ich manchmal, sie könnte das. Wenn sich etwas auf dem Vorsaal regt, sehe ich zur Tür. Sie soll hereintreten! denk ich, hoff ich. Ach! und da das Mögliche unmöglich ist, bilde ich mir ein, das Unmögliche müsse möglich werden. Nachts, wenn ich aufwache, die Lampe einen unsichern Schein durch das Schlafzimmer wirft, da sollte ihre Gestalt, ihr Geist, eine Ahnung von ihr vorüberschweben, herantreten, mich ergreifen, nur einen Augenblick, dass ich eine Art von Versicherung hätte, sie gedenke mein, sie sei mein. – Eine einzige Freude bleibt mir noch. Da ich ihr nahe war, träumte ich nie von ihr; jetzt aber, in der Ferne, sind wir im Traum zusammen, und sonderbar genug: seit ich andre liebenswürdige Personen hier in der Nachbarschaft kennengelernt, jetzt erst erscheint mir ihr Bild im Traum, als wenn sie mir sagen wollte: ‚Siehe nur hin und her! Du findest doch nichts Schöneres und Lieberes als mich.' Und so mischt sich ihr Bild in jeden meiner Träume. Alles, was mir mit ihr begegnet, schiebt sich durch- und übereinander. Bald unterschreiben wir einen Kontrakt; da ist ihre Hand und die meinige, ihr Name und der meinige; beide löschen einander aus, beide verschlingen sich. Auch nicht ohne Schmerz sind diese wonnevollen Gaukeleien der Phantasie. Manchmal tut sie etwas, das die reine Idee beleidigt, die ich von ihr habe, dann fühl ich erst, wie sehr ich sie liebe, indem ich über alle Beschreibung geängstigt bin. Manchmal neckt sie mich ganz gegen ihre Art und quält mich; aber sogleich verändert sich ihr Bild, ihr schönes, rundes, himmlisches Gesichtchen verlängert sich: es ist eine andere. Aber ich bin doch gequält, unbefriedigt und zerrüttet.

Lächeln Sie nicht, lieber Mittler, oder lächeln Sie auch! O ich schäme mich nicht dieser Anhänglichkeit, dieser, wenn Sie wollen, törichten, rasenden Neigung. Nein, ich habe noch nie geliebt; jetzt erfahre ich erst, was das heißt. Bisher war alles in meinem Leben nur Vorspiel, nur Hinhalten, nur Zeitvertreib, nur Zeitverderb, bis ich sie kennenlernte, bis ich sie liebte und ganz und eigentlich liebte. Man hat mir nicht gerade ins Gesicht, aber doch wohl im Rücken den Vorwurf gemacht: ich pfusche, ich stümpere nur in den meisten Dingen. Es mag sein; aber ich hatte das noch nicht gefunden, worin ich mich als Meister zeigen kann. Ich will den sehen, der mich im Talent des Liebens übertrifft.

Zwar ist es ein jammervolles, ein schmerzen-, ein tränenreiches; aber ich finde es mir so natürlich, so eigen, dass ich es wohl schwerlich je wieder aufgebe."

Durch diese lebhaften, herzlichen Äußerungen hatte sich Eduard wohl erleichtert; aber es war ihm auch auf einmal jeder einzelne Zug seines wunderlichen Zustandes deutlich vor die Augen getreten, dass er, vom schmerzlichen Widerstreit überwältigt, in Tränen ausbrach, die um so reichlicher flossen, als sein Herz durch Mitteilung weich geworden war.

Mittler, der sein rasches Naturell, seinen unerbittlichen Verstand um so weniger verleugnen konnte, als er sich durch diesen schmerzlichen Ausbruch der Leidenschaft Eduards weit vom Ziel seiner Reise verschlagen sah, äußerte aufrichtig und derb seine Missbilligung. Eduard – hieß es – solle sich ermannen, solle bedenken, was er seiner Manneswürde schuldig sei, solle nicht vergessen, dass dem Menschen zur höchsten Ehre gereiche, im Unglück sich zu fassen, den Schmerz mit Gleichmut und Anstand zu ertragen, um höchlich geschätzt, verehrt und als Muster aufgestellt zu werden.

Aufgeregt, durchdrungen von den peinlichsten Gefühlen, wie Eduard war, mussten ihm diese Worte hohl und nichtig vorkommen. „Der Glückliche, der Behagliche hat gut reden", fuhr Eduard auf; „aber schämen würde er sich, wenn er einsähe, wie unerträglich er dem Leidenden wird. Eine unendliche Geduld soll es geben, einen unendlichen Schmerz will der starre Behagliche nicht anerkennen. Es gibt Fälle, ja, es gibt deren! wo jeder Trost niederträchtig und Verzweiflung Pflicht ist. Verschmäht doch ein edler Grieche, der auch Helden zu schildern weiß, keineswegs, die seinigen bei schmerzlichem Drange weinen zu lassen. Selbst im Sprichwort sagt er: ‚Tränenreiche Männer sind gut.' Verlasse mich jeder, der trocknen Herzens, trockner Augen ist! Ich verwünsche die Glücklichen, denen der Unglückliche nur zum Spektakel dienen soll. Er soll sich in der grausamsten Lage körperlicher und geistiger Bedrängnis noch edel gebärden, um ihren Beifall zu erhalten, und, damit sie ihm beim Verscheiden noch applaudieren, wie ein Gladiator mit Anstand vor ihren Augen umkommen. Lieber Mittler, ich danke Ihnen für Ihren Besuch; aber Sie erzeigten mir eine große Liebe, wenn Sie sich im Garten, in der Gegend umsähen. Wir kommen wieder zusammen. Ich versuche gefasster und Ihnen ähnlicher zu werden."

Mittler mochte lieber einlenken als die Unterhaltung abbrechen, die er so leicht nicht wieder anknüpfen konnte. Auch Eduarden war es ganz gemäß, das Gespräch weiter fortzusetzen, das ohnehin zu seinem Ziel abzulaufen strebte.

„Freilich", sagte Eduard, „hilft das Hin- und Widerdenken, das Hin- und Widerreden zu nichts; doch unter diesem Reden bin ich mich selbst erst gewahr worden, habe ich erst entschieden gefühlt, wozu ich mich entschließen sollte, wozu ich entschlossen bin. Ich sehe mein gegenwärtiges, mein zukünftiges Leben vor mir; nur zwischen Elend und Genuss habe ich zu wählen. Bewirken Sie, bester Mann, eine Scheidung, die so notwendig, die schon geschehen ist; schaffen Sie mir Charlottens Einwilligung! Ich will nicht weiter ausführen, warum ich glaube, dass sie zu erlangen sein wird. Gehen Sie hin, lieber Mann, beruhigen Sie uns alle, machen Sie uns glücklich!" – Mittler stockte. Eduard fuhr fort: „Mein Schicksal und Ottiliens ist nicht zu trennen, und wir werden nicht zugrunde gehen. Sehen Sie dieses Glas!

Unsere Namenszüge sind dareingeschnitten. Ein fröhlich Jubelnder warf es in die Luft; niemand sollte mehr daraus trinken, auf dem felsigen Boden sollte es zerschellen; aber es ward aufgefangen. Um hohen Preis habe ich es wieder eingehandelt, und ich trinke nun täglich daraus, um mich täglich zu überzeugen, dass alle Verhältnisse unzerstörbar sind, die das Schicksal beschlossen hat."

„O wehe mir", rief Mittler, „was muss ich nicht mit meinen Freunden für Geduld haben! Nun begegnet mir noch gar der Aberglaube, der mir als das Schädlichste, was bei den Menschen einkehren kann, verhasst bleibt. Wir spielen mit Voraussagungen und Träumen und machen dadurch das alltägliche Leben bedeutend. Aber wenn das Leben nun selbst bedeutend wird, wenn alles um uns sich bewegt und braust, dann wird das Gewitter durch jene Gespenster nur noch fürchterlicher."

„Lassen Sie in dieser Ungewissheit des Lebens", rief Eduard, „zwischen diesem Hoffen und Bangen dem bedürftigen Herzen doch nur eine Art von Leitstern, zu welchem es hinblicke, wenn es auch nicht danach steuern kann."

„Ich ließe mirs wohl gefallen", versetzte Mittler, „wenn dabei nur einige Konsequenz zu hoffen wäre, aber ich habe immer gefunden: auf die warnenden Symptome achtet kein Mensch, auf die schmeichelnden und versprechenden allein ist die Aufmerksamkeit gerichtet und der Glaube für sie ganz allein lebendig."

Da sich nun Mittler sogar in die dunklen Regionen geführt sah, in denen er sich immer unbehaglicher fühlte, je länger er darin verweilte, so nahm er den dringenden Wunsch Eduards, der ihn zu Charlotten gehen hieß, etwas williger auf. Denn was wollte er überhaupt Eduarden in diesem Augenblick noch entgegensetzen? Zeit zu gewinnen, zu erforschen, wie es um die Frauen stehe, das war es, was ihm selbst nach seinen eignen Gesinnungen zu tun übrigblieb.

Er eilte zu Charlotten, die er wie sonst gefasst und heiter fand. Sie unterrichtete ihn gern von allem, was vorgefallen war; denn aus Eduards Reden konnte er nur die Wirkung entnehmen. Er trat von seiner Seite behutsam heran, konnte es aber nicht über sich gewinnen, das Wort Scheidung auch nur im Vorbeigehn auszusprechen. Wie verwundert, erstaunt und, nach seiner Gesinnung, erheitert war er daher, als Charlotte ihm in Gefolg so manches Unerfreulichen endlich sagte: „Ich muss glauben, ich muss hoffen, dass alles sich wieder geben, dass Eduard sich wieder nähern werde. Wie kann es auch wohl anders sein, da Sie mich guter Hoffnung finden."

„Versteh ich Sie recht?" fiel Mittler ein. „Vollkommen", versetzte Charlotte. „Tausendmal gesegnet sei mir diese Nachricht!" rief er, die Hände zusammenschlagend. „Ich kenne die Stärke dieses Arguments auf ein männliches Gemüt. Wie viele Heiraten sah ich dadurch beschleunigt, befestigt, wiederhergestellt! Mehr als tausend Worte wirkt eine solche gute Hoffnung, die fürwahr die beste Hoffnung ist, die wir haben können. Doch", fuhr er fort, „was mich betrifft, so hätte ich alle Ursache, verdrießlich zu sein. In diesem Fall, sehe ich wohl, wird meiner Eigenliebe nicht geschmeichelt. Bei euch kann meine Tätigkeit keinen Dank verdienen. Ich komme mir vor wie jener Arzt, mein Freund, dem alle Kuren gelangen, die er um Gottes willen an Armen tat, der aber selten einen Reichen heilen konnte, der es gut bezahlen wollte. Glücklicherweise hilft sich hier die Sache von selbst, da meine Bemühungen, mein Zureden fruchtlos geblieben wären."

Charlotte verlangte nun von ihm, er solle die Nachricht Eduarden bringen, einen Brief von ihr mitnehmen und sehen, was zu tun, was herzustellen sei. Er wollte das nicht eingehen. „Alles ist schon getan", rief er aus. „Schreiben Sie! Ein jeder Bote ist so gut wie ich. Muss ich doch meine Schritte hinwenden, wo ich nötiger bin. Ich komme nur wieder, um Glück zu wünschen; ich komme zur Taufe." – Charlotte war diesmal, wie schon öfters, über Mittlern unzufrieden. Sein rasches Wesen brachte manches Gute hervor, aber seine Übereilung war schuld an manchem Misslingen. Niemand war abhängiger von augenblicklich vorgefassten Meinungen als er.

Charlottens Bote kam zu Eduarden, der ihn mit halbem Schrecken empfing. Der Brief konnte ebenso gut für Nein wie für Ja entscheiden. Er wagte lange nicht, ihn aufzubrechen, und wie stand er betroffen, als er das Blatt gelesen, versteinert bei folgender Stelle, womit es sich endigte: „Gedenke jener nächtlichen Stunden, in denen du deine Gattin abenteuerlich als Liebender besuchtest, sie unwiderstehlich an dich zogst, sie als eine Geliebte, als eine Braut in die Arme schlossest. Lass uns in dieser seltsamen Zufälligkeit eine Fügung des Himmels verehren, die für ein neues Band unserer Verhältnisse gesorgt hat in dem Augenblick, da das Glück unseres Lebens auseinanderzufallen und zu verschwinden droht."

Was von dem Augenblick an in der Seele Eduards vorging, würde schwer zu schildern sein. In einem solchen Gedränge treten zuletzt alte Gewohnheiten, alte Neigungen wieder hervor, um die Zeit zu töten und den Lebensraum auszufüllen. Jagd und Krieg sind eine solche für den Edelmann immer bereite Aushilfe. Eduard sehnte sich nach äußerer Gefahr, um der innerlichen das Gleichgewicht zu halten. Er sehnte sich nach dem Untergang, weil ihm das Dasein unerträglich zu werden drohte; ja es war ihm ein Trost zu denken, dass er nicht mehr sein werde und eben dadurch seine Geliebten, seine Freunde glücklich machen könne. Niemand stellte seinem Willen ein Hindernis entgegen, da er seinen Entschluss verheimlichte. Mit allen Förmlichkeiten setzte er sein Testament auf; es war ihm eine süße Empfindung, Ottilien das Gut vermachen zu können. Für Charlotten, für das Ungeborene, für den Hauptmann, für seine Dienerschaft war gesorgt. Der wieder ausgebrochene Krieg begünstigte sein Vorhaben. Militärische Halbheiten hatten ihm in seiner Jugend viel zu schaffen gemacht; er hatte deswegen den Dienst verlassen. Nun war es ihm eine herrliche Empfindung, mit einem Feldherrn zu ziehen, von dem er sagen konnte: unter seiner Anführung ist der Tod wahrscheinlich und der Sieg gewiss.

Ottilie, nachdem auch ihr Charlottens Geheimnis bekannt geworden, betroffen wie Eduard, und mehr, ging in sich zurück. Sie hatte nichts weiter zu sagen. Hoffen konnte sie nicht, und wünschen durfte sie nicht. Einen Blick jedoch in ihr Inneres gewährt uns ihr Tagebuch, aus dem wir einiges mitzuteilen gedenken.

Zweiter Teil

Erstes Kapitel

Im gemeinen Leben begegnet uns oft, was wir in der Epopöe als Kunstgriff des Dichters zu rühmen pflegen, dass nämlich, wenn die Hauptfiguren sich entfernen, verbergen, sich der Untätigkeit hingeben, gleich sodann schon ein Zweiter, Dritter, bisher kaum Bemerkter den Platz füllt und, indem er seine ganze Tätigkeit äußert, uns gleichfalls der Aufmerksamkeit, der Teilnahme, ja des Lobs und Preises würdig erscheint.

So zeigte sich gleich nach der Entfernung des Hauptmanns und Eduards jener Architekt täglich bedeutender, von welchem die Anordnung und Ausführung so manches Unternehmens allein abhing, wobei er sich genau, verständig und tätig erwies und zugleich den Damen auf mancherlei Art beistand und in stillen, langwierigen Stunden sie zu unterhalten wusste. Schon sein Äußeres war von der Art, dass es Zutrauen einflößte und Neigung erweckte. Ein Jüngling im vollen Sinn des Wortes, wohl gebaut, schlank, eher ein wenig zu groß, bescheiden ohne ängstlich, zutraulich ohne zudringlich zu sein. Freudig übernahm er jede Sorge und Bemühung, und weil er mit großer Leichtigkeit rechnete, so war ihm bald das ganze Hauswesen kein Geheimnis, und überallhin verbreitete sich sein günstiger Einfluss. Die Fremden ließ man ihn gewöhnlich empfangen, und er wusste einen unerwarteten Besuch entweder abzulehnen oder die Frauen wenigstens dergestalt darauf vorzubereiten, dass ihnen keine Unbequemlichkeit daraus entsprang.

Unter andern gab ihm eines Tages ein junger Rechtsgelehrter viel zu schaffen, der, von einem benachbarten Edelmann gesendet, eine Sache zur Sprache brachte, die, zwar von keiner sonderlichen Bedeutung, Charlotten dennoch innig berührte. Wir müssen dieses Vorfalls gedenken, weil er verschiedenen Dingen einen Anstoß gab, die sonst vielleicht lange geruht hätten.

Wir erinnern uns jener Veränderung, welche Charlotte mit dem Kirchhof vorgenommen hatte. Die sämtlichen Monumente waren von ihrer Stelle gerückt und hatten an der Mauer, am Sockel der Kirche Platz gefunden. Der übrige Raum war geebnet. Außer einem breiten Weg, der zur Kirche und an derselben vorbei zu dem jenseitigen Pförtchen führte, war das Übrige alles mit verschiedenen Arten Klee besät, der auf das Schönste grünte und blühte. Nach einer gewissen Ordnung sollten vom Ende her die neuen Gräber bestellt, doch der Platz jederzeit wieder verglichen und ebenfalls besät werden. Niemand konnte leugnen, dass diese Anstalt beim sonn- und festtäglichen Kirchgang eine heitere und würdige Ansicht gewährte. Sogar der betagte und an alten Gewohnheiten haftende Geistliche, der anfänglich mit der Einrichtung nicht sonderlich zufrieden gewesen, hatte nunmehr seine Freude daran, wenn er unter den alten Linden, gleich Philemon mit seiner Baucis vor der Hintertür ruhend, statt der holprigen Grabstätten einen schönen, bunten Teppich vor sich sah, der noch überdies seinem Haushalt zugute kommen sollte, indem Charlotte die Nutzung dieses Fleckens der Pfarre hatte zusichern lassen.

Allein desungeachtet hatten schon manche Gemeindeglieder früher gemissbilligt, dass man die Bezeichnung der Stelle, wo ihre Vorfahren ruhten, aufgehoben und das Andenken dadurch gleichsam ausgelöscht; denn die wohlerhaltenen Monumente zeigen zwar an, wer begraben sei, aber nicht, wo er begraben sei, und auf das Wo komme es eigentlich an, wie viele behaupteten.

Von ebensolcher Gesinnung war eine benachbarte Familie, die sich und den Ihrigen einen Raum auf dieser allgemeinen Ruhestätte vor mehreren Jahren ausbedungen und dafür der Kirche eine kleine Stiftung zugewendet hatte. Nun war der junge Rechtsgelehrte abgesendet, um die Stiftung zu widerrufen und anzuzeigen, dass man nicht weiterzahlen werde, weil die

Bedingung, unter welcher dieses bisher geschehen, einseitig aufgehoben und auf alle Vorstellungen und Widerreden nicht geachtet worden. Charlotte, die Urheberin dieser Veränderung, wollte den jungen Mann selbst sprechen, der zwar lebhaft, aber nicht allzu vorlaut seine und seines Prinzipals Gründe darlegte und der Gesellschaft manches zu denken gab.

„Sie sehen", sprach er nach einem kurzen Eingang, in welchem er seine Zudringlichkeit zu rechtfertigen wusste, „Sie sehen, dass dem Geringsten wie dem Höchsten daran gelegen ist, den Ort zu bezeichnen, der die Seinigen aufbewahrt. Dem ärmsten Landmann, der ein Kind begräbt, ist es eine Art von Trost, ein schwaches hölzernes Kreuz auf das Grab zu stellen, es mit einem Kranz zu zieren, um wenigstens das Andenken so lange zu erhalten, als der Schmerz währt, wenn auch ein solches Merkzeichen, wie die Trauer selbst, durch die Zeit aufgehoben wird. Wohlhabende verwandeln diese Kreuze in eiserne, befestigen und schützen sie auf mancherlei Weise, und hier ist schon Dauer für mehrere Jahre. Doch weil auch diese endlich sinken und unscheinbar werden, so haben Begüterte nichts Angelegeneres, als einen Stein aufzurichten, der für mehrere Generationen zu dauern verspricht und von den Nachkommen erneut und aufgefrischt werden kann. Aber dieser Stein ist es nicht, der uns anzieht, sondern das darunter Enthaltene, das daneben der Erde Vertraute. Es ist nicht sowohl vom Andenken die Rede als von der Person selbst, nicht von der Erinnerung, sondern von der Gegenwart. Ein geliebtes Abgeschiedenes umarme ich weit eher und inniger im Grabhügel als im Denkmal, denn dieses ist für sich eigentlich nur wenig; aber um dasselbe her sollen sich wie um einen Markstein Gatten, Verwandte, Freunde selbst nach ihrem Hinscheiden noch versammeln, und der Lebende soll das Recht behalten, Fremde und Misswollende auch von der Seite seiner geliebten Ruhenden abzuweisen und zu entfernen.

Ich halte deswegen dafür, dass mein Prinzipal völlig recht habe, die Stiftung zurückzunehmen; und dies ist noch billig genug, denn die Glieder der Familie sind auf eine Weise verletzt, wofür gar kein Ersatz zu denken ist. Sie sollen das schmerzlich süße Gefühl entbehren, ihren Geliebten ein Totenopfer zu bringen, die tröstliche Hoffnung, dereinst unmittelbar neben ihnen zu ruhen."

„Die Sache ist nicht von der Bedeutung", versetzte Charlotte, „dass man sich deshalb durch einen Rechtshandel beunruhigen sollte. Meine Anstalt reut mich so wenig, dass ich die Kirche gern wegen dessen, was ihr entgeht, entschädigen will. Nur muss ich Ihnen aufrichtig gestehen: Ihre Argumente haben mich nicht überzeugt. Das reine Gefühl einer endlichen allgemeinen Gleichheit, wenigstens nach dem Tod, scheint mir beruhigender als dieses eigensinnige, starre Fortsetzen unserer Persönlichkeiten, Anhänglichkeiten und Lebensverhältnisse. – Und was sagen Sie hierzu?" richtete sie ihre Frage an den Architekten.

„Ich möchte", versetzte dieser, „in einer solchen Sache weder streiten noch den Ausschlag geben. Lassen Sie mich das, was meiner Kunst, meiner Denkweise am nächsten liegt, bescheiden äußern. Seitdem wir nicht mehr so glücklich sind, die Reste eines geliebten Gegenstandes eingeurnt an unsere Brust zu drücken, da wir weder reich noch heiter genug sind, sie unversehrt in großen, wohlausgezierten Sarkophagen zu verwahren, ja da wir nicht einmal in den Kirchen mehr Platz für uns und für die Unsrigen finden, sondern hinaus ins Freie gewiesen sind, so haben wir alle Ursache, die Art und Weise, die Sie, meine gnädige Frau, eingeleitet haben, zu billigen. Wenn die Glieder einer Gemeinde reihenweise nebeneinander liegen, so ruhen sie bei und unter den Ihrigen; und wenn die Erde uns einmal aufnehmen soll, so finde ich nichts natürlicher und reinlicher, als dass man die zufällig entstandenen, nach und nach zusammensinkenden Hügel ungesäumt vergleiche und so die Decke, indem alle sie tragen, einem jeden leichter gemacht werde."

„Und ohne irgendein Zeichen des Andenkens, ohne irgendetwas, das der Erinnerung entgegenkäme, sollte das alles so vorübergehen?" versetzte Ottilie.

„Keineswegs!“ fuhr der Architekt fort; „nicht vom Andenken, nur vom Platze soll man sich lossagen. Der Baukünstler, der Bildhauer sind höchlich interessiert, dass der Mensch von ihnen, von ihrer Kunst, von ihrer Hand eine Dauer seines Daseins erwarte; und deswegen wünschte ich gut gedachte, gut ausgeführte Monumente, nicht einzeln und zufällig ausgesät, sondern an einem Ort aufgestellt, wo sie sich Dauer versprechen können. Da selbst die Frommen und Hohen auf das Vorrecht Verzicht tun, in den Kirchen persönlich zu ruhen, so stelle man wenigstens dort oder in schönen Hallen um die Begräbnisplätze Denkzeichen, Denkschriften auf. Es gibt tausenderlei Formen, die man ihnen vorschreiben, tausenderlei Zierraten, womit man sie ausschmücken kann.“

„Wenn die Künstler so reich sind“, versetzte Charlotte, „so sagen Sie mir doch: Wie kann man sich niemals aus der Form eines kleinen Obelisken, einer abgestützten Säule und eines Aschenkrugs herausfinden? Anstatt der tausend Erfindungen, deren Sie sich rühmen, habe ich immer nur tausend Wiederholungen gesehen.“

„Das ist wohl bei uns so“, entgegnete ihr der Architekt, „aber nicht überall. Und überhaupt mag es mit der Erfindung und der schicklichen Anwendung eine eigne Sache sein. Besonders hat es in diesem Falle manche Schwierigkeit, einen ernsten Gegenstand zu erheitern und bei einem unerfreulichen nicht ins Unerfreuliche zu geraten. Was Entwürfe zu Monumenten aller Art betrifft, deren habe ich viele gesammelt und zeige sie gelegentlich; doch bleibt immer das schönste Denkmal des Menschen eigenes Bildnis. Dieses gibt mehr als irgendetwas anderes einen Begriff von dem, was er war; es ist der beste Text zu vielen oder wenigen Noten; nur müsste es aber auch in seiner besten Zeit gemacht sein, welches gewöhnlich versäumt wird. Niemand denkt daran, lebende Formen zu erhalten, und wenn es geschieht, so geschieht es auf unzulängliche Weise. Da wird ein Toter geschwind noch abgegossen und eine solche Maske auf einen Block gesetzt, und das heißt man eine Büste. Wie selten ist der Künstler imstande, sie völlig wiederzubeleben!“

„Sie haben, ohne es vielleicht zu wissen und zu wollen“, versetzte Charlotte, „dies Gespräch ganz zu meinen Gunsten gelenkt. Das Bild eines Menschen ist doch wohl unabhängig; überall, wo es steht, steht es für sich, und wir werden von ihm nicht verlangen, dass es die eigentliche Grabstätte bezeichne. Aber soll ich Ihnen eine wunderliche Empfindung bekennen? Selbst gegen die Bildnisse habe ich eine Art von Abneigung; denn sie scheinen mir immer einen stillen Vorwurf zu machen; sie deuten auf etwas Entferntes, Abgeschiedenes und erinnern mich, wie schwer es sei, die Gegenwart recht zu ehren. Bedenkt man, wie viel Menschen man gesehen, gekannt, und gesteht sich, wie wenig wir ihnen, wie wenig sie uns gewesen, wie wird uns da zumute! Wir begegnen dem Geistreichen, ohne uns mit ihm zu unterhalten, dem Gelehrten, ohne von ihm zu lernen, dem Gereisten, ohne uns zu unterrichten, dem Liebevollen, ohne ihm etwas Angenehmes zu erweisen.

Und leider ereignet sich dies nicht bloß mit den Vorübergehenden. Gesellschaften und Familien betragen sich so gegen ihre liebsten Glieder, Städte gegen ihre würdigsten Bürger, Völker gegen ihre trefflichsten Fürsten, Nationen gegen ihre vorzüglichsten Menschen.

Ich hörte fragen, warum man von den Toten so unumwunden Gutes sage, von den Lebenden immer mit einer gewissen Vorsicht. Es wurde geantwortet: weil wir von jenen nichts zu befürchten haben und diese uns noch irgendwo in den Weg kommen könnten. So unrein ist die Sorge für das Andenken der anderen; es ist meist nur ein selbstischer Scherz, wenn es dagegen ein heiliger Ernst wäre, seine Verhältnisse gegen die Überbliebenen immer lebendig und tätig zu erhalten.“

Zweites Kapitel

Aufgeregt durch den Vorfall und die daran sich knüpfenden Gespräche, begab man sich des andern Tags zum Begräbnisplatz, zu dessen Verzierung und Erheiterung der Architekt manchen glücklichen Vorschlag tat. Allein auch auf die Kirche sollte sich seine Sorgfalt erstrecken, auf ein Gebäude, das gleich anfänglich seine Aufmerksamkeit angezogen hatte.

Diese Kirche stand seit mehrern Jahrhunderten, nach deutscher Art und Kunst in guten Maßen errichtet und auf eine glückliche Weise verziert. Man konnte wohl nachkommen, dass der Baumeister eines benachbarten Klosters mit Einsicht und Neigung sich auch an die-sem kleineren Gebäude bewährt, und es wirkte noch immer ernst und angenehm auf den Betrachter, obgleich die innere neue Einrichtung zum protestantischen Gottesdienst ihm etwas von seiner Ruhe und Majestät genommen hatte.

Dem Architekten fiel es nicht schwer, sich von Charlotten eine mäßige Summe zu erbitten, wovon er das Äußere sowohl als das Innere im altertümlichen Sinne herzustellen und mit dem davorliegenden Auferstehungsfeld zur Übereinstimmung zu bringen gedachte. Er hatte selbst viel Handgeschick, und einige Arbeiter, die noch am Hausbau beschäftigt waren, wollte man gern so lange dabehalten, bis auch dieses fromme Werk vollendet wäre.

Man war nunmehr in dem Falle, das Gebäude selbst mit allen Umgebungen und Angebäuden zu untersuchen, und da zeigte sich zum größten Erstaunen und Vergnügen des Architekten eine wenig bemerkte kleine Seitenkapelle von noch geistreichern und leichtern Maßen, von noch gefälligern und fleißigern Zierraten. Sie enthielt zugleich manchen geschnitzten und gemalten Rest jenes älteren Gottesdienstes, der mit mancherlei Gebild und Gerätschaft die verschiedenen Feste zu bezeichnen und jedes auf seine eigene Weise zu feiern wusste.

Der Architekt konnte es nicht unterlassen, die Kapelle sogleich in seinen Plan mit hereinzuziehen und besonders diesen engen Raum als ein Denkmal voriger Zeiten und ihres Geschmacks wiederherzustellen. Er hatte sich die leeren Flächen nach seiner Neigung schon verziert gedacht und freute sich, dabei sein malerisches Talent zu üben; allein er machte seinen Hausgenossen fürs erste ein Geheimnis davon.

Vor allem anderen zeigte er versprochenermaßen den Frauen die verschiedenen Nachbildungen und Entwürfe von alten Grabmonumenten, Gefäßen und andern dahin sich nähernden Dingen, und als man im Gespräch auf die einfachern Grabhügel der nordischen Völker zu reden kam, brachte er seine Sammlung von mancherlei Waffen und Gerätschaften, die darin gefunden worden, zur Ansicht. Er hatte alles sehr reinlich und tragbar in Schubladen und Fächern auf eingeschnittenen, mit Tuch überzogenen Brettern, sodass diese alten, ernsten Dinge durch seine Behandlung etwas Putzhaftes annahmen und man mit Vergnügen darauf wie auf die Kästchen eines Modehändlers hinblickte. Und da er einmal im Vorzeigen war, da die Einsamkeit eine Unterhaltung forderte, pflegte er jeden Abend mit einem Teil seiner Schätze hervorzutreten. Sie waren meistenteils deutschen Ursprungs: Brakteaten, Dickmünzen, Siegel und was sonst sich noch anschließen mag. All diese Dinge richteten die Einbildungskraft auf die ältere Zeit hin, und da er zuletzt mit den Anfängen des Drucks, Holzschnitten und den ältesten Kupfern seine Unterhaltung zierte und die Kirche täglich auch, jenem Sinne gemäß, an Farbe und sonstiger Auszierung gleichsam der Vergangenheit entgegenwuchs, so musste man sich beinahe selbst fragen, ob man denn wirklich in der neueren Zeit lebe, ob es nicht ein Traum sei, dass man nunmehr in ganz andern Sitten, Gewohnheiten, Lebensweisen und Überzeugungen verweile.

Auf solche Art vorbereitet, tat ein größeres Portefeuille, das er zuletzt herbeibrachte, die beste Wirkung. Es enthielt zwar meist nur umrissene Figuren, die aber, weil sie auf die Bilder selbst durchgezeichnet waren, ihren altertümlichen Charakter vollkommen erhalten hatten, und diesen, wie einnehmend fanden ihn die Beschauenden! Aus allen Gestalten blickte nur das reinste Dasein hervor; alle musste man, wo nicht für edel, doch für gut ansprechen. Heitere Sammlung, willige Anerkennung eines Ehrwürdigen über uns, stille Hingebung in Liebe und Erwartung war auf allen Gesichtern, in allen Gebärden ausgedrückt. Der Greis mit dem kahlen Scheitel, der reichlockige Knabe, der muntere Jüngling, der ernste Mann, der verklärte Heilige, der schwebende Engel, alle schienen selig in einem unschuldigen Genügen, in einem frommen Erwarten. Das Gemeinste, was geschah, hatte einen Zug von himmlischem Leben, und eine gottesdienstliche Handlung schien ganz jeder Natur angemessen. Nach einer solchen Region blicken wohl die meisten wie nach einem verschwundenen goldenen Zeitalter, nach einem verlorenen Paradiese hin. Nur vielleicht Ottilie war in dem Fall, sich unter ihresgleichen zu fühlen.

Wer hätte nun widerstehen können, als der Architekt sich erbot, nach dem Anlass dieser Urbilder die Räume zwischen den Spitzbogen der Kapelle auszumalen und dadurch sein Andenken entschieden an einem Ort zu stiften, wo es ihm so gut gegangen war. Er erklärte sich hierüber mit einiger Wehmut; denn er konnte nach der Lage der Sache wohl einsehen, dass sein Aufenthalt in so vollkommener Gesellschaft nicht immer dauern könne, ja vielleicht bald abgebrochen werden müsse.

Übrigens waren diese Tage zwar nicht reich an Begebenheiten, doch voller Anlässe zu ernsthafter Unterhaltung. Wir nehmen daher Gelegenheit, von demjenigen, was Ottilie sich daraus in ihren Heften angemerkt, einiges mitzuteilen, wozu wir keinen schicklicheren Übergang finden als durch ein Gleichnis, das sich uns beim Betrachten ihrer liebenswürdigen Blätter aufdrängt.

Wir hören von einer besondern Einrichtung bei der englischen Marine. Sämtliche Tauwerke der königlichen Flotte, vom stärksten bis zum schwächsten, sind dergestalt gesponnen, dass ein roter Faden durch das Ganze geht, den man nicht herauswinden kann, ohne alles aufzulösen, und woran auch die kleinsten Stücke kenntlich sind, dass sie der Krone gehören.

Ebenso zieht sich durch Ottiliens Tagebuch ein Faden der Neigung und Anhänglichkeit, der alles verbindet und das Ganze bezeichnet. Dadurch werden diese Bemerkungen, Betrachtungen, ausgezogenen Sinnsprüche und was sonst vorkommen mag, der Schreibenden ganz besonders eigen und für sie von Bedeutung. Selbst jede einzelne von uns ausgewählte und mitgeteilte Stelle gibt davon das entschiedenste Zeugnis:

Aus Ottiliens Tagebuch

Neben denen dereinst zu ruhen, die man liebt, ist die angenehmste Vorstellung, welche der Mensch haben kann, wenn er einmal über das Leben hinausdenkt. „Zu den Seinigen versammelt werden", ist ein so herzlicher Ausdruck.

Es gibt mancherlei Denkmale und Merkzeichen, die uns Entfernte und Abgeschiedene näher bringen. Keins ist von der Bedeutung des Bildes. Die Unterhaltung mit einem geliebten Bild, selbst wenn es unähnlich ist, hat was Reizendes, wie es manchmal etwas Reizendes hat, sich mit einem Freund zu streiten. Man fühlt auf eine angenehme Weise, dass man zu zweien ist und doch nicht auseinander kann.

Man unterhält sich manchmal mit einem gegenwärtigen Menschen wie mit einem Bild. Er braucht nicht zu sprechen, uns nicht anzusehen, sich nicht mit uns zu beschäftigen; wir sehen ihn, wir fühlen unser Verhältnis zu ihm, ja sogar unsere Verhältnisse zu ihm können wachsen, ohne dass er etwas dazu tut, ohne dass er etwas davon empfindet, dass er sich eben bloß zu uns wie ein Bild verhält.

Man ist niemals mit einem Porträt zufrieden von Personen, die man kennt. Deswegen habe ich die Porträtmaler immer bedauert. Man verlangt so selten von den Leuten das Unmögliche, und gerade von diesen fordert mans. Sie sollen einem jeden sein Verhältnis zu den Personen, seine Neigung und Abneigung mit in ihr Bild aufnehmen; sie sollen nicht bloß darstellen, wie sie einen Menschen fassen, sondern wie jeder ihn fassen würde. Es nimmt mich nicht wunder, wenn solche Künstler nach und nach verstockt, gleichgültig und eigensinnig werden. Daraus möchte dann entstehen, was wollte, wenn man nur nicht gerade darüber die Abbildungen so mancher lieben und teuren Menschen entbehren müsste.

Es ist wohl wahr, die Sammlung des Architekten von Waffen und alten Gerätschaften, die nebst dem Körper mit hohen Erdhügeln und Felsenstücken zugedeckt waren, bezeugt uns, wie unnütz die Vorsorge des Menschen sei für die Erhaltung seiner Persönlichkeit nach dem Tode. Und so widersprüchlich sind wir! Der Architekt gesteht, selbst solche Grabhügel der Vorfahren geöffnet zu haben, und fährt dennoch fort, sich mit Denkmälern für die Nachkommen zu beschäftigen.

Warum soll man es aber so streng nehmen? Ist denn alles, was wir tun, für die Ewigkeit getan? Ziehen wir uns nicht morgens an, um uns abends wieder auszuziehen? Verreisen wir nicht, um wiederzukehren? Und warum sollten wir nicht wünschen, neben den Unsrigen zu ruhen, und wenn es auch nur für ein Jahrhundert wäre?

Wenn man die vielen versunkenen, die durch Kirchgänger abgetretenen Grabsteine, die über ihren Grabmälern selbst zusammengestürzten Kirchen erblickt, so kann einem das Leben nach dem Tod doch immer wie ein zweites Leben vorkommen, in das man nun im Bild, in der Überschrift eintritt und länger darin verweilt als in dem eigentlichen lebendigen Leben. Aber auch dieses Bild, dieses zweite Dasein verlischt früher oder später. Wie über die Menschen, so auch über die Denkmäler lässt sich die Zeit ihr Recht nicht nehmen.

Drittes Kapitel

Es ist eine so angenehme Empfindung, sich mit etwas zu beschäftigen, was man nur halb kann, dass niemand den Dilettanten schelten sollte, wenn er sich mit einer Kunst abgibt, die er nie lernen wird, noch den Künstler tadeln dürfte, wenn er über die Grenze seiner Kunst hinaus in einem benachbarten Feld sich zu ergehen Lust hat.

Mit so billigen Gesinnungen betrachten wir die Anstalten des Architekten zum Ausmalen der Kapelle. Die Farben waren bereitet, die Maße genommen, die Kartons gezeichnet; allen Anspruch auf Erfindung hatte er aufgegeben; er hielt sich an seine Umrisse: nur die sitzenden und schwebenden Figuren geschickt aufzuteilen, den Raum damit geschmackvoll auszuzieren, war seine Sorge.

Das Gerüste stand, die Arbeit ging vorwärts, und da schon einiges, was in die Augen fiel, erreicht war, konnte es ihm nicht zuwider sein, dass Charlotte mit Ottilien ihn besuchte. Die lebendigen Engelsgesichter, die lebhaften Gewänder auf dem blauen Himmelsgrund erfreuten das Auge, indem ihr stilles frommes Wesen das Gemüt zur Sammlung rief und eine sehr zarte Wirkung hervorbrachte.

Die Frauen waren zu ihm aufs Gerüst gestiegen, und Ottilie bemerkte kaum, wie abgemessen leicht und bequem das alles zuging, als sich in ihr das durch früheren Unterricht Empfangene mit einmal zu entwickeln schien, sie nach Farbe und Pinsel griff und auf erhaltene Anweisung ein faltenreiches Gewand mit soviel Reinlichkeit als Geschicklichkeit anlegte.

Charlotte, welche gern sah, wenn Ottilie sich auf irgendeine Weise beschäftigte und zerstreute, ließ die beiden gewähren und ging, um ihren eigenen Gedanken nachzuhängen, um ihre Betrachtungen und Sorgen, die sie niemanden mitteilen konnte, für sich durchzuarbeiten.

Wenn gewöhnliche Menschen, durch gemeine Verlegenheiten des Tags zu einem leidenschaftlich ängstlichen Betragen aufgeregt, uns ein mitleidiges Lächeln abnötigen, so betrachten wir dagegen mit Ehrfurcht ein Gemüt, in welchem die Saat eines großen Schicksals ausgesät worden, das die Entwicklung dieser Empfängnis abwarten muss und weder das Gute noch das Böse, weder das Glückliche noch das Unglückliche, was daraus entspringen soll, beschleunigen darf und kann.

Eduard hatte durch Charlottens Boten, den sie ihm in seine Einsamkeit gesendet, freundlich und teilnehmend, aber doch eher gefasst und ernst als zutraulich und liebevoll, geantwortet. Kurz darauf war Eduard verschwunden, und seine Gattin konnte zu keiner Nachricht von ihm gelangen, bis sie endlich von ungefähr seinen Namen in den Zeitungen fand, wo er unter denen, die sich bei einer bedeutenden Kriegsgelegenheit hervorgetan hatten, mit Auszeichnung genannt war. Sie wusste nun, welchen Weg er genommen hatte, sie erfuhr, dass er großen Gefahren entronnen war; allein sie überzeugte sich sogleich, dass er größere aufsuchen würde, und sie konnte sich daraus nur allzu sehr deuten, dass er in jedem Sinne schwerlich vom Äußersten würde zurückzuhalten sein. Sie trug diese Sorgen für sich allein immer in Gedanken und mochte sie hin und wider legen, wie sie wollte, so konnte sie doch bei keiner Ansicht Beruhigung finden.

Ottilie, von alledem nichts ahnend, hatte indessen zu jener Arbeit die größte Neigung gefasst und von Charlotten gar leicht die Erlaubnis erhalten, regelmäßig darin fortfahren zu dürfen. Nun ging es rasch weiter, und der azurne Himmel war bald mit würdigen Bewohnern bevölkert. Durch eine anhaltende Übung gewannen Ottilie und der Architekt bei den letzten Bildern mehr Freiheit; sie wurden zusehends besser. Auch die Gesichter, welche dem Architekten zu malen allein überlassen war, zeigten nach und nach eine ganz besondere Eigenschaft; sie fingen sämtlich an, Ottilien zu gleichen. Die Nähe des schönen Kindes musste wohl in die Seele des jungen Mannes, der noch keine natürliche oder künstlerische Physiognomie vorgefasst hatte, einen so lebhaften Eindruck machen, dass ihm nach und nach auf dem Weg vom Auge zur Hand nichts verlorenging, ja dass beide zuletzt ganz gleichstimmig arbeiteten. Genug, eins der letzten Gesichtchen glückte vollkommen, so dass es schien, als ob Ottilie selbst aus den himmlischen Räumen heruntersähe.

Am Gewölbe war man fertig; die Wände hatte man sich vorgenommen einfach zu lassen und nur mit einer hellern bräunlichen Farbe zu überziehen; die zarten Säulen und künstlichen bildhauerischen Zierraten sollten sich durch eine dunklere auszeichnen. Aber wie in solchen Dingen immer eins zum andern führt, so wurden noch Blumen und Fruchtgehänge beschlossen, welche Himmel und Erde gleichsam zusammenknüpfen sollten. Hier war nun Ottilie ganz in ihrem Felde. Die Gärten lieferten die schönsten Muster, und obschon die Kränze sehr reich ausgestattet wurden, so kam man doch früher, als man gedacht hatte, damit zurecht.

Noch sah aber alles wüst und roh aus. Die Gerüste waren durcheinander geschoben, die Bretter übereinander geworfen, der ungleiche Fußboden durch mancherlei vergossene Farben noch mehr verunstaltet. Der Architekt erbat sich nunmehr, dass die Frauenzimmer ihm acht Tage Zeit lassen und bis dahin die Kapelle nicht betreten möchten. Endlich ersuchte er sie an einem schönen Abend, sich beiderseits dahin zu verfügen; doch wünschte er, sie nicht begleiten zu dürfen, und empfahl sich sogleich.

„Was er uns auch für eine Überraschung zugedacht haben mag", sagte Charlotte, als er weggegangen war, „so habe ich doch gegenwärtig keine Lust hinunterzugehen. Du nimmst es wohl allein auf dich und gibst mir Nachricht. Gewiss hat er etwas Angenehmes zustande gebracht. Ich werde es erst in deiner Beschreibung und dann gern in der Wirklichkeit genießen."

Ottilie, die wohl wusste, dass Charlotte sich in manchen Stücken acht nahm, alle Gemütsbewegungen vermied und besonders nicht überrascht sein wollte, begab sich sogleich allein auf den Weg und sah sich unwillkürlich nach dem Architekten um, der aber nirgends erschien und sich mochte verborgen haben. Sie trat in die Kirche, die sie offen fand. Diese war schon früher fertig, gereinigt und eingeweiht. Sie trat zur Tür der Kapelle, deren schwere, mit

Erz beschlagene Last sich leicht vor ihr auftat und sie in einem bekannten Raum mit einem unerwarteten Anblick überraschte.

Durch das einzige hohe Fenster fiel ein ernstes, buntes Licht herein; denn es war von farbigen Gläsern anmutig zusammengesetzt. Das Ganze erhielt dadurch einen fremden Ton und bereitete zu einer eigenen Stimmung. Die Schönheit des Gewölbes und der Wände ward durch die Zierde des Fußbodens erhöht, der aus besonders geformten, nach einem schönen Muster gelegten, durch eine gegossene Gipsfläche verbundenen Ziegelsteinen bestand. Diese sowohl als auch die farbigen Scheiben hatte der Architekt heimlich bereiten lassen und konnte nun in kurzer Zeit alles zusammenfügen. Auch für Ruheplätze war gesorgt. Es hatten sich unter jenen kirchlichen Altertümern einige schön geschnitzte Chorstühle vorgefunden, die nun gar schicklich an den Wänden angebracht umherstanden.

Ottilie freute sich der bekannten, ihr als ein unbekanntes Ganzes entgegentretenden Teile. Sie stand, ging hin und wider, sah und besah; endlich setzte sie sich auf einen der Stühle, und es schien ihr, während sie auf- und umherblickte, als ob sie wäre und nicht wäre, als wenn sie empfände und nicht empfände, als wenn dies alles vor ihr, sie vor sich selbst verschwinden sollte; und nur als die Sonne das bisher sehr lebhaft beschienene Fenster verließ, erwachte Ottilie vor sich selbst und eilte zum Schloss.

Sie verbarg sich nicht, in welche sonderbare Epoche diese Überraschung gefallen sei. Es war der Abend vor Eduards Geburtstag. Diesen hatte sie freilich ganz anders zu feiern gehofft. Wie sollte nicht alles zu diesem Fest geschmückt sein! Aber nunmehr stand der ganze herbstliche Blumenreichtum ungepflückt. Diese Sonnenblumen wendeten noch immer ihr Angesicht gen Himmel, diese Astern sahen noch immer still bescheiden vor sich hin, und was allenfalls davon zu Kränzen gebunden war, hatte zum Muster gedient, einen Ort auszuschmücken, der, wenn er nicht bloß eine Künstlergrille bleiben, wenn er zu irgendetwas genutzt werden sollte, nur zu einer gemeinsamen Grabstätte geeignet schien.

Sie musste sich dabei der geräuschvollen Geschäftigkeit erinnern, mit welcher Eduard ihr Geburtsfest gefeiert; sie musste des neuerichteten Hauses gedenken, unter dessen Decke man sich soviel Freundliches versprach. Ja das Feuerwerk rauschte ihr wieder vor Augen und Ohren, je einsamer sie war, desto mehr vor der Einbildungskraft; aber sie fühlte sich auch nur um desto mehr allein. Sie lehnte sich nicht mehr auf seinen Arm und hatte keine Hoffnung, an ihm jemals wieder eine Stütze zu finden.

Aus Ottiliens Tagebuch

Eine Bemerkung des jungen Künstlers muss ich aufzeichnen: „Wie am Handwerker so am bildenden Künstler kann man auf das Deutlichste gewahr werden, dass der Mensch sich das am wenigsten zuzueignen vermag, was ihm ganz eigens angehört. Seine Werke verlassen ihn so wie die Vögel das Nest, worin sie ausgebrütet worden."

Der Baukünstler vor allen hat hierin das wunderlichste Schicksal. Wie oft wendet er seinen ganzen Geist, seine ganze Neigung auf, um Räume hervorzubringen, von denen er sich selbst ausschließen muss! Die königlichen Säle sind ihm ihre Pracht schuldig, deren größte Wirkung er nicht mitgenießt. In den Tempeln zieht er eine Grenze zwischen sich und dem Allerheiligsten, er darf die Stufen nicht mehr betreten, die er zur herzerhebenden Feierlichkeit gründete, so wie der Goldschmied die Monstranz nur von fern anbetet, deren Schmelz und Edelsteine er zusammengeordnet hat.

Dem Reichen übergibt der Baumeister mit dem Schlüssel des Palastes alle Bequemlichkeit und Behäbigkeit, ohne irgendetwas davon mitzugenießen. Muss sich nicht allgemach auf diese Weise die Kunst von dem Künstler entfernen, wenn das Werk wie ein ausgestattetes Kind nicht mehr auf den Vater zurückwirkt? Und wie sehr musste die Kunst sich selbst befördern, als sie fast allein mit dem Öffentlichen, mit dem, was allen und also auch dem Künstler gehörte, sich zu beschäftigen bestimmt war!

Eine Vorstellung der alten Völker ist ernst und kann furchtbar scheinen. Sie dachten sich ihre Vorfahren in großen Höhlen ringsumher auf Thronen sitzend in stummer Unterhaltung. Dem Neuen, der hereintrat, wenn er würdig genug war, standen sie auf und neigten ihm ein Willkommen. Gestern, als ich in der Kapelle saß und meinem geschnitzten Stuhl gegenüber noch mehrere umhergestellt sah, erschien mir jener Gedanke gar freundlich und anmutig. „Warum kannst du nicht sitzenbleiben?“ dachte ich bei mir selbst, „still und in dich gekehrt sitzenbleiben, lange, lange, bis endlich die Freunde kämen, denen du aufstündest und ihren Platz mit freundlichem Neigen anwiesest.“ Die farbigen Scheiben machen den Tag zur ernsten Dämmerung, und jemand müsste eine ewige Lampe stiften, damit auch die Nacht nicht ganz finster bliebe.

Man mag sich stellen, wie man will, und man denkt sich immer sehend. Ich glaube, der Mensch träumt nur, damit er nicht aufhöre zu sehen. Es könnte wohl sein, dass das innere Licht einmal aus uns herausträte, sodass wir keines anderen mehr bedürften.

Das Jahr verklingt. Der Wind geht über die Stoppeln und findet nichts mehr zu bewegen; nur die roten Beeren jener schlanken Bäume scheinen uns noch an etwas Munteres erinnern zu wollen, so wie uns der Taktschlag des Dreschers den Gedanken weckt, dass in der abgesichelten Ähre soviel Nährendes und Lebendiges verborgen liegt.

Viertes Kapitel

Wie seltsam musste nach solchen Ereignissen, nach diesem aufgedrungenen Gefühl von Vergänglichkeit und Hinschwinden Ottilie durch die Nachricht getroffen werden, die ihr nicht länger verborgen bleiben konnte, dass Eduard sich dem wechselnden Kriegsglück überliefert habe. Es entging ihr leider keine von den Betrachtungen, die sie dabei zu machen Ursache hatte. Glücklicherweise kann der Mensch nur einen gewissen Grad des Unglücks fassen; was darüber hinausgeht, vernichtet ihn oder lässt ihn gleichgültig. Es gibt Lagen, in denen Furcht und Hoffnung eins werden, sich einander wechselseitig aufheben und in eine dunkle Fühllosigkeit verlieren. Wie könnten wir sonst die entfernten Geliebtesten in stündlicher Gefahr wissen und dennoch unser tägliches, gewöhnliches Leben immer so forttreiben.

Es war daher, als wenn ein guter Geist für Ottilien gesorgt hätte, indem er auf einmal in diese Stille, in der sie einsam und unbeschäftigt zu versinken schien, ein wildes Heer hereinbrachte, das, indem es ihr von außen genug zu schaffen gab und sie aus sich selbst führte, zugleich in ihr das Gefühl eigener Kraft anregte.

Charlottens Tochter, Luciane, war kaum aus der Pension in die große Welt getreten, hatte kaum in dem Haus ihrer Tante sich von zahlreicher Gesellschaft umgeben gesehen, als ihr Gefallenwollen wirklich Gefallen erregte und ein junger, sehr reicher Mann gar bald eine heftige Neigung empfand, sie zu besitzen. Sein ansehnliches Vermögen gab ihm ein Recht, das Beste jeder Art sein eigen zu nennen, und es schien ihm nichts weiter abzugehen als eine vollkommene Frau, um die ihn die Welt so wie um das übrige zu beneiden hätte.

Diese Familienangelegenheit war es, welche Charlotten bisher sehr viel zu tun gab, der sie ihre ganze Überlegung, ihre Korrespondenz widmete, insofern diese nicht darauf gerichtet war, von Eduard nähere Nachricht zu erhalten; deswegen auch Ottilie mehr als sonst in der letzten Zeit allein blieb. Diese wusste zwar um die Ankunft Lucianens; im Haus hatte sie deshalb die nötigsten Vorkehrungen getroffen; allein so nahe stellte man sich den Besuch nicht vor. Man wollte vorher noch schreiben, verabreden, näher bestimmen, als der Sturm auf einmal über das Schloss und Ottilien hereinbrach.

Angefahren kamen nun Kammerjungfern und Bediente, Brancards mit Koffern und Kisten; man glaubte schon eine doppelte und dreifache Herrschaft im Haus zu haben; aber nun erschienen erst die Gäste selbst: die Großtante mit Lucianen und einigen Freundinnen, der Bräutigam gleichfalls nicht unbegleitet. Da lag das Vorhaus voll Vachen, Mantelsäcke und anderer lederner Gehäuse. Mit Mühe sonderte man die vielen Kästchen und Futterale auseinander. Des Gepäcks und Geschleppes war kein Ende. Dazwischen regnete es gewaltig, woraus manche Unbequemlichkeit entstand. Diesem ungestümen Treiben begegnete Ottilie mit gleichmütiger Tätigkeit, ja ihr heiteres Geschick erschien im schönsten Glanz; denn sie hatte in kurzer Zeit alles untergebracht und angeordnet. Jedermann war logiert, jedermann nach seiner Art bequem, und glaubte gut bedient zu sein, weil er nicht gehindert war, sich selbst zu bedienen.

Nun hätten alle gern, nach einer höchst beschwerlichen Reise, einige Ruhe genossen; der Bräutigam hätte sich seiner Schwiegermutter gern genähert, um ihr seine Liebe, seinen guten Willen zu beteuern; aber Luciane konnte nicht rasten. Sie war nun einmal zu dem Glücke gelangt, ein Pferd besteigen zu dürfen. Der Bräutigam hatte schöne Pferde, und sogleich musste man aufsitzen. Wetter und Wind, Regen und Sturm kamen nicht in Anschlag; es war, als ob man nur lebte, um nass zu werden und sich wieder zu trocknen. Fiel es ihr ein, zu Fuß auszugehen, fragte sie nicht, was für Kleider sie anhatte und wie sie beschuht war: sie musste die Anlagen besichtigen, von denen sie viel gehört hatte. Was nicht zu Pferd geschehen konnte, wurde zu Fuß durchrannt. Bald hatte sie alles gesehen und abgeurteilt. Bei der Schnelligkeit ihres Wesens war ihr nicht leicht zu widersprechen. Die Gesellschaft hatte manches zu leiden, am meisten aber die Kammermädchen, die mit Waschen und Bügeln, Auftrennen und Annähen nicht fertig werden konnten.

Kaum hatte sie das Haus und die Gegend erschöpft, als sie sich verpflichtet fühlte, rings in der Nachbarschaft Besuch abzustatten. Weil man sehr schnell ritt und fuhr, so reichte die Nachbarschaft ziemlich fern umher. Das Schloss ward mit Gegenbesuchen überschwemmt, und damit man sich ja nicht verfehlen möchte, wurden bald bestimmte Tage festgesetzt.

Indessen Charlotte mit der Tante und dem Geschäftsträger des Bräutigams die innern Verhältnisse festzustellen bemüht war und Ottilie mit ihren Untergebenen dafür zu sorgen wusste, dass es an nichts bei so großem Zugang fehlen möchte, da denn Jäger und Gärtner, Fischer und Krämer in Bewegung gesetzt wurden, zeigte sich Luciane immer wie ein brennender Kometenkern, der einen langen Schweif nach sich zieht. Die gewöhnlichen Besuchsunterhaltungen dünkten ihr bald ganz unschmackhaft. Kaum dass sie den ältesten Personen eine Ruhe am Spieltisch gönnte: wer noch einigermaßen beweglich war – und wer ließ sich nicht durch ihre reizenden Zudringlichkeiten in Bewegung setzen? –, musste herbei, wo nicht zum Tanz, doch zum lebhaften Pfand-, Straf- und Vexierspiel. Und obgleich das alles, so wie hernach die Pfänderlösung, auf sie selbst berechnet war, ging doch von der anderen Seite niemand, besonders kein Mann, er mochte von einer Art sein, von welcher er wollte, ganz leer aus; ja es glückte ihr, einige ältere Personen von Bedeutung ganz für sich zu gewinnen, indem sie ihre eben einfallenden Geburts- und Namenstage ausgeforscht hatte und besonders feierte. Dabei kam ihr ein ganz eignes Geschick zustatten, sodass, indem alle sich begünstigt sahen, jeder sich für den am meisten Begünstigten hielt: eine Schwachheit, deren sich sogar der Älteste in der Gesellschaft am allermerklichsten schuldig machte.

Schien es bei ihr Plan zu sein, Männer, die etwas vorstellten, Rang, Ansehen, Ruhm oder sonst etwas Bedeutendes für sich hatten, für sich zu gewinnen, Weisheit und Besonnenheit zuschanden zu machen und ihrem wilden, wunderlichen Wesen selbst bei der Bedächtigkeit Gunst zu erwerben, kam die Jugend doch dabei nicht zu kurz; jeder hatte sein Teil, seinen Tag, seine Stunde, in der sie ihn zu entzücken und zu fesseln wusste. So hatte sie den Architekten schon bald ins Auge gefasst, der jedoch aus seinem schwarzen, langlockigen Haar so unbefangen heraussah, so gerad und ruhig in der Entfernung stand, auf alle Fragen kurz und verständig antwortete, sich aber auf nichts weiter einzulassen geneigt schien, dass sie sich endlich einmal, halb unwillig, halb listig, entschloss, ihn zum Helden des Tages zu machen und dadurch auch für ihren Hof zu gewinnen.

Nicht umsonst hatte sie so viel Gepäck mitgebracht, ja es war ihr noch manches gefolgt. Sie hatte sich auf eine unendliche Abwechslung in Kleidern vorbereitet. Wenn es ihr Vergnügen machte, sich am Tag drei-, viermal umzuziehen und mit gewöhnlichen, in der Gesellschaft üblichen Kleidern vom Morgen bis in die Nacht zu wechseln, so erschien sie dazwischen wohl auch einmal im wirklichen Maskenkleid, als Bäuerin und Fischerin, als Fee und Blumenmädchen. Sie verschmähte nicht, sich als alte Frau zu verkleiden, um desto frischer ihr junges Gesicht aus der Kutte hervorzuzeigen; und wirklich verwirrte sie dadurch das Gegenwärtige und das Eingebildete dergestalt, dass man mit der Saalnixe verwandt und verschwägert zu sein glaubte.

Wozu sie aber diese Verkleidungen hauptsächlich benutzte, waren pantomimische Stellungen und Tänze, in denen sie verschiedene Charaktere auszudrücken gewandt war. Ein Kavalier aus ihrem Gefolge hatte sich eingerichtet, auf dem Flügel ihre Gebärden mit der wenigen nötigen Musik zu begleiten; es bedurfte nur einer kurzen Abrede, und sie waren sogleich in Übereinstimmung.

Eines Tages, als man sie bei der Pause eines lebhaften Balls auf ihren eigenen heimlichen Antrieb gleichsam aus dem Stegreif zu einer solchen Darstellung aufgefordert hatte, schien sie verlegen und überrascht und ließ sich wider ihre Gewohnheit lange bitten. Sie zeigte sich unentschlossen, ließ die Wahl, bat wie ein Improvisator um einen Gegenstand, bis endlich jener Klavier spielende Gehilfe, mit dem es verabredet sein mochte, sich an den Flügel setzte, einen Trauermarsch zu spielen anfing und sie aufforderte, jene Artemisia zu geben, welche sie so vortrefflich einstudiert habe. Sie ließ sich bitten, und nach einer kurzen Abwesenheit erschien sie, bei den zärtlich traurigen Tönen des Totenmarsches, in Gestalt der königlichen Witwe, mit gemessenem Schritt, einen Aschenkrug vor sich hertragend. Hinter ihr brachte man eine große schwarze Tafel und in einer goldenen Reißfeder ein wohl zugeschnitztes Stück Kreide.

Einer ihrer Verehrer und Adjutanten, dem sie etwas ins Ohr sagte, ging sogleich den Architekten aufzufordern, zu nötigen und gewissermaßen herbeizuschieben, dass er als Baumeister das Grab des Mausolos zeichnen und also keineswegs einen Statisten, sondern einen ernstlich Mitspielenden vorstellen sollte. Wie verlegen der Architekt auch äußerlich erschien – denn er machte in seiner ganz schwarzen, knappen, modernen Zivilgestalt einen wunderlichen Kontrast mit jenen Flören, Kreppen, Fransen, Schmelzen, Quasten und Kronen –, so fasste er sich doch gleich innerlich, allein um so wunderlicher war es anzusehen. Mit dem größten Ernst stellte er sich vor die große Tafel, die von ein paar Pagen gehalten wurde, und zeichnete mit viel Bedacht und Genauigkeit ein Grabmal, das zwar eher einem langobardischen als einem karischen König wäre gemäß gewesen, aber doch in so schönen Verhältnissen, so ernst in seinen Teilen, so geistreich in seinen Zierraten, dass man es mit Vergnügen entstehen sah und, als es fertig war, bewunderte.

Er hatte sich in diesem ganzen Zeitraum fast nicht zur Königin gewendet, sondern seinem Geschäft alle Aufmerksamkeit gewidmet. Endlich, als er sich vor ihr neigte und andeutete, dass er nun ihre Befehle vollzogen zu haben glaube, hielt sie ihm noch die Urne hin und bezeichnete das Verlangen, diese oben auf dem Gipfel abgebildet zu sehen. Er tat es, obgleich ungern, weil sie zu dem Charakter seines übrigen Entwurfs nicht passen wollte. Was Lucianen betraf, so war sie endlich von ihrer Ungeduld erlöst; denn ihre Absicht war keineswegs, eine gewissenhafte Zeichnung von ihm zu haben. Hätte er mit wenigen Strichen nur hinskizziert, was etwa einem Monument ähnlich gesehen, und sich die übrige Zeit mit ihr abgegeben, so wäre das wohl dem Endzweck und ihren Wünschen gemäßer gewesen. Bei seinem Benehmen dagegen kam sie in die größte Verlegenheit; denn ob sie gleich in ihrem Schmerz, ihren Anordnungen und Andeutungen, ihrem Beifall über das nach und nach Entstehende ziemlich abzuwechseln suchte und sie ihn einige Mal beinahe herumzerrte, um nur mit ihm in eine Art von Verhältnis zu kommen, erwies er sich doch gar zu steif, dergestalt dass sie allzu oft ihre Zuflucht zur Urne nehmen, sie an ihr Herz drücken und zum Himmel schauen musste, ja zuletzt, weil sich doch dergleichen Situationen immer steigern, mehr einer Witwe von Ephesus als einer Königin von Karien ähnlich sah. Die Vorstellung zog sich daher in die Länge; der Klavierspieler, der sonst Geduld genug hatte, wusste nicht mehr, in welchen Ton er ausweichen sollte. Er dankte Gott, als er die Urne auf der Pyramide stehn sah, und fiel unwillkürlich, als die Königin ihren Dank ausdrücken wollte, in ein lustiges Thema, wodurch die Vorstellung zwar ihren Charakter verlor, die Gesellschaft jedoch völlig aufgeheitert wurde, die sich denn sogleich teilte, der Dame für ihren vortrefflichen Ausdruck und dem Architekten für seine künstliche und zierliche Zeichnung eine freudige Bewunderung zu erweisen.

Besonders der Bräutigam unterhielt sich mit dem Architekten. „Es tut mir leid", sagte jener, „dass die Zeichnung so vergänglich ist. Sie erlauben wenigstens, dass ich sie mir auf mein Zimmer bringen lasse und mich mit Ihnen darüber unterhalte." – „Wenn es Ihnen Vergnügen macht", sagte der Architekt, „so kann ich Ihnen sorgfältige Zeichnungen von dergleichen Gebäuden und Monumenten vorlegen, wovon dieses nur ein zufälliger, flüchtiger Entwurf ist."

Ottilie stand nicht fern und trat zu den beiden. „Versäumen Sie nicht", sagte sie zum Architekten, „den Herrn Baron gelegentlich Ihre Sammlung sehen zu lassen; er ist ein Freund der Kunst und des Altertums; ich wünsche, dass Sie sich näher kennenlernen."

Luciane kam herbeigeflogen und fragte: „Wovon ist die Rede?"

„Von einer Sammlung Kunstwerke", antwortete der Baron, „welche dieser Herr besitzt und die er uns gelegentlich zeigen will."

„Er mag sie nur gleich bringen!" rief Luciane. „Nicht wahr, Sie bringen sie gleich?" setzte sie schmeichelnd hinzu, indem sie ihn mit beiden Händen freundlich anfasste.

„Es möchte jetzt der Zeitpunkt nicht sein", versetzte der Architekt.

„Was!" rief Luciane gebieterisch, „Sie wollen dem Befehl Ihrer Königin nicht gehorchen?" Dann verlegte sie sich auf ein neckisches Bitten.

„Seien Sie nicht eigensinnig!" sagte Ottilie halb leise.

Der Architekt entfernte sich mit einer Verbeugung; sie war weder bejahend noch verneinend.

Kaum war er fort, als Luciane sich mit einem Windspiel im Saal herumjagte. „Ach!" rief sie aus, indem sie zufällig gegen ihre Mutter stieß, „wie bin ich nicht unglücklich! Ich habe meinen Affen nicht mitgenommen; man hat es mir abgeraten; es ist aber nur die Bequemlichkeit meiner Leute, die mich um dieses Vergnügen bringt. Ich will ihn aber nachkommen lassen, es soll mir jemand hin, ihn zu holen. Wenn ich nur sein Bildnis sehen könnte, so wäre ich schon vergnügt. Ich will ihn aber gewiss auch malen lassen, und er soll mir nicht von der Seite kommen."

„Vielleicht kann ich dich trösten", versetzte Charlotte, „wenn ich dir aus der Bibliothek einen ganzen Band der wunderlichsten Affenbilder kommen lasse." Luciane schrie vor Freuden laut auf, und der Folioband wurde gebracht. Der Anblick dieser menschenähnlichen und durch den Künstler noch mehr vermenschlichten abscheulichen Geschöpfe machte Lucianen die größte Freude. Ganz glücklich aber fühlte sie sich, bei einem jeden dieser Tiere die Ähnlichkeit mit bekannten Menschen zu finden. „Sieht der nicht aus wie der Onkel?“ rief sie unbarmherzig, „der wie der Galanteriehändler M-, der wie der Pfarrer S-, und dieser ist der Dings-, der – leibhaftig. Im Grunde sind doch die Affen die eigentlichen Incroyables, und es ist unbegreiflich, wie man sie aus der besten Gesellschaft ausschließen mag.“

Sie sagte das in der besten Gesellschaft, doch niemand nahm es ihr übel. Man war so gewohnt, ihrer Anmut vieles zu erlauben, dass man zuletzt ihrer Unart alles erlaubte.

Ottilie unterhielt sich indessen mit dem Bräutigam. Sie hoffte auf die Rückkunft des Architekten, dessen ernstere, geschmackvollere Sammlungen die Gesellschaft von diesem Affenwesen befreien sollten. In dieser Erwartung hatte sie sich mit dem Baron besprochen und ihn auf manches aufmerksam gemacht. Allein der Architekt blieb aus, und als er endlich wiederkam, verlor er sich unter der Gesellschaft, ohne etwas mitzubringen und ohne zu tun, als ob von etwas die Frage gewesen wäre. Ottilie ward einen Augenblick – wie soll mans nennen? – verdrießlich, ungehalten, betroffen; sie hatte ein gutes Wort an ihn gewendet, sie gönnte dem Bräutigam eine vergnügte Stunde nach seinem Sinne, der bei seiner unendlichen Liebe für Lucianen doch an ihrem Betragen zu leiden schien.

Die Affen mussten einer Kollation Platz machen. Gesellige Spiele, ja sogar noch Tänze, zuletzt ein freudloses Herumsitzen und Wiederaufjagen einer schon gesunkenen Lust dauerten diesmal, wie sonst auch, weit über Mitternacht. Denn schon hatte sich Luciane gewöhnt, morgens nicht aus dem Bett und abends nicht ins Bett gelangen zu können.

Um diese Zeit finden sich in Ottiliens Tagebuch Ereignisse seltner angemerkt, dagegen häufiger auf das Leben bezügliche und vom Leben abgezogene Maximen und Sentenzen. Weil aber die meisten derselben wohl nicht durch ihre eigene Reflexion entstanden sein können, so ist es wahrscheinlich, dass man ihr irgendein Heft mitgeteilt, aus dem sie sich, was ihr gemütlich war, herausgeschrieben. Manches Eigene von innigerem Bezug wird am roten Faden wohl zu erkennen sein.

Aus Ottiliens Tagebuch

Wir blicken so gern in die Zukunft, weil wir das Ungefähre, was sich in ihr hin und her bewegt, durch stille Wünsche so gern zu unseren Gunsten heranleiten möchten.

Wir befinden uns nicht leicht in großer Gesellschaft, ohne zu denken, der Zufall, der so viele zusammenbringt, solle uns auch unsere Freunde herbeiführen.

Man mag noch so zurückgezogen leben, so wird man, ehe man sichs versieht, ein Schuldner oder ein Gläubiger.

Begegnet uns jemand, der uns Dank schuldig ist, gleich fällt es uns ein. Wie oft können wir jemand begegnen, dem wir Dank schuldig sind, ohne daran zu denken!

Sich mitzuteilen ist Natur; Mitgeteiltes aufzunehmen, wie es gegeben wird, ist Bildung.

Niemand würde viel in Gesellschaften sprechen, wenn er sich bewusst wäre, wie oft er die anderen missversteht.

Man verändert fremde Reden beim Wiederholen wohl nur darum so sehr, weil man sie nicht verstanden hat.

Wer vor anderen lange allein spricht, ohne den Zuhörern zu schmeicheln, erregt Widerwillen.

Jedes ausgesprochene Wort erregt den Gegensinn.

Widerspruch und Schmeichelei machen beide ein schlechtes Gespräch.

Die angenehmsten Gesellschaften sind die, in welchen eine heitere Ehrerbietung der Glieder gegeneinander obwaltet.

Durch nichts bezeichnen die Menschen mehr ihren Charakter als durch das, was sie lächerlich finden.

Das Lächerliche entspringt aus einem sittlichen Kontrast, der auf eine unschädliche Weise für die Sinne in Verbindung gebracht wird.

Der sinnliche Mensch lacht oft, wo nichts zu lachen ist. Was ihn auch anregt, sein inneres Behagen kommt zum Vorschein.

Der Verständige findet fast alles lächerlich, der Vernünftige fast nichts.

Einem bejahrten Mann verdachte man, dass er sich noch um junge Frauenzimmer bemühte. „Es ist das einzige Mittel", versetzte er, „sich zu verjüngen, und das will doch jedermann."

Man lässt sich seine Mängel vorhalten, man lässt sich strafen, man leidet manches um ihrer willen mit Geduld; aber ungeduldig wird man, wenn man sie ablegen soll.

Gewisse Mängel sind notwendig zum Dasein des Einzelnen. Es würde uns unangenehm sein, wenn alte Freunde gewisse Eigenheiten ablegten.

Man sagt: „Er stirbt bald", wenn einer etwas gegen seine Art und Weise tut.

Was für Mängel dürfen wir behalten, ja an uns kultivieren? Solche, die den anderen eher schmeicheln als sie verletzen.

Die Leidenschaften sind Mängel oder Tugenden, nur gesteigerte.

Unsre Leidenschaften sind wahre Phönixe. Wie der alte verbrennt, steigt der neue sogleich wieder aus der Asche hervor.

Große Leidenschaften sind Krankheiten ohne Hoffnung.

Was sie heilen könnte, macht sie erst recht gefährlich.

Die Leidenschaft erhöht und mildert sich durchs Bekennen. In nichts wäre die Mittelstraße vielleicht wünschenswerter als im Vertrauen und Verschweigen gegen die, die wir lieben.

Fünftes Kapitel

So peitschte Luciane den Lebensrausch im geselligen Strudel immer vor sich her. Ihr Hofstaat vermehrte sich täglich, teils weil ihr Treiben so manchen erregte und anzog, teils weil sie sich andre durch Gefälligkeit und Wohltun zu verbinden wusste. Mitteilend war sie im höchsten Grade; denn da ihr durch die Neigung der Tante und des Bräutigams so viel Schönes und Köstliches auf einmal zugeflossen war, so schien sie nichts Eigenes zu besitzen und den Wert der Dinge nicht zu kennen, die sich um sie gehäuft hatten. So zauderte sie nicht einen Augenblick, einen kostbaren Schal abzunehmen und ihn einem Frauenzimmer umzuhängen, das ihr gegen die übrigen zu ärmlich gekleidet schien, und sie tat das auf eine so neckische, geschickte Weise, dass niemand eine solche Gabe ablehnen konnte. Einer von ihrem Hofstaat hatte stets eine Börse und den Auftrag, in den Orten, wo sie einkehrten, sich nach den Ältesten und Kränksten zu erkundigen und ihren Zustand wenigstens für den Augenblick zu erleichtern. Dadurch entstand ihr in der ganzen Gegend ein Name von Vortrefflichkeit, der ihr doch auch manchmal unbequem ward, weil er allzu viel lästige Notleidende an sie heranzog.

Durch nichts aber vermehrte sie so sehr ihren Ruf als durch ein auffallendes, gutes, beharrliches Benehmen gegen einen unglücklichen jungen Mann, der die Gesellschaft floh, weil er, übrigens schön und wohlgebildet, seine rechte Hand, obgleich rühmlich, in der Schlacht verloren hatte. Diese Verstümmlung erregte ihm einen solchen Missmut, es war ihm so verdrießlich, dass jede neue Bekanntschaft sich auch immer mit seinem Unfall bekannt machen sollte, dass er sich lieber versteckte, sich dem Lesen und andern Studien ergab und ein für allemal mit der Gesellschaft nichts wollte zu schaffen haben.

Das Dasein dieses jungen Mannes blieb ihr nicht verborgen. Er musste herbei, erst in kleiner Gesellschaft, dann in größerer, dann in der größten. Sie benahm sich anmutiger gegen ihn als gegen irgendeinen anderen; besonders wusste sie durch zudringliche Dienstfertigkeit ihm seinen Verlust wert zu machen, indem sie geschäftig war, ihn zu ersetzen. Bei Tafel musste er neben ihr seinen Platz nehmen; sie schnitt ihm vor, so dass er nur die Gabel gebrauchen durfte. Nahmen Ältere, Vornehmere ihm ihre Nachbarschaft weg, so erstreckte sie ihre Aufmerksamkeit über die ganze Tafel hin, und die eilenden Bedienten mussten das ersetzen, was ihm die Entfernung zu rauben drohte. Zuletzt munterte sie ihn auf, mit der linken Hand zu schreiben; er musste alle seine Versuche an sie richten, und so stand sie, entfernt oder nah, immer mit ihm in Verhältnis. Der junge Mann wusste nicht, wie ihm geworden war, und wirklich fing er von diesem Augenblick ein neues Leben an.

Vielleicht sollte man denken, ein solches Betragen wäre dem Bräutigam missfällig gewesen; allein es fand sich das Gegenteil. Er rechnete ihr diese Bemühungen zu großem Verdienst an und war um so mehr darüber ganz ruhig, als er ihre fast übertriebenen Eigenheiten kannte, wodurch sie alles, was im mindesten verfänglich schien, von sich abzulehnen wusste. Sie wollte mit jedermann nach Belieben umspringen, jeder war in Gefahr, von ihr einmal angestoßen, gezerrt oder sonst geneckt zu werden; niemand aber durfte sich gegen sie ein Gleiches erlauben, niemand sie nach Willkür berühren, niemand auch nur im entferntesten Sinne eine Freiheit, die sie sich nahm, erwidern; und so hielt sie die andern in den strengsten Grenzen der Sittlichkeit gegen sich, die sie gegen andere jeden Augenblick zu übertreten schien.

Überhaupt hätte man glauben können, es sei bei ihr Maxime gewesen, sich dem Lob und dem Tadel, der Neigung und der Abneigung gleichmäßig auszusetzen. Denn wenn sie die Menschen auf mancherlei Weise für sich zu gewinnen suchte, so verdarb sie es wieder mit ihnen gewöhnlich durch eine böse Zunge, die niemanden schonte. So wurde kein Besuch in der Nachbarschaft abgelegt, nirgends sie und ihre Gesellschaft in Schlössern und Wohnungen freundlich aufgenommen, ohne dass sie bei der Rückkehr auf das Ausgelassenste merken ließ, wie sie alle menschlichen Verhältnisse nur von der lächerlichen Seite zu nehmen geneigt sei. Da waren drei Brüder, welche unter lauter Komplimenten, wer zuerst heiraten sollte, das Alter übereilt hatte; hier eine kleine, junge Frau mit einem großen, alten Mann; dort umgekehrt ein kleiner, munterer Mann und eine unbeholfene Riesin. In dem einen Haus stolperte man bei jedem Schritt über ein Kind; das andere wollte ihr bei der größten Gesellschaft nicht voll erscheinen, weil keine Kinder gegenwärtig waren. Alte Gatten sollten sich nur schnell begraben lassen, damit doch wieder einmal jemand im Haus zum Lachen käme, da ihnen keine Noterben gegeben waren. Junge Eheleute sollten reisen, weil das Haushalten sie gar nicht kleide. Und wie mit den Personen, so machte sie es auch mit den Sachen, mit den Gebäuden wie mit dem Haus- und Tischgerät. Besonders alle Wandverzierungen reizten sie zu lustigen Bemerkungen. Von dem ältesten Hautelisseteppich bis zu der neusten Papiertapete, vom ehrwürdigsten Familienbild bis zum frivolsten neuen Kupferstich, eins wie das andre musste leiden, eins wie das andre wurde durch ihre spöttischen Bemerkungen gleichsam aufgezehrt, sodass man sich hätte verwundern sollen, wie fünf Meilen umher irgendetwas nur noch existierte.

Eigentliche Bosheit war vielleicht nicht in diesem verneinenden Bestreben; ein selbstischer Mutwille mochte sie gewöhnlich reizen; aber eine wahrhafte Bitterkeit hatte sich in ihrem Verhältnis zu Ottilien erzeugt. Auf die ruhige, ununterbrochene Tätigkeit des lieben Kindes, die von jedermann bemerkt und gepriesen wurde, sah sie mit Verachtung herab; und als zur Sprache kam, wie sehr sich Ottilie der Gärten und der Treibhäuser annehme, spottete sie nicht allein darüber, indem sie uneingedenk des tiefen Winters, in dem man lebte, sich zu wundern schien, dass man weder Blumen noch Früchte gewahr werde, sondern sie ließ auch von nun an so viel Grünes, so viel Zweige und was nur irgend keimte, herbeiholen und zur täglichen Zierde der Zimmer und des Tisches verschwenden, dass Ottilie und der Gärtner nicht wenig gekränkt waren, ihre Hoffnungen für das nächste Jahr und vielleicht auf längere

Zeit zerstört zu sehen. – Ebenso wenig gönnte sie Ottilien die Ruhe des häuslichen Ganges, worin sie sich mit Bequemlichkeit fortbewegte. Ottilie sollte mit auf die Lust- und Schlittenfahrten, sie sollte mit auf die Bälle, die in der Nachbarschaft veranstaltet wurden; sie sollte weder Schnee noch Kälte noch gewaltsame Nachtstürme scheuen, da ja so viel andere nicht davon stürben. Das zarte Kind litt nicht wenig darunter, aber Luciane gewann nichts dabei; denn obgleich Ottilie sehr einfach gekleidet ging, so war sie doch, oder so schien sie wenigstens immer den Männern die Schönste. Ein sanftes Anziehen versammelte alle Männer um sie her, sie mochte sich in den großen Räumen am ersten oder am letzten Platz befinden; ja der Bräutigam Lucianens selbst unterhielt sich oft mit ihr, und zwar um so mehr, als er in einer Angelegenheit, die ihn beschäftigte, ihren Rat, ihre Mitwirkung verlangte.

Er hatte den Architekten näher kennen gelernt, bei Gelegenheit seiner Kunstsammlung viel über das Geschichtliche mit ihm gesprochen, in andern Fällen auch, besonders bei Betrachtung der Kapelle, sein Talent schätzen gelernt. Der Baron war jung, reich, er sammelte, er wollte bauen; seine Liebhaberei war lebhaft, seine Kenntnisse schwach; er glaubte in dem Architekten seinen Mann zu finden, mit dem er mehr als einen Zweck zugleich erreichen könnte. Er hatte seiner Braut von dieser Absicht gesprochen; sie lobte ihn darum und war höchlich mit dem Vorschlag zufrieden, doch vielleicht mehr, um diesen jungen Mann Ottilien zu entziehen – denn sie glaubte so etwas von Neigung bei ihm zu bemerken –, als dass sie gedacht hätte, sein Talent zu ihren Absichten zu benutzen. Denn obgleich er bei ihren extemporierten Festen sich sehr tätig erwiesen und manche Ressourcen bei dieser und jener Anstalt dargeboten, glaubte sie es doch immer selbst besser zu verstehen; und da ihre Erfindungen gewöhnlich gemein waren, so reichte, um sie auszuführen, die Geschicklichkeit eines gewandten Kammerdieners ebenso gut hin als die des vorzüglichsten Künstlers. Weiter als zu einem Altar, worauf geopfert ward, und zu einer Bekränzung, es mochte nun ein gipsernes oder ein lebendes Haupt sein, konnte ihre Einbildungskraft sich nicht versteigen, wenn sie irgendjemand zum Geburts- und Ehrentage ein festliches Kompliment zu machen gedachte.

Ottilie konnte dem Bräutigam, der sich nach dem Verhältnis des Architekten zum Hause erkundigte, die beste Auskunft geben. Sie wusste, dass Charlotte sich schon früher nach einer Stelle für ihn umgetan hatte; denn wäre die Gesellschaft nicht gekommen, so hätte sich der junge Mann gleich nach Vollendung der Kapelle entfernt, weil alle Bauten den Winter über stillstehn sollten und mussten; und es war daher sehr erwünscht, wenn der geschickte Künstler durch einen neuen Gönner wieder genutzt und befördert wurde.

Das persönliche Verhältnis Ottiliens zum Architekten war ganz rein und unbefangen. Seine angenehme und tätige Gegenwart hatte sie wie die Nähe eines älteren Bruders unterhalten und erfreut. Ihre Empfindungen für ihn blieben auf der ruhigen, leidenschaftslosen Oberfläche der Blutsverwandtschaft; denn in ihrem Herzen war kein Raum mehr; es war von der Liebe zu Eduard ganz gedrängt ausgefüllt, und nur die Gottheit, die alles durchdringt, konnte dieses Herz zugleich mit ihm besitzen.

Indessen je tiefer der Winter sich senkte, je wilderes Wetter, je unzugänglicher die Wege, desto anziehender schien es, in so guter Gesellschaft die abnehmenden Tage zuzubringen. Nach kurzen Ebben überflutete die Menge von Zeit zu Zeit das Haus. Offiziere von entfernteren Garnisonen, die gebildeten zu ihrem großen Vorteil, die roheren zur Unbequemlichkeit der Gesellschaft, zogen sich herbei; am Zivilstand fehlte es auch nicht, und ganz unerwartet kamen eines Tages der Graf und die Baronesse zusammen angefahren.

Ihre Gegenwart schien erst einen wahren Hof zu bilden. Die Männer von Stand und Sitten umgaben den Grafen, und die Frauen ließen der Baronesse Gerechtigkeit widerfahren. Man wunderte sich nicht lange, sie beide zusammen und so heiter zu sehen; denn man vernahm, des Grafen Gemahlin sei gestorben, und eine neue Verbindung werde geschlossen sein, sobald es die Schicklichkeit nur erlaube. Ottilie erinnerte sich jenes ersten Besuchs, jedes Worts, was über Ehestand und Scheidung, über Verbindung und Trennung, über Hoffnung, Erwartung, Entbehren und Entsagen gesprochen ward. Beide Personen, damals noch ganz ohne Aussichten, standen nun vor ihr, dem erhofften Glück so nahe, und ein unwillkürlicher Seufzer drang aus ihrem Herzen.

Luciane hörte kaum, dass der Graf ein Liebhaber von Musik sei, so wusste sie ein Konzert zu veranstalten; sie wollte sich dabei mit Gesang zur Gitarre hören lassen. Es geschah. Das Instrument spielte sie nicht ungeschickt, ihre Stimme war angenehm; was aber die Worte betraf, so verstand man sie so wenig, als wenn sonst eine deutsche Schöne zur Gitarre singt. Indes versicherte jedermann, sie habe mit viel Ausdruck gesungen, und sie konnte mit dem lauten Beifall zufrieden sein. Nur ein wunderliches Unglück begegnete bei dieser Gelegenheit. In der Gesellschaft befand sich ein Dichter, den sie auch besonders zu verbinden hoffte, weil sie einige Lieder von ihm an sie gerichtet wünschte, und deshalb diesen Abend meist nur von seinen Liedern vortrug. Er war überhaupt, wie alle, höflich gegen sie, aber sie hatte mehr erwartet. Sie legte es ihm einige Mal nahe, konnte aber weiter nichts von ihm vernehmen, bis sie endlich aus Ungeduld einen ihrer Hofleute zu ihm schickte und sondieren ließ, ob er denn nicht entzückt gewesen sei, seine vortrefflichen Gedichte so vortrefflich vortragen zu hören. „Meine Gedichte?“ versetzte dieser mit Erstaunen. „Verzeihen Sie, mein Herr“, fügte er hinzu; „ich habe nichts als Vokale gehört und die nicht einmal alle. Unterdessen ist es meine Schuldigkeit, mich für eine so liebenswürdige Intention dankbar zu erweisen.“ Der Hofmann schwieg und verschwieg. Der andere versuchte sich durch einige wohltönende Komplimente aus der Sache zu ziehen. Sie ließ ihre Absicht nicht undeutlich merken, auch etwas eigens für sie Gedichtetes zu besitzen. Wenn es nicht allzu unfreundlich gewesen wäre, so hätte er ihr das Alphabet überreichen können, um sich daraus ein beliebiges Lobgedicht zu irgendeiner vorkommenden Melodie selbst einzubilden. Doch sollte sie nicht ohne Kränkung aus dieser Begebenheit scheiden. Kurze Zeit darauf erfuhr sie, er habe noch selbigen Abend einer von Ottiliens Lieblingsmelodien ein allerliebstes Gedicht untergelegt, das noch mehr als verbindlich sei.

Luciane, wie alle Menschen ihrer Art, die immer durcheinander mischen, was ihnen vorteilhaft und was ihnen nachteilig ist, wollte nun ihr Glück im Rezitieren versuchen. Ihr Gedächtnis war gut, aber, wenn man aufrichtig reden sollte, ihr Vortrag geistlos und heftig, ohne leidenschaftlich zu sein. Sie rezitierte Balladen, Erzählungen und was sonst in Deklamatorien vorzukommen pflegt. Dabei hatte sie die unglückliche Gewohnheit angenommen, das, was sie vortrug, mit Gesten zu begleiten, wodurch man das, was eigentlich episch und lyrisch ist, auf eine unangenehme Weise mit dem Dramatischen mehr verwirrt als verbindet.

Der Graf, ein einsichtsvoller Mann, der gar bald die Gesellschaft, ihre Neigungen, Leidenschaften und Unterhaltungen übersah, brachte Lucianen glücklicher – oder unglücklicherweise auf eine neue Art von Darstellung, die ihrer Persönlichkeit sehr gemäß war. „Ich finde“, sagte er, „hier so manche wohlgestaltete Personen, denen es gewiss nicht fehlt, malerische Bewegungen und Stellungen nachzuahmen. Sollten sie es noch nicht versucht haben, wirkliche, bekannte Gemälde vorzustellen? Eine solche Nachbildung, wenn sie auch manche mühsame Anordnung erfordert, bringt dagegen auch einen unglaublichen Reiz hervor.“

Schnell ward Luciane gewahr, dass sie hier ganz in ihrem Fach sein würde. Ihr schöner Wuchs, ihre volle Gestalt, ihr regelmäßiges und doch bedeutendes Gesicht, ihre lichtbraunen Haarflechten, ihr schlanker Hals, alles war schon wie aufs Gemälde berechnet; und hätte sie nun gar gewusst, dass sie schöner aussah, wenn sie still stand, als wenn sie sich bewegte, indem ihr im letzten Falle manchmal etwas störendes Ungraziöses entschlüpfte, so hätte sie sich mit noch mehr Eifer dieser natürlichen Bildnerei ergeben.

Man suchte nun Kupferstiche nach berühmten Gemälden, man wählte zuerst den Belisar nach van Dyck. Ein großer und wohlgebauter Mann von gewissen Jahren sollte den sitzenden blinden General, der Architekt den vor ihm teilnehmend traurig stehenden Krieger nachbilden, dem er wirklich etwas ähnlich sah. Luciane hatte sich, halb bescheiden, das junge Weibchen im Hintergrund gewählt, das reichlich Almosen aus einem Beutel in die flache Hand zählt, indes eine Alte sie abzumahnen und ihr vorzustellen scheint, dass sie zu viel tue. Eine andere, ihm wirklich Almosen reichende Frauensperson war nicht vergessen

Mit diesen und andern Bildern beschäftigte man sich sehr ernstlich. Der Graf gab dem Architekten über die Art der Einrichtung einige Winke, der sogleich ein Theater dazu aufstellte und wegen der Beleuchtung die nötige Sorge trug. Man war schon tief in die Anstalten verwickelt, als man erst bemerkte, dass ein solches Unternehmen einen ansehnlichen Aufwand verlangte und dass auf dem Lande mitten im Winter gar manches Erfordernis abging. Deshalb ließ, damit ja nichts stocken möge, Luciane beinah ihre sämtliche Garderobe zerschneiden, um die verschiedenen Kostüme zu liefern, die jene Künstler willkürlich genug angegeben hatten.

Der Abend kam herbei, und die Darstellung wurde vor einer großen Gesellschaft und zu allgemeinem Beifall ausgeführt. Eine bedeutende Musik spannte die Erwartung. Jener Belisar eröffnete die Bühne. Die Gestalten waren so passend, die Farben so glücklich ausgeteilt, die Beleuchtung so kunstreich, dass man fürwahr in einer andern Welt zu sein glaubte, nur dass die Gegenwart des Wirklichen statt des Scheins eine Art von ängstlicher Empfindung hervorbrachte.

Der Vorhang fiel und ward auf Verlangen mehr als einmal wieder aufgezogen. Ein musikalisches Zwischenspiel unterhielt die Gesellschaft, die man durch ein Bild höherer Art überraschen wollte. Es war die bekannte Vorstellung von Poussin: Ahasverus und Esther. Diesmal hatte sich Luciane besser bedacht. Sie entwickelte in der ohnmächtig hingesunkenen Königin all ihre Reize und hatte sich klugerweise zu den umgebenden, unterstützenden Mädchen lauter hübsche, wohlgebildete Figuren ausgesucht, worunter sich jedoch keine mit ihr auch nur im mindesten messen konnte. Ottilie blieb von diesem Bild wie von den übrigen ausgeschlossen. Auf den goldnen Thron hatten sie, um den Zeus gleichen König vorzustellen, den rüstigsten und schönsten Mann der Gesellschaft gewählt, so dass dieses Bild wirklich eine unvergleichliche Vollkommenheit gewann.

Als drittes hatte man die sogenannte „Väterliche Ermahnung“ von Terburg [auch Gerard Terborgh oder Terborch; Gerard ter Borch der Jüngere; Die väterliche Ermahnung, 1655; Anm. d. Hg.] gewählt, und wer kennt nicht den herrlichen Kupferstich unseres Wille von diesem Gemälde! Einen Fuß über den anderen geschlagen, sitzt ein edler, ritterlicher Vater und scheint seiner vor ihm stehenden Tochter ins Gewissen zu reden. Diese, eine herrliche Gestalt im faltenreichen, weißen Atlaskleid, wird zwar nur von hinten gesehen, aber ihr ganzes Wesen scheint anzudeuten, dass sie sich zusammennimmt. Dass jedoch die Ermahnung nicht heftig und beschämend sei, sieht man aus der Miene und Gebärde des Vaters; und was die Mutter betrifft, so scheint diese eine kleine Verlegenheit zu verbergen, indem sie in ein Glas Wein blickt, das sie eben auszuschlürfen im Begriff ist.

Bei dieser Gelegenheit nun sollte Luciane in ihrem höchsten Glanz erscheinen. Ihre Zöpfe, die Form ihres Kopfes, Hals und Nacken waren über alle Begriffe schön, und die Taille, von der bei den modernen antikisierenden Bekleidungen der Frauenzimmer wenig sichtbar wird, höchst zierlich, schlank und leicht, zeigte sich an ihr in dem älteren Kostüm äußerst vorteilhaft; und der Architekt hatte gesorgt, die reichen Falten des weißen Atlasses mit der künstlichsten Natur zu legen, dass ganz ohne Frage diese lebendige Nachbildung weit über jenes Originalbildnis hinausreichte und ein allgemeines Entzücken erregte. Man konnte mit dem Wiederverlangen nicht endigen, und der ganz natürliche Wunsch, einem so schönen Wesen, das man genugsam von der Rückseite gesehen, auch ins Angesicht zu schauen, nahm dergestalt überhand, dass ein lustiger, ungeduldiger Vogel die Worte, die man manchmal an das Ende einer Seite zu schreiben pflegt: „Tournez s'il vous plaît“, laut ausrief und eine allgemeine Beistimmung erregte. Die Darstellenden aber kannten ihren Vorteil zu gut und hatten den Sinn dieser Kunststücke zu wohl gefasst, als dass sie dem allgemeinen Ruf hätten nachgeben sollen. Die beschämt scheinende Tochter blieb ruhig stehen, ohne den Zuschauern den Ausdruck ihres Angesichts zu gönnen; der Vater blieb in seiner ermahnenden Stellung sitzen, und die Mutter brachte Nase und Augen nicht aus dem durchsichtigen Glas, worin sich, obgleich sie zu trinken schien, der Wein nicht verminderte. – Was sollen wir noch viel von kleinen Nachstücken sagen, wozu man niederländische Wirtshaus- und Jahrmarktsszenen gewählt hatte!

Der Graf und die Baronesse reisten ab und versprachen, in den ersten glücklichen Wochen ihrer nahen Verbindung wiederzukehren, und Charlotte hoffte nunmehr, nach zwei mühsam überstandenen Monaten, die übrige Gesellschaft gleichfalls loszuwerden. Sie war des Glücks ihrer Tochter gewiss, wenn bei dieser der erste Braut- und Jugendtaumel sich würde gelegt haben; denn der Bräutigam hielt sich für den glücklichsten Menschen von der Welt. Bei großem Vermögen und gemäßigter Sinnesart schien er auf eine wunderbare Weise von dem Vorzuge geschmeichelt, ein Frauenzimmer zu besitzen, das der ganzen Welt gefallen musste. Er hatte einen so ganz eigenen Sinn, alles auf sie und erst durch sie auf sich zu beziehen, dass es ihm eine unangenehme Empfindung machte, wenn sich nicht gleich ein Neuankommender mit aller Aufmerksamkeit auf sie richtete und mit ihm, wie es wegen seiner guten Eigenschaften besonders von älteren Personen oft geschah, eine nähere Verbindung suchte, ohne sich sonderlich um sie zu kümmern. Wegen des Architekten kam es bald zur Richtigkeit. Aufs Neujahr sollte ihm dieser folgen und den Karneval mit ihm in der Stadt zubringen, wo Luciane sich von der Wiederholung der so schön eingerichteten Gemälde sowie von hundert andern Dingen die größte Glückseligkeit versprach, um so mehr, als Tante und Bräutigam jeden Aufwand für gering zu achten schienen, der zu ihrem Vergnügen erfordert wurde.

Nun sollte man scheiden, aber das konnte nicht auf eine gewöhnliche Weise geschehen. Man scherzte einmal ziemlich laut, dass Charlottens Wintervorräte nun bald aufgezehrt seien, als der Ehrenmann, der den Belisar vorgestellt hatte und freilich reich genug war, von Lucianens Vorzügen hingerissen, denen er nun schon so lange huldigte, unbedachtsam ausrief: „So lassen Sie es uns auf polnische Art halten! Kommen Sie nun und zehren mich auch auf! und so geht es dann weiter in der Runde herum.“ Gesagt, getan: Luciane schlug ein. Den andern Tag war gepackt, und der Schwarm warf sich auf ein anderes Besitztum. Dort hatte man auch Raum genug, aber weniger Bequemlichkeit und Einrichtung. Daraus entstand manches Unschickliche, das erst Lucianen recht glücklich machte. Das Leben wurde immer wüster und wilder. Treibjagen im tiefsten Schnee, und was man sonst nur Unbequemes auffinden konnte, wurde veranstaltet. Frauen so wenig wie Männer durften sich ausschließen, und so zog man jagend und reitend, schlittenfahrend und lärmend von einem Gut zum andern, bis man sich endlich der Residenz näherte; da denn die Nachrichten und Erzählungen, wie man sich bei Hofe und in der Stadt vergnüge, der Einbildungskraft eine andere Wendung gaben und Lucianen mit ihrer sämtlichen Begleitung, während die Tante schon vorausgegangen war, unaufhaltsam in einen andern Lebenskreis hineinzogen.

Aus Ottiliens Tagebuch

Man nimmt in der Welt jeden, wofür er sich gibt; aber er muss sich auch für etwas geben. Man erträgt die Unbequemen lieber, als man die Unbedeutenden duldet.

Man kann der Gesellschaft alles aufdrängen, nur nicht, was eine Folge hat.

Wir lernen die Menschen nicht kennen, wenn sie zu uns kommen; wir müssen zu ihnen gehen, um zu erfahren, wie es mit ihnen steht.

Ich finde es beinahe natürlich, dass wir an Besuchenden mancherlei auszusetzen haben, dass wir sogleich, wenn sie weg sind, über sie nicht zum Liebevollsten urteilen; denn wir haben sozusagen ein Recht, sie nach unserm Maßstab zu messen. Selbst verständige und billige Menschen enthalten sich in solchen Fällen kaum einer scharfen Zensur.

Wenn man dagegen bei anderen gewesen ist und hat sie mit ihren Umgebungen, Gewohnheiten, in ihren notwendigen, unausweichlichen Zuständen gesehen, wie sie um sich wirken oder wie sie sich fügen, so gehört schon Unverstand und böser Wille dazu, um das lächerlich zu finden, was uns in mehr als einem Sinne ehrwürdig scheinen müsste.

Durch das, was wir Betragen und gute Sitten nennen, soll das erreicht werden, was außerdem nur durch Gewalt oder auch nicht einmal durch Gewalt zu erreichen ist.

Der Umgang mit Frauen ist das Element guter Sitten.

Wie kann der Charakter, die Eigentümlichkeit des Menschen, mit der Lebensart bestehen?

Das Eigentümliche müsste durch die Lebensart erst recht hervorgehoben werden. Das Bedeutende will jedermann, nur soll es nicht unbequem sein.

Die größten Vorteile im Leben überhaupt wie in der Gesellschaft hat ein gebildeter Soldat.

Rohe Kriegsleute gehen wenigstens nicht aus ihrem Charakter, und weil doch meist hinter der Stärke eine Gutmütigkeit verborgen liegt, so ist im Notfall auch mit ihnen auszukommen.

Niemand ist lästiger als ein täppischer Mensch vom Zivilstande. Von ihm könnte man die Feinheit fordern, da er sich mit nichts Rohem zu beschäftigen hat.

Wenn wir mit Menschen leben, die ein zartes Gefühl für das Schickliche haben, so wird es uns Angst um ihretwillen, wenn etwas Ungeschicktes begegnet. So fühle ich immer für und mit Charlotten, wenn jemand mit dem Stuhl schaukelt, weil sie das in den Tod nicht leiden kann.

Es käme niemand mit der Brille auf der Nase in ein vertrauliches Gemach, wenn er wüsste, dass uns Frauen sogleich die Lust vergeht, ihn anzusehen und uns mit ihm zu unterhalten.

Zutraulichkeit an Stelle von Ehrfurcht ist immer lächerlich. Es würde niemand den Hut ablegen, nachdem er kaum das Kompliment gemacht hat, wenn er wüsste, wie komisch das aussieht.

Es gibt kein äußeres Zeichen der Höflichkeit, das nicht einen tiefen sittlichen Grund hätte. Die rechte Erziehung wäre, welche dieses Zeichen und den Grund zugleich überlieferte.

Das Betragen ist ein Spiegel, in welchem jeder sein Bild zeigt.

Es gibt eine Höflichkeit des Herzens; sie ist der Liebe verwandt. Aus ihr entspringt die bequemste Höflichkeit des äußern Betragens.

Freiwillige Abhängigkeit ist der schönste Zustand, und wie wäre der möglich ohne Liebe.

Wir sind nie entfernter von unsern Wünschen, als wenn wir uns einbilden, das Gewünschte zu besitzen.

Niemand ist mehr Sklave, als der sich für frei hält, ohne es zu sein.

Es darf sich einer nur für frei erklären, so fühlt er sich den Augenblick als bedingt. Wagt er es, sich für bedingt zu erklären, so fühlt er sich frei.

Gegen große Vorzüge eines anderen gibt es kein Rettungsmittel als die Liebe.

Es ist was Schreckliches um einen vorzüglichen Mann, auf den sich die Dummen was zugute tun.

Es gibt, sagt man, für den Kammerdiener keinen Helden.

Das kommt aber bloß daher, weil der Held nur vom Helden anerkannt werden kann. Der Kammerdiener wird aber wahrscheinlich seinesgleichen zu schätzen wissen. – Es gibt keinen größern Trost für die Mittelmäßigkeit, als dass das Genie nicht unsterblich sei.

Die größten Menschen hängen immer mit ihrem Jahrhundert durch eine Schwachheit zusammen.

Man hält die Menschen gewöhnlich für gefährlicher, als sie sind.

Toren und gescheite Leute sind gleich unschädlich. Nur die Halbnarren und Halbweisen, das sind die Gefährlichsten.

Man weicht der Welt nicht sicherer aus als durch die Kunst, und man verknüpft sich nicht sicherer mit ihr als durch die Kunst.

Selbst im Augenblick des höchsten Glücks und der höchsten Not bedürfen wir des Künstlers.

Die Kunst beschäftigt sich mit dem Schweren und Guten.

Das Schwierige leicht behandelt zu sehen, gibt uns das Anschauen des Unmöglichen.

Die Schwierigkeiten wachsen, je näher man dem Ziel kommt.

Säen ist nicht so beschwerlich wie Ernten.

Sechstes Kapitel

Die große Unruhe, welche Charlotten durch diesen Besuch erwuchs, ward ihr dadurch vergütet, dass sie ihre Tochter völlig begreifen lernte, worin ihr die Bekanntschaft mit der Welt sehr zu Hilfe kam. Es war nicht zum ersten Mal, dass ihr ein so seltsamer Charakter begegnete, obgleich er ihr noch niemals auf dieser Höhe erschien. Und doch hatte sie aus der Erfahrung, dass solche Personen, durchs Leben, durch mancherlei Ereignisse, durch elterliche Verhältnisse gebildet, eine sehr angenehme und liebenswürdige Reife erlangen können, indem die Selbstigkeit gemildert wird und die schwärmende Tätigkeit eine entschiedene Richtung erhält. Charlotte ließ als Mutter sich um so eher eine für andere vielleicht unangenehme Erscheinung gefallen, als es Eltern wohl geziemt, da zu hoffen, wo Fremde nur zu genießen wünschen oder wenigstens nicht belästigt sein wollen.

Auf eine eigene und unerwartete Weise jedoch sollte Charlotte nach ihrer Tochter Abreise getroffen werden, indem diese nicht sowohl durch das Tadelnswerte in ihrem Betragen als durch das, was man daran lobenswürdig hätte finden können, eine üble Nachrede hinter sich gelassen hatte. Luciane schien sichs zum Gesetz gemacht zu haben, nicht allein mit den Fröhlichen fröhlich, sondern auch mit den Traurigen traurig zu sein und, um den Geist des Widerspruchs recht zu üben, manchmal die Fröhlichen verdrießlich und die Traurigen heiter zu machen. In allen Familien, wo sie hinkam, erkundigte sie sich nach den Kranken und Schwachen, die nicht in Gesellschaft erscheinen konnten. Sie besuchte sie auf ihren Zimmern, machte den Arzt und drang einem jeden aus ihrer Reiseapotheke, die sie beständig im Wagen mit sich führte, energische Mittel auf; da denn eine solche Kur, wie sich vermuten lässt, gelang oder misslang, wie es der Zufall herbeiführte.

In dieser Art von Wohltätigkeit war sie ganz grausam und ließ sich gar nicht einreden, weil sie fest überzeugt war, dass sie vortrefflich handle. Allein es missriet ihr auch ein Versuch von der sittlichen Seite, und dieser war es, der Charlotten viel zu schaffen machte, weil er Folgen hatte und jedermann darüber sprach. Erst nach Lucianens Abreise hörte sie davon; Ottilie, die gerade jene Partie mitgemacht hatte, musste ihr umständlich davon Rechenschaft geben.

Eine der Töchter eines angesehenen Hauses hatte das Unglück gehabt, an dem Tod eines ihrer jüngeren Geschwister schuld zu sein, und sich darüber nicht beruhigen noch wiederfinden können. Sie lebte auf ihrem Zimmer beschäftigt und still und ertrug selbst den Anblick der Ihrigen nur, wenn sie einzeln kamen; denn sie argwöhnte sogleich, wenn mehrere beisammen waren, dass man untereinander über sie und ihren Zustand reflektiere. Gegen jedes allein äußerte sie sich vernünftig und unterhielt sich stundenlang mit ihm.

Luciane hatte davon gehört und sich sogleich im Stillen vorgenommen, wenn sie in das Haus käme, gleichsam ein Wunder zu tun und das Frauenzimmer der Gesellschaft wiederzugeben. Sie betrug sich dabei vorsichtiger als sonst, wusste sich allein bei der Seelenkranken einzuführen und, soviel man merken konnte, durch Musik ihr Vertrauen zu gewinnen. Nur zuletzt versah sie es; denn eben weil sie Aufsehen erregen wollte, so brachte sie das schöne, blasse Kind, das sie genug vorbereitet wähnte, eines Abends plötzlich in die bunte, glänzende Gesellschaft; und vielleicht wäre auch das noch gelungen, wenn nicht die Sozietät selbst aus Neugierde und Apprehension sich ungeschickt benommen, sich um die Kranke versammelt, sie wieder gemieden, sie durch Flüstern, Köpfezusammenstecken irregemacht und aufgeregt hätte. Die zart Empfindende ertrug das nicht. Sie entwich unter fürchterlichem Schreien, das gleichsam ein Entsetzen vor einem eindringenden Ungeheuren auszudrücken schien. Erschreckt fuhr die Gesellschaft nach allen Seiten auseinander, und Ottilie war unter denen, welche die völlig Ohnmächtige wieder auf ihr Zimmer begleiteten.

Indessen hatte Luciane eine starke Strafrede nach ihrer Weise an die Gesellschaft gehalten, ohne im mindesten daran zu denken, dass sie allein alle Schuld habe, und ohne sich durch dieses und anderes Misslingen von ihrem Tun und Treiben abhalten zu lassen.

Der Zustand der Kranken war seit jener Zeit bedenklicher geworden, ja das Übel hatte sich so gesteigert, dass die Eltern das arme Kind nicht im Hause behalten konnten, sondern einer öffentlichen Anstalt überantworten mussten. Charlotten blieb nichts übrig, als durch ein besonders zartes Benehmen gegen jene Familie den von ihrer Tochter verursachten Schmerz einigermaßen zu lindern. Auf Ottilien hatte die Sache einen tiefen Eindruck gemacht; sie bedauerte das arme Mädchen um so mehr, als sie überzeugt war, wie sie auch gegen Charlotten nicht leugnete, dass bei einer konsequenten Behandlung die Kranke gewiss herzustellen gewesen wäre.

So kam auch, weil man sich gewöhnlich vom vergangenen Unangenehmen mehr als vom Angenehmen unterhält, ein kleines Missverständnis zur Sprache, das Ottilien am Architekten irregemacht hatte, als er jenen Abend seine Sammlung nicht vorzeigen wollte, obgleich sie ihn so freundlich darum ersuchte. Es war ihr dieses abschlägige Betragen immer in der Seele geblieben, und sie wusste selbst nicht warum. Ihre Empfindungen waren sehr richtig; denn was ein Mädchen wie Ottilie verlangen kann, sollte ein Jüngling wie der Architekt nicht versagen. Dieser brachte jedoch auf ihre gelegentlichen leisen Vorwürfe ziemlich gültige Entschuldigungen zur Sprache.

„Wenn Sie wüssten“, sagte er, „wie roh selbst gebildete Menschen sich gegen die schätzbarsten Kunstwerke verhalten, Sie würden mir verzeihen, wenn ich die meinigen nicht unter die Menge bringen mag. Niemand weiß eine Medaille am Rand anzufassen; sie betasten das schönste Gepräge, den reinsten Grund, lassen die köstlichsten Stücke zwischen dem Daumen und Zeigefinger hin und her gehen, als wenn man Kunstformen auf diese Weise prüfte. Ohne daran zu denken, dass man ein großes Blatt mit zwei Händen anfassen müsse, greifen sie mit einer Hand nach einem unschätzbaren Kupferstich, einer unersetzlichen Zeichnung, wie ein anmaßender Politiker eine Zeitung fasst und durch das Zerknittern des Papiers schon im voraus sein Urteil über die Weltbegebenheiten zu erkennen gibt. Niemand denkt daran, dass, wenn nur zwanzig Menschen mit einem Kunstwerk hintereinander ebenso verführen, der einundzwanzigste nicht mehr viel daran zu sehen hätte.“

„Habe ich Sie nicht auch manchmal“, fragte Ottilie, „in solche Verlegenheit gesetzt? Habe ich nicht etwa Ihre Schätze, ohne es zu ahnen, gelegentlich einmal beschädigt?“

„Niemals“, versetzte der Architekt, „niemals! Ihnen wäre es unmöglich; das Schickliche ist mit Ihnen geboren.“ – „Auf alle Fälle“, versetzte Ottilie, „wäre es nicht übel, wenn man künftig in das Büchlein von guten Sitten nach den Kapiteln, wie man sich in Gesellschaft beim Essen und Trinken benehmen soll, ein recht ausführliches einschöbe, wie man sich in Kunstsammlungen und Museen zu betragen habe.“

„Gewiss“, versetzte der Architekt, „würden alsdann Kustoden und Liebhaber ihre Seltenheiten fröhlicher mitteilen.“

Ottilie hatte ihm schon lange verziehen; als er sich aber den Vorwurf sehr zu Herzen zu nehmen schien und immer aufs Neue beteuerte, dass er gewiss gerne mitteile, gern für Freunde tätig sei, so empfand sie, dass sie sein zartes Gemüt verletzt habe, und fühlte sich als seine Schuldnerin. Nicht wohl konnte sie ihm daher eine Bitte rund abschlagen, die er in Gefolg dieses Gesprächs an sie tat, ob sie gleich, indem sie schnell ihr Gefühl zu Rate zog, nicht einsah, wie sie ihm seine Wünsche gewähren könne.

Die Sache verhielt sich so. Dass Ottilie durch Lucianens Eifersucht von den Gemäldedarstellungen ausgeschlossen worden, war ihm höchst empfindlich gewesen; dass Charlotte diesem glänzenden Teil der geselligen Unterhaltung nur unterbrochen hatte beiwohnen können, weil sie sich nicht wohl befand, hatte er gleichfalls mit Bedauern bemerkt. Nun wollte er sich nicht entfernen, ohne seine Dankbarkeit auch dadurch zu beweisen, dass er zur Ehre der einen und zur Unterhaltung der andern eine weit schönere Darstellung veranstaltete, als die bisherigen gewesen waren. Vielleicht kam hierzu, ihm selbst unbewusst, ein anderer geheimer Antrieb: es ward ihm so schwer, dieses Haus, diese Familie zu verlassen, ja es schien ihm unmöglich, von Ottiliens Augen zu scheiden, von deren ruhig freundlich gewogenen Blicken er die letzte Zeit fast ganz allein gelebt hatte.

Die Weihnachtsfeiertage nahten, und es wurde ihm auf einmal klar, dass eigentlich jene Gemäldedarstellungen durch runde Figuren von dem sogenannten Präsepe ausgegangen, von der frommen Vorstellung, die man in dieser heiligen Zeit der göttlichen Mutter und dem Kinde widmete, wie sie in ihrer scheinbaren Niedrigkeit erst von Hirten, bald darauf von Königen verehrt werden.

Er hatte sich die Möglichkeit eines solchen Bildes vollkommen vergegenwärtigt. Ein schöner, frischer Knabe war gefunden; an Hirten und Hirtinnen konnte es auch nicht fehlen; aber ohne Ottilien war die Sache nicht auszuführen. Der junge Mann hatte sie in seinem Sinne zur Mutter Gottes erhoben, und wenn sie es abschlug, so war bei ihm keine Frage, dass das Unternehmen fallen müsse. Ottilie, halb verlegen über seinen Antrag, wies ihn mit seiner Bitte an Charlotten. Diese erteilte ihm gern die Erlaubnis, und auch durch sie ward die Scheu Ottiliens, sich jener heiligen Gestalt anzumaßen, auf eine freundliche Weise überwunden. Der Architekt arbeitete Tag und Nacht, damit am Weihnachtsabend nichts fehlen möge.

Und zwar Tag und Nacht im eigentlichen Sinne. Er hatte ohnehin wenig Bedürfnisse, und Ottiliens Gegenwart schien ihm statt dessen alles Labsal zu sein; indem er um ihretwillen arbeitete, war es, als ob er keines Schlafs, indem er sich um sie beschäftigte, keiner Speise bedürfte. Zur feierlichen Abendstunde war deshalb alles fertig und bereit. Es war ihm möglich gewesen, wohltönende Blasinstrumente zu versammeln, welche die Einleitung machten und die gewünschte Stimmung hervorzubringen wussten. Als der Vorhang sich hob, war Charlotte wirklich überrascht. Das Bild, das sich ihr vorstellte, war so oft in der Welt wiederholt, dass man kaum einen neuen Eindruck davon erwarten sollte. Aber hier hatte die Wirklichkeit als Bild ihre besonderen Vorzüge. Der ganze Raum war eher nächtlich als dämmernd und doch nichts undeutlich im Einzelnen der Umgebung. Den unübertrefflichen Gedanken, dass alles Licht vom Kinde ausgeht, hatte der Künstler durch einen klugen Mechanismus der Beleuchtung auszuführen gewusst, der durch die beschatteten, nur von Streiflichtern erleuchteten Figuren im Vordergrund zugedeckt wurde. Frohe Mädchen und Knaben standen umher, die frischen Gesichter scharf von unten beleuchtet. Auch an Engeln fehlte es nicht, deren eigener Schein von dem göttlichen verdunkelt, deren ätherischer Leib vor dem göttlichmenschlichen verdichtet und lichtbedürftig schien. – Glücklicherweise war das Kind in der anmutigsten Stellung eingeschlafen, sodass nichts die Betrachtung störte, wenn der Blick auf der scheinbaren Mutter verweilte, die mit unendlicher Anmut einen Schleier aufgehoben hatte, um den verborgenen Schatz zu offenbaren. In diesem Augenblick schien das Bild festgehalten und erstarrt zu sein. Physisch geblendet, geistig überrascht, schien das umgebende Volk sich eben bewegt zu haben, um die getroffnen Augen wegzuwenden, neugierig erfreut wieder hinzublinzen und mehr Verwunderung und Lust als Bewunderung und Verehrung anzuzeigen, obgleich diese auch nicht vergessen und einigen älteren Figuren der Ausdruck derselben übertragen war.

Ottiliens Gestalt, Gebärde, Miene, Blick übertraf aber alles, was je ein Maler dargestellt hat. Der gefühlvolle Kenner, der diese Erscheinung gesehen hätte, wäre in Furcht geraten, es möge sich nur irgendetwas bewegen; er wäre in Sorge gestanden, ob ihm jemals etwas wieder so gefallen könne. Unglücklicherweise war niemand da, der diese ganze Wirkung aufzufassen vermocht hätte. Der Architekt allein, der als langer, schlanker Hirt von der Seite über die Knienden hereinsah, hatte, obgleich nicht in dem genauesten Standpunkt, noch den größten Genuss. Und wer beschreibt auch die Miene der neugeschaffenen Himmelskönigin? Die reinste Demut, das liebenswürdigste Gefühl von Bescheidenheit bei einer großen, unverdient erhaltenen Ehre, einem unbegreiflich unermesslichen Glück bildete sich in ihren Zügen, sowohl indem sich ihre eigene Empfindung, als auch indem sich die Vorstellung ausdrückte, die sie sich von dem machen konnte, was sie spielte.

Charlotten erfreute das schöne Gebilde, doch wirkte hauptsächlich das Kind auf sie. Ihre Augen strömten von Tränen, und sie stellte sich auf das Lebhafteste vor, dass sie ein ähnliches liebes Geschöpf bald auf ihrem Schoße zu hoffen habe.

Man hatte den Vorhang niedergelassen, teils um den Vorstellenden einige Erleichterung zu geben, teils eine Veränderung in dem Dargestellten anzubringen. Der Künstler hatte sich vorgenommen, das erste Nacht- und Niedrigkeitsbild in ein Tag- und Glorienbild zu verwandeln, und deswegen von allen Seiten eine unmäßige Erleuchtung vorbereitet, die in der Zwischenzeit angezündet wurde.

Ottilien war in ihrer halb theatralischen Lage bisher die größte Beruhigung gewesen, dass außer Charlotten und wenigen Hausgenossen niemand dieser frommen Kunstmummerei zugesehen. Sie wurde daher einigermaßen betroffen, als sie in der Zwischenzeit vernahm, es sei ein Fremder angekommen, im Saal von Charlotten freundlich begrüßt. Wer es war, konnte man ihr nicht sagen. Sie ergab sich darein, um keine Störung zu verursachen. Lichter und Lampen brannten, und eine ganz unendliche Helligkeit umgab sie. Der Vorhang ging auf, für die Zuschauenden ein überraschender Anblick: das ganze Bild war alles Licht, und statt des völlig aufgehobenen Schattens blieben nur die Farben übrig, die bei der klugen Auswahl eine liebliche Mäßigung hervorbrachten. Unter ihren langen Augenwimpern hervorblickend, bemerkte Ottilie eine Mannsperson neben Charlotten sitzend. Sie erkannte ihn nicht, aber sie glaubte die Stimme des Gehilfen aus der Pension zu hören. Eine wunderbare Empfindung ergriff sie. Wie viel war geschehen, seitdem sie die Stimme dieses treuen Lehrers nicht vernommen! Wie im zackigen Blitz fuhr die Reihe ihrer Freuden und Leiden schnell vor ihrer Seele vorbei und regte die Frage auf: ‚Darfst du ihm alles bekennen und gestehen? Und wie wenig wert bist du, unter dieser heiligen Gestalt vor ihm zu erscheinen, und wie seltsam muss es ihm vorkommen, dich, die er nur natürlich gesehen, als Maske zu erblicken?' Mit einer Schnelligkeit, die keinesgleichen hat, wirkten Gefühl und Betrachtung in ihr gegeneinander. Ihr Herz war befangen, ihre Augen füllten sich mit Tränen, indem sie sich zwang, immerfort als ein starres Bild zu erscheinen; und wie froh war sie, als der Knabe sich zu regen anfing und der Künstler sich genötigt sah, das Zeichen zu geben, dass der Vorhang wieder fallen sollte! – Hatte das peinliche Gefühl, einem werten Freund nicht entgegeneilen zu können, sich schon die letzten Augenblicke zu den übrigen Empfindungen Ottiliens gesellt, war sie jetzt in noch größerer Verlegenheit. Sollte sie in diesem fremden Anzug und Schmuck ihm entgegengehn? Sollte sie sich umkleiden? Sie wählte nicht, sie tat das letzte und versuchte sich in der Zwischenzeit zusammenzunehmen, sich zu beruhigen, und war nur erst wieder mit sich selbst in Übereinstimmung, als sie endlich im gewohnten Kleid den Angekommenen begrüßte.

Siebentes Kapitel

Insofern der Architekt seinen Gönnerinnen das Beste wünschte, war es ihm angenehm, da er doch endlich scheiden musste, sie in der guten Gesellschaft des schätzbaren Gehilfen zu wissen; indem er jedoch ihre Gunst auf sich selbst bezog, empfand er es einigermaßen schmerzhaft, sich so bald und, wie es seiner Bescheidenheit dünken mochte, so gut, ja vollkommen ersetzt zu sehen. Er hatte noch immer gezaudert, nun aber drängte es ihn hinweg; denn was er sich nach seiner Entfernung musste gefallen lassen, das wollte er wenigstens gegenwärtig nicht erleben.

Zu großer Erheiterung dieser halb traurigen Gefühle machten ihm die Damen beim Abschied noch ein Geschenk mit einer Weste, an der er sie beide lange Zeit hatte stricken sehen, mit einem stillen Neid über den unbekannten Glücklichen, dem sie dereinst werden könnte. Eine solche Gabe ist die angenehmste, die ein liebender, verehrender Mann erhalten mag; denn wenn er dabei des unermüdlichen Spiels der schönen Finger gedenkt, kann er nicht umhin, sich zu schmeicheln, das Herz werde bei einer so anhaltenden Arbeit doch auch nicht ganz ohne Teilnahme geblieben sein.

Die Frauen hatten nun einen neuen Mann zu bewirten, dem sie wohlwollten und dem es bei ihnen wohl werden sollte. Das weibliche Geschlecht hegt ein eignes, inneres, unwandelbares Interesse, von dem sie nichts in der Welt abtrünnig macht; im äußern, geselligen Verhältnis hingegen lassen sie sich gern und leicht durch den Mann bestimmen, der sie eben beschäftigt; und so durch Abweisen wie durch Empfänglichkeit, durch Beharren und Nachgiebigkeit führen sie eigentlich das Regiment, dem sich in der gesitteten Welt kein Mann zu entziehen wagt.

Hatte der Architekt, gleichsam nach eigener Lust und Belieben, seine Talente vor den Freundinnen zum Vergnügen und zu den Zwecken derselben geübt und bewiesen, war Beschäftigung und Unterhaltung in diesem Sinne und nach solchen Absichten eingerichtet, so machte sich in kurzer Zeit durch die Gegenwart des Gehilfen eine andere Lebensweise. Seine große Gabe war, gut zu sprechen und menschliche Verhältnisse, besonders in Bezug auf Bildung der Jugend, in der Unterredung zu behandeln. Und so entstand gegen die bisherige Art zu leben ein ziemlich fühlbarer Gegensatz, um so mehr, als der Gehilfe nicht ganz dasjenige billigte, womit man sich die Zeit über ausschließlich beschäftigt hatte.

Von dem lebendigen Gemälde, das ihn bei seiner Ankunft empfing, sprach er gar nicht. Als man ihm hingegen Kirche, Kapelle und was sich darauf bezog, mit Zufriedenheit sehen ließ, konnte er seine Meinung, seine Gesinnungen darüber nicht zurückhalten. „Was mich betrifft“, sagte er, „so will mir diese Annäherung, diese Vermischung des Heiligen zu und mit dem Sinnlichen keineswegs gefallen, nicht gefallen, dass man sich gewisse besondere Räume widmet, weihet und aufschmückt, um erst dabei ein Gefühl der Frömmigkeit zu hegen und zu unterhalten. Keine Umgebung, selbst die gemeinste nicht, soll in uns das Gefühl des Göttlichen stören, das uns überallhin begleiten und jede Stätte zu einem Tempel einweihen kann. Ich mag gern einen Hausgottesdienst in dem Saal gehalten sehen, wo man zu speisen, sich gesellig zu versammeln, mit Spiel und Tanz zu ergötzen pflegt. Das Höchste, das

Vorzüglichste am Menschen ist gestaltlos, und man soll sich hüten, es anders als in edler Tat zu gestalten."

Charlotte, die seine Gesinnungen schon im Ganzen kannte und sie noch mehr in kurzer Zeit erforschte, brachte ihn gleich in seinem Fach zur Tätigkeit, indem sie ihre Gartenknaben, welche der Architekt vor seiner Abreise eben gemustert hatte, in dem großen Saal aufmarschieren ließ, da sie sich denn in ihren heitern, reinlichen Uniformen, mit gesetzten Bewegungen und einem natürlichen, lebhaften Wesen sehr gut ausnahmen. Der Gehilfe prüfte sie nach seiner Weise und hatte durch mancherlei Fragen und Wendungen gar bald die Gemütsarten und Fähigkeiten der Kinder zutage gebracht und, ohne dass es so schien, in Zeit von weniger als einer Stunde sie wirklich bedeutend unterrichtet und gefördert.

„Wie machen Sie das nur?" sagte Charlotte, indem die Knaben wegzogen. „Ich habe sehr aufmerksam zugehört; es sind nichts als ganz bekannte Dinge vorgekommen, und doch wüsste ich nicht, wie ich es anfangen sollte, sie in so kurzer Zeit bei so vielem Hin- und Widerreden, in solcher Folge zur Sprache zu bringen."

„Vielleicht sollte man", versetzte der Gehilfe, „aus den Vorteilen seines Handwerks ein Geheimnis machen. Doch kann ich Ihnen die ganz einfache Maxime nicht verbergen, nach der man dieses und noch viel mehr zu leisten vermag. Fassen Sie einen Gegenstand, eine Materie, einen Begriff, wie man es nennen will; halten Sie ihn recht fest; machen Sie sich ihn in all seinen Teilen recht deutlich, und dann wird es Ihnen leicht sein, gesprächsweise an einer Masse Kinder zu erfahren, was sich davon schon in ihnen entwickelt hat, was noch anzuregen, zu überliefern ist. Die Antworten auf Ihre Fragen mögen noch so ungehörig sein, mögen noch so sehr ins Weite gehen, wenn nur sodann Ihre Gegenfrage Geist und Sinn wieder hereinwärts zieht, wenn Sie sich nicht von Ihrem Standpunkte verrücken lassen, so müssen die Kinder zuletzt denken, begreifen, sich überzeugen, nur von dem, was und wie es der Lehrende will. Sein größter Fehler ist der, wenn er sich von den Lernenden mit in die Weite reißen lässt, wenn er sie nicht auf dem Punkt festzuhalten weiß, den er eben jetzt behandelt. Machen Sie nächstens einen Versuch, und es wird zu Ihrer großen Unterhaltung dienen."

„Das ist artig", sagte Charlotte; „die gute Pädagogik ist also gerade das Umgekehrte von der guten Lebensart. In der Gesellschaft soll man auf nichts verweilen, und bei dem Unterricht wäre das höchste Gebot, gegen alle Zerstreuung zu arbeiten."

„Abwechselung ohne Zerstreuung wäre für Lehre und Leben der schönste Wahlspruch, wenn dieses löbliche Gleichgewicht nur so leicht zu erhalten wäre!" sagte der Gehilfe und wollte weiter fortfahren, als ihn Charlotte aufrief, die Knaben nochmals zu betrachten, deren munterer Zug sich soeben über den Hof bewegte. Er bezeigte seine Zufriedenheit, dass man die Kinder in Uniform zu gehen anhalte. „Männer", so sagte er, „sollten von Jugend auf Uniform tragen, weil sie sich gewöhnen müssen, zusammen zu handeln, sich unter ihresgleichen zu verlieren, in Masse zu gehorchen und ins Ganze zu arbeiten. Auch befördert jede Art von Uniform einen militärischen Sinn sowie ein knapperes, strackeres Betragen, und alle Knaben sind ja ohnehin geborene Soldaten; man sehe nur ihre Kampf- und Streitspiele, ihr Erstürmen und Erklettern."

„So werden Sie mich dagegen nicht tadeln", versetzte Ottilie, „dass ich meine Mädchen nicht überein kleide. Wenn ich sie Ihnen vorführe, hoffe ich Sie durch ein buntes Gemisch zu ergötzen."

„Ich billige das sehr", versetzte jener. „Frauen sollten durchaus mannigfaltig gekleidet gehen, jede nach eigner Art und Weise, damit eine jede fühlen lernte, was ihr eigentlich gut stehe und wohl zieme. Eine wichtigere Ursache ist noch die, weil sie bestimmt sind, ihr ganzes Leben allein zu stehen und allein zu handeln."

„Das scheint mir sehr paradox", versetzte Charlotte; „sind wir doch fast niemals für uns."

„O ja!“ versetzte der Gehilfe, „in Absicht auf andere Frauen ganz gewiss. Man betrachte ein Frauenzimmer als Liebende, als Braut, als Frau, Hausfrau und Mutter, immer steht sie isoliert, immer ist sie allein und will allein sein. Ja die Eitle selbst ist so darin. Jede Frau schließt die andre aus, ihrer Natur nach; denn von jeder wird alles gefordert, was dem ganzen Geschlecht zu leisten obliegt. Nicht so verhält es sich mit den Männern. Der Mann verlangt den Mann; er würde sich einen zweiten erschaffen, wenn es keinen gäbe; eine Frau könnte eine Ewigkeit leben, ohne daran zu denken, sich ihresgleichen hervorzubringen.“

„Man darf“, sagte Charlotte, „das Wahre nur wunderlich sagen, so scheint zuletzt das Wunderliche auch wahr. Wir wollen uns aus ihren Bemerkungen das Beste herausnehmen und doch als Frauen mit Frauen zusammenhalten und auch gemeinsam wirken, um den Männern nicht allzu große Vorzüge über uns einzuräumen. Ja, Sie werden uns eine kleine Schadenfreude nicht übelnehmen, die wir künftig desto lebhafter empfinden müssen, wenn sich die Herren untereinander auch nicht sonderlich vertragen.“

Mit viel Sorgfalt untersuchte der verständige Mann nunmehr die Art, wie Ottilie ihre kleinen Zöglinge behandelte, und bezeigte darüber seinen entschiedenen Beifall. „Sehr richtig heben Sie“, sagte er, „Ihre Untergebenen nur zur nächsten Brauchbarkeit heran. Reinlichkeit veranlasst die Kinder, mit Freuden etwas auf sich selbst zu halten, und alles ist gewonnen, wenn sie das, was sie tun, mit Munterkeit und Selbstgefühl zu leisten angeregt sind.“

Übrigens fand er zu seiner großen Befriedigung nichts auf den Schein und nach außen getan, sondern alles nach innen und für die unerlässlichen Bedürfnisse. „Mit wie wenig Worten“, rief er aus, „ließe sich das ganze Erziehungsgeschäft aussprechen, wenn jemand Ohren hätte zu hören!“

„Mögen Sie es nicht mit mir versuchen?“ sagte freundlich Ottilie.

„Recht gern“, versetzte jener; „nur müssen Sie mich nicht verraten. Man erziehe die Knaben zu Dienern und die Mädchen zu Müttern, so wird es überall wohlstehn.“

„Zu Müttern“, versetzte Ottilie, „das könnten die Frauen noch hingehen lassen, da sie sich, ohne Mütter zu sein, doch immer einrichten müssen, Wärterinnen zu werden; aber freilich zu Dienern würden sich unsre jungen Männer viel zu gut halten, da man jedem leicht ansehen kann, dass er sich zum Gebieten fähiger dünkt.“

„Deswegen wollen wir es ihnen verschweigen“, sagte der Gehilfe. „Man schmeichelt sich ins Leben hinein, aber das Leben schmeichelt uns nicht. Wie viel Menschen mögen denn das freiwillig zugestehen, was sie am Ende doch müssen? Lassen wir aber diese Betrachtungen, die uns hier nicht berühren!

Ich preise Sie glücklich, dass Sie bei Ihren Zöglingen ein richtiges Verfahren anwenden können. Wenn Ihre kleinsten Mädchen Puppen herumtragen und einige Läppchen für sie zusammenflicken, wenn ältere Geschwister alsdann für die jüngern sorgen und das Haus sich in sich selbst bedient und aufhilft, dann ist der weitere Schritt ins Leben nicht groß, und ein solches Mädchen findet bei ihrem Gatten, was sie bei ihren Eltern verließ.

Aber in den gebildeten Ständen ist die Aufgabe sehr verwickelt. Wir haben auf höhere, zartere, feinere, besonders auf gesellschaftliche Verhältnisse Rücksicht zu nehmen. Wir anderen sollen daher unsre Zöglinge nach außen bilden; es ist notwendig, es ist unerlässlich und möchte recht gut sein, wenn man dabei nicht das Maß überschritte; denn indem man die Kinder für einen weiteren Kreis zu bilden gedenkt, treibt man sie leicht ins Grenzenlose, ohne im Auge zu behalten, was denn eigentlich die innere Natur fordert. Hier liegt die Aufgabe, welche mehr oder weniger von den Erziehern gelöst oder verfehlt wird.

Bei manchem, womit wir unsere Schülerinnen in der Pension ausstatten, wird mir bange, weil die Erfahrung mir sagt, von wie geringem Gebrauch es künftig sein werde. Was wird nicht gleich abgestreift, was nicht gleich der Vergessenheit überantwortet, sobald ein Frauenzimmer sich im Stand der Hausfrau, der Mutter befindet! – Indessen kann ich mir den frommen Wunsch nicht versagen, da ich mich einmal diesem Geschäft gewidmet habe, dass es mir dereinst in Gesellschaft einer treuen Gehilfin gelingen möge, an meinen Zöglingen dasjenige rein auszubilden, was sie bedürfen, wenn sie in das Feld eigener Tätigkeit und Selbständigkeit hinüberschreiten; dass ich mir sagen könnte: in diesem Sinn ist an ihnen die Erziehung vollendet. Freilich schließt sich eine andere immer wieder an, die beinahe mit jedem Jahr unseres Lebens, wo nicht von uns selbst, doch von den Umständen veranlasst wird."

Wie wahr fand Ottilie diese Bemerkung! Was hatte nicht eine ungeahnte Leidenschaft im vergangenen Jahr an ihr erzogen! Was sah sie nicht alles für Prüfungen vor sich schweben, wenn sie nur aufs Nächste, aufs Nächstkünftige hinblickte!

Der junge Mann hatte nicht ohne Vorbedacht einer Gehilfin, einer Gattin erwähnt; denn bei all seiner Bescheidenheit konnte er nicht unterlassen, seine Absichten auf eine entfernte Weise anzudeuten; ja er war durch mancherlei Umstände und Vorfälle aufgeregt worden, bei diesem Besuch einige Schritte seinem Ziele näher zu tun.

Die Vorsteherin der Pension war bereits in Jahren; sie hatte sich unter ihren Mitarbeitern und Mitarbeiterinnen schon lange nach einer Person umgesehen, die eigentlich mit ihr in Gesellschaft träte, und zuletzt dem Gehilfen, dem sie zu vertrauen höchlich Ursache hatte, den Antrag getan, er solle mit ihr die Lehranstalt fortführen, darin als in dem Seinigen mitwirken und nach ihrem Tod als Erbe und einziger Besitzer eintreten. Die Hauptsache schien hierbei, dass er eine passende Gattin finden müsse. Er hatte im Stillen Ottilien vor Augen und im Herzen; allein es regten sich mancherlei Zweifel, die wieder durch günstige Ereignisse einiges Gegengewicht erhielten. Luciane hatte die Pension verlassen, Ottilie konnte freier zurückkehren; von dem Verhältnis zu Eduard hatte zwar etwas verlautet, allein man nahm die Sache, wie ähnliche Vorfälle mehr, gleichgültig auf, und selbst dieses Ereignis konnte zu Ottiliens Rückkehr beitragen. Doch wäre man zu keinem Entschluss gekommen, kein Schritt wäre geschehen, hätte nicht ein unvermuteter Besuch auch hier eine besondere Anregung gegeben, wie denn die Erscheinung von bedeutenden Menschen in irgendeinem Kreise niemals ohne Folge bleiben kann.

Der Graf und die Baronesse, welche so oft in die Lage kamen, über den Wert verschiedener Pensionen befragt zu werden, weil fast jedermann um die Erziehung seiner Kinder verlegen ist, hatten sich vorgenommen, diese besonders kennenzulernen, von der so viel Gutes gesagt wurde, und konnten nunmehr in ihren neuen Verhältnissen zusammen eine solche Untersuchung anstellen. Allein die Baronesse beabsichtigte noch etwas anderes. Während ihres letzten Aufenthalts bei Charlotten hatte sie mit dieser alles umständlich durchgesprochen, was sich auf Eduarden und Ottilien bezog. Sie bestand aber- und abermals darauf: Ottilie müsse entfernt werden. Sie suchte Charlotten hierzu Mut zuzusprechen, welche sich vor Eduards Drohungen noch immer fürchtete. Man sprach über die verschiedenen Auswege, und bei Gelegenheit der Pension war auch von der Neigung des Gehilfen die Rede, und die Baronesse entschloss sich um so mehr zu dem gedachten Besuch.

Sie kommt an, lernt den Gehilfen kennen, man beobachtet die Anstalt und spricht von Ottilien. Der Graf selbst unterhält sich gern über sie, indem er sie bei dem neulichen Besuch genauer kennengelernt. Sie hatte sich ihm genähert, ja sie ward von ihm angezogen, weil sie durch sein gehaltvolles Gespräch dasjenige zu sehen und zu kennen glaubte, was ihr bisher ganz unbekannt geblieben war. Und wie sie in dem Umgang mit Eduard die Welt vergaß, so schien ihr in der Gegenwart des Grafen die Welt erst recht wünschenswert zu sein. Jede Anziehung ist wechselseitig. Der Graf empfand eine Neigung für Ottilien, dass er sie gern als seine Tochter betrachtete. Auch hier war sie der Baroness zum zweiten Mal und mehr als das erste Mal im Weg. Wer weiß, was diese in Zeiten lebhafterer Leidenschaft gegen sie angestiftet hätte! Jetzt war es ihr genug, sie durch eine Verheiratung den Ehefrauen unschädlicher zu machen.

Sie regte daher den Gehilfen auf eine leise, doch wirksame Art klüglich an, dass er sich zu einer kleinen Exkursion auf das Schloss einrichten und seinen Plänen und Wünschen, von denen er der Dame kein Geheimnis gemacht, sich ungesäumt nähern solle.

Mit vollkommener Zustimmung der Vorsteherin trat er daher seine Reise an und hegte in seinem Gemüt die besten Hoffnungen. Er weiß, Ottilie ist ihm nicht ungünstig; und wenn zwischen ihnen einiges Missverhältnis des Standes war, so glich sich dieses gar leicht durch die Denkart der Zeit aus. Auch hatte die Baroness ihn wohl fühlen lassen, dass Ottilie immer ein armes Mädchen bleibe. Mit einem reichen Hause verwandt zu sein, hieß es, kann niemandem helfen; denn man würde sich selbst bei dem größten Vermögen ein Gewissen daraus machen, denjenigen eine ansehnliche Summe zu entziehen, die dem näheren Grade nach ein vollkommeneres Recht auf ein Besitztum zu haben scheinen. Und gewiss bleibt es wunderbar, dass der Mensch das große Vorrecht, nach seinem Tode noch über seine Habe zu disponieren, sehr selten zugunsten seiner Lieblinge gebraucht und, wie es scheint, aus Achtung für das Herkommen nur diejenigen begünstigt, die nach ihm sein Vermögen besitzen würden, wenn er auch selbst keinen Willen hätte.

Sein Gefühl setzte ihn auf der Reise Ottilien völlig gleich. Eine gute Aufnahme erhöhte seine Hoffnungen. Zwar fand er gegen sich Ottilien nicht ganz so offen wie sonst; aber sie war auch erwachsener, gebildeter und, wenn man will, im Allgemeinen mitteilender, als er sie gekannt hatte. Vertraulich ließ man ihn in manches Einsicht nehmen, was sich besonders auf sein Fach bezog. Doch wenn er seinem Zwecke sich nähern wollte, so hielt ihn immer eine gewisse innere Scheu zurück.

Einst gab ihm jedoch Charlotte hierzu Gelegenheit, indem sie in Beisein Ottiliens zu ihm sagte: „Nun, Sie haben alles, was in meinem Kreise heranwächst, so ziemlich geprüft; wie finden Sie denn Ottilien? Sie dürfen es wohl in ihrer Gegenwart aussprechen."

Der Gehilfe bezeichnete hierauf mit sehr viel Einsicht und ruhigem Ausdruck, wie er Ottilien in Absicht eines freieren Betragens, einer bequemeren Mitteilung, eines höheren Blicks in die weltlichen Dinge, der sich mehr in ihren Handlungen als in ihren Worten betätige, sehr zu ihrem Vorteil verändert finde, dass er aber doch glaube, es könne ihr sehr zum Nutzen gereichen, wenn sie auf einige Zeit in die Pension zurückkehre, um das in einer gewissen Folge gründlich und für immer sich zuzueignen, was die Welt nur stückweise und eher zur Verwirrung als zur Befriedigung, ja manchmal nur allzu spät überliefere. Er wolle darüber nicht weitläufig sein; Ottilie wisse selbst am besten, aus was für zusammenhängenden Lehrvorträgen sie damals herausgerissen worden.

Ottilie konnte das nicht leugnen; aber sie konnte nicht gestehen, was sie bei diesen Worten empfand, weil sie sich es kaum selbst auszulegen wusste. Es schien ihr in der Welt nichts mehr unzusammenhängend, wenn sie an den geliebten Mann dachte, und sie begriff nicht, wie ohne ihn noch irgendetwas zusammenhängen könne.

Charlotte beantwortete den Antrag mit kluger Freundlichkeit. Sie sagte, dass sowohl sie als Ottilie eine Rückkehr nach der Pension längst gewünscht hätten. In dieser Zeit nur sei ihr die Gegenwart einer so lieben Freundin und Helferin unentbehrlich gewesen; doch wolle sie in der Folge nicht hinderlich sein, wenn es Ottiliens Wunsch bliebe, wieder auf so lange dorthin zurückzukehren, bis sie das Angefangene geendet und das Unterbrochene sich vollständig zugeeignet.

Der Gehilfe nahm diese Anerbietung freudig auf; Ottilie durfte nichts dagegen sagen, ob es ihr gleich vor dem Gedanken schauderte. Charlotte hingegen dachte Zeit zu gewinnen; sie hoffte, Eduard sollte sich erst als glücklicher Vater wiederfinden und einfinden, dann, war sie überzeugt, würde sich alles geben und auch für Ottilien auf eine oder die andere Weise gesorgt werden.

Nach einem bedeutenden Gespräch, über welches alle Teilnehmenden nachzudenken haben, pflegt ein gewisser Stillstand einzutreten, der einer allgemeinen Verlegenheit ähnlich sieht. Man ging im Saal auf und ab, der Gehilfe blätterte in einigen Büchern und kam endlich an den Folioband, der noch von Lucianens Zeiten her liegengeblieben war. Als er sah, dass darin nur Affen enthalten waren, schlug er ihn gleich wieder zu. Dieser Vorfall mag jedoch zu einem Gespräch Anlass gegeben haben, wovon wir die Spuren in Ottiliens Tagebuch finden.

Aus Ottiliens Tagebuch

Wie man es nur über das Herz bringen kann, die garstigen Affen so sorgfältig abzubilden! Man erniedrigt sich schon, wenn man sie nur als Tiere betrachtet; man wird aber wirklich bösartiger, wenn man dem Reiz folgt, bekannte Menschen unter dieser Maske aufzusuchen.

Es gehört durchaus eine gewisse Verschrobenheit dazu, um sich gern mit Karikaturen und Zerrbildern abzugeben. Unserm guten Gehilfen danke ichs, dass ich nicht mit der Naturgeschichte gequält worden bin; ich konnte mich mit den Würmern und Käfern niemals befreunden.

Diesmal gestand er mir, dass es ihm ebenso gehe. „Von der Natur“, sagte er, „sollten wir nichts kennen, als was uns unmittelbar lebendig umgibt. Mit den Bäumen, die um uns blühen, grünen, Frucht tragen, mit jeder Staude, an der wir vorbeigehen, mit jedem Grashalm, über den wir hinwandeln, haben wir ein wahres Verhältnis; sie sind unsre echten Kompatrioten. Die Vögel, die auf unsern Zweigen hin und wider hüpfen, die in unserm Laube singen, gehören uns an, sie sprechen zu uns von Jugend auf, und wir lernen ihre Sprache verstehen. Man frage sich, ob nicht ein jedes fremde, aus seiner Umgebung gerissene Geschöpf einen gewissen ängstlichen Eindruck auf uns macht, der nur durch Gewohnheit abgestumpft wird. Es gehört schon ein buntes, geräuschvolles Leben dazu, um Affen, Papageien und Mohren um sich zu ertragen.“

Manchmal, wenn mich ein neugieriges Verlangen nach solchen abenteuerlichen Dingen anwandelte, habe ich den Reisenden beneidet, der solche Wunder mit andern Wundern in lebendiger, alltäglicher Verbindung sieht. Aber auch er wird ein anderer Mensch. Es wandelt niemand ungestraft unter Palmen, und die Gesinnungen ändern sich gewiss in einem Lande, wo Elefanten und Tiger zu Hause sind.

Nur der Naturforscher ist verehrungswert, der uns das Fremdeste, Seltsamste mit seiner Lokalität, mit aller Nachbarschaft jedes Mal in dem eigensten Elemente zu schildern und darzustellen weiß. Wie gern möchte ich nur einmal Humboldten erzählen hören!

Ein Naturalienkabinett kann uns vorkommen wie eine ägyptische Grabstätte, wo die verschiedenen Tier- und Pflanzengötzen balsamiert umherstehen. Einer Priesterkaste geziemt es wohl, sich damit in geheimnisvollem Halbdunkel abzugeben; aber in den allgemeinen Unterricht sollte dergleichen nicht einfließen, um so weniger, als etwas Näheres und Würdigeres sich dadurch leicht verdrängt sieht.

Ein Lehrer, der das Gefühl an einer einzigen guten Tat, an einem einzigen guten Gedicht wecken kann, leistet mehr als einer, der uns ganze Reihen untergeordneter Naturbildungen der Gestalt und dem Namen nach überliefert; denn das ganze Resultat davon ist, was wir ohnedies wissen können, dass das Menschengebild am vorzüglichsten und einzigsten das Gleichnis der Gottheit an sich trägt. – Dem Einzelnen bleibe die Freiheit, sich mit dem zu beschäftigen, was ihn anzieht, was ihm Freude macht, was ihm nützlich deucht; aber das eigentliche Studium der Menschheit ist der Mensch.

Achtes Kapitel

Es gibt wenig Menschen, die sich mit dem Nächstvergangenen zu beschäftigen wissen. Entweder das Gegenwärtige hält uns mit Gewalt an sich, oder wir verlieren uns in die Vergangenheit und suchen das völlig Verlorene, wie es nur möglich sein will, wieder hervorzurufen und herzustellen. Selbst in großen und reichen Familien, die ihren Vorfahren vieles schuldig sind, pflegt es so zu gehen, dass man des Großvaters mehr als des Vaters gedenkt.

Zu solchen Betrachtungen ward unser Gehilfe aufgefordert, als er an einem der schönen Tage, an welchen der scheidende Winter den Frühling zu lügen pflegt, durch den großen, alten Schlossgarten gegangen war und die hohen Lindenalleen, die regelmäßigen Anlagen, die sich von Eduards Vater herschrieben, bewundert hatte. Sie waren vortrefflich gediehen in dem Sinne desjenigen, der sie pflanzte, und nun, da sie erst anerkannt und genossen werden sollten, sprach niemand mehr von ihnen, man besuchte sie kaum und hatte Liebhaberei und Aufwand gegen eine andere Seite hin ins Freie und Weite gerichtet.

Er machte bei seiner Rückkehr Charlotten die Bemerkung, die sie nicht ungünstig aufnahm. „Indem uns das Leben fortzieht", versetzte sie, „glauben wir aus uns selbst zu handeln, unsre Tätigkeit, unsre Vergnügungen zu wählen, aber freilich, wenn wir es genau ansehen, so sind es nur die Pläne, die Neigungen der Zeit, die wir mit auszuführen genötigt sind."

„Gewiss", sagte der Gehilfe; „und wer widersteht dem Strom seiner Umgebungen? Die Zeit rückt fort und in ihr Gesinnungen, Meinungen, Vorurteile und Liebhabereien. Fällt die Jugend eines Sohnes gerade in die Zeit der Umwendung, so kann man versichert sein, dass er mit seinem Vater nichts gemein haben wird. Wenn dieser in einer Periode lebte, wo man Lust hatte, sich manches zuzueignen, dieses Eigentum zu sichern, zu beschränken, einzuengen und in der Absonderung von der Welt seinen Genuss zu befestigen, so wird jener sodann sich auszudehnen suchen, mitteilen, verbreiten und das Verschlossene öffnen."

„Ganze Zeiträume", versetzte Charlotte, „gleichen diesem Vater und Sohn, den Sie schildern. Von jenen Zuständen, da jede kleine Stadt ihre Mauern und Gräben haben musste, da man jeden Edelhof noch in einen Sumpf baute und die geringsten Schlösser nur durch eine Zugbrücke zugänglich waren, davon können wir uns kaum einen Begriff machen. Sogar größere Städte tragen jetzt ihre Wälle ab, die Gräben selbst fürstlicher Schlösser werden ausgefüllt, die Städte bilden nur große Flecken, und wenn man so auf Reisen das ansieht, sollte man glauben, der allgemeine Friede sei befestigt und das goldne Zeitalter vor der Tür. Niemand glaubt sich in einem Garten behaglich, der nicht einem freien Lande ähnlich sieht; an Kunst, an Zwang soll nichts erinnern; wir wollen völlig frei und unbedingt Atem schöpfen. Haben Sie wohl einen Begriff, mein Freund, dass man aus diesem in einen anderen, in den vorigen Zustand zurückkehren könne?"

„Warum nicht?" versetzte der Gehilfe; „jeder Zustand hat seine Beschwerlichkeit, der beschränkte sowohl als der losgebundene. Der letztere setzt Überfluss voraus und führt zur Verschwendung. Lassen Sie uns bei Ihrem Beispiel bleiben, das auffallend genug ist. Sobald der Mangel eintritt, sogleich ist die Selbstbeschränkung wiedergegeben. Menschen, die ihren Grund und Boden zu nutzen genötigt sind, führen schon wieder Mauern um ihre Gärten auf, damit sie ihrer Erzeugnisse sicher seien. Daraus entsteht nach und nach eine neue Ansicht der Dinge. Das Nützliche erhält wieder die Oberhand, und selbst der Vielbesitzende meint zuletzt auch das alles nutzen zu müssen. Glauben Sie mir: es ist möglich, dass Ihr Sohn sämtliche Parkanlagen vernachlässigt und sich wieder hinter die ernsten Mauern und unter die hohen Linden seines Großvaters zurückzieht."

Charlotte war im Stillen erfreut, sich einen Sohn verkündigt zu hören, und verzieh dem Gehilfen deshalb die etwas unfreundliche Prophezeiung, wie es dereinst ihrem lieben, schönen Park ergehen könne. Sie versetzte deshalb ganz freundlich: „Wir sind beide noch nicht alt genug, um dergleichen Widersprüche mehrmals erlebt zu haben; allein wenn man sich in seine frühe Jugend zurückdenkt, sich erinnert, worüber man von älteren Personen klagen gehört, Länder und Städte mit in die Betrachtung aufnimmt, so möchte wohl gegen die Bemerkung nichts einzuwenden sein. Sollte man denn aber einem solchen Naturgang nichts entgegensetzen, sollte man Vater und Sohn, Eltern und Kinder nicht in Übereinstimmung bringen können? Sie haben mir freundlich einen Knaben geweissagt; müsste denn der gerade mit seinem Vater im Widerspruch stehen? zerstören, was seine Eltern erbaut haben, anstatt es zu vollenden und zu erheben, wenn er in demselben Sinne fortfährt?“

„Dazu gibt es auch wohl ein vernünftiges Mittel“, versetzte der Gehilfe, „das aber von den Menschen selten angewandt wird. Der Vater erhebe seinen Sohn zum Mitbesitzer, er lasse ihn mitbauen, -pflanzen und erlaube ihm, wie sich selbst, eine unschädliche Willkür. Eine Tätigkeit lässt sich in die andre verweben, keine an die andre anstückeln. Ein junger Zweig verbindet sich mit einem alten Stamm gar leicht und gern, an den kein erwachsener Ast mehr anzufügen ist.“

Es freute den Gehilfen, in dem Augenblick, da er Abschied zu nehmen sich genötigt sah, Charlotten zufälligerweise etwas Angenehmes gesagt und ihre Gunst aufs neue dadurch befestigt zu haben. Schon allzu lange war er von zu Hause weg; doch konnte er zur Rückreise sich nicht eher entschließen als nach völliger Überzeugung, er müsse die herannahende Epoche von Charlottens Niederkunft erst vorbeigehen lassen, bevor er wegen Ottiliens irgendeine Entscheidung hoffen könne. Er fügte sich deshalb in die Umstände und kehrte mit diesen Aussichten und Hoffnungen wieder zur Vorsteherin zurück.

Charlottens Niederkunft nahte heran. Sie hielt sich mehr in ihren Zimmern. Die Frauen, die sich um sie versammelt hatten, waren ihre geschlossenere Gesellschaft. Ottilie besorgte das Hauswesen, indem sie kaum daran denken durfte, was sie tat. Sie hatte sich zwar völlig ergeben; sie wünschte für Charlotten, für das Kind, für Eduarden sich auch noch ferner auf das Dienstlichste zu bemühen; aber sie sah nicht ein, wie es möglich werden wollte. Nichts konnte sie vor völliger Verworrenheit retten, als dass sie jeden Tag ihre Pflicht tat.

Ein Sohn war glücklich zur Welt gekommen, und die Frauen versicherten sämtlich, es sei der ganz leibhaftige Vater. Nur Ottilie konnte es im Stillen nicht finden, als sie der Wöchnerin Glück wünschte und das Kind auf das Herzlichste begrüßte. Schon bei den Anstalten zur Verheiratung ihrer Tochter war Charlotten die Abwesenheit ihres Gemahls höchst fühlbar gewesen; nun sollte der Vater auch bei der Geburt des Sohnes nicht gegenwärtig sein; er sollte den Namen nicht bestimmen, bei dem man ihn künftig rufen würde.

Der erste von allen Freunden, die sich beglückwünschend sehen ließen, war Mittler, der seine Kundschafter aufgestellt hatte, um von diesem Ereignis sogleich Nachricht zu erhalten. Er fand sich ein, und zwar sehr behaglich. Kaum dass er seinen Triumph in Gegenwart Ottiliens verbarg, so sprach er sich gegen Charlotten laut aus und war der Mann, alle Sorgen zu heben und alle augenblicklichen Hindernisse beiseitezubringen. Die Taufe sollte nicht lange aufgeschoben werden. Der alte Geistliche, mit einem Fuß schon im Grab, sollte durch seinen Segen das Vergangene mit dem Zukünftigen zusammenknüpfen; Otto sollte das Kind heißen; es konnte keinen andern Namen führen als den Namen des Vaters und des Freundes.

Es bedurfte der entschiedenen Zudringlichkeit dieses Mannes, um die hunderterlei Bedenklichkeiten, das Widerreden, Zaudern, Stocken, Besser- oder Anderswissen, das Schwanken, Meinen, Um- und Wiedermeinen zu beseitigen, da gewöhnlich bei solchen Gelegenheiten aus einer gehobenen Bedenklichkeit immer wieder neue entstehen und, indem man alle Verhältnisse schonen will, immer der Fall eintritt, einige zu verletzen.

Alle Meldungsschreiben und Gevatterbriefe übernahm Mittler; sie sollten gleich ausgefertigt sein, denn ihm war selbst höchlich daran gelegen, ein Glück, das er für die Familie so bedeutend hielt, auch der übrigen mitunter misswollenden und missredenden Welt bekanntzumachen. Und freilich waren die bisherigen leidenschaftlichen Vorfälle dem Publikum nicht entgangen, das ohnehin in der Überzeugung steht, alles, was geschieht, geschehe nur dazu, damit es etwas zu reden habe.

Die Feier des Taufaktes sollte würdig, aber beschränkt und kurz sein. Man kam zusammen, Ottilie und Mittler sollten das Kind als Taufzeugen halten. Der alte Geistliche, unterstützt vom Kirchendiener, trat mit langsamen Schritten heran. Das Gebet war verrichtet, Ottilien das Kind auf die Arme gelegt, und als sie mit Neigung auf dasselbe heruntersah, erschrak sie nicht wenig an seinen offenen Augen; denn sie glaubte in ihre eigenen zu sehen; eine solche Übereinstimmung hätte jeden überraschen müssen. Mittler, der zunächst das Kind empfing, stutzte gleichfalls, indem er in der Bildung desselben eine so auffallende Ähnlichkeit, und zwar mit dem Hauptmann, erblickte, dergleichen ihm sonst noch nie vorgekommen war.

Die Schwäche des guten alten Geistlichen hatte ihn gehindert, die Taufhandlung mit mehrerem als der gewöhnlichen Liturgie zu begleiten. Mittler indessen, voll von dem Gegenstand, gedachte seiner frühern Amtsverrichtungen und hatte überhaupt die Art, sich sogleich in jedem Falle zu denken, wie er nun reden, wie er sich äußern würde. Diesmal konnte er sich um so weniger zurückhalten, als es nur eine kleine Gesellschaft von lauter Freunden war, die ihn umgab. Er fing daher an, gegen das Ende des Akts mit Behaglichkeit sich an die Stelle des Geistlichen zu versetzen, in einer muntern Rede seine Patenpflichten und Hoffnungen zu äußern und um so mehr dabei zu verweilen, als er Charlottens Beifall in ihrer zufriedenen Miene zu erkennen glaubte.

Dass der gute alte Mann sich gern gesetzt hätte, entging dem rüstigen Redner, der noch viel weniger dachte, dass er ein größeres Übel hervorzubringen auf dem Weg war; denn nachdem er das Verhältnis eines jeden Anwesenden zum Kind mit Nachdruck geschildert und Ottiliens Fassung dabei ziemlich auf die Probe gestellt hatte, so wandte er sich zuletzt an den Greis mit diesen Worten: „Und Sie, mein würdiger Altvater, können nunmehr mit Simeon sprechen: ‚Herr, lass deinen Diener in Frieden fahren; denn meine Augen haben den Heiland dieses Hauses gesehen.'“

Nun war er im Zuge, recht glänzend zu schließen, aber er bemerkte bald, dass der Alte, dem er das Kind hinhielt, sich zwar erst gegen dasselbe zu neigen schien, nachher aber schnell zurücksank. Vom Fall kaum abgehalten, ward er in einen Sessel gebracht, und man musste ihn ungeachtet aller augenblicklichen Beihilfe für tot ansprechen.

So unmittelbar Geburt und Tod, Sarg und Wiege nebeneinander zu sehen und zu denken, nicht bloß mit der Einbildungskraft, sondern mit den Augen diese ungeheuren Gegensätze zusammenzufassen, war für die Umstehenden eine schwere Aufgabe, je überraschender sie vorgelegt wurde. Ottilie allein betrachtete den Eingeschlummerten, der noch immer seine freundliche, einnehmende Miene behalten hatte, mit einer Art von Neid. Das Leben ihrer Seele war getötet; warum sollte der Körper noch erhalten werden?

Führten sie auf diese Weise gar manchmal die unerfreulichen Begebenheiten des Tags auf die Betrachtung der Vergänglichkeit, des Scheidens, des Verlierens, so waren ihr dagegen wundersame nächtliche Erscheinungen zum Trost gegeben, die ihr das Dasein des Geliebten versicherten und ihr eigenes befestigten und belebten. Wenn sie sich abends zur Ruhe gelegt und im süßen Gefühl noch zwischen Schlaf und Wachen schwebte, schien es ihr, als wenn sie in einen ganz hellen, doch mild erleuchteten Raum hineinblickte. In diesem sah sie Eduarden ganz deutlich, und zwar nicht gekleidet, wie sie ihn sonst gesehen, sondern im kriegerischen Anzug, jedes Mal in einer andern Stellung, die aber vollkommen natürlich war und nichts Phantastisches an sich hatte: stehend, gehend, liegend, reitend. Die Gestalt, bis aufs kleinste ausgemalt, bewegte sich willig vor ihr, ohne dass sie das Mindeste dazu tat, ohne dass sie wollte oder die Einbildungskraft anstrengte. Manchmal sah sie ihn auch umgeben, besonders von etwas Beweglichem, das dunkler war als der helle Grund; aber sie unterschied kaum Schattenbilder, die ihr zuweilen als Menschen, als Pferde, als Bäume und Gebirge vorkommen konnten. Gewöhnlich schlief sie über der Erscheinung ein, und wenn sie nach einer ruhigen Nacht morgens wieder erwachte, so war sie erquickt, getröstet; sie fühlte sich überzeugt, Eduard lebe noch, sie stehe mit ihm noch in dem innigsten Verhältnis.

Neuntes Kapitel

Der Frühling war gekommen, später, aber auch rascher und freudiger als gewöhnlich. Ottilie fand nun im Garten die Frucht ihres Vorsehens; alles keimte, grünte und blühte zur rechten Zeit; manches, was hinter wohl angelegten Glashäusern und Beeten vorbereitet worden, trat nun sogleich der endlich von außen wirkenden Natur entgegen, und alles, was zu tun und zu besorgen war, blieb nicht bloß hoffnungsvolle Mühe wie bisher, sondern ward zum heitern Genusse.

An dem Gärtner aber hatte sie zu trösten über manche durch Lucianens Wildheit entstandene Lücke unter den Topfgewächsen, über die zerstörte Symmetrie mancher Baumkrone. Sie machte ihm Mut, dass sich das alles bald wieder herstellen werde; aber er hatte ein zu tiefes Gefühl, einen zu reinen Begriff von seinem Handwerk, als dass diese Trostgründe viel bei ihm hätten fruchten sollen. So wenig der Gärtner sich durch andere Liebhabereien und Neigungen zerstreuen darf, so wenig darf der ruhige Gang unterbrochen werden, den die Pflanze zur dauernden oder zur vorübergehenden Vollendung nimmt. Die Pflanze gleicht den eigensinnigen Menschen, von denen man alles erhalten kann, wenn man sie nach ihrer Art behandelt. Ein ruhiger Blick, eine stille Konsequenz, in jeder Jahrszeit, in jeder Stunde das ganz Gehörige zu tun, wird vielleicht von niemand mehr als vom Gärtner verlangt.

Diese Eigenschaften besaß der gute Mann in einem hohen Grade, deswegen auch Ottilie so gern mit ihm wirkte; aber sein eigentliches Talent konnte er schon einige Zeit nicht mehr mit Behaglichkeit ausüben. Denn ob er gleich alles, was die Baum- und Küchengärtnerei betraf, auch die Erfordernisse eines älteren Ziergartens, vollkommen zu leisten verstand, wie denn überhaupt einem vor dem anderen dieses oder jenes gelingt, ob er schon in Behandlung der Orangerie der Blumenzwiebeln, der Nelken- und Aurikelnstöcke die Natur selbst hätte herausfordern können, so waren ihm doch die neuen Zierbäume und Modeblumen einigermaßen fremd geblieben, und er hatte vor dem unendlichen Felde der Botanik, das sich nach der Zeit auftat, und den darin herumsummenden fremden Namen eine Art von Scheu, die ihn verdrießlich machte. Was die Herrschaft voriges Jahr zu verschreiben angefangen, hielt er um so mehr für unnützen Aufwand und Verschwendung, als er gar manche kostbare Pflanze ausgehen sah und mit den Handelsgärtnern, die ihn, wie er glaubte, nicht redlich genug bedienten, in keinem sonderlichen Verhältnis stand.

Er hatte sich darüber nach mancherlei Versuchen eine Art von Plan gemacht, in welchem ihn Ottilie um so mehr bestärkte, als er auf die Wiederkehr Eduards eigentlich gegründet war, dessen Abwesenheit man in diesem wie in manchem andern Falle täglich nachteiliger empfinden musste.

Indem nun die Pflanzen immer mehr Wurzel schlugen und Zweige trieben, fühlte sich auch Ottilie immer mehr an diese Räume gefesselt. Gerade vor einem Jahr trat sie als Fremdling, als ein unbedeutendes Wesen hier ein; wie viel hatte sie sich seit jener Zeit nicht erworben! aber leider wie viel hatte sie nicht auch seit jener Zeit wieder verloren! Sie war nie so reich und nie so arm gewesen. Das Gefühl von beidem wechselte augenblicklich miteinander ab, ja durchkreuzte sich aufs innigste, sodass sie sich nicht anders zu helfen wusste, als dass sie immer wieder das Nächste mit Anteil, ja mit Leidenschaft ergriff.

Dass alles, was Eduarden besonders lieb war, auch ihre Sorgfalt am stärksten an sich zog, lässt sich denken; ja warum sollte sie nicht hoffen, dass er selbst nun bald wiederkommen, dass er die fürsorgliche Dienstlichkeit, die sie dem Abwesenden geleistet, dankbar gegenwärtig bemerken werde?

Aber noch auf eine viel andre Weise war sie veranlasst für ihn zu wirken. Sie hatte vorzüglich die Sorge für das Kind übernommen, dessen unmittelbare Pflegerin sie um so mehr werden konnte, als man es keiner Amme übergeben, sondern mit Milch und Wasser aufzuziehen sich entschieden hatte. Es sollte in jener schönen Zeit der freien Luft genießen; und so trug sie es am liebsten selbst heraus, trug das schlafende, unbewusste zwischen Blumen und Blüten her, die dereinst seiner Kindheit so freundlich entgegenlachen sollten, zwischen jungen Sträuchern und Pflanzen, die mit ihm in die Höhe zu wachsen durch ihre Jugend bestimmt schienen. Wenn sie um sich her sah, so verbarg sie sich nicht, zu welchem großen, reichen Zustand das Kind geboren sei; denn fast alles, wohin das Auge blickte, sollte dereinst ihm gehören. Wie wünschenswert war es zu diesem allen, dass es vor den Augen des Vaters, der Mutter aufwüchse und eine erneute, frohe Verbindung bestätigte!

Ottilie fühlte dies alles so rein, dass sie sichs als entschieden wirklich dachte und sich selbst dabei gar nicht empfand. Unter diesem klaren Himmel, bei diesem hellen Sonnenschein ward es ihr auf einmal klar, dass ihre Liebe, um sich zu vollenden, völlig uneigennützig werden müsse; ja in manchen Augenblicken glaubte sie diese Höhe schon erreicht zu haben. Sie wünschte nur das Wohl ihres Freundes, sie glaubte sich fähig, ihm zu entsagen, sogar ihn niemals wiederzusehen, wenn sie ihn nur glücklich wisse. Aber ganz entschieden war sie für sich, niemals einem anderen anzugehören.

Dass der Herbst ebenso herrlich würde wie der Frühling, dafür war gesorgt. Alle sogenannten Sommergewächse, alles, was im Herbst mit Blühen nicht enden kann und sich der Kälte noch keck entgegenentwickelt, Astern besonders, waren in der größten Mannigfaltigkeit gesät und sollten nun, überallhin verpflanzt, einen Sternhimmel über die Erde bilden.

Aus Ottiliens Tagebuch

Einen guten Gedanken, den wir gelesen, etwas Auffallendes, das wir gehört, tragen wir wohl in unser Tagebuch. Nähmen wir uns aber zugleich die Mühe, aus den Briefen unserer Freunde eigentümliche Bemerkungen, originelle Ansichten, flüchtige geistreiche Worte auszuzeichnen, so würden wir sehr reich werden. Briefe hebt man auf, um sie nie wieder zu lesen; man zerstört sie zuletzt einmal aus Diskretion, und so verschwindet der schönste, unmittelbarste Lebenshauch unwiederbringlich für uns und andre. Ich nehme mir vor, dieses Versäumnis wiedergutzumachen.

So wiederholt sich denn abermals das Jahresmärchen von vorn. Wir sind nun wieder, Gott sei Dank! an seinem artigsten Kapitel. Veilchen und Maiblumen sind wie Überschriften oder Vignetten dazu. Es macht uns immer einen angenehmen Eindruck, wenn wir sie in dem Buche des Lebens wieder aufschlagen.

Wir schelten die Armen, besonders die Unmündigen, wenn sie sich an den Straßen herumlegen und betteln. Bemerken wir nicht, dass sie gleich tätig sind, sobald es was zu tun gibt? Kaum entfaltet die Natur ihre freundlichen Schätze, so sind die Kinder dahinterher, um ein Gewerbe zu eröffnen; keines bettelt mehr, jedes reicht dir einen Strauß; es hat ihn gepflückt, ehe du vom Schlaf erwachtest, und das Bittende sieht dich so freundlich an wie die Gabe. Niemand sieht erbärmlich aus, der einiges Recht fühlt, fordern zu dürfen. – Warum nur das Jahr manchmal so kurz, manchmal so lang ist, warum es so kurz scheint und so lang in der

Erinnerung! Mir ist es mit dem vergangenen so, und nirgends auffallender als im Garten, wie Vergängliches und Dauerndes ineinandergreifen. Und doch ist nichts so flüchtig, das nicht eine Spur, das nicht seinesgleichen zurücklasse.

Man lässt sich den Winter auch gefallen. Man glaubt sich freier auszubreiten, wenn die Bäume so geisterhaft, so durchsichtig vor uns stehen. Sie sind nichts, aber sie decken auch nichts zu. Wie aber einmal Knospen und Blüten kommen, dann wird man ungeduldig, bis das volle Laub hervortritt, bis die Landschaft sich verkörpert und der Baum sich als eine Gestalt uns entgegendrängt.

Alles Vollkommene in seiner Art muss über seine Art hinausgehen, es muss etwas anderes, Unvergleichbares werden. In manchen Tönen ist die Nachtigall noch Vogel; dann steigt sie über ihre Klasse hinüber und scheint jedem Gefiederten andeuten zu wollen, was eigentlich singen heiße.

Ein Leben ohne Liebe, ohne die Nähe des Geliebten ist nur eine „Comédie à tiroir“, ein schlechtes Schubladenstück. Man schiebt eine nach der andern heraus und wieder hinein und eilt zur folgenden. Alles, was auch Gutes und Bedeutendes vorkommt, hängt nur kümmerlich zusammen. Man muss überall von vorn anfangen und möchte überall enden.

Zehntes Kapitel

Charlotte von ihrer Seite befindet sich munter und wohl. Sie freut sich an dem tüchtigen Knaben, dessen vielversprechende Gestalt ihr Auge und Gemüt stündlich beschäftigt. Sie erhält durch ihn einen neuen Bezug auf die Welt und auf den Besitz. Ihre alte Tätigkeit regt sich wieder; sie erblickt, wo sie auch hinsieht, im vergangenen Jahr vieles getan und empfindet Freude am Getanen. Von einem eigenen Gefühl belebt, steigt sie zur Mooshütte mit Ottilien und dem Kind; und indem sie dieses auf den kleinen Tisch als auf einen häuslichen Altar niederlegt und noch zwei Plätze leer sieht, gedenkt sie der vorigen Zeiten, und eine neue Hoffnung für sie und Ottilien dringt hervor.

Junge Frauenzimmer sehen sich bescheiden vielleicht nach diesem oder jenem Jüngling um, mit stiller Prüfung, ob sie ihn wohl zum Gatten wünschten; wer aber für eine Tochter oder einen weiblichen Zögling zu sorgen hat, schaut in einem weitern Kreis umher. So ging es auch in diesem Augenblick Charlotten, der eine Verbindung des Hauptmanns mit Ottilien nicht unmöglich schien, wie sie doch auch schon ehemals in dieser Hütte nebeneinander gesessen hatten. Ihr war nicht unbekannt geblieben, dass jene Aussicht auf eine vorteilhafte Heirat wieder verschwunden sei.

Charlotte stieg weiter, und Ottilie trug das Kind. Jene überließ sich mancherlei Betrachtungen. Auch auf dem festen Lande gibt es wohl Schiffbruch; sich davon auf das Schnellste zu erholen und herzustellen, ist schön und preiswürdig. Ist doch das Leben nur auf Gewinn und Verlust berechnet! Wer macht nicht irgendeine Anlage und wird darin gestört! Wie oft schlägt man einen Weg ein und wird davon abgeleitet! Wie oft werden wir von einem scharf ins Auge gefassten Ziel abgelenkt, um ein höheres zu erreichen!

Dem Reisenden bricht unterwegs zu seinem höchsten Verdruss ein Rad, und er gelangt durch diesen unangenehmen Zufall zu den erfreulichsten Bekanntschaften und Verbindungen, die auf sein ganzes Leben Einfluss haben. Das Schicksal gewährt uns unsre Wünsche, aber auf seine Weise, um uns etwas über unsere Wünsche geben zu können.

Diese und ähnliche Betrachtungen waren es, unter denen Charlotte zum neuen Gebäude auf der Höhe gelangte, wo sie vollkommen bestätigt wurden. Denn die Umgebung war viel schöner, als man sichs hatte denken können. Alles störende Kleinliche war ringsumher entfernt, alles Gute der Landschaft, was die Natur, was die Zeit daran getan hatte, trat reinlich hervor und fiel ins Auge, und schon grünten die jungen Pflanzungen, die bestimmt waren, einige Lücken auszufüllen und die abgesonderten Teile angenehm zu verbinden.

Das Haus selbst war nahezu bewohnbar, die Aussicht, besonders aus den obern Zimmern, höchst mannigfaltig. Je länger man sich umsah, desto mehr Schönes entdeckte man. Was mussten nicht hier die verschiedenen Tageszeiten, was Mond und Sonne für Wirkungen hervorbringen! Hier zu verweilen war höchst wünschenswert, und wie schnell ward die Lust zu bauen und zu schaffen in Charlotten wieder erweckt, da sie alle grobe Arbeit getan fand! Ein Tischer, ein Tapezierer, ein Maler, der mit Patronen und leichter Vergoldung sich zu helfen wusste, nur dieser bedurfte man, und in kurzer Zeit war das Gebäude im Stande. Keller und Küche wurden schnell eingerichtet; denn in der Entfernung vom Schloss musste man alle Bedürfnisse um sich versammeln. So wohnten die Frauenzimmer mit dem Kind nun oben, und von diesem Aufenthalt, als von einem neuen Mittelpunkt, eröffneten sich ihnen unerwartete Spaziergänge. Sie genossen vergnüglich in einer höheren Region der freien, frischen Luft bei dem schönsten Wetter.

Ottiliens liebster Weg, teils allein, teils mit dem Kind, ging herunter zu den Platanen auf einem bequemen Fußsteig, der sodann zu dem Punkt leitete, wo einer der Kähne angebunden war, mit denen man überzufahren pflegte. Sie erfreute sich manchmal einer Wasserfahrt, allein ohne das Kind, weil Charlotte deshalb einige Besorgnis zeigte. Doch verfehlte sie nicht, täglich den Gärtner im Schlossgarten zu besuchen und an seiner Sorgfalt für die vielen Pflanzenzöglinge, die nun alle der freien Luft genossen, freundlich teilzunehmen.

In dieser schönen Zeit kam Charlotten der Besuch eines Engländers sehr gelegen, der Eduarden auf Reisen kennengelernt, einige Mal getroffen hatte und nunmehr neugierig war, die schönen Anlagen zu sehen, von denen er so viel Gutes erzählen hörte. Er brachte ein Empfehlungsschreiben vom Grafen mit und stellte zugleich einen stillen, aber sehr gefälligen Mann als seinen Begleiter vor. Indem er nun bald mit Charlotten und Ottilien, bald mit Gärtnern und Jägern, öfters mit seinem Begleiter und manchmal allein die Gegend durchstrich, so konnte man seinen Bemerkungen wohl ansehen, dass er ein Liebhaber und Kenner solcher Anlagen war, der wohl auch manche dergleichen selbst ausgeführt hatte. Obgleich in Jahren, nahm er auf eine heitere Weise an allem teil, was dem Leben zur Zierde gereichen und es bedeutend machen kann.

In seiner Gegenwart genossen die Frauenzimmer erst vollkommen ihre Umgebung. Sein geübtes Auge empfing jeden Effekt ganz frisch, und er hatte um so mehr Freude an dem Entstandenen, als er die Gegend vorher nicht gekannt und, was man daran getan, von dem, was die Natur geliefert, kaum zu unterscheiden wusste.

Man kann wohl sagen, dass durch seine Bemerkungen der Park wuchs und sich bereicherte. Schon im Voraus erkannte er, was die neuen, heranstrebenden Pflanzungen versprachen. Keine Stelle blieb ihm unbemerkt, wo noch irgendeine Schönheit hervorzuheben oder anzubringen war. Hier deutete er auf eine Quelle, welche, gereinigt, die Zierde einer ganzen Buschpartie zu werden versprach, hier auf eine Höhle, die, ausgeräumt und erweitert, einen erwünschten Ruheplatz geben konnte, indessen man nur wenige Bäume zu fällen brauchte, um von ihr aus herrliche Felsenmassen aufgetürmt zu erblicken. Er wünschte den Bewohnern Glück, dass ihnen so manches nachzuarbeiten übrigblieb, und ersuchte sie, damit nicht zu eilen, sondern für folgende Jahre sich das Vergnügen des Schaffens und Einrichtens vorzubehalten.

Übrigens war er außer den geselligen Stunden keineswegs lästig; denn er beschäftigte sich die größte Zeit des Tags, die malerischen Aussichten des Parks in einer tragbaren dunklen Kammer aufzufangen und zu zeichnen, um dadurch sich und andern von seinen Reisen eine schöne Frucht zu gewinnen. Er hatte dieses schon seit mehreren Jahren in allen bedeutenden

Gegenden getan und sich dadurch die angenehmste und interessanteste Sammlung verschafft. Ein großes Portefeuille, das er mit sich führte, zeigte er den Damen vor und unterhielt sie teils durch das Bild, teils durch die Auslegung. Sie freuten sich, hier in ihrer Einsamkeit die Welt so bequem zu durchreisen, Ufer und Häfen, Berge, Seen und Flüsse, Städte, Kastelle und manches andere Lokal, das in der Geschichte einen Namen hat, vor sich vorbeiziehen zu sehen.

Jede von beiden Frauen hatte ein besonderes Interesse, Charlotte das allgemeinere, gerade an dem, wo sich etwas historisch Merkwürdiges fand, während Ottilie sich vorzüglich bei den Gegenden aufhielt, wovon Eduard viel zu erzählen pflegte, wo er gern verweilt, wohin er öfters zurückgekehrt; denn jeder Mensch hat in der Nähe und in der Ferne gewisse örtliche Einzelheiten, die ihn anziehen, die ihm seinem Charakter nach, um des ersten Eindrucks, gewisser Umstände, der Gewohnheit willen besonders lieb und aufregend sind.

Sie fragte daher den Lord, wo es ihm denn am besten gefalle und wo er nun seine Wohnung aufschlagen würde, wenn er zu wählen hätte. Da wusste er denn mehr als eine schöne Gegend vorzuzeigen und, was ihm dort widerfahren, um sie ihm lieb und wert zu machen, in seinem eigens akzentuierten Französisch gar behaglich mitzuteilen.

Auf die Frage hingegen, wo er sich denn jetzt gewöhnlich aufhalte, wohin er am liebsten zurückkehre, ließ er sich ganz unumwunden, doch den Frauen unerwartet, also vernehmen:

„Ich habe mir nun angewöhnt, überall zu Hause zu sein, und finde zuletzt nichts bequemer, als dass andre für mich bauen, pflanzen und sich häuslich bemühen. Nach meinen eigenen Besitzungen sehne ich mich nicht zurück, teils aus politischen Ursachen, vorzüglich aber, weil mein Sohn, für den ich alles eigentlich getan und eingerichtet, dem ich es zu übergeben, mit dem ich es noch zu genießen hoffte, an allem keinen Teil nimmt, sondern nach Indien gegangen ist, um sein Leben dort, wie mancher andere, höher zu nutzen oder gar zu vergeuden. Gewiss, wir machen viel zu viel vorarbeitenden Aufwand aufs Leben. Anstatt dass wir gleich anfingen, uns in einem mäßigen Zustand behaglich zu finden, so gehen wir immer mehr ins Breite, um es uns immer unbequemer zu machen. Wer genießt jetzt meine Gebäude, meinen Park, meine Gärten? Nicht ich, nicht einmal die Meinigen: fremde Gäste, Neugierige, unruhige Reisende. Selbst bei vielen Mitteln sind wir immer nur halb und halb zu Haus, besonders auf dem Lande, wo uns manches Gewohnte der Stadt fehlt. Das Buch, das wir am eifrigsten wünschten, ist nicht zur Hand, und gerade, was wir am meisten bedürften, ist vergessen. Wir richten uns immer häuslich ein, um wieder auszuziehen, und wenn wir es nicht mit Willen und Willkür tun, so wirken Verhältnisse, Leidenschaften, Zufälle, Notwendigkeit und was nicht alles."

Der Lord ahnte nicht, wie tief durch seine Betrachtungen die Freundinnen getroffen wurden. Und wie oft kommt nicht jeder in diese Gefahr, der eine allgemeine Betrachtung selbst in einer Gesellschaft, deren Verhältnisse ihm sonst bekannt sind, ausspricht! Charlotten war eine solche zufällige Verletzung auch durch Wohlwollende und Gutmeinende nichts Neues; und die Welt lag ohnehin so deutlich vor ihren Augen, dass sie keinen besondern Schmerz empfand, wenngleich jemand sie unbedachtsam und unvorsichtig nötigte, ihren Blick da – oder dorthin auf eine unerfreuliche Stelle zu richten. Ottilie hingegen, die in halb bewusster Jugend mehr ahnte als sah und ihren Blick wegwenden durfte, ja musste von dem, was sie nicht sehen mochte und sollte, Ottilie ward durch diese traulichen Reden in den schrecklichsten Zustand versetzt; denn es zerriss mit Gewalt vor ihr der anmutige Schleier, und es schien ihr, als wenn alles, was bisher für Haus und Hof, für Garten, Park und die ganze Umgebung geschehen war, ganz eigentlich umsonst sei, weil der, dem alles gehörte, es nicht genösse, weil auch der, wie der gegenwärtige Gast, zum Herumschweifen in der Welt, und zwar zu dem gefährlichsten, durch die Liebsten und Nächsten gedrängt worden. Sie hatte sich an Hören und Schweigen gewöhnt, aber sie saß diesmal in der peinlichsten Lage, die durch des Fremden weiteres Gespräch eher vermehrt als vermindert wurde, das er mit heiterer Eigenheit und Bedachtsamkeit fortsetzte.

„Nun glaub' ich", sagte er, „auf dem rechten Weg zu sein, da ich mich immerfort als einen Reisenden betrachte, der vielem entsagt, um vieles zu genießen. Ich bin an den Wechsel gewöhnt, ja er wird mir Bedürfnis, wie man in der Oper immer wieder auf eine neue Dekoration wartet, gerade weil schon so viele dagewesen. Was ich mir von dem besten und dem schlechtesten Wirtshaus versprechen darf, ist mir bekannt; es mag so gut oder so schlimm sein, als es will, nirgends find ich das Gewohnte, und am Ende läuft es auf eins hinaus, ganz von einer notwendigen Gewohnheit oder ganz von der willkürlichsten Zufälligkeit abzuhängen. Wenigstens habe ich jetzt nicht den Verdruss, dass etwas verlegt oder verloren ist, dass mir ein tägliches Wohnzimmer unbrauchbar wird, weil ich es reparieren lassen muss, dass man mir eine liebe Tasse zerbricht und es mir eine ganze Zeit lang aus keiner anderen schmecken will. All dessen bin ich überhoben, und wenn mir das Haus überm Kopf zu brennen anfängt, packen meine Leute gelassen ein und auf, und wir fahren zu Hofraum und Stadt hinaus. Und bei allen diesen Vorteilen, wenn ich es genau berechne, habe ich am Ende des Jahres nicht mehr ausgegeben, als es mich zu Hause gekostet hätte."

Bei dieser Schilderung sah Ottilie nur Eduarden vor sich, wie er nun auch mit Entbehren und Beschwerden auf ungebahnten Straßen hinziehe, mit Gefahr und Not zu Felde liege und bei so viel Unbestand und Wagnis sich gewöhne, heimatlos und freundlos zu sein, alles wegzuwerfen, nur um nicht verlieren zu können. Glücklicherweise trennte sich die Gesellschaft für einige Zeit. Ottilie fand Raum, sich in der Einsamkeit auszuweinen. Gewaltsamer hatte sie kein dumpfer Schmerz ergriffen als diese Klarheit, die sie sich noch klarer zu machen strebte, wie man es zu tun pflegt, dass man sich selbst peinigt, wenn man einmal auf dem Wege ist, gepeinigt zu werden.

Der Zustand Eduards kam ihr so kümmerlich, so jämmerlich vor, dass sie sich entschloss, es koste, was es wolle, zu seiner Wiedervereinigung mit Charlotten alles beizutragen, ihren Schmerz und ihre Liebe an irgendeinem stillen Ort zu verbergen und durch irgendeine Art von Tätigkeit zu betrügen.

Indessen hatte der Begleiter des Lords, ein verständiger, ruhiger Mann und guter Beobachter, den Missgriff in der Unterhaltung bemerkt und die Ähnlichkeit der Zustände seinem Freunde offenbart. Dieser wusste nichts von den Verhältnissen der Familie; allein jener, den eigentlich auf der Reise nichts mehr interessierte als die sonderbaren Ereignisse, welche durch natürliche und künstliche Verhältnisse, durch den Konflikt des Gesetzlichen und des Ungebändigten, des Verstandes und der Vernunft, der Leidenschaft und des Vorurteils hervorgebracht werden, jener hatte sich schon früher und mehr noch im Hause selbst mit allem bekannt gemacht, was vorgegangen war und noch vorging.

Dem Lord tat es leid, ohne dass er darüber verlegen gewesen wäre. Man müsste ganz in Gesellschaft schweigen, wenn man nicht manchmal in Verlegenheit kommen sollte; denn nicht allein bedeutende Bemerkungen, sondern die trivialsten Äußerungen können auf eine so missklingende Weise mit dem Interesse der Gegenwärtigen zusammentreffen. „Wir wollen es heute Abend wiedergutmachen", sagte der Lord, „und uns aller allgemeinen Gespräche enthalten. Geben Sie der Gesellschaft etwas von den vielen angenehmen und bedeutenden Anekdoten und Geschichten zu hören, womit Sie Ihr Portefeuille und Ihr Gedächtnis auf unserer Reise bereichert haben!"

Allein auch mit dem besten Vorsatz gelang es den Fremden nicht, die Freunde diesmal mit einer unverfänglichen Unterhaltung zu erfreuen. Denn nachdem der Begleiter durch manche sonderbare, bedeutende, heitere, rührende, furchtbare Geschichten die Aufmerksamkeit erregt und die Teilnahme aufs höchste gespannt hatte, so dachte er mit einer zwar sonderbaren, aber sanfteren Begebenheit zu schließen und ahnte nicht, wie nahe diese seinen Zuhörern verwandt war.

Die wunderlichen Nachbarskinder

Novelle

Zwei Nachbarskinder aus bedeutenden Häusern, Knabe und Mädchen, in verhältnismäßigem Alter, um dereinst Gatten zu werden, ließ man in dieser angenehmen Aussicht miteinander aufwachsen, und die beiderseitigen Eltern freuten sich einer künftigen Verbindung. Doch man bemerkte gar bald, dass die Absicht zu misslingen schien, indem sich zwischen den beiden trefflichen Naturen ein sonderbarer Widerwille hervortat. Vielleicht waren sie einander zu ähnlich. Beide in sich selbst gewendet, deutlich in ihrem Wollen, fest in ihren Vorsätzen; jedes einzeln geliebt und geehrt von seinen Gespielen; immer Widersacher, wenn sie zusammen waren, immer aufbauend für sich allein, immer wechselweise zerstörend, wo sie sich begegneten, nicht wetteifernd nach einem Ziel, aber immer kämpfend um einen Zweck; gutartig durchaus und liebenswürdig und nur hassend, ja bösartig, indem sie sich aufeinander bezogen.

Dieses wunderliche Verhältnis zeigte sich schon bei kindischen Spielen, es zeigte sich bei zunehmenden Jahren. Und wie die Knaben Krieg zu spielen, sich in Parteien zu sondern, einander Schlachten zu liefern pflegen, so stellte sich das trotzig mutige Mädchen einst an die Spitze des einen Heers und focht gegen das andre mit solcher Gewalt und Erbitterung, dass dieses schimpflich wäre in die Flucht geschlagen worden, wenn ihr einzelner Widersacher sich nicht sehr brav gehalten und seine Gegnerin doch noch zuletzt entwaffnet und gefangen genommen hätte. Aber auch da noch wehrte sie sich so gewaltsam, dass er, um seine Augen zu erhalten und die Feindin doch nicht zu beschädigen, sein seidenes Halstuch abreißen und ihr die Hände damit auf den Rücken binden musste.

Dies verzieh sie ihm nie, ja sie machte so heimliche Anstalten und Versuche, ihn zu beschädigen, dass die Eltern, die auf diese seltsamen Leidenschaften schon längst achtgehabt, sich miteinander verständigten und beschlossen, die beiden feindlichen Wesen zu trennen und jene lieblichen Hoffnungen aufzugeben.

Der Knabe tat sich in seinen neuen Verhältnissen bald hervor. Jede Art von Unterricht schlug bei ihm an. Gönner und eigene Neigung bestimmten ihn zum Soldatenstand. Überall, wo er sich fand, war er geliebt und geehrt. Seine tüchtige Natur schien nur zum Wohlsein, zum Behagen anderer zu wirken, und er war in sich, ohne deutliches Bewusstsein, recht glücklich, den einzigen Widersacher verloren zu haben, den die Natur ihm zugedacht hatte.

Das Mädchen dagegen trat auf einmal in einen veränderten Zustand. Ihre Jahre, eine zunehmende Bildung und mehr noch ein gewisses inneres Gefühl zogen sie von den heftigen Spielen hinweg, die sie bisher in Gesellschaft der Knaben auszuüben pflegte. Im Ganzen schien ihr etwas zu fehlen, nichts war um sie herum, das wert gewesen wäre, ihren Hass zu erregen. Liebenswürdig hatte sie noch niemanden gefunden. – Ein junger Mann, älter als ihr ehemaliger nachbarlicher Widersacher, von Stand, Vermögen und Bedeutung, beliebt in der Gesellschaft, gesucht von Frauen, wendete ihr seine ganze Neigung zu. Es war das erste Mal, dass sich ein Freund, ein Liebhaber, ein Diener um sie bemühte. Der Vorzug, den er ihr vor vielen gab, die älter, gebildeter, glänzender und anspruchsreicher waren als sie, tat ihr gar zu wohl. Seine fortgesetzte Aufmerksamkeit, ohne dass er zudringlich gewesen wäre, sein treuer Beistand bei verschiedenen unangenehmen Zufällen, sein gegen ihre Eltern zwar ausgesprochenes, doch ruhiges und nur hoffnungsvolles Werben, da sie freilich noch sehr jung war: das alles nahm sie für ihn ein, wozu die Gewohnheit, die äußern, nun von der Welt als bekannt angenommenen Verhältnisse das Ihrige beitrugen. Sie war so oft Braut genannt worden, dass sie sich endlich selbst dafür hielt, und weder sie noch irgendjemand dachte daran, dass noch eine Prüfung nötig sei, als sie den Ring mit demjenigen wechselte, der so lange Zeit für ihren Bräutigam galt.

Der ruhige Gang, den die ganze Sache genommen hatte, war auch durch das Verlöbnis nicht beschleunigt worden. Man ließ eben von beiden Seiten alles so fortgewähren, man freute sich des Zusammenlebens und wollte die gute Jahreszeit durchaus noch als einen Frühling des künftigen ernsteren Lebens genießen.

Indessen hatte der Entfernte sich zum Schönsten ausgebildet, eine verdiente Stufe seiner Lebensbestimmung erstiegen und kam mit Urlaub, die Seinigen zu besuchen. Auf eine ganz natürliche, aber doch sonderbare Weise stand er seiner schönen Nachbarin abermals gegenüber. Sie hatte in der letzten Zeit nur freundliche, bräutliche Familienempfindungen bei sich genährt, sie war mit allem, was sie umgab, in Übereinstimmung; sie glaubte glücklich zu sein und war es auch auf gewisse Weise. Aber nun stand ihr zum ersten Mal seit langer Zeit wieder etwas entgegen: es war nicht hassenswert; sie war des Hasses unfähig geworden, ja der kindische Hass, der eigentlich nur ein dunkles Anerkennen des inneren Wertes gewesen, äußerte sich nun in frohem Erstaunen, erfreulichem Betrachten, gefälligem Eingestehen, halb willigem, halb unwilligem und doch notwendigem Annähern, und das alles war wechselseitig. Eine lange Entfernung gab zu längeren Unterhaltungen Anlass. Selbst jene kindische Unvernunft diente den Aufgeklärteren zu scherzhafter Erinnerung, und es war, als ob man sich jenen neckischen Hass wenigstens durch eine freundschaftliche, aufmerksame Behandlung vergüten müsse, als wenn jenes gewaltsame Verkennen nunmehr nicht ohne ein ausgesprochenes Anerkennen bleiben dürfe.

Von seiner Seite blieb alles in einem verständigen, wünschenswerten Maß. Sein Stand, seine Verhältnisse, sein Streben, sein Ehrgeiz beschäftigten ihn so reichlich, dass er die Freundlichkeit der schönen Braut als eine dankenswerte Zugabe mit Behaglichkeit aufnahm, ohne sie deshalb in irgendeinem Bezug auf sich zu betrachten oder sie ihrem Bräutigam zu missgönnen, mit dem er übrigens in den besten Verhältnissen stand.

Bei ihr hingegen sah es ganz anders aus. Sie schien wie aus einem Traum erwacht. Der Kampf gegen ihren jungen Nachbar war die erste Leidenschaft gewesen, und dieser heftige Kampf war doch nur, unter der Form des Widerstrebens, eine heftige, gleichsam angeborene Neigung. Auch kam es ihr in der Erinnerung nicht anders vor, als dass sie ihn immer geliebt habe. Sie lächelte über jenes feindliche Suchen mit den Waffen in der Hand; sie wollte sich des angenehmsten Gefühls erinnern, als er sie entwaffnete; sie bildete sich ein, die größte Seligkeit empfunden zu haben, da er sie band, und alles, was sie zu seinem Schaden und Verdruss unternommen hatte, kam ihr nur als unschuldiges Mittel vor, seine Aufmerksamkeit auf sich zu ziehen. Sie verwünschte jene Trennung, sie bejammerte den Schlaf, in den sie verfallen, sie verfluchte die schleppende, träumerische Gewohnheit, durch die ihr ein so unbedeutender Bräutigam hatte werden können; sie war verwandelt, doppelt verwandelt, vorwärts und rückwärts, wie man es nehmen will.

Hätte jemand ihre Empfindungen, die sie ganz geheim hielt, entwickeln und mit ihr teilen können, so würde er sie nicht gescholten haben; denn freilich konnte der Bräutigam die Vergleichung mit dem Nachbar nicht aushalten, sobald man sie nebeneinander sah. Wenn man dem einen ein gewisses Zutrauen nicht versagen konnte, so erregte der andere das vollste Vertrauen; wenn man den einen gern zur Gesellschaft mochte, so wünschte man sich den andern zum Gefährten; und dachte man gar an höhere Teilnahme, an außerordentliche Fälle, so hätte man wohl an dem einen gezweifelt, wenn einem der andere vollkommene Gewissheit gab. Für solche Verhältnisse ist den Weibern ein besonderer Takt angeboren, und sie haben

Ursache sowie Gelegenheit, ihn auszubilden. – Je mehr die schöne Braut solche Gesinnungen bei sich ganz heimlich nährte, je weniger nur irgendjemandem dasjenige auszusprechen gelegen war, was zugunsten des Bräutigams gelten konnte, was Verhältnisse, was Pflicht anzuraten und zu gebieten, ja was eine unabänderliche Notwendigkeit unwiderruflich zu fordern schien, desto mehr begünstigte das schöne Herz seine Einseitigkeit; und indem sie von der einen Seite durch Welt und Familie, Bräutigam und eigene Zusage unauflöslich gebunden war, von der anderen der emporstrebende Jüngling gar kein Geheimnis von seinen Gesinnungen, Plänen und Aussichten machte, sich nur als ein treuer und nicht einmal zärtlicher Bruder gegen sie bewies und nun gar von seiner unmittelbaren Abreise die Rede war, so schien es, als ob ihr früherer kindischer Geist mit all seinen Tücken und Gewaltsamkeiten wieder erwachte und sich nun auf einer höheren Lebensstufe mit Unwillen rüstete, bedeutender und verderblicher zu wirken. Sie beschloss zu sterben, um den ehemals Gehassten und nun so heftig Geliebten für seine Unteilnahme zu strafen und sich, indem sie ihn nicht besitzen sollte, wenigstens mit seiner Einbildungskraft, seiner Reue auf ewig zu vermählen. Er sollte ihr totes Bild nicht loswerden, er sollte nicht aufhören, sich Vorwürfe zu machen, dass er ihre Gesinnungen nicht erkannt, nicht erforscht, nicht geschätzt habe.

Dieser seltsame Wahnsinn begleitete sie überallhin. Sie verbarg ihn unter allerlei Formen; und ob sie den Menschen gleich wunderlich vorkam, so war niemand aufmerksam oder klug genug, die innere, wahre Ursache zu entdecken.

Indessen hatten sich Freunde, Verwandte, Bekannte in Anordnungen von mancherlei Festen erschöpft. Kaum verging ein Tag, dass nicht irgendetwas Neues und Unerwartetes angestellt worden wäre. Kaum war ein schöner Platz der Landschaft, den man nicht ausgeschmückt und zum Empfang vieler froher Gäste bereitet hätte. Auch wollte unser junger Ankömmling noch vor seiner Abreise das Seinige tun und lud das junge Paar mit einem engeren Familienkreise zu einer Wasserlustfahrt. Man bestieg ein großes, schönes, wohl ausgeschmücktes Schiff, eine der Jachten, die einen kleinen Saal und einige Zimmer anbieten und auf das Wasser die Bequemlichkeit des Landes zu übertragen suchen.

Man fuhr auf dem großen Strom mit Musik dahin; die Gesellschaft hatte sich bei heißer Tageszeit in den untern Räumen versammelt, um sich an Geistes- und Glücksspielen zu ergötzen. Der junge Wirt, der niemals untätig bleiben konnte, hatte sich ans Steuer gesetzt, den alten Schiffsmeister abzulösen, der an seiner Seite eingeschlafen war; und eben brauchte der Wachende all seine Vorsicht, da er sich einer Stelle nahte, wo zwei Inseln das Flussbett verengten und, indem sie ihre flachen Kiesufer bald an der einen, bald an der andern Seite hereinstreckten, ein gefährliches Fahrwasser zubereiteten. Fast war der sorgsame und scharf blickende Steurer in Versuchung, den Meister zu wecken, aber er getraute sichs zu und fuhr gegen die Enge. In dem Augenblick erschien auf dem Verdeck seine schöne Feindin mit einem Blumenkranz in den Haaren. Sie nahm ihn ab und warf ihn auf den Steuernden. „Nimm dies zum Andenken!“ rief sie aus. „Stör’ mich nicht!“ rief er ihr zu, während er den Kranz auffing; „ich bedarf aller meiner Kräfte und meiner Aufmerksamkeit.“ – „Ich störe dich nicht weiter“, rief sie; „du siehst mich nicht wieder!“ Sie sprachs und eilte zum Bug des Schiffs, von wo sie ins Wasser sprang. Einige Stimmen riefen: „Rettet! Rettet! Sie ertrinkt.“ Er war in der entsetzlichsten Verlegenheit. Über dem Lärm erwacht der alte Schiffsmeister, will das Ruder ergreifen, der jüngere es ihm übergeben, aber es ist keine Zeit, die Herrschaft zu wechseln: das Schiff strandet, und in eben dem Augenblick, die lästigsten Kleidungsstücke wegwerfend, stürzte er sich ins Wasser und schwamm der schönen Feindin nach.

Das Wasser ist ein freundliches Element für den, der damit bekannt ist und es zu behandeln weiß. Es trug ihn, und der geschickte Schwimmer beherrschte es. Bald hatte er die vor ihm fortgerissene Schöne erreicht; er fasste sie, wusste sie zu heben und zu tragen; beide wurden vom Strom gewaltsam fortgerissen, bis sie die Inseln, die Werder weit hinter sich hatten und der Fluss wieder breit und gemächlich zu fließen anfing. Nun erst ermannte, nun erholte er sich aus der ersten zudringenden Not, in der er ohne Besinnung nur mechanisch gehandelt; er blickte mit emporstrebendem Haupt umher und ruderte nach Vermögen einer flachen, buschichten Stelle zu, die sich angenehm und gelegen in den Fluss verlief. Dort brachte er seine schöne Beute aufs Trockene; aber kein Lebenshauch war in ihr zu spüren. Er war in Verzweiflung, als ihm ein betretener Pfad, der durchs Gebüsch lief, in die Augen leuchtete. Er belud sich aufs Neue mit der teuren Last, er erblickte bald eine einsame Wohnung und erreichte sie. Dort fand er gute Leute, ein junges Ehepaar. Das Unglück, die Not sprach sich geschwind aus. Was er nach einiger Besinnung forderte, ward geleistet. Ein lichtes Feuer brannte, wollene Decken wurden über ein Lager gebreitet, Pelze, Felle und was Erwärmendes vorrätig war, schnell herbeigetragen. Hier überwand die Begierde zu retten jede andere Betrachtung. Nichts ward versäumt, den schönen, halbstarren, nackten Körper wieder ins Leben zu rufen. Es gelang. Sie schlug die Augen auf, sie erblickte den Freund, umschlang seinen Hals mit ihren himmlischen Armen. So blieb sie lange; ein Tränenstrom stürzte aus ihren Augen und vollendete ihre Genesung. „Willst du mich verlassen“, rief sie aus, „da ich dich so wiederfinde?“ – „Niemals“, rief er, „niemals!“ und wusste nicht, was er sagte noch was er tat. „Nur schone dich“, rief er hinzu, „schone dich! denke an dich um deinet- und meinetwillen.“

Sie dachte nun an sich und bemerkte jetzt erst den Zustand, in dem sie war. Sie konnte sich vor ihrem Liebling, ihrem Retter nicht schämen; aber sie entließ ihn gern, damit er für sich sorgen möge; denn noch war, was ihn umgab, nass und triefend.

Die jungen Eheleute beredeten sich; er bot dem Jüngling und sie der Schönen das Hochzeitskleid an, das noch vollständig dahing, um ein Paar von Kopf bis Fuß und von innen heraus zu bekleiden. In kurzer Zeit waren die beiden Abenteurer nicht nur angezogen, sondern geputzt. Sie sahen allerliebst aus, staunten einander an, als sie zusammentraten, und fielen sich mit unmäßiger Leidenschaft, und doch halb lächelnd über die Vermummung, gewaltsam in die Arme. Die Kraft der Jugend und die Regsamkeit der Liebe stellten sie in wenigen Augenblicken völlig wieder her, und es fehlte nur die Musik, um sie zum Tanz aufzufordern.

Sich vom Wasser zur Erde, vom Tode zum Leben, aus dem Familienkreise in eine Wildnis, aus der Verzweiflung zum Entzücken, aus der Gleichgültigkeit zur Neigung, zur Leidenschaft gefunden zu haben, alles in einem Augenblick – der Kopf wäre nicht hinreichend, das zu fassen; er würde zerspringen oder sich verwirren. Hierbei muss das Herz das Beste tun, wenn eine solche Überraschung ertragen werden soll.

Ganz verloren eins ins andere, konnten sie erst nach einiger Zeit an die Angst, an die Sorgen der Zurückgelassenen denken, und fast konnten sie selbst nicht ohne Angst, ohne Sorge daran denken, wie sie jenen wiederbegegnen wollten. „Sollen wir fliehen? Sollen wir uns verbergen?“ sagte der Jüngling. „Wir wollen zusammenbleiben“, sagte sie, indem sie an seinem Hals hing.

Der Landmann, der von ihnen die Geschichte des gestrandeten Schiffs vernommen hatte, eilte, ohne weiter zu fragen, zum Ufer. Das Fahrzeug kam glücklich einher geschwommen; es war mit vieler Mühe losgebracht worden. Man fuhr aufs Ungewisse fort, in Hoffnung, die Verlornen wiederzufinden. Als daher der Landmann mit Rufen und Winken die Schiffenden aufmerksam machte, an eine Stelle lief, wo ein vorteilhafter Landungsplatz sich zeigte, und mit Winken und Rufen nicht aufhörte, wandte sich das Schiff zum Ufer, und welch ein Schauspiel ward es, da sie landeten! Die Eltern der beiden Verlobten drängten sich zuerst ans Ufer; den liebenden Bräutigam hatte fast die Besinnung verlassen. Kaum hatten sie vernommen, dass die lieben Kinder gerettet seien, so traten diese in ihrer sonderbaren Verkleidung aus dem Busch hervor. Man erkannte sie nicht eher, als bis sie ganz herangetreten waren. „Wen seh ich?“ riefen die Mütter. „Was seh ich?“ riefen die Väter. Die Geretteten warfen sich vor ihnen nieder. „Eure Kinder!“ riefen sie aus, „ein Paar.“ – „Verzeiht!“ rief das Mädchen. „Gebt uns Euren Segen!“ rief der Jüngling. „Gebt uns Euren Segen!“ riefen beide, da alle Welt staunend verstummte. „Euren Segen!“ ertönte es zum dritten Mal, und wer hätte den versagen können!

Elftes Kapitel

Der Erzählende machte eine Pause oder hatte vielmehr schon geendigt, als er bemerken musste, dass Charlotte höchst bewegt sei; ja sie stand auf und verließ mit einer stummen Entschuldigung das Zimmer; denn die Geschichte war ihr bekannt. Diese Begebenheit hatte sich mit dem Hauptmann und einer Nachbarin wirklich zugetragen, zwar nicht ganz wie sie der Engländer erzählte, doch war sie in den Hauptzügen nicht entstellt, nur im Einzelnen mehr ausgebildet und ausgeschmückt, wie es dergleichen Geschichten zu geschehen pflegt, wenn sie erst durch den Mund der Menge und sodann durch die Phantasie eines geist- und geschmackreichen Erzählers gehen. Es bleibt zuletzt meist alles und nichts, wie es war.

Ottilie folgte Charlotten, wie es die beiden Fremden selbst verlangten, und nun kam der Lord an die Reihe zu bemerken, dass vielleicht abermals ein Fehler begangen, etwas dem Hause Bekanntes oder gar Verwandtes erzählt worden. „Wir müssen uns hüten“, fuhr er fort, „dass wir nicht noch mehr Übles stiften. Für das viele Gute und Angenehme, das wir hier genossen, scheinen wir den Bewohnerinnen wenig Glück zu bringen; wir wollen uns auf eine schickliche Weise zu empfehlen suchen.“

„Ich muss gestehen“, versetzte der Begleiter, „dass mich hier noch etwas anderes festhält, ohne dessen Aufklärung und nähere Kenntnis ich dieses Haus nicht gern verlassen möchte. Sie waren gestern, Mylord, als wir mit der tragbaren dunklen Kammer durch den Park zogen, viel zu beschäftigt, sich einen wahrhaft malerischen Standpunkt auszuwählen, als dass Sie hätten bemerken sollen, was nebenher vorging. Sie lenkten vom Hauptweg ab, um zu einem wenig besuchten Platz am See zu gelangen, der Ihnen ein reizendes Gegenüber anbot. Ottilie, die uns begleitete, stand an zu folgen und bat, sich auf dem Kahn dorthin begeben zu dürfen. Ich setzte mich mit ihr ein und hatte meine Freude an der Gewandtheit der schönen Schifferin. Ich versicherte ihr, dass ich seit der Schweiz, wo auch die reizendsten Mädchen die Stelle des Fährmanns vertreten, nicht so angenehm sei über die Wellen geschaukelt worden, konnte mich aber nicht enthalten, sie zu fragen, warum sie eigentlich abgelehnt, jenen Seitenweg zu machen; denn wirklich war in ihrem Ausweichen eine Art von ängstlicher Verlegenheit. ‚Wenn Sie mich nicht auslachen wollen’, versetzte sie freundlich, ‚so kann ich Ihnen darüber wohl einige Auskunft geben, obgleich selbst für mich dabei ein Geheimnis obwaltet. Ich habe jenen Nebenweg niemals betreten, ohne dass mich ein ganz eigener Schauer überfallen hätte, den ich sonst nirgends empfinde und den ich mir nicht zu erklären weiß. Ich vermeide daher lieber, mich einer solchen Empfindung auszusetzen, um so mehr, als sich gleich darauf ein Kopfweh an der linken Seite einstellt, woran ich sonst auch manchmal leide.’ Wir landeten, Ottilie unterhielt sich mit Ihnen, und ich untersuchte indes die Stelle, die sie mir aus der Ferne deutlich angegeben hatte. Aber wie groß war meine Verwunderung, als ich eine sehr deutliche Spur von Steinkohlen entdeckte, die mich überzeugt, man würde bei so einigem Nachgraben vielleicht ein ergiebiges Lager in der Tiefe finden. – Verzeihen Sie, Mylord, ich sehe Sie lächeln und weiß recht gut, dass Sie mir eine leidenschaftliche Aufmerksamkeit auf diese Dinge, an die Sie keinen Glauben haben, nur als weiser Mann und als Freund nachsehen; aber es ist mir unmöglich, von hier zu scheiden, ohne das schöne Kind auch die Pendelschwingungen versuchen zu lassen."

Es konnte niemals fehlen, wenn die Sache zur Sprache kam, dass der Lord nicht seine Gründe dagegen abermals wiederholte, welche der Begleiter bescheiden und geduldig aufnahm, aber doch zuletzt bei seiner Meinung, bei seinen Wünschen verharrte. Auch er gab wiederholt zu erkennen, dass man deswegen, weil solche Versuche nicht jedermann gelängen, die Sache nicht aufgeben, ja vielmehr nur desto ernsthafter und gründlicher untersuchen müsste, da sich gewiss noch manche Bezüge und Verwandtschaften unorganischer Wesen untereinander, organischer gegen sie und abermals untereinander offenbaren würden, die uns gegenwärtig verborgen seien.

Er hatte seinen Apparat von goldenen Ringen, Markasiten [metallisch glänzendes, gelbes, oft bunt anlaufendes Mineral; Anm. d. Hg.] und anderen metallischen Substanzen, den er in einem schönen Kästchen immer bei sich führte, schon ausgebreitet und ließ nun Metalle, an Fäden schwebend, über liegende Metalle zum Versuche nieder. „Ich gönne Ihnen die Schadenfreude, Mylord", sagte er dabei, „die ich auf Ihrem Gesicht lese, dass sich bei mir und für mich nichts bewegen will. Meine Operation ist aber auch nur ein Vorwand. Wenn die Damen zurückkehren, sollen sie neugierig werden, was wir Wunderliches hier beginnen."

Die Frauenzimmer kamen zurück. Charlotte verstand sogleich, was vorging. „Ich habe manches von diesen Dingen gehört", sagte sie, „aber niemals eine Wirkung gesehen. Da Sie alles so hübsch bereit haben, lassen Sie mich versuchen, ob es mir nicht auch anschlägt."

Sie nahm den Faden in die Hand, und da es ihr ernst war, hielt sie ihn stetig und ohne Gemütsbewegung; allein auch nicht das mindeste Schwanken war zu bemerken. Darauf ward Ottilie veranlasst. Sie hielt das Pendel noch ruhiger, unbefangener, unbewusster über die darunterliegenden Metalle. Aber in dem Augenblick ward das Schwebende wie in einem entschiedenen Wirbel fortgerissen und drehte sich, je nachdem man die Unterlage wechselte, bald nach der einen, bald nach der andern Seite, jetzt in Kreisen, jetzt in Ellipsen, oder nahm seinen Schwung in geraden Linien, wie es der Begleiter nur erwarten konnte, ja über alle sene Erwartung.

Der Lord selbst stutzte einigermaßen, aber der andere konnte vor Lust und Begierde gar nicht enden und bat immer um Wiederholung und Vermannigfaltigung der Versuche. Ottilie war gefällig genug, sich in sein Verlangen zu finden, bis sie ihn zuletzt freundlich ersuchte, er möge sie entlassen, weil ihr Kopfweh sich wieder einstelle. Er, darüber verwundert, ja entzückt, versicherte ihr mit Enthusiasmus, dass er sie von diesem Übel völlig heilen wolle, wenn sie sich seiner Kurart anvertraue. Man war einen Augenblick ungewiss; Charlotte aber, die geschwind begriff, wovon die Rede sei, lehnte den wohlgesinnten Antrag ab, weil sie nicht gewillt war, in ihrer Umgebung etwas zuzulassen, wovor sie immerfort eine starke Apprehension gefühlt hatte.

Die Fremden hatten sich entfernt und, ungeachtet man von ihnen auf eine sonderbare Weise berührt worden war, doch den Wunsch zurückgelassen, dass man sie irgendwo wieder antreffen möchte. Charlotte benutzte nunmehr die schönen Tage, um in der Nachbarschaft ihre Gegenbesuche zu beenden, womit sie kaum fertig werden konnte, indem sich die ganze Landschaft umher, einige wahrhaft teilnehmend, andere bloß der Gewohnheit wegen, bisher fleißig um sie bekümmert hatten. Zu Hause belebte sie der Anblick des Kindes; es war gewiss jeder Liebe, jeder Sorgfalt wert. Man sah in ihm ein wunderbares, ja ein Wunderkind, höchst erfreulich dem Anblick, an Größe, Ebenmaß, Stärke und Gesundheit; und was noch mehr in Verwunderung setzte, war jene doppelte Ähnlichkeit, die sich immer mehr entwickelte. Den Gesichtszügen und der ganzen Form nach glich das Kind immer mehr dem Hauptmann, die Augen ließen sich immer weniger von Ottiliens Augen unterscheiden.

Durch diese sonderbare Verwandtschaft und vielleicht noch mehr durch das schöne Gefühl der Frauen geleitet, welche das Kind eines geliebten Mannes, auch von einer anderen, mit zärtlicher Neigung umfangen, ward Ottilie dem heranwachsenden Geschöpf so viel wie eine Mutter oder vielmehr eine andere Art von Mutter. Entfernte sich Charlotte, blieb Ottilie mit dem Kind und der Wärterin allein. Nanny hatte sich seit einiger Zeit, eifersüchtig auf den Knaben, dem ihre Herrin alle Neigung zuzuwenden schien, trotzig von ihr entfernt und war zu ihren Eltern zurückgekehrt. Ottilie fuhr fort, das Kind in die freie Luft zu tragen, und gewöhnte sich an immer weitere Spaziergänge. Sie hatte das Milchfläschchen bei sich, um dem Kind, wenn es nötig, seine Nahrung zu reichen. Selten unterließ sie es dabei, ein Buch mitzunehmen, und so bildete sie, das Kind auf dem Arm, lesend und wandelnd, eine gar anmutige Penserosa [vgl. John Milton, Il Penseroso, 1645; Anm. d. Hg.].

Zwölftes Kapitel

Der Hauptzweck des Feldzugs war erreicht und Eduard, mit Ehrenzeichen geschmückt, rühmlich entlassen. Er begab sich sogleich wieder auf jenes kleine Gut, wo er genaue Nachrichten von den Seinigen fand, die er, ohne dass sie es bemerkten und wussten, scharf hatte beobachten lassen. Sein stiller Aufenthalt blickte ihm aufs Freundlichste entgegen; denn man hatte indessen nach seiner Anordnung manches eingerichtet, verbessert und gefördert, sodass die Anlagen und Umgebungen, was ihnen an Weite und Breite fehlte, durch das Innere und zunächst Genießbare ersetzten.

Eduard, durch einen raschen Lebensgang an entschiedenere Schritte gewöhnt, nahm sich nunmehr vor, dasjenige auszuführen, was er lange genug zu überdenken Zeit gehabt hatte. Vor allen Dingen berief er den Major. Die Freude des Wiedersehens war groß. Jugendfreundschaften wie Blutsverwandtschaften haben den bedeutenden Vorteil, dass ihnen Irrungen und Missverständnisse, von welcher Art sie auch seien, niemals von Grund aus schaden und die alten Verhältnisse sich nach einiger Zeit wiederherstellen.

Zum frohen Empfang erkundigte sich Eduard nach dem Zustand des Freundes und vernahm, wie vollkommen nach seinen Wünschen ihn das Glück begünstigt habe. Halb scherzend vertraulich fragte Eduard sodann, ob nicht auch eine schöne Verbindung im Werke sei. Der Freund verneinte es mit bedeutendem Ernst.

„Ich kann und darf nicht hinterhältig sein“, fuhr Eduard fort; „ich muss dir meine Gesinnungen und Vorsätze sogleich entdecken. Du kennst meine Leidenschaft für Ottilien und hast längst begriffen, dass sie es ist, die mich in diesen Feldzug gestürzt hat. Ich leugne nicht, dass ich gewünscht hatte, ein Leben loszuwerden, das mir ohne sie nichts weiter nütze war; allein zugleich muss ich dir gestehen, dass ich es nicht über mich gewinnen konnte, vollkommen zu verzweifeln. Das Glück mit ihr war so schön, so wünschenswert, dass es mir unmöglich blieb, völlig Verzicht darauf zu tun. So manche tröstliche Ahnung, so manches heitere Zeichen hatte mich in dem Glauben, in dem Wahn bestärkt, Ottilie könne die Meine werden. Ein Glas mit unserem Namenszug bezeichnet, bei der Grundsteinlegung in die Lüfte geworfen, ging nicht in Trümmer; es ward aufgefangen und ist wieder in meinen Händen. ‚So will ich mich denn selbst‘, rief ich mir zu, als ich an diesem einsamen Ort so viel zweifelhafte Stunden verlebt hatte, ‚mich selbst will ich an die Stelle des Glases zum Zeichen machen, ob unsre Verbindung möglich sei oder nicht. Ich gehe hin und suche den Tod, nicht als ein Rasender, sondern als einer, der zu leben hofft. Ottilie soll der Preis sein, um den ich kämpfe; sie soll es sein, die ich hinter jeder feindlichen Schlachtordnung, in jeder Verschanzung, in jeder belagerten Festung zu gewinnen, zu erobern hoffe. Ich will Wunder tun mit dem Wunsche, verschont zu bleiben, im Sinne, Ottilien zu gewinnen, nicht sie zu verlieren.‘ Diese Gefühle haben mich geleitet, sie haben mir durch alle Gefahren beigestanden; aber nun finde ich mich auch wie einen, der zu seinem Ziele gelangt ist, der alle Hindernisse überwunden hat, dem nun nichts mehr im Weg steht. Ottilie ist mein, und was noch zwischen diesem Gedanken und der Ausführung liegt, kann ich nur für nichts bedeutend ansehen."

„Du löschest", versetzte der Major, „mit wenig Zügen alles aus, was man dir entgegensetzen könnte und sollte; und doch muss es wiederholt werden. Das Verhältnis zu deiner Frau in seinem ganzen Wert dir zurückzurufen, überlasse ich dir selbst; aber du bist es ihr, du bist es dir schuldig, dich hierüber nicht zu verdunkeln. Wie kann ich aber nur denken, dass euch ein Sohn gegeben ist, ohne zugleich auszusprechen, dass ihr einander auf immer angehört, dass ihr um dieses Wesens willen schuldig seid, vereint zu leben, damit ihr vereint für seine Erziehung und für sein künftiges Wohl sorgen möget."

„Es ist bloß ein Dünkel der Eltern", versetzte Eduard, „wenn sie sich einbilden, dass ihr Dasein für die Kinder so nötig sei. Alles, was lebt, findet Nahrung und Beihilfe; und wenn der Sohn nach dem frühen Tod des Vaters keine bequeme, so begünstigte Jugend hat, so gewinnt er vielleicht eben deswegen an schnellerer Bildung für die Welt, durch zeitiges Anerkennen, dass er sich in andere schicken muss, was wir denn doch früher oder später alle lernen müssen. Und hiervon ist ja die Rede gar nicht: wir sind reich genug, um mehrere Kinder zu versorgen, und es ist keineswegs Pflicht noch Wohltat, auf *ein* Haupt so viele Güter zu häufen."

Als der Major mit einigen Zügen Charlottens Wert und Eduards lange bestandenes Verhältnis zu ihr anzudeuten gedachte, fiel ihm Eduard hastig in die Rede: „Wir haben eine Torheit begangen, die ich nur allzu wohl einsehe. Wer in einem gewissen Alter frühere Jugendwünsche und Hoffnungen realisieren will, betrügt sich immer; denn jedes Jahrzehnt des Menschen hat sein eigenes Glück, seine eigenen Hoffnungen und Aussichten. Wehe dem Menschen, der vorwärts oder rückwärts zu greifen durch Umstände oder durch Wahn veranlasst wird! Wir haben eine Torheit begangen; soll sie es denn fürs ganze Leben sein? Sollen wir uns aus irgendeiner Art von Bedenklichkeit dasjenige versagen, was uns die Sitten der Zeit nicht absprechen? In wie vielen Dingen nimmt der Mensch seinen Vorsatz, seine Tat zurück, und hier gerade sollte es nicht geschehen, wo vom Ganzen und nicht vom Einzelnen, wo nicht von dieser oder jener Bedingung des Lebens, wo vom ganzen Komplex des Lebens die Rede ist!"

Der Major verfehlte nicht, auf eine ebenso geschickte als nachdrückliche Weise Eduarden die verschiedenen Bezüge zu seiner Gemahlin, zu den Familien, zu der Welt, zu seinen Besitzungen vorzustellen; aber es gelang ihm nicht, irgendeine Teilnahme zu erregen.

„Alles dieses, mein Freund", erwiderte Eduard, „ist mir vor der Seele vorbeigegangen, mitten im Gewühl der Schlacht, wenn die Erde vom anhaltenden Donner bebte, wenn die Kugeln sausten und pfiffen, rechts und links die Gefährten niederfielen, mein Pferd getroffen, mein Hut durchlöchert ward; es hat mir vorgeschwebt beim stillen nächtlichen Feuer unter dem gestirnten Gewölbe des Himmels. Dann traten mir alle meine Verbindungen vor die Seele; ich habe sie durchdacht, durchfühlt; ich habe mir zugeeignet, ich habe mich abgefunden, zu wiederholten Malen, und nun für immer.

In solchen Augenblicken, wie kann ich dirs verschweigen, warst auch du mir gegenwärtig, auch du gehörtest in meinen Kreis; und gehören wir denn nicht schon lange zueinander? Wenn ich dir etwas schuldig geworden, so komme ich jetzt dazu, dir es mit Zinsen abzutragen; wenn du mir je etwas schuldig geworden, so siehst du dich nun imstande mir es zu vergelten. Ich weiß, du liebst Charlotten, und sie verdient es; ich weiß, du bist ihr nicht gleichgültig, und warum sollte sie deinen Wert nicht erkennen! Nimm sie von meiner Hand, führe mir Ottilien zu! und wir sind die glücklichsten Menschen auf der Erde." – „Eben weil du mich mit so hohen Gaben bestechen willst", versetzte der Major, „muss ich desto vorsichtiger, desto strenger sein. Anstatt dass dieser Vorschlag, den ich still verehre, die Sache erleichtern möchte, erschwert er sie vielmehr. Es ist, wie von dir, nun auch von mir die Rede, und so wie von dem Schicksal, so auch von dem guten Namen, von der Ehre zweier Männer, die, bis jetzt unbescholten, durch diese wunderliche Handlung, wenn wir sie auch nicht anders nennen wollen, in Gefahr kommen, vor der Welt in einem höchst seltsamen Licht zu erscheinen."

„Eben dass wir unbescholten sind", versetzte Eduard, „gibt uns das Recht, uns auch einmal schelten zu lassen. Wer sich sein ganzes Leben als ein zuverlässiger Mann bewiesen, der macht eine Handlung zuverlässig, die bei anderen zweideutig erscheinen würde. Was mich betrifft, ich fühle mich durch die letzten Prüfungen, die ich mir auferlegt, durch die schwierigen, gefahrvollen Taten, die ich für andere getan, berechtigt, auch etwas für mich zu tun. Was dich und Charlotten betrifft, so sei es der Zukunft anheimgegeben; mich aber wirst du, wird niemand von meinem Vorsatze zurückhalten. Will man mir die Hand bieten, so bin ich auch wieder zu allem erbötig; will man mich mir selbst überlassen oder mir wohl gar entgegen sein, so muss ein Extrem entstehen, es werde auch, wie es wolle."

Der Major hielt es für seine Pflicht, dem Vorsatz Eduards solange als möglich Widerstand zu leisten, und er bediente sich nun gegen seinen Freund einer klugen Wendung, indem er nachzugeben schien und nur die Form, den Geschäftsgang zur Sprache brachte, durch welchen man diese Trennung, diese Verbindungen erreichen sollte. Da trat denn so manches Unerfreuliche, Beschwerliche, Unschickliche hervor, dass sich Eduard in die schlimmste Laune versetzt fühlte.

„Ich sehe wohl", rief dieser endlich, „nicht allein von Feinden, sondern auch von Freunden muss, was man wünscht, erstürmt werden. Das, was ich will, was mir unentbehrlich ist, halte ich fest im Auge; ich werde es ergreifen und gewiss bald und behende. Dergleichen Verhältnisse, weiß ich wohl, heben sich nicht auf und bilden sich nicht, ohne dass manches falle, was steht, ohne dass manches weiche, was zu beharren Lust hat. Durch Überlegung wird so etwas nicht geendet; vor dem Verstand sind alle Rechte gleich, und auf die steigende Waagschale lässt sich immer wieder ein Gegengewicht legen. Entschließe dich also, mein Freund, für mich, für dich zu handeln, für mich, für dich diese Zustände zu entwirren, aufzulösen, zu verknüpfen! Lass dich durch keine Betrachtungen abhalten; wir haben die Welt ohnehin schon von uns reden machen; sie wird noch einmal von uns reden, uns sodann, wie alles Übrige, was aufhört neu zu sein, vergessen und uns gewähren lassen, wie wir können, ohne weiteren Teil an uns zu nehmen."

Der Major hatte keinen andern Ausweg und musste endlich zugeben, dass Eduard ein für allemal die Sache als etwas Bekanntes und Vorausgesetztes behandelte, dass er, wie alles anzustellen sei, im Einzelnen durchsprach und sich über die Zukunft auf das Heiterste, sogar in Scherzen erging.

Dann wieder ernsthaft und nachdenklich fuhr er fort: „Wollten wir uns der Hoffnung, der Erwartung überlassen, dass alles sich von selbst wieder finden, dass der Zufall uns leiten und begünstigen solle, so wäre dies ein sträflicher Selbstbetrug. Auf diese Weise können wir uns unmöglich retten, unsere allseitige Ruhe nicht wiederherstellen; und wie sollte ich mich trösten können, da ich unschuldig die Schuld an allem bin! Durch meine Zudringlichkeit habe ich Charlotten vermocht, dich ins Haus zu nehmen, und auch Ottilie ist nur in Gefolg von dieser Veränderung bei uns eingetreten. Wir sind nicht mehr Herr über das, was daraus entsprungen ist, aber wir sind Herr, es unschädlich zu machen, die Verhältnisse zu unserem Glücke zu leiten. Magst du die Augen von den schönen und freundlichen Aussichten abwenden, die ich uns eröffne, magst du mir, magst du uns allen ein trauriges Entsagen gebieten, insofern du dirs möglich denkst, insofern es möglich wäre: ist denn nicht auch alsdann, wenn wir uns vornehmen, in die alten Zustände zurückzukehren, manches Unschickliche, Unbequeme, Verdrießliche zu übertragen, ohne dass irgend etwas Gutes, etwas Heiteres daraus entspränge? Würde der glückliche Zustand, in dem du dich befindest, dir wohl Freude machen, wenn du gehindert wärst, mich zu besuchen, mit mir zu leben? Und nach dem, was vorgegangen ist, würde es doch immer peinlich sein. Charlotte und ich würden mit allem unserem Vermögen uns nur in einer traurigen Lage befinden. Und wenn du mit anderen Weltmenschen glauben magst, dass Jahre, dass Entfernung solche Empfindungen abstumpfen, so tief eingegrabene Züge auslöschen, so ist ja eben von diesen Jahren die Rede, die man nicht in Schmerz und Entbehren, sondern in Freude und Behagen zubringen will. Und nun zuletzt noch das Wichtigste auszusprechen: wenn wir auch unserem äußern und innern Zustande nach das allenfalls abwarten könnten, was soll aus Ottilien werden, die unser Haus verlassen, in der Gesellschaft unserer Vorsorge entbehren und sich in der verruchten, kalten Welt jämmerlich herumdrücken müsste! Male mir einen Zustand, worin Ottilie ohne mich, ohne uns glücklich sein könnte, dann sollst du ein Argument ausgesprochen haben, das stärker ist als jedes andere, das ich, wenn ichs auch nicht zugeben, mich ihm nicht ergeben kann, dennoch recht gern aufs Neue in Betrachtung und Überlegung ziehen will."

Diese Aufgabe war so leicht nicht zu lösen, wenigstens fiel dem Freund hierauf keine hinlängliche Antwort ein, und es blieb ihm nichts übrig, als wiederholt einzuschärfen, wie wichtig, wie bedenklich und in manchem Sinne gefährlich das ganze Unternehmen sei, und dass man wenigstens, wie es anzugreifen wäre, auf das Ernstlichste zu bedenken habe. Eduard ließ sichs gefallen, doch nur unter der Bedingung, dass ihn der Freund nicht eher verlassen wolle, als bis sie über die Sache völlig einig geworden und die ersten Schritte getan seien.

Dreizehntes Kapitel

Völlig fremde und gegeneinander gleichgültige Menschen, wenn sie eine Zeitlang zusammenleben, kehren ihr Inneres wechselseitig heraus, und es muss eine gewisse Vertraulichkeit entstehen. Um so mehr lässt sich erwarten, dass unseren beiden Freunden, indem sie wieder nebeneinander wohnten, täglich und stündlich zusammen umgingen, gegenseitig nichts verborgen blieb. Sie wiederholten das Andenken ihrer früheren Zustände, und der Major verhehlte nicht, dass Charlotte Eduarden, als er von Reisen zurückgekommen, Ottilien zugedacht, dass sie ihm das schöne Kind in der Folge zu vermählen gemeint habe. Eduard, bis zur Verwirrung entzückt über diese Entdeckung, sprach ohne Rückhalt von der gegenseitigen Neigung Charlottens und des Majors, die er, weil es ihm gerade bequem und günstig war, mit lebhaften Farben ausmalte.

Ganz leugnen konnte der Major nicht und nicht ganz eingestehen; aber Eduard befestigte, bestimmte sich nur mehr. Er dachte sich alles nicht als möglich, sondern als schon geschehen. Alle Teile brauchten nur in das zu willigen, was sie wünschten; eine Scheidung war gewiss zu erlangen; eine baldige Verbindung sollte folgen, und Eduard wollte mit Ottilien reisen.

Unter allem, was die Einbildungskraft sich Angenehmes ausmalt, ist vielleicht nichts Reizenderes, als wenn Liebende, wenn junge Gatten ihr neues, frisches Verhältnis in einer neuen, frischen Welt zu genießen und einen dauernden Bund an so viel wechselnden Zuständen zu prüfen und zu bestätigen hoffen. Der Major und Charlotte sollten unterdessen unbeschränkte Vollmacht haben, alles, was sich auf Besitz, Vermögen und die irdischen wünschenswerten Einrichtungen bezieht, dergestalt zu ordnen und nach Recht und Billigkeit einzuleiten, dass alle Teile zufrieden sein könnten. Worauf jedoch Eduard am allermeisten zu fußen, wovon er sich den größten Vorteil zu versprechen schien, war dies: Da das Kind bei der Mutter bleiben sollte, so würde der Major den Knaben erziehen, ihn nach seinen Einsichten leiten, seine Fähigkeiten entwickeln können. Nicht umsonst hatte man ihm dann in der Taufe ihren beiderseitigen Namen Otto gegeben.

Das alles war bei Eduarden so fertig geworden, dass er keinen Tag länger anstehen mochte, der Ausführung näherzutreten. Sie gelangten auf ihrem Weg nach dem Gute zu einer kleinen Stadt, in der Eduard ein Haus besaß, wo er verweilen und die Rückkunft des Majors abwarten wollte. Doch konnte er sich nicht überwinden, daselbst sogleich abzusteigen, und begleitete den Freund noch durch den Ort. Sie waren beide zu Pferde, und in bedeutendem Gespräch verwickelt ritten sie zusammen weiter.

Auf einmal erblickten sie in der Ferne das neue Haus auf der Höhe, dessen rote Ziegeln sie zum ersten Mal blinken sahen. Eduarden ergreift eine unwiderstehliche Sehnsucht; es soll noch diesen Abend alles abgetan sein. In einem ganz nahen Dorf will er sich verborgen halten; der Major soll die Sache Charlotten dringend vorstellen, ihre Vorsicht überraschen und durch den unerwarteten Antrag sie zu freier Eröffnung ihrer Gesinnung nötigen. Denn Eduard, der seine Wünsche auf sie übergetragen hatte, glaubte nicht anders, als dass er ihren entschiedenen Wünschen entgegenkomme, und hoffte eine so schnelle Einwilligung von ihr, weil er keinen andern Willen haben konnte.

Er sah den glücklichen Ausgang freudig vor Augen, und damit dieser dem Lauernden schnell verkündigt würde, sollten einige Kanonenschläge losgebrannt werden und, wäre es Nacht geworden, einige Raketen steigen.

Der Major ritt zum Schloss. Er fand Charlotten nicht, sondern erfuhr vielmehr, dass sie gegenwärtig oben in dem neuen Gebäude wohne, jetzt aber einen Besuch in der Nachbarschaft ablege, von welchem sie heute wahrscheinlich nicht so bald nach Hause komme. Er ging in das Wirtshaus zurück, wohin er sein Pferd gestellt hatte.

Eduard indessen, von unüberwindlicher Ungeduld getrieben, schlich aus seinem Hinterhalt durch einsame Pfade, nur Jägern und Fischern bekannt, zu seinem Park und fand sich gegen Abend im Gebüsch in der Nachbarschaft des Sees, dessen Spiegel er zum ersten Mal vollkommen und rein erblickte.

Ottilie hatte diesen Nachmittag einen Spaziergang an den See gemacht. Sie trug das Kind und las im Gehen nach ihrer Gewohnheit. So gelangte sie zu den Eichen bei der Überfahrt. Der Knabe war eingeschlafen; sie setzte sich, legte ihn neben sich nieder und fuhr fort zu lesen. Das Buch war eins von denen, die ein zartes Gemüt an sich ziehen und nicht wieder loslassen. Sie vergaß Zeit und Stunde und dachte nicht, dass sie zu Lande noch einen weiten Rückweg zu dem neuen Gebäude habe; aber sie saß versenkt in ihr Buch, in sich selbst, so liebenswürdig anzusehen, dass die Bäume, die Sträucher ringsumher hätten belebt, mit Augen begabt sein sollen, um sie zu bewundern und sich an ihr zu erfreuen. Und eben fiel ein rötliches Streiflicht der sinkenden Sonne hinter ihr her und vergoldete Wange und Schulter.

Eduard, dem es bisher gelungen war, unbemerkt so weit vorzudringen, der seinen Park leer, die Gegend einsam fand, wagte sich immer weiter. Endlich bricht er durch das Gebüsch bei den Eichen, er sieht Ottilien, sie ihn; er fliegt auf sie zu und liegt zu ihren Füßen. Nach einer langen, stummen Pause, in der sich beide zu fassen suchen, erklärt er ihr mit wenig Worten, warum und wie er hierher gekommen. Er habe den Major an Charlotten abgesendet, ihr gemeinsames Schicksal werde vielleicht in diesem Augenblick entschieden. Nie habe er an ihrer Liebe gezweifelt, sie gewiss auch nie an der seinigen. Er bitte sie um ihre Einwilligung. Sie zauderte, er beschwur sie; er wollte seine alten Rechte geltend machen und sie in seine Arme schließen, sie deutete auf das Kind hin.

Eduard erblickt es und staunt. „Großer Gott!“ ruft er aus, „wenn ich Ursache hätte, an meiner Frau, an meinem Freund zu zweifeln, so würde diese Gestalt fürchterlich gegen sie zeugen. Ist dies nicht die Bildung des Majors? Solch ein Gleichen habe ich nie gesehen.“

„Nicht doch!“ versetzte Ottilie; „alle Welt sagt, es gleiche mir.“ – „Wär es möglich?“ versetzte Eduard, und in dem Augenblick schlug das Kind die Augen auf, zwei große, schwarze, durchdringende Augen, tief und freundlich. Der Knabe sah die Welt schon so verständig an; er schien die beiden zu kennen, die vor ihm standen. Eduard warf sich bei dem Kind nieder, er kniete zweimal vor Ottilien. „Du bists!“ rief er aus, „deine Augen sinds. Ach! aber lass mich nur in die deinigen schaun. Lass mich einen Schleier werfen über jene unselige Stunde, die diesem Wesen das Dasein gab. Soll ich deine reine Seele mit dem unglücklichen Gedanken erschrecken, dass Mann und Frau entfremdet sich einander ans Herz drücken und einen gesetzlichen Bund durch lebhafte Wünsche entheiligen können? Oder ja, da wir einmal so weit sind, da mein Verhältnis zu Charlotten getrennt werden muss, da du die Meinige sein wirst, warum soll ich es nicht sagen? Warum soll ich das harte Wort nicht aussprechen: dies Kind ist aus einem doppelten Ehebruch erzeugt! Es trennt mich von meiner Gattin und meine Gattin von mir, wie es uns hätte verbinden sollen. Mag es denn gegen mich zeugen, mögen diese herrlichen Augen den deinigen sagen, dass ich in den Armen einer andern dir gehörte; mögest du fühlen, Ottilie, recht fühlen, dass ich jenen Fehler, jenes Verbrechen nur in deinen Armen abbüßen kann!

Horch!“ rief er aus, indem er aufsprang und einen Schuss zu hören glaubte, als das Zeichen, das der Major geben sollte. Es war ein Jäger, der im benachbarten Gebirg geschossen hatte. Es erfolgte nichts weiter; Eduard war ungeduldig.

Nun erst sah Ottilie, dass die Sonne sich hinter die Berge gesenkt hatte. Noch zuletzt blinkte sie von den Fenstern des oberen Gebäudes zurück. „Entferne dich, Eduard!“ rief Ottilie. „So lange haben wir entbehrt, so lange geduldet. Bedenke, was wir beide Charlotten schuldig sind. Sie muss unser Schicksal entscheiden, lass uns ihr nicht vorgreifen. Ich bin die Deine, wenn sie es vergönnt; wo nicht, so muss ich dir entsagen. Da du die Entscheidung so nah glaubst, so lass uns warten. Geh in das Dorf zurück, wo der Major dich vermutet. Wie manches kann vorkommen, das eine Erklärung fordert. Ist es wahrscheinlich, dass ein roher Kanonenschlag dir den Erfolg seiner Unterhandlungen verkünde? Vielleicht sucht er dich auf in diesem Augenblick. Er hat Charlotten nicht getroffen, das weiß ich; er kann ihr entgegengegangen sein, denn man wusste, wo sie hin war. Wie vielerlei Fälle sind möglich! Lass mich! Jetzt muss sie kommen. Sie erwartet mich mit dem Kinde dort oben.“

Ottilie sprach in Hast. Sie rief sich alle Möglichkeiten zusammen. Sie war glücklich in Eduards Nähe und fühlte, dass sie ihn jetzt entfernen müsse. „Ich bitte, ich beschwöre dich, Geliebter!“ rief sie aus, „kehre zurück und erwarte den Major!“ – „Ich gehorche deinen Befehlen“, rief Eduard, indem er sie erst leidenschaftlich anblickte und sie dann fest in seine Arme schloss. Sie umschlang ihn mit den ihrigen und drückte ihn auf das zärtlichste an ihre Brust. Die Hoffnung fuhr wie ein Stern, der vom Himmel fällt, über ihre Häupter weg. Sie wähnten, sie glaubten einander anzugehören; sie wechselten zum ersten Mal entschiedene, freie Küsse und trennten sich gewaltsam und schmerzlich.

Die Sonne war untergegangen, und es dämmerte schon und duftete feucht um den See. Ottilie stand verwirrt und bewegt; sie sah zum Berghaus hinüber und glaubte Charlottens weißes Kleid auf dem Altan zu sehen. Der Umweg war groß am See hin; sie kannte Charlottens ungeduldiges Harren nach dem Kinde. Den Platanen sieht sie sich gegenüber, nur ein Wasserraum trennt sie von dem Pfad, der sogleich zum Gebäude hinaufführt. Mit Gedanken ist sie schon drüben wie mit den Augen. Die Bedenklichkeit, mit dem Kinde sich aufs Wasser zu wagen, verschwindet in diesem Drange. Sie eilt zum Kahn, sie fühlt nicht, dass ihr Herz pocht, dass ihre Füße schwanken, dass ihr die Sinne zu vergehen drohn.

Sie springt in den Kahn, ergreift das Ruder und stößt ab. Sie muss Gewalt brauchen, sie wiederholt den Stoß, der Kahn schwankt und gleitet eine Strecke seewärts. Auf dem linken

Arme das Kind, in der linken Hand das Buch, in der rechten das Ruder, schwankt auch sie und fällt in den Kahn. Das Ruder entfährt ihr nach der einen Seite und, wie sie sich halten will, Kind und Buch nach der andern, alles ins Wasser. Sie ergreift noch des Kindes Gewand; aber ihre unbequeme Lage hindert sie selbst am Aufstehen. Die freie rechte Hand ist nicht hinreichend sich umzuwenden, sich aufzurichten; endlich gelingts, sie zieht das Kind aus dem Wasser, aber seine Augen sind geschlossen, es hat aufgehört zu atmen.

In dem Augenblick kehrt ihre ganze Besonnenheit zurück, aber um desto größer ist ihr Schmerz. Der Kahn treibt fast in der Mitte des Sees, das Ruder schwimmt fern, sie erblickt niemanden am Ufer, und auch was hätte es ihr geholfen, jemanden zu sehen! Von allem abgesondert, schwebt sie auf dem treulosen, unzugänglichen Element.

Sie sucht Hilfe bei sich selbst. So oft hatte sie von Rettung der Ertrunkenen gehört. Noch am Abend ihres Geburtstags hatte sie es erlebt. Sie entkleidet das Kind und trocknets mit ihrem Musselingewand. Sie reißt ihren Busen auf und zeigt ihn zum ersten Mal dem freien Himmel; zum ersten Mal drückt sie ein Lebendiges an ihre reine nackte Brust, ach! und kein Lebendiges. Die kalten Glieder des unglücklichen Geschöpfs verkälten ihren Busen bis ins innerste Herz. Unendliche Tränen entquellen ihren Augen und erteilen der Oberfläche des Erstarrten einen Schein von Wärme und Leben. Sie lässt nicht nach, sie überhüllt es mit ihrem Schal, und durch Streicheln, Andrücken, Anhauchen, Küssen, Tränen glaubt sie jene Hilfsmittel zu ersetzen, die ihr in dieser Abgeschnittenheit versagt sind.

Alles vergebens! Ohne Bewegung liegt das Kind in ihren Armen, ohne Bewegung steht der Kahn auf der Wasserfläche; aber auch hier lässt ihr schönes Gemüt sie nicht hilflos. Sie wendet sich nach oben. Kniend sinkt sie in dem Kahne nieder und hebt das erstarrte Kind mit beiden Armen über ihre unschuldige Brust, die an Weiße und leider auch an Kälte dem Marmor gleicht. Mit feuchtem Blick sieht sie empor und ruft Hilfe von daher, wo ein zartes Herz die größte Fülle zu finden hofft, wenn es überall mangelt.

Auch wendet sie sich nicht vergebens zu den Sternen, die schon einzeln hervorzublinken anfangen. Ein sanfter Wind erhebt sich und treibt den Kahn zu den Platanen.

Vierzehntes Kapitel

Sie eilt zum neuen Gebäude, sie ruft den Chirurgus hervor, sie übergibt ihm das Kind. Der auf alles gefasste Mann behandelt den zarten Leichnam stufenweise nach gewohnter Art. Ottilie steht ihm in allem bei; sie schafft, sie bringt, sie sorgt, zwar wie in einer andern Welt wandelnd, denn das höchste Unglück wie das höchste Glück verändert die Ansicht aller Gegenstände; und nur, als nach allen durchgegangenen Versuchen der wackere Mann den Kopf schüttelt, auf ihre hoffnungsvollen Fragen erst schweigend, dann mit einem leisen Nein antwortet, verlässt sie das Schlafzimmer Charlottens, worin dies alles geschehen, und kaum hat sie das Wohnzimmer betreten, so fällt sie, ohne das Sofa erreichen zu können, erschöpft aufs Angesicht über den Teppich hin.

Eben hört man Charlotten vorfahren. Der Chirurg bittet die Umstehenden dringend, zurückzubleiben, er will ihr entgegnen, sie vorbereiten; aber schon betritt sie ihr Zimmer. Sie findet Ottilien auf der Erde, und ein Mädchen des Hauses stürzt ihr mit Geschrei und Weinen entgegen. Der Chirurg tritt herein, und sie erfährt alles auf einmal. Wie sollte sie aber jede Hoffnung mit einmal aufgeben! Der erfahrene, kunstreiche, kluge Mann bittet sie nur, das Kind nicht zu sehen; er entfernt sich, sie mit neuen Anstalten zu täuschen. Sie hat sich auf ihr Sofa gesetzt, Ottilie liegt noch auf der Erde, aber an der Freundin Knie herangehoben, über die ihr schönes Haupt hingesenkt ist. Der ärztliche Freund geht ab und zu; er scheint sich um das Kind zu bemühen, er bemüht sich um die Frauen. So kommt die Mitternacht herbei, die Totenstille wird immer tiefer. Charlotte verbirgt sichs nicht mehr, dass das Kind nie wieder ins Leben zurückkehre; sie verlangt es zu sehen. Man hat es in warme wollene Tücher reinlich eingehüllt, in einen Korb gelegt, den man neben sie auf das Sofa setzt; nur das Gesichtchen ist frei; ruhig und schön liegt es da.

Von dem Unfall war das Dorf bald erregt worden und die Kunde sogleich bis zum Gasthof erschollen. Der Major hatte sich die bekannten Wege hinaufbegeben; er ging ums Haus herum, und indem er einen Bedienten anhielt, der im Angebäude etwas zu holen lief, verschaffte er sich nähere Nachricht und ließ den Chirurgen herausrufen. Dieser kam, erstaunt über das Erscheinen seines alten Gönners, berichtete ihm die gegenwärtige Lage und übernahm es, Charlotten auf seinen Anblick vorzubereiten. Er ging hinein, fing ein ableitendes Gespräch an und führte die Einbildungskraft von einem Gegenstand auf den anderen, bis er endlich den Freund Charlotten vergegenwärtigte, dessen gewisse Teilnahme, dessen Nähe dem Geiste, der Gesinnung nach, die er denn bald in eine wirkliche übergehen ließ. Genug, sie erfuhr, der Freund stehe vor der Tür, er wisse alles und wünsche eingelassen zu werden.

Der Major trat herein; ihn begrüßte Charlotte mit einem schmerzlichen Lächeln. Er stand vor ihr. Sie hub die grünseidene Decke auf, die den Leichnam verbarg, und bei dem dunklen Schein einer Kerze erblickte er nicht ohne geheimes Grausen sein erstarrtes Ebenbild. Charlotte deutete auf einen Stuhl, und so saßen sie einander gegenüber, schweigend, die Nacht hindurch. Ottilie lag noch ruhig auf den Knien Charlottens; sie atmete sanft; sie schlief, oder sie schien zu schlafen.

Der Morgen dämmerte, das Licht verlosch, beide Freunde schienen aus einem dumpfen Traum zu erwachen. Charlotte blickte den Major an und sagte gefasst: „Erklären Sie mir, mein Freund, durch welche Schickung kommen Sie hierher, um an dieser Trauerszene teilzunehmen?“

„Es ist hier“, antwortete der Major ganz leise, wie sie gefragt hatte – als ob sie Ottilien nicht aufwecken wollten –, „es ist hier nicht Zeit und Ort, zurückzuhalten, Einleitungen zu machen und sachte heranzutreten. Der Fall, in dem ich Sie finde, ist so ungeheuer, dass das Bedeutende selbst, weshalb ich komme, dagegen seinen Wert verliert.“

Er gestand ihr darauf ganz ruhig und einfach den Zweck seiner Sendung, insofern Eduard ihn abgeschickt hatte, den Zweck seines Kommens, insofern sein freier Wille, sein eigenes Interesse dabei war. Er trug beides sehr zart, doch aufrichtig vor; Charlotte hörte gelassen zu und schien weder darüber zu staunen noch unwillig zu sein.

Als der Major geendigt hatte, antwortete Charlotte mit ganz leiser Stimme, sodass er genötigt war, seinen Stuhl heranzurücken: „In einem Falle, wie dieser ist, habe ich mich noch nie befunden, aber in ähnlichen habe ich mir immer gesagt: ‚Wie wird es morgen sein?‘ Ich fühle recht wohl, dass das Los von mehreren jetzt in meinen Händen liegt; und was ich zu tun habe, ist bei mir außer Zweifel und bald ausgesprochen. Ich willige in die Scheidung. Ich hätte mich früher dazu entschließen sollen; durch mein Zaudern mein Widerstreben habe ich das Kind getötet. Es sind gewisse Dinge, die sich das Schicksal hartnäckig vornimmt. Vergebens, dass Vernunft und Tugend, Pflicht und alles Heilige sich ihm in den Weg stellen: es soll etwas geschehen, was ihm recht ist, was uns nicht recht scheint; und so greift es zuletzt durch, wir mögen uns gebärden, wie wir wollen.

Doch was sag ich! Eigentlich will das Schicksal meinen eigenen Wunsch, meinen eigenen Vorsatz, gegen die ich unbedachtsam gehandelt, wieder in den Weg bringen. Habe ich nicht selbst schon Ottilien und Eduarden mir als das schicklichste Paar zusammengedacht? Habe ich nicht selbst beide einander zu nähern gesucht? Waren Sie nicht selbst, mein Freund, Mitwisser dieses Plans? Und warum konnte ich den Eigensinn eines Mannes nicht von wahrer Liebe unterscheiden? Warum nahm ich seine Hand an, da ich als Freundin ihn und eine andre Gattin glücklich gemacht hätte?

Und betrachten Sie nur diese unglückliche Schlummernde! Ich zittere vor dem Augenblick, wenn sie aus ihrem halben Totenschlaf zu Bewusstsein erwacht. Wie soll sie leben, wie soll sie sich trösten, wenn sie nicht hoffen kann, durch ihre Liebe Eduarden das zu ersetzen, was sie ihm als Werkzeug des wunderbarsten Zufalls geraubt hat? Und sie kann ihm alles wiedergeben nach der Neigung, nach der Leidenschaft, mit der sie ihn liebt. Vermag die Liebe, alles zu dulden, so vermag sie noch viel mehr, alles zu ersetzen. An mich darf in diesem Augenblick nicht gedacht werden.

Entfernen Sie sich still, lieber Major. Sagen Sie Eduarden, dass ich in die Scheidung willige, dass ich ihm, Ihnen, Mittler die ganze Sache einzuleiten überlasse, dass ich um meine künftige Lage unbekümmert bin und es in jedem Sinne sein kann. Ich will jedes Papier unterschreiben, das man mir bringt; aber man verlange nur nicht von mir, dass ich mitwirke, dass ich bedenke, dass ich berate."

Der Major stand auf. Sie reichte ihm ihre Hand über Ottilien weg. Er drückte seine Lippen auf diese liebe Hand. „Und für mich, was darf ich hoffen?" lispelte er leise.

„Lassen Sie mich Ihnen die Antwort schuldig bleiben", versetzte Charlotte. „Wir haben nicht verschuldet, unglücklich zu werden, aber auch nicht verdient, zusammen glücklich zu sein."

Der Major entfernte sich, Charlotten tief im Herzen beklagend, ohne jedoch das arme abgeschiedene Kind bedauern zu können. Ein solches Opfer schien ihm nötig zu ihrem allseitigen Glück. Er dachte sich Ottilien mit einem eigenen Kind auf dem Arm, als den vollkommensten Ersatz für das, was sie Eduarden geraubt; er dachte sich einen Sohn auf dem Schoße, der mit mehr Recht sein Ebenbild trüge als der abgeschiedene.

So schmeichelnde Hoffnungen und Bilder gingen ihm durch die Seele, als er auf dem Rückweg zum Gasthof Eduarden fand, der die ganze Nacht im Freien den Major erwartet hatte, da ihm kein Feuerzeichen, kein Donnerlaut ein glückliches Gelingen verkünden wollte. Er wusste bereits von dem Unglück, und auch er, anstatt das arme Geschöpf zu bedauern, sah diesen Fall, ohne sichs ganz gestehen zu wollen, als eine Fügung an, wodurch jedes Hindernis an seinem Glück auf einmal beseitigt wäre. Gar leicht ließ er sich daher durch den Major bewegen, der ihm schnell den Entschluss seiner Gattin verkündigte, wieder zu jenem Dorfe und sodann in die kleine Stadt zurückzukehren, wo sie das Nächste überlegen und einleiten wollten.

Charlotte saß, nachdem der Major sie verlassen hatte, nur wenige Minuten in ihre Betrachtungen versenkt; denn sogleich richtete Ottilie sich auf, ihre Freundin mit großen Augen anblickend. Erst erhob sie sich vom Schoße, dann von der Erde und stand vor Charlotten.

„Zum zweiten Mal" – so begann das herrliche Kind mit einem unüberwindlichen, anmutigen Ernst – „zum zweiten Mal widerfährt mir dasselbige. Du sagtest mir einst, es begegne den Menschen in ihrem Leben oft Ähnliches auf ähnliche Weise und immer in bedeutenden Augenblicken. Ich finde nun die Bemerkung wahr und bin gedrungen, dir ein Bekenntnis zu machen. Kurz nach meiner Mutter Tod, als ein kleines Kind, hatte ich meinen Schemel an dich gerückt; du saßest auf dem Sofa wie jetzt; mein Haupt lag auf deinen Knien, ich schlief nicht, ich wachte nicht; ich schlummerte. Ich vernahm alles, was um mich vorging, besonders alle Reden sehr deutlich; und doch konnte ich mich nicht regen, mich nicht äußern und, wenn ich auch gewollt hätte, nicht andeuten, dass ich meiner selbst mich bewusst fühlte. Damals sprachst du mit einer Freundin über mich; du bedauertest mein Schicksal, als eine arme Waise in der Welt geblieben zu sein; du schildertest meine abhängige Lage und wie misslich es um mich stehen könne, wenn nicht ein besonderer Glücksstern über mich walte. Ich fasste alles wohl und genau, vielleicht zu streng, was du für mich zu wünschen, was du von mir zu fordern schienst. Ich machte mir nach meinen beschränkten Einsichten hierüber

Gesetze; nach diesen habe ich lange gelebt, nach ihnen war mein Tun und Lassen eingerichtet zu der Zeit, da du mich liebtest, für mich sorgtest, da du mich in dein Haus aufnahmst, und auch noch eine Zeit hernach.

Aber ich bin aus meiner Bahn geschritten, ich habe meine Gesetze gebrochen, ich habe sogar das Gefühl derselben verloren, und nach einem schrecklichen Ereignis klärst du mich wieder über meinen Zustand auf, der jammervoller ist als der erste. Auf deinem Schoß ruhend, halb erstarrt, wie aus einer fremden Welt vernehm' ich abermals deine leise Stimme über meinem Ohr; ich vernehme, wie es mit mir selbst aussieht; ich schaudere über mich selbst; aber wie damals habe ich auch diesmal in meinem halben Totenschlaf mir meine neue Bahn vorgezeichnet.

Ich bin entschlossen, wie ichs war, und wozu ich entschlossen bin, musst du gleich erfahren. Eduards werd ich nie! Auf eine schreckliche Weise hat Gott mir die Augen geöffnet, in welchem Verbrechen ich befangen bin. Ich will es büßen; und niemand gedenke mich von meinem Vorsatz abzubringen! Danach, Liebe, Beste, nimm deine Maßregeln. Lass den Major zurückkommen; schreibe ihm, dass keine Schritte geschehen. Wie ängstlich war mir, dass ich mich nicht rühren und regen konnte, als er ging. Ich wollte auffahren, aufschreien: du solltest ihn nicht mit so frevelhaften Hoffnungen entlassen."

Charlotte sah Ottiliens Zustand, sie empfand ihn; aber sie hoffte durch Zeit und Vorstellungen etwas über sie zu gewinnen. Doch als sie einige Worte aussprach, die auf eine Zukunft, auf eine Milderung des Schmerzes, auf Hoffnung deuteten: „Nein!" rief Ottilie mit Erhebung; „sucht mich nicht zu bewegen, nicht zu hintergehen! In dem Augenblick, in dem ich erfahre, du habest in die Scheidung gewilligt, büße ich in demselbigen See mein Vergehen, mein Verbrechen."

Fünfzehntes Kapitel

Wenn sich in einem glücklichen, friedlichen Zusammenleben Verwandte, Freunde, Hausgenossen, mehr als nötig und billig ist, über das unterhalten, was geschieht oder geschehen soll, wenn sie sich einander ihre Vorsätze, Unternehmungen, Beschäftigungen wiederholt mitteilen und, ohne gerade wechselseitigen Rat anzunehmen, doch immer das ganze Leben gleichsam ratschlagend behandeln, so findet man dagegen in wichtigen Momenten, eben da, wo es scheinen sollte, der Mensch bedürfe fremden Beistandes, fremder Bestätigung am allermeisten, dass sich die Einzelnen auf sich selbst zurückziehen, jedes für sich zu handeln, jedes auf seine Weise zu wirken strebt und, indem man sich einander die einzelnen Mittel verbirgt, nur erst der Ausgang, die Zwecke, das Erreichte wieder zum Gemeingut werden.

Nach so viel wundervollen und unglücklichen Ereignissen war denn auch ein gewisser stiller Ernst über die Freundinnen gekommen, der sich in einer liebenswürdigen Schonung äußerte. Ganz in der Stille hatte Charlotte das Kind zur Kapelle gesendet. Es ruhte dort als das erste Opfer eines ahnungsvollen Verhängnisses.

Charlotte kehrte sich, so viel es ihr möglich war, zum Leben zurück, und hier fand sie Ottilien zuerst, die ihres Beistandes bedurfte. Sie beschäftigte sich vorzüglich mit ihr, ohne es jedoch merken zu lassen. Sie wusste, wie sehr das himmlische Kind Eduarden liebte; sie hatte nach und nach die Szene, die dem Unglück vorhergegangen war, herausgeforscht und jeden Umstand teils von Ottilien selbst, teils durch Briefe des Majors erfahren.

Ottilie von ihrer Seite erleichterte Charlotten sehr das augenblickliche Leben. Sie war offen, ja gesprächig, aber niemals war von dem Gegenwärtigen oder kurz Vergangenen die Rede. Sie hatte stets aufgemerkt, stets beobachtet, sie wusste viel; das kam jetzt alles zum Vorschein. Sie unterhielt, sie zerstreute Charlotten, die noch immer die stille Hoffnung nährte, ein ihr so wertes Paar verbunden zu sehen.

Allein bei Ottilien hing es anders zusammen. Sie hatte das Geheimnis ihres Lebensganges der Freundin entdeckt; sie war von ihrer frühen Einschränkung, von ihrer Dienstbarkeit entbunden. Durch ihre Reue, durch ihren Entschluss fühlte sie sich auch befreit von der Last jenes Vergehens, jenes Missgeschicks. Sie bedurfte keiner Gewalt mehr über sich selbst; sie hatte sich in der Tiefe ihres Herzens nur unter der Bedingung des völligen Entsagens verziehen, und diese Bedingung war für alle Zukunft unerlässlich.

So verfloss einige Zeit, und Charlotte fühlte, wie sehr Haus und Park, Seen, Felsen- und Baumgruppen nur traurige Empfindungen täglich in ihnen beiden erneuerten. Dass man den Ort verändern müsse, war allzu deutlich, wie es geschehen solle, nicht so leicht zu entscheiden.

Sollten die beiden Frauen zusammenbleiben? Eduards früherer Wille schien es zu gebieten, seine Erklärung, seine Drohung es nötig zu machen; allein wie war es zu verkennen, dass beide Frauen mit allem guten Willen, mit aller Vernunft, mit aller Anstrengung sich in einer peinlichen Lage nebeneinander befanden? Ihre Unterhaltungen waren vermeidend. Manchmal mochte man gern etwas nur halb verstehen, öfters wurde aber doch ein Ausdruck, wo nicht durch den Verstand, wenigstens durch die Empfindung missdeutet. Man fürchtete sich zu verletzen, und gerade die Furcht war am ersten verletzbar und verletzte am ersten.

Wollte man den Ort verändern und sich zugleich, wenigstens auf einige Zeit, voneinander trennen, so trat die alte Frage wieder hervor, wo sich Ottilie hinbegeben solle. Jenes große, reiche Haus hatte vergebliche Versuche gemacht, einer hoffnungsvollen Erbtochter unterhaltende und wetteifernde Gespielinnen zu verschaffen. Schon bei der letzten Anwesenheit der Baronesse und neuerlich durch Briefe war Charlotte aufgefordert worden, Ottilien dorthin zu senden; jetzt brachte sie es abermals zur Sprache. Ottilie verweigerte aber ausdrücklich, dahin zu gehen, wo sie dasjenige finden würde, was man große Welt zu nennen pflegt.

„Lassen Sie mich, liebe Tante“, sagte sie, „damit ich nicht eingeschränkt und eigensinnig erscheine, dasjenige aussprechen, was zu verschweigen, zu verbergen in einem andern Falle Pflicht wäre. Ein seltsam unglücklicher Mensch, und wenn er auch schuldlos wäre, ist auf eine fürchterliche Weise gezeichnet. Seine Gegenwart erregt in allen, die ihn sehen, die ihn gewahr werden, eine Art von Entsetzen. Jeder will das Ungeheure ihm ansehen, was ihm auferlegt ward; jeder ist neugierig und ängstlich zugleich. So bleibt ein Haus, eine Stadt, worin eine ungeheure Tat geschehen, jedem furchtbar, der sie betritt. Dort leuchtet das Licht des Tages nicht so hell, und die Sterne scheinen ihren Glanz zu verlieren.

Wie groß und doch vielleicht zu entschuldigen ist gegen solche Unglückliche die Indiskretion der Menschen, ihre alberne Zudringlichkeit und ungeschickte Gutmütigkeit! Verzeihen Sie mir, dass ich so rede; aber ich habe unglaublich mit jenem armen Mädchen gelitten, als es Luciane aus den verborgenen Zimmern des Hauses hervorzog, sich freundlich mit ihm beschäftigte, es in der besten Absicht zu Spiel und Tanz nötigen wollte. Als das arme Kind bange und immer bänger zuletzt floh und in Ohnmacht sank, ich es in meine Arme fasste, die Gesellschaft erschreckt, aufgeregt und jeder erst recht neugierig auf die Unglückselige ward, da dachte ich nicht, dass mir ein gleiches Schicksal bevorstehe; aber mein Mitgefühl, so wahr und lebhaft, ist noch lebendig. Jetzt kann ich mein Mitleiden gegen mich selbst wenden und mich hüten, dass ich nicht zu ähnlichen Auftritten Anlass gebe.“

„Du wirst aber, liebes Kind“, versetzte Charlotte, „dem Anblick der Menschen dich nirgends entziehen können. Klöster haben wir nicht, in denen sonst eine Freistatt für solche Gefühle zu finden war.“

„Die Einsamkeit macht nicht die Freistatt, liebe Tante“, versetzte Ottilie. „Die schätzenswerteste Freistatt ist da zu suchen, wo wir tätig sein können. Alle Büßungen, alle Entbehrungen sind keineswegs geeignet, uns einem ahnungsvollen Geschick zu entziehen, wenn es uns zu verfolgen entschieden ist. Nur wenn ich im müßigen Zustand der Welt zur Schau dienen soll, dann ist sie mir widerwärtig und ängstigt mich. Findet man mich aber freudig bei der Arbeit, unermüdlich in meiner Pflicht, dann kann ich die Blicke eines jeden aushalten, weil ich die göttlichen nicht zu scheuen brauche."

„Ich müsste mich sehr irren", versetzte Charlotte, „wenn deine Neigung dich nicht zur Pension zurückzöge."

„Ja", versetzte Ottilie, „ich leugne es nicht; ich denke es mir als eine glückliche Bestimmung, andere auf dem gewöhnlichen Wege zu erziehen, wenn wir auf dem sonderbarsten erzogen worden. Und sehen wir nicht in der Geschichte, dass Menschen, die wegen großer sittlicher Unfälle sich in die Wüsten zurückzogen, dort keineswegs, wie sie hofften, verborgen und gedeckt waren? Sie wurden zurückgerufen in die Welt, um die Verirrten auf den rechten Weg zu führen; und wer konnte es besser als die in den Irrgängen des Lebens schon Eingeweihten! Sie wurden berufen, den Unglücklichen beizustehen; und wer vermochte das eher als sie, denen kein irdisches Unheil mehr begegnen konnte!"

„Du wählst eine sonderbare Bestimmung", versetzte Charlotte. „Ich will dir nicht widerstreben; es mag sein, wenn auch nur, wie ich hoffe, auf kurze Zeit."

„Wie sehr danke ich Ihnen", sagte Ottilie, „dass Sie mir diesen Versuch, diese Erfahrung gönnen wollen. Schmeichle ich mir nicht zu sehr, so soll es mir glücken. An jenem Orte will ich mich erinnern, wie manche Prüfungen ich ausgestanden und wie klein, wie nichtig sie waren gegen die, die ich nachher erfahren musste. Wie heiter werde ich die Verlegenheiten der jungen Aufschösslinge betrachten, bei ihren kindlichen Schmerzen lächeln und sie mit leiser Hand aus allen kleinen Verirrungen herausführen. Der Glückliche ist nicht geeignet, Glücklichen vorzustehen; es liegt in der menschlichen Natur, immer mehr von sich und von anderen zu fordern, je mehr man empfangen hat. Nur der Unglückliche, der sich erholt, weiß für sich und andere das Gefühl zu nähren, dass auch ein mäßiges Gute mit Entzücken genossen werden soll."

„Lass mich gegen deinen Vorsatz", sagte Charlotte zuletzt nach einigem Bedenken, „noch einen Einwurf anführen, der mir der wichtigste scheint. Es ist nicht von dir, es ist von einem Dritten die Rede. Die Gesinnungen des guten, vernünftigen, frommen Gehilfen sind dir bekannt; auf dem Weg, den du gehst, wirst du ihm jeden Tag werter und unentbehrlicher sein. Da er schon jetzt seinem Gefühl nach nicht gern ohne dich leben mag, so wird er auch künftig, wenn er einmal deine Mitwirkung gewohnt ist, ohne dich sein Geschäft nicht mehr verwalten können. Du wirst ihm anfangs darin beistehen, um es ihm hernach zu verleiden."

„Das Geschick ist nicht sanft mit mir verfahren", versetzte Ottilie, „und wer mich liebt, hat vielleicht nicht viel Besseres zu erwarten. So gut und verständig als der Freund ist, ebenso, hoffe ich, wird sich in ihm auch die Empfindung eines reinen Verhältnisses zu mir entwickeln; er wird in mir eine geweihte Person erblicken, die nur dadurch ein ungeheures Übel für sich und andere vielleicht aufzuwiegen vermag, wenn sie sich dem Heiligen widmet, das, uns unsichtbar umgebend, allein gegen die ungeheuren zudringenden Mächte beschirmen kann."

Charlotte nahm alles, was das liebe Kind so herzlich geäußert, zur stillen Überlegung. Sie hatte verschiedentlich, obgleich auf das leiseste, geforscht, ob nicht eine Annäherung Ottiliens zu Eduard denkbar sei; aber auch nur die leiseste Erwähnung, die mindeste Hoffnung, der kleinste Verdacht schien Ottilien aufs Tiefste zu rühren, ja sie sprach sich einst, da sie es nicht umgehen konnte, hierüber ganz deutlich aus.

„Wenn dein Entschluss", entgegnete ihr Charlotte, „Eduarden zu entsagen, so fest und unveränderlich ist, so hüte dich nur vor der Gefahr des Wiedersehens. In der Entfernung von dem geliebten Gegenstande scheinen wir, je lebhafter unsere Neigung ist, desto mehr Herr von uns selbst zu werden, indem wir die ganze Gewalt der Leidenschaft, wie sie sich nach außen erstreckte, nach innen wenden; aber wie bald, wie geschwind sind wir aus diesem Irrtum gerissen, wenn dasjenige, was wir entbehren zu können glaubten, auf einmal wieder als unentbehrlich vor unseren Augen steht. Tue jetzt, was du deinen Zuständen am gemäßesten hältst; prüfe dich, ja verändre lieber deinen gegenwärtigen Entschluss: aber aus dir selbst, aus freiem, wollendem Herzen. Lass dich nicht zufällig, nicht durch Überraschung in die vorigen Verhältnisse wieder hineinziehen; dann gibt es erst einen Zwiespalt im Gemüt, der unerträglich ist. Wie gesagt, ehe du diesen Schritt tust, ehe du dich von mir entfernst und ein neues Leben anfängst, das dich wer weiß auf welche Wege leitet, so bedenke noch einmal, ob du denn wirklich für alle Zukunft Eduarden entsagen kannst. Hast du dich aber hierzu bestimmt, so schließen wir einen Bund, dass du dich mit ihm nicht einlassen willst, selbst nicht in eine Unterredung, wenn er dich aufsuchen, wenn er sich zu dir drängen sollte." Ottilie besann sich nicht einen Augenblick, sie gab Charlotten das Wort, das sie sich schon selbst gegeben hatte.

Nun aber schwebte Charlotten immer noch jene Drohung Eduards vor der Seele, dass er Ottilien nur so lange entsagen könne, als sie sich von Charlotten nicht trennte. Es hatten sich zwar seit der Zeit die Umstände so verändert, es war so mancherlei vorgefallen, dass jenes vom Augenblick ihm abgedrungene Wort gegen die folgenden Ereignisse für aufgehoben zu achten war; dennoch wollte sie auch im entferntesten Sinne weder etwas wagen noch etwas vornehmen, das ihn verletzen könnte, und so sollte Mittler in diesem Falle Eduards Gesinnungen erforschen.

Mittler hatte seit dem Tode des Kindes Charlotten öfters, obgleich nur auf Augenblicke, besucht. Dieser Unfall, der ihm die Wiedervereinigung beider Gatten höchst unwahrscheinlich machte, wirkte gewaltsam auf ihn; aber immer nach seiner Sinnesweise hoffend und strebend, freute er sich nun im Stillen über den Entschluss Ottiliens. Er vertraute der lindernden, vorüberziehenden Zeit, dachte noch immer die beiden Gatten zusammenzuhalten und sah diese leidenschaftlichen Bewegungen nur als Prüfungen ehelicher Liebe und Treue an.

Charlotte hatte gleich anfangs den Major von Ottiliens erster Erklärung schriftlich unterrichtet, ihn auf das Inständigste gebeten, Eduarden dahin zu vermögen, dass keine weiteren Schritte geschähen, dass man sich ruhig verhalte, dass man abwarte, ob das Gemüt des schönen Kindes sich wieder herstelle. Auch von den späteren Ereignissen und Gesinnungen hatte sie das Nötige mitgeteilt, und nun war freilich Mittlern die schwierige Aufgabe übertragen, auf eine Veränderung des Zustandes Eduarden vorzubereiten. Mittler aber, wohl wissend, dass man das Geschehene sich eher gefallen lässt, als dass man in ein noch zu Geschehendes einwilligt, überredete Charlotten, es sei das beste, Ottilien gleich zur Pension zu schicken.

Deshalb wurden, sobald er weg war, Anstalten zur Reise gemacht. Ottilie packte zusammen, aber Charlotte sah wohl, dass sie weder das schöne Köfferchen noch irgendetwas daraus mitzunehmen sich anschickte. Die Freundin schwieg und ließ das schweigende Kind gewähren. Der Tag der Abreise kam herbei; Charlottens Wagen sollte Ottilien den ersten Tag bis in ein bekanntes Nachtquartier, den zweiten bis in die Pension bringen; Nanny sollte sie begleiten und ihre Dienerin bleiben. Das leidenschaftliche Mädchen hatte gleich nach dem Tod des Kindes wieder zu Ottilien zurückgefunden und hing nun an ihr wie sonst durch Natur und Neigung, ja sie schien durch unterhaltende Redseligkeit das bisher Versäumte wieder nachholen und sich ihrer geliebten Herrin völlig widmen zu wollen. Ganz außer sich war sie nun über das Glück, mitzureisen, fremde Gegenden zu sehen, da sie noch niemals außerhalb ihres Geburtsortes gewesen, und rannte vom Schloss ins Dorf, zu ihren Eltern, Verwandten, um ihr Glück zu verkündigen und Abschied zu nehmen. Unglücklicherweise trat sie dabei in die Zimmer der Maserkranken und empfand sogleich die Folgen der Ansteckung. Man wollte die Reise nicht aufschieben; Ottilie drang selbst darauf; sie hatte den Weg schon gemacht, sie kannte die Wirtsleute, bei denen sie einkehren sollte; der Kutscher vom Schloss führte sie; es war nichts zu besorgen.

Charlotte widersetzte sich nicht; auch sie eilte schon in Gedanken aus diesen Umgebungen weg, nur wollte sie noch die Zimmer, die Ottilie im Schloss bewohnt hatte, wieder für Eduarden einrichten, gerade so wie sie vor der Ankunft des Hauptmanns gewesen. Die Hoffnung, ein altes Glück wiederherzustellen, flammt immer einmal wieder in dem Menschen auf, und Charlotte war zu solchen Hoffnungen abermals berechtigt, ja genötigt.

Sechzehntes Kapitel

Als Mittler gekommen war, sich mit Eduarden über die Sache zu unterhalten, fand er ihn allein, den Kopf in die rechte Hand gelehnt, den Arm auf den Tisch gestemmt. Er schien sehr zu leiden. „Plagt Ihr Kopfweh Sie wieder?“ fragte Mittler. „Es plagt mich“, versetzte jener; „und doch kann ich es nicht hassen, denn es erinnert mich an Ottilien. Vielleicht leidet auch sie jetzt, denk ich, auf ihren linken Arm gestützt, und leidet wohl mehr als ich. Und warum soll ich es nicht tragen wie sie? Diese Schmerzen sind mir heilsam, sind mir, ich kann beinah sagen, wünschenswert; denn nur mächtiger, deutlicher, lebhafter schwebt mir das Bild ihrer Geduld, von allen ihren übrigen Vorzügen begleitet, vor der Seele, nur im Leiden empfinden wir recht vollkommen alle die großen Eigenschaften, die nötig sind, um es zu ertragen.“ – Als Mittler den Freund in diesem Grade resigniert fand, hielt er mit seinem Anbringen nicht zurück, das er jedoch stufenweise, wie der Gedanke bei den Frauen entsprungen, wie er nach und nach zum Vorsatz gereift war, historisch vortrug. Eduard äußerte sich kaum dagegen. Aus dem wenigen, was er sagte, schien hervorzugehen, dass er jenen alles überlasse; sein gegenwärtiger Schmerz schien ihn gegen alles gleichgültig gemacht zu haben.

Kaum war er allein, so stand er auf und ging im Zimmer hin und wider. Er fühlte seinen Schmerz nicht mehr, er war ganz außer sich beschäftigt. Schon unter Mittlers Erzählung hatte die Einbildungskraft des Liebenden sich lebhaft ergangen. Er sah Ottilien allein oder so gut wie allein auf wohlbekanntem Wege, in einem gewohnten Wirtshaus, dessen Zimmer er so oft betreten; er dachte, er überlegte, oder vielmehr er dachte, er überlegte nicht; er wünschte, er wollte nur. Er musste sie sehn, sie sprechen. Wozu, warum, was daraus entstehen sollte, davon konnte die Rede nicht sein. Er widerstand nicht, er musste.

Der Kammerdiener ward ins Vertrauen gezogen und erforschte sogleich Tag und Stunde, wann Ottilie reisen würde. Der Morgen brach an; Eduard säumte nicht, unbegleitet sich zu Pferde dahin zu begeben, wo Ottilie übernachten sollte. Er kam nur allzu zeitig dort an; die überraschte Wirtin empfing ihn mit Freuden; sie war ihm ein großes Familienglück schuldig geworden. Er hatte ihrem Sohn, der als Soldat sich sehr brav gehalten, ein Ehrenzeichen verschafft, indem er dessen Tat, wobei er allein gegenwärtig gewesen, heraushob, mit Eifer bis vor den Feldherrn brachte und die Hindernisse einiger Misswollenden überwand. Sie wusste nicht, was sie ihm alles zuliebe tun sollte. Sie räumte schnell in ihrer Putzstube, die freilich auch zugleich Garderobe und Vorratskammer war, möglichst zusammen; allein er kündigte ihr die Ankunft eines Frauenzimmers an, die hier hereinziehen sollte, und ließ für sich eine Kammer hinten auf dem Gang notdürftig einrichten. Der Wirtin erschien die Sache geheimnisvoll, und es war ihr angenehm, ihrem Gönner, der sich dabei sehr interessiert und tätig zeigte, etwas Gefälliges zu erweisen. Und er, mit welcher Empfindung brachte er die lange, lange Zeit bis zum Abend hin! Er betrachtete das Zimmer ringsumher, in dem er sie sehen sollte; es schien ihm in seiner ganzen häuslichen Seltsamkeit ein himmlischer Aufenthalt. Was dachte er sich nicht alles aus, ob er Ottilien überraschen, ob er sie vorbereiten sollte! Endlich gewann die letztere Meinung Oberhand; er setzte sich hin und schrieb. Dies Blatt sollte sie empfangen:

Eduard an Ottilien

„Indem du diesen Brief liesest, Geliebteste, bin ich in deiner Nähe. Du musst nicht erschrecken, dich nicht entsetzen; du hast von mir nichts zu befürchten. Ich werde mich nicht zu dir drängen. Du siehst mich nicht eher, als du es erlaubst.

Bedenke vorher deine Lage, die meinige. Wie sehr danke ich dir, dass du keinen entscheidenden Schritt zu tun vorhast; aber bedeutend genug ist er. Tu ihn nicht! Hier, auf einer Art von Scheideweg, überlege nochmals: Kannst du mein sein, willst du mein sein? O du erzeigst uns allen eine große Wohltat und mir eine überschwängliche.

Lass mich dich wiedersehen, dich mit Freuden wiedersehen. Lass mich die schöne Frage mündlich tun und beantworte sie mir mit deinem schönen Selbst. An meine Brust, Ottilie! Hierher, wo du manchmal geruht hast und wo du immer hingehörst!"

Während er schrieb, ergriff ihn das Gefühl, sein Höchstersehntes nahe sich, es werde nun gleich gegenwärtig sein. Zu dieser Tür wird sie hereintreten, diesen Brief wird sie lesen, wirklich wird sie wie sonst vor mir dastehen, deren Erscheinung ich mir so oft herbeisehnte. Wird sie noch dieselbe sein? Hat sich ihre Gestalt, haben sich ihre Gesinnungen verändert? Er hielt die Feder noch in der Hand, er wollte schreiben, wie er dachte; aber der Wagen rollte in den Hof. Mit flüchtiger Feder setzte er noch hinzu: „Ich höre dich kommen. Auf einen Augenblick leb wohl!"

Er faltete den Brief, überschrieb ihn; zum Siegeln war es zu spät. Er sprang in die Kammer, durch die er nachher auf den Gang zu gelangen wusste, und augenblicks fiel ihm ein, dass er die Uhr mit dem Petschaft noch auf dem Tisch gelassen. Sie sollte diese nicht zuerst sehen; er sprang zurück und holte sie glücklich weg. Vom Vorsaal her vernahm er schon die Wirtin, die auf das Zimmer losging, um es dem Gast anzuweisen. Er eilte zur Kammertür, aber sie war zugefallen. Den Schlüssel hatte er beim Hineinspringen heruntergeworfen, der lag inwendig; das Schloss war zugeschnappt, und er stund gebannt. Heftig drängte er an der Tür; sie gab nicht nach. O wie hätte er gewünscht, als ein Geist durch die Spalten zu schlüpfen! Vergebens! Er verbarg sein Gesicht am Türpfosten. Ottilie trat herein, die Wirtin, als sie ihn erblickte, zurück. Auch Ottilien konnte er nicht einen Augenblick verborgen bleiben. Er wendete sich zu ihr, und so standen die Liebenden abermals auf die seltsamste Weise gegeneinander. Sie sah ihn ruhig und ernsthaft an, ohne vor- oder zurückzugehen und als er eine Bewegung machte, sich ihr zu nähern, trat sie einige Schritte zurück bis an den Tisch. Auch er trat wieder zurück. „Ottilie", rief er aus, „lass mich das furchtbare Schweigen brechen! Sind wir nur Schatten, die einander gegenüberstehen? Aber vor allen Dingen höre! Es ist ein Zufall, dass du mich gleich jetzt hier findest. Neben dir liegt ein Brief, der dich vorbereiten sollte. Lies, ich bitte dich, lies ihn! Und dann beschließe, was du kannst." – Sie blickte herab auf den Brief, und nach einigem Besinnen nahm sie ihn auf, erbrach und las ihn. Ohne die Miene zu verändern, hatte sie ihn gelesen, und so legte sie ihn leise weg; dann drückte sie die flachen, in die Höhe gehobenen Hände zusammen, führte sie gegen die Brust, indem sie sich nur wenig vorwärts neigte, und sah den dringend Fordernden mit einem solchen Blick an, dass er von allem abzustehen genötigt war, was er verlangen oder wünschen mochte. Diese Bewegung zerriss ihm das Herz. Er konnte den Anblick, er konnte die Stellung Ottiliens nicht ertragen. Es sah völlig aus, als würde sie in die Knie sinken, wenn er beharrte. Er eilte verzweifelnd zur Tür hinaus und schickte die Wirtin zu der Einsamen.

Er ging im Vorsaal auf und ab. Es war Nacht geworden, im Zimmer blieb es stille. Endlich trat die Wirtin heraus und zog den Schlüssel ab. Die gute Frau war gerührt, war verlegen, sie wusste nicht, was sie tun sollte. Zuletzt im Weggehen bot sie den Schlüssel Eduarden an, der ihn ablehnte. Sie ließ das Licht stehen und entfernte sich.

Eduard im tiefsten Kummer warf sich auf Ottiliens Schwelle, die er mit seinen Tränen benetzte. Jammervoller brachten kaum jemals in solcher Nähe Liebende eine Nacht zu.

Der Tag brach an; der Kutscher trieb, die Wirtin schloss auf und trat in das Zimmer. Sie fand Ottilien angekleidet eingeschlafen, sie ging zurück und winkte Eduarden mit einem teilnehmenden Lächeln. Beide traten vor die Schlafende; aber auch diesen Anblick vermochte Eduard nicht auszuhalten. Die Wirtin wagte nicht, das ruhende Kind zu wecken, sie setzte sich gegenüber. Endlich schlug Ottilie die schönen Augen auf und richtete sich auf ihre Füße. Sie lehnt das Frühstück ab, und nun tritt Eduard vor sie. Er bittet sie inständig, nur ein Wort zu reden, ihren Willen zu erklären. Er wolle allen ihren Willen, schwört er; aber sie schweigt. Nochmals fragt er sie liebevoll und dringend, ob sie ihm angehören wolle. Wie lieblich bewegt sie mit niedergeschlagenen Augen ihr Haupt zu einem sanften Nein! Er fragt, ob sie nach der Pension wolle. Gleichgültig verneint sie das. Aber als er fragt, ob er sie zu Charlotten zurückführen dürfe, bejaht sies mit einem getrosten Neigen des Hauptes. Er eilt ans Fenster, dem Kutscher Befehle zu geben; aber hinter ihm weg ist sie wie der Blitz zur Stube hinaus, die Treppe hinab in den Wagen. Der Kutscher nimmt den Weg zum Schloss zurück; Eduard folgt zu Pferde in einiger Entfernung.

Siebzehntes Kapitel

Wie höchst überrascht war Charlotte, als sie Ottilien vorfahren und Eduarden zu Pferde sogleich in den Schlosshof hereinsprengen sah! Sie eilte bis zur Türschwelle. Ottilie steigt aus und nähert sich mit Eduarden. Mit Eifer und Gewalt fasst sie die Hände beider Ehegatten, drückt sie zusammen und eilt auf ihr Zimmer. Eduard wirft sich Charlotten um den Hals und zerfließt in Tränen; er kann sich nicht erklären, bittet, Geduld mit ihm zu haben, Ottilien beizustehen, ihr zu helfen. Charlotte eilt auf Ottiliens Zimmer, und ihr schaudert, da sie hineintritt; es war schon ganz ausgeräumt, nur die leeren Wände standen da. Es erschien so weitläufig wie unerfreulich. Man hatte alles weggetragen, nur das Köfferchen, unschlüssig, wo man es hinstellen sollte, in der Mitte des Zimmers stehengelassen. Ottilie lag auf dem Boden, Arm und Haupt über den Koffer gestreckt. Charlotte bemüht sich um sie, fragt, was vorgegangen, und erhält keine Antwort.

Sie lässt ihr Mädchen, das mit Erquickungen kommt, bei Ottilien und eilt zu Eduarden. Sie findet ihn im Saal; auch er belehrt sie nicht. Er wirft sich vor ihr nieder, er badet ihre Hände in Tränen, er flieht auf sein Zimmer, und als sie ihm nachfolgen will, begegnet ihr der Kammerdiener, der sie aufklärt, soweit er vermag. Das übrige denkt sie sich zusammen und dann sogleich mit Entschlossenheit an das, was der Augenblick fordert. Ottiliens Zimmer ist aufs baldigste wieder eingerichtet. Eduard hat die seinigen angetroffen, bis aufs letzte Papier, wie er sie verlassen.

Die dreie scheinen wieder zueinander zu finden, aber Ottilie fährt fort zu schweigen, und Eduard vermag nichts, als seine Gattin um Geduld zu bitten, die ihm selbst zu fehlen scheint. Charlotte sendet Boten an Mittler und an den Major. Jener war nicht anzutreffen, dieser kommt. Ihm schüttet Eduard sein Herz aus, ihm gesteht er jeden kleinsten Umstand, und so erfährt Charlotte, was geschehen, was die Lage so sonderbar verändert, was die Gemüter aufgeregt.

Sie spricht aufs Liebevollste mit ihrem Gemahl. Sie weiß keine andere Bitte zu tun als nur, dass man das Kind gegenwärtig nicht bestürmen möge. Eduard fühlt den Wert, die Liebe, die Vernunft seiner Gattin; aber seine Neigung beherrscht ihn ausschließlich. Charlotte macht ihm Hoffnung, verspricht ihm, in die Scheidung zu willigen. Er traut nicht; er ist so krank, dass ihn Hoffnung und Glaube abwechselnd verlassen; er dringt in Charlotten, sie soll dem Major ihre Hand zusagen; eine Art von wahnsinnigem Unmut hat ihn ergriffen. Charlotte, ihn zu besänftigen, ihn zu erhalten, tut, was er fordert. Sie sagt dem Major ihre Hand zu für den Fall, dass Ottilie sich mit Eduarden verbinden wolle, jedoch unter ausdrücklicher Bedingung, dass die beiden Männer für den Augenblick zusammen eine Reise machen. Der Major hat für seinen Hof ein auswärtiges Geschäft, und Eduard verspricht, ihn zu begleiten. Man macht Anstalten, und man beruhigt sich einigermaßen, indem wenigstens etwas geschieht.

Unterdessen kann man bemerken, dass Ottilie kaum Speise noch Trank zu sich nimmt, indem sie immerfort bei ihrem Schweigen verharrt. Man redet ihr zu, sie wird ängstlich; man unterlässt es. Denn haben wir nicht meistenteils die Schwäche, dass wir jemanden auch zu seinem Besten nicht gern quälen mögen? Charlotte sann alle Mittel durch, endlich geriet sie auf den Gedanken, jenen Gehilfen aus der Pension kommen zu lassen, der über Ottilien viel vermochte, der wegen ihres unvermuteten Ausbleibens sich sehr freundlich geäußert, aber keine Antwort erhalten hatte.

Man spricht, um Ottilien nicht zu überraschen, von diesem Vorsatz in ihrer Gegenwart. Sie scheint nicht zuzustimmen; sie bedenkt sich; endlich scheint ein Entschluss in ihr zu reifen, sie eilt in ihr Zimmer und sendet noch vor Abend an die Versammelten folgendes Schreiben:

Ottilie den Freunden

„Warum soll ich ausdrücklich sagen, meine Geliebten, was sich von selbst versteht? Ich bin aus meiner Bahn geschritten, und ich soll nicht wieder hinein. Ein feindseliger Dämon, der Macht über mich gewonnen, scheint mich von außen zu hindern, hätte ich mich auch mit mir selbst wieder zur Einigkeit gefunden.

Ganz rein war mein Vorsatz, Eduarden zu entsagen, mich von ihm zu entfernen. Ihm hofft ich nicht wieder zu begegnen. Es ist anders geworden; er stand selbst gegen seinen eigenen Willen vor mir. Mein Versprechen, mich mit ihm in keine Unterredung einzulassen, habe ich vielleicht zu buchstäblich genommen und gedeutet. Nach Gefühl und Gewissen des Augenblicks schwieg ich, verstummt ich vor dem Freunde, und nun habe ich nichts mehr zu sagen. Ein strenges Ordensgelübde, welches den, der es mit Überlegung eingeht, vielleicht unbequem ängstigt, habe ich zufällig, vom Gefühl gedrungen, über mich genommen. Lasst mich darin beharren, solange mir das Herz gebietet. Beruft keine Mittelsperson! Dringt nicht in mich, dass ich reden, dass ich mehr Speise und Trank genießen soll, als ich höchstens bedarf. Helft mir durch Nachsicht und Geduld über diese Zeit hinweg. Ich bin jung, die Jugend stellt sich unversehens wieder her. Duldet mich in eurer Gegenwart, erfreut mich durch eure Liebe, belehrt mich durch eure Unterhaltung; aber mein Inneres überlasst mir selbst!"

Die längst vorbereitete Abreise der Männer unterblieb, weil jenes auswärtige Geschäft des Majors sich verzögerte. Wie erwünscht für Eduard! Nun durch Ottiliens Blatt aufs Neue angeregt, durch ihre trostvollen, Hoffnung gebenden Worte wieder ermutigt und zu standhaftem Ausharren berechtigt, erklärte er auf einmal, er werde sich nicht entfernen. „Wie töricht", rief er aus, „das Unentbehrlichste, Notwendigste vorsätzlich, voreilig wegzuwerfen, das, wenn uns auch der Verlust bedroht, vielleicht noch zu erhalten wäre! Und was soll es heißen? Doch nur, dass der Mensch ja scheine, wollen, wählen zu können. So habe ich oft, beherrscht von solchem albernen Dünkel, Stunden, ja Tage zu früh mich von Freunden losgerissen, um nur nicht von dem letzten, unausweichlichen Termin entschieden gezwungen zu werden. Diesmal aber will ich bleiben. Warum soll ich mich entfernen? Ist sie nicht schon von mir entfernt? Es fällt mir nicht ein, ihre Hand zu fassen, sie an mein Herz zu drücken; sogar darf ich es nicht denken, es schaudert mir. Sie hat sich nicht von mir weg, sie hat sich über mich weg gehoben."

Und so blieb er, wie er wollte, wie er musste. Aber auch dem Behagen glich nichts, wenn er sich mit ihr zusammenfand. Und so war auch ihr dieselbe Empfindung geblieben; auch sie konnte sich dieser seligen Notwendigkeit nicht entziehen. Nach wie vor übten sie eine unbeschreibliche, fast magische Anziehungskraft aufeinander aus. Sie wohnten unter *einem* Dach; aber selbst ohne gerade aneinander zu denken, mit anderen Dingen beschäftigt, von der Gesellschaft hin und her gezogen, näherten sie sich einander. Fanden sie sich in *einem* Saale, so dauerte es nicht lange, und sie standen, sie saßen nebeneinander. Nur die nächste Nähe konnte sie beruhigen, aber auch völlig beruhigen, und diese Nähe war genug; nicht eines Blickes, nicht eines Wortes, keiner Gebärde, keiner Berührung bedurfte es, nur des reinen Zusammenseins. Dann waren es nicht zwei Menschen, es war nur *ein* Mensch im bewusstlosen, vollkommnen Behagen, mit sich selbst zufrieden und mit der Welt. Ja, hätte man eins von beiden am letzten Ende der Wohnung festgehalten, das andere hätte sich nach und nach von selbst, ohne Vorsatz, zu ihm hinbewegt. Das Leben war ihnen ein Rätsel, dessen Auflösung sie nur miteinander fanden.

Ottilie war durchaus heiter und gelassen, so dass man sich über sie völlig beruhigen konnte. Sie entfernte sich wenig aus der Gesellschaft, nur hatte sie es erlangt, allein zu speisen. Niemand als Nanny bediente sie.

Was einem jeden Menschen gewöhnlich begegnet, wiederholt sich mehr, als man glaubt, weil seine Natur hiezu die nächste Bestimmung gibt. Charakter, Individualität, Neigung, Richtung, Örtlichkeit, Umgebungen und Gewohnheiten bilden zusammen ein Ganzes, in welchem jeder Mensch wie in einem Element, in einer Atmosphäre schwimmt, worin es ihm allein bequem und behaglich ist. Und so finden wir die Menschen, über deren Veränderlichkeit so viel Klage geführt wird, nach vielen Jahren zu unserem Erstaunen unverändert und nach äußern und innern unendlichen Anregungen unveränderlich.

So bewegte sich auch in dem täglichen Zusammenleben unserer Freunde fast alles wieder in dem alten Gleise. Noch immer äußerte Ottilie stillschweigend durch manche Gefälligkeit ihr zuvorkommendes Wesen, und so jedes nach seiner Art. Auf diese Weise zeigte sich der häusliche Zirkel als ein Scheinbild des vorigen Lebens, und der Wahn, als ob noch alles beim alten sei, war verzeihlich.

Die herbstlichen Tage, an Länge jenen Frühlingstagen gleich, riefen die Gesellschaft um eben die Stunde aus dem Freien ins Haus zurück. Der Schmuck an Früchten und Blumen, der dieser Zeit eigen ist, ließ glauben, als ob es der Herbst jenes ersten Frühlings wäre; die Zwischenzeit war ins Vergessen gefallen. Denn nun blühten die Blumen, dergleichen man in jenen ersten Tagen auch gesät hatte; nun reiften Früchte an den Bäumen, die man damals blühen gesehen.

Der Major ging ab und zu; auch Mittler ließ sich öfter sehen. Die Abendsitzungen waren meistens regelmäßig. Eduard las gewöhnlich, lebhafter, gefühlvoller, besser, ja sogar heiterer, wenn man will, als jemals. Es war, als wenn er, so gut durch Fröhlichkeit als durch Gefühl, Ottiliens Erstarren wieder beleben, ihr Schweigen wieder auflösen wollte. Er setzte sich wie vormals, dass sie ihm ins Buch sehen konnte, ja er ward unruhig, zerstreut, wenn sie nicht hineinsah, wenn er nicht gewiss war, dass sie seinen Worten mit ihren Augen folgte.

Jedes unerfreuliche, unbequeme Gefühl der mittleren Zeit war ausgelöscht. Keines trug mehr dem andern etwas nach; jede Art von Bitterkeit war verschwunden. Der Major begleitete mit der Violine das Klavierspiel Charlottens, so wie Eduards Flöte mit Ottiliens Behandlung des Saiteninstruments wieder wie vormals zusammentraf. So rückte man dem Geburtstag Eduards näher, dessen Feier man vor einem Jahr nicht erreicht hatte. Er sollte ohne Festlichkeit in stillem, freundlichem Behagen diesmal gefeiert werden. So war man, halb stillschweigend, halb ausdrücklich, miteinander übereingekommen. Doch je näher diese Epoche heranrückte, vermehrte sich das Feierliche in Ottiliens Wesen, das man bisher mehr empfunden als bemerkt hatte. Sie schien im Garten oft die Blumen zu mustern; sie hatte dem Gärtner angedeutet, die Sommergewächse aller Art zu schonen, und sich besonders bei den Astern aufgehalten, die gerade dieses Jahr in unmäßiger Menge blühten.

Achtzehntes Kapitel

Das Bedeutendste jedoch, was die Freunde mit stiller Aufmerksamkeit beobachteten, war, dass Ottilie den Koffer zum ersten Mal ausgepackt und daraus Verschiedenes gewählt und abgeschnitten hatte, was zu einem einzigen, aber ganzen und vollen Anzug hinreichte. Als sie das übrige mit Beihilfe Nannys wieder einpacken wollte, konnte sie kaum damit zurande kommen; der Raum war übervoll, obgleich schon ein Teil herausgenommen war. Das junge habgierige Mädchen konnte sich nicht sattsehen, besonders da sie auch für alle kleineren Stücke des Anzugs gesorgt fand. Schuhe, Strümpfe, Strumpfbänder mit Devisen, Handschuhe und so manches andere war noch übrig. Sie bat Ottilien, ihr nur etwas davon zu schenken. Diese verweigerte es, zog aber sogleich die Schublade einer Kommode heraus und ließ das Kind wählen, das hastig und ungeschickt zugriff und mit der Beute gleich davonlief, um den übrigen Hausgenossen ihr Glück zu verkünden und vorzuzeigen.

Zuletzt gelang es Ottilien, alles sorgfältig wieder einzuschichten; sie öffnete hierauf ein verborgenes Fach, das im Deckel angebracht war. Dort hatte sie kleine Zettelchen und Briefe Eduards, mancherlei getrocknete Blumenerinnerungen früherer Spaziergänge, eine Locke ihres Geliebten und was sonst noch verborgen. Noch eins fügte sie hinzu – es war das Porträt ihres Vaters – und verschloss das Ganze, worauf sie den zarten Schlüssel an dem goldenen Kettchen wieder um den Hals an ihre Brust hing.

Mancherlei Hoffnungen waren indes in den Herzen der Freunde rege geworden. Charlotte war überzeugt, Ottilie werde auf jenen Tag wieder zu sprechen anfangen; denn sie hatte bisher eine heimliche Geschäftigkeit bewiesen, eine Art von heiterer Selbstzufriedenheit, ein Lächeln, wie es demjenigen auf dem Gesichte schwebt, der Geliebten etwas Gutes und Erfreuliches verbirgt. Niemand wusste, dass Ottilie gar manche Stunde in großer Schwachheit hinbrachte, aus der sie sich nur für die Zeiten, wo sie erschien, durch Geisteskraft emporhielt.

Mittler hatte sich diese Zeit öfters sehen lassen und war länger geblieben als sonst gewöhnlich. Der hartnäckige Mann wusste nur zu wohl, dass es einen gewissen Moment gibt, wo allein das Eisen zu schmieden ist. Ottiliens Schweigen sowie ihre Weigerung legte er zu seinen Gunsten aus. Es war bisher kein Schritt zur Scheidung der Gatten geschehen; er hoffte das Schicksal des guten Mädchens auf irgendeine andere günstige Weise zu bestimmen; er horchte, er gab nach, er gab zu verstehen und führte sich nach seiner Weise klug genug auf.

Allein überwältigt war er stets, sobald er Anlass fand, sein Räsonnement über Materien zu äußern, denen er eine große Wichtigkeit beilegte. Er lebte viel in sich, und wenn er mit anderen war, so verhielt er sich gewöhnlich nur handelnd gegen sie. Brach nun einmal unter Freunden seine Rede los, wie wir schon öfter gesehen haben, so rollte sie ohne Rücksicht fort, verletzte oder heilte, nutzte oder schadete, wie es sich gerade fügen mochte.

Den Abend vor Eduards Geburtstag saßen Charlotte und der Major Eduarden, der ausgeritten war, erwartend beisammen; Mittler ging im Zimmer auf und ab; Ottilie war auf dem ihrigen geblieben, den morgigen Schmuck auseinanderlegend und ihrem Mädchen manches andeutend, welches sie vollkommen verstand und die stummen Anordnungen geschickt befolgte.

Mittler war gerade auf eine seiner Lieblingsmaterien gekommen. Er pflegte gern zu behaupten, dass sowohl bei der Erziehung der Kinder als auch bei der Leitung der Völker nichts ungeschickter und barbarischer sei als Verbote, als verbietende Gesetze und Anordnungen. „Der Mensch ist von Haus aus tätig“, sagte er; „und wenn man ihm zu gebieten versteht, so fährt er gleich dahinter her, handelt und richtet aus. Ich für meine Person mag lieber in meinem Kreise Fehler und Gebrechen so lange dulden, bis ich die entgegengesetzte Tugend gebieten kann, als dass ich den Fehler loswürde und nichts Rechtes an seiner Stelle sähe. Der Mensch tut recht gern das Gute, das Zweckmäßige, wenn er nur dazu kommen kann; er tut es, damit er was zu tun hat, und sinnt darüber nicht weiter nach als über alberne Streiche, die er aus Müßiggang und langer Weile vornimmt.

Wie verdrießlich ist mirs oft, mit anzuhören, wie man die Zehn Gebote in der Kinderlehre wiederholen lässt. Das vierte ist noch ein ganz hübsches, vernünftiges, gebietendes Gebot. ‚Du sollst Vater und Mutter ehren.' Wenn sich das die Kinder recht in den Sinn schreiben, so haben sie den ganzen Tag daran auszuüben. Nun aber das fünfte, was soll man dazu sagen? ‚Du sollst nicht töten.' Als wenn irgendein Mensch im mindesten Lust hätte, den anderen totzuschlagen! Man hasst einen, man erzürnt sich, man übereilt sich, und in Gefolg von dem und manchem andern kann es wohl kommen, dass man gelegentlich einen totschlägt. Aber ist es nicht eine barbarische Anstalt, den Kindern Mord und Totschlag zu verbieten? Wenn es hieße: ‚Sorge für des anderen Leben, entferne, was ihm schädlich sein kann, rette ihn mit deiner eigenen Gefahr; wenn du ihn beschädigst, denke, dass du dich selbst beschädigst': das sind Gebote, wie sie unter gebildeten, vernünftigen Völkern statthaben und die man bei der Katechismuslehre nur kümmerlich in dem ‚Was ist das?' nachschleppt.

Und nun gar das sechste, das finde ich ganz abscheulich! Was? Die Neugierde vorahnender Kinder auf gefährliche Mysterien reizen, ihre Einbildungskraft zu wunderlichen Bildern und Vorstellungen aufregen, die gerade das, was man entfernen will, mit Gewalt heranbringen! Weit besser wäre es, dass dergleichen von einem heimlichen Gericht willkürlich bestraft würde, als dass man vor Kirch und Gemeinde davon plappern lässt."

In dem Augenblick trat Ottilie herein. „‚Du sollst nicht ehebrechen'", fuhr Mittler fort. „Wie grob, wie unanständig! Klänge es nicht ganz anders, wenn es hieße: ‚Du sollst Ehrfurcht haben vor der ehelichen Verbindung; wo du Gatten siehst, die sich lieben, sollst du dich darüber freuen und daran teilnehmen wie am Glück eines heiteren Tages. Sollte sich irgend in ihrem Verhältnis etwas trüben, so sollst du suchen, es aufzuklären; du sollst suchen, sie zu begütigen, sie zu besänftigen, ihnen ihre wechselseitigen Vorteile deutlich zu machen, und mit schöner Uneigennützigkeit das Wohl der anderen fördern, indem du ihnen fühlbar machst, was für ein Glück aus jeder Pflicht und besonders aus dieser entspringt, welche Mann und Weib unauflöslich verbindet'?" – Charlotte saß wie auf Kohlen, und der Zustand war ihr um so ängstlicher, als sie überzeugt war, dass Mittler nicht wusste, was und wo ers sagte, und ehe sie ihn noch unterbrechen konnte, sah sie schon Ottilien, deren Gestalt sich verwandelt hatte, aus dem Zimmer gehen.

„Sie erlassen uns wohl das siebente Gebot", sagte Charlotte mit erzwungenem Lächeln. „All die übrigen", versetzte Mittler, „wenn ich nur das rette, worauf die anderen beruhen."

Mit entsetzlichem Schrei hereinstürzend rief Nanny: „ Sie stirbt! Das Fräulein stirbt! Kommen Sie! Kommen Sie!"

Als Ottilie zu ihrem Zimmer schwankend zurückgekommen war, lag der morgende Schmuck auf mehreren Stühlen völlig ausgebreitet, und das Mädchen, das betrachtend und bewundernd daran hin und her ging, rief jubelnd aus: „Sehen Sie nur, liebstes Fräulein, das ist ein Brautschmuck, ganz Ihrer wert!" – Ottilie vernahm diese Worte und sank auf das Sofa. Nanny sieht ihre Herrin erblassen, erstarren; sie läuft zu Charlotten; man kommt. Der ärztliche Hausfreund eilt herbei; es scheint ihm nur eine Erschöpfung. Er lässt etwas Kraftbrühe bringen; Ottilie weist sie mit Abscheu weg, ja sie fällt fast in Zuckungen, als man die Tasse dem Munde nähert. Er fragt mit Ernst und Hast, wie es ihm der Umstand eingab, was Ottilie heute genossen habe. Das Mädchen stockt; er wiederholt seine Frage; das Mädchen bekennt, Ottilie habe nichts genossen.

Nanny scheint ihm ängstlicher als billig. Er reißt sie in ein Nebenzimmer, Charlotte folgt, das Mädchen wirft sich auf die Knie, sie gesteht, dass Ottilie schon lange so gut wie nichts genieße. Auf Drängen Ottiliens habe sie die Speisen an ihrer Statt genossen; verschwiegen habe sie es wegen bittender und drohender Gebärden ihrer Gebieterin, und auch, setzte sie unschuldig hinzu, weil es ihr gar so gut geschmeckt.

Der Major und Mittler kamen heran; sie fanden Charlotten tätig in Gesellschaft des Arztes. Das bleiche himmlische Kind saß, sich selbst bewusst, wie es schien, in der Ecke des Sofas. Man bittet sie, sich niederzulegen; sie verweigerts, winkt aber, dass man das Köfferchen herbeibringe. Sie setzt ihre Füße darauf und findet sich in einer halb liegenden, bequemen Stellung. Sie scheint Abschied nehmen zu wollen, ihre Gebärden drücken den Umstehenden die zarteste Anhänglichkeit aus, Liebe, Dankbarkeit, Abbitte und das herzlichste Lebewohl.

Eduard, der vom Pferd steigt, vernimmt den Zustand, er stürzt in das Zimmer, er wirft sich an ihre Seite nieder, fasst ihre Hand und überschwemmt sie mit stummen Tränen. So bleibt er lange. Endlich ruft er aus: „ Soll ich deine Stimme nicht wieder hören? Wirst du nicht mit einem Wort für mich ins Leben zurückkehren? Gut, gut! Ich folge dir hinüber; da werden wir mit anderen Sprachen reden!"

Sie drückt ihm kräftig die Hand, sie blickt ihn lebevoll und liebevoll an, und nach einem tiefen Atemzug, nach einer himmlischen, stummen Bewegung der Lippen: „Versprich mir zu leben!" ruft sie aus, mit holder, zärtlicher Anstrengung; doch gleich sinkt sie zurück. „Ich versprech es!" rief er ihr entgegen, doch rief er es ihr nur nach; sie war schon abgeschieden.

Nach einer tränenvollen Nacht fiel die Sorge, die geliebten Reste zu bestatten, Charlotten anheim. Der Major und Mittler standen ihr bei. Eduards Zustand war zu bejammern. Wie er sich aus seiner Verzweiflung nur hervorheben und einigermaßen besinnen konnte, bestand er darauf, Ottilie sollte nicht aus dem Schloss gebracht, sie sollte gewartet, gepflegt, als eine Lebende behandelt werden; denn sie sei nicht tot, sie könne nicht tot sein. Man tat ihm seinen Willen, insofern man wenigstens das unterließ, was er verboten hatte. Er verlangte nicht, sie zu sehen.

Noch ein anderer Schreck ergriff, noch eine andere Sorge beschäftigte die Freunde. Nanny, von dem Arzt heftig gescholten, durch Drohungen zum Bekenntnis genötigt und nach dem Bekenntnis mit Vorwürfen überhäuft, war entflohen. Nach langem Suchen fand man sie wieder, sie schien außer sich zu sein. Ihre Eltern nahmen sie zu sich. Die beste Begegnung schien nicht anzuschlagen, man musste sie einsperren, weil sie wieder zu entfliehen drohte.

Stufenweise gelang es, Eduarden der heftigsten Verzweiflung zu entreißen, aber nur zu seinem Unglück; denn es ward ihm deutlich, es ward ihm gewiss, dass er das Glück seines Lebens für immer verloren habe. Man wagte es ihm vorzustellen, dass Ottilie, in jener Kapelle beigesetzt, noch immer unter den Lebendigen bleiben und einer freundlichen, stillen Wohnung nicht entbehren würde. Es fiel schwer, seine Einwilligung zu erhalten, und nur unter der Bedingung, dass sie im offenen Sarg hinausgetragen und in dem Gewölbe allenfalls nur mit einem Glasdeckel zugedeckt und eine immer brennende Lampe gestiftet werden sollte, ließ er sichs zuletzt gefallen und schien sich in alles ergeben zu haben.

Man kleidete den holden Körper in jenen Schmuck, den sie sich selbst vorbereitet hatte; man setzte ihr einen Kranz von Asterblumen aufs Haupt, die wie traurige Gestirne ahnungsvoll glänzten. Die Bahre, die Kirche, die Kapelle zu schmücken, wurden alle Gärten ihres Schmucks beraubt. Sie lagen verödet, als wenn bereits der Winter alle Freude aus den Beeten weggetilgt hätte. Beim frühsten Morgen wurde sie im offnen Sarg aus dem Schloss getragen, und die aufgehende Sonne rötete nochmals das himmlische Gesicht. Die Begleitenden drängten sich um die Träger, niemand wollte vorausgehn, niemand folgen, jedermann sie umgeben, jedermann noch zum letzten Mal ihre Gegenwart genießen. Knaben, Männer und Frauen, keins blieb ungerührt. Untröstlich waren die Mädchen, die ihren Verlust am unmittelbarsten empfanden.

Nanny fehlte. Man hatte sie zurückgehalten, oder vielmehr man hatte ihr den Tag und die Stunde des Begräbnisses verheimlicht. Man bewachte sie bei ihren Eltern in einer Kammer, die nach dem Garten ging. Als sie aber die Glocken läuten hörte, ward sie nur allzu bald inne, was vorging, und da ihre Wächterin aus Neugierde, den Zug zu sehen, sie verließ, entkam sie zum Fenster hinaus auf einen Gang und von da, weil sie alle Türen verschlossen fand, auf den Oberboden.

Eben schwankte der Zug den reinlichen, mit Blättern bestreuten Weg durchs Dorf hin. Nanny sah ihre Gebieterin deutlich unter sich, deutlicher, vollständiger, schöner als alle, die dem Zug folgten. Überirdisch, wie auf Wolken oder Wogen getragen, schien sie ihrer Dienerin zu winken, und diese, verworren, schwankend, taumelnd, stürzte hinab.

Auseinander fuhr die Menge mit einem entsetzlichen Schrei nach allen Seiten. Vom Drängen und Getümmel waren die Träger genötigt, die Bahre niederzusetzen. Das Kind lag ganz nahe daran; es schien an allen Gliedern zerschmettert. Man hob es auf, und zufällig oder aus besonderer Fügung lehnte man es über die Leiche, ja es schien selbst noch mit dem letzten Lebensrest seine geliebte Herrin erreichen zu wollen. Kaum aber hatten ihre schlotternden Glieder Ottiliens Gewand, ihre kraftlosen Finger Ottiliens gefaltete Hände berührt, als das Mädchen aufsprang, Arme und Augen zuerst gen Himmel erhob, dann auf die Knie vor dem Sarg niederstürzte und andächtig entzückt zu der Herrin hinaufstaunte.

Endlich sprang sie wie begeistert auf und rief mit heiliger Freude: „Ja, sie hat mir vergeben! Was mir kein Mensch, was ich mir selbst nicht vergeben konnte, vergibt mir Gott durch ihren Blick, ihre Gebärde, ihren Mund. Nun ruht sie wieder so still und sanft; aber ihr habt gesehen, wie sie sich aufrichtete und mit entfalteten Händen mich segnete, wie sie mich freundlich anblickte! Ihr habt es alle gehört, ihr seid Zeugen, dass sie zu mir sagte: ‚Dir ist vergeben!' Ich bin nun keine Mörderin mehr unter euch, sie hat mir verziehen, Gott hat mir verziehen, und niemand kann mir mehr etwas anhaben."

Umhergedrängt stand die Menge; sie waren erstaunt, sie horchten und sahen hin und wider, und kaum wusste jemand, was er beginnen sollte. „Tragt sie nun zur Ruhe!" sagte das Mädchen; „sie hat das Ihrige getan und gelitten und kann nicht mehr unter uns wohnen." Die Bahre bewegte sich weiter, Nanny folgte zuerst, und man gelangte zur Kirche, zur Kapelle.

So stand nun der Sarg Ottiliens, zu ihren Häupten der Sarg des Kindes, zu ihren Füßen das Köfferchen, in ein starkes eichenes Behältnis eingeschlossen. Man hatte für eine Wächterin gesorgt, welche in der ersten Zeit des Leichnams wahrnehmen sollte, der unter seiner Glasdecke gar liebenswürdig dalag. Aber Nanny wollte sich dieses Amt nicht nehmen lassen; sie wollte allein, ohne Gesellin bleiben und der zum ersten Mal angezündeten Lampe fleißig warten. Sie verlangte dies so eifrig und hartnäckig, dass man ihr nachgab, um ein größeres Gemütsübel, das sich befürchten ließ, zu verhüten.

Aber sie blieb nicht lange allein; denn gleich mit sinkender Nacht, als das schwebende Licht, sein volles Recht ausübend, einen helleren Schein verbreitete, öffnete sich die Tür, und es trat der Architekt in die Kapelle, deren fromm verzierte Wände bei so mildem Schimmer altertümlicher und ahnungsvoller, als er je hätte glauben können, ihm entgegen drangen.

Nanny saß an der einen Seite des Sarges. Sie erkannte ihn gleich; aber schweigend deutete sie auf die verblichene Herrin. Und so stand er auf der anderen Seite, in jugendlicher Kraft und Anmut, auf sich selbst zurückgewiesen, starr, in sich gekehrt, mit niedergesenkten Armen, gefalteten, mitleidig gerungenen Händen, Haupt und Blick zur Entseelten hingeneigt.

Schon einmal hatte er so vor Belisar gestanden. Unwillkürlich geriet er jetzt in die gleiche Stellung; und wie natürlich war sie auch diesmal! Auch hier war etwas unschätzbar Würdiges von seiner Höhe herabgestürzt; und wenn dort Tapferkeit, Klugheit, Macht, Rang und Vermögen in einem Manne als unwiederbringlich verloren bedauert wurden, wenn Eigenschaften, die der Nation, dem Fürsten in entscheidenden Momenten unentbehrlich sind, nicht geschätzt, vielmehr verworfen und ausgestoßen worden, so waren hier so viel andere stille Tugenden, von der Natur erst kurz aus ihren gehaltreichen Tiefen hervorgerufen, durch ihre gleichgültige Hand schnell wieder ausgetilgt, seltene, schöne, liebenswürdige Tugenden, deren friedliche Einwirkung die bedürftige Welt zu jeder Zeit mit wonnevollem Genügen umfängt und mit sehnsüchtiger Trauer vermisst.

Der Jüngling schwieg, auch das Mädchen eine Zeitlang; als sie ihm aber die Tränen häufig aus dem Auge quellen sah, als er sich im Schmerz ganz aufzulösen schien, sprach sie mit so viel Wahrheit und Kraft, mit so viel Wohlwollen und Sicherheit ihm zu, dass er, über den Fluss ihrer Rede erstaunt, sich zu fassen vermochte und seine schöne Freundin ihm in einer höhern Region lebend und wirkend vorschwebte. Seine Tränen trockneten, seine Schmerzen linderten sich, kniend nahm er von Ottilien, mit einem herzlichen Händedruck von Nanny Abschied, und noch in der Nacht ritt er vom Ort weg, ohne jemand weiter gesehen zu haben.

Der Wundarzt war die Nacht über ohne des Mädchens Wissen in der Kirche geblieben und fand, als er sie des Morgens besuchte, sie heiter und getrosten Mutes. Er war auf mancherlei Verirrungen gefasst; er dachte schon, sie werde ihm von nächtlichen Unterredungen mit Ottilien und von andern solchen Erscheinungen sprechen, aber sie war natürlich, ruhig und sich völlig selbstbewusst. Sie erinnerte sich vollkommen aller früheren Zeiten, aller Zustände mit großer Genauigkeit, und nichts in ihren Reden schritt aus dem gewöhnlichen Gang des Wahren und Wirklichen heraus als nur die Begebenheit beim Leichenbegängnis, die sie mit Freudigkeit oft wiederholte: wie Ottilie sich aufgerichtet, sie gesegnet, ihr verziehen und sie dadurch für immer beruhigt habe.

Der fortdauernd schöne, mehr schlaf- als todähnliche Zustand Ottiliens zog mehrere Menschen herbei. Die Bewohner und Anwohner wollten sie noch sehen, und jeder mochte gern aus Nannys Mund das Unglaubliche hören; manche, um darüber zu spotten, die meisten, um daran zu zweifeln, und wenige, um sich glaubend dagegen zu verhalten.

Jedes Bedürfnis, dessen wirkliche Befriedigung versagt ist, nötigt zum Glauben. Die vor den Augen aller Welt zerschmetterte Nanny war durch Berührung des frommen Körpers wieder gesund geworden; warum sollte nicht auch ein ähnliches Glück hier andern bereitet sein? Zärtliche Mütter brachten zuerst heimlich ihre Kinder, die von irgendeinem Übel behaftet waren, und sie glaubten eine plötzliche Besserung zu spüren. Das Zutrauen vermehrte sich, und zuletzt war niemand so alt und so schwach, der sich nicht an dieser Stelle eine Erquickung und Erleichterung gesucht hätte. Der Zudrang wuchs, und man sah sich genötigt, die Kapelle, ja außer den Stunden des Gottesdienstes die Kirche zu verschließen.

Eduard wagte sich nicht wieder zu der Abgeschiedenen. Er lebte nur vor sich hin, er schien keine Träne mehr zu haben, keines Schmerzes weiter fähig zu sein. Seine Teilnahme an der Unterhaltung, sein Genuss von Speis und Trank vermindert sich mit jedem Tag. Nur noch einige Erquickung scheint er aus dem Glas zu schlürfen, das ihm freilich kein wahrhafter Prophet gewesen. Er betrachtet noch immer gern die verschlungenen Namenszüge, und sein ernstheiterer Blick dabei scheint anzudeuten, dass er auch jetzt noch auf eine Vereinigung hoffe. Und wie den Glücklichen jeder Nebenumstand zu begünstigen, jedes Ungefähr mit emporzuheben scheint, so mögen sich auch gern die kleinsten Vorfälle zur Kränkung, zum Verderben des Unglücklichen vereinigen. Denn eines Tages, als Eduard das geliebte Glas zum Mund brachte, entfernte er es mit Entsetzen wieder; es war dasselbe und nicht dasselbe; er vermisst ein kleines Kennzeichen. Man dringt in den Kammerdiener, und dieser muss gestehen, das echte Glas sei unlängst zerbrochen und ein gleiches, auch aus Eduards Jugendzeit, untergeschoben worden. Eduard kann nicht zürnen, sein Schicksal ist ausgesprochen durch die Tat; wie soll ihn das Gleichnis rühren? Aber doch drückt es ihn tief. Der Trank scheint ihm von nun an zu widerstehen; er scheint sich mit Vorsatz der Speise, des Gesprächs zu enthalten.

Aber von Zeit zu Zeit überfällt ihn eine Unruhe. Er verlangt wieder etwas zu genießen, er fängt wieder an zu sprechen. „Ach!“ sagte er einmal zu dem Major, der ihm wenig von der Seite kam, „was bin ich unglücklich, dass mein ganzes Bestreben nur immer eine Nachahmung, ein falsches Bemühen bleibt! Was ihr Seligkeit gewesen, wird mir Pein; und doch, um dieser Seligkeit willen bin ich genötigt, diese Pein zu übernehmen. Ich muss ihr nach, auf diesem Wege nach; aber meine Natur hält mich zurück und mein Versprechen. Es ist eine schreckliche Aufgabe, das Unnachahmliche nachzuahmen. Ich fühle wohl, Bester, es gehört Genie zu allem, auch zum Märtyrertum.“

Was sollen wir bei diesem hoffnungslosen Zustand der ehegattlichen, freundschaftlichen, ärztlichen Bemühungen gedenken, in welchen sich Eduards Angehörige eine Zeitlang hin und her wogten? Endlich fand man ihn tot. Mittler machte zuerst diese traurige Entdeckung. Er berief den Arzt und beobachtete, nach seiner gewöhnlichen Fassung, genau die Umstände, in denen man den Verblichenen angetroffen hatte. Charlotte stürzte herbei; ein Verdacht des Selbstmordes regte sich in ihr; sie wollte sich, sie wollte die anderen einer unverzeihlichen Unvorsichtigkeit anklagen. Doch der Arzt aus natürlichen und Mittler aus sittlichen Gründen wussten sie bald vom Gegenteil zu überzeugen. Ganz deutlich war Eduard von seinem Ende überrascht worden. Er hatte, was er bisher sorgfältig zu verbergen pflegte, das ihm von Ottilien Übriggebliebene in einem stillen Augenblick vor sich aus einem Kästchen, aus einer Brieftasche ausgebreitet: eine Locke, Blumen, in glücklicher Stunde gepflückt, alle Blättchen, die sie ihm geschrieben, von jenem ersten an, das ihm seine Gattin so zufällig ahnungsreich übergeben hatte. Das alles konnte er nicht einer ungefähren Entdeckung mit Willen preisgeben. Und so lag denn auch dieses vor kurzem zu unendlicher Bewegung aufgeregte Herz in unstörbarer Ruhe; und wie er in Gedanken an die Heilige eingeschlafen war, so konnte man wohl ihn selig nennen. Charlotte gab ihm seinen Platz neben Ottilien und verordnete, dass niemand weiter in diesem Gewölbe beigesetzt werde. Unter dieser Bedingung machte sie für Kirche und Schule, für den Geistlichen und den Schullehrer ansehnliche Stiftungen.

So ruhen die Liebenden nebeneinander. Friede schwebt über ihrer Stätte, heitere, verwandte Engelsbilder schauen vom Gewölbe auf sie herab, und welch ein freundlicher Augenblick wird es sein, wenn sie dereinst wieder zusammen erwachen.

Novelle

[Cotta, Stuttgart 1828]

Ein dichter Herbstnebel verhüllte noch in der Frühe die weiten Räume des fürstlichen Schlosshofes, als man schon mehr oder weniger durch den sich lichtenden Schleier die ganze Jägerei zu Pferde und zu Fuß durcheinander bewegt sah. Die eiligen Beschäftigungen der Nächsten ließen sich erkennen: man verlängerte, man verkürzte die Steigbügel, man reichte sich Büchse und Patronentäschchen, man schob die Dachsranzen zurecht, indes die Hunde ungeduldig am Riemen den Zurückhaltenden mit fortzuschleppen drohten. Auch hie und da gebärdete ein Pferd sich mutiger, von feuriger Natur getrieben oder vom Sporn des Reiters angeregt, der selbst hier in der Halbhelle eine gewisse Eitelkeit, sich zu zeigen, nicht verleugnen konnte. Alle jedoch warteten auf den Fürsten, der, von seiner jungen Gemahlin Abschied nehmend, allzu lange zauderte.

Erst vor kurzer Zeit zusammen getraut, empfanden sie schon das Glück übereinstimmender Gemüter; beide waren von tätig lebhaftem Charakter, eines nahm gern an des andern Neigungen und Bestrebungen Anteil. Des Fürsten Vater hatte noch den Zeitpunkt erlebt und genutzt, wo es deutlich wurde, dass alle Staatsglieder in gleicher Betriebsamkeit ihre Tage zubringen, in gleichem Wirken und Schaffen jeder nach seiner Art erst gewinnen und dann genießen sollten.

Wie sehr dieses gelungen war, ließ sich in diesen Tagen gewahr werden, als eben der Hauptmarkt sich versammelte, den man gar wohl eine Messe nennen konnte. Der Fürst hatte seine Gemahlin gestern durch das Gewimmel der aufgehäuften Waren zu Pferde geführt und sie bemerken lassen, wie gerade hier das Gebirgsland mit dem flachen Lande einen glücklichen Umtausch treffe; er wusste sie an Ort und Stelle auf die Betriebsamkeit seines Länderkreises aufmerksam zu machen.

Wenn sich nun der Fürst fast ausschließlich in diesen Tagen mit den Seinigen über diese dringlichen Gegenstände unterhielt, auch besonders mit dem Finanzminister anhaltend arbeitete, so behielt doch auch der Landjägermeister sein Recht, auf dessen Vorstellung es unmöglich war, der Versuchung zu widerstehen, an diesen günstigen Herbsttagen eine schon verschobene Jagd zu unternehmen, sich selbst und den vielen angekommenen Fremden ein eigenes und seltenes Fest zu eröffnen.

Die Fürstin blieb ungern zurück; man hatte sich vorgenommen, weit ins Gebirg hineinzudringen, um die friedlichen Bewohner der dortigen Wälder durch einen unerwarteten Kriegszug zu beunruhigen.

Scheidend versäumte der Gemahl nicht, einen Spazierritt vorzuschlagen, den sie im Geleit Friedrichs, des fürstlichen Oheims, unternehmen sollte. »Auch lasse ich«, sagte er, »dir unsern Honorio als Stall- und Hofjunker, der für alles sorgen wird.« Und im Gefolg dieser Worte gab er im Hinabsteigen einem wohlgebildeten jungen Mann die nötigen Aufträge, verschwand sodann bald mit Gästen und Gefolge.

Die Fürstin, die ihrem Gemahl noch in den Schlosshof hinab mit dem Schnupftuch nachgewinkt hatte, begab sich in die hinteren Zimmer, welche zum Gebirge eine freie Aussicht ließen, die desto schöner war, als das Schloss selbst vom Flusse herauf in einiger Höhe stand und so vor- als hinterwärts mannigfaltige bedeutende Ansichten gewährte. Sie fand das treffliche Teleskop noch in der Stellung, wo man es gestern Abend gelassen hatte, als man, über Busch, Berg und Waldgipfel die hohen Ruinen der uralten Stammburg betrachtend, sich unterhielt, die in der Abendbeleuchtung merkwürdig hervortraten, indem alsdann die größten Licht- und Schattenmassen den deutlichsten Begriff von einem so ansehnlichen Denkmal alter Zeit verleihen konnten. Auch zeigte sich heute früh durch die annähernden Gläser recht auffallend die herbstliche Färbung jener mannigfaltigen Baumarten, die zwischen dem Gemäuer ungehindert und ungestört durch lange Jahre emporstrebten. Die schöne Dame richtete jedoch das Fernrohr etwas tiefer nach einer öden, steinigen Fläche, über welche der Jagdzug weggehen musste. Sie erharrte den Augenblick mit Geduld und betrog sich nicht, denn bei der Klarheit und Vergrößerungsfähigkeit des Instruments erkannten ihre glänzenden Augen deutlich den Fürsten und den Oberstallmeister; ja sie enthielt sich nicht, abermals mit dem Schnupftuche zu winken, als sie ein augenblickliches Stillhalten und Rückblicken mehr vermutete als gewahr ward.

Fürst Oheim, Friedrich mit Namen, trat sodann, angemeldet, mit seinem Zeichner herein, der ein großes Portefeuille unterm Arm trug. »Liebe Cousine«, sagte der alte, rüstige Herr, »hier legen wir die Ansichten der Stammburg vor, gezeichnet, um von verschiedenen Seiten anschaulich zu machen, wie der mächtige Trutz- und Schutzbau von alten Zeiten her dem Jahr und seiner Witterung sich entgegenstemmte und wie doch hie und da sein Gemäuer weichen, da und dort in wüste Ruinen zusammenstürzen musste. Nun haben wir manches getan, um diese Wildnis zugänglicher zu machen, denn mehr bedarf es nicht, um jeden Wanderer, jeden Besuchenden in Erstaunen zu setzen, zu entzücken.«

Indem nun der Fürst die einzelnen Blätter deutete, sprach er weiter: »Hier, wo man, den Hohlweg durch die äußern Ringmauern heraufkommend, vor die eigentliche Burg gelangt, steigt uns ein Felsen entgegen von den festesten des ganzen Gebirges; hierauf nun steht gemauert ein Turm, doch niemand wüsste zu sagen, wo die Natur aufhört, Kunst und Handwerk aber anfangen. Ferner sieht man seitwärts Mauern angeschlossen und Zwinger terrassenmäßig herab sich erstreckend. Doch ich sage nicht recht, denn es ist eigentlich ein Wald, der diesen uralten Gipfel umgibt. Seit hundertundfünfzig Jahren hat keine Axt hier geklungen, und überall sind die mächtigsten Stämme emporgewachsen. Wo ihr euch an den Mauern drängt, stellt sich der glatte Ahorn, die raue Eiche, die schlanke Fichte mit Schaft und Wurzeln entgegen; um diese müssen wir uns herumschlängeln und unsere Fußpfade verständig führen. Seht nur, wie trefflich unser Meister dies Charakteristische auf dem Papier ausgedrückt hat, wie kenntlich die verschiedenen Stamm- und Wurzelarten zwischen das Mauerwerk verflochten und die mächtigen Äste durch die Lücken durchgeschlungen sind! Es ist eine Wildnis wie keine, ein zufällig einziges Lokal, wo die alten Spuren längst verschwundener Menschenkraft mit der ewig lebenden und fortwirkenden Natur sich in dem ernstesten Streit erblicken lassen.«

Ein anderes Blatt aber vorlegend, fuhr er fort: »Was sagt Ihr nun zum Schlosshofe, der, durch das Zusammenstürzen des alten Torturmes unzugänglich, seit undenklichen Jahren von niemand betreten ward? Wir suchten ihm von der Seite beizukommen, haben Mauern durchbrochen, Gewölbe gesprengt und so einen bequemen, aber geheimen Weg bereitet. Inwendig bedurfte es keines Aufräumens, hier findet sich ein flacher Felsgipfel von der Natur geplättet, aber doch haben mächtige Bäume hie und da zu wurzeln Glück und Gelegenheit gefunden; sie sind sachte, aber entschieden aufgewachsen, nun erstrecken sie ihre Äste bis in die Galerien hinein, auf denen der Ritter sonst auf und ab schritt, ja durch Türen und Fenster in die gewölbten Säle, aus denen wir sie nicht vertreiben wollen; sie sind eben Herr geworden und mögens bleiben. Tiefe Blätterschichten wegräumend, haben wir den merkwürdigsten Platz geebnet gefunden, dessengleichen in der Welt vielleicht nicht wieder zu sehen ist.

Nach all diesem aber ist es immer noch bemerkenswert und an Ort und Stelle zu beschauen, dass auf den Stufen, die in den Hauptturm hinaufführen, ein Ahorn Wurzel geschlagen und sich zu einem so tüchtigen Baum gebildet hat, dass man nur mit Not daran vorbeidringen kann, um die Zinne, der unbegrenzten Aussicht wegen, zu besteigen. Aber auch hier verweilt man bequem im Schatten, denn dieser Baum ist es, der sich über das Ganze wunderbar hoch in die Luft hebt. – Danken wir also dem wackeren Künstler, der uns so löblich in verschiedenen Bildern von allem überzeugt, als wenn wir gegenwärtig wären; er hat die schönsten Stunden des Tages und der Jahrszeit dazu angewendet und sich wochenlang um diese Gegenstände herumbewegt. In dieser Ecke ist für ihn und den Wächter, den wir ihm zugegeben, eine kleine, angenehme Wohnung eingerichtet. Sie sollten nicht glauben, meine Beste, welch eine schöne Aus- und Ansicht er ins Land, in Hof und Gemäuer sich dort bereitet hat! Nun aber, da alles so rein und charakteristisch umrissen ist, wird er es hier unten mit Bequemlichkeit ausführen. Wir wollen mit diesen Bildern unseren Gartensaal zieren, und niemand soll über unsere regelmäßige Parterre, Lauben und schattigen Gänge seine Augen spielen lassen, der nicht wünschte, dort oben im wirklichen Anschauen des Alten und Neuen, des Starren, Unnachgiebigen, Unzerstörbaren und des Frischen, Schmiegsamen, Unwiderstehlichen seine Betrachtungen anzustellen.«

Honorio trat ein und meldete, die Pferde seien vorgeführt; da sagte die Fürstin, zum Oheim gewendet: »Reiten wir hinauf, und lassen Sie mich in der Wirklichkeit sehen, was Sie mir hier im Bilde zeigten! Seit ich hier bin, hör ich von diesem Unternehmen und werde jetzt erst recht verlangend, mit Augen zu sehen, was mir in der Erzählung unmöglich schien und in der Nachbildung unwahrscheinlich bleibt.« – »Noch nicht, meine Liebe«, versetzte der Fürst; »was Sie hier sahen, ist, was es werden kann und wird; jetzt stockt noch manches, die Kunst muss erst vollenden, wenn sie sich vor der Natur nicht schämen soll.« – »Und so reiten wir wenigstens hinauf, und wär es nur bis an den Fuß; ich habe große Lust, mich heute weit in der Welt umzusehen.« – »Ganz nach Ihrem Willen.« versetzte der Fürst. – »Lassen Sie uns aber durch die Stadt reiten«, fuhr die Dame fort, »über den großen Marktplatz, wo eine zahllose Menge von Buden die Gestalt einer kleinen Stadt, eines Feldlagers angenommen hat. Es ist, als wären die Bedürfnisse und Beschäftigungen sämtlicher Familien des Landes umher nach außen gekehrt, in diesem Mittelpunkt versammelt, an das Tageslicht gebracht worden, denn hier sieht der aufmerksame Beobachter alles, was der Mensch leistet und bedarf; man bildet sich einen Augenblick ein, es sei kein Geld nötig, jedes Geschäft könne hier durch Tausch abgetan werden, und so ist es auch im Grunde. Seitdem der Fürst gestern mir Anlass zu diesen Übersichten gegeben, ist es mir gar angenehm zu denken, wie hier, wo Gebirge und flaches Land aneinandergrenzen, beide so deutlich aussprechen, was sie brauchen und was sie wünschen. Wie nun der Hochländer das Holz seiner Wälder in hundert Formen umzubilden weiß, das Eisen zu einem jeden Gebrauch zu vermannigfaltigen, so kommen jene drüben mit den vielfältigsten Waren ihm entgegen, an denen man den Stoff kaum unterscheiden und den Zweck oft nicht erkennen mag.«

»Ich weiß«, versetzte der Fürst, »dass mein Neffe hierauf die größte Aufmerksamkeit wendet, denn gerade zu dieser Jahreszeit kommt es hauptsächlich darauf an, dass man mehr empfange als gebe; dies zu bewirken, ist am Ende die Summe des ganzen Staatshaushaltes so wie der kleinsten häuslichen Wirtschaft. Verzeihen Sie aber, meine Beste, ich reite niemals gern durch den Markt und die Messe; bei jedem Schritt ist man gehindert und aufgehalten, und dann flammt mir das ungeheure Unglück wieder in die Einbildungskraft, das sich mir gleichsam in die Augen eingebrannt, als ich eine solche Güter- und Warenbreite in Feuer aufgehen sah. Ich hatte mich kaum –«

»Lassen Sie uns die schönen Stunden nicht versäumen!« fiel ihm die Fürstin ein, da der würdige Mann sie schon einige Mal mit ausführlicher Beschreibung jenes Unheils geängstigt hatte, wie er sich nämlich, auf einer großen Reise begriffen, abends im besten Wirtshaus auf dem Markt, der eben von einer Hauptmesse wimmelte, höchst ermüdet zu Bette gelegt und nachts durch Geschrei und Flammen, die sich gegen seine Wohnung wälzten, grässlich aufgeweckt worden. – Die Fürstin eilte, das Lieblingspferd zu besteigen, und führte, statt zum

Hintertor bergauf, zum Vordertor bergunter ihren widerwillig bereiten Begleiter; denn wer wäre nicht gern an ihrer Seite geritten, wer wäre ihr nicht gern gefolgt! Und so war auch Honorio von der sonst so ersehnten Jagd willig zurückgeblieben, um ihr ausschließlich dienstbar zu sein.

Wie vorauszusehen, durften sie auf dem Markt nur Schritt für Schritt reiten; aber die schöne Liebenswürdige erheiterte jeden Aufenthalt durch eine geistreiche Bemerkung. »Ich wiederhole«, sagte sie, »meine gestrige Lektion, da denn doch die Notwendigkeit unsere Geduld prüfen will.« Und wirklich drängte sich die ganze Menschenmasse dergestalt an die Reitenden heran, dass sie ihren Weg nur langsam fortsetzen konnten. Das Volk schaute mit Freuden die junge Dame, und auf so viel lächelnden Gesichtern zeigte sich das entschiedene Behagen, zu sehen, dass die erste Frau im Lande auch die schönste und anmutigste sei.

Untereinander gemischt standen Bergbewohner, die zwischen Felsen, Fichten und Föhren ihre stillen Wohnsitze hegten, Flachländer von Hügeln, Auen und Wiesen her, Gewerbsleute der kleinen Städte, und was sich alles versammelt hatte. Nach einem ruhigen Überblick bemerkte die Fürstin ihrem Begleiter, wie alle diese, woher sie auch seien, mehr Stoff als nötig zu ihren Kleidern genommen, mehr Tuch und Leinwand, mehr Band zum Besatz. »Ist es doch, als ob die Weiber nicht brauschig und die Männer nicht pausig genug sich gefallen könnten!«

»Wir wollen ihnen das ja lassen,« versetzte der Oheim; »wo auch der Mensch seinen Überfluss hinwendet, ihm ist wohl dabei, am wohlsten, wenn er sich damit schmückt und aufputzt.« Die schöne Dame winkte Beifall.

So waren sie nach und nach auf einen freieren Platz gelangt, der zur Vorstadt hinführte, wo am Ende vieler kleiner Buden und Kramstände ein größeres Brettergebäude in die Augen fiel, das sie kaum erblickten, als ein ohrenzerreißendes Gebrüll ihnen entgegentönte. Die Fütterungsstunde der dort zur Schau stehenden wilden Tiere schien gekommen; der Löwe ließ seine Wald- und Wüstenstimme aufs Kräftigste hören, die Pferde schauderten, und man konnte der Bemerkung nicht entgehen, wie im friedlichen Wesen und Wirken der gebildeten Welt der König der Einöde sich so furchtbar verkündige. Zur Bude näher gelangt, durften sie die bunten, kolossalen Gemälde nicht übersehen, die mit heftigen Farben und kräftigen Bildern jene fremden Tiere darstellten, welche der friedliche Staatsbürger zu schauen unüberwindliche Lust empfinden sollte. Der grimmig ungeheure Tiger sprang auf einen Mohren los, im Begriff ihn zu zerreißen, ein Löwe stand ernst majestätisch, als wenn er keine Beute seiner würdig vor sich sähe; andere wunderliche, bunte Geschöpfe verdienten neben diesen mächtigen weniger Aufmerksamkeit.

»Wir wollen«, sagte die Fürstin, »bei unserer Rückkehr doch absteigen und die seltenen Gäste näher betrachten!« – »Es ist wunderbar«, versetzte der Fürst, »dass der Mensch durch Schreckliches immer aufgeregt sein will. Drinnen liegt der Tiger ganz ruhig in seinem Kerker, und hier muss er grimmig auf einen Mohren losfahren, damit man glaube, dergleichen inwendig ebenfalls zu sehen; es ist an Mord und Totschlag noch nicht genug, an Brand und Untergang: die Bänkelsänger müssen es an jeder Ecke wiederholen. Die guten Menschen wollen eingeschüchtert sein, um hinterdrein erst recht zu fühlen, wie schön und löblich es sei, frei Atem zu holen.«

Was denn aber auch Bängliches von solchen Schreckensbildern mochte übriggeblieben sein, alles und jedes war sogleich ausgelöscht, als man, zum Tore hinausgelangt, in die heiterste Gegend eintrat. Der Weg führte zuerst am Fluss hinan, an einem zwar noch schmalen, nur leichte Kähne tragenden Wasser, das aber nach und nach als größter Strom seinen Namen behalten und ferne Länder beleben sollte. Dann ging es weiter durch wohlversorgte Frucht- und Lustgärten sachte hinauf, und man sah sich nach und nach in der aufgetanen, wohlbewohnten Gegend um, bis erst ein Busch, sodann ein Wäldchen die Gesellschaft aufnahm und die anmutigsten Örtlichkeiten ihren Blick begrenzten und erquickten. Ein aufwärts leitendes Wiesental, erst vor kurzem zum zweiten Mal gemäht, sammetähnlich anzusehen, von einer oberwärts lebhaft auf einmal reich entspringenden Quelle gewässert, empfing sie freundlich, und so zogen sie einem höheren, freieren Standpunkt entgegen, den sie, aus dem Wald sich bewegend, nach einem lebhaften Stieg erreichten, alsdann aber vor sich noch in bedeutender Entfernung über neuen Baumgruppen das alte Schloss, den Zielpunkt ihrer Wallfahrt, als Fels- und Waldgipfel hervorragen sahen. Rückwärts aber – denn niemals gelangte man hierher, ohne sich umzudrehen – erblickten sie durch zufällige Lücken der hohen Bäume das fürstliche Schloss links, von der Morgensonne beleuchtet, den wohlgebauten höhern Teil der Stadt, von leichten Rauchwolken gedämpft, und so fort nach der Rechten zu die untere Stadt, den Fluss in einigen Krümmungen mit seinen Wiesen und Mühlen, gegenüber eine weite nahrhafte Gegend.

Nachdem sie sich an dem Anblick ersättigt oder vielmehr, wie es uns bei dem Umblick auf so hoher Stelle zu geschehen pflegt, erst recht verlangend geworden nach einer weitern, weniger begrenzten Aussicht, ritten sie eine steinige, breite Fläche hinan, wo ihnen die mächtige Ruine als ein grüngekrönter Gipfel entgegenstand, wenig alte Bäume tief unten um seinen Fuß; sie ritten hindurch, und so fanden sie sich gerade vor der steilsten, unzugänglichsten Seite. Mächtige Felsen standen von Urzeiten her, jedem Wechsel unangetastet, fest, wohlgegründet voran, und so türmte sichs aufwärts; das dazwischen Herabgestürzte lag in mächtigen Platten und Trümmern unregelmäßig übereinander und schien dem Kühnsten jeden Angriff zu verbieten. Aber das Steile, Jähe scheint der Jugend zuzusagen; dies zu unternehmen, zu erstürmen, zu erobern, ist jungen Gliedern ein Genuss. Die Fürstin bezeigte Neigung zu einem Versuch, Honorio war bei der Hand, der fürstliche Oheim, wenn schon bequemer, ließ sichs gefallen und wollte sich doch auch nicht unkräftig zeigen; die Pferde sollten am Fuß unter den Bäumen halten, und man wollte bis zu einem gewissen Punkt gelangen, wo ein vorstehender mächtiger Fels einen Flächenraum darbot, von wo man eine Aussicht hatte, die zwar schon in den Blick des Vogels überging, aber sich doch noch malerisch genug hintereinander schob.

Die Sonne, beinahe auf ihrer höchsten Stelle, verlieh die klarste Beleuchtung; das fürstliche Schloss mit seinen Teilen, Hauptgebäuden, Flügeln, Kuppeln und Türmen erschien gar stattlich, die obere Stadt in ihrer völligen Ausdehnung; auch in die untere konnte man bequem hineinsehen, ja durch das Fernrohr auf dem Markt sogar die Buden unterscheiden. Honorio war immer gewohnt, ein so förderliches Werkzeug überzuschnallen; man schaute den Fluss hinauf und hinab, diesseits das bergartig terrassenweis unterbrochene, jenseits das aufgleitende flache und in mäßigen Hügeln abwechselnde fruchtbare Land, Ortschaften unzählige; denn es war längst herkömmlich, über die Zahl zu streiten, wie viel man deren von hier oben gewahr werde.

Über die große Weite lag eine heitere Stille, wie es am Mittag zu sein pflegt, wo die Alten sagten, Pan schlafe und alle Natur halte den Atem an, um ihn nicht aufzuwecken.

»Es ist nicht das erste Mal«, sagte die Fürstin, »dass ich auf so hoher, weitumschauender Stelle die Betrachtung mache, wie doch die klare Natur so reinlich und friedlich aussieht und den Eindruck verleiht, als wenn gar nichts Widerwärtiges in der Welt sein könne, und wenn man denn wieder in die Menschenwohnung zurückkehrt, sie sei hoch oder niedrig, weit oder eng, so gibts immer etwas zu kämpfen, zu streiten, zu schlichten und zurechtzulegen.«

Honorio, der indessen durch das Sehrohr nach der Stadt geschaut hatte, rief: »Seht hin! Seht hin! Auf dem Markt fängt es an zu brennen!« Sie sahen hin und bemerkten wenigen Rauch; die Flamme dämpfte der Tag. »Das Feuer greift weiter um sich!« rief man, immer durch die Gläser schauend; auch wurde das Unheil den guten, unbewaffneten Augen der Fürstin bemerklich. Von Zeit zu Zeit erkannte man eine rote Flammenglut, der Dampf stieg empor, und Fürst Oheim sprach: »Lasst uns zurückkehren! Das ist nicht gut! Ich fürchtete immer, das Unglück zum zweiten Male zu erleben.« Als sie, herabgekommen, den Pferden wieder zugingen, sagte die Fürstin zu dem alten Herrn: »Reiten Sie hinein, eilig, aber nicht ohne den Reitknecht! Lassen Sie mir Honorio! Wir folgen sogleich.« Der Oheim fühlte das Vernünftige, ja das Notwendige dieser Worte und ritt, so eilig als der Boden erlaubte, den wüsten, steinigen Hang hinunter.

Als die Fürstin aufsaß, sagte Honorio: »Reiten Euer Durchlaucht, ich bitte, langsam! In der Stadt wie auf dem Schloss sind die Feueranstalten in bester Ordnung, man wird sich durch einen so unerwartet außerordentlichen Fall nicht irremachen lassen. Hier aber ist ein böser Boden, kleine Steine und kurzes Gras, schnelles Reiten ist unsicher; ohnehin, bis wir hineinkommen, wird das Feuer schon nieder sein.« Die Fürstin glaubte nicht daran; sie sah den Rauch sich verbreiten, sie glaubte einen aufflammenden Blitz gesehen, einen Schlag gehört zu haben, und nun bewegten sich in ihrer Einbildungskraft all die Schreckbilder, welche des trefflichen Oheims wiederholte Erzählung von dem erlebten Jahrmarktsbrand leider nur zu tief eingesenkt hatte. – Fürchterlich wohl war jener Fall, überraschend und eindringlich genug, um zeitlebens eine Ahnung und Vorstellung wiederkehrenden Unglücks ängstlich zurückzulassen, als zur Nachtzeit auf dem großen, budenreichen Marktraum ein plötzlicher Brand Laden auf Laden ergriffen hatte, ehe noch die in und an diesen leichten Hütten Schlafenden aus tiefen Träumen geschüttelt wurden, der Fürst selbst als ein ermüdet angelangter, erst eingeschlafener Fremder ans Fenster sprang, alles fürchterlich erleuchtet sah, Flamme nach Flamme, rechts und links sich überspringend, ihm entgegenzüngelte. Die Häuser des Marktes, vom Widerschein gerötet, schienen schon zu glühen, drohend sich jeden Augenblick zu entzünden und in Flammen aufzuschlagen; unten wütete das Element unaufhaltsam, die Bretter prasselten, die Latten knackten, Leinwand flog auf, und ihre düsteren, an den Enden flammend ausgezackten Fetzen trieben in der Höhe umher, als ob die bösen Geister in ihrem Element, um und um gestaltet, sich mutwillig tanzend verzehren und da und dort aus den Gluten wieder auftauchen wollten. Dann aber mit kreischendem Geheul rettete jeder, was zur Hand lag; Diener und Knechte mit den Herren bemühten sich, von Flammen ergriffene Ballen fortzuschleppen, von dem brennenden Gestell noch einiges wegzureißen, um es in die Kiste zu packen, die sie denn doch zuletzt den eilenden Flammen zum Raub lassen mussten. Wie mancher wünschte nur einen Augenblick Stillstand dem heranprasselnden Feuer, nach der Möglichkeit einer Besinnung sich umsehend, und er war mit all seiner Habe schon ergriffen; an der einen Seite brannte, glühte schon, was an der anderen noch in finsterer Nacht stand. Hartnäckige Charaktere, willensstarke Menschen widersetzten sich grimmig dem grimmigen Feinde und retteten manches mit Verlust ihrer Augenbrauen und Haare. Leider nun erneuerte sich vor dem schönen Geist der Fürstin der wüste Wirrwarr, nun schien der heitere morgendliche Gesichtskreis umnebelt, ihre Augen verdüstert; Wald und Wiese hatten einen wunderbaren, bänglichen Anschein.

In das friedliche Tal reitend, seiner labenden Kühle nicht achtend, waren sie kaum einige Schritte von der lebhaften Quelle des nahen fließenden Baches herab, als die Fürstin ganz unten im Gebüsch des Wiesentals etwas Seltsames erblickte, das sie alsobald für den Tiger erkannte; heranspringend, wie sie ihn vor kurzem gemalt gesehen, kam er entgegen, und dieses Bild zu den furchtbaren Bildern, die sie soeben beschäftigten, machte den wundersamsten Eindruck, »Flieht! gnädige Frau«, rief Honorio, »flieht!« Sie wandte das Pferd um, dem steilen Berg zu, wo sie herabgekommen waren. Der Jüngling aber, dem Untier entgegen, zog die Pistole und schoss, als er sich nah genug glaubte. Leider jedoch war gefehlt; der Tiger sprang seitwärts, das Pferd stutzte, das ergrimmte Tier aber verfolgte seinen Weg aufwärts, unmittelbar der Fürstin nach. Sie sprengte, was das Pferd vermochte, die steile, steinige Strecke hinan, kaum fürchtend, dass ein zartes Geschöpf, solcher Anstrengung ungewohnt, sie nicht aushalten werde. Es übernahm sich, von der bedrängten Reiterin angeregt, stieß am kleinen Geröll des Hanges an und wieder an und stürzte zuletzt nach heftigem Bestreben kraftlos zu Boden. Die schöne Dame, entschlossen und gewandt, verfehlte nicht, sich strack auf ihre Füße zu stellen, auch das Pferd richtete sich auf, aber der Tiger nahte schon, obgleich nicht mit heftiger Schnelle; der ungleiche Boden, die scharfen Steine schienen seinen Antrieb zu hindern, und nur dass Honorio unmittelbar hinter ihm herflog, neben ihm gemäßigt heraufritt, schien seine Kraft aufs Neue anzuspornen und zu reizen. Beide Renner erreichten zugleich den Ort, wo die Fürstin am Pferde stand; der Ritter beugte sich herab, schoss und traf mit der zweiten Pistole das Ungeheuer durch den Kopf, dass es sogleich niederstürzte und ausgestreckt in seiner Länge erst recht die Macht und Furchtbarkeit sehen ließ, von der nur noch das Körperliche übriggeblieben dalag. Honorio war vom Pferd gesprungen und kniete schon auf dem Tier, dämpfte seine letzten Bewegungen und hielt den gezogenen Hirschfänger in der rechten Hand. Der Jüngling war schön, er war herangesprengt, wie ihn die Fürstin oft im Lanzen- und Ringelspiel gesehen hatte. Ebenso traf in der Reitbahn seine Kugel im Vorbeisprengen den Türkenkopf auf dem Pfahl gerade unter dem Turban in die Stirn, ebenso spießte er, flüchtig heransprengend, mit dem blanken Säbel das Mohrenhaupt vom Boden auf. In allen solchen Künsten war er gewandt und glücklich, hier kam beides zustatten.

»Gebt ihm den Rest«, sagte die Fürstin; »ich fürchte, er beschädigt Euch noch mit den Krallen.« – »Verzeiht!« erwiderte der Jüngling, »er ist schon tot genug, und ich mag das Fell nicht verderben, das nächsten Winter auf Eurem Schlitten glänzen soll.« – »Frevelt nicht!« sagte die Fürstin; »alles, was von Frömmigkeit im tiefen Herzen wohnt, entfaltet sich in solchem Augenblick.« – »Auch ich«, rief Honorio, »war nie frömmer als jetzt eben; deshalb aber denk ich ans Freudigste; ich blicke dieses Fell nur an, wie es Euch zur Lust begleiten kann.« – »Es würde mich immer an diesen schrecklichen Augenblick erinnern«, versetzte sie. »Ist es doch«, erwiderte der Jüngling mit glühender Wange, »ein unschuldigeres Triumphzeichen, als wenn die Waffen erschlagener Feinde vor dem Sieger her zur Schau getragen wurden.« – »Ich werde mich an Eure Kühnheit und Gewandtheit dabei erinnern und darf nicht hinzusetzen, dass ihr auf meinen Dank und auf die Gnade des Fürsten lebenslänglich rechnen könnt. Aber steht auf! Schon ist kein Leben mehr im Tiere. Bedenken wir das Weitere! Vor allen Dingen steht auf!« – »Da ich nun einmal knie«, versetzte der Jüngling, »da ich mich in einer Stellung befinde, die mir auf jede andere Weise untersagt wäre, so lasst mich bitten, von der Gunst und von der Gnade, die Ihr mir zuwendet, in diesem Augenblick versichert zu werden. Ich habe schon so oft Euren hohen Gemahl gebeten um Urlaub und Vergünstigung einer weiteren Reise. Wer das Glück hat, an Eurer Tafel zu sitzen, wen Ihr beehrt, Eure Gesellschaft unterhalten zu dürfen, der muss die Welt gesehen haben. Reisende strömen von allen Orten her, und wenn von einer Stadt, von einem wichtigen Punkt irgendeines Weltteils gesprochen wird, ergeht an den Eurigen jedes Mal die Frage, ob er daselbst gewesen sei. Niemandem traut man Verstand zu, als dem, der das alles gesehen hat; es ist, als wenn man sich nur für andere zu unterrichten hätte.«

»Steht auf!« wiederholte die Fürstin; »ich möchte nicht gern gegen die Überzeugung meines Gemahls irgendetwas wünschen und bitten; allein wenn ich nicht irre, so ist die Ursache warum er Euch bisher zurückhielt, bald behoben. Seine Absicht war, Euch zum selbständigen Edelmann herangereift zu sehen, der sich und ihm auch auswärts Ehre machte wie bisher am Hof, und ich dächte, Eure Tat wäre ein so empfehlender Reisepass, als ein junger Mann nur in die Welt mitnehmen kann.«

Dass anstatt einer jugendlichen Freude eine gewisse Trauer über sein Gesicht zog, hatte die Fürstin nicht Zeit zu bemerken, noch er seiner Empfindung Raum zu geben; denn hastig den Berg herauf, einen Knaben an der Hand, kam eine Frau geradezu auf die Gruppe los, die wir kennen, und kaum war Honorio, sich besinnend, aufgestanden, als sie sich heulend und schreiend über den Leichnam herwarf und an dieser Handlung sowie an einer obgleich reinlich anständigen, doch bunten und seltsamen Kleidung sogleich erraten ließ, sie sei die Meisterin und Wärterin dieses dahingestreckten Geschöpfes, wie denn der schwarzäugige, schwarzlockige Knabe, der eine Flöte in der Hand hielt, gleich der Mutter weinend, weniger heftig, aber tief gerührt neben ihr kniete.

Den gewaltsamen Ausbrüchen der Leidenschaft dieses unglücklichen Weibes folgte, zwar unterbrochen, stoßweise ein Strom von Worten, wie ein Bach sich in Absätzen von Felsen zu Felsen stürzt. Eine natürliche Sprache, kurz und abgebrochen, machte sich eindringlich und rührend. Vergebens würde man sie in unsere Mundarten übersetzen wollen; den ungefähren Inhalt dürfen wir nicht verfehlen: »Sie haben dich ermordet, armes Tier! ermordet ohne Not! Du warst zahm und hättest dich gern ruhig niedergelassen und auf uns gewartet; denn deine Fußballen schmerzten dich, und deine Krallen hatten keine Kraft mehr! Die heiße Sonne fehlte dir, sie zu reifen. Du warst der Schönste deinesgleichen; wer hat je einen königlichen Tiger so herrlich ausgestreckt im Schlaf gesehen, wie du nun hier liegst, tot, um nicht wieder aufzustehen! Wenn du des Morgens aufwachtest beim frühen Tageslicht und den Rachen aufsperrtest, ausstreckend die rote Zunge, so schienst du uns zu lächeln, und ob schon brüllend, nahmst du doch spielend dein Futter aus den Händen einer Frau, von den Fingern eines Kindes! Wie lange begleiteten wir dich auf deinen Fahrten, wie lange war deine Gesellschaft uns wichtig und fruchtbar! Uns, uns ganz eigentlich kam die Speise von den Fressern und süße Labung von den Starken. So wird es nicht mehr sein! Wehe! Wehe!«

Sie hatte nicht ausgeklagt, als über die mittlere Höhe des Bergs am Schloss herab Reiter heransprengten, die alsobald für das Jagdgefolge des Fürsten erkannt wurden, er selbst voran. Sie hatten, in den hinteren Bergen jagend, die Brandwolken aufsteigen sehen und durch Täler und Schluchten, wie auf gewaltsam hetzender Jagd, den geraden Weg nach diesem traurigen Zeichen genommen. Über die steinige Blöße einhersprengend, stutzten und starrten sie, nun die unerwartete Gruppe gewahr werdend, die sich auf der leeren Fläche merkwürdig auszeichnete. Nach dem ersten Erkennen verstummte man, und nach einigem Erholen ward, was der Anblick nicht selbst ergab, mit wenigen Worten erläutert. So stand der Fürst vor dem seltsamen, unerhörten Ereignis, einen Kreis umher von Reitern und Nacheilenden zu Fuße. Unschlüssig war man nicht, was zu tun sei; anzuordnen, auszuführen war der Fürst beschäftigt, als ein Mann sich in den Kreis drängte, groß von Gestalt, bunt und wunderlich gekleidet wie Frau und Kind. Und nun gab die Familie zusammen Schmerz und Überraschung zu erkennen. Der Mann aber, gefasst, stand in ehrfurchtsvoller Entfernung vor dem Fürsten und sagte: »Es ist nicht Klagenszeit; ach, mein Herr und mächtiger Jäger, auch der Löwe ist los, auch hier nach dem Gebirge ist er hin, aber schont ihn, habt Barmherzigkeit, dass er nicht umkomme wie dies gute Tier!«

»Der Löwe?« sagte der Fürst, »hast du seine Spur?« – »Ja, Herr! Ein Bauer dort unten, der sich ohne Not auf einen Baum gerettet hatte, wies mich weiter hier links hinauf, aber ich sah den großen Trupp Menschen und Pferde vor mir, neugierig und hilfsbedürftig eilt ich hierher.« – »Also«, beorderte der Fürst, »muss die Jagd sich auf diese Seite ziehen; ihr ladet eure Gewehre, geht sachte zu Werk, es ist kein Unglück, wenn ihr ihn in die tiefen Wälder treibt. – Aber am Ende, guter Mann, werden wir euer Geschöpf nicht schonen können; warum wart ihr unvorsichtig genug, sie entkommen zu lassen!« – »Das Feuer brach aus«, versetzte jener; »wir hielten uns still und gespannt; es verbreitete sich schnell, aber fern von uns. Wir hatten

Wasser genug zu unserer Verteidigung, aber ein Pulverschlag flog auf und warf die Brände bis zu uns heran, über uns weg; wir übereilten uns und sind nun unglückliche Leute.«

Noch war der Fürst mit Anordnungen beschäftigt, aber einen Augenblick schien alles zu stocken, als oben vom alten Schloss herab eilig ein Mann heranspringend gesehen ward, den man bald für den angestellten Wächter erkannte, der die Werkstätte des Malers bewachte, indem er darin seine Wohnung nahm und die Arbeiter beaufsichtigte. Er kam außer Atem springend, doch hatte er bald mit wenigen Worten angezeigt: oben hinter der höheren Ringmauer habe sich der Löwe im Sonnenschein gelagert, am Fuß einer hundertjährigen Buche, und verhalte sich ganz ruhig. Ärgerlich aber schloss der Mann: »Warum habe ich gestern meine Büchse in die Stadt getragen, um sie ausputzen zu lassen! Hätte ich sie bei der Hand gehabt, er wäre nicht wieder aufgestanden, das Fell wäre doch mein gewesen, und ich hätte mich dessen, wie billig, zeitlebens gebrüstet.«

Der Fürst, dem seine militärischen Erfahrungen auch hier zustatten kamen, da er sich wohl schon in Fällen befunden hatte, wo von mehreren Seiten unvermeidliches Übel herandrohte, sagte hierauf: »Welche Bürgschaft gebt Ihr mir, dass, wenn wir Eures Löwen schonen, er nicht im Lande unter den Meinigen Verderben anrichtet?«

»Hier diese Frau und dieses Kind«, erwiderte der Vater hastig, »erbieten sich, ihn zu zähmen, ihn ruhig zu halten, bis ich den beschlagenen Kasten heraufschaffe, da wir ihn dann unschädlich und unbeschädigt wieder zurückbringen werden.«

Der Knabe schien seine Flöte versuchen zu wollen, ein Instrument von der Art, das man sonst die sanfte, süße Flöte zu nennen pflegte; sie war kurz geschnäbelt wie die Pfeifen; wer es verstand, wusste die anmutigsten Töne daraus hervorzulocken. Indes hatte der Fürst den Wärtel gefragt, wie der Löwe hinaufgekommen. Dieser aber versetzte: »Durch den Hohlweg, der, auf beiden Seiten vermauert, von jeher der einzige Zugang war und der einzige bleiben soll; zwei Fußpfade, die noch hinaufführten, haben wir dergestalt entstellt, dass niemand als durch jenen ersten engen Anweg zu dem Zauberschloss gelangen könne, wozu es Fürst Friedrichs Geist und Geschmack ausbilden will.«

Nach einigem Nachdenken, wobei sich der Fürst nach dem Kind umsah, das immer sanft gleichsam zu präludieren fortgefahren hatte, wendete er sich zu Honorio und sagte: »Du hast heute viel geleistet, vollende das Tagwerk! Besetze den schmalen Weg! – Haltet eure Büchsen bereit, aber schießt nicht eher, als bis ihr das Geschöpf nicht sonst zurückscheuchen könnt; allenfalls macht ein Feuer an, vor dem er sich fürchtet, wenn er herunter will! Mann und Frau möge für das übrige stehen.« Eilig schickte Honorio sich an, die Befehle auszuführen.

Das Kind verfolgte seine Melodie, die keine war, eine Tonfolge ohne Gesetz, und vielleicht eben deswegen so herzergreifend; die Umstehenden schienen wie bezaubert von der Bewegung einer liedartigen Weise, als der Vater mit anständigem Enthusiasmus zu reden anfing und fortfuhr: »Gott hat dem Fürsten Weisheit gegeben und zugleich die Erkenntnis, dass alle Gotteswerke weise sind, jedes nach seiner Art. Seht den Felsen, wie er fest steht und sich nicht rührt, der Witterung trotzt und dem Sonnenschein! Uralte Bäume zieren sein Haupt, und so gekrönt schaut er weit umher; stürzt aber ein Teil herunter, so will es nicht bleiben, was es war: es fällt zertrümmert in viele Stücke und bedeckt die Seite des Hangs. Aber auch da wollen sie nicht verharren, mutwillig springen sie tief hinab, der Bach nimmt sie auf, zum Fluss trägt er sie. Nicht widerstehend, nicht widerspenstig, eckig, nein, glatt und abgerundet gewinnen sie schneller ihren Weg und gelangen von Fluss zu Fluss, endlich zum Ozean, wo die Riesen in Scharen daherziehen und in der Tiefe die Zwerge wimmeln. – Doch wer preist den Ruhm des Herrn, den die Sterne loben von Ewigkeit zu Ewigkeit! Warum seht ihr aber im Fernen umher? Betrachtet hier die Biene! Noch spät im Herbst sammelt sie emsig und baut sich ein Haus, winkel- und waagrecht, als Meister und Geselle. Schaut die Ameise da! Sie kennt ihren Weg und verliert ihn nicht, sie baut sich eine Wohnung aus Grashalmen, Erdbröslein und Kiefernadeln, sie baut es in die Höhe und wölbt es zu; aber sie hat umsonst gearbeitet, denn das Pferd stampft und scharrt alles auseinander. Seht hin! Es zertritt ihre Balken und zerstreut ihre Planken, ungeduldig schnaubt es und kann nicht rasten, denn der Herr hat das Ross zum Gesellen des Windes gemacht und zum Gefährten des Sturms, dass es den Mann dahin trage, wohin er will, und die Frau, wohin sie begehrt. Aber im Palmenwald trat er auf, der Löwe, ernsten Schrittes durchzog er die Wüste, dort herrscht er über alles Getier, und nichts widersteht ihm. Doch der Mensch weiß ihn zu zähmen, und das grausamste der Geschöpfe hat Ehrfurcht vor dem Ebenbild Gottes, wonach auch die Engel gemacht sind, die dem Herrn dienen und seinen Dienern. Denn in der Löwengrube scheute sich Daniel nicht; er blieb fest und getrost, und das wilde Brüllen unterbrach nicht seinen frommen Gesang.«

Diese mit dem Ausdruck eines natürlichen Enthusiasmus gehaltene Rede begleitete das Kind hie und da mit anmutigen Tönen; als aber der Vater geendigt hatte, fing es mit reiner Kehle, heller Stimme und geschickten Läufen zu intonieren an, worauf der Vater die Flöte ergriff, im Einklang sich hören ließ, das Kind aber sang:

»Aus den Gruben, hier im Graben
Hör ich des Propheten Sang;
Engel schweben, ihn zu laben,
Wäre da dem Guten bang?
Löw und Löwin, hin und wider,
Schmiegen sich um ihn heran;
Ja, die sanften, frommen Lieder
Habens ihnen angetan!«

Der Vater fuhr fort, die Strophe mit der Flöte zu begleiten; die Mutter trat hie und da als zweite Stimme mit ein. Eindringlich aber ganz besonders war, dass das Kind die Zeilen der Strophe nunmehr zu anderer Ordnung durcheinander schob und dadurch, wo nicht einen neuen Sinn hervorbrachte, doch das Gefühl in und durch sich selbst aufregend erhöhte.

»Engel schwebten auf und nieder,
Uns in Tönen zu erlaben,
Welch ein himmlischer Gesang!
In den Gruben, in dem Graben
Wäre da dem Kinde bang?
Diese sanften, frommen Lieder
Lassen Unglück nicht heran;
Engel schweben hin und wider,
Und so ist es schon getan.«

Hierauf mit Kraft und Erhebung begannen alle drei:

»Denn der Ewge herrscht auf Erden,
Über Meere herrscht sein Blick;
Löwen sollen Lämmer werden,
Und die Welle schwankt zurück.
Blankes Schwert erstarrt im Hiebe,
Glaub und Hoffnung sind erfüllt;
Wundertätig ist die Liebe,
Die sich im Gebet enthüllt.«

Alles war still, hörte, horchte, und nur erst, als die Töne verhallten, konnte man den Eindruck bemerken und allenfalls beobachten. Alles war wie beschwichtigt, jeder in seiner Art gerührt. Der Fürst, als wenn er erst jetzt das Unheil übersähe, das ihn vor kurzem bedroht hatte, blickte nieder auf seine Gemahlin, die, an ihn gelehnt, sich nicht versagte, das gestickte Tüchlein hervorzuziehen und die Augen damit zu bedecken. Es tat ihr wohl, die jugendliche Brust von dem Druck erleichtert zu fühlen, mit dem die vorhergehenden Minuten sie belastet hatten. Eine vollkommene Stille beherrschte die Menge; man schien die Gefahren vergessen zu haben, unten den Brand und von oben das Erstehen eines bedenklich ruhenden Löwen. Durch einen Wink, die Pferde näher herbeizuführen, brachte der Fürst zuerst wieder in die Gruppe Bewegung; dann wendete er sich zum Weibe und sagte: »Ihr glaubt also, dass Ihr den entsprungenen Löwen, wo Ihr ihn antrefft, durch Euren Gesang, durch den Gesang dieses Kindes, mit Hilfe dieser Flötentöne beschwichtigen und ihn dann unschädlich sowie unbeschädigt in seinem Verschluss wieder zurückbringen könntet?« Sie bejahten es, versichern und beteuern; der Kastellan wurde ihnen als Wegweiser gegeben. Nun entfernte der Fürst mit wenigen sich eiligst, die Fürstin folgte langsamer mit dem übrigen Gefolge; Mutter aber und Sohn stiegen, von dem Wärtel, der sich eines Gewehrs bemächtigt hatte, begleitet, steiler den Berg hinan.

Vor dem Eintritt in den Hohlweg, der den Zugang zum Schloss öffnete, fanden sie die Jäger beschäftigt, dürres Reisig zu häufen, damit sie auf jeden Fall ein großes Feuer anzünden könnten. »Es tut nicht Not,« sagte die Frau; »es wird ohne das alles in Güte geschehen.«

Weiter hin, auf einem Mauerstück sitzend, erblickten sie Honorio, seine Doppelbüchse in den Schoß gelegt, auf einem Posten als wie zu jedem Ereignis gefasst. Aber die Herankommenden schien er kaum zu bemerken; er saß wie in tiefen Gedanken versunken, er sah umher wie zerstreut. Die Frau sprach ihn an mit der Bitte, das Feuer nicht anzünden zu lassen; er schien jedoch ihrer Rede wenig Aufmerksamkeit zu schenken. Sie redete lebhaft fort und rief: »Schöner junger Mann, du hast meinen Tiger erschlagen, ich fluche dir nicht; schone meinen Löwen, guter junger Mann! Ich segne dich.« Honorio schaute gerade vor sich hin, dorthin, wo die Sonne auf ihrer Bahn sich zu senken begann. »Du schaust nach Abend«, rief die Frau; »du tust wohl daran, dort gibts viel zu tun; eile nur, säume nicht, du wirst überwinden. Aber zuerst überwinde dich selbst!« Hierauf schien er zu lächeln; die Frau stieg weiter, konnte sich aber nicht enthalten, nach dem Zurückbleibenden nochmals umzublicken; eine rötliche Sonne überschien sein Gesicht, sie glaubte nie einen schöneren Jüngling gesehen zu haben. »Wenn Euer Kind«, sagte nunmehr der Wärtel, »flötend und singend, wie Ihr überzeugt seid, den Löwen anlocken und beruhigen kann, werden wir uns desselben sehr leicht bemeistern, da sich das gewaltige Tier ganz nah an die durchbrochenen Gewölbe hingelagert hat, durch die wir, da das Haupttor verschüttet ist, einen Eingang in den Schlosshof gewonnen haben. Lockt ihn das Kind hinein, kann ich die Öffnung mit leichte Mühe schließen, und der Knabe, wenn es ihm gut deucht, durch eine der kleinen Wendeltreppen, die er in der Ecke sieht, dem Tier entschlüpfen. Wie wollen uns verbergen; aber ich werde mich so stellen, dass meine Kugel jeden Augenblick dem Kind zu Hilfe kommen kann.« – »Die Umstände sind alle nicht nötig; Gott und Kunst, Frömmigkeit und Glück müssen das Beste tun.« – »Es sei«, versetzte der Wärtel; »aber ich kenne meine Pflichten. Erst führ ich Euch durch einen beschwerlichen Stieg aufs Gemäuer hinauf, gerade dem Eingang gegenüber, den ich erwähnt habe; das Kind mag hinabsteigen, gleichsam in die Arena des Schauspiels, und das besänftigte Tier dort hereinlocken!« Das geschah; Wärtel und Mutter sahen versteckt von oben herab, wie das Kind die Wendeltreppe hinunter in dem klaren Hofraum sich zeigte und in der düsteren Öffnung gegenüber verschwand, aber sogleich seinen Flötenton hören ließ, der sich nach und nach verlor und verstummte. Die Pause war ahnungsvoll genug; den alten, mit Gefahr bekannten Jäger beengte der seltene menschliche Fall. Er sagte sich, dass er lieber persönlich dem gefährlichen Tier entgegenginge; die Mutter jedoch, mit heiterem Gesicht, übergebogen horchend, ließ nicht die mindeste Unruhe bemerken. – Endlich hörte man die Flöte wieder; das Kind trat aus der Höhle hervor mit glänzend befriedigten Augen, der Löwe hinter ihm drein, aber langsam und, wie es schien, mit einiger Beschwerde. Er zeigte hie und da Lust, sich niederzulegen; doch der Knabe führte ihn im Halbkreis durch die wenig entblätterten, buntbelaubten Bäume, bis er sich endlich in den letzten Strahlen der Sonne, die sie durch eine Ruinenlücke hereinsandte, wie verklärt niedersetzte und sein beschwichtigendes Lied abermals begann, dessen Wiederholung wir uns auch nicht entziehen können:

»Aus den Gruben, hier im Graben
Hör ich des Propheten Sang;
Engel schweben, ihn zu laben,
Wäre da dem Guten bang?
Löw und Löwin, hin und wider,
Schmiegen sich um ihn heran;
Ja, die sanften, frommen Lieder
Habens ihnen angetan!«

Indessen hatte sich der Löwe ganz knapp an das Kind hingelegt und ihm die schwere rechte Vordertatze auf den Schoß gehoben, die der Knabe fortsingend anmutig streichelte, aber gar bald bemerkte, dass ein scharfer Dornzweig zwischen die Ballen eingestochen war. Sorgfältig zog er die verletzende Spitze hervor, nahm lächelnd sein buntseidenes Halstuch vom Nacken und verband die gräuliche Tatze des Untiers, sodass die Mutter sich vor Freuden mit ausgestreckten Armen zurückbog und vielleicht wie gewohnt Beifall gerufen und geklatscht hätte, wäre sie nicht durch einen derben Faustgriff des Wärtels erinnert worden, dass die Gefahr nicht vorüber sei. Glorreich sang das Kind weiter, nachdem es wenige Töne vorgespielt hatte:

»Denn der Ew'ge herrscht auf Erden,
Über Meere herrscht sein Blick;
Löwen sollen Lämmer werden,
Und die Welle schwankt zurück.
Blankes Schwert erstarrt im Hiebe,
Glaub und Hoffnung sind erfüllt;
Wundertätig ist die Liebe,
Die sich im Gebet enthüllt.«

Ist es möglich zu denken, dass man in den Zügen eines so grimmigen Geschöpfes, des Tyrannen der Wälder, des Despoten des Tierreichs, einen Ausdruck von Freundlichkeit, von dankbarer Zufriedenheit habe spüren können, so geschah es hier, und wirklich sah das Kind in seiner Verklärung aus wie ein mächtiger, siegreicher Überwinder, jener zwar nicht wie der Überwundene, denn seine Kraft blieb in ihm verborgen, aber doch wie der Gezähmte, wie der dem eigenen friedlichen Willen Anheimgegebene. Das Kind flötete und sang so weiter, nach seiner Art die Zeilen verschränkend und neue hinzufügend:

»Und so geht mit guten Kindern
Sel'ger Engel gern zu Rat,
Böses Wollen zu verhindern,
Zu befördern schöne Tat.
So beschwören, fest zu bannen
Liebem Sohn ans zarte Knie
Ihn, des Waldes Hochtyrannen,
Frommer Sinn und Melodie.«

Nachwort des Herausgebers Joerg K. Sommermeyer

Das subjektive, sensible Herz, Leidenschaft, Erotik, Sexualität streiten gegen objektive Instanzen, Stützen von Gesellschaft, Staat und Religion. Ein bisschen wird gestürmt und gedrängt, bis man nach mancherlei Turbulenzen entweder umkommt oder in den Hafen geordneter Standesheirat, Ehe, Familie, Gesellschaft, Ehre, Pflicht und Religion wieder einläuft. Verluste werden gezählt, Tote beweint!

Sowohl *„Die Leiden des jungen Werther"*, Goethes frühes Werk, als auch *„Die Wahlverwandtschaften"*, schon ein Alterswerk, sind Früchte tiefer Sinnkrisen voller Entbehren und Entsagen. Und selbst noch in *„Novelle"*, dem klassischen Modell der entsprechenden Gattung, verzichtet Honorio auf seine Leidenschaft zur Fürstin. Eine *„unerhörte Begebenheit"* wird geschildert, die aus Wirklichkeit Idealität erblühen, Prosa lyrisch und symbolisch werden, im Kind und Löwen *„das Unbändige, Unüberwindliche besser durch Liebe und Frömmigkeit als durch Gewalt"* bezwingen lässt. (Goethe gegenüber Eckermann am 18. Januar 1827)

1772 war Goethe nach Wetzlar gekommen und in leidenschaftlicher Liebe zu Charlotte Buff, bereits mit dem Archivsekretär Kestner aus Hannover verlobt, entbrannt. Er flüchtete zu Sophie von La Roche nach Ehrenbreitstein, wo er sich in deren älteste Tochter Maximiliane verliebte, die 1774 den viel älteren Kaufmann Peter Anton Brentano heiratete. In diesem wiederholten Verzichts-, Entsagungs- und Entbehrungsmoment erfuhr Goethe vom Selbstmord des jungen Karl Wilhelm Jerusalem (* 21.3.1747, Wolfenbüttel - † 30.10.1772, Wetzlar; Urbild des Werther), dem Wetzlar zur Leidensstadt geworden, der in Auseinandersetzungen mit seinem Vorgesetzten geraten und nach einer unmöglichen, unerwiderten Liebe in tiefe Melancholie verfallen war; am 29.10.1772 bittet er um Johann Christian Kestners Pistolen *„zu einer vorhabenden Reise"* und erschießt sich nachts. Dies alles bildet Goethes Stoff für seinen Briefroman *„Die Leiden des jungen Werther"*, den er in wenigen Wochen verfasst, um sich von den schmerzlichen Erfahrungen seiner jüngsten Vergangenheit zu befreien. Ein Riesenerfolg. Goethe, ein *„literarischer Meteor"*; Weltruhm über Nacht! Das Lebensgefühl einer ganzen Generation, *„von unbefriedigten Leidenschaften gepeinigt"*, *„von außen zu bedeutenden Handlungen keineswegs angeregt"*, mit der *„einzigen Aussicht, sich in einem schleppenden, geistlosen, bürgerlichen Leben hinhalten zu müssen"*, war ausgedrückt. Begeisterte Anerkennung und radikale Ablehnung begleiten das Werk bis heute.

Zeitkrankheit der Empfindsamkeit: Werther, sensibel, geistig hochstehend, fühlt tief und rein, zugleich Entzweiung von Geist und Natur, Ich und Welt, Lebensekel und Eingesperrtsein. Er sehnt sich nach Gesundem und Einfachem, verehrt Homers idyllisch-patriarchalisches Leben, bald ersetzt durch Ossians dunkle todgeweihte Melancholie. Natur ist ihm Spiegel seiner Seele, überschwänglich beschenkend oder elementar zerstörerisch. Von endloser Liebe zerrüttet, schwärmt er träumerisch, unglücklich, leidenschaftlich, seelisch wirr, aufgeschlossen und hingabefreudig, doch überall, in Natur, Gesellschaft und Liebe, eingeschränkt oder behindert.

Mehr als drei Jahrzehnte *„nach Werther"* gerät Goethe durch Schillers Tod (am 9. Mai 1805, Weimar), aber auch verzückt-leidvolles Verstricktsein in scheiternde Liebesbeziehungen (u. a. zu Silvie von Ziegesar, 1785-1858) wieder in eine innere Krise, die nun mit der äußeren Krise drastischer ökonomischer Veränderungen auch für der Landadel und sittlicher Erosion in der Zeit zwischen Französischer Revolution und Preußischen Reformen koinzidierend korrespondiert. Daher durchziehen quälende Gefühle von Entbehrung und Entsagung auch *„Die Wahlverwandtschaften"*. Goethes naturwissenschaftliche Anschauung (Chemie und Alchemie scheinen bei ihm freilich noch nicht strikt voneinander getrennt) postuliert einen Lebensprozess von bipolarem Entzweien und Vereinen, die analoge Wirksamkeit von Naturkräften und Naturgesetz im menschlichen Bereich, im subjektiven Inneren, in der Seele, und im objektiven Äußeren, in Gesellschaft, Geschichte, Politik und Kunst.

Ein erweiterter, umgekehrter „Werther"? Während letzterer als Junggeselle mit seiner Liebe zu einer verlobten, später verheirateten Frau die Institution der Ehe verletzt und bedroht, sind es in den *„Wahlverwandtschaften"* die Ehegatten, Eduard und Charlotte (beide schon zum zweiten Mal verheiratet), die, weil sie *„wahlverwandt"* in Liebe und Leidenschaft zur nichtverheirateten Ottilie und dem Hauptmann stürzen, die Grundlagen ihrer Ehe – bei Aufrechterhaltung des äußeren Anscheins und der Form – erst unterminieren, dann zerstören und immer intensiver an Trennung denken. Gesellschaft, Kirche und Staat verlangen hingegen kompromisslos *„bis dass der Tod sie scheide"* wenigstens den äußerlich unauflöslichen Fortbestand einer solch tiefgreifend beschädigten, unglücklich gewordenen Ehe. Die Natur freilich, sich gegen gesellschaftliche Konventionen und von Menschen gemachte Gesetze durchsetzend, bringt Unterworfene, die dem nicht zu entkommen vermögen, in tragischen Konflikt.

Die Eheleute können wenig für den Schlamassel. Ihre ganze Schuld besteht darin, dass sie Freund und Nichte zu sich aufs Schloss holen. Der Hauptmann passt mit seinem an Wirklichkeit orientierten Handwerksstreben, seiner ganzen Pragmatik eben besser zur rationalen Charlotte, so wie der labile Eduard besser zu Ottilie. Dann waltet die *„Chemie"* (siehe oben S. 100 ff.), schafft neue *„wahlverwandte"* Verhältnisse und Beziehungen, geradezu zwangsläufig. Das Naturgesetz erweist sich insoweit stärker als alle ihm entgegenstehenden menschlichen Gesetze und Konventionen. Der Begriff *„Wahlverwandtschaft"* mag insoweit in die Irre führen. Denn die vier Protagonisten wählen nicht, vielmehr geschieht dieser natürliche Prozess gesetzmäßig, sobald sie, gleichgültig ob zufällig oder geplant, wie passende chemische Elemente miteinander in Berührung kommen.

Wenn bei ihrer Vereinigung sich Charlotte Eduard als Hauptmann vorstellt und will, und Eduard sich Charlotte als Ottilie vorstellt und will, das Kind, welches so gezeugt wird, sowohl dem Hauptmann als auch Ottilie zum Verwechseln ähnlich sieht, könnte man versucht sein zu fragen: wird dieses Kind nur biologisch mit Samen und Eizelle geschaffen und / oder auch spirituell (spiritistisch, alchemistisch?) mit leidenschaftlich willentlichen Imaginationen der Liebenden?

Ungeschickt verursacht Ottilie das Ertrinken des Kindes, dessen Geburt schon und dessen Tod jetzt noch mehr ihr Liebesglück mit Eduard für sie ausschließt, und fühlt sich schändlich schuldig.

Dem nicht gelösten Konflikt zwischen Natur- und Menschenrecht folgt das tragische Ende.

Während Charlotte, der Hauptmann und vor allem Eduard, trotz der zu erwartenden scharfen Missbilligung seitens Gesellschaft, Staat und Kirche, die Trennung und sodann Neuverbindung mit ihren geliebten Wahlverwandten zumindest erwägen oder gar intensiv anstreben (Eduard), die *„moderne"*, fortschrittliche, rationale und aufgeklärte Charlotte dies sogar schlussendlich favorisiert und, im Interesse der Herzen und des Glücks aller, einer offiziellen Scheidung bedingungslos zustimmt, verweigert sich die im Gegensatz zur modernen Charlotte und deren extrovertierten, alles durcheinanderwirbelnden, auf Effekt und Inszenierung bedachten („hypermodernen"?) Tochter Luciane, kontemplative, introvertierte, zurückhaltende, seelenvolle, versonnene Ottilie, gewissermaßen die dem Altertümlichem Verhaftetste, spiritistisch Affine (seltsames Kopfweh, Wünschelrute, wundersame Metalle, Wunderheilung), apodiktisch! Sie entsagt, verklärt sich zur Dulderin, Büßerin, heilenden Heiligen, will sterben, geht jedoch nicht ins Wasser, legt gar nicht unmittelbar Hand an sich, tötet sich, indem sie (lange Zeit unbemerkt, bis es zu spät ist) keine Nahrung mehr zu sich nimmt, um noch eine Zeitlang, bis zu ihrem letzten Atemzug, die bloße Anwesenheit ihres geliebten Eduards im Kreis der Freunde, seine Nähe zu genießen, freilich ohne sich oder ihm auch nur die geringste Berührung zu gestatten. So tief und zugleich keusch liebt sie, dergestalt die Ehe Charlottes und Eduards zu erhalten. Eduard folgt ihr in den Tod. Ihr Schicksal erinnert ein wenig an Romeo und Julia. Sie werden nebeneinander in ihrer Kapelle begraben, allenfalls im Jenseits können sie sich vereinigen.

Werther, an der Gesellschaft leidend, sensibler Künstler (verwandt mit Joseph Berglinger, Johannes Kreisler und Lenz), brachte sich im blauen Frack mit gelber Weste gewaltsam um, erschoss sich mit der Pistole des Ehemannes. Ottilie und Eduard scheiden zwar weniger gewaltsam, aber doch auch mehr oder minder freiwillig, weil sich ihre Liebe nicht zu erfüllen vermag, in der ihnen trostlos erscheinenden Situation aus ihrem Leben.

Joerg K. Sommermeyer, Berlin, 8. Januar 2019

B u c h a n z e i g e

Joerg K. Sommermeyer (Hg.)
Künstlerbetrachtungen
Diderot, Wackenroder, Hoffmann
Rameaus Neffe, Joseph Berglinger, Johannes Kreisler, Kater Murr
Durchgesehen, revidiert und mit einem Nachwort
herausgegeben von Joerg K. Sommermeyer
Reihe alte Tradition Azurcelesteblueoscuro / RAT ACBO 6
Exemplarische Werke der Weltliteratur
Orlando Syrg Taschenbuch, 1. Aufl., OrSyTa 72018, Berlin 2018

Joerg K. Sommermeyer (Hg.)
Drei alte Erzählungen
Die Judenbuche (Droste-Hülshoff), Die schwarze Spinne (Gotthelf),
Krambambuli (Ebner-Eschenbach)
Durchgesehen, revidiert und mit einem Nachwort
herausgegeben von Joerg K. Sommermeyer
Reihe alte Tradition Azurcelesteblueoscuro / RAT ACBO 9
Exemplarische Werke der Weltliteratur
Orlando Syrg Taschenbuch, 1. Aufl., OrSyTa 122018, Berlin 2018

Joerg K. Sommermeyer (Hg.)
Johann Wolfgang von Goethes
Reineke Fuchs
Durchgesehen, revidiert und mit einem Nachwort
herausgegeben von Joerg K. Sommermeyer
Reihe alte Tradition Azurcelesteblueoscuro / RAT ACBO 10
Exemplarische Werke der Weltliteratur
Orlando Syrg Taschenbuch, 1. Aufl., OrSyTa 142018, Berlin 2018

Joerg K. Sommermeyer (Hg.)
Heinrich Heines Romanzero nebst Lieblingsballaden
von Goethe, Schiller und anderen
Ausgewählt, durchgesehen, revidiert und mit einem Nachwort
herausgegeben von Joerg K. Sommermeyer
Reihe alte Tradition Azurcelesteblueoscuro / RAT ACBO 11
Exemplarische Werke der Weltliteratur
Orlando Syrg Taschenbuch, 1. Aufl., OrSyTa 152018, Berlin 2018

Marx Joyce Hardy Austen Defoe Abbott Melville Machiavelli Montaigne Chesterton Cooper Emerson Haggard Hugo Eliot Christie Carroll Stoker Molière Grimm Wilde Maupassant Byron Schiller Engels Garnett Einstein Fitzgerald Hawthorne Smith Kafka Goethe Dostoyevsky Cotton Hall Baum Kipling Doyle Henry Willis Leslie Dumas Nietzsche Flaubert Turgenev Balzac Stockton Vatsyayana Crane Burroughs Verne Curtis Tocqueville Whitman Gogol Vinci Homer Tolstoy Busch Darwin Widger Thoreau Potter Freud Zola Lawrence Twain Plato Scott Kant Jowett Stevenson Dickens Andersen Burton Hesse Harte London Descartes Cervantes Poe Aristotle Wells Voltaire Hale James Hastings Cooke Bunner Shakespeare Richter Chambers Irving Doré da Chekhov Shaw Benedict Alcott Swift Dante Wodehouse Pushkin Newton

A Historical Survey of the Customs, Habits, & Present State of the Gypsies

John Hoyland

Imprint

This book is part of TREDITION CLASSICS

Author: John Hoyland
Cover design: Buchgut, Berlin – Germany

Publisher: tredition GmbH, Hamburg - Germany
ISBN: 978-3-8472-1748-0

www.tredition.com
www.tredition.de

The intention of the TREDITION CLASSICS series is to make world literature in the public domain available in printed format. Literary enthusiasts and organizations, such as Project Gutenberg, worldwide have scanned and digitally edited the original texts. tredition has subsequently formatted and redesigned the content into a modern reading layout. Therefore, we cannot guarantee the exact reproduction of the original format of a particular historic edition. Please also note that no modifications have been made to the spelling, therefore it may differ from the orthography used today.

A

HISTORICAL SURVEY

of the

CUSTOMS, HABITS, & PRESENT STATE

of

The Gypsies;

designed to develope

The Origin of this Singular People,

and to promote

The Amelioration of their Condition.

By JOHN HOYLAND,

Author of an Epitome of the History of the World, &c.

York:

printed for the author; and sold by

WM. ALEXANDER, YORK:

darton, harvey, & co.; w. phillips; and w. darton, jun.

london.

1816.

p. ii

Entered at Stationers' Hall.

Printed by Hargrove , Gawthorp , & Cobb ,

Herald-Office, York.

p. iiiINTRODUCTION.

The author of the following Survey, has frequently had opportunity of observing the very destitute and abject condition of the Gypsey race, in the counties of Northampton, Bedford, and Herts. The impressions received from viewing a state so derogatory to human nature, induced him to make numerous inquiries, in order to ascertain if necessity compelled their continuance, under circumstances so deplorable as their condition exhibited.

Not meeting with satisfactory intelligence on application to various individuals, to whose observation Gypsies are frequently presented, the author was excited to an examination of history, for the developement of a case involved in so much obscurity; and aggravated by circumstances so repugnant to the mild and genial influences of the Christian Religion.

He must not however omit to state, that in Northamptonshire, William Allen, who is in the profession of the law, at Higham Ferrers, and Steward to Earl Fitzwilliam, very warmly interested himself on the p. ivsubject. He said it afforded him much pleasure to find, that some attention was excited to the condition of the Gypsies, and that he should be glad to co-operate, as far as was in his power, in any measures likely to conduce to the reformation of this greatly neglected class of British subjects.

He volunteered his services to find out the nearest Gypsey rendezvous, and soon procured information of an encampment which the writer visited. An account of the visit will appear in the following sheets. The first assurance that the Gypsies really had a language peculiar to themselves, which the author received, was from this intelligent and obliging professor of the law, who had heard children, as well as adults among them, speak it with great fluency.

He also observed, that the situation of this people daily became increasingly deplorable, in consequence of the establishment of associations for the prosecution of felons; and that the fear of apprehension as vagrants, and the progressive inclosures near towns and villages, had a tendency to drive them to a greater distance from the habitations of man. And he was fully of opinion, as these houseless wanderers were expelled from Township after Township, without any provision being made for their refuge, that it was high time their case should obtain the consideration of the public.

p. vOf the historic authorities whence the author has derived information and interesting observation, he has to place in the foremost rank, the Dissertation of the learned H. M. G. Grellmann, translated a few years since, by the late M. Raper, Esq. F.R.S. & A.S. He has, however, to acknowledge himself indebted to various other intelligent authors, whose writings will be noticed in the course of the work.

Another source of information, and which relates especially to the *present state* of the Gypsies in Great Britain, has been opened through inquiries instituted in most parts of the nation, by the author, aided by several obliging and able coadjutors. The results of these inquiries, it scarcely need be added, will be presented to the reader in their proper places.

The author has much regretted, that scarcely any of the splendid histories of Counties in England, and even those in which the Gypsies abound, have in the least noticed that part of the population which so strongly claims our attention. By bringing their situation into view, the historian might not merely have served the cause of humanity; he would have advanced the interest of the state, by promoting an object of so much public utility, as the improvement of the whole Gypsey race cannot fail to prove.

A comparative view of their customs and habits, and how far they appear coincident in different countries, p. vimay afford a criterion by which to judge if they have all had one origin. By thus tracing them to that source, we may possibly discover the occasion of their peculiarities; and if the means hitherto employed to counteract them, have proved unsuccessful, we may be prepared to consider of others, better adapted to correct the errors of their education.

Conceiving that any scheme for ameliorating the condition of the Gypsies, would not only be premature, but might prove highly injudicious, before obtaining a knowledge of their history, the author has endeavoured to collect, from the most authentic European authorities to which he could have access, a general view of this people, in the different parts of the world to which they have resorted; and from these and the other sources of information, he has subjoined accounts of their state in Great Britain, and of the suggestions offered by other individuals for their improvement; concluding the subject with a review of the whole, and proposing a plan to be set on foot for accomplishing this desirable object.

p. 9SECTION I.

Various appellations of them—Their arrival in Europe.

The different appellations by which the People whom we denominate Gypsies, have been distinguished, appear generally to have had reference to the countries, from which it was supposed they had emigrated.

Grellmann states, that the French, having the first accounts of them from Bohemia, gave them the name of *Bohimiens*, Bohemians. That the Dutch apprehending they came from Egypt, called them *Heydens*, Heathens. In Denmark, Sweden, and in some parts of Germany, Tartars were thought of. The Moors p. 10and Arabians, perceiving the propensity the Gypsies had to thieving, adopted the name *Charami*, Robbers, for them.

In Hungary, they were formerly called Pharaohites, (*Pharaoh Nepek*) Pharaoh's people; and the vulgar in Transylvania continue that name for them. The idea of the English appears to be similar, in denominating them Gypsies, Egyptians; as is, that of the Portuguese and Spaniards, in calling them *Gitanos*. But the name *Zigeuners*, obtained the most extensive adoption, and apparently not without cause; for the word *Zigeuner*, signifies to wander up and down—for which reason, it is said, our German ancestors denominated every strolling vagrant *Zichegan*.

The Gypsies are called not only in all Germany, Italy, and Hungary *Tziganys*; but frequently in Transylvania, Wallachia and Moldavia, *Cyganis*. But the Turks, and other Eastern nations name them, *Tschingenes*.

The origin of this people has been a subject of inquiry for more than three hundred years. Many persons have been anxious to discover p. 11"who these guests were, that, unknown and uninvited, came into Europe in the fifteenth century, and have chosen ever since to continue in this quarter of the globe."

Continental writers state, that it is incredible how numerous the hordes of this people are, and how widely dispersed over the face of the earth. They wander about in Asia, the inferior of Africa, and have established themselves in most of the countries of Europe. Grellmann is of opinion, that America is the only part of the world, in which they are not known. Though no mention appears to be made of them by Authors who have written on that quarter of the globe; yet no doubt remains, of their having been in Europe nearly four hundred years.

Wilhelm Dilick in his Heszischen *Chronik*, scit 229, beyn Jahr 1414, informs us they arrived the same year in the Hessian territories; but no mention of them appears in the public prints till three years afterward. Mention is made of their being in Germany as early as the year 1417; when they appeared p. 12in the vicinity of the North sea. Fabricius, in *Annalibb Misn*, says, they were driven from Meissen in 1416, but Calvisius corrects this date by changing it to 1418.

Sir Thomas Browne in his "*Vulgar Errors*," page 287, says, "their first appearance was in Germany, since the year 1400; nor were they observed before in other parts of Europe, as is deducible from Munster, Genebrard, Krantzius and Ortelius."

In Germany they spread so rapidly, that in 1418, their names were recorded in the annual publications of various parts of the country. They travelled in hordes, each having his leader, sometimes called *Count*, others had the title of *Dukes*, or *Lords of Lesser Egypt*.

In 1418 they were found in Switzerland, and in the country of the Grisons; and in 1422 they made their appearance in Italy. The Bologna Chronicle states, that the hordes which arrived in that city, on the 18th of July, 1422, consisted of about one hundred men, the name of whose leader, or Duke as they termed him, p. 13was Andreas. They travelled from Bologna to Forli, intending to pay the Pope a visit at Rome.

Their appearance in France bears the date of 1427, when the French say, they straggled about Paris, having arrived on the 17th day of August in that year.

German Historians are agreed, that when the Gypsies first made their appearance in Europe, they chose to be considered as Pilgrims; and that their profession met with the more ready belief, as it coincided with the infatuation of the times. The learned Grellmann states, that several old writings mention the credulity, with which people cherished the idea, that they were real pilgrims and holy persons; that it not only procured for them toleration, but safe-conducts in many places.

Munster declares, that they carried about with them passports and seals from the Emperor Sigismund, and other Princes; by means of which, they had free passage through different countries and cities; and that he had p. 14himself seen, an attested copy of such a letter to the possession of some Gypsies at Eberbach.

Krantz, Stumpf, Guler, and Laurentius Palmirenus, all agree in this statement.. The Gypsies at Bologna also shewed an instrument from Sigismund; but he appears to have granted this to them, not as Emperor, and in Germany; but in Hungary, and as King of Hungary. A pass of Uladislaus II. might also be quoted, which the Gypsies obtained chiefly on account of their supposed sanctity and pilgrimage. In Transylvania, it is asserted they received letters of protection from the House of Bathory.

Webner says, that the Gypsies in France quoted ancient privileges, granted to them by the former Kings of that country.

Crusius, Wurstisen, and Guler, mention papal permissions for wandering unmolested through all Christian countries, as long as the term of their pilgrimage lasted; which they asserted was seven years. But at the expiration of that term, they represented that their p. 15return home was prevented by soldiers stationed to intercept them.

The impression their pretensions had made on the people among whom they came, did not entirely subside during half a century; but afterward, "the Gypsies being watched with a more jealous eye, it appeared but too clearly, that, instead of holy pilgrims, they were the mere refuse of humanity, who, often, under pretexts of safe-conducts, committed all manner of excesses."

Their impositions being detected, it is probable some of them were reduced to the necessity of having recourse to legitimate means of subsistence, for within thirty years afterward, we have accounts of Gypsies in Hungary being employed in the working of iron. This occupation, appears from old writings, to have been a favourite one with them. Bellonius also takes notice of its being so;

and there is a record of the Hungarian King Uladislaus, in the year 1496, cited by the Abbi *Pray* in his Annals; and by *Friedwalsky* in his Mineralogy, wherein it is ordered, "*That every* p. 16 *officer and subject, of whatever rank and condition, do allow to Thomas Polgar, leader of twenty-five tents of wandering Gypsies, free residence every where, and on no account to molest him, or his people; because they had prepared military stores for the Bishop Sigismund at F | nfkirchen.*"

grellmann.

p. 17SECTION II.

Accounts of the Gypsies in various countries.

To propose means for improving the condition of Gypsies, before we have informed ourselves of their real state, and what has been done for them, would be as injudicious, as for a Physician to prescribe for a patient, without being acquainted with the nature or extent of his disease, and the means attempted for his cure. To form a just opinion, on the case of the Gypsies, it appears necessary to ascertain their general habits, and their mode of life.

From Pasquier's *Recherches de la France,* B. IV. C. 9, is selected the following account of the Gypsies in that country: "On August 17th, 1427, came to Paris, twelve Penitents, *Penanciers,* as they called themselves, viz: a Duke, an Earl, and ten men, all on horse-back, p. 18and calling themselves good christians. They were of Lower Egypt, and gave out, that not long before, the Christians had subdued their country, and obliged them to embrace christianity, on pain of being put to death. Those who were baptized, were great Lords in their own country; and had a King and Queen there. Some time after their conversion, the Saracens over-ran their country, and obliged them to renounce christianity.

"When the Emperor of Germany, the King of Poland, and other Christian Princes, heard of this; they fell upon them, and obliged the whole of them, both great and small, to quit their country, and go to the Pope at Rome; who enjoined them seven years' penance, to wander over the world, without lying in a bed. They had been wandering five years when they came to Paris; first the principal people, and soon after the commonalty, about 100, or 120, reduced from 1000, or 1200, when they came from home; the rest being dead, with their King and Queen. They were lodged by the police, out of the city, at Chapel St. Denis

p. 19"Nearly all of them had their ears bored, and one or two silver rings in each, which they said were esteemed ornaments in their country. The men were black, their hair curled; the women remarkably black, all their faces scarred, *deployez,* their hair black, their only clothes a large old shaggy garment, *flossoye,* tied over the shoulders with a cloth or cord, sash, *lien,* and under it a poor petticoat, *roquet.* In short, they were the poorest miserable creatures that had ever been seen in France; and notwithstanding their poverty, there were among them women, who by looking into people's hands told their fortunes. And what was worse, they picked people's pockets of their money; and got it into their own, through telling these things by art, magic, &c.

"But though this was the common report, I spoke to them several times, yet I never lost a farthing by them; or ever saw them look into people's hands. But the Bishop of Paris, hearing of it, went to them with a Friar Preacher, named *Le petit Jacobin,* who, by the Bishop's order, preached a sermon excommunicating p. 20all the men and women who pretended to believe these things; and had believed in them, and shown their hands; and it was agreed that they should go away, and they departed for Pontoise, in September.

"This was copied from an old book in the form of a journal, drawn up by a doctor of divinity in Paris, which fell into the hands of Pasquier; who remarks upon it, that however the story of a penance savours of a trick, these people wandered up and down France, under the eye, and with the knowledge of the magistrates, for 100, or 120 years. At length, in 1661, an edict was issued, commanding all officers of justice, to turn out of the kingdom, in the space of two months, under pain of the gallies, and corporal punishment, all men, women and children, who assumed the name of *Bohimiens,* or Egyptians."

Dufresne, in his Glossary V. Fgyptiaci, confirms Pasquier's character of them in these words: "Fgyptiaci, Gallici Egyptiens, Bohimiens, vagi homines, harioli, et fatidici, qui hac et illac errantes, ex manu inspectione futura p. 21prœsagire se fingunt; ut de marsupiis incautorum nummos corrogent;" which may be thus translated, "Egyptians called by the French Egyptiens, Bohimiens, vagabonds, soothsayers and fortune-tellers, who, wandering up and down, pretend to foretel future events from the inspection of the hand, for the purpose of obtaining money from persons not careful of their purses, &c."

Grellmann speaks of Gypsies "being numerous in Lorraine and Alsatia, before the French Revolution, but especially in the forests of

Lorraine. They increased in this district, in consequence of their having been assiduously looked after in the dominions of the late Duke Deux-Fonts, and driven from thence; whither his successor would not suffer them to return. He adds, that an order of the provincial council, held at Tarragona, in 1591, subjected them to the magistrates, as people "quos vix constat esse Christianos, nisi ex eorum relatione, cum tamen sint mendaces, fures, deceptores, et aliis sceleribus multi eorum assueti;" in English, "who are scarcely allowed to be Christians, p. 22except from their own account of themselves, seeing they are liars, thieves, cheats, and many of them accustomed to other kinds of wickedness."

Twiss, in his Travels p. 179, gives the following account of them in Spain: "They are very numerous about, and in, Murcia, Cordova, Codis, and Ronda. The race of these vagabonds is found in every part of Europe. The French call them *Bohimiens,* the Italians *Zingari,* the Germans *Ziegeuners,* the Dutch *Heydenen,* Pagans, the Portuguese *Siganos,* and the Spaniards *Gitanos,* in Latin, *Cingari.*

"Their language, which is peculiar to themselves, is every where so similar, that they are undoubtedly all derived from the same source. They began to appear in Europe in the 15th century, and are probably a mixture of Egyptians and Ethiopians. The men are all thieves, and the women libertines. They follow no certain trade, and have no fixed religion. They do not enter into the order of society, wherein they are only tolerated. It is supposed there are upwards of forty thousand of p. 23them in Spain; great numbers of them are innkeepers in the villages, and small towns; and they are every where fortune-tellers.

"In Spain, they are not allowed to possess any lands, nor even to serve as soldiers. They marry among themselves, stroll in troops, about the country, and bury their dead under water. Their ignorance prevents their employing themselves in any thing, but in providing for the immediate wants of nature; beyond which even their roguishness does not extend; and, only endeavouring to save themselves the trouble of labour, they are contented if they can procure food by showing feats of dexterity; and only pilfer to supply themselves with the trifles they want; so that they never render themselves liable to any severer chastisement, than that of whipping, for having stolen chickens, linen, &c. Most of the men have a smattering of physic and surgery, and are skilful in tricks performed by slight of hand."

"The foregoing account is partly extracted from *Le Voyageur Frangois*, Vol. XVI.; but the assertion that they are all so abandoned, p. 24as that author says, is too general. I have lodged many times in their houses, and never missed the most trifling things, though I have left my knives, forks, candlesticks, spoons, and linen at their mercy."

Swinburne states, that "they swarm more in the province of Granada, than in any other part of the realm. This singular sect have kept themselves separate from the rest of mankind ever since their first appearance which has been recorded in history.

"Their origin remains a problem not to be satisfactorily solved; and I doubt whether the Gitanos themselves, have any secret tradition that might lead to a discovery of what they really were in the beginning, or from what country they came. The received opinion sets them down as Egyptians, and makes them out to be the descendants of those vagabond votaries of Isis, who appear to have exercised, in ancient Rome, pretty much the same profession as that followed by the present Gypsies, viz: fortune-telling, strolling up and down, and pilfering.

p. 25"Few of them employed themselves in works of husbandry, or handicrafts; indeed the Spaniards would not work with them. Except a small part of them who follow the trades of blacksmiths, and vintners, most of them are makers of iron rings, and other little trifles, rather to prevent their being laid hold of as vagrants, than really as a means of subsistence. Several of them travel about as carriers and pedlars.

"Though they conform to the Roman Catholic mode of worship, they are looked upon in the light of unbelievers; but I never could meet with any body that pretended to say what their private faith and religion may be. All the Gypsies I have conversed with, assured me of their sound Catholicism; and I have seen the medal of *Nuestra Senora del Carmel* sewed on the sleeves of several of their women.

"They seldom venture on any crimes that may endanger their lives; petty larceny is the utmost extent of their roguishness.

"The men are tall, well built, and swarthy, with a bad scowling eye, and a kind of favorite p. 26lock of hair left to grow down before their ears, which rather increases the gloominess of their features; their women are nimble and supple jointed; when young they are generally handsome, with fine black eyes. Their ears and necks are loaded with trinkets and baubles, and most of them wear a large patch on each temple."

Of the Italian Gypsies, the same traveller in his journey through Calabria, p. 304, gives the following account: "The landlord of the inn at Mirti, earnestly recommended to the servants to leave nothing out of doors, as there was an encampment of Zingari, or Gypsies, who would lay their hands upon any part of the baggage, that was not watched with the strictest attention. His caution led me to an inquiry into the state of this strange tribe of vagrants, of whom I had seen great numbers in Spain. The result of this account, combined with those I had received from others, is as follows:

"The Gypsies of Calabria do not contract alliances with any other class of inhabitants; but marry among themselves.

p. 27"It is not possible to say where they reside, as they have no fixed habitations; and consequently possess neither house nor land, but pitch their tents wherever they think proper to make any stay. They support life by the profits of handicrafts; but more by swapping asses and horses.

"They generally work in iron, and make trivets, knitting needles, bodkins, and such trifles. Their dress is extremely shabby; they shave their chins, but indulge a great length of hair, which they seldom disturb with either comb or scissars.

"As to their religion, it is a secret which they keep locked up in their own breasts. They seem to have no great veneration for the Virgin Mary, but are supposed to believe in Christ. All the proof we have of their belief, depends upon appearances, and an occasional conforming to the ceremonies of the Roman Catholic religion, in marriages, burials, &c.; but if the priests start any difficulties, they manage the matter without their interference, and perform the functions according to their own p. 28ceremonies, which in many points resemble those of the heathens.

"At their weddings they carry torches, and have paranymphs to give the bride away, with many other unusual rites.

"It is in reality, almost absurd to talk of the religion of a set of people, whose moral characters are so depraved, as to make it evident they believe in nothing capable of being a check to their passions. They are usually accounted pilferers, cheats, faithless, and abandoned to dissoluteness.

"They tell fortunes, and play juggling tricks, just as they do in all other countries where they are to be found. In 1560, they were banished the kingdom as thieves, cheats, and spies for the Turks. In 1569 and 1685, the order was resumed, but not being enforced, had little effect.

"A Gypsey being brought to trial for a larceny, declared, that his law allowed him to take as much from others, every day, as sufficed for his maintenance.

p. 29"These people make use of two languages, one Calabrian, with a foreign accent and pronunciation; the other a peculiar one of their own, which in sound, seems to have great affinity to the Oriental tongues; and is spoken when they have secrets to impart to each other. They sleep like dogs in a kennel, men, women, and children huddled together."

The learned Grellmann states, that "Gypsies were universally to be found in Italy; insomuch, that even Sicily and Sardinia were not free from them.

"But they were the most numerous in the dominions of the church; probably because there was the worst police, with much superstition. By the former they were left undisturbed; and the latter enticed them to deceive the ignorant, as it afforded them an opportunity of obtaining a plentiful contribution, by their fortune-telling and enchanted amulets.

"There was a general law throughout Italy, that no Gypsey should remain more than two nights, in any one place. By this regulation, it is true, no place retained its guest long; but p. 30no sooner was one gone, than another came in his room. It was a continual circle, and quite as convenient to them, as a perfect toleration would have been. Italy rather suffered, than benefited, by this law; as, by keeping those people in constant motion, they would do more mischief there, than in places where they were permitted to remain stationary."

It appears from the Dissertation of Grellmann, that he had examined with great care and attention, the continental authorities on the subject of Gypsies. He asserts, that "In Poland and Lithuania, as well as in Courland, there is an amazing number of Gypsies.

"That they are to be found in Denmark and Sweden, is certain, but how numerous they are in those countries we cannot pronounce, and therefore proceed to the south east of Europe.

"The countries in this part seem to be the general rendezvous of the Gypsies; their number amounts in Hungary, according to a probable statement, to upwards of 50,000.

"Cantemir says, the Gypsies are dispersed all over Moldavia, where every Baron has several families of them subject to him.

p. 31"In Wallachia and the Sclavonian mountains, they are quite as numerous. Bessarabia, all Tartary, Bulgaria, Greece, and Romania, swarm with them; even in Constantinople they are innumerable. In Romania, a large tract of Mount Hfmus, which they inhabit, has acquired from them the name *Tschenghe Valkan*, the Gypsey mountain. This district extends from the city Aydos, quite to Phillipopolis, and contains more Gypsies than any other province in the Turkish empire."

Our countryman Edward Daniel Clark, in his travels in Russia, Tartary, &c. so lately as the year 1800, states, "that after the ceremony of the resurrection at Moscow, a party of Gypsies were performing the national dance, called Barina; others were telling fortunes, according to their universal practice, or begging for presents of oranges or ice.

"This extraordinary people, found in all parts of Europe, were originally one of the Castes of India, driven out of their territory, and distinguished among Indian tribes, by a name which signifies thieves. They have a similar p. 32appellation among the Fins, and with the same signification.

"They preserve every where the same features, manners, and customs, and what is more remarkable, almost always the same mode of dress. The extraordinary resemblance of the female Gypsies to the women of India, was remarked by the British officers and men, in Egypt, when General Baird arrived with his army to join Lord Hutchinson. The Sea-poys had many of their women with them, who were exactly like our Gypsies.

"In their dress, they lavish all their finery upon their heads. Their costume in Russia is very different to that of the natives. The Russians hold them in great contempt; never speaking of them without abuse; and feel themselves contaminated by their touch, unless it be to have their fortunes told. Formerly they were more scattered over Russia, and paid no tribute; but now they are collected, and all belong to one nobleman, to whom they pay a certain tribute, and work among the number of his slaves."

p. 33P. 209, he writes: "At Woronetz, the Gypsey tribe are very prevalent, and a mixed race, resulting from their intermarriage with the Russians."

Dr. Clarke observes, Chap. 18, p. 440, 441 of his Travels, between Kertchy and Caffa, in the Crimea: "In the villages we found parties of Tzigankies or Gypsies, encamped as we see them in England, but having their tents stationed between their waggons, in which they move about the country.

"Poultry, cats, dogs, and horses, were feeding all round them, seeming like members of the same family. The Gypsies are much encouraged by the Tartars, who allow them to encamp in the midst of their villages, where they exercise the several functions of smiths, musicians, and astrologers. Many of them are wealthy, possessing fine horses, and plenty of other cattle; but their way of life, whether rich or poor, is always the same. As we entered their tents they arose, and cast a sheep's hide over their bodies. The filth and stench of these people were abominable."

p. 34In the second, part of his Travels, p. 644, he writes respecting the Gypsies: "We found this people in Nauplia, under the name they bear in Moldavia, of Tchinganes. How they came thither no one knew; but the march of their ancestors, from the North of India to Europe, so lately as the beginning of the 15th century, will account for their not being found further towards the South; and this is now so well ascertained, that no one would expect to meet a Gypsey, upon any of the southern shores of the Mediterranean.

"To have found them in the Peloponnesus is rather remarkable, considering that their whole tribe at first did not exceed half a million."

In the travels, written by Bell, of Antermony, Vol. 2, p. 157, he states: "During my stay at Tobolski, I was informed that a large troop of Gypsies had been lately at that place, to the number of sixty or upwards. The Russians call these vagabonds, *Tziggany*. Their sorry baggage was carried upon horses and asses. The Vice-Governor sent for the p. 35chief of this gang, and demanded whither they were going. They answered to China. He stopped their progress and sent them back."

"Bishop Pococke met with these people, still further to the Eastward. He says, the Chingani, who are spread all over the world, are in great abundance in the North of Syria, and pass for Mahometans. They live under tents, and sometimes in grots under ground.

"They make a coarse sort of tapestry, or carpet work, for hangings of saddles and other uses; and when they are not far from towns, deal much in cattle, and have a much better character than their relations in Hungary, and the Gypsies in England; who are thought by some to have been originally of the same tribe.

"These and the Turcomen, with regard to offence, are under the Pasha and Cadi; though they have a sheik to every encampment, and several great ones over them: but with regard to taxes, they are immediately under the Grand Seignior; whose tribute is collected yearly, by an officer over each of these people; one being called the Turcoman-Agasi, an officer of great p. 36credit, and the other the Chingani-Agasi, who go round the Turkish dominions to collect the taxes from these people." Travels, Vol. 2, Part 1, p. 207, 208.

Grellmann says: "Independently of the number of Gypsies in Egypt, and some parts of Asia, could we obtain an exact estimate of them in the countries of Europe, the immense number would probably greatly exceed what we have any idea of. At a moderate calculation, without being extravagant, they might be reckoned at between seven and eight hundred thousand.

"What a serious matter of consideration, when we reflect that the greatest part of these people, are idlers, cheats, and thieves!

"What a field does this open for the contemplation of Governments!"

p. 37SECTION III.

The Habits, Occupations, and Polity of Continental Gypsies.

The first of them that came to Europe, appeared ragged and miserable, unless we allow their leaders to have been an exception. In like manner their descendants have continued for hundreds of years, and still remain. This is particularly remarkable in the countries about the mouth of the Danube, which abound with Gypsies; namely Transylvania, Hungary, and Turkey, in Europe; where they dress even more negligently than in other parts.

It is a fact that these people enjoy a good state of health more uninterruptedly, and perfectly, than persons of the most regular habits, and who pay the greatest attention to themselves. Neither wet nor dry weather, heat nor cold, let the extremes follow each other ever p. 38so quickly, seem to have any effect upon them. Any prevailing sickness, or epidemical disorder, sooner penetrates into ten habitations of civilized people, than finds its way into a Gypsey's tent.

Though they are fond of a great degree of heat, and to lie so near the fire, as to be in danger of burning, yet they can bear to travel in the severest cold, bareheaded, with no other covering than some old rags carelessly thrown over them.

The causes of these bodily qualities, or at least some of them, evidently arise from their education, and hardy manner of life.

The pitiless mother takes her three months old child on her back, and wanders about, in fair and foul weather, in heat or cold; there it sits winter and summer, in a linen rug, with its head over her shoulder. Gypsey women never use a cradle, nor even possess such a piece of furniture. The child sleeps in their arms, or on the ground. When a boy attains three years of age, his lot becomes still harder. Whilst an infant, and his age reckoned by p. 39weeks and months, he was wrapt in rags, but now deprived of these, he is equally with his parents, exposed to the rigour of the elements, for want of covering; he is now put to trial how far his legs will carry him; and must be content to travel about with, at most, no other defence for his feet than thin socks.

Thus he acquires a robust constitution by hardships and misery; but though the children of Gypsies do not partake of what the refinements of art and of tenderness would account advantages, writers are unanimous in stating, they are good-looking, well-shaped, lively, clever, and have fine eyes. The Gypsies, in common with uncivilized people, entertain unbounded love for their children. This is a source of inexcusable neglect: Gypsey children never feel the rod, they fly into the most violent passions, and at the same time hear nothing from their parents but flattering and coaxing. In return they act with ingratitude, as is commonly the consequence of such education.

Gypsies would long ago have been divested of their swarthy complexions, had they discontinued p. 40their filthy mode of living. The Laplanders, Samoieds, as well as the Siberians, likewise, have brown, yellow-coloured skins, in consequence of living from their childhood, in smoke and dirt, in the same manner as the Gypsies.

Experience shows that their dark colour, which is continued from generation to generation, is more the effect of education, and manner of life, than of descent. Among those who serve in the Imperial army, where they have learned to pay attention to order and cleanliness, there are many to be found, whose extraction is not at all discernible in their colour; though they had, probably, remained to the age of twelve or fourteen years under the care of their filthy parents.

A Gypsey considers a covering for the head as useless, and if he does not obtain socks, which the female Gypsies in Moldavia and Wallachia knit with wooden needles for the feet, he winds rags about them, which are laid aside in summer. He is not better furnished with linen, as the women neither spin, sew, p. 41nor wash. But this inattention is not from indifference about dress; on the contrary, they are particularly fond of clothes, which have been worn by people of distinction. The following, which appeared in the Imperial Gazette, is very much to the purpose: "Notwithstanding these people are so wretched, that they have nothing but rags to cover them, which do not at all fit, and are scarcely sufficient to hide their nakedness; yet they betray their foolish taste, and vain ostentation, whenever they have in opportunity." The women are as fond of dress as the men, and equally expose themselves to the ridicule of the considerate and reflecting part of mankind.

They are remarkable not only in hanging their ragged clothes about them instead of garments, according to the Eastern custom; but their whole arrangement is singular. Several of their leaders have horses, asses, or mules with them, on which they load their tents and effects, with their whole family also. They have likewise dogs in their train, with which Krantz asserts they are used illegally, to destroy p. 42game; but probably the dogs are not kept so much for that purpose, as to take fowls and geese.

One strange peculiarity in the ideas of Gypsies we have hitherto forborn to mention, but, disgusting as the task of recording it way be, it is so well authenticated, as to have excited the notice of the Hungarian Legislature; and as it will be found to have some reference to the origin of this singular race of human beings, it must not be withheld from public view. The greatest luxury to them is when they can procure a roast of cattle that have died of any distemper: to eat their fill of such a meal, is to them the height of epicurism. When any person censures their taste, or shows surprise at it, they say: "The flesh of a beast which God kills, must be better than that of one killed by the hand of man." They therefore embrace every opportunity of obtaining such dainties.

They are particularly fond of animals that have died by fire; therefore, whenever a conflagration has happened, the next day, the p. 43Gypsies from every neighbouring quarter assemble, and draw the suffocated, half-consumed beasts out of the ashes; men, women, and children, in troops, joyfully carrying the flesh home to their dwellings.

The Gypsies in Hungary, who have settled habitations, are very partial to gold and silver plate, particularly silver cups, which is a disposition they have in common with the wandering tribes. They let slip no opportunity of acquiring something of this kind; and will even starve themselves to procure it. Though they seem little anxious to heap up riches for their children, yet these frequently inherit a treasure of this sort; and are obliged in their turn to preserve it as a sacred inheritance. This inclination to deprive themselves of necessaries that they may possess a superfluity, as well as many others of their customs, is curious, yet appears to be ancient; and it was probably inherent in them when they were first seen by Europeans.

Historians assert, that of all the different people who have migrated into foreign countries, p. 44a single instance is not to be found, which accords with that of the Gypsies. The religious rites and observances of the Jews were calculated to prevent their imbibing the customs and habits of other nations. But it is universally admitted, that Gypsies did not bring any particular religion with them from their native country, by which they could be distinguished among other people; being as inconstant and unsettled respecting religion, as they are to place of residence.

Indeed it is asserted, that no Gypsey has any idea of submission to any fixed profession of faith; that patents suffering their children to grow up as themselves, without education or instruction, they acquire little knowledge either of morality or justice; that few of them wilt attend to any discourse on religion, but they hear it with indifference, if not with impatience and repugnance. Despising all remonstrance; they endeavour to live without the least solicitude concerning a future state of being.

The Turks are so fully convinced of the little religious sincerity possessed by Gypsies, p. 45that although a Jew, by becoming a Mahometan, is freed from the payment of the *Charadsch*, the Gypsies are not; at least in the neighbourhood of Constantinople, they are compelled to pay the poll-tax, even though their ancestors for centuries had been Mahometans, or though they should actually have been a pilgrimage to Mecca. The privilege of wearing a white turban, is the only advantage their conversion gives them, over unbelieving Jews and Gypsies.

Among warlike nations, many instances have occurred, in which the people subdued, being more enlightened than their conquerors, the latter have adopted the manners of the former. After the conquest of Greece, the Romans assumed the manners of the Greeks; and the Turks in like manner assumed those of the Gauls. The Mancheans vanquished the Chinese, but Chinese customs prevailed over those of the Mancheans.

Grellmann.

Our countryman Dr. Clarke, page 4, of part the second of his Travels in Greece, says: "There is every reason to believe that the p. 46Turks themselves, at the conquest of Constantinople, adopted many of the customs, and embraced many of the refinements of a people they had subdued.

"Their former habits had been those of nomad tribes, their dwellings were principally tents, and the camp, rather than the city, distinguished their abode."

But Grellmann observes, Gypsies who have not established themselves by force in any country, nor obtained toleration from any Government, remain unchanged. Though they behold fixed dwellings on every side of them, with settled inhabitants, they nevertheless, proceed in their own way, and continue, for the most part, unsocial, houseless wanderers.

To their excessive indolence and aversion to industry, may be attributed the poverty and want which are generally their lots They dislike every kind of employment which requires application; and had rather suffer hunger and nakedness, than provide against these privations, on the conditions of labour. They therefore practise music and palmistry, which p. 47allows them many idle hours; or addict themselves to vicious habits and unlawful courses. Though no one of them marries a person who is not of Gypsey extraction, there is not any people among whom marriage is contracted with less consideration, or accomplished with less solemnity.

Some Gypsies, who are stationary, have regular habitations, according to their situation in life. To this class belong those who keep public-houses in Spain; and others in Transylvania and Hungary, who follow some regular business; which latter have their own miserable huts near Hermanstadt, Cronstadt, Beatritz, Grosswaradein, Debrezin, Eperies, Karchan, and other places. But by far the greater number of these people, lead a very different kind of life; ignorant of the comforts attending a fixed place of residence, they rove from one district to another in hordes; having no habitation, but tents, holes in the rocks, or caves: the former shade them in summer, the latter screen them in winter.

p. 48Many of these people, particularly in Germany and Spain, do not even carry tents with them, but shelter themselves from the heat of the sun, in forests shaded by the rocks, or behind hedges. They are very partial to willows, under which they erect their sleeping places at the close of the evening. Some live in their tents, in their language called *Tschater*, during both summer and winter; which latter indeed the Gypsies generally prefer.

In Hungary, those who have discontinued their rambling way of life, and built houses for themselves, seldom let a spring pass without taking advantage of the first settled weather, to set up a tent for their summer residence. Under this, each enjoys himself with his family, nor thinks of his house till winter returns, and the frost and snow drive him back to it.

The wandering Gypsey in Hungary and Transylvania, endeavours to procure a horse; in Turkey, an ass serves to carry his wife and a couple of children, with his tent. When he arrives at a place he likes, near a village, or a city, he unpacks, pitches his tent, ties his p. 49animal to a stake to graze, and remains some weeks there: or if he do not find his station convenient, he breaks up in a day or two, loads his beast, and looks out for a more agreeable situation. His furniture seldom consists of more than an earthen pot, an iron pan, a spoon, a jug and a knife; with sometimes the addition of a dish. These serve for the whole family.

Working in iron is the most usual occupation of the Gypsies. In Hungary, this profession is so common, that there is a proverb: "So many Gypsies so many smiths."

The same may be said of those in Transylvania, Wallachia, Moldavia, and all Turkey in Europe; at least such workers in fire are very numerous in all those countries. But the Gypsies of our time, are not willing to work heavy works; they seldom go beyond a pair of light horse shoes. In general, they confine themselves to small articles, such as rings and nails; they mend old pots and kettles; make knives, seals, and needles; and sometimes they work in tin and brass. Their materials, tools, and apparatus, are of a very inferior p. 50kind. The anvil is a stone; the other implements are a pair of hand bellows, a hammer, a pair of pincers, a vice, and a file. These ape the tools which a Nomadic Gypsey takes with him in his perambulations.

Whenever he is disposed to work, he is at no loss for fuel: on his arrival at a station where he proposes to remain a few days, he takes his beast, loads him with wood, builds a small kiln, and prepares his own coal. In favourable weather, his work is carried on in the open air; when it is stormy, he retires under his tent. He does not stand, but sits down on the ground cross-legged to his work; which position is rendered necessary, not only by custom, but by the quality of his tools. The wife sits by to work the bellows, in which operation she is assisted by the elder children. The Gypsies are generally praised for their dexterity and quickness, notwithstanding the bad tools they have to work with.

Another branch of commerce much followed by Gypsies, is horse-dealing, to which they have been attached from the earliest period of their p. 51history. In those parts of Hungary, where the climate is so mild, that horses may lie out all the year, the Gypsies avail themselves of this circumstance to breed, as well as to deal in horses; by which they sometimes not only procure a competency, but grew rich. Instances have been known on the Continent, of gypsies keeping from fifty to seventy horses each, and those the best bred horses of the country; some of which they let out for hire, others they exchange or sell. But this description of Gypsey horse-dealers is not numerous; the greater number of them deal in inferior kinds.

In addition to the two professions before-mentioned. commonly followed by the men, some of them employ themselves as carpenters and turners; the former making watering troughs and chests; the latter turn, trenchers and dishes; make sieves, spoons, and other trifling articles, which they hawk about. Many of them, as well as the smiths, find constant employment in the houses of the better sort of people; for whom they work the year round. p. 52They are not paid in money, but beside other advantages find a certain subsistence.

Those who are not thus circumstanced, do not wait at home for customers, but with their implements in a sack thrown over their shoulders, seek business in the cities and villages. When any one calls, they throw down the bundle, and prepare the apparatus for work, before the door of their employer.

The Gypsies have a fixed dislike to agriculture; and had rather suffer hunger, or any privation, than follow the plough. Since the year 1768, the Empress Theresa has commanded that the Hungarian, and Transylvanian Gypsies should be instructed in husbandry; but these orders have been very little regarded. At this time there are so few of them farmers in those parts, that they are undeserving of notice. In Spain and other European countries, it would be difficult to find one who had ever made a furrow in his life.

Respecting fortune-telling, with which the female Gypsies impose on people's credulity in every district and corner of Europe, the origin, p. 53of the imposition is not to be attributed to them: the cheat was known and practised in Europe before their arrival; being deeply rooted in the ignorance of the middle age. The science of divination here was said to be already brought to a greater degree of perfection than among them. Rules were invented to tell lies from the inspection of the hand, in which the poor Gypsies were accounted mere bunglers. They in the seventeenth and eighteenth centuries were esteemed supernumeraries; there being men of great learning, who not only read lectures in Colleges on the art of chiromancy; but wrote many books, vilifying these people, and endeavouring to spoil their market. But these wise men are no more; their knowledge is deposited in the dead archives of literature; and probably had there been no Gypsies, with them would have died the belief in chiromancy, as is the case with respect to astrology, necromancy, oneirocritica, and the other offspring of imbecile fancy.

We must not omit to mention the occupation of gold-washing, by which thousands of Gypsies, p. 54of both sexes, in the Banat, Transylvania, Wallachia, and Moldavia, procure a livelihood in summer; who, in winter, make trays and troughs, which they sell in an honest way.

It is not permitted for every one, without exception, to be a gold-washer; such only can follow the employment as have permission from the office of Mons, where a College was established by the Empress Theresa, in 1748. In the seventh article of instructions granted, the Gypsies were allowed the privilege of washing for gold, for which each person pays a tribute to Government.

The gold-washers in Transylvania and the Banat, pay four guilders annually in gold dust. The tribute collected in Wallachia and Moldavia does not go into the public treasury, but belongs to the Princesses for pin-money.

The consort of the Wallachian Hospodar, Stephen Rakowitza, in the year 1764, received from her Rudars, being two hundred and forty in number, twelve hundred and fifty-four drachms. The gold-washers in the Banat and Transylvania, dispose of their shares at the p. 55Royal Redemption-Office, in Zalatuya. The earnings of these people vary with time, and at different places; during heavy rains and floods they are usually most successful. The Transylvanian rivers yield the most gold. It is said, all the rivers and brooks which the rain forms, produce gold; of these the river Aranyasch is the richest; insomuch, that Historians have compared it to the Tagus and Pactolus.

Grellmann.

In Travels through the Banat of Temeswar, Transylvania, and Hungary, in the year 1770, described in a series of letters to Professor Ferber, on the mines and mountains of these different countries, by Baron Inigo Born, Counsellor of the Royal Mines, in Bohemia, page 76, is the following account:

"Observations on the Gold-washings, in the Banat, by Counsellor Koezian. Translated by R. E. Ruspe.

"After the several natural advantages of the *Temeswar Banat*, some of its rivers are known to yield gold dust; I could not neglect the object when I travelled in these parts.

p. 56"The gold-washing in the Banat, is properly the business of the Gypsies, *Zigeuner*, and left, as it were, to this poor people, as an exclusive trade. This laid me under the necessity of applying to them for instruction.

"The river Nera, in Almash, carries gold dust; and seemed to me the fittest for my purpose; accordingly I caused some Gypsies, reputed to be skilful, to make a washing, near a village called Boshowitz; and I saw with pleasure, that with much dexterity, and in a few minutes time, they cleared in the trough, the value of some groshes of gold: they showed me likewise among their gold dust, some pieces of remarkable bigness."

It has been stated, that when Gypsies first arrived in Europe, they had leaders and chiefs to conduct their various tribes in their migrations.

Grellmann says, this was necessary, not only to facilitate their progress through different countries and quarters of the globe; but to unite their force, if necessary, and thereby enable them to make a more formidable resistance p. 57when opposed; and likewise, to carry any plan they might have formed, more regularly into effect.

We accordingly find in old books, mention made of Knights, Counts, Dukes, and Kings, among this people. Crucius cites a Duke, *Michael*; Muratorio, a Duke, *Andreas*: and Arentinus records a King, *Zindelo*: not to speak of inscriptions on monuments erected in different places to the memories of Duke, *Panuel*; Count, *Johannis*; and a Knight, *Petrus*, in the fifteenth century.

But no comment is necessary to show how improperly these appellations were applied. Though the Gypsey chiefs might be gratified with such titles; and their descendants probably esteemed them persons of rank, it was merely a ridiculous imitation of what they had seen, and perhaps admired, among civilized people. Nevertheless, the custom of having leaders and chiefs over them, prevails to this time, at least in Hungary and Transylvania; probably it may also still exist in Turkey, and p. 58other countries, where these people live together in great numbers.

Their chiefs, or waywodes, were formerly of two degrees in Hungary. Each petty tribe had its own leader, beside which, there were four superior waywodes, of their own caste, on both sides the Danube and Teisse; whose residences were at Raab, Lewentz, Szathmar, and Kaschan; and to these the smaller waywodes were accountable. But now, only one superior waywode is appointed in all Transylvania, who has authority over the gold-washers in those parts. The Gypsies, however, still continue the custom among themselves, of choosing certain persons, whom they make heads over them, and call by the exalted Sclavonian title of waywode.

It would appear extraordinary, that any well-regulated state should allow these people a distinct establishment in the heart of the country; did not the Hungarian writers assign as a reason, that in the commotions and troubles occasioned by the Turkish wars, in former centuries, they were, by means of their waywode, more p. 59easily summoned when occasion required, and rendered useful to the community.

In Transylvania, the magistrates do interfere with regard to the person whom this or that horde hath elected chief, and impose an obligation on him; but it is only that he should be careful to prevent his subjects from absconding, when the time arrives for them to discharge their annual tribute at the Land Regent's chamber. He has no right to interfere in disputes or quarrels which the Gypsies have among themselves, or with other people, further than to give notice of them to the regular courts of the district, where they happen to be.

Grellmann.

p. 61SECTION IV.

Political Regulations on the Continent, respecting Gypsies.

To the ignorance and superstition of the middle age, must be attributed the powerful ascendency which the Gypsies obtained over the minds of men. In addition to the chiromantic deception practised by the women, they followed also the profession of excrcism; and were greatly in request during the prevalence of a belief in witchcraft.

They were employed to cure bewitched cattle, and to loosen the spells of enchantment; for which they had nostrums of various kinds, consisting of roots and amulets, made of unfermented dough, marked with strong figures, and dried in the sun.

p. 62For a long time little attention was paid to them, but at last the evil became enormous, and complaints against them were so loud, that Governments were constrained to take official notice of them. Exemplary punishments were judged necessary; and, at length, the most cruel and barbarous kinds were resorted to. What a blot upon the history of those times, are the dreadful tortures of quartering alive, and breaking upon the wheel! These means being insufficient to prevent the perpetration of crimes; it was thought expedient to banish the Gypsies.

German waiters say, that King Ferdinand of Spain, who esteemed it a good work to expatriate useful and profitable subjects—Jews, and even Moorish families—could much less be guilty of an impropriety in laying hands on the mischievous progeny of Gypsies. The edict for their extermination, was published in the year 1492. But instead of passing the boundaries, they only slunk into hiding-places, and shortly after appeared in as great numbers as before.

p. 63The Emperor Charles V. persecuted them afresh; as did Philip II. also. Since that time they have nestled in again, and have been also threatened with another storm, but it has blown over without taking effect.

In France, Francis I. passed an edict for their expulsion; and at the Assembly of the States of Orleans, in 1561, all Governors of cities received orders to drive them away with fire and sword. Nevertheless, in process of time, they had collected again, and increased to such a degree, that, in 1612, a new order came out for their extermination.

In the year 1572, they were compelled to retire from the territories of Milan and Parma; and at a period somewhat earlier, they were chased beyond the Venetian jurisdiction. They were not allowed the privilege of remaining unmolested in Denmark, as the code of Danish law specifies: "The Tartars, *Gypsies*, who wander about every where, doing great damage to the people, by their lies, thefts, and witchcraft, shall be taken into custody by every magistrate."

p. 64Sweden was not more favourable, having attacked them at three different times: A very sharp order for their expulsion came out in 1662. The Diet of 1723 published a second, and that of 1727, repeated the foregoing with additional severity.

They were excluded from the Netherlands under pain of death, partly by Charles the Vth, and afterwards by the United States, in 1582. But the greatest number of sentences of exile, have been pronounced against them in Germany. The beginning was made under Maximilian I, at the Augsburgh Diet, in 1500, where the following was drawn up, respecting those people who call themselves Gypsies, roving up and down the country.

"By public edict, to all ranks of the empire, according to the obligations under which they are bound to Us, and the Holy Empire; it is strictly ordered, that in future they do not permit the said Gypsies, since there is authentic evidence of their being spies, scouts, and conveyers of intelligence, betraying the christians to the Turks, to pass or remain within their p. 65territories; nor to trade; neither to grant them protection, nor convoy. And that the said Gypsies do withdraw themselves, before Easter next ensuing, from the German dominions; entirely quit them, nor suffer themselves to be found therein: as in case they should transgress after that time, and receive injury from any person, they shall have no redress, nor shall such person be thought to have committed any crime."

The same business occupied the attention of the Diet, in 1530, 1544, 1548, and 1551; and was also again enforced in the improved police regulation of Frankfort, in 1577.

Several Princes were however so little attentive to these orders of the empire, that instead of endeavouring to drive out the Gypsies, they on the other hand, furnished them with passports and safe-conducts; but by far the greater number exerted themselves to the utmost, to clear their states of them.

Perhaps there is not any civilized state, Hungary and Transylvania excepted, where this remedy has not been tried; but in the first p. 66place it had very little effect, and that little was only temporary. Even if every civilized nation had driven out the Gypsies at the same time, Europe could not have been entirely cleared of them, so long as they preserved an asylum in Turkey. Now as experience evinces there is no country in which a constant, equal attention, is paid to the execution of the laws, they would, in more, or less time, have again insinuated themselves into the neighbouring countries; from these into others; and have recommenced where they left off.

But a general extermination never did take place. The law for banishing them passed in one state before it was thought of in the next, or when a like order had long become obsolete, and sunk into oblivion. These guests were therefore merely compelled to shift their quarters to an adjoining state, where they remained till the Government, there, began to clear them away, upon which the fugitives either retired back whence they came, or went on progressively to a third place, thus making a continual revolution.

p. 67Secondly, this remedy was premature: endeavouring to exterminate, was the same as if a surgeon should proceed directly to the amputation of a diseased limb, because it created inconvenience to the rest of the body. Whereas the first inquiry ought to be, whether the disorder is of such a nature as not to be removed, but by entire separation. This is a desperate course, and should only be adopted, when no other can be efficacious.

It is to be regretted that, not until the reign of the Empress Theresa, does there appear to have been any plan laid down for the gaining over these poor ignorant people to virtue, and to the state. Historians represent that the wise dispositions she enjoined respecting the Gypsies in Hungary, were intrusted to people inadequate to the task.

What was done, in her time, for the improvement of their condition, may be seen by the following article extracted from the *Anzeigen aus den Kayserl, Kvnigl Erbldndern*, or Intelligence from the Hereditary Imperial Royal Dominions.

p. 68"Since the year 1768, several decrees regarding these people have been published in the country, *Hungary*, and the strictest orders despatched to the several districts, in consequence. They were prohibited from dwelling in huts, or tents; from wandering up and down the country; from dealing in horses; from eating animals which died naturally, and carrion; and from electing their own Wayda or Judge. It was intended to extirpate the very name and language of these folks out of the country. They were no longer to be called Gypsies, but New Boors, *Uj Magyar*; not to converse any longer with each other in their own language, but in that of any of the countries in which they had chosen to reside.

"Some months were to be allowed, after which they were to quit their Gypsey manner of life, and settle like the other inhabitants, in cities and villages; to build decent houses and follow some reputable business. They were to procure Boors' clothing; to commit themselves to the protection of some territorial superior, and live regularly."

p. 69Nevertheless, though these regulations were calculated for the good of these people, and the state, the greater part were not in the smallest degree benefited by them. In the year 1773, these orders were not only repeated, but made more rigid; and as even this measure would not answer the end, it was then thought necessary to proceed to extremity with them.

Wherefore it was ordered, that no Gypsey should have permission to marry, who could not prove himself in condition to support a wife and children; that from such Gypsies who had families, the children should be taken away by force; removed from their parents, relations, and intercourse with the Gypsey race. A beginning was made in some places; and where they would not comply voluntarily, they were compelled to submit to the decree.

At Fahlendorf, in Sch | tt, and in the district of Presburgh, all the children of the New Boors, *Gypsies*, above five years old, were carried away in waggons, during the night of the 21st of December,

1773, by overseers appointed for that purpose; to order that, at a p. 70distance from their parents, or relations, they might be more usefully educated, and become accustomed to work. Those Boors who were willing to receive and bring up these children, were paid eighteen guilders yearly from Government.

On the 24th of April, 1774, between five and six o'clock in the morning, the children of the Gypsies which had been growing up from December of the foregoing year, were again removed from Fahlendorf, in Sch | tt, and Hideghid, for the purpose of being put under the same course of discipline as the others. Among the children taken away on this occasion, was a girl fourteen years old, who was forced to be carried off in her bridal state. She tore her hair for grief and rage, and was quite beside herself with agitation: but she recovered a composed state of mind; and, in 1776, in Fasching, obtained permission to accomplish her marriage.

So far our intelligence is quoted from the Gazettes, by which we may see how prudently every thing was concerted.

p. 71But it must be observed, although the publisher of this information endeavours to conceal it, how little these salutary regulations were put in force; there were scarcely two places in the kingdom where even an endeavour was made to give them proper effect. This supineness must have been unknown to the Emperor Joseph, or he would certainly again have enforced these regulations, to all chiefs and governors, at the same time that he gave orders for their being observed in Transylvania.

The tenor of the decree just mentioned, which was published in the year 1782, was consonant with the intention of Theresa, with regard to the Hungarian Gypsies; namely, that those also in Transylvania should become better men, and more useful inhabitants. For the accomplishment of this end, it prohibits their wandering about, and living under tents; requires that they become settled, and put themselves under some territorial chief. In order to strike immediately at the root of the evil, necessary and minute directions are given for the improvement of their religious ideas and p. 72opinions; and, by correcting their vicious habits, for rendering them good citizens.

First, with respect to religion, they must

1. Not only be taught the principles of religion themselves, but early send their children to school.

2. Prevent as much as possible, their children running about naked in the roads and streets, thereby giving offence and disgust to other people.

3. In their dwellings, not permit their children to sleep promiscuously by each other, without distinction of sex.

4. Diligently attend at church, particularly on Sundays and holidays, to give proof of their Christian disposition.

5. Put themselves under the guidance of spiritual teachers, and conduct themselves conformably to the rules laid down by them.

Secondly, with regard to their temporal conduct, and better mode of living, they are bound

1. To conform to the custom of the country, in diet, dress, and language: consequently to abstain from feeding on cattle which have died p. 73of distempers; not to go about in such unseemly dresses; and to discontinue the use of their own particular language.

2. Not to appear any more in large cloaks; which are chiefly useful to hide things that have been stolen.

3. No Gypsey, except he be a gold-washer, shall keep a horse.

4. Also the gold-washers must refrain from all kinds of bartering at the annual fairs.

5. The magistrates of every place must be very attentive that no Gypsey waste his time in idleness; but at those seasons, when they have no employment, either for themselves or any landholder, to recommend them to some other person, with whom they shall be compelled to work for hire.

6. They are to be kept particularly to agriculture; therefore

7. It is to be observed, where possible, that every territorial Lord, who takes any Gypsies under his jurisdiction, do allot them a certain piece of ground to cultivate.

p. 748. Whoever is remiss in his husbandry, shall be liable to corporal punishment.

9. They shall be permitted to amuse themselves with music, or other things, only when there is no field work for them to do.

Such were the regulations adopted by the Emperor Joseph II. for the purpose of civilizing, and rendering good and profitable subjects, upwards of eighty thousand of miserable wretches, ignorant of God and of virtue.

Grellmann.

p. 75SECTION V.

The Gypsies in Great Britain.

The traits of character and the habits of the Gypsies on the Continent of Europe, exhibited in this work, are sufficient for an examination, in what degree these people correspond with those under the same denomination in England.

The earliest account which the writer of this section has been able to collect from British History, was printed in the year 1612; when a quarto work, by S. R. was published, to detect and expose the art of juggling and legerdemain; in which is the following description of the Gypsies.

"This kind of people, about a hundred years ago, beganne to gather an head, as the first heere, about the southerne parts. And this as I am informed, and can gather, was p. 76their beginning: Certain Egyptians banished their country, (belike not for their good conditions,) arrived heere in England, who for quaint tricks and devices, not known heere, at that time, among us, were esteemed, and had in great admiration; insomuch, that many of our English *Loyterers* joined with them, and in time learned their craftie cosening.

"The speach which they used, was the right Egyptian language, with whom our Englishmen conversing, at least learned their language. These people continuing about the country, and practising their cosening art, purchased themselves great credit among the country people, and got much by palmistry, and telling of fortunes; insomuch, they pitifully cosened poor country girls, both of money, silver spoons, and the best of their apparelle, or any goods they could make."

From this author, it is collected, they had a leader of the name of *Giles Hather*, who was termed their King; and a woman of the name of *Calot*, was called Queen. "These riding p. 77through the country on horseback, and in strange attire, had a prettie traine after them."

After mentioning some of the laws passed against them, this writer adds: "But what numbers were executed on these statutes you would wonder; yet, notwithstanding, all would not prevaile, but they wandered as before uppe and downe, and meeting once in a yeare at a place appointed; sometimes at the Peake's Hole in Derbyshire, and other whiles by Ketbroak at Blackheath."

About the same time, Spellman's Portrait of the Gypsey Fraternity seems to have been taken, ad vivum, and is as follows:

"Egyptiani, Erronum, Impostorumque genus nequissimum, in Continente ortum; sed ad Britannos nostras et Europam reliquam pervolans, nigredine deformes, excocti sole, immundi veste, et usu rerum omnium ffdi, &c.;" which may be thus translated, "Egyptians, the worst kind of wanderers and impostors, springing up on the Continent, but yet rapidly spreading themselves through Britain, and p. 78other parts of Europe, disfigured by their swarthiness; sun-burnt; filthy in their clothing, and indecent in all their customs, &c."

According to the first of these statements, the arrival of Gypsies in England might be about the year 1512; or ten years at least before the Statute of the 22d of Henry VIII; in the 10th chapter of which, they are described to be, "*An outlandish people, calling themselves Egyptians, using no crafte, nor feat of merchandise; who have come into this realm, and gone from shine to shire, and place to place in great company; and used great, subtle, and crafty means, to deceive the people, bearing them in hand, that they by palmistry could tell men's and yeomen's fortunes; and so, many times by crafte and subtlety have deceived the people of their money; and also have committed many heinous felonies and robberies.*" Wherefore they are directed to avoid the realm, and not to return under pain of imprisonment, and forfeiture of their good and chattels; and upon their trials for any felonies which they may have committed, they p. 79shall not be entitled to a Jury *de medietate linguf.*

The Act passed the 27th of the came reign goes farther, as will appear by the following abstract of it: "*Whereas certain outlandish people, who do not profess any crafte or trade whereby to maintain themselves, but go about in great numbers from place to place, using insidious, underhand means to impose on his Majesty's subjects, making them believe that they understand the art of foretelling to men and women their good and evil fortune, by looking in their hands, whereby they frequently defraud people of their money; likewise are guilty of thefts and highway robberies: it is hereby ordered that the said vagrants, commonly called Egyptians, in case they remain one month in the kingdom, shall be proceeded against as thieves and rascals; and on the importation of any such Egyptian, he, (the importer) shall forfeit* #40 *for every trespass."*

By the above recited Acts of Parliament, it appears, that it was from their own representation p. 80of being Egyptians, they were so denominated in England; and that they did not on their arrival in this country, feign themselves, as in Germany, to be pilgrims; or as in France, to be penitents; neither of which impositions would have been well adapted to the temper of the government of Henry VIII; or to his subversion of papal power, and abolition of monastic influence. The character they assumed, was the best adapted to establish their reputation, for the arts and deception they intended to practise in England. The fame of Egypt in astrology, magic, and soothsaying, was universal; and they could not have devised a more artful expedient, than the profession of this knowledge, to procure for them a welcome reception by the great mass of the people.

From the abstract of the Act of 27th, Henry VIII, we may infer, that the Gypsies were so much in request, as to induce some of our countrymen to import them from the Continent, or at least to encourage their migration to this Island. The importation of these people p. 81must have been prevalent from some cause, to require parliamentary interference, and even a fine to prevent it, of such an amount as #40; which according to the relative value of money, would, at the present time, be equal to a large sum.

During the same reign, we find that a number of Gypsies were reshipped at the public expense, and sent to France.

In the Book of Receipts and Payments, of the 35th of Henry VIII. are the following entries.

"Nett Payments 1st Sept. 36th of Henry VIII,

"Item to Tho. Warner, Sergeant of the Admyraltie, 10th Sept. for victuals prepared for a shippe appointed to convey certaine Egupeians, 58s.—Item to the same Tho. Warner to th' use of John Bowles for freight of said shippe, #6 5s. Item to Robt. Ap. Rice, Esq. Shriff of Huntingdon for the charge of the Egupeians at a special gaile delivery, and the bringing of them to be conveied over the sees; over and besides the sum of #4. 5s. 0d. growing of seventeen p. 82horses, sold at five shillings [82] the piece, as apperythe by a particular book, #17. 17s. 7d. Item to Will. Wever appointed to have the charge of the conduct of the said Egupeians to Callis, #5."

There were subsequent acts relating to Gypsies in the reign of Ph. & M.; and 5th of Eliz.; by which, "*If any person being* 14 *years old, whether natural born subject or stranger, who had been seen in the fellowship of such persons, or had disguised himself like them, should remain with them one month at once, or at several times, it should be felony without benefit of clergy*."

But notwithstanding these measures to extirpate Gypsies, Wraxall, in his History of France, Vol. II. page 32, in referring to the Act of Eliz. in 1563, states, that in her reign, the Gypsies throughout England were supposed to exceed ten thousand.

p. 83And it appears by the following Order of Sessions, copied from the Harleian M.S.S. British Museum, No. 364, that about the year 1586, there were great complaints of the increase of vagabonds and loitering persons, &c.

"Orders, Rules, and Directions, concluded, appointed, and agreed uppon, by us the Justices of the Peace, within the countie of Suffolk, assembled at our General Sessions of Peace, holden at Bury the 22d daie of Aprill, in the 31st yeare of the Raigne of our Souraigne Lady, the Queen's Majestie, for the punishinge and suppressinge of Roags, Vacabonds; idle, loyteringe, and lewde persons; which doe, or shall hereafter wander and goe aboute, within the hundreths of Thingo cum Bury, Blackborne, Thedwardstree, Cosford, Babings, Risbridge, Lackford, and the half hundreth of Exninge, in the said countie of Suffolk, contrary to the law, in that case made and provided.

"Whereas, at the Parliement beganne and holden at Westminster, the 8th daie of Maye, in the 14th yeare of the raigne of the Queen's Majestie, that nowe is, one Acte was made, p. 84intytuled, "An Acte for punishment of Vacabonds, and for releife of the Pooere, and Impotent." And whereas, at a Session of the Parliament, holden by prorogacon, at Westminster, the eight daie of February, in the 28th yeare of her Majestie's raigne, one other Acte was made and intytuled, "An Acte for settinge of the Poore to work, and for the avoydinge of idleness." By vertue of which, severall Acts, certeyne provisions and remedies been ordeyned, and established, as well for the suppressinge, and punishinge of all roags, vacabonds, sturdy roags, idle and loyteringe persons; as also for the releife, and setting on worke of the aged and impotente persons within this realm; and authoritie gyven to Justices of Peace, in their several charges and commission, to see that the said Acts and Statuts be putte in due execution, to the glorie of Allmightie God, and the benefite of the common welth.

"And whereas also yt appeareth by dayly experience, that the number of idle, vagraunte, loyteringe, sturdy roags, masterles men, lewde and yll disposed persons are exceedingly p. 85encreased, and multiplied, committinge many grevious and outeragious disorders and offences, tendinge to the great . . . of Allmightie God, the contempte of her Majestie's laws, and to the great charge, troble, and disquiet of the common welth. — We the Justices of Peace, above speciefied, assembled and mett together at our general sessions above named, for remedie of theis and such lyke enormities which hereafter shall happen to arise or growe within the hundreths and lymits aforesaid, doe by theis presents, order, decree and ordeyne, That there shall be builded or provided one convenient house, which shall be called the House of Correction; and that the same be established within the towne of Bury, within the hundreth of Thingoe aforesaid. And that all persons offendinge or lyvinge contrary to the tenor of the said twoe Acts, within the hundreths and lymitts aforesaid, shal be, by the warrante of any Justice of Peace, dwellinge in the same hundreths or lymitts, committed thether and there be releived, punished, sett to worke, and p. 86ordered in such sorte, and accordinge to the directions, provisions, and limitations, hereafter in theis presents declared and specified.

"Fyrst, That yt maie appeare what persons arre to be apprehended, committed and brought to the House of Correction, it is ordered and appointed, That all and every person and persons which shal be found and taken within the hundreths and lymitts aforesaid, above the age of 14 yeares, and shall take upon them to be procters or procurators goinge aboute withowt sufficiente lycence from the Queen's Majestie. All idle persons goinge aboute usinge subtiltie and unlawfull games or plaie — all such as faynt themselves to have knowledge in phisiognomye, palmestrie or other abused sciences—all tellers of destinies, deaths or fortunes, and such lyke fantasticall imaginations."

From the tenor of the above Ordinance, it might be inferred that, at the time of issuing it, Gypsies, and their adherents, abounded in the County of Suffolk; and it may be concluded, that they continued to attach themselves to that part of the nation, as Judge Hale remarks, p. 87that "at one Suffolk Assize, no less than thirteen Gypsies were executed upon these Statutes, a few years before the restoration."

To the honour of our national humanity, however, Judge Blackstone observes, there are no instances more modern than this, of carrying these laws into practice; and the last, sanguinary act is itself now repealed. The severe statute of 5th Eliz. c. 20 is repealed by 23d Geo. III. c. 51—and Gypsies are now only punishable under the Vagrant Act, which declares, "that all persons pretending to be Gypsies, or wandering in the habit, and form of Egyptians, shall be deemed rogues, and vagabonds."—17th Geo. II. c. 5.

In Scotland, these people seemed for a time to enjoy some share of indulgence; for a writ in favour of John Faw, Lord and Earl of Upper Egypt, was issued by Mary, Queen of Scots, 1553; and in 1554, he obtained a pardon for the murder of Numan Small.

In 1579, however all the legislative provisions respecting vagrants, beggars, &c. in Scotland, were reduced into one law, by the following p. 88very comprehensive statute: "Forameikle as there is sindrie loyabil Acts of Parliament, maid be our soveraine Lord's maist nobil progenitours, for the stanching of maisterful and idle beggars, away putting of Sornares, and provision for the pure: bearing that nane sall be thoiled to beg, nouther to burgh, nor to land, betwixt 14 and 70 zeires.

"That sik as make themselves fules, and ar bairdes, or uther sik like runners about, being apprehended, sall be put into the Kinge's waird, or irones, sa lang as they have ony gudes of their awin to live on. And fra they have not quhairupon to live of their awin, that their eares be nayled to the trone, or to an uther tree, and their eares cutted off, and banished the countrie; and gif thereafter they be found againe, that they be hanged.

"And that it may be knowen, qwhat maner of persones ar meaned to be idle and strang begares, and vagabounds, and warthy of the punischement before specified, it is declared: "That all idle persones ganging about in ony countrie of this realm, using subtil, craftie, and p. 89unlawful playes, as juglarie, fast-and-lous, and sik uthers; the idle peopil calling themselves *Egyptians*, or any uther, that feinzies themselves to have a knawledge or charming prophecie, or other abused sciences, qwairby they perswade peopil, that they can tell their weirds, [89] deathes, and fortunes, and sik uther phantastical imaginations, &c."

Notwithstanding this law, a writ of Privy Seal, dated 1594, supports John Faw, Lord and Earl of Little Egypt, in the execution of justice upon his company of folk, conform to the laws of Egypt, in punishing certain persons there named, who had rebelled against him, left him, robbed him, and refused to return home with him.

James' subjects are commanded to aid in apprehending them, and in assisting Faw and his adherents to return home.

From all these circumstances, it appears that this John Faw, or two persons of the same name and distinction, succeeding each other, p. 90staid a long time in Scotland; and from him this kind of strolling people might receive the name of Faw Gang, which they still retain, as appears by Burn's Justice.

But the Scottish laws, after this time, were not less severe than those of Queen Elizabeth. By an Act passed in 1609; "Sorners, common thieves, commonly called Egyptians, were directed to pass forth of the kingdom, under pain of death, as common, notorious, and condemned thieves." Scottish Acts, I. 850.

p. 91SECTION VI.

The present State of the Gypsies in Scotland.

The energy and perseverance by which North Britons are distinguished, will be evinced throughout the pages of this section. A friend of the author, having been requested to make application at the Advocates' and the University Libraries, in the city of Edinburgh, for extracts from some foreign publications, was also desired to transmit with them what information could be obtained respecting the Gypsies in Scotland.

With a promptitude and zeal which characterises genuine philanthropy, a circular, containing four queries, was dispatched to the Sheriff of every county in that nation; soliciting through the medium of an official organ, all the intelligence which could be obtained on the subject. In consequence, returns have p. 92been made from nearly the whole of the shires, either by the Sheriff, or his substitute; generally addressed to George Miller, jun. Edinburgh; who has been a most effective coadjutor on this occasion.

From thirteen counties, the reports are, "No Gypsies resident in them;" some others give account of their only passing through at times.

William Frazer Tytler, Sheriff of Invernessshire, writes as follows: "The undertaking in which you are engaged, for the civilization of so lost a portion of mankind, merits every support. Its effects may be more generally and extensively useful in England, where those unfortunate people are extremely numerous. In Scotland, their number is comparatively small, and particularly in the county of Inverness."

Alexander Moor, Sheriff Depute, of Aberdeenshire, states: "There are not any Gypsies who have a permanent residence in that Sheriffalty. Occasionally vagrants, both single and in bands, appear in this part of the country; resorting to fairs, where they commit p. 93depredations on the unwary. Some of them are supposed to be connected with Gypsies in the southern part of the island."

John Blair, Sheriff Substitute for the County of Bute, writes: "I have to inform that the people generally known by the description of Gypsies, are not in use to come hither, unless abject, itinerant tinkers and braziers, generally from Ireland, may be accounted such. A few of them often visit us, and take up their abode for a time in different parts of the country, where people can be prevailed upon to give them the accommodation of an out-house or hut."

They are understood to be illiterate, neither they, nor their children, who are often numerous, being able to read.

The distinguished northern Poet, Walter Scott, who is Sheriff of Selkirkshire, has in a very obliging manner communicated the following statement:

"A set of people possessing the same erratic habits, and practising the trade of tinkers, are well known in the Borders; and have often p. 94fallen under the cognisance of the law. They are often called Gypsies, and pass through the county annually in small bands, with their carts and asses. The men are tinkers, poachers, and thieves upon a small scale. They also sell crockery, deal in old rags, in eggs, in salt, in tobacco and such trifles; and manufacture horn into spoons, I believe most of those who come through Selkirkshire, reside, during winter, in the villages of Sterncliff and Spittal, in Northumberland, and in that of Kirk Yetholm, Roxburghshire.

"Mr. Smith, the respectable Baillie [94] of Kelso, can give the most complete information concerning those who reside at Kirk Yetholm. Formerly, I believe, they were much more desperate in their conduct than at present. But some of the most atrocious families have been extirpated, I allude particularly to the *Winters*, a Northumberland clan, who I fancy are all buried by this time.

p. 95"Mr. Reddell, Justice of Peace for Roxburghshire, with my assistance and concurrence, cleared this country of the last of them, about eight or nine years ago. They were thorough desperadoes, of the worst class of vagabonds. Those who now travel through this country, give offence chiefly by poaching, and small thefts. They are divided into clans, the principal names being Faa, Baillie, Young, Ruthven, and Gordon.

"All of them are perfectly ignorant of religion, nor do their children receive any education. They marry and cohabit amongst each other, and are held in a sort of horror by the common people.

"I do not conceive them to be the proper Oriental Egyptian race, at least they are much intermingled with our own national out-laws and vagabonds. They are said to keep up a communication with each other through Scotland, and to have some internal government and regulation as to the districts which each family travels.

p. 96"I cannot help again referring to Mr. Smith of Kelso, a gentleman who can give the most accurate information respecting the habits of those itinerants, as their winter-quarters of Yetholm, are upon an estate of which he has long had the management."

It is very satisfactory to have received from an authority so respectably as that of William Smith, the Baillie of Kelso, above referred to, answers to the four queries of the circular; accompanied by his own interesting and appropriate illustrations, from which extracts are made as follow, dated November, 1815.

"A considerable time having elapsed, since I had an opportunity, or occasion to attend to the situation of the colony of Gypsies in our neighbourhood, I was obliged to delay my answer to your inquiries, until I could obtain more information respecting their present numbers.

"The great bar to the benevolent intentions of improving their situation will be, the impossibility to convince them that there either is, p. 97or can be, a mode of life preferable, or even equal to their own.

"A strong spirit of independence, or what they would distinguish by the name of liberty, runs through the whole tribe. It is no doubt a very licentious liberty, but entirely to their taste. Some kind of honour, peculiar to themselves, seems to prevail in their community. They reckon it a disgrace to steal near their homes, or even at a distance, if detected. I must always except that petty theft of feeding their shelties and asses on the farmer's grass and corn, which they will do, whether at home or abroad.

"When avowedly trusted, even in money transactions, they never deceived me, nor forfeited their promise. I am sorry to say, however, that when checked in their licentious appropriations, &c. they are very much addicted both to threaten and to execute revenge.

"Having so far premised with respect to their general conduct and character, I shall proceed to answer, as far as I am able, the four queries subjoined to the circular which you p. 98sent me, and then subjoin, in notes, some instances of their conduct in particular cases, which may perhaps elucidate their general disposition and character."

"Query 1st. *What number of Gypsies in the County*?

"A. I know of none except the colony of Yetholm, and one family who lately removed from that place to Kelso. Yetholm consists of two towns, or large villages, called *Town* Yetholm, and *Kirk* Yetholm. The first is in the estate of Mr. Wauchope, of Niddry; the latter in that of the Marquis of Tweedale. The number of the Gypsey colony at present in Kirk Yetholm, amounts to at least 109 men, women, and children; and perhaps two or three may have escaped notice. They marry early in life, in general have many children, and their number seems to be increasing.

"Query 2d. *In what do the men and women mostly employ themselves*?

"B. I have know the colony between forty and fifty years. At my first remembrance of them, they were called the *Tinklers*, p. 99(Tinkers) of Yetholm, from the males being chiefly then employed in mending pots, and other culinary utensils, especially in their peregrinations through the hilly and less populous parts of the country.

"Sometimes they were called *Horners*, from their occupation in making and selling horn spoons, called Cutties. Now their common appellation is that of *Muggers*, or, what pleases them better, *Potters*. They purchase, at a cheap rate, the cast or faulty articles, at the different manufactories of earthenware, which they carry for sale all over the country; consisting of groups of six, ten, and sometimes twelve or fourteen persons, male and female, young and old, provided with a horse and cart to transport the pottery; besides shelties and asses to carry the youngest of the children, and such baggage as they find necessary.

"In the country, they sleep in barns, and byres, or other out-houses: and when they cannot find that accommodation, they take the canvas covering from the pottery cart, and p. 100squat below it like a covey of partridges in the snow.

"A few of the colony also employ themselves occasionally in making beesoms, foot-bosses, &c. from heath, broom, and bent, and sell them at Kelso, and the neighbouring towns. After all, their employment can be considered little better than an apology for idleness and vagrancy.

"They are in general great adepts in hunting, shooting, and fishing; in which last they use the net and spear, as well as the rod; and often supply themselves with a hearty meal by their dexterity. They have no notion of being limited in their field sports, either to time, place, or mode of destruction.

"I do not see that the women are any otherwise employed, than attending the young children; and assisting to sell the pottery when carried through the country."

"Query 3rd. *Have they any settled abode in winter, and where?*

"C. Their residence, with the exception of a single family, who some years ago came to p. 101Kelso, is at Kirk Yetholm, and chiefly confined to one row of houses, or street of that town, which goes by the name of Tinkler Row. Most of them have leases of their possessions, granted for a term of nineteen times nineteen years, for payment of a small sum yearly; something of the nature of a quit rent. There is no tradition in the neighbourhood concerning the time when the Gypsies first took up their residence at that place, nor whence they came.

"Most of their leases, I believe were granted by the family of the Bennets of Grubet; the last of whom was Sir David Bennet, who died about sixty years ago. The late Mr. Nesbit of Dirleton, then succeeded to the estate, comprehending the Baronies of Kirk Yetholm, and Grubet. He died about the year 1783, and not long after, the property was acquired by the late Lord Tweedale's trustees.

"During the latter part of the life of the late Mr. Nesbit, he was less frequently at his estate in Roxburghshire than formerly. He was a great favourite of the Gypsies, and was p. 102in use to call them his body guards, and often gave them money, &c.

"On the other hand, both the late and present Mr. Wauchope were of opinion, that the example of these people had a bad effect upon the morals and industry of the neighbourhood; and seeing no prospect of their removal, and as little of their reformation, considered it as a duty to the public, to prevent the evil increasing; and never would consent to any of the colony taking up their residence in Town Yetholm.

"They mostly remain at home during winter, but as soon as the weather becomes tolerably mild in spring, most of them, men, women, and children, set out on their peregrination over the country, and live in a state of vagrancy, until again driven into their habitations by the approach of winter.

"Seeming to pride themselves as a separate tribe, they very seldom intermarry out of the colony; and in rare instances where that happens, the Gypsey, whether male or female, by influence and example, always induces the p. 103stranger husband or wife to adopt the manners of the colony, so that no improvement is ever obtained in that way. The progeny of such alliances have almost universally the tawny complexion, and fine black eyes of the Gypsey parent, whether father or mother.

"So strongly remarkable is the Gypsey cast of countenance, that even a description of them to a stranger, who has had no opportunity of formerly seeing them, will enable him to know them wherever he meets with them. Some individuals, but very rarely, separate from the colony altogether; and when they do so early in life, and go to a distance such as London, or even Edinburgh, their acquaintances in the country get favourable accounts of them. A few betake themselves to regular and constant employments at home, but soon tire, and return to their old way of life.

"When any of them, especially a leader, or man of influence dies, they have full meetings, not only of the colony, but of the Gypsies from a distance, and those meetings, or *Late Wakes*, are by no means conducted with sobriety or decency."

p. 104"Query 4th. *Are any of their children taught to read, and what proportion of them? With any anecdotes respecting their customs and conduct.*

"D. Education being obtained at a cheaper rate, the Gypsies in general, give their male children as good a one, as is bestowed on those of the labouring people and farm servants in the neighbourhood; such as reading, writing, and the first principles of arithmetic. They all apply to the clergyman of the parish for baptism to their children, and a strong superstitious notion universally prevails with them, that it is unlucky to have an unchristened child long in the house. Only a very few ever attend divine service, and those as seldom as they can, just to prevent being refused as sponsors at their children's baptism.

"They are in general, active and lively, particularly when engaged in field sports; or in such temporary pursuits as are agreeable to their habits and dispositions; but are destitute of the perseverance necessary for a settled occupation, or even for finishing what a moderate degree of continued labour, would enable them to accomplish in a few weeks."

p. 105NOTES

By Wm. Smith, *intended to elucidate his answers to the Queries* A *and* B, *on their licentious liberty.*

"I remember that about 45 years ago, being then apprentice to a writer, who was in use to receive the rents as well as the small duties of Kirk Yetholm, he sent me there with a list of names, and a statement of what was due; recommending me to apply to the landlord of the public-house, in the village, for any information or assistance which I might need.

"After waiting a long time, and receiving payment from most of the feuers, or rentallers, I observed to him that none of the persons of the names of Faa, Young, Blythe, Fleckie, &c who, stood at the bottom of the list for small sums, had come to meet me, according to the notice given by the Baron Officer; and proposed sending to inform them that they were detaining me, and to request their immediate attendance.

"The landlord, with a grave face, inquired whether my master had desired me to ask money from those men. I said, not particularly; p. 106but they stood on the list. "So, I see," said the landlord, "but had your master been here himself, he did *not dare to ask money from them, either as rent, or feu duty.—He knows that it is as good as if it were in his pocket. They will pay when their own time comes, but do not like to pay at a set time with the rest of the Barony; and still less to be craved."*

"I accordingly returned without their money, and reported progress. I found that the landlord was right; my master said with a smile, that it was unnecessary to send to them, after the previous notice from the Baron Officer; it was enough if I had received the money, if offered.—Their rent and feu duty was brought to the office in a few weeks. I need scarcely add, those persons all belonged to the tribe.

"Another instance of their licentious, independent spirit, occurs to me. The family of Niddry always gave a decent, annual remuneration to a Baron Baillie, for the purpose of keeping good order within their Barony of Town Yetholm. The person whom I remember p. 107first in possession of that office, was an old man called Doctor Walker, from his being also the village surgeon; and from him I had the following anecdote:—

"Between Yetholm and the border farms in Northumberland, there were formerly, as in most border situations, some uncultivated lands called the *Plea lands*, or *Debateable lands*, the pasturage of which was generally eaten up by the Sorners and vagabonds on both sides of the marches.

"Many years ago, Lord Tankerville and some other of the English borderers, made their request to Sir David Bennet, and the late Mr. Wauchope of Niddry, that they would accompany them at a *riding* of the Plea lands, who readily complied with their request. They were induced to this, as they understood that the Gypsies had taken offence, on the supposition that they might be circumscribed in the pasture for their shelties and asses, which they had held a long time, partly by stealth, and partly by violence.

p. 108"Both threats and entreaties were employed to keep them away; and, at last, Sir David obtained a promise from some of the heads of the gang, that none of them should show their faces on the occasion.

"They, however, got upon the hills at a little distance, whence they could see every thing that passed. At first they were very quiet. But when they saw the English Court Book Spread out on a cushion before the clerk, and apparently taken in a line of direction, interfering with what they considered to be their privileged ground, it was with great difficulty that the most moderate of them, could restrain the rest from running down, and taking vengeance, even in sight of their own Lord of the Manor.

"They only abstained for a short time, and no sooner had Sir David, and the other gentleman taken leave of each other in the most polite and friendly manner, as border chiefs are wont to do, since border feuds ceased, and had departed to a sufficient distance, than the clan, armed with bludgeons, pitch-forks, and p. 109such other hostile weapons as they could find, rushed down in a body; and before the chiefs on either side had reached their home, there was neither English tenant, horse, cow, nor sheep left upon the premises.

"Notes on Answers C and D.

"*Peculiar cast of* Gypsey Features, *every where distinguishable*, &c.

"When first I knew any thing about the colony, old Will Faa was king, or leader, and had held the sovereignty for many years.

"Meeting at Kelso with Mr. Walter Scott, whose discriminating habits and just observations I had occasion to know from his youth, and at the same time seeing one of my Yetholm friends in the horse market, I merely said to Mr. Scott, "Try to get before that man with the long drab coat, look at him on your return, and tell me whether you ever saw him, and what you think of him." He was so good as to indulge me; and rejoining me said without hesitation, "I never saw the man that I know of; but he is one of the Gypsies of Yetholm, that you told me of several years p. 110ago." I need scarcely say that he was perfectly correct.

"The descendants of Faa, now take the name of *Fall*, from the Messrs. Falls, of Dunbar, who, they pride themselves in saying, are of the same stock and lineage. When old Will Faa was upwards of eighty years of age, he called on me at Kelso, in his way to Edinburgh, telling that he was going to see the Laird, the late Mr. Nesbit, of Dirleton, as he understood that he was very unwell, and himself being now old, and not so stout as he had been, he wished to see him once more before he died.

"The old man set out by the nearest road, which was by no means his common practice. Next market-day, same of the farmers informed me, that they had been in Edinburgh, and seen Will Faa upon the bridge; (the south bridge was not then built;) that he was tossing about his old brown hat, and huzzaing with great vociferation, that he had seen the Laird before he died. Indeed Will himself had no time to lose, for having set his face homewards p. 111by the way of the sea coast, to vary his route, as is the general custom of the gang, he only got the length of Coldingham, when he was taken ill, and died.

"His death being notified to his friends at Yetholm, they and their acquaintance at Berwick, Spittal, Horncliff, &c. met to pay the last honours to their old leader. His obsequies were continued three successive days and nights, and afterwards repeated at Yetholm, whither he was brought for interment. I cannot say that the funeral rites were celebrated with decency and sobriety, for that was by no means the case. This happened in the year 1783, or 1784, and the late Mr. Nesbit did not long survive."

William Dymock, W. S. Edinburgh, distinguished in the profession of the law, by his sound judgment and strict integrity, having had the perusal of the preceding report from William Smith, gives the following testimony concerning that account: "Baillie Smith's report is quite graphical, correct truth, and p. 112correctly expressed.—It is useful as showing, that the parties of Tinklers are great detachments from one colony."

With this, accords Sir John Sinclair's observation in his Statistical Account of Scotland, Vol. II. p. 124, when describing the village of Eaglesham, he remarks: "There is no magistrate nearer than four miles, and the place is oppressed with gangs of Gypsies, commonly called Tinklers, or sturdy beggars."

Before receiving the very interesting report from William Smith, the author of this Survey was entirely at a loss to determine what was become of the descendants of John Faw, who styled himself Lord and Earl of Little Egypt; and with a numerous retinue entered Scotland in the reign of Queen Mary, as stated in Section the 5th.—His complaint of his men refusing to return home with him, might be only a feint, invented to cover his design of continuing in the country; for there does not appear to be any traces in history of the banishment of Faw-gang, or of their quitting p. 113Scotland.—But in the above cited report, we find at the head of the Tinklers a Will Faa, in whose name there is only a variation of one letter from that of his distinguished predecessor; and that in reference to this origin, he asserts the *Falls* of Dunbar to be of the same stock and lineage.

p. 115SECTION VII.

On the origin of the Gypsies

Various are the conjectures which have been indulged, and the coincidences which have been sought for, in order to obtain a solution of the query, *What race of people are the Gypsies*?

Whoever is disposed to refer to Continental writers, may see more than thirty different opinions started on this subject, founded on no better authority than some similarity of appellation, garb, complexion, or unsettled way of life.

They were sometimes *Torlaques, Kalendars*, or *Faquirs*. The Torlaques are Mahometan Monks, who under the pretence of holiness, are guilty of the most flagrant excesses. Bajazet the 2d, banished them from the Turkish empire in 1494. The Kalendars p. 116wander about in heathen countries, as the Gypsies do among Christians. The Faquirs are religious fanatics; and rove about in heathen and mahometan countries, like the most atrocious robbers. Anquetil says, the Faquirs in India go a pilgrimage to Jagrenat; they plunder such villages and cities as lie in their way; they form considerable bodies about a mile from Jagrenat, where they choose themselves a leader, to whom they pay all the attention due to a general.

With regard to strolling and thieving, the Faquirs and Gypsies agree exactly. Thomasius, Griselini, and the English geographer Salmon, imagined that when Sultan Selim conquered Egypt in 1517, several of the natives refusing to submit to the Turkish yoke, revolted under one Zinganeus.

But we have already adverted to authentic documents for the proof, that they were in Germany, Italy, and France, near a century before the conquest of Egypt by Selim.

Yet the belief that Gypsies were of Egyptian origin is parallel with their existence in Europe. p. 117It arose from the report circulated by the first of them, that they were pilgrims from Egypt; and this statement was not only adopted by the common people, but here, and there, obtained credit among men of learning. Grellmann observes, that had this opinion not been received at a time when almost every thing was taken upon trust, with little examination; had it not been propagated by the first Gypsies, and then obtained a sanction, it would have been impossible for it to have gained such general acceptation, or to have maintained itself to the present times. Till the 17th century, the Egyptian descent of the Gypsies rested entirely on tradition. Afterwards, Aventin, Krantz, and Minster openly contradict it.

Aventin relates that they wished it to be thought they came from that country, but that, in his time, nothing was known concerning them, but what came from their own mouths; those who accounted them Egyptians, rested their belief entirely on the veracity of their informants.

p. 118This is collected with greater certainty from Krantz and Minster, for they declare expressly, that every thing which could be discovered by any other means than their own assertions, contradicted, rather than confirmed their Egyptian descent. But it is not merely that their Egyptian descent is entirely destitute of proof, the most circumstantial evidence can be adduced against it.

Their language differs entirely from the Coptic, and their customs, as Ahasuerus Fritsch has remarked, are diametrically opposite to the Egyptian; but what is, if possible, of greater weight, they wander about in Egypt, like strangers, and *there*, as in other countries, form a distinct people.

The testimony of Bellonius is full and decisive on the point. He states; "No part of the world, I believe, is free from those banditti, wandering about in troops; whom we, by mistake, call Gypsies, and Bohemians. When we were at Cairo, and the villages bordering on the Nile, we found troops of these strolling p. 119thieves sitting under palm-trees; and they are *esteemed foreigners* in *Egypt*."

Aventin expressly makes Turkey their original place of rendezvous; and this furnishes a reason for the south east parts of Europe being the most crowded with them. If all that came to Europe passed by this route, it accounts for a greater number remaining in those countries, than in others to which they would have a much longer travel; and before their arrival at which, their hordes might be much divided.

It is a just assertion, that one of the most infallible methods of determining the origin of a people, would be the discovery of a country in which their language is that of the natives. It is a fact incontrovertibly established, that besides the Gypsies speaking the language of the country in which they live, they have a general one of their own, in which they converse with each other.

Not knowing any speech correspondent with the Gypsies, some have been ready to pronounce it a mere jargon; not considering how extravagant p. 120a surmise it would be, that a people rude, uncivilized, and separated hundreds of miles from each other, have invented a language. Others who are better informed on the subject, allow that the language brought into Europe with the Gypsies, was really vernacular, of some country; but suppose it is so disguised and corrupted, partly by design, and partly by adventitious events, through length of time, and the continued wandering of these people, that it must be considered a new language, and now used by the Gypsies only.

That it is the dialect of some particular part of the globe, though no longer pure, as in the country whence it originated, is an opinion which has obtained the greatest concurrence among the learned. Grellmann says, had a German listened a whole day to a Gypsey conversation, he would not have comprehended a single expression. It must doubtless appear extraordinary, that the language of a people who had lived for centuries in Europe, should have remained so much a secret: but it was not easy to gain information from the Gypsies p. 121concerning it. Acquainted, by tradition, with the deception their predecessors practised on coming into Europe, they are suspicious; and fearing an explanation might be dangerous to themselves, they are not disposed to be communicative.—But how was it possible for the learned of former centuries, to be competent to the investigation, who had not the aids which now so copiously occur to the historical etymologist?

Many dialects have been discovered, and our knowledge of others greatly increased, within the last fifty or sixty years. During that time, not only the literary treasures of the furthest north have been opened to us, but we have become acquainted with many of the oriental languages; and even eastern idioms are becoming familiar to us. We need not therefore be surprised, that before this period, the most learned were unable to point out the country in which the Gypsey language was spoken. The Gypsies have no writing peculiar to themselves, in which to give a specimen of the construction of their dialect.

p. 122Writing and reading are attainments not to be expected from nomadic tribes. Sciences, and the refined arts, are never to be looked for among a people whose manner of living, and education, are so irregular. Music is the only science in which Gypsies participate in any considerable degree; they likewise compose, but it is after the manner of the eastern people, extempore.

Grellmann asserts, that the Hindostanie language has the greatest affinity with that of the Gypsies; but he does not rest this solely on the specimen he has introduced, a sketch of which will be presented in the next section; he adduces many facts in confirmation of his opinion, which it would be an injustice to him not to exhibit.

He infers from the following considerations, that Gypsies are of the lowest class of Indians, namely Pariars, or as they are called in Hindostan, *Suders*.

The whole great nation of Indians is known to be divided into four ranks, or stocks, which are called by a portuguese name, *castes*; each p. 123of which has its own particular subdivisions. Of these castes, the Bramin is the first; the second contains the *Tschechteries* or Setreas; the third, consists of the *Beis*, or Wazziers; the fourth is the caste of the above mentioned Suders; who upon the peninsula of Malabar, where their condition is the same as in Hindostan, are called Parias, and Pariers.

The first were appointed by Brama to seek after knowledge, to give instructions, and to take care of religion. The second were to serve in war; the third were as the Bramins, to cultivate science; but particularly to attend to the breeding of cattle. The caste of Suders was to be subservient to the Bramins, the Tschecteries, and the Beis. These Suders are held in disdain, they are considered infamous, and unclean, from their occupation, and they are abhorred because they eat flesh; the three other castes living entirely on vegetables.

Of this very caste it will appear, by the following comparison, our Gypsies are composed. We have seen that the Gypsies are in the highest degree filthy and disgusting; and with p. 124regard to character, depraved and fraudulent to excess, and these are the qualities of the Suders.

Baldeus says, the Parias are a filthy people, and wicked crew, who in winter steal much cattle, &c.

It is related in the Danish Mission Intelligence: — Nobody can deny that the Pariers are the dregs and refuse of all the Indians; they are thievish, and have wicked dispositions, &c.

Moreover Neuhof assures us: "The Parruas are full of every kind of dishonesty; they do not consider lying and cheating to be sinful, as they have no other custom or maxims among them. The Gypsey's solicitude to conceal his language is, also, a striking Indian trait."

"Professor Pallas says of the Indians round Astracan: custom has rendered them to the greatest degree suspicious about their language, insomuch that I was never able to obtain a small vocabulary from them."

With regard to Gypsey marriages, Salmon relates that the nearest relations cohabit with p. 125each other; and as to education, their children grow up in the most shameful neglect, without either discipline or instruction.

All this is precisely the case with the Pariars. In the journal of the Missionaries already quoted, it is said; "With respect to matrimony, they act like the beasts, and their children are brought up without restraint or information." Gypsies are fond of being about horses, so are the Suders in India, for which reason, they are commonly employed as horse-keepers, by the Europeans resident in that country."

We have seen that the Gypsies hunt after cattle which have died of distempers, in order to feed on them; and when they can procure more of the flesh than is sufficient for one day's consumption, they dry it in the sun. Such is likewise a constant custom with the Pariars in India.

That the Gypsies, and natives of Hindostan, resemble each other in complexion, and shape is undeniable. And what is asserted of the young Gypsey girls rambling about with their fathers who are musicians, dancing with lascivious p. 126and indecent gestures, to divert any person who is willing to give them a small gratuity for so acting, is likewise perfectly Indian. Sonnerat confirms this in the account he gives of the dancing girls of Surat.

Fortune-telling is practised all over the East; but the peculiar kind professed by the Gypsies, viz: chiromancy, constantly referring to whether the parties shall be rich or poor, happy or unhappy in marriage, &c. is no where met with but in India.

The account we have given of Gypsey smiths may be compared with the Indian, as related by Sonnerat in the following words: "The smith carries his tools, his shop, and his forge about with him, and works in any place where he can find employment; he erects his shop before the house of his employer, raising a low wall with beaten earth; before which, he places his hearth; behind this wall, he fixes two leathern bellows. He has a stone instead of an anvil, and his whole apparatus is a pair of tongs, a hammer, a beetle, and a file. How p. 127exactly does this accord with the description of the Gypsey smith!

We have seen that Gypsies always choose their place of residence near some village, or city, very seldom within them; even though there may not be any order to prevent it, as is the case in Moldavia, Wallachia, and all parts of Turkey. Even the more improved Gypsies in Transylvania, who have long since discontinued the wandering mode of life, and might, with permission from government, reside within the cities, rather choose to build their huts in some bye place, without their limits. This custom appears to be derived from their original Suder education; it being usual all over India, for the Sunders to have their huts without the villages of the other castes, and in retired places near their cities.

With respect to religion, it has appeared that the greater part of the Gypsies live without any profession of it; *Tollius* says, worse than heathens. The more wonderful it is, that a whole people should be so indifferent and void of religion, the more weight it carries with p. 128it, to confirm their Indian origin, when all this is found to be literally true of the Suders.

In relation to the emigration of the Gypsies, no cause can be assigned for their leaving their native country, so probable, as the war of Timur Beg, in India. The date of their arrival marks it very plainly. It was in the years 1408, and 1409, that this Conqueror ravaged India for the purpose of disseminating the Mahometan religion. Not only every one who made any resistance was destroyed, and such as fell into the enemies' hands, though quite defenceless, were made slaves; but in a short time those very slaves, to the number of one hundred thousand, were put to death. In consequence of the universal panic which took place, those, who could quit the country, might well be supposed to consult their safety by flight.

If any of the higher castes did withdraw themselves on account of the troubles it is probable, they retired southward to people of their own sort, the Mahrattas. To mix at all with the Suders, would have been degrading p. 129their high characters, which they consider worse than death; it was therefore morally impossible for them to have united with the Suders in a retreat. Moreover, by putting themselves into the power of the Suders, with whom they live in a state of discord and inveteracy, they might have incurred as much danger as from the common enemy.

Before presenting a vocabulary of Gypsey words, it may be observed, that though the Hindostanie language is fundamentally the same, all over Hindostan; yet, like other languages, it has different dialects in the various provinces. The eastern dialect, spokes about the Ganges, has different names for some things; and inflections of some words different to the western ones spoken about the Indus: There is, besides, a third, varying from both these, viz: the Surat dialect, which has a number of Malabar, and other words mixed with it. To this must be added, that in the Hindostan, as well as in every other language, there are often several names for the same thing.

p. 130The particular dialect bearing the closest affinity to the Gypsey language, as will appear hereafter, is the western; and perhaps more especially that of Surat. With respect to the construction and inflections of the two languages, they are evidently the same. In that of Hindostan, every word ending in j is feminine, all the rest masculine; the Gypsey is the same. That makes the inflections entirely by the article, adding it at the end of the word. The Gypsey language proceeds exactly in the same manner

Grellmann.

p. 131SECTION VIII.

Comparative view of the Gypsey, Hindostanie, and Turkish languages.

The following collection is extracted from Grellmann's Vocabulary.

Gypsey.	*Hindostanie.*	*English.*
Ick, Ek	Ek	One
Duj, Doj	Du	Two
Trin, Tri	Tin	Three
Schtar, Star	Tschar	Four
Pantsch, Pansch	Pansch	Five
Tschowe, Schow	Tscho	Six
Efta	Hefta, Sat	Seven
Ochto	Aute	Eight
Desch, Des	Des, Des	Ten
Bisch, Bis	Bjs	Twenty
Diwes	Diw	Day
Ratti	Rateh	Night
Cham, Cam	Kam	The Sun
p. 132Schan	Tschand	The Moon

Panj	Panj	Water
Sonnikey	Suna	Gold
R{p	Ruppa	Silver
Jiv	Giuw	Wheat
B`l	B`l	The Hair
Aok	Awk	The Eye
Kan	Kawn	The Ear
Nak	Nakk	The Nose
Mui	Mu	The Mouth
Dant	Dant	A Tooth
Tschib	Jibb	The Tongue
Sunjo	Sunnj	The Hearing
Sunj	Sunkh	The Smell
Sik	Tschik	The Taste
Tschater	Tschater	A Tent
Rajah	Raja	The Prince
Puro	Purana	Old
Baro	Burra	Great

Kalo	Kala	Black
Grea	Gorrra	Horse
Jukel		Dog
Maru		Bread
Kil		Butter
Ker	Gurr	House

p. 133It has already been observed, that in the Gypsey, as well as in the Hindostanie language, the article is not placed before the noun, but affixed behind it; and that is the sole indication of the case of a noun.

Grellmann has given examples of the declension of nouns, pronouns, and adjectives, as well as the conjugation of verbs in both languages; but the grammatical arrangement of them does not come within the design of this work. The foregoing list of words is a selection of those that are most similar: but in Grellmann's extensive vocabulary, he says, it will appear on the average, that every third Gypsey word, is likewise Hindostanie.

It must be observed, that the words above recited, have been learned from the Gypsies within a few years, consequently at a time when they had been nearly four complete centuries away from Hindostan, their native country; and among people who spoke languages totally different; in which also the Gypsies conversed.

p. 134Under the constant and so long continued influx of these languages, their own must necessarily have suffered some alteration; more especially as they are a people entirely ignorant, either of writing or literature.

It does not appear that there is so much Persian in the Gypsey language, as has been generally imagined; and even what there is of it, they may have brought with them from their native country, as many Persian words are current in Hindostan. We ought rather to wonder the number of Hindostanie words in the Gypsey language, is so considerable, than to require it should be greater, to furnish sufficient proof of the Hindostanie language being the Gypsies' mother tongue.

Since the laborious researches of Grellmann, extended intercourse with India, has furnished unquestionable evidence in support of his deductions. The first we shall introduce, is contained in the following letter from William Marsden to Sir Joseph Banks, F.R.S. read to the Society of Antiquaries in London, 1785.

p. 135"It has long been surmised, that the vagrant tribes of people called in this country Gypsies, and on parts of the Continent of Europe, Cingari, Zingari, and Chingali, were of eastern origin. The former name has been supposed a corruption of Egyptian, and some learned men have judged it not improbable that their language might be traced to the Coptic.

"In the course of researches which I have had occasion to pursue on the subject of language, I have observed that Ludolfus, in his history of Ethiopia, makes mention incidentally of the Cingari, vel *Errones Nubiani,* and gives a specimen of words which he had collected from these people on his travels, with a view of determining their origin. He discusses the opinions of various writers concerning them; but forms no precise sentiment of his own, concluding his observations with these words: "Eadem vocabula, cum maximam partem reperiam apud Vulcanium ` centum fere annis traditam, non fictitia existimo, ut Megiferus putat nec corrupta ex aliis linguis, p. 136neque Egyptiaca, sive Coptica." – In English, thus: "Since I find according to Vulcanius, that most of these words have been continued traditionally for a period of nearly 100 years, I do not consider them fictitious, as Megiferus supposes, nor corrupted from other languages, either the Egyptian or Coptic."

"I was surprised to find many of the words familiar to my eye; and I pointed out to Sir Joseph Banks, in the latter end of the year 1783, their evident correspondence with terms in the Hindostanie, or as it is vulgarly termed in India, the Moors' language.

"This similitude appeared to me so extraordinary, that I was inclined to suspect an error in the publication, which might have arisen from a confusion of obscure vocabularies in the author's possession. The circumstance, however, determined me to pay farther attention to the subject, and to examine, in the first place, whether the language spoken by the Gypsey tribes in England, and by those in the remoter parts of the continent of Europe was one, and the same; and then to ascertain, p. 137whether this actually bore the affinity which so forcibly struck me in Ludolfus, to any of the languages on the Continent of India.

"Through the obliging assistance of Sir Joseph Banks, who has spared no pains to promote this investigation, I procured an opportunity of obtaining a list of words from our Gypsies, which I can depend upon as genuine, and tolerably accurate in respect to the pronunciation, from their being corroborated also by words taken down, separately, by Sir Joseph, and by Dr. Blagden.

"Mr. Matra did me the favour to transmit for me, a list of words to Turkey; and from his ingenious friend B. Pisani, I received a complete and satisfactory translation of them, together with some information, respecting the manners of the Chingiares, in the Turkish dominions, which, however, does not come within the design of this paper, as I mean to confine myself in the present communication, simply to the question of similarity of language; which, if established, I should esteem a matter p. 138of no little curiosity; presuming it to be perfectly new to the world.

"Of this similarity, the learned members of the Society will be enabled to form their judgment from the annexed paper, exhibiting a comparison of a few of the words procured from the different quarters before mentioned, with the Hindostanie terms, from the best published, and parole authorities. It may not be unworthy of remark, that the general appellation of these people in the eastern part of Europe, is very nearly connected with that of the inhabitants of Ceylon, in the East-Indies, who are equally termed. Lingalese and Chingalese; though at the same time it must be acknowledged, that the language of this Island has much less correspondence with that of the Gypsies, than many others of the Indian dialects.

"His Grace, the Archbishop of York, with his usual discernment, suggested to me, the probability that the Zingara here spoken of, may have derived their name, and perhaps their origin from the people called Langari, or p. 139Langarians, who are found in the north-west parts of the Peninsula of Hindostan, and infest the coasts of Guzerat and Sindy with their piratical depredations.

"The maritime turn of this numerous race of people, with their roving and enterprising disposition, may warrant the idea of occasional emigration in their boats, by the coarse of the Red Sea.

"Notwithstanding the resemblance to the Hindostanie, is the predominant feature in the Gypsey dialect, yet there are words interspersed, which evidently coincide with other languages. Besides the Mahratta, and Bengalese, which I have marked in the comparative specimen, it is not a little singular that the terms for the numerals *seven, eight,* and *nine,* are purely Greek: although the first five, and that for ten, are indisputably Indian. It is also a curious observation, that although the Indian term for seven is *saath,* yet that for a week, or seven days; is the Eftan of the latter.

p. 140"One word only among those I have examined, bears a resemblance to the Coptic, which is *rom,* the same with *romi,* a man.

"In comparisons of this nature, a due allowance must be made, not only for the various modes of spelling adopted by different persons, and different nations, but also for the dissimilar manner in which the same individual sound, strikes the organs of the hearers; of which some pointed instances may be given.

"Should any be inclined to doubt, which I scarcely suppose possible, the identity of the Gypsey, or Cingari, and the Hindostanie languages, still it will be acknowledged as no uninteresting subject, that tribes wandering through the mountains of Nubia, or the plains of Romania, have conversed for centuries in a dialect precisely similar to that spoken at this day, by, the obscure, despised, and wretched people in England, whose language has been considered as a fabricated gibberish, and confounded with a cant in use among thieves and beggars; and whose persons have been, till p. 141within the period of a year, an object of the persecution, instead of the protection of our laws."

William Marsden.

In the 386th page of the 7th Vol. of Archfologia, is the comparative view of the English Gypsey, Turkish Gypsey, and Hindostanie dialects; a specimen of which will be presented in this section.

In page 387 of the same volume, are collections on the Zingara, or Gypsey language, by Jacob Bryant, Esq. transmitted to G. Salusbury Brereton, Esq. in a letter from Doctor Douglas, read 1785: This learned traveller, when in Hungary, had taken from the mouths of Gypsies, specimens of their language, which occupy seven pages. It is remarkable, that of seventeen words obtained and enumerated in the letters of Coxe, the learned traveller, fourteen appear to resemble most exactly those of the same signification, collected by Jacob Bryant

John Douglas.

p. 142COMPARISON OF THE GYPSEY, TURKISH, AND HINDOSTANIE LANGUAGES.

English.	*English Gypsey.*	*Turkish Gypsey.*	*Cingari vel Errones Nubiani.*	*Hindostanie.*
One	Aick	Yeck		Aick, ek, Yek
Two	Dooce	Duy		Du, Dow
Three	Trin	Trin		Trin
Four	Staur, Shtar	Shtiar		Chaur
Five	Panji	Panch		Paunch
Six	Shove	Shove		Chaye
Seven	Heftan	Efta		Saath
Eight		Okto		Aoth Aut
Nine	Henya	Enia		Noh Nu

Ten	Desh	Desh		Dus, Doshe (Bengalese)
Man	Raye, gazo	Ram Manush	Manusch	Manoosha, (Bengalese)
Woman	Raunee gougee	Romee		Rendee, Raunee
Head	Bold-uroo shero	Shero	Schiero	Seer, Sirr
Eyes	Yackau, yock	Yack	Jaka	Okhyo (Bengalese)
Nose	Bol-nak	Nack	Nak	Nauck
Hair	Ballau, bolow	Bal	Bal	Baul, Bal
Teeth	Danau	Dan		Daunt, Dant (Bengalese)
Ear	Kanaue		Can	Kaun
Day	Dewas, Devas	Deeves		Deendeewas (Mahratta)
Night	Rautee	Rateee		Raut, roat
p. 143White	Pauno	Parnee		Paandra (Mahratta)
Sheep	Baukro		Bakro	Bhare
Hog	Baulo	Balo	Palo	

Fish	Matcho	Muteho		Matchee, Mutchee
Bind	Cheriko	Chiriiklo		Chereah
House	Kair		Ker	Ghurr
Gold	Soona-kai			Soonna
Silver	Roop			Roopau

Brand, in his observations on Popular Antiquities, Vol. II. page 432, observes: "The Gypsies, as it should seem from some striking proofs derived from their language, were originally from Hindostan, where they are supposed to have been of the lowest class of Indians, named Pariars, or as they are called in Hindostan, Suders. They are thought to have emigrated about A.D. 1408, or 1409, when Timur Beg ravaged India for the purpose of spreading the Mahometan religion. On this occasion so many were made slaves, and put to death, that a universal panic took place, p. 144and a very great number of terrified inhabitants endeavoured to save themselves by flight.

"As every part to the north and east was beset by the enemy, it is most probable that the country below Multan, to the mouth of the Indus, was the first asylum and rendezvous of the fugitive Suders. This is called the country of Zinganen. Here they were safe, and remained so till Timur's return from the victory of the Ganges. Then it was that they entirely quitted the country, and probably with them a considerable number of the natives, which will explain the meaning of their original name."

In the seventh Vol. of the Asiatic Researches, page 470, Captain David Richardson says of the *Panchperee*, or Budee'a Nuts: "'Tis probable there will be found in their manners, a stronger similitude to the Gypsies of Europe, than in those of any other which may come under review. They have no particular system of religion, adopting with indifference that of the village near to which they happen to be encamped. In the upper provinces of Hindostan, the little encampments of these people p. 145are frequently very regular and neat, being there formed of the Sirkee entirely. Each apartment, though not much larger than a mastiff's kennel, has its own particular enclosure, or court-yard; generally erected in such a manner, as to become a species of circumvallation to the whole portable hamlet.

"One cannot help wondering where so many men, women, and children, and other domestic animals manage to sleep; or shelter themselves from the storms which sometimes assail these itinerant people. The men are remarkably athletic and active, and also nimble and adroit, in every kind of slight of hand. Many of the subdivisions of this class of men, pay little, or no attention to cleanliness, or any restrictions in diet; eating dead jackalls, bullocks, horses, or any kind of food procurable.

"The women do not attend the men during their juggling exploits, but have a peculiar department allotted to themselves; which consists of the practice of physic, cupping, palmistry, curing disorders of the teeth, and marking the skin of the Hindoo women, an p. 146operation termed Godna. They have two languages peculiar to themselves; one intended for the use only of the craftsman, the other general among men, women, and children.

"The Hindostanie is the basis of both; the first is general, being a mere transposition or change of syllables; and the second apparently, a systematic conversion of a few letters; but which will be best elucidated by the following specimen, which contains twenty-two words."

After which, he says: "I find these people in Colebrook's arrangement of the Hindoo Classes, mentioned in the sixth class, under the head of *Nata*, Bazeegurs; and in Sir William Jones's translation of the Ordinances of Menu, *Munoo*, Chapter 10.

"I shall now subjoin a short parallel between the Gypsies of Europe, and the people I have described. Both the *Gypsies* and the *Nuts* are generally a wandering race of beings, seldom having a fixed habitation. They have each a language peculiar to themselves. That of the Gypsies is undoubtedly a species of Hindostanie; p. 147as well as that of the Nuts. In Europe, it answers all the purposes of concealment.

"The Gypsies have their King, the Nuts their *Nardar Bouton*; they are equally formed into companies, and their peculiar employments are exactly similar; dancing, singing, music, palmistry, &c. They are both considered as thieves; at least that division of the Nuts, whose manners come nearest the Gypsies.—In matters of religion they appear equally indifferent, and as to food, we have seen that neither the Gypsies nor the Budee'a Nuts are very choice.

"Though, in the Encyclopfdia Britannica, Grellmann's Theory is thought slightly of, the similarity of language being deemed but inconclusive evidence; yet in this instance, and even in opposition to such authority, I will venture to consider it, as forming a basis of the most substantial kind. It is not the accidental coincidence of a few words, but the whole vocabulary he produces, differs not so much from the common Hindostanie, as provincial dialects of the same country do from each other.

p. 148"Grellmann, from a want of knowledge in the Hindostanie; as to its provincial dialects, lost many opportunities of producing the proper word in comparison with the Gypsey one.

"The following list of words was taken from the Annual Register of 1784, or 1785, with a few I have now subjoined from Grellmann.—In some of the instances where he has failed of producing the corresponding Hindostanie word, the supply of them will, I hope, prove the language of the Gypsies, and that of Hindostan to be the same, or very intimately connected with each other.

Gypsey.	*Hindostanie.*	*English.*
Bebee	Beebe	Aunt, *a respectful feminine termination from baba, Father.*
Pawnee	Paniee	Brook, Drink, Water
Cauliban	Kalaburn	Black
Davies, Devus	Dewus	Day

Rattie	Rat	Dark night
Can	Kan	The Ear
Dad	Dada	Father
Mutchee	Muchee	Fish
p. 149Bootsee	Buholsee	Great
Gur	Ghur	House
Shing	Seen	Horn
Tuttoo	Tutta	Heat
Riah	Raye	Lord
Rriena	Ra, enee	Lady
Dai	Da'ee	Mother
Mass	Mas	Meat or food
Nack	Nak	Nose
Bouropa-nee	Bura-panee	Ocean, wave
Loon	Loon	Salt
Rook	Rook, h	A Tree
Tschar	Char	A Thief

Mul	Mool	Wine

Captain Richardson continues the list through four pages.

p. 151SECTION IX.

Present state the Gypsies in England.

It has been already stated, in the Introduction to this work, that the author visited an encampment of Gypsies. It consisted of five tents, situated near Rushden, within two miles of the pleasant town of Higham Ferrers. He did not reconnoitre the camp till about mid-day, having been informed that by this time, it was probable, the able-bodied persons of both sexes would be drawn off to a feast and a fair, in different situations, not very distant. It proved so, there were only two women, three children, and an infant remaining in the tents; which were the residence of several branches of the numerous families of Smith, and Loversedge, names well known in the county of Northampton.

p. 152The head of the former, has been many years a dealer in asses, or donkies; and is reputed to be possessed of some property. His wife, more than eighty years of age, was seated at the entrance of one of the tents, weaving a cabbage net. The other woman, who was middle aged, was nursing an infant; and the eldest of the children, about twelve years of age, was making preparation for washing; a pan was suspended from three poles, under which she had kindled a fire, to boil water. The very tattered and squalid appearance of this poor girl was truly affecting.

On conversing with the old woman, she said she had forty grandchildren; some gone to the feast, others to the fair; and she signified, that both men and women were musical performers.

On being asked whether any of them had learned to read, she shook her head, and, with apparent regret, acknowledged they had not. This indication of concern excited an idea, that some impression had been made on the minds even of Gypsies, of the disadvantages their children were under.

p. 153Considering how generally education had been extended, to the lowest description of every other class of British subjects; how many schools had been opened in villages, as well as in the different towns of the kingdom, it was not improbable, that information of movements so extraordinary, might have reached the ears, if not impressed the minds of these neglected fellow-creatures. The activity which had been subsequently displayed in the distribution of the Scriptures, and the zeal excited among the most ignorant to receive them, might also come to their knowledge.

Resuming conversation with the female head of the Smith family, she said they endured great hardships in winter, having no shelter but their tents, in the worst of weather.

She was then asked, if they did not experience great difficulty in obtaining the means of subsistence, during the inclement seasons; and whether they were not, at times, reduced to the necessity of taking up with any kind of sustenance, even if it consisted of animals they might find dead upon the road.

p. 154To this she immediately replied: "Those that have died by the hand of God, are better than those that have died by the hand of man."

This reply, corresponding so exactly with that of the Continental Gypsies, presents a remarkable trait of their mutual descent from the Suder caste.

Some of the peculiarities in Gypsey habits to which we have just now adverted, had not escaped the observation of that accurate delineator of men and manners, our celebrated poet, Cowper; as will appear by the following sketch:

"I see a column of slow rising smoke,
O'er-top the lofty wood, that skirts the wild.
A vagabond and useless tribe, there eat
Their miserable meal. A Kettle
Slung between two poles, upon a stick transverse,
Receives the morsel: flesh *obscene* of hog,
Or *vermin*; or, at best, of cock purloined
From his accustom'd perch. Hard faring race,
They pick their fuel out of every hedge,
Which kindled with dry leaves, and wood, just saves
The spark of life. The sportive wind blows wide
Their fluttering rags, and shows a tawney skin,
The vellum of the pedigree they claim."

p. 155Before the Gypsey's acknowledgment, of preferring the flesh of animals which have died by disease, or what is called a natural death, the writer of this section, knew not how to credit the general testimony of the farmers and inhabitants of Northamptonshire, that they did not find the Gypsies committed any depredations on their property, unless it was in pilfering wood from the fences. He now thinks it probable, that others, who were unacquainted with this singular idea of the Gypsies, respecting animal food, may have imagined they were guilty of many more thefts for subsistence, than is really the case.

In the further progress of his inquiries, the writer has met with various instances in which confidence reposed in Gypsies, has not been disappointed.—He will mention a remarkable one at Feringbury, near Coggeshall, in Essex, on a farm which had been occupied by three generations of the family of Corders; during which time, not the least loss had been sustained, by accommodating Gypsies with lodgings in their barns and out-houses during p. 156inclement weather; but, on the contrary, the family have considered them a protection to their property.

After the success of an experiment like the above, it would be superfluous to ask, if it is not sounder policy to excite the good, than the bad dispositions of human nature.

Must not the torrent of invective and abuse, almost universally poured upon this people, tend to disaffect and indispose them to civil association! Despised and ill-treated as they often are, have they not reason to imagine the hand of every man to be against them? Who then can wonder at their eluding, as much as possible, the inquiries of strangers!

Looking at their condition among the various inhabitants of Europe, dignified with the Christian name, the writer has often been reminded of the universality of the Gospel call, as illustrated in the parable of the great supper. After the invitation had been given throughout the streets and lanes of the cities, the command to the servants was: "Go out into the highways and hedges, and compel them to come in." p. 157Here is a description that may have been intended specially to apply to this people, so exactly and even literally adapted to their condition, in all countries, is the language: "Go ye into the highways and hedges." And the distinction in their case is rendered still more remarkable by the very pressing injunction, "Compel them to come in."

Does it not admit of the inference, that as outcasts of society, being under greater disadvantages than the other incited classes, their situation requited a more powerful stimulus to be applied?

The account of the sufferings of Gypsies in winter, having been confirmed by many concurring testimonies, from the inhabitants of Northamptonshire, the following Circular was sent into most of the Counties of England, with a view to ascertain their state in other parts of the nation.

p. 158CIRCULAR.

When it is considered how much the exertions of the wise, the philanthropic, and the good, in all parts of the nation, have been directed to advancing the morals and religious instruction of the lower orders of the community, it appears almost incredible that one description of British subjects, and of all others the most abject and depraved, should have been either entirely overlooked or neglected. The Gypsies, to whom this applies, are a people which, more than any other, it might have been considered the interest of society to reclaim, because of the depredations they commit upon it.

The efforts of the good, and of the great, have not been confined to meliorating the condition of the inhabitants of this country only, they have been directed to the alleviation of human misery in various other nations, and even to the augmentation of funds for civilizing the natives of distant regions of the globe. p. 159Can we manifest our solicitude for the improvement of our fellow-creatures separated from us thousands of miles, whose faces we never saw, and conclude that numbers of persons in our own country, whose situation is more desperate, have not a peculiar claim on our consideration?

To reclaim the Indians of North America from their wild and roving course of life, associations have been formed to give them instructions in agriculture, and to supply them with implements of husbandry; plans of education adapted to their untutored state have been arranged, and persons qualified to carry them into effect, in the establishment of schools, have gone to their assistance.

Do the numerous Gypsey tribes of England possess any of these advantages?

In the summer of 1814, when the writer of this circular, visited a number of Gypsey tents in Northamptonshire, as already stated, a woman about 80 years of age, who had forty grand-children, acknowledged, that not one of them had been taught to read. In this land p. 160of Christian benevolence, can we pronounce a certain proportion of its inhabitants to be wretchedly depraved, and even a wicked set of people; advertise them as rogues and vagabonds, and offer a reward for their apprehension, without devising any means of remedying the defects of their habits, or holding out encouragement to reformation, in any of them who are disposed to relinquish their vicious courses?

The associations formed and forming in different parts of the nation for the prosecution of felons, render the condition of Gypsies every day more and more deplorable, by their being hunted like beasts of prey from township to township.

The last winter but one, a company of these houseless wanderers were dug out of the snow in Ditchford Lane, near Irchester, Northamptonshire, when it appeared one woman had been lying in, and that an old man was dying.

If those who have been zealous in driving them from their accustomed haunts, were to place themselves, if but ideally in their situation, p. 161can we believe, that instead of augmenting their sufferings, they would not be disposed to commiserate their case, and even attend to the precept of the Christian Legislator: "Whatsoever ye would that men should do to you, do ye even so to them?" It is worse than useless and unavailing to harrass them from place to place, when no retreat or shelter is provided for their refuge.

A writer on this subject, under the designation of Junius, in the Northampton Mercury of June 27th, 1814, observes: "When we consider the immense sums raised for every probable means of doing good, which have hitherto been made public, we cannot doubt, if a proper method should be proposed for the relief and ameliorating the state of these people, it would meet with deserved encouragement. Suppose that the Legislature should think them not unworthy its notice; and as a part of the great family, they ought not to be overlooked." Another writer in the Northampton Mercury of July the 21st of the last year, on the necessity of some plan p. 162being adopted for their advantage, remarks, thereby "thousands of our fellow-creatures would be raised from depravity and wretchedness to a state of comfort; the private property of individuals be much more secure, and the public materially benefited." In addition to these observations, it may be asked, Would not the providing of an education for their children, to which they should be induced to conform, and the apprenticing of them, at a proper age, to suitable trades, enable the rising generation to correct the errors of Gypsey habits?

With a view to ascertain more fully the extent in which this may be necessary, the friends of humanity, to whom this Circular may be addressed, are requested to co-operate with others of their friends in different parts of each county, for procuring answers from the best informed of the Gypsies, and others, to the subsequent questions. And should there be any person in their neighbourhood, who after being brought up among the Gypsies, hath quitted them for a more settled course of life, p. 163information from such is particularly desirable. Answers are requested in the course of the summer: to be sent to John Hoyland, Springfield, Sheffield.

QUESTIONS.

1. From whence is it said the Gypsies first came?

2. How many is it supposed there are in England?

3. What is your circuit in summer?

4. How many Gypsey families are supposed to be in it?

5. What are the names of them?

6. Have they any meetings with those of other circuits?

7. And for what purpose?

8. What number of Gypsies are there computed to be in the county?

9. What proportion of their number follow business, and what kind?

10. What do they bring their children up to?

11. What do the women employ themselves in?

p. 16412. From how many generations can they trace their descent?

13. Have they kept to one part of the country, or removed to distant parts?

14. How long have they lived in this part?

15. Have they any speech of their own, different to that used by other people?

16. What do they call it? Can any one write it?

17. Is there any writing of it to be seen any where?

18. Have they any rules of conduct which are general to their community?

19. What religion do they mostly profess?

20. Do they marry, and in what manner?

21. How do they teach their children religion?

22. Do any of them learn to read?

23. Who teaches them?

24. Have they any houses to go to in winter?

25. What proportion of them, is it supposed, live out of doors in winter, as in summer?

5*th Month,* 16*th,* 1815.

p. 165THE REPORTS

Received from the Counties of England, are comprised in the following general Answers to the Queries of the Circular.

1. All Gypsies suppose the first of them came from Egypt.

2. They cannot form any idea of the number in England.

3. The Gypsies of Bedfordshire, Hertfordshire, parts of Buckinghamshire, Cambridge, and Huntingdonshire, are continually making revolutions within the range of those counties.

4. They are either ignorant of the number of Gypsies in the counties through which they travel, or unwilling to disclose their knowledge.

5. The most common names are Smith, Cooper, Draper, Taylor, Bosswel, Lee, Lovell, Loversedge, Allen, Mansfield, Glover, Williams, Carew, Martin, Stanley, Buckley, Plunkett, Corrie.

6 & 7. The gangs in different towns have not any regular connection, or organization; p. 166but those who take up their winter quarters in the same city or town, appear to have some knowledge of the different routes each horde will pursue; probably with a design to prevent interference.

8. In the county of Herts, it is computed there may be sixty families, having many children. Whether they are quite so numerous in Buckinghamshire, Bedfordshire, and Northamptonshire, the answers are not sufficiently definite to determine. In Cambridgeshire, Oxfordshire, Warwickshire, Wiltshire, and Dorsetshire, greater numbers are calculated upon. In various counties, the attention has not been competent to procuring data for any estimate of families, or individuals.

9. More than half their number follow no business; others are dealers in horses and asses; farriers, smiths, tinkers, braziers, grinders of cutlery, basket-makers, chair-bottomers, and musicians.

10. Children are brought up in the habits of their parents, particularly to music and dancing, and are of dissolute conduct.

p. 16711. The women mostly carry baskets with trinkets and small wares; and tell fortunes.

12. Too indolent to have acquired accounts of genealogy, and perhaps indisposed to it by the irregularity of their habits.

13. In most counties there are particular situations to which they are partial. In Berkshire is a marsh, near Newbury, much frequented by them; and Dr. Clarke states, that in Cambridgeshire, their principal rendezvous is near the western villages.

14. It cannot be ascertained, whether from their first coming into the nation, attachment to particular places has prevailed.

15, 16, & 17. When among strangers, they elude inquiries respecting their peculiar language, calling it gibberish. Don't know of any person that can write it, or of any written specimen of it.

18. Their habits and customs in all places are peculiar.

19. Those who profess any religion, represent it to be that of the country in which they reside: but their description of it, seldom goes p. 168beyond repeating the Lord's prayer; and only a few of them are capable of that. Instances of their attending any place for warship are very rare.

20. They marry for the most part by pledging to each other, without any ceremony. A few exceptions have occurred when money was plentiful.

21. They do not teach their children religion.

22 & 23. Not *one* in a *thousand* can read.

24 & 25. Some go into lodgings in London, Cambridge, &c. during winter; but it is calculated three-fourths of them live out of doors in winter, as in summer.

Most of the answers are confirmed by Riley Smith, who, during many years, was accounted the chief of the Gypsies in Northamptonshire. He being much in request by some of the principal inhabitants of that county, as a musician, had the address to marry the cook out of one of their families, and afterward obtained a farm near Bedford; but being unsuccessful in agriculture, he returned to his former occupation. p. 169John Forster and William Carrington, respectable merchants of Biggleswade, and neighbours to Riley Smith, procured answers from him to all the queries in the Circular; but they cannot be made the basis of any calculation of the number of Gypsies in the nation.

It has not come to the knowledge of the writer, what foundation there has been for the report commonly circulated, that a Member of Parliament had stated to the House of Commons, when speaking to some question relating to Ireland; that there were not less than 36,000 Gypsies in Great Britain.

To make up such an aggregate, the numerous hordes must have been included, who traverse most of the nation with carts and asses, for the sale of earthenware, and live out of doors great part of the year, after the manner of the Gypsies.—These potters, as they are commonly called, acknowledge that Gypsies have intermingled with them, and their habits are very similar. They take their children along with them on travel, and, like the Gypsies, regret that they are without education.

p. 170It has already appeared in Baillie Smith's report, that the Gypsies in Scotland, of late years, have had recourse to a similar occupation in the sale of earthenware, which, as they mostly attend fairs, is a mode of life remarkably adapted to their inclination.

Some pains have been taken among the potteries in Staffordshire, to procure information of the number of families of this description, which annually apply to purchase the refuse of their wares; but no return has been made.

The application to the Sheriffs of Scotland, procured from the counties prompt and decisive reports; and it is not probable that any measure, short of an order to the constables of every township, to take an account on the same day, throughout England, would be sufficient for ascertaining Gypsey population.

For this purpose a patrole might be necessary, on one and the same day, in each township, particularly in lanes and situations shaded in summer. If notice of the requisition were to be communicated to constables, a few days before, with directions not to disclose the object, p. 171further than the necessary provision for it required; it is probable, that a sufficiently correct estimate might be formed, of the aggregate number in the nation.

Such an account might extend also to the itinerant potters, and the number of their children: or if the potters take out a Hawker's and Pedlar's licence, a return of their numbers might be obtained from the proper office. There is reason to think that many of these dealers have acquired property, who, nevertheless take lodgings for the winter, instead of renting houses; whereby they, equally with Gypsies, evade all contributions to the service of the State, and parochial assessments.

On this subject, the writer is reminded of what has often occurred to him, when inspecting a low description of lodging-houses in the populous town of Sheffield, of which he is an inhabitant. Finding it difficult to obtain from the keepers of such houses, sufficient information respecting their guests; he has thought, that obliging all who lodge itinerants to take out a licence, would, by rendering them amenable p. 172to just authority, obviate this difficulty; and put it in the power of those respectable inhabitants, who wish the regulation of these receptacles, to exercise just discrimination, without infringing upon the liberty of the subject. He has reason to believe, if this were effected, it would operate as a considerable check on vagrancy, and save much trouble to magistrates.

p. 173SECTION X.

Present state of the Gypsies in and about London.

In the autumn of 1815, the author made a journey to London, in order to obtain information respecting the Gypsies in its vicinity.

The first account he received of the education of any of them, was from Thomas Howard, proprietor of a glass and china shop, No. 50, Fetter-lane, Fleet-street. This person, who preached among the Calvinists, said, that in the winter of 1811, he had assisted in the establishment of a Sunday School in Windmill-street, Acre-lane, near Clapham. It was under the patronage of a single gentlewoman, of the name of Wilkinson, and principally intended for the neglected and forlorn children of brick-makers, and the most abject of the poor. It was begun on a small scale, but increased till the number of scholars amounted to forty.

p. 174During the winter, a family of Gypsies, of the name of Cooper, obtained lodgings at a house opposite the school. Trinity Cooper, a daughter of this Gypsey family, who was about thirteen years of age, applied to be instructed at the school; but, in consequence of the obloquy affixed to that description of persons, she was repeatedly refused. She nevertheless persevered in her importunity, till she obtained admission for herself, and two of her brothers.

Thomas Howard says, that, surrounded as he was by ragged children, without shoes and stockings, the first lesson he taught them was silence and submission.—They acquired habits of subordination, became tractable and docile; and, of all his scholars, there were not any more attentive and affectionate than these; and when the Gypsies broke up house in the spring, to make their usual excursions, the children expressed much regret at leaving the school.

This account was confirmed by Thomas Jackson, of Brixton-row, minister of Stockwell Chapel, who said, since the above experiment, several Gypsies had been admitted to a sabbath p. 175school, under the direction of his congregation. At their introduction, he compared them to birds when first put into a cage, which flew against the sides of it, having no idea of restraint; but by a steady even care over them, and the influence of the example of other children, they soon became settled, and fell into their ranks.

With a view to reconnoitre an encampment of Gypsies, the author accepted a seat in the carriage of a friend, who drove him to Hainault forest. This, according to historians, was of vast extent in the times of the ancient Britons, reaching to the Thames; and so late as the reign of Henry the 2d, it covered the northern vicinity of the city.

On this forest, about two miles from the village of Chigwell, Essex, and ten from London, stands the far-famed oak, at which is held Fairlop Fair, that great annual resort of the Gypsies.

According to an account of it printed for Hogg, Paternoster-row, the trunk or main stem of this tree has been sixty-six feet, and p. 176some of the branches twelve feet, in circumference. The age of this prodigy of the forest cannot be ascertained with any degree of precision. The oak viewed by the present King, in Oxfordshire, and some years ago felled in the domains of one of the Colleges, though only twenty-five feet in girth, is said to have been six hundred years old. Fairlop oak having been nearly thrice as large, is supposed to be at least twice that age.

Phillips employed by the King, applied a patent mixture to stop the progress of its decay, but, last autumn, when seen by the describer, its naked gigantic trunk and arms, retaining not the least symptom of animation, presented a ghastly spectacle of the ravages of time, as contrasted with the rich verdure of the surrounding scenery.

The circumstances which gave rise to the establishment of a fair, on this spot of ground, are somewhat singular.

Daniel Day, an engine, pump, and block-maker, of Wapping, having a small estate in the vicinity of this oak, was in the habit of p. 177annually resorting to it about a fortnight after midsummer, to receive his rents, when he provided a dinner under the tree, and invited several of his friends to it. The novelty of the scene exciting the attention of the neighbouring inhabitants, attendance on that occasion increased until about the year 1725, when booths being erected round the stupendous oak, the scene assumed the appearance of a regular fair. It has continued to be held there, and it is said now attracts a great number of attendants.

As this fair does not appear to be a mart for horses or cattle, there is reason to fear, it is kept up more for revelry and excess, than for any useful purpose. The ground has been cleared to some extent about the oak, which stands at the head of a circular lawn, surrounded by pailing, to protect it from the ravages of the unthinking part of the multitude, who assemble there. It is said to have been the practice of the Gypsies, to kindle fires against the trunk, by which the bulk has been diminished, and perhaps the vegetation injured.

p. 178On the side of the forest, near to Dagenham, Essex, was the encampment of Gypsies, of which the author's friend was in quest. The construction of their tents, is well known to be wooden hoops fastened into the ground, and covered with an awning of blankets or canvas, which resembles the tilt of a waggon; the end is closed from the wind by a curtain. This gang was called by the name of Corrie. It consisted of an old man, his wife, a niece, and their son and daughter with ten children; said to be all from Staffordshire. The men were scissars' grinders and tinkers.

Questions being asked them respecting their condition, a young woman made some observations upon them to an older woman, in their own peculiar speech. This was the first time the writer had an opportunity of ascertaining, what the language of Gypsies in England really was. With the knowledge only of Grellmann's vocabulary, he pointed out what the young woman had expressed; upon which they immediately exclaimed, the gentleman understands what we say; and they gave way to p. 179immoderate transports of joy, saying, they would tell him any thing he wished to know of them.

On being asked what gold was in their language, they replied without hesitation, *sonnaka*, and immediately added, silver was *roop*.

The opinion which has been entertained, that Gypsey language was composed only of cant terms, or of what has been denominated the slang of beggars, has probably been much promoted and strengthened by the dictionary contained in a pamphlet entitled, "The Life and Adventures of Bampfylde Moore Carew." It consists for the most part of English words, vamped up apparently not so much for the purpose of concealment, as burlesque. Even if used by this people at all, the introduction of this cant, as the genuine language of the community of Gypsies, is a gross imposition on the public.

One of the women said, the education of their children was to be desired, but their travelling from place to place was against it.—A young man among them said, there were a p. 180hundred of their people in Staffordshire. This gang was intelligent as well as communicative, and gave proof of more civility than is commonly attributed to Gypsies.

The author also visited Norwood, which was formerly a principal rendezvous of the Gypsies. This village, near Croydon, in Surry, is situated on a fine hill, and is a wildly rural spot; but having been considerably inclosed of late years, it is not now much frequented by the Gypsies.

John Westover, deputy of James Furnell, constable of Norwood, stated, that about two months before, the Gypsies in that neighbourhood had been apprehended as vagrants, and sent in three coaches to prison. This account was confirmed by Edward Morris, the landlord at the Gypsey house. It did not appear that these Gypsies were committed for depredations on property, but merely on the vagrant act.

Gypsies being *routed*, as it is termed, in this manner, from various parts of the south, may probably have occasioned their appearing in greater numbers in the northern parts of the p. 181nation. The writer of this section being at Scarborough, in the bathing season of 1815, had intelligence of there being, at the same time, an encampment of Gypsies at Boroughbridge, another at Knaresborough, and a third at Pocklington, in the east-riding of Yorkshire.

On returning from Scarborough, he was told by an acquaintance at Tadcaster, that a gang of about twenty Gypsies, were just gone from the neighbourhood, after telling fortunes to most of the people in the town. The same summer, a numerous horde had been driven from the township of Rotherham; and there had been two encampments in the neighbourhood of Sheffield.

The winter before the last, severe as it was, a gang of about fifty or sixty, lay upon Bramley Moor, three miles from Chesterfield. This information was received from Joseph Storrs of Chesterfield, who has been an assiduous coadjutor. From the same authority, the writer learns, that a number of Gypsies usually came to Duckmanton, near Chesterfield, at the feast, who appear to be in pretty good reputation in p. 182their transactions. Also that there is a party of Gypsies who frequent Socombe-lane, near Shirbrook, which is two miles east of Pleasley. They are called Bosswell's gang, consisting of twelve, and sometimes more, who mostly come once a year, and sometimes continue there for most of it. A woman among them is about 90 years old. They support a good character; and one of them who bought a pony, had credit for it, and paid honestly on his return.

After obtaining information at Norwood, of the winter-quarters in London, to which Gypsies resorted; the author had an interview with branches of several families of them, collected at the house of his friend William Corder, Grocer, in Broad-street, Giles's. And in justice to them, he must observe, that however considerably the fear of apprehension as vagrants, may dispose them, when on travel and among strangers, to elude their inquiries, no disposition to do so, appears in the company of persons to whom they are known, and in whom they can repose confidence.

p. 183Being accustomed to lay out their money at the shop of this grocer, he said they would be very ready to attend upon his invitation; and accordingly, a number of them soon made their appearance. They said there were about twenty of the name of Lovell, who lodged in Bowles's yard, in the neighbourhood. These acknowledged themselves Gypsies, and many of them had the features, as well as the complexion of Asiatics.

Their account is, that they come into lodgings at Michaelmas, and continue till April, then they set out on travel, and go into Norfolk, &c.

That some time ago, some of them had embraced an offer to educate their children at St. Patrick's charity school, which had been established by the chaplain to the Portuguese ambassador; but some dissatisfaction arising in consequence of the religion of the conductors of that Institution, they had removed their children to the school for the Irish, taught by Partak Ivery, No. 5, George-street.

p. 184Uriah Lovell, the head of one of the families, made a very decent appearance; three of his children have been four winters at school, and learned to read and write; their father having paid sixpence per week, for each of them.—Partak was sent for, and came to the house of William Corder, where he confirmed the above account, saying there had been six Gypsey children at his school, and that when placed among others, they were reducible to order.

These Gypsies, like those upon Hainault forest, appeared to be greatly delighted at meeting with a person, acquainted, as they thought, with their language, and were remarkably free in speaking it.

James Corder, son of William Corder, obtained the following account of some of the lodgers in Westminster, and in the Borough, &c.

Names.	*Family.*	*Occupation and Residence.*
John Lovell,	wife and 6 children,	Chair-bottomer, Tunbridge-street.
James Lovell,	do. 6 do.	Tinker, Church-lane.
Joseph Lovell,	do. 3 do.	Chair-bottomer, New-street.
Thomas Lovell,	do. 2 do.	Chair bottomer, Banbridge-street.
William Lovell,	do. 1 do.	Knife-grinder, Church-street.
p. 185Lussha Cooper,	wife and 10 children,	Rat-catcher, Tottenham-court-road.
Corrie Lovell,	do. 5 do.	Knife-grinder, Bolton-street.

Uriah Lovell,	do. 6 do.	Chair-bottomer, Bolton-street.
Thomas Lovell,	do. 7 do.	Knife-grinder, Paddington.
Solomon Lovell,	do. 4 do.	Chair-bottomer, New-street.
Solomon Jones,	do. 2 do.	Basket-maker and Wire-worker, Battle-bridge.
Men and Women,	22—52 Children.	
John Lee,	wife and 9 children,	Chair-bottomer, Tothil-fields.
Richard Taylor,	do. 3 do.	Wire-worker, New-street.
Betsey Lovell,	widow,	Supported by her son Joseph Lovell.
Joseph Lovell,	wife 1 do.	Bellows-mender, Shore-ditch.
Diana Lee,	widow 1 do.	Sells Earthenware, Shore-ditch.
Mansfield Lee,	wife 0 do.	Tinker and Grinder, Shore-ditch.
Zachariah Lee,	do. 0 do.	Fiddler—Travels the Country.
Thomas Smith,	do. 5 do.	Chair-bottomer, Lisson-green, Paddington.
Thomas Por-	do. 3 do.	Works at the Canal, Padding-

ter,		ton.
Charlotte Allen,	widow 7 do.	Sells Earthenware, Kent-street, Borough.
James Cole,	wife 4 do.	Lamplighter and Grinder, Kent-street, Borough.
Edward Martin,	do. 2 do.	Sells Fruit in the Street, Kent-street, Borough.
Samuel Martin,	do. 6 do.	Journeyman Saddler, White-street.
John Sinfield,	do. 0 do.	Sells Fish in the Streets, White-street.
John Taylor,	do. 3 do.	Ditto. Ditto.
Men and Women,	25—44 Children.	

p. 186There has not been any information obtained concerning who winter in Bull's Court, Kingsland Road, or in Cooper's Gardens.

The older Gypsey children assist their parents in their trades; a few of the younger go to school during winter. Most of those who have children, are desirous of their receiving an education; though but few have the means of procuring it.

They complain of the scarcity of work; and in some instances appear to be distressed for want of it; the more so, as their ideas of independence prevent their applying to parishes for assistance.—It is much to their credit, that so few instances occur of their begging in London. In the minutes of evidence before the Committee of the House of Commons, on mendicity, there is only one example of a Gypsey girl begging in the streets.

Some of the women go in a morning to principal houses in the squares, before the heads of the families have risen, and tell fortunes to the servants, from whom they obtain sixpence or a shilling each.

p. 187A few of the Gypsies continue all the year in London, excepting their attendance of fairs in the vicinity. Others, when work is scarce, go out twenty or thirty miles round the metropolis, carrying their implements with them on asses; and support themselves by the employment they obtain in the towns and villages through which they pass; and assist sometimes in hay-making, and plucking hops, in the counties of Kent, Surry, and Sussex.

Among those who have winter-quarters in London, there are a few that take circuits of great extent. Some of them mentioned going through Herts into Suffolk, then crossing Bedfordshire and Buckinghamshire to Herefordshire, Monmouthshire, Bristol, &c. Others spoke of being at Yarmouth, Portsmouth, South Wales, Wiltshire, &c.

There is reason to think, the greatest part of the Island is traversed in different directions, by hordes of Gypsies.

For the purpose of comparing the language of English Gypsies with that of the Continental, exhibited in Section VIII, the following list of p. 188words was sent to James Corder, Broadstreet, Bloomsbury. He obtained from the Gypsies in his neighbourhood, the translation affixed to them.

English.	*Gypsey.*
One	Yake
Two	Duhe
Three	Trin
Four	Stor
Five	Pan

Ten	Dyche
Head	Charro
Eyes	Yock
Nose	Nack
Bread	Mor
Bread & butter	Kil-mtr
Beer	Limbar
Hair	Bblo.
Cold day	Shil-dewes
Hot day	Tal-dewes
Ear	Kau
Day	Dewes
Night	Raut
White	Parnau
Sheep	Bolko
Hog	Borlo
Fish	Marcho
House	Kare

Gold	Sonnekar
Silver	Rupe
Dog	Jukou
Horse	Grarre

When it is known that Gypsies are unacquainted with letters, and that James Corder, who took from the mouths of those in the parish called St. Giles, the preceding Gypsey p. 189words, did not know of Grellmann's vocabulary, the coincidence appears very remarkable; but it is still more so with the Turkish Gypsey specimen by Jacob Bryant, exhibited also in the 8th Section. Robert Forster of Tottenham, who has been a coadjutor in this work, transmitted the following collection of words obtained from Gypsies in his neighbourhood.

Gypsey.	*English.*
Parnee	Water
Jewcal	Dog
Maurau	Bread
Kil-maurau	Bread & butter
Lavenar	Beer
Shill-deues	Cold day
Taldu	Hot day
Moila	Ass
Gur	Horse

In the conversation a clergyman had with the Bosswell gang, as published in the Christian Guardian for 1812 and 1813, they told him *Chum*, was the sun; *Chuu*, the moon; *Kalm`ro*, bread and butter; and *Livina*, drink. The first two of those words almost exactly accord with Grellmann's vocabulary, and the latter as nearly with Robert Forster's and James p. 190Corder's collection from Gypsies in and about London.

From the comparative views which have been taken of Gypsey expressions in various countries, there is reason to conclude that wherever they have been scattered on the face of the earth, they have spoken and transmitted the same language to their descendants. That it should have been preserved by them, when among people of other tongues, throughout centuries, for no purpose that we are acquainted with, but that of concealment, is indeed astonishing.

p. 191SECTION XI.

Sentiments of various persons on the moral condition of the Gypsies

After the extensive survey which has now been taken of the customs and habits of this people, in the various countries they inhabit, the reader will be prepared for the conclusions of Grellmann, that Gypsies are indeed a singular phenomenon in Europe. And remarkable it is, that the combined influence of time, climate, and example, have not effected any material alteration in their state. For the space of three or four hundred years, they have gone wandering about as pilgrims and strangers; they are found in eastern, as well as in western countries; as well among the rude, as the civilized; among indolent and active people; yet they remain in all places, as to customs and habits, what their fathers were.

p. 192It is asserted, there are two causes to which this coincidence is to be attributed; one is the country where they originate, with their consequent train of thinking; the other arises out of the circumstances which have hitherto attended their situation. Their peculiar notions and customs, leave no doubt of their being of eastern origin. In oriental countries, attachment to habit is so strong, that what has been once current among them, be it ever so pernicious or ridiculous, is persevered in; any affection which has once predominated, retains its dominion for ages.

Mahomet knowing that the weak side of the Arabians was their veneration for every thing handed down from their forefathers, gave his new profession the colouring of antiquity, and affirmed it to be the religion of Abraham. The Jesuits in China, availed themselves of similar means, by referring to Confucius, in aid of their doctrines, and thus they obtained admission for their religion among the Chinese. In the eastern nations, no change is adopted merely because it is an improvement. The p. 193Chinese are acquainted with the use of glass, yet their mirrors are always made of metal; and their windows of shells.—Mechanical watches have been for ages used in the court of Pekin, but the bulk of the nation depend upon the action of fire and water; the former, by the gradual burning of a match composed of sweet smelling powder, the latter by water, somewhat resembling our large hour-glasses.

If we consider the circumstances under which the Gypsies have existed, we shall want nothing more to make us comprehend, why they have remained to the present time, what they were at their first arrival in Europe. Separating themselves as much as possible from all association, but with those of their own tribe, they avoid every means which might give a new turn to their ideas, or in the least degree contribute to eradicate deep-rooted prejudice.—Unused to reflect, and fettered by habit, they arrived in our quarter of the globe; and it does not appear that any measures have been enjoined for instructing or reforming them, except p. 194those of the Empress Theresa, which were never put in execution.

The most extreme punishments failing to effect a change in the habits of Gypsies, they were subjected in almost all countries to banishment. They had been accustomed in their own country, to live remote from cities and towns; now they became more invariably inhabitants of forests, and penetrated deeper into deserts; as, in consequence of the search which was made after them, or, at least, threatened to be made, they judged themselves more secure in seclusion and concealment, than they would have been, in frequenting places of established abode, and having free intercourse with the neighbouring, inhabitants. Thus they became, in a greater degree, outcasts from civilized society; and divested of the most, and perhaps the only, probable means, of inducing a change in their manner.

Being always either persecuted, or left to themselves, no other could be expected, than that they must ever remain in all places the same. The character of people being formed by the p. 195instruction they receive in their early years, can it be thought surprising, that Gypsies who are idlers, should be also abandoned and thievish? Is it to be expected that men should become diligent, who have been educated in laziness? Who can have a general idea of fair dealing, that has never been taught the distinction between good and evil, virtue and vice? Perhaps it is reserved for *our age*, in which so much has been attempted for the benefit of mankind, to humanize a people, who, for centuries, have wandered in error and neglect; and it may be hoped, that while we are endeavouring to ameliorate the condition of our African brethren, the civilization of Gypsies, who form so large a portion of humanity, will not be overlooked.

It cannot be denied, that considering the multitude of them, their reform must be a subject of very serious consideration to many states. The period in which banishments were generally pronounced on this people, were too unphilosophical for any preferable mode of punishment to be suggested; but it may be p. 196expected from a better informed age, that better maxims will be adopted. We send apostles to the east and west, to the most distant parts of the whole earth; and even into the very country whence the Gypsies emigrated, to instruct the people who know not God. Is it not inconsistent for men to be solicitous for the welfare of their fellow-creatures in distant regions, and to throw off, and leave to chance, those who, equally wretched, have brought their errors home to us? If it be a good work to teach religion and virtue to such as are ignorant of their Creator, why not begin with those nearest to us?—Especially as neglect in this particular, is attended with detriment to the society of which we are members.

The Gypsies have been long enough among civilized people to prove, that they will not be allured by the mere example of others, to free themselves from the fetters of old customs and vices. To accomplish that end, more effectual means are requisite.

It would be vain to hope for any considerable progress in the improvement of those who are p. 197grown up. Their reformation would be a difficult task, as the attempts made by the Empress Theresa evinced:—you must begin with children, and not meddle with the old stock, on whom no efforts will have effect.

Expelling the Gypsies entirely, was not merely a premature step, it was a wasteful one. This is indisputable, so long as the state maxim holds good, that a numerous population is advantageous.

Care being taken to enlighten their understandings, and amend their hearts, they might become useful citizens; for observe them at whatever employment you may, there always appear sparks of genius. It is well known, and no writer omits to remark, what artful devices they have recourse to, in perpetrating any cheat or robbery: but this is not the only particular in which they show capacity. The following extract is from a Hungarian author, who was an attentive observer of these people.

> "The Gypsies have a fertile imagination in their way, and are quick and ready at expedients; so that in many serious, doubtful cases, p. 198they soon recollect how to act, in order to extricate themselves. We cannot indeed help wondering, when we attend to, and consider the skill they display in preparing and bringing their works to perfection; which is the more necessary from the scarcity of proper tools and apparatus. They are very acute and cunning in cheating, or thieving; and when called to account for any fraud or robbery, fruitful in invention, and persuasive in their arguments to defend themselves."
>
> *Grellmann.*

p. 199The recommendation of Grellmann, p. 197, to begin the work of reform with children, appears judicious; but the events of the present day justify the expectation, that benevolent exertions would not prove fruitless, should they afterwards be extended even to the *"old stock."*

Before the Circular introduced is the 10th Section was distributed, the author did not know of the correspondence on the subject of Gypsies, which had appeared in the interesting pages of the Christian Observer. But he should now consider it an injustice to those benevolent individuals, who had taken the lead in this work of Christian charity, not to give full consideration to the ideas they have suggested.

In Vol. VII. p. 91 of that periodical publication, is the following letter.

To the Editor of the Christian Observer.

> As the divine spirit of Christianity deems no object, however unworthy or insignificant, beneath p. 200her notice, I venture to apply to you on behalf of a race, the outcasts of society, of whose pitiable condition, among the many forms of human mis-

ery which have engaged your efforts, I do not recollect to have seen any notice in the pages of your excellent miscellany. I allude to the deplorable state of the Gypsies, on whose behalf I beg leave to solicit your good offices with the public.—Lying at our very doors, they seem to have a peculiar claim on our compassion.

In the midst of a highly refined state of society, they are but little removed from savage life. In this happy country, where the light of Christianity shines with its purest lustre, they are still strangers to its cheering influence. I have not heard even of any efforts which have been made, either by individuals or societies, for their improvement; and so thoroughly do they appear to despise the advantages of civilized life, that perhaps nothing less than that change of heart, which is the effect of the blessing of God on the means employed for their conversion, would prevent their continuing p. 201to be the pest of society. The great Shepherd of Israel despises not these unhappy wanderers from his fold; and I am persuaded, that neither you, nor those who read and prize your work, will be insensible to the force of His benign example.

May the Divine Spirit suggest means, by which this wretched race may be reclaimed from their vagrancy, and be made acquainted with that Saviour, whom to know is life eternal!

Yours, &c. Nil.

To the Editor of the Christian Observer. [201]

It gave me pleasure to observe in one of the numbers of your miscellany, a letter on a subject that has frequently engaged my serious attention: I mean the state of the Gypsies. It is painful to reflect how many thousands of these unhappy creatures, have, since the light of Christianity has shone on this Island, gone into eternity ignorant of the way of salvation, p. 202and without one cheering thought of a Saviour. Surely, Sir, there is an awful responsibility attached to this neglect! If we look back into the history of the Christian church, from the earliest ages, we shall find that the introduction of the gospel amongst any people, has generally been effected by means of Missionaries; and so numerous are the Gypsies, and so desultory in their habits of life, that it might well occupy the time of more than one zealous individual, to go amongst them, and by plain, simple, affectionate conversation and exhortation, when practicable, instruct them in the knowledge of their Redeemer.

Nor in this favoured land, where there are so many who zealously embrace the doctrines of Christianity, would there, I trust, be wanting both one, or more persons, who would devote themselves to this truly apostolic work; and benevolent individuals who would open their hearts and their purses, for the support and encouragement of such an undertaking. This labour of love would doubtless prove less arduous, than the attempts which have been p. 203made to establish missions among the American Indians; the natives of the South-Seas; or the inhabitants of Southern Africa.

The dread of the magistracy in this country, would prove a protection from personal injury, while the painful relinquishment of friends and country would not be required. I will also beg leave to mention another suggestion: I have understood that, in different parts of the kingdom, the neighbouring clergy meet at stated times, for the purpose of conversing on the important duties of their pastoral office. At such times, would it not be well to take into consideration, the perishing condition of so large a part of the community, as that, which forms the subject of this letter? Some plan might probably be thus devised, which, through the blessing of the Lord, would prove effectual for the salvation of this out-cast, and hitherto neglected people.

I would also take the liberty of recommending the cause of these unhappy partners of our kind, to the humanity of our dissenting brethren; and most earnestly solicit Christians p. 204of all denominations, to unite in prayer to the God of all grace, that he would prosper every attempt which may be made, to communicate to them the knowledge of His will. I trust, Sir, I shall obtain your excuse for detaining you on this important subject; and as I know your pages are read and valued, by real Christians of various denominations, perhaps they may, through the Divine Providence, be the means of exciting effectual attention, to the spiritual wants of this deplorable set of beings; and the same benevolence which induced you to exert your talents and influence in behalf of the oppressed negroes, may be again successfully employed, in ameliorating the condition of a numerous class of our fellow-creatures, who are second only to them in wretchedness, and spiritual misery.

I am, &c. Fraternicus.

p. 205 *To the Editor of the Christian Observer*. [205]

The insertion of the letter of "Fraternicus," on the moral and religious state of the Gypsies, in a late number of your work, (August, p. 496) implies, I presume, an approbation of its contents. It is a subject that cannot fail to interest the feelings of a real Christian.

The writer of this, has it in his power to contribute some pecuniary aid towards such a truly Christian undertaking, and would most gladly afford it. He commiserates, equally with Fraternicus, the wretched state of this people, and hopes to see the day when the nation which has, at length, done justice to the poor negroes, will be equally zealous to do their duty in this instance; and attempt to raise the Gypsies from their state of degradation. If any way can be devised through the medium of your work, to set about this labour of love, twenty pounds per annum shall be regularly contributed by the writer of this; and you are at liberty to make whatever use you can of this p. 206offer. If any good, which I pray God it may, should arise from the present communication, the name of the writer, who is a constant reader of the Christian Observer, shall be made known, when thought necessary by the conductor.

H.

To the Editor of the Christian Observer. [206]

I am much pleased with the interest which your two correspondents, Fraternicus, and H. appear to take, in the spiritual and eternal condition of that ignorant and degraded class of human beings, the Gypsies.

I wish much to see appropriate and active measures adopted, immediately to put into execution the benevolent suggestions of your worthy and sensible correspondents. I cannot do a great deal in a pecuniary point of view, but in counsel and influence I could do more.

I feel no hesitation in inviting your correspondents to a meeting on the subject, with a view to the formation of some plan, and the p. 207consequent commencement of active exertions. One of the first objects to be aimed at, is the introduction of cleanliness and decorum.—Another object to be attended to, is, the teaching of them, especially the young, to read; and then the supplying of them with testaments and religious tracts.

There are many of the latter which would be both entertaining and useful to them; but the most direct means to do them good is, by frequent intercourse with them, and plain and familiar conversation, prudently conducted. And if any thing be done, it must be undertaken in a patient and persevering spirit.

The soil which it is proposed to cultivate, is remarkably barren and unpropitious; of course a plentiful harvest must not be soon expected. The persons to be employed in this work of faith and labour of love, must not only be men of prudence and discretion, but men of information, and possessing clear and cool heads, and warm hearts.

I have no doubt, but that in these times of active benevolence and zeal, when a good plan p. 208is laid, and funds provided, instruments will be found, who with love in their hearts, will go seek those wandering sheep in the wilderness, for whom no man hath yet cared.

Many good hints, Mr. Editor, are often fruitless for want of immediate attention; and many a good work long talked of is not only suspended, but never begun, for want of some one to put forth the hand and begin. I for one, say to your two correspondents, "let us arise and build; let us begin; there is no fear of progress and help."

I remain, &c. Minimus.

To the Editor of the Christian Observer. [208]

June 13, 1809.

I was afraid the Gypsies had been quite forgotten; and therefore it gives me real pleasure to see, by your last number, for May 1809, that another correspondent has taken up their cause. If the subject was once fairly before the public, I am persuaded it would interest p. 209the feelings of many amongst us; and should good arise from it, which with God's help and blessing, could not fail to be the case, we might confidently look forward to a daily increasing fund for its support. Surely when our charity is flowing in so wide a channel, conveying the blessings of the gospel to the most distant quarters of the globe, we shall not hesitate to water this one barren and neglected field, in our own land.

My attention was first drawn to the state of this miserable class of human beings, by the letter of "Fraternicus;" and looking upon it as a reproach to our country, that amidst the great light which prevails, so many of its children should be walking in darkness and the shadow of death, I was anxious to contribute something out of my abundance, towards their spiritual welfare. I perfectly agree with your correspondent, that no time should be lost in devising some plan, which may give consistency and effect to this work of faith, and labour of love. In this short and uncertain life, no opportunities of usefulness should be p. 210neglected. It is a call which may never again be repeated. I am ready and desirous, to give Minimus the proposed meeting; and the time and place might be appointed through the medium of the Christian Observer.

I must however premise, that the writer of this is a very humble individual in all respects, both in abilities, and in influence. My habits are very retired, and at present, my time is occupied in attending to the ministerial duties of a populous village. I shall most gladly adhere to my first proposal, and might be induced to do more, if need required.

In the meantime, it is my earnest prayer to God, that this may not be one of those projects, which are only talked of, and never begun; but that it may tend to the glory of his name, and to the bringing back of those poor lost sheep to the fold of their Redeemer. Amen.

Yours, H.

p. 211 *To the Editor of the Christian Observer.* [211]

As I am not in the constant habit of seeing your publication, it is only lately, in meeting with your number for February last, at the house of a friend, that I was aware that the spiritual state of the Gypsies, had excited interest in the breasts of some of your readers.

They are a race who have long excited interest in mine; so much, that in the year 1801, I had written a letter upon the subject to the society for bettering the condition, and increasing the comforts of the poor; but I thought on further reflection, that any attempts to civilize a race of beings so degraded, and held in so much contempt, would be considered so very visionary, that I gave up the idea and did not send it. A greater lapse of time, farther observation, and the suggestions of your correspondents, induce me to trouble you with the few following remarks; recollecting that in literary attempts and works of beneficence, it is the same as in pecuniary subscriptions; that p. 212great effects are not always produced from the stores of an opulent individual, but from the willing contributions of the many.

It does not appear to me, that a few, or even many Missionaries, according to the suggestion of Fraternicus, Vol. vii. p. 496, would answer the purpose of imparting religious knowledge to the Gypsies; since on account of their wandering mode of life, and from their not travelling in any numbers together, it would be difficult to form congregations. What the number of Gypsies, and of those who lead vagrant lives, like them, may be in this kingdom, I cannot even form a conjecture; and Mr. Colquhoun, I think does not mention them in his treatise on the Police of the Metropolis. Neither am I acquainted with their numbers and modes of life at Norwood, [212] which I understand is the chief residence of them; what I have to say, therefore, is only from observations made upon those who frequent this neighbourhood, and from others seen occasionally when I have been travelling.

p. 213The suggestions of Minimus, Vol. viii. p. 286, appear to me to be the most practicable: and I hope that there are many Gypsies who would be inclined to profit by any judicious and kind exertions made on their behalf. There are already several families of them within my knowledge, who reside in houses during the winter, and travel about only in the summer. Their means of subsistence are tinkering, and fiddling at feasts and fairs; by which some, I believe, make a good deal of money, which helps them out in the winter, when there is less work and less dancing.

A young man with a large family, whom I have long observed near this place, in my walks, about six years ago, when many inclosures took place in this neighbourhood, and he found it less convenient to be out in the fields, or rather that the farmers were less willing to let him encamp upon their grounds, took a small house, with a garden annexed to it, in the suburbs of this town, and has since lived here constantly in the winter, but travels in the summer. He is now about 38 years of age. p. 214He married when 20, and has 8 children, all of whom have been baptized in the several parishes where they were born. He is a very civil man, and is much respected where he is known; having a good character for honesty.

He attends church constantly on a Sunday; and though he has not any regular notion of the peculiar doctrines of Christianity, he has some very good general ideas of religion and morality. He is no swearer; and he would consider it wicked in his wife to attempt *to tell fortunes*.

He is frequently employed to fiddle, at the houses of respectable farmers and trades-people at Christmas. His other occupation is tinkering; and he is ingenious at mending fiddles, and making cases, &c.

Neither he, nor his wife, can read; and none of his children have been hitherto sent to school. His third boy, who is about 9 years old, he has, at my suggestion, promised to send to the new school which has been established here on Dr. Bell's and Mr. Lancaster's plan: he accepted the offer with great thankfulness. The boy is to come into the school at Michaelmas, p. 215when the family return from their summer's travelling. The father would be very glad to have all his children brought up to any other mode of life; and even to embrace some other himself; but he finds a difficulty in it.

He himself, from not having been brought up to work in husbandry, could not go through the labour of it; and few, if any persons, would be willing to employ his children, on account of the bad character which his race bears; and from the censure and ridicule which might attach to taking them, where they might be willing to do it from motives of benevolence.

There is another family of Gypsies resident in this place in the winter, the father of which was formerly a musician in the guards. He has a boy now in the school.

These circumstances lead me to think, that were encouragement given to them, the Gypsies would be inclined to live in towns and villages like other people; and would in another generation or two become civilized, and with the pains which are now taken to educate the poor, and to diffuse the Scriptures and the p. 216knowledge of Jesus Christ, would become a part of the regular fold: while in the mean time, from personal intercourse with their pastors, and from attending public worship, the spiritual condition of the present generation would be materially improved. It would, however, require much patient continuance in well doing, in those who attempted it; and they must be prepared, perhaps, to meet with some untowardness, and much disappointment; but in due season we could not fail to reap, if we fainted not.

All Gypsies must have some parish to which they belong; and if these parishes were to provide habitations for them, and to hold out encouragement to them to come and settle, and were to bear for the present with any ways which might be different from those of the regular inhabitants, affording them work as tinkers, &c. and providing education and work for their children; and for the present, even bearing with their travelling in the summer; this now almost unprofitable race of beings might be reclaimed to society. Many of them p. 217are accustomed, in the seasons, to undertake hay and harvest work. These, I think, with proper encouragement, might be induced to get their living by husbandry work throughout the year.

Should these suggestions lead to any farther discussion upon the subject, or to adopting any measures to promote the desired object; it would give me sincere pleasure to lend my assistance, either pecuniary or personal.

I am, Sir, &c. J. P.

Cambridge, April 28, 1810.

P.S. I recollect having heard that the benevolent Jonas Hanway took a Gypsey for his servant, but I know not on what authority this was said.

To the Editor of the Christian Observer. [217]

The candid acknowledgment of your benevolent correspondent, in the Christian Observer for February last, that his attention had been first drawn to the state of the Gypsies by the p. 218letter of Fraternicus, was matter of unfeigned satisfaction to me; and as it is probable there may be no want of inclination in the Christian world, to extend relief effectually to them, permit me to solicit a place in your pages, for a thought which has occurred to me in my meditations on the subjects.

It appears from a letter in your number for May, that they are not totally destitute of a desire for the benefit of instruction. Information might easily be obtained, as to what part of England they are to be found in the greatest numbers; and if a free school could be instituted, and the means of instruction provided for those of their children who were willing to attend, at least in the winter season; might it not be a means of conveying useful knowledge to them?

By degrees, they might be brought to attend divine worship regularly; and if in the parish of a pious clergyman, he would probably embrace the opportunity of teaching them, more particularly, the way of salvation. Much, however, might be done by a pious schoolmaster, and a p. 219schoolmistress, by whom the girls might be instructed in different kinds of work, knitting, sewing, &c.; and if any of the parents should evince a desire for instruction, they could be admitted at different hours in the day. It would be an interesting inquiry, what becomes of orphans among them, and whether there is not a possibility of at least rescuing them from their present state of ignorance and misery.

Should these suggestions be deemed worthy of your insertion, they might, perhaps awaken the attention of some benevolent persons, whose superior talents and experience in the ways of beneficence, would enable them to perfect and carry into execution, a plan for the effectual benefit of those unhappy partners of our kind. That He may grant it, from whom every good thought proceeds, is the fervent prayer of

Fraternicus.

p. 221SECTION XII.

Review of the Subject, and Suggestions for ameliorating the condition of the Gypsies in the British Empire.

Since the commencement of the present year, 1816, a friend [221] of the author has informed him, that about three weeks before, he was in company with an English and a Persian gentleman, who had lately come from Persia, through Russia; the latter well understood the languages of both countries, and spoke them fluently. He had travelled with the Persian Ambassador; and said that he had met with many hordes of Gypsies in Persia; had many times conversed with them; and was surprised to find their language was the true Hindostanie. He did not then know of Grellmann's work. He further stated, that the Gypsies in Russia were, in language and manners, the p. 222same, and exactly corresponded with the Gypsies of this country. Their name in Persia signified *Black Eyes*.

From whatever part of the world we derive intelligence of this people, it tends to corroborate the opinion, that they have all had one peculiar origin. How little has it occupied the contemplation of Britons, that there existed among them, subjects of such great curiosity as the poor and despised Gypsies!

The statute of Henry VIII. imposing a fine of forty pounds upon the importation of a Gypsey, induces the belief they were much in request in England at that period. The attention which their low performances attracted in those times, will not perhaps excite surprise, when we see the encouragement given in our day, to their idly disposed countrymen, termed, *Indian Jugglers*. It is remarkable, that the earliest account of Gypsies in Great Britain, is in a work published to expose and detect the "Art of Juggling," &c.

The first of this people who came into Europe, must have been persons of discernment and discrimination, to have adapted their deceptions p. 223so exactly to the genius and habits of the different people they visited, as to ensure success in all countries.

The stratagem to which they had recourse on entering France, evinces consummate artifice of plan, and not a little adroitness and dexterity in the execution. The specious appearance of submission to papal authority, in the penance of wandering seven years without lying in a bed, combined three distinct objects. They could not have devised an expedient more likely to recommend them to the favor of Ecclesiastics; or better concerted for taking advantage of the superstitious credulity of the people, and, at the same time, for securing to themselves the gratification of their own nomadic propensities. So complete was the deception they practised, that we find they wandered up and down in France, under the eye of magistracy, not for seven only, but for more than a hundred years, without molestation.

In 1561, the edict of the States of Orleans directed their expulsion by fire and sword; yet in 1612, they had increased to such a degree, p. 224that there was another order for their total extermination. Notwithstanding this severity, in 1671 they were again spread over the kingdom, as appears in the letters of the Marchioness de Sivigni to her friends, and the Countess Grignan, in nine volumes, translated from the last Paris edition: "Bohemians travel up and down the Provinces of France, and get their living by dancing, showing postures, and telling fortunes; but chiefly by pilfering, &c."

It is remarkable, that in all countries, they professed to be Egyptians; but the representation is not only refuted by Bellonius, but by later writers, who assert, that the "few who are to be found in *Egypt*, wander about as strangers *there*, and form a distinct people."

As historians admit that the greatest numbers of them are to be found in Turkey, and south of Constantinople, there is reason to apprehend they had a passage through that country. If many of them did not visit Egypt previously to their arrival in Europe, they probably wished to avail themselves of the reputation p. 225the Egyptians had acquired in occult sciences, that they might practise with greater success, the arts to which they had been previously accustomed, and the practice of which is common in various parts of Asia. In other respects the habits of Egypt were very dissimilar to theirs.

We find by the reports on the first question put by the Circular, mentioned in Section IX. that "all Gypsies in this country suppose the first of them came from Egypt;" and this idea is confirmed by many circumstances that have been brought into view in the course of this work. In addition it may be observed, that before the discovery of the passage to India, by the Cape of Good Hope, all the productions of the east, that were distributed in Europe, came to Egyptian ports. Hence we have many concurring testimonies, which render it highly probable, if not evidently clear, that the first Gypsey tribes who came into England, and other parts of Europe, migrated from hordes of that people who had previously found their way into Egypt.

p. 226The evidence appears equally strong, that they were not natives of Egypt; but as the Egyptians were in great repute for the practice of the occult sciences, common to them and to the Suder caste; we cannot be surprized to find these crafty itinerants, should avail themselves of such an opportunity, as coming out of that country, to profess themselves Egyptians.

Continental writers exhibit a strange assemblage of crude, and incongruous ideas on the subject of Gypsey extraction. So numerous are the opinions diffusely stated, that Grellmann must have exercised much patient investigation, to deduce from them the rational and satisfactory conclusions which his Dissertation presents.

Our countryman Swinborne, in describing the Gypsies in Calabria, is the first to remark that their peculiar language bears great affinity to the oriental tongues; and that many of their customs resemble those of the heathens. But European ignorance of the habits and speech of Asiatics may be accounted for, whilst the rich p. 227productions of India continued to be brought to Egyptian ports, and to be conveyed thence by the Lombard merchants, to be distributed over Europe

The *Cingari*, *Zigeuners*, or *Gypsies*, had been in Germany nearly a century, before the Portuguese discovered the passage to India by the Cape of Good Hope. The stimulus which this discovery gave to improvements in the art of navigation, soon opened immediate intercourse with the eastern world. Vast are the establishments, which have been subsequently effected, in that quarter of the globe by naval powers, and extraordinary have been, of late years, the exertions for the acquisition of oriental languages; yet so numerous are they in those widely extended regions, that European knowledge of Asiatic etymology, is yet but in a state of infancy.

The case of the Gypsies is singular; for it may fairly be questioned, whether it has a parallel in the history of the world. Dispersed over the face of the earth, without any organization of their different hordes; and all p. 228concert between them entirely precluded by separations of hundreds of miles from each other, in different parts of the globe, and by their incapacity for literary communication; they have, however, whilst speaking the languages of the respective countries they inhabit, preserved in *all places one* peculiar to themselves, and have transmitted it through a lapse of centuries to their descendants, almost unimpaired.

Increased acquaintance with oriental customs and tongues, has, at length, discovered the near coincidence they have with the language of the Gypsies, and has developed an origin of this people, of which those of the present age were, till now, entirely ignorant. It will appear extraordinary, that these people should have been able, by oral means alone, and under all disadvantages, to retain their language, and yet not to have handed down with it, any tradition that might lead to a discovery of who they were, or whence they came. But the knowledge recently acquired, of their very abject condition in the country from which they p. 229emigrated, offers a reason why the first comers might be anxious to conceal their pedigree, the meanness of which would have but ill accorded with the titles of rank assumed by some of their leaders.

The regulations proposed by the Empress Theresa, and the Emperor Joseph II. could they have been carried into effect, would doubtless have improved the state of the Gypsies. But an order for children to be torn away from their parents, was so far from being dictated by the study of human nature, that it did violence to the tenderest sensibilities, and set at nought the kindest emotions. Its tendency was to produce in the minds of Gypsies, disaffection to the state, and to indispose others from aiding in the execution of the edict. The advantages to be derived by Governments from a liberal toleration, being not then so well understood as in succeeding times, they were not duly regarded.

Those potentates considering Zigeuners of Egyptian origin, might reasonably conceive agriculture well adapted to their genius and p.

230inclination; but it was a pursuit, which, more than any other, they disapproved.

All other Governments appear to have been misled, in like manner, by the deception which the first Gypsies practised; for had they been apprized of this people's descent, and of the almost unalterable pertinacity of an Indian caste, they would have been sensible that an attempt to change their habits by force, was a measure the least likely to be attended with success.

The Circular introduced in the ninth Section of this work, notices Gypsies being hunted like beasts of prey, from township to township in England; and it has been ascertained, that in some places they are routed, as it is termed, by order of magistrates, whenever they appear, and sent to prison on the vagrant act, without so much as a charge of depredation upon property. "This is to make their persons, an object of persecution, instead of the protection of our laws."

For the credit of our country it may be hoped, that instances of this sort, respecting p. 231Gypsies, are not very numerous; seeing all writers concur in stating, every attempt by coercive means to alter the peculiar habits of this people, have had a tendency to alienate them still more from civil associations, and directly to defeat the end proposed. It is time therefore that a better and a more enlightened policy should be adopted in Europe, towards a race of human beings, under so many hereditary disadvantages as are the helpless, the rude, the uninstructed Gypsies.

In the decision on the vagrant case, in Crabbe's "Hall of Justice," [231a] and in the treatment of Gypsies on Knoland-Green, [231b] a temper is displayed so truly Christian, and so different from what is just alluded to, that in consulting the best feelings of human nature, it adds dignity to magistracy.

Sir Frederick Morton Eden, in his first volume on the State of the Poor, p. 306, refers to an Act passed in 1741, respecting that class of the poor, who are considered by the Legislature p. 232as the outcasts of society, namely rogues, vagabonds, &c.; and he remarks: "From perusing the catalogue of actions which denominate a man, a disorderly person, a vagabond, or incorrigible rogue, the reader may perhaps incline to think that many of the offences specified in this Act, and in subsequent statutes, on the same subject, are of a very dubious nature, and that it must require nice legal acumen, to distinguish whether a person incurs any, and what, penalty, under the vagrant laws."

In support of this opinion, and of the indefinite and unjustifiable latitude of those statutes, a late decision at Maidstone, in the action of Robins, v. Boyce, affords a striking demonstration.

If the statutes do not admit of any construction in favor of Gypsies, but enjoin rigorous treatment of them, merely for wandering, it may become a question whether the peculiar circumstances of their case, might not constitute an exception to the general rule.

p. 233However wholesome and salutary vagrant Acts may be, to deter persons from quitting their parishes in order to levy contributions, by practising impositions in places where they are not known, it is obvious that Gypsies, having no parochial settlements, cannot come under that description. Excepting a temporary residence of some of them in winter, their home is a whole county, and the majority of them are too independent to apply to any parish for assistance.

Here is a trait in their character, which, were it grafted on the stock of half the paupers in the kingdom, would be a national advantage.

It ought to procure some indulgence for the Gypsies, that their wandering mode of life does not originate in any contumacious opposition to judicial order; but in a scrupulous regard to the Institutions of their ancestors. For the advantages we possess, shall we return injury to our fellow-men! If after being fully introduced into a situation to taste the comforts of social order, and to acquire a knowledge of mechanical professions, which would render p. 234them useful and respectable, any of them, despising these privileges, should indulge wandering dispositions, they might then deserve all the punishment which under the vagrant Acts, can be indicted.

It is worthy of remark, that in the evidence respecting mendicity in London, adduced last year before the Committee of the House of Commons, there is only a single instance in the parish called St.

Giles, that noted rendezvous of Gypsies, of one of their tribe, a girl, begging in the streets.

Is it not high time the people of England were undeceived, respecting the motives to Gypsey perseverance in their singular line of conduct. Their invincible attachment to the traditions they have received, is almost proof, in itself, of Grellmann's assertion, that they are the descendants of an Indian caste; in whose estimation inviolable adherence to the customs of their order, constitutes the highest perfection of character.

When any remark is made to them on their strange mode of conduct, they are ready to p. 235reply: "The inhabitants of cieled houses follow the customs of their predecessors; What more do we? Are they creatures of habit? So are we."

After this account, is it surprising that the violent means pursued against them in all countries, have been ineffectual to abolish their peculiarities?

Their humane and intelligent biographer, Grellmann, styles them a "singular phenomenon in Europe;" and it may justly be observed of such of them as inhabit countries accounted the most enlightened, that the contrast which their destitute state presents to the numerous advantages of civilized life, and to the refinements of polished society, is truly astonishing. If there possibly can be a single Briton who is a skeptic to the benefits of education, let him only take a view of the intellectual degradation and disgusting condition of the Gypsies. But if Britons have made greater advancement in civilization than some other nations, the Gypsies here are left at a greater p. 236distance, and furnish the more occasion for their condition being improved.

It does not appear that the Pariars, or Suders, from whom it is believed these swarthy itinerants of our age are descended, were farther advanced in the knowledge of moral obligations, than were the Spartan people; who, however celebrated for some of their Institutions, accounted the successful perpetration of thefts to be honourable.

The Gypsies at Kirk Yetholm, as stated by Baillie Smith, in this part of their conduct, are an exact counterpart of the Spartans. To a people of Greece, the foremost of their time in legislative arrangements, who had cultivated so little sense of the turpitude of injustice, surely a much more criminal neglect may be imputed, than to the ignorant, untutored race we have been surveying!

Malcolm, in his Anecdotes of the manners and customs of London, p. 350, says of the English Gypsies: "Despised, and neglected, they naturally became plunderers and thieves to obtain a subsistence." But when he afterward p. 237states, that "They increased rapidly, and at length were found in all parts of the country," we may be disposed to think that British fastidiousness was not less ingenious than that of the Spaniards, who considered themselves *contaminated* by a touch of the Gypsies, unless it were to have their fortunes told. Venality and deception meeting with so much encouragement, those propensities of the human heart would be generated and fostered, which at length produced flagrant impositions, and the greatest enormities.

The dominion of superstition was at its zenith, in what are termed the middle ages: so absolute and uncontrolled was its influence, that because of reputed skill in exorcism and witchcraft, the deluded Germans reposed implicit confidence in persons so ignorant as the Gypsies.

What an impeachment of British sagacity, is the following observation of Sir Frederick Morton Eden, in his first volume on the State of the Poor, p. 146: "It is mortifying to reflect, that whilst so many wise measures were adopted by the great Council of the Nation, p. 238neither a Coke, nor a Bacon, should oppose the law suggested by royal superstition, for making it felony to *consult, covenant with, entertain, employ, feed, or reward, any evil, or wicked spirit,* 2d James, 12th.—It is still more mortifying to reflect, that the enlightened Sir M. Hale left a man for execution, who was convicted on this Act, at Bury, March 10th, 1664; and that even in the present (the 18th) century, a British Jury should be persuaded that the crime of witchcraft could exist."

If the annual filling of prisons in England may be attributed, in any degree, to the neglect of educating the lower orders of the people, it will appear extraordinary, that instances of Gypsies being convicted of capital crimes, are not more frequent, rather than that they sometimes occur.

The Committee of the British and Foreign School Society, in their Report for 1815, express their conviction of the advantages of education, in correcting evils, which at once disgrace society, and deprive it of many, who might be its most useful and active members; p. 239and then, they exclaim: "Surely we may hope the day is not far distant, when Statesmen and Legislators of all countries, will open their eyes to the awfully important truth; and beholding in a sound and moral education, the grand secret of national strength, will co-operate for the *prevention*, rather than the *punishment* of crimes!"

It was not until near the conclusion of the last year, and after the author had inspected some of the Gypsey families who winter in London, that he was apprized of the correspondence in the Christian Observer, which forms part of the preceding Section. The position with which it commences, is worthy of all acceptation, as applied to beings formed for immortality: "The Divine Spirit of Christianity deems no object, however unworthy and insignificant, beneath her notice. Gypsies lying at our doors, seem to have a peculiar claim on our compassion. In the midst of a highly refined state of society, they are but little removed from savage life."

p. 240The letters extracted from the Christian Observer, are distinguished by a Christian zeal and liberality, which must be cheering to every one, who has felt an interest in improving the condition of these greatly neglected partners of his kind. On their behalf, appeals to the public have been subsequently made, as we have seen in Section IX, through the medium of the Northampton Mercury of 1814, by two correspondents; one under the designation of "A Friend to Religion;" the other, that of "Junius."

Communications from a county which has long been a noted rendezvous of Gypsies, may be considered the result of observations actually made on their state. The first of these appeals is introduced in the following manner: "Various are the religious and moral Institutions in this country; humanity and benevolence have risen to an unprecedented height. Not only for our country, are the exertions of the good and great employed, but at this time the greatest efforts are making on behalf of the distressed Germans. The hand of charity is p. 241open not only to the alleviation of *present* misery, but such an Institution as the Bible Society, is calculated to excite thousands to seek for *future* happiness. Yet amidst all, one set of people seems to be entirely excluded from participating in any of those blessings; I mean Gypsies, who are accounted rogues and vagabonds. When we consider that they, equally with ourselves, are bought with a price, much remains to be done for them. These people, however wretched and depraved, certainly demand attention; their being overlooked with indifference, is really much to be regretted.

"Instead of being subjects of commiseration, they are advertised as rogues and vagabonds; and a reward offered for their apprehension. But no asylum is offered them, nothing is held out to encourage a reformation in any that might be disposed to abandon their accustomed vices." The same writer, in a subsequent letter, dated September 8, respecting these houseless wanderers, remarks: "I was representing the deplorable state they are in, to a person of my acquaintance; and his reply was: p. 242They were a set of worthless and undeserving wretches; and he believed they would rather live as they do, than otherwise; with many other such like inconsiderate ideas; resulting, I believe, from a prejudiced mind, and from not properly considering their situation; and I fear these sentiments are too prevalent."

It will readily be admitted, that they are generally prevalent: and how should it be otherwise, so long as the great mass of the population of England continues to be uninformed of the motives inducing the strange conduct of Gypsies, who consider themselves under the strongest of all obligations, strictly to observe the Institution of their ancestors. Had Britons been apprized of the origin of this people, and the peculiar circumstances of their case, the national character would not have been stained, by the abuse and mal-treatment which Gypsies have received.

It is very satisfactory to find by the before recited correspondence, an inhabitant of the county in which the Gypsies are so numerous, advocating their cause, by a public exposure of p. 243the mistaken ideas which have so long prevailed respecting them.

From the length of time they have continued to reside in Britain, they have ceased to become subjects of much curiosity or conversation. And as they endeavour to avoid populous districts, persons in large towns, who are occupied in trade, seem little aware that in the county they inhabit, there may be hordes of these wanderers, traversing the thinly inhabited parts of it, in various directions, as was the case in Yorkshire during the last summer. (1815.)

When the amelioration of the condition of this people is mentioned to persons of the above description, so little informed are they on the subject, that it is many times treated as if the existence of Gypsies was questioned; at others, as if affording any help to them, was visionary, and even ludicrous.

Some places formerly frequented by Gypsey gangs, having been much deserted by them of late years, does not authorize any calculation upon a decrease of their numbers in the nation.

p. 244In the vicinity of the metropolis, Gypsies have been excluded by inclosures from various situations to which they had been accustomed to resort. But there is some reason to apprehend they have become more numerous, in several other parts of the Island. Baillie Smith of Kelso, is of opinion, they increase in Scotland, and it is by no means certain that they do not in England.

Any idea that routing them will lessen their numbers, may be as fallacious, and injudicious, as were banishments from the German States, which, without diminishing Gypsey population, had the injurious effect of alienating them still more from civil associations.

Junius, the other correspondent of the Northampton Mercury, in his Address of October 29, writes: "I trust the time is not distant, when much will be accomplished, as it respects the civilization of the people whose cause we plead. In the meantime, I would humbly hope all those harsh and degrading measures, of publicly in the papers, and upon placards by the sides of roads, ordering their apprehension and p. 245commitment to prison, will be suspended, until some asylum is offered; and should nothing be attempted by the Legislature, for reclaiming them from their present mode of life, surely much may be done by the exertions of individuals!"

Many of the observations in the Christian Observer, and in the Northampton Mercury, are striking and pertinent, as they relate to the present state of the Gypsies in England; and the philanthropy they inculcate is honourable to the national character. Had these benevolent individuals been acquainted with the history of the people, whose cause they plead, they would, doubtless, have suggested plans adapted to their peculiar case. For want of this knowledge, it is not surprising that occupations in husbandry should take the lead in propositions for employing them. The last mentioned writer, from a desire to render essential service to this people, suggests, that the Legislature should fix upon five or six stations in different parts of the kingdom, on which p. 246villages should be erected, in order that they might be employed in farming.

It will have been obvious in the survey which has been taken, and it has been already remarked, that of all occupations, agriculture is the least adapted to their genius and inclination.

It has appeared in Section IX, that Riley Smith, a chief of the Northamptonshire Gypsies, after marrying the cook out of a gentleman's family, and obtaining a farm, quitted it, to resume musical performances.

Conformity to agricultural employments, could not be effected in Gypsies, by the most rigorous measures to which the Empress Theresa, and the Emperor Joseph II. resorted.—Much less could it be expected that persons, who, all their lives, have accustomed themselves to be in the open air, or others who have lived three parts of the year in this manner, should be induced, in open weather, to brook the restraint of houses.

Those who have houses at Kirk Yetholm, quit them in spring: men, women, and children, p. 247set out on their peregrinations over the country, and live in a state of vagrancy, until driven back to their habitations by the approach of winter; and it appears, in all countries to which the Gypsies have had access, that a similar course is pursued by them.

In a dialogue between a Curate and some Gypsies, as published in the Christian Guardian, of March, 1812, is the following question and answer:

Curate. "Could you not by degrees bring yourselves to a more settled mode of life?

Gypsey. I would not tell you a story, Sir; I really think I could not, having been brought up to it from a child."

Upon this conversation, the Curate makes the following remark: "In order to do good among the Gypsies, we must conciliate their esteem, and gain their confidence."

The plain and simple reply to the Curate, will put out of question the erection of villages, or the making of establishments for adults among them. In mechanical operations, to which the Gypsies are most inclined, British p. 248artisans might be as averse to unite with them, as they were with the Jews. The Spaniards, it has appeared, are unwilling to be associated with Gypsies in any kind of occupation. Moreover, the competition of manufacturers in England, during the last fifty years, has effected by artificial means, so much saving of manual labour, and so much improvement in the division of it, that the rude operations of Gypsies, would be a subject of ridicule and contempt.

J. P., in a letter from Cambridge to the Christian Observer, very feelingly states the case of a Gypsey family, the father of which, being a travelling tinker and fiddler, intimated, he would be glad to have all his children brought up to some other mode of life, and even to embrace some other himself; but he finds a difficulty in it. Not having been brought up in husbandry, he could not go through the labour of it; and few, if any persons, would be willing to employ [248] his children, on account of p. 249the bad character which his race bears, and from the censure and ridicule which would attach to the taking of them."

There appears so little probability of any useful change being effected in the nomadic habits of adult Gypsies, that it seems better to bear with that propensity for some time longer, than by directly counteracting it, so disturb the minds of parents, as to indispose them to consent to the education of their children. There are thousands of other people in the nation, who, more than half their time, live out of doors in like manner. Were they all obliged to take out licences, this measure might operate in some degree as a check upon them; at least it would be a tacit acknowledgment of a controlling power, and might admit of some regulation of their conduct. At present, numbers of them resemble a lawless banditti, and may not inaptly be termed, *Imperium in imperio.*

It appears by J. P.'s letter from Cambridge, that six years ago, he had engaged a Gypsey boy to be sent to a school on the Belleian and p. 250Lancasterian plan. At that time, the system had been but little appropriated in the country to the instruction of girls; and the application of it to boys only, would have been doing the work by halves. But the time seems now to have arrived, when the minds of Gypsies have generally received an impression in favor of the education, both of their sons and daughters, as has been manifest in various parts of this Survey; and that some of those who lodge in London, have been themselves at the expense of sending their children to school. But if all of them could be thus taught, three months in a year, would not their running wild the other nine, under the influence of dissolute and unrestrained example, be likely to defeat every purpose of instruction.

Were they to be educated during the whole of the year, it is obvious that some establishment would be necessary for their maintenance and clothing. The author of this Survey is not aware of any Institutions so much adapted to their case, as the charity schools for boys and girls, which are common to every part of the p. 251kingdom. It is not probable that Gypsey population would furnish more than two boys, and two girls, for each of these schools. Their being placed among a much greater number of children, and those of settled, and in some degree of civilized habits, would greatly facilitate the training of Gypsies to salutary discipline and subordination; and the associations it provided for them out of school hours, being under the superintendence of a regular family, would, in an especial manner, be favorable to their domestication.

Charity schools, by admitting children so early as at six years of age, and continuing them to fourteen, seem particularly suited to the case of Gypsies, in supplying all that is requisite until the boys are at an age to go out apprentices, and the girls to service in families.

Gypsies being the children of a whole county, if not of the nation at large, perhaps the expense of their maintenance might, without inconsistency, be defrayed out of county rates, which would prevent its being burdensome to any particular district. By a process so simple p. 252and easy, expensive establishments on the account of Gypsies, might be entirely avoided. And many parents among them, express a willingness to part with their children, for education, provided they were cared for in other respects.

After several centuries, a degree of solicitude being at length apparent in the Gypsies, for the improvement of their children, the time has arrived when some effectual benefit may be communicated to them.

The distribution proposed, would admit of these itinerants seeing their children once in the year. But to extirpate Gypsey habits, education alone would not be sufficient. Yet as there is no reason to think this people are less susceptible than others, of gainful considerations, a fund might be provided, out of which, twenty pounds should be paid with each boy, on his apprenticeship to some handicraft business, in lieu of finding him with clothes during the term. And in consideration of its being faithfully served, five pounds might be allowed to find the young man with tools for his trade, p. 253or otherwise setting him forward in the world. This would excite an interest in civil associations and order, which are necessary for the successful prosecution of trade; and probably, an encouragement like this, would have a greater effect in giving a new direction to Gypsey pursuits, than any coercive or restrictive measures which could be devised. And who would not wish to contribute to the means of rescuing from ignorance and vice, such a portion of the population of their country! Who would not be desirous of emulating in some degree, that best kind of patriotism, by which the correspondent H. of the Christian Observer, is so remarkably distinguished!

This would be an example worthy of a great nation; and is it not probable, that the prospect of so much preferment, would induce Gypsey parents, to promote to the utmost of their power, a disposition in their children to obtain it? Cooper, a Gypsey at Chingford Green, said, "It is a pity they should be as ignorant as their fathers." This may be considered as the language of "*help us,*" accompanied with this acknowledgment, p. 254"*for we are unable to help ourselves,*" and certainly there is but too much reason to conclude it is strictly true, respecting the instruction of this forlorn and destitute race.

According to the enumeration of Gypsey lodgers, given in Section X, their families average 5= in number. This exceeds by one half, what is reported to be the average of England in general. If we take Gypsey population at 18,000, their children will be 12,000. Supposing two-thirds of these to be under twelve years of age, there would be 8,000 to educate. Reckoning half that number to be girls, 4,000 boys would be to be apprenticed after leaving school. And if these, after their apprenticeship, married Gypsey girls, who had been brought up to service in families, twenty thousand useful subjects might be calculated upon as gained to the State in the first generation.

Should the efforts of individuals, require assistance from the State, to render their plans effectual; surely they may depend on the co-operation of a British legislature, to promote the p. 255cause in which they would embark! On this point may be adduced the judicious observation of Grellmann: "If the Gypsey knows not how to make use of the faculties with which nature has intrusted him, let the State teach him, and keep him in leading strings till the end is attained. Care being taken to improve their understandings, and to amend their hearts, they might become useful citizens; for observe them at whatever employment you may, there always appear sparks of genius."

Every well-wisher to his country must be gratified in observing, that as soon as the conflicting tumult of nations is calmed, and the precipitations attendant on military supplies have subsided, the attention of the Legislature is turned to the investigation of some of the causes of human misery at home; and to the means of increasing the social comforts of a considerable portion of British population in the metropolis of the kingdom. This recommencement of operations, directed to the important object for which Governments have been instituted,—the good of the people,—encourages p. 256the hope, that the most neglected and destitute of all persons in this country, whose cause we have been pleading, will not be suffered to remain much longer unnoticed and disregarded.

When at length the veil that has obscured them is once drawn aside, can British benevolence withhold its exertions, to elevate the moral tone of this degraded eastern race, and to call forth the dignity of the human character, in exchange for the strange torpor and vileness in which this people are involved. Here an occasion presents for the display of a temper truly Christian, and for the erection of a standard to surrounding kingdoms, in which also these outcasts of society are dispersed, of that philanthropy and sound policy which are worthy of a great nation.

Such an experiment, though on a limited scale, may furnish various data for judging what may be effected for their countrymen, the countless myriads of British subjects, inhabiting the vast regions of Hindostan.

p. 257Alexander Fraser Tytler, late Assistant Judge in the twenty-four Pergunnahs, Bengal Establishment, in his highly important work, entitled, "Considerations on the present Political State of India," after pointing out the depravity which prevails to an extraordinary degree among the population of India, states in the 313th page of the first volume, that "Poverty, or according to the definition of writers on Police, *Indigence* may be said to be the nurse of almost all crimes. To find out the causes of poverty, and to attempt their removal, must therefore be the chief object of a good police."

It has been remarked, that this author drew his conclusions, not only from what he understood of human nature in general, but from what he daily saw before him, in the circumstances and actions of the people whose crimes he was called upon to punish. And he reasons upon the subject in the following manner: "Great poverty among the lower orders in every country, has an immediate effect in multiplying the number of petty thieves; and where the bounds of the moral principle have p. 258been once over-stepped, however trivial the first offence, the step is easy from petty theft to the greater crimes of burglary and robbery."

May Britons in their conduct towards the Gypsies, be actuated by a policy so liberal, as to induce the rising generation among this neglected class, to attach themselves to civil society, and to enter into situations designed to inculcate habits of industry, and prepare them to become useful members of the community.

The successful experiments lately made by the British and Foreign School Society, upon persons addicted to every species of depravity, leave no doubt of the practicability of ameliorating the condition of Gypsies. It is with pleasure that on this subject the following statement of facts is introduced, respecting two schools established in the neighbourhood of the metropolis. One of them at Kingsland, a situation which has been termed, "A focus where the most abandoned characters constantly assembled for every species of brutal and licentious disorder." The other is at Bowyer-lane, near Camberwell, a district inhabited by persons p. 259of the worst description; among whom the police officers have been accustomed to look for the various kinds of offenders, who have infested the Borough of Southwark.

We are informed by the Committee of that School, that "in the district embraced by their Society, the consequences of ignorance were evident to the most superficial observer. Parents and children, appeared alike regardless of morality and virtue; the former indulging in profligacy, and the latter exhibiting its lamentable effects.

"Did the friends of *universal education* require a fresh illustration, they would find it in the scene we are now contemplating; and they would confidently invite those who still entertain a doubt on the subject, to a more close and rigid examination of that scene, satisfied with the effect upon every candid and unprejudiced mind. For, assuredly, "men do not gather grapes of thorns, nor figs of thistles:" and when morality, decency, and order, are gradually occupying the abodes of licentiousness, misery, and guilt, the change must p. 260be attributed to some operating cause, and *that* cause must be derived from the Source of all Good.

"The principles of decorum, of propriety, and of virtue, are instilled into the youthful mind; and by a powerful reaction, they reach the heart of the parent; the moral atmosphere extends—its benefits are felt and appreciated—the Bible takes its proper place in the habitations of poverty; and thus in its simple, natural, and certain course, the *germ* of *instruction* yields the happy fruit of *moral reformation.*"

If as Grellmann computes, there are not fewer than 700,000 of these people in Europe, who do not either plough, or sow, or the greater part of them contribute in any manner to the improvement of the country, or the support of the State, what a subject is this, for the contemplation of Governments!

In reference to England, it is a beautiful exclamation of the Christian Observer: "Surely when our charity is flowing in so wide a channel, conveying the blessings of the gospel to the p. 261most distant quarters of the globe, we shall not hesitate to water this one barren and neglected field, in our own land." Uniting cordially in this appeal, it is a great satisfaction to be able to state, there are traits of character in this people, which encourage attention to Gypsey soil. Let it but be cleared of weeds, and sown with good seed, and the judicious cultivator may calculate upon a crop to compensate his toil.

Greater proof of confidence, as to money transactions, not being misplaced in Gypsies need not be given, than in the testimony of the landlord at Kirk Yetholm, to William Smith, that his master knew he was as sure of their money, as if he had it in his pocket.

In Dr. Clarke's Travels, published in the present year, Part the 2nd of Section 3rd, page 592, are the following observations respecting the Gypsies of Hungary: "The Wallachian Gypsies are not an idle race. They might rather be described as a laborious people; and the greater part of them honestly endeavour to earn a livelihood. It is this part of them who work as gold-washers."

p. 262In page 637, the Doctor remarks: "The Wallachians of the Bannat, bear a very bad character, and perhaps many of the offences attributed to Gypsies, may be due to this people, who are the least civilized, and the most ferocious of all the inhabitants of Hungary." [262]

Could grateful sensibility of favors received, and of personal attachment, be more strikingly evinced than in the promptitude of Will Faa, who when he was eighty years of age, on hearing of his landlord being unwell, undertook, at the hazard of his life, a journey of a hundred miles, to see him before he died?

The attention of Gypsies to the aged and infirm of their fraternity, is not less exhibited in the case of Ann Day, whose age is inserted in a work on human longevity, published at Salisbury in 1799. She was aged 108, and had not slept in a bed during seventy years. She was well known in the counties of Bedford and Herts, and having been a long time blind, she always rode upon an ass, attended by two or three of p. 263the tribe. A friend of the author, a farmer near Baldock, who had frequently given food and straw for the old woman, says of the attendants she had, her comfort and support seemed to be their chief concern. He considers her longevity a proof of the kindness she received. Her interment, which was at Arsley, near Henlow, was attended by her son and daughter, the one 82, the other 85 years of age, each having great grand-children.

It must have been a satisfaction to every one interested in the improvement of human nature, to observe the number of advocates who have come forward, within the last ten years, in this country, to plead the cause of this despised and abused people.

In bringing their case before the public, the author has aimed at discharging what he thought incumbent upon him to undertake on their behalf. He trusts that persons much more competent than himself, will be induced to give effect to whatever measures may be thought best adapted to promote the temporal, as well as spiritual benefit of this people; and p. 264that as H, the correspondent of the Christian Observer, remarks: "amidst the great light that prevails, the reproach may be wiped away from our country, of so many of its children walking in darkness, and in the shadow of death."

Can a nation, whose diffusive philanthropy extends to the civilization of a quarter of the globe, and to the evangelization of the whole world, be regardless of any of the children of her own bosom, or suffer the pious, truly patriotic solicitude of her King, for the instruction of the meanest of his subjects to remain unaccomplished.

Many persons appear zealous to send Missionaries to convert heathens in the most distant parts of the world; when, as a late writer [264] observes, "the greatest, perhaps of all heathens, are at home, entirely neglected."

Peace and tranquillity are favorable to the improvement of the internal condition of a country; and can Britain more unequivocally p.

265testify her gratitude for the signal favors conferred upon her, than in promoting that object for which rational beings were formed—the glory of God, and the happiness of his creatures.

In relation to the uncultivated race we have been surveying, may a guarded and religious education prove to them, as the voice crying in the wilderness: "Prepare ye the way of the Lord, make straight in the desert an highway for our God." The subsequent declaration, without doubt, is descriptive of what should be effected under the gospel dispensation: "The crooked shall be made straight, and the rough places plain: And the glory of the Lord shall be revealed, and *all flesh* shall see it together; for the mouth of the Lord hath spoken it."—Isaiah, Chap. xl. v. 3, 4, 6.

finis.

Printed by Hargrove, Gawthorp, & Cobb.
Herald-Office, York.

p. 266 published by *WILLIAM ALEXANDER, YORK*

I. *An epitome of the history of the world, by* John Hoyland, *Author of* A Historical Survey, &c. – *The Epitome takes a comprehensive view of the Creation, of the Antediluvians, and of the universal Deluge, united with a Biographical Portraiture of the Patriarchs, and an examination of their respective characters and conduct. The historical department takes a survey of the peopling of the world, of the origin and subversion of nations, and exhibits the fulfilment of prophecies contained in the old Testament; particularly as they relate to the Jews; evincing the connexion of Divine dispensations, during* 4000 *years;* 2nd edit. much improved, 2 *vols.* 8*vo. fine paper, ext. bds.* 1 2 0

Ditto, in 2 *vols.* 12*mo, half bound, for the use of Schools.* 1 3 0

II. "A Description *of the* Retreat *near* York," *for persons afflicted with disorders of the mind, among the Society of Friends; giving a historical narrative of the rise and progress of the Institution; a description of the moral and medical treatment practised in it, and many other interesting particulars; with three* 4to *plates, descriptive of the buildings, by* S. Tuke, 4*to. fine paper, extra bds.* 1 2 0

III. Practical Hints *on the Construction and Economy of* Pauper Lunatic Asylums; *including Instructions to the Architects who offered plans for the Wakefield Asylum, and a sketch of the most approved design,* by S. Tuke 2 0

p. 267IV. Duties of Religion and Morality, *as inculcated in the Holy Scriptures; adapted to the perusal of persons of every religious denomination, by* H. Tuke, *pot* 8*vo, sheep lettered,* or 12*mo, boards, each* 2 6

Ditto, pot 8*vo, stitched* 2

0

Ditto, 12mo, boards, fine paper 3 6

A good allowance made to purchasers of one dozen copies or more of this work.

V. Importance of Religion. *In this small tract the advantages and necessity of a religious life are forcibly impressed, in a manner adapted to the understandings of every capacity; and worthy the attention and perusal of all, 18mo, stitched, com.* 2*s. per doz.;* 12*s. per* 100*; fine* 3*d. each; per doz.* 2*s.* 6*d.; per* 100 1 5 0

1

Ditto, royal 12*mo.* 6*d.;—per doz.* 5*s.;—per* 100 10 0

Footnotes:

[82] In the 31st page of Sir Frederick Morton Eden's Appendix to the State of the Poor, it appears that in 1426, a hay horse, for the Prior (we may suppose of prime quality) cost #1 6s. 8d. and a colt 4s. 6d. And in the year 1448, page 34, the hay of one acre was estimated at 5s.

[89] Weirde, is derived from the Anglo-Saxon *"wird;" i.e.,* fatum, or deafinie, and is used in this sense, in Hollinshed.

[94] Ballie is a material designation in Scotland, agreeing in rank with that of Alderman in England.

[201] Vol. vii. p. 496, 497.

[205] Vol. vii. p. 712.

[206] Vol. viii. p. 286.

[208] Vol. ix. p. 82, 83.

[211] Vol. ix. p. 278, 279, 280.

[212] Since writing the above, a friend has informed me that Norwood is now inclosed, and has ceased to be a rendezvous of Gypsies.

[217] Vol. ix. p. 554, 555.

[221] Frederick Smith, of Croydon, Surry.

[231a] Vide Crabbe's Poems.

[231b] See No. 104, Sunday School Tracts.

[248] The benevolent Jonas Hanway took a Gypsey boy into his family, for the purpose of making an experiment, but the result has not come to the knowledge of the author.

[262] At page 691, is a Vignette of Gypsies washing gold in Hungary.

[264] Samuel Tuke, Author of a Description of the Retreat, &c.